■2025年度中学受験用

# 東洋英和女学院中学部

## 4年間(＋3年間HP掲載)スーパー過去問

●収録内容一覧

### 入試問題と解説・解答の収録内容

| | | |
|---|---|---|
| 2024年度　A日程 | 算数・社会・理科・国語 | 実物解答用紙DL |
| 2024年度　B日程 | 算数・社会・理科・国語 | 実物解答用紙DL |
| 2023年度　A日程 | 算数・社会・理科・国語 | 実物解答用紙DL |
| 2023年度　B日程 | 算数・社会・理科・国語 | 実物解答用紙DL |
| 2022年度　A日程 | 算数・社会・理科・国語 | 実物解答用紙DL |
| 2022年度　B日程 | 算数・社会・理科・国語 | 実物解答用紙DL |
| 2021年度　A日程 | 算数・社会・理科・国語 | |
| 2021年度　B日程 | 算数・社会・理科・国語 | |
| 2020～2018年度(HP掲載)<br>「カコ過去問」<br>(ユーザー名) koe<br>(パスワード) w8ga5a1o | 問題・解答用紙・解説解答DL<br>**◇著作権の都合により国語と一部の問題を削除しております。**<br>◇一部解答のみ（解説なし）となります。<br>◇９月下旬までに全校アップロード予定です。<br>◇掲載期限以降は予告なく削除される場合があります。 | |

〜本書ご利用上の注意〜　以下の点について，あらかじめご了承ください。

**★別冊解答用紙は巻末にございます。実物解答用紙は，弊社サイトの各校商品情報ページより，一部または全部をダウンロードできます。**

★編集の都合上，学校実施のすべての試験を掲載していない場合がございます。

★当問題集のバックナンバーは，弊社には在庫がございません（ネット書店などに一部在庫あり）。

# 合格を勝ち取るための

# 『スーパー過去問』の使い方

本書に掲載されている過去問をご覧になって，「難しそう」と感じたかもしれません。でも，多くの受験生が同じように感じているはずです。なぜなら，中学入試で出題される問題は，小学校で習う内容よりも高度なものが多く，たくさんの知識や解き方のコツを身につけることも必要だからです。ですから，初めて本書に取り組むさいには，点数を気にしすぎないようにしましょう。本番でしっかり点数を取れることが大事なのです。

過去問で重要なのは「まちがえること」です。自分の弱点を知るために，過去問に取り組むのです。当然，まちがえた問題をそのままにしておいては意味がありません。

本書には，長年にわたって中学入試にたずさわっているスタッフによるていねいな解説がついています。まちがえた問題はしっかりと解説を読み，できるようになるまで何度も解き直しをしてください。理解できていないと感じた分野については，参考書や資料集などを活用し，改めて整理しておきましょう。

## このページも参考にしてみましょう！

**◆どの年度から解こうかな　「入試問題と解説・解答の収録内容一覧」**

本書のはじめには収録内容が掲載されていますので，収録年度や収録されている入試回などを確認できます。

※著作権上の都合によって掲載できない問題が収録されている場合は，最新年度の問題の前に，ピンク色の紙を差しこんでご案内しています。

**◆学校の情報を知ろう!!「学校紹介ページ」**

このページのあとに，各学校の基本情報などを掲載しています。問題を解くのに疲れたら息ぬきに読んで，志望校合格への気持ちを新たにし，再び過去問に挑戦してみるのもよいでしょう。なお，最新の情報につきましては，学校のホームページなどでご確認ください。

**◆入試に向けてどんな対策をしよう？「出題傾向＆対策」**

「学校紹介ページ」に続いて，「出題傾向＆対策」ページがあります。過去にどのような分野の問題が出題され，どのように対策すればよいかをアドバイスしていますので，参考にしてください。

**◇別冊「入試問題解答用紙編」**

本書の巻末には，ぬき取って使える別冊の解答用紙が収録してあります。解答用紙が非公表の場合などを除き，（注）が記載されたページの指定倍率にしたがって拡大コピーをとれば，実際の入試問題とほぼ同じ解答欄の大きさで，何度でも過去問に取り組むことができます。このように，入試本番に近い条件で練習できるのも，本書の強みです。また，データが公表されている学校は別冊の１ページ目に過去の「入試結果表」を掲載しています。合格に必要な得点の目安として活用してください。

本書がみなさんの志望校合格の助けとなることを，心より願っています。

株式会社　声の教育社　編集部

# 東洋英和女学院中学部

| | |
|---|---|
| 所在地 | 〒106-8507 東京都港区六本木5-14-40 |
| 電　話 | 03-3583-0696 |
| ホームページ | https://www.toyoeiwa.ac.jp/chu-ko/ |
| 交通案内 | 都営大江戸線・東京メトロ南北線「麻布十番駅」より徒歩5～7分，東京メトロ日比谷線「六本木駅」より徒歩7分 |

くわしい情報は
ホームページへ

**トピックス**

★文化祭（楓祭）は10月25日（金）・26日（土）に開催予定です。
★例年，面接は個人面接で，面接官は2人，時間は約3～5分。

創立年
明治17年

女子校

高校募集
なし

## 応募状況

| 年度 | 募集数 | | 応募数 | 受験数 | 合格数 | 倍率 |
|---|---|---|---|---|---|---|
| 2024 | A | 約80名 | 288名 | 243名 | 94名 | 2.6倍 |
| | B | 約30名 | 570名 | 271名 | 48名 | 5.6倍 |
| 2023 | A | 約80名 | 262名 | 224名 | 97名 | 2.3倍 |
| | B | 約30名 | 567名 | 261名 | 57名 | 4.6倍 |
| 2022 | A | 約80名 | 229名 | 205名 | 96名 | 2.1倍 |
| | B | 約30名 | 480名 | 216名 | 61名 | 3.5倍 |
| 2021 | A | 約80名 | 253名 | 217名 | 97名 | 2.2倍 |
| | B | 約30名 | 537名 | 266名 | 61名 | 4.4倍 |

## 2025年度入試情報

【A日程】
試 験 日：2月1日
試験内容：国語，算数，社会，理科，個人面接
合格発表：2月1日　22：00～HP発表
【B日程】
試 験 日：2月3日
試験内容：国語，算数，社会，理科，＊個人面接
合格発表：2月3日　22：00～HP発表
＊A日程受験者に対しては，B日程の面接試験は課しません。

## 2024年度説明会等日程（※予定）

【オープンスクール】（4～6年生対象）
6月29日　8：40～13：00
【学校説明会】（全学年対象）
9月7日　①10：00～　②13：30～　③15：30～
12月26日　①10：00～　②13：30～
【入試説明会】（6年生対象）
11月16日　9：00～11：00
【クリスマス音楽会】（全学年対象）
12月14日　①13：00～　②15：00～
※いずれも予約が必要となります。

## 院内推薦制度

高等部には，東洋英和女学院大学への院内推薦制度があります。院内推薦は，東洋英和女学院大学への進学を希望する者に対し，推薦条件を満たしていれば面接と書類審査で入学が許可される推薦制度です。

## 2024年春の主な他大学合格実績

＜国公立大学＞
東京大，京都大，北海道大，筑波大，東京外国語大，千葉大，横浜国立大，お茶の水女子大，東京農工大，東京藝術大，東京都立大
＜私立大学＞
慶應義塾大，早稲田大，上智大，東京理科大，明治大，青山学院大，立教大，中央大，法政大，学習院大，津田塾大，東京女子大，日本女子大，東京慈恵会医科大，昭和大，順天堂大

編集部注一本書の内容は2024年6月現在のものであり，変更されている場合があります。正式な情報は，学校のホームページ等で必ずご確認ください。

# 算数 出題傾向＆対策

## ◆基本データ（2024年度A）

| | |
|---|---|
| 試験時間／満点 | 45分／100点 |
| 問題構成 | ・大問数…13題<br>計算問題１題（２問）／応用問題12題<br>・小問数…21問 |
| 解答形式 | 必要な単位などはあらかじめ印刷されている。応用問題の一部では，考え方と式を書くものもある。 |
| 実際の問題用紙 | Ｂ４サイズ |
| 実際の解答用紙 | 問題用紙に書きこむ形式 |

## ◆過去４年間の出題率トップ５

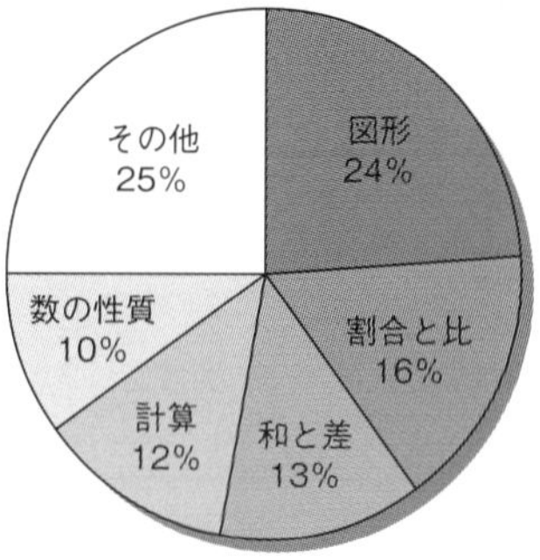


※　配点（推定ふくむ）をもとに算出

## ◆近年の出題内容

| 【 2024年度Ａ 】 | | | 【 2023年度Ａ 】 | | |
|---|---|---|---|---|---|
| 大問 | 1 | 四則計算 | 大問 | 1 | 四則計算 |
| | 2 | 平面図形－辺の比と面積の比 | | 2 | 四則計算，速さ，比の性質，相当算，体積，場合の数 |
| | 3 | 濃度 | | 3 | 平面図形－面積 |
| | 4 | 消去算 | | 4 | 速さと比 |
| | 5 | 平面図形－面積 | | 5 | 推理 |
| | 6 | 速さと比 | | 6 | 平面図形－長さ，計算のくふう |
| | 7 | 消去算 | | 7 | 整数の性質 |
| | 8 | 推理 | | 8 | 立体図形－体積 |
| | 9 | 約束記号，整数の性質 | | 9 | グラフ－点の移動，旅人算 |
| | 10 | 立体図形－水の深さと体積 | | 10 | 整数の性質 |
| | 11 | 整数の性質 | | | |
| | 12 | グラフ－図形の移動，面積 | | | |
| | 13 | 相当算，分配算，つるかめ算 | | | |

## ◆出題傾向と内容

**試験時間のわりに問題量が多い**ため，問題を全部こなすにはかなりの実力が必要です。時間配分にはとりわけ注意が必要でしょう。高度な解法が必要となる問題はそれほどありませんが，ある程度時間のかかる問題が多いので，得意な分野から手をつけるという方法も有効でしょう。また，問題用紙に計算用の余白が少ないなど，本校特有の特ちょうも見られます。

分野別に見ると，出題範囲はほぼ全単元にわたっています。本校では，各単元の知識をまんべんなく見ることに出題の重点がおかれているといえます。

## ◆対策～合格点を取るには？～

図形は，面積や体積ばかりでなく，長さ，角度，展開図，縮尺，相似比と面積比，体積比などの考え方や解き方をはば広く身につけ，割合や比を使ってすばやく解けるようになること。また，図形をいろいろな方向から見て，図形の性質をおさえるとともに，作図の練習もしておきましょう。

数量分野では，数の性質，規則性，場合の数などをマスターしましょう。教科書にある重要事項を自分なりに整理し，類題を数多くこなして，基本的なパターンを身につけてください。

また，特殊算からの出題は少なめですが，参考書などにある「○○算」というものの基本を学習し，問題演習を通じて公式がスムーズに活用できるようになりましょう。

# 算数 出題分野分析表

| 分野 | 年度 | 2024 | | 2023 | | 2022 | | 2021 | |
|---|---|---|---|---|---|---|---|---|---|
| | | A | B | A | B | A | B | A | B |
| 計算 | 四則計算・逆算 | ◎ | ◎ | ● | ◎ | ● | ◎ | ◎ | ◎ |
| | 計算のくふう | | | ○ | | | | | |
| | 単位の計算 | | | | | | | | |
| 和と差 | 和差算・分配算 | ○ | ○ | | | | ○ | ○ | ◎ |
| | 消去算 | ◎ | ○ | | | | ○ | ◎ | |
| | つるかめ算 | ○ | | | | | ○ | | ○ |
| | 平均とのべ | | | | ○ | | ◎ | | |
| | 過不足算・差集め算 | | | | ○ | | | | |
| | 集まり | | | | | | ○ | | |
| | 年齢算 | | ○ | | | | | | ○ |
| 割合と比 | 割合と比 | | | | | | ○ | | |
| | 正比例と反比例 | | ○ | | ○ | | | | |
| | 還元算・相当算 | ○ | ○ | ○ | | ○ | ○ | ○ | ○ |
| | 比の性質 | | ◎ | ○ | | ○ | ○ | ○ | |
| | 倍数算 | | | | ○ | | | | |
| | 売買損益 | | | | | ○ | | ○ | ○ |
| | 濃度 | ○ | | | ○ | | | ○ | |
| | 仕事算 | | ○ | | ○ | | | | |
| | ニュートン算 | | | | | | | | |
| 速さ | 速さ | | | ○ | | ◎ | | ○ | |
| | 旅人算 | | ○ | ○ | | | ○ | ○ | |
| | 通過算 | | ○ | | | | | | |
| | 流水算 | | | | | | | | |
| | 時計算 | | | | | | | | |
| | 速さと比 | ○ | ○ | ○ | | | | | ○ |
| 図形 | 角度・面積・長さ | ◎ | ○ | ◎ | ○ | ◎ | ● | ● | ◎ |
| | 辺の比と面積の比・相似 | ○ | | | | | | | |
| | 体積・表面積 | | ○ | ◎ | ○ | ◎ | ○ | ○ | |
| | 水の深さと体積 | ○ | | | ○ | | | | ◎ |
| | 展開図 | | ○ | | | | | ○ | |
| | 構成・分割 | | | | ○ | | | ○ | ○ |
| | 図形・点の移動 | ○ | ○ | ○ | | | ○ | | |
| 表とグラフ | | ○ | ◎ | ○ | ○ | ○ | ○ | ○ | ○ |
| 数の性質 | 約数と倍数 | | | | | | | | |
| | N進数 | | | | | | | | |
| | 約束記号・文字式 | ○ | | | ○ | ○ | ○ | | |
| | 整数・小数・分数の性質 | ◎ | | ◎ | ◎ | ◎ | ◎ | | ◎ |
| 規則性 | 植木算 | | | | | | | | |
| | 周期算 | | | | | | | | |
| | 数列 | | | | | | | | |
| | 方陣算 | | | | | | | | |
| | 図形と規則 | | | | | | | | ○ |
| 場合の数 | | | ○ | ○ | ○ | ○ | | | ○ |
| 調べ・推理・条件の整理 | | ○ | ◎ | ○ | ○ | ○ | ◎ | ○ | ○ |
| その他 | | | | | | | | | |

※ ○印はその分野の問題が１題，◎印は２題，●印は３題以上出題されたことをしめします。

# 社会 出題傾向＆対策

## ◆基本データ（2024年度A）

| | |
|---|---|
| **試験時間／満点** | 30分／60点 |
| **問題構成** | ・大問数…３題<br>・小問数…28問 |
| **解答形式** | 用語の記入が大部分をしめているが，記号選択と記述問題も見られる。解答用紙にあわせて答えるものもあり，記述問題には１～２行で書くものが複数出題されている。 |
| **実際の問題用紙** | Ｂ４サイズ |
| **実際の解答用紙** | Ｂ４サイズ |

## ◆過去４年間の分野別出題率

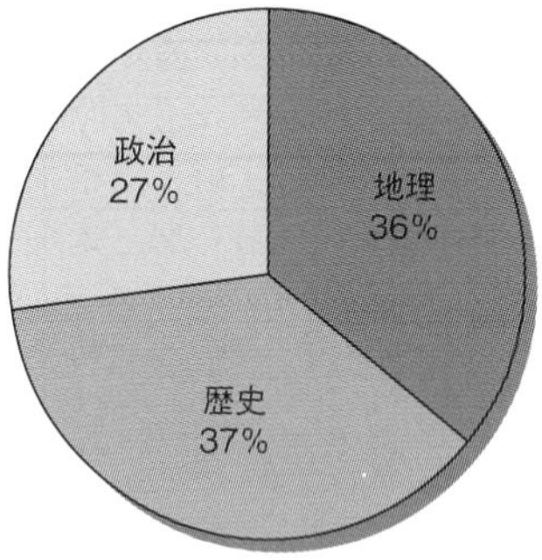


※　配点（推定ふくむ）をもとに算出

## ◆近年の出題内容

| 大問 | 【 2024年度Ａ 】 | 【 2023年度Ａ 】 |
|---|---|---|
| 1 | **〔地理〕** 身近なものを題材とした問題 | **〔歴史〕** 海外との交流を題材とした問題 |
| 2 | **〔歴史〕** 各時代の歴史的なことがらについての問題 | **〔地理〕**『東海道五十三次』を題材とした問題 |
| 3 | **〔政治〕** 平等を題材とした問題 | **〔政治〕** 物価を題材とした問題 |

## ◆出題傾向と内容

歴史，地理，政治の三分野ごとにはっきり区分けできるような問題だけではなく，歴史・地理，政治・歴史といった融合問題も出題されています。さらに，**国際関係・国際政治に関する設問もよく見られます。**

地理分野では，日本の国土や自然，地形図の読み取り，都道府県別の統計資料や産業，各地方をテーマとした問題などが出されています。

歴史分野では，年表が用いられるものや，特定の地方の歴史についていくつかの文を読ませ，地名や人物名など，関連することがらを問うものなどが見られました。取り上げられる時代は，弥生時代から近現代までの広範囲にわたっており，はば広い知識が必要とされます。

政治分野については，**時事問題との関連が深く，その年度で話題になったことがらがよく出題されます。**たとえば，社会福祉制度や国際紛争，環境問題などです。出題は日本に限定されず，世界の政治情勢や世界地理とからめた設問もよく見られます。

## ◆対策～合格点を取るには？～

**地理**では，**地図とグラフ**が欠かせません。つねに地図帳を活用することと，教科書や資料集にある統計を頭に入れることが大切です。また，白地図に，地形と気候，資源と産業，交通のようすを順にまとめていきましょう。

**歴史**では，教科書や参考書を通りいっぺんに読むだけでなく，**ノートに年表をつくる**と効果的に覚えられるでしょう。特に，できごとに関わる年代・人物・影響などについて，よく調べた上で書きこむようにします。それぞれの分野ごと（政治・文化・外交など）にまとめるくふうも大切です。また，史料集などで写真や絵画・歴史地図などに親しんでおきましょう。

**政治**では，**日本国憲法の基本的な内容をしっかりおさえる**ことが大切です。特に基本的人権，三権のしくみは重要です。また，国際政治では，日本と関係の深い国について，ひと通りまとめておきましょう。さらに，**時事的なことがらもおさえておく**必要があります。日ごろから新聞・テレビなどを見て，できごとの内容，影響，問題点などをまとめておきましょう。

# 社会　出題分野分析表

| 分野 ＼ 年度 | | | 2024 | | 2023 | | 2022 | | 2021 | |
|---|---|---|---|---|---|---|---|---|---|---|
| | | | A | B | A | B | A | B | A | B |
| 日本の地理 | 地図の見方 | | | | | | ○ | ○ | | ○ |
| | 国土・自然・気候 | | ○ | ○ | ○ | ○ | ○ | ○ | ○ | |
| | 資源 | | | | ○ | ○ | | | | ○ |
| | 農林水産業 | | ○ | ○ | ○ | ○ | ○ | ○ | ○ | ○ |
| | 工業 | | ○ | ○ | ○ | ○ | | ○ | ○ | ○ |
| | 交通・通信・貿易 | | ○ | | | | ○ | | | |
| | 人口・生活・文化 | | | ○ | ○ | ○ | | | | |
| | 各地方の特色 | | | | ○ | | | | | ○ |
| | 地理総合 | | ★ | ★ | ★ | ★ | ★ | ★ | ★ | ★ |
| 世界の地理 | | | | ○ | | | ○ | | | |
| 日本の歴史 | 時代 | 原始～古代 | ○ | ○ | ○ | ○ | ○ | ○ | ○ | ○ |
| | | 中世～近世 | ○ | ○ | ○ | ○ | ○ | ○ | ○ | ○ |
| | | 近代～現代 | ○ | ○ | ○ | ○ | ○ | ○ | ○ | ○ |
| | テーマ | 政治・法律史 | | | | | | | | |
| | | 産業・経済史 | | | | | | | | |
| | | 文化・宗教史 | | | | | | | | |
| | | 外交・戦争史 | | | | | | | | |
| | | 歴史総合 | ★ | | ★ | ★ | ★ | ★ | ★ | ★ |
| 世界の歴史 | | | | | | | | | | |
| 政治 | 憲法 | | ○ | | | | ○ | | ○ | ○ |
| | 国会・内閣・裁判所 | | ○ | | | ★ | ○ | | ○ | ○ |
| | 地方自治 | | | | | ○ | | | | |
| | 経済 | | | ○ | ★ | | ○ | | | ○ |
| | 生活と福祉 | | ○ | | | | ○ | | ○ | |
| | 国際関係・国際政治 | | ○ | ○ | ○ | ○ | | ○ | ○ | |
| | 政治総合 | | ★ | | | | ★ | | ★ | ★ |
| 環境問題 | | | | ○ | ○ | | | | | |
| 時事問題 | | | | ○ | ○ | | | ○ | | |
| 世界遺産 | | | ○ | | | | | | | |
| 複数分野総合 | | | | ★ | | | | ★ | | |

※ 原始～古代…平安時代以前，中世～近世…鎌倉時代～江戸時代，近代～現代…明治時代以降
※ ★印は大問の中心となる分野をしめします。

# 理科 出題傾向＆対策

## ◆基本データ(2024年度Ａ)

| | |
|---|---|
| 試験時間／満点 | 30分／60点 |
| 問　題　構　成 | ・大問数…４題<br>・小問数…20問 |
| 解　答　形　式 | 記号選択と用語・計算結果などの記入が大半をしめているが，１行程度の記述問題も出されている。また，記号選択は複数を選択するものも見られる。 |
| 実際の問題用紙 | Ｂ４サイズ |
| 実際の解答用紙 | Ｂ４サイズ |

## ◆過去４年間の分野別出題率

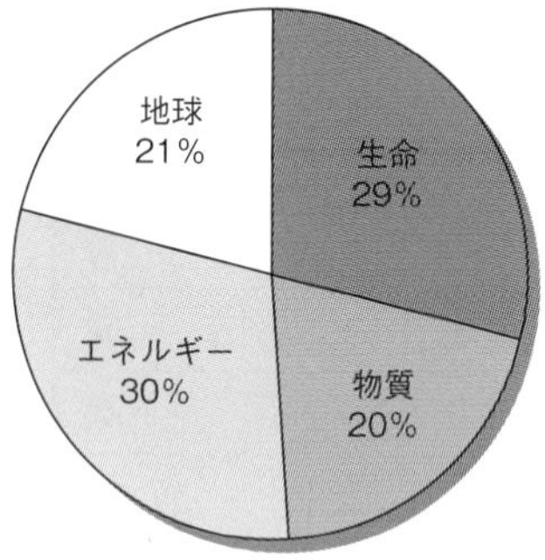


※　配点(推定ふくむ)をもとに算出

## ◆近年の出題内容

| 【 2024年度Ａ 】 | | 【 2023年度Ａ 】 | |
|---|---|---|---|
| 大問 | 1〔総合〕たんぱく質の性質 | 大問 | 1〔物質〕混合物の判別 |
| | 2〔エネルギー〕ピンホールカメラ | | 2〔エネルギー〕てこ |
| | 3〔地球〕太陽の動き | | 3〔地球〕流水のはたらき，気象 |
| | 4〔生命〕鏡像自己認知 | | 4〔生命〕生物の特ちょう，行動 |

## ◆出題傾向と内容

理科の各分野から広範囲に出題されており，**試験時間のわりに問題の量が多い**といえます。

内容的には「生命」「物質」「エネルギー」「地球」の４分野からまんべんなく出題されています。「生命」では動物の単元からの出題が多く，ついで，植物や，人体となっています。「物質」では気体・水溶液の性質，物質の反応，「エネルギー」では物体の運動，電気回路，光の進み方などはば広い単元から出題されています。また，「地球」からも毎年１題は必ず出題されており，星や月などの天体の動き，流水のはたらき，台風の進路と天気の変化，環境問題などが見られます。

最近の理科で目立つことは，実験や観察にもとづく設問が多いということです。図やグラフを多用し，それをもとに実験・観察の過程や結果を考えさせるという形式が取り入れられています。たとえば，動物・植物のつくり，実験器具，実験方法，天体の動き，実験・観察結果のグラフなどです。したがって，作図や計算問題も多くなっています。単なる暗記による知識だけでなく，小学校の授業内容をよく理解し，筋道立てて論理的に考える力を要求しているといえるでしょう。

## ◆対策〜合格点を取るには？〜

本校の理科は，実験・観察・観測をもとにした問題が中心となっています。したがって，**まず基礎的な知識を早いうちに身につけ，その上で，問題集で演習をくり返す**のがよいでしょう。

「生命」は，身につけなければならない基本知識の多い分野です。ヒトのからだのしくみ，動物や植物のつくりと成長などを中心に，ノートにまとめながら知識を深めましょう。

「物質」は，気体や水溶液，金属などの性質を中心に学習するとよいでしょう。また，中和や濃度，気体の発生など，表やグラフをもとに計算させる問題にも積極的に取り組みましょう。

「エネルギー」では，計算問題としてよく出される力のつり合いに注目しましょう。てんびんとものの重さ，てこ，輪軸，ふりこの運動などについて，それぞれの基本的な考え方をしっかりマスターし，さまざまなパターンの計算問題にチャレンジしてください。

「地球」では，太陽・月・地球の動き，季節と星座の動きがもっとも重要なポイントです。また，天気と気温・湿度の変化，地層のでき方などもきちんとおさえておきましょう。

# 理科 出題分野分析表

| 分野 ＼ 年度 | | 2024 | | 2023 | | 2022 | | 2021 | |
|---|---|---|---|---|---|---|---|---|---|
| | | A | B | A | B | A | B | A | B |
| 生命 | 植物 | | | | | ★ | ★ | | ○ |
| | 動物 | ★ | ★ | ★ | | | | ○ | ○ |
| | 人体 | ○ | | | | | | ○ | |
| | 生物と環境 | | | | ★ | | | | |
| | 季節と生物 | | | | | | | | |
| | 生命総合 | ○ | | | | | | ★ | ★ |
| 物質 | 物質のすがた | | | | | | | | |
| | 気体の性質 | ○ | | | ★ | ○ | | | |
| | 水溶液の性質 | | | | ○ | | | ★ | |
| | ものの溶け方 | | ★ | ○ | | | | | |
| | 金属の性質 | | | ○ | | | | | ★ |
| | ものの燃え方 | | | | | | | | ○ |
| | 物質総合 | | | ★ | | | | | |
| エネルギー | てこ・滑車・輪軸 | | | ★ | | | | | |
| | ばねののび方 | | | | | | | | |
| | ふりこ・物体の運動 | | | | | | | ★ | |
| | 浮力と密度・圧力 | | | | ★ | | | | |
| | 光の進み方 | ★ | | | | | ★ | | |
| | ものの温まり方 | ○ | | | | | ★ | | |
| | 音の伝わり方 | | | | | | | | |
| | 電気回路 | | ★ | | | ★ | | | ★ |
| | 磁石・電磁石 | | | | | | | | |
| | エネルギー総合 | | | | | | | | |
| 地球 | 地球・月・太陽系 | ★ | | | ★ | | ○ | | |
| | 星と星座 | | | | | | | | |
| | 風・雲と天候 | | | ○ | | | ○ | | ★ |
| | 気温・地温・湿度 | | | ○ | | | | | |
| | 流水のはたらき・地層と岩石 | | | ★ | | | | ★ | |
| | 火山・地震 | | ★ | | | ★ | | | |
| | 地球総合 | | | | | | ★ | | |
| 実験器具 | | | | | | | | | |
| 観察 | | | | | | | | | |
| 環境問題 | | | | | | ★ | ○ | | ○ |
| 時事問題 | | | | | | | | | |
| 複数分野総合 | | ★ | | | | | | | |

※ ★印は大問の中心となる分野をしめします。

# 国語 出題傾向＆対策

## ◆基本データ(2024年度Ａ)

| | |
|---|---|
| 試験時間／満点 | 45分／100点 |
| 問　題　構　成 | ・大問数…１題<br>　文章読解題１題<br>・小問数…19問 |
| 解　答　形　式 | 記号選択と適語の記入，本文中のことばの書きぬきが多いが，記述問題も見られる。記述問題はすべて字数制限がない。 |
| 実際の問題用紙 | Ｂ４サイズ |
| 実際の解答用紙 | Ｂ４サイズ |

## ◆過去４年間の分野別出題率

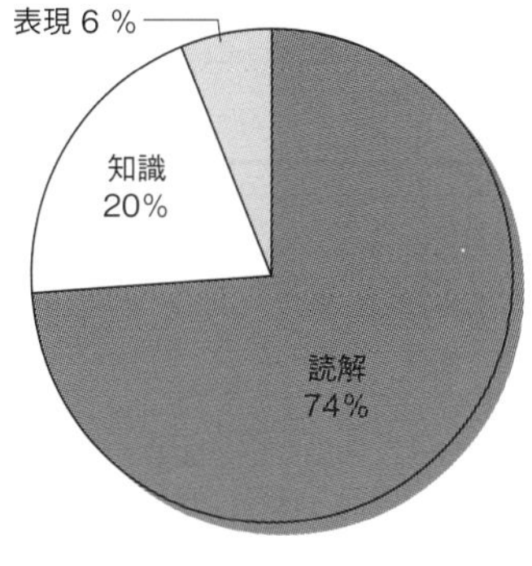


※　配点(推定ふくむ)をもとに算出

## ◆近年の出題内容

| 【 2024年度Ａ 】 | 【 2023年度Ａ 】 |
|---|---|
| 〔小説〕北村薫『ひとがた流し』(約8500字) | 〔随筆〕上橋菜穂子『物語ること，生きること』(約6500字) |

## ◆出題傾向と内容

**読解問題は長めのものが出題されることもある**ため，文章を読むスピードが遅い受験生は注意が必要です。出題される文章は随筆文，物語文，説明文などで，文章自体は簡単なことばづかいで読みやすいものばかりです。

次に設問内容に目を向けてみると，それがよく練られていることに気がつきます。問題文そのものが味わい深いだけでなく，各設問の編成にしてみても，文章中の要点に沿ったものとなっており，設問のつながりを意識して解く必要があるなど，じっくりと考えられたものなのです。これは，一つ，あるいは短い二つの問題文のみから受験生の読解力を正しく評価するために，くふうしていることのあらわれだといえるでしょう。

本校の問題は設問の内容が多岐にわたっており，漢字や慣用句・ことわざに関するものは小問としてひじょうによく出題されますし，ほかにも，ことばの意味や表現技法，品詞・用法なども幅広く出されています。受験生がどんなふうに学んできたか，**国語の総合的な力がためされる良問**になっているといえるでしょう。

## ◆対策～合格点を取るには？～

本校のように，かなりの長文で，しかも内容が高度な読解問題に取り組むには，**速読即解力が必要**です。この力をつけるためには，やはり読書が有効です。しかし，文字を追うだけの読み方では何の理解も得られません。段落ごとの内容，指示語の内容，登場人物の心情とその変化などをつねに理解しながら読むのです。文章の流れをはっきり整理して把握することが，本校の国語ではもっとも要求されます。また，本校の国語では，表現力も必要です。したがって，本を読むときに，そのあらすじや自分の感想を原稿用紙１枚程度にまとめる練習をおすすめします。そのさい，内容はもちろんのこと，まとめた文章が文法上おかしくないか，誤字・脱字はないかなどといったことについても，できるだけ客観的に見返すようにしましょう。**書いたものを家族や先生などに添削してもらう**のも，一つの方法です。

また，漢字や文法，ことばの知識なども，文章を読み取り，要旨などをまとめて書くうえで必要不可欠ですから，わからない言葉があったら必ず国語辞典を引くようにするほか，うすめの参考書や問題集も一冊，くり返し練習しマスターするようにしましょう。

# 国語 出題分野分析表

| 分野 ＼ 年度 | | | 2024 | | 2023 | | 2022 | | 2021 | |
|---|---|---|---|---|---|---|---|---|---|---|
| | | | A | B | A | B | A | B | A | B |
| 読 | 文章の種類 | 説明文・論説文 | | ★ | | ★ | | ★ | | ★ |
| | | 小説・物語・伝記 | ★ | | | | | | ★ | ★ |
| | | 随筆・紀行・日記 | | | ★ | | ★ | | | |
| | | 会話・戯曲 | | | | | | | | |
| | | 詩 | | | | | | | | |
| | | 短歌・俳句 | | | | | | | | |
| 解 | 内容の分類 | 主題・要旨 | ○ | ○ | ○ | ○ | ○ | ○ | ○ | ○ |
| | | 内容理解 | ○ | ○ | ○ | ○ | ○ | ○ | ○ | ○ |
| | | 文脈・段落構成 | | | | ○ | | | | |
| | | 指示語・接続語 | ○ | ○ | ○ | ○ | ○ | ○ | | ○ |
| | | その他 | ○ | ○ | ○ | ○ | ○ | ○ | ○ | ○ |
| 知 | 漢字 | 漢字の読み | ○ | ○ | ○ | ○ | ○ | ○ | ○ | ○ |
| | | 漢字の書き取り | ○ | ○ | ○ | ○ | ○ | ○ | ○ | ○ |
| | | 部首・画数・筆順 | | | | | | | | |
| | 語句 | 語句の意味 | ○ | ○ | ○ | ○ | ○ | ○ | ○ | ○ |
| | | かなづかい | | | | | | | | |
| | | 熟語 | | | ○ | | | ○ | | |
| | | 慣用句・ことわざ | ○ | ○ | ○ | ○ | ○ | | ○ | ○ |
| | 文法 | 文の組み立て | ○ | ○ | | | | | | |
| | | 品詞・用法 | | | | ○ | | | | ○ |
| | | 敬語 | | | | | | | | |
| 識 | 形式・技法 | | | | | | | | ○ | |
| | 文学作品の知識 | | | | | | | | | |
| | その他 | | | | | | | | | |
| | 知識総合 | | | | | | | | | |
| 表現 | 作文 | | ○ | ○ | ○ | | ○ | | ○ | ○ |
| | 短文記述 | | | | | | | | | |
| | その他 | | | | | | | | | |
| 放送問題 | | | | | | | | | | |

※ ★印は大問の中心となる分野をしめします。

# 2024年度 東洋英和女学院中学部

**【算　数】**〈**Ａ日程試験**〉(45分)〈満点：100点〉

**1**　次の計算をしなさい。

(1)　$144\div6\times2-165\div15$

(2)　$\frac{2}{15}-\left\{\left(6\div2.25-2\frac{5}{8}\div4.5\right)\times0.2-\frac{1}{3}\right\}$

**2**　１辺の長さが20cmの正方形を，図に書かれた面積になるように，４つの長方形に分けました。このとき，Ａの長さを求めなさい。

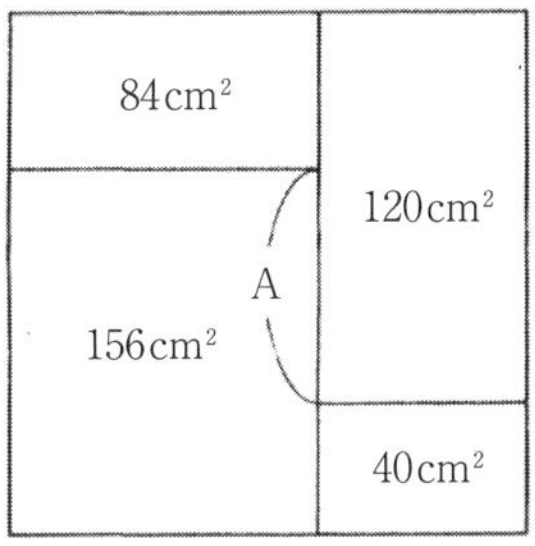


**3**　ある食塩水に，食塩20ｇと水80ｇを加えたので，濃《のう》度10％の食塩水が500ｇできました。もとの食塩水の濃度は何％ですか。

**4**　消しゴム２個の値段は，鉛筆《えんぴつ》３本の値段より10円高く，消しゴム６個と鉛筆５本を買うと，代金は1010円になります。消しゴム１個の値段はいくらですか。

**5**　下図のように，直角二等辺三角形の中に，円と３つの正方形があります。影《かげ》の部分の面積を求めなさい。ただし，円周率は3.14とします。

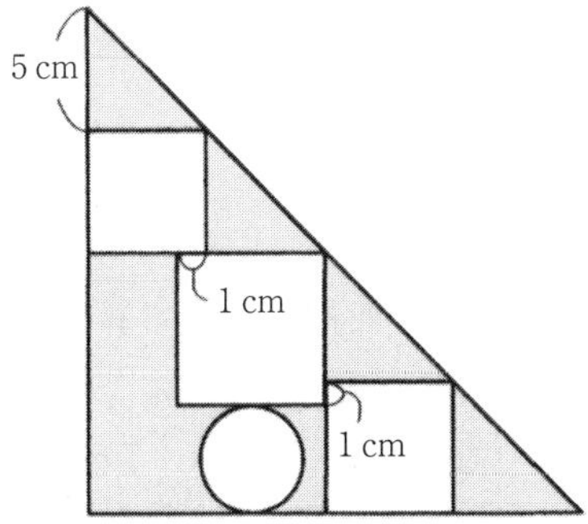

**6**　Ａ駅の動く歩道は，一定の速さで動いています。この歩道を分速50mで歩くと２分間かかり，分速75mで歩くと１分30秒かかります。歩かずに乗ったままの場合は，何分間かかりますか。

**7**　児童38人が農業体験をしました。玉ねぎ23個，にんじん25本，なす28本の合計76個を収穫《かく》したので，一人２個ずつ異なる種類の野菜を持ち帰りました。なすと玉ねぎを持ち帰った児童は何人ですか。考え方と式も書きなさい。

**8**　Ａ，Ｂ，Ｃ，Ｄ，Ｅ，Ｆの６人が円形のテーブルを囲んで座《すわ》りました。席は等間隔《かく》で並んでいて，１～６の番号が書かれています。６人は次のように言っています。

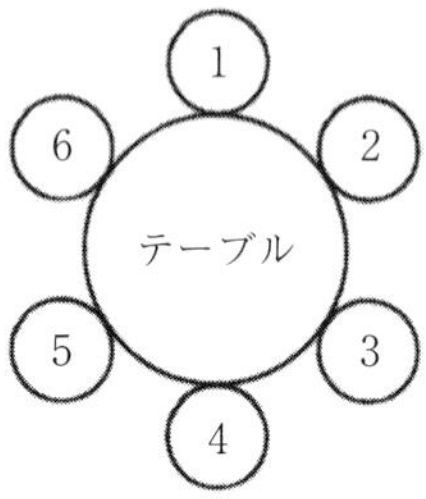


Ａ「Ｅさんの席の番号は，私の番号の約数です。」
Ｂ「私の正面にＥさんが座っています。」
Ｃ「私とＦさんは自分の好きな番号の席に座りました。」
Ｄ「私の席の番号は，ＣさんとＥさんの番号の和よりも大きいです。」
Ｅ「Ｂさんの席の番号はＡさんの番号の２倍です。」
Ｆ「ＣさんとＤさんの間に座っている人は１人です。」
　ＣさんとＦさんの好きな番号は，それぞれ何番ですか。

**9**　$\langle A \rangle$は，$A$の小数第１位を四捨五入した数を表します。例えば，$\langle 7\div 3\rangle=\langle 2.333\cdots\rangle=2$です。次の問いに答えなさい。

(1)　$\langle\langle 53\div 5\rangle\div 3\rangle$はいくつですか。

(2)　$\langle B\div 5\rangle=6$に当てはまる整数$B$の中で，最小の数と最大の数を答えなさい。

(3)　$\langle B\div 5\rangle=6$と$\langle 44\div B\rangle=2$を同時に満たす整数$B$をすべて答えなさい。

**10**　高さ10cmの円柱型の水そうＡの中に，高さ13cmの直方体型の水そうＢが入っています。水そうＢの底面は１辺４cmの正方形です。図１はこれを真横から見た図で，図２は真上から見た図です。次の問いに答えなさい。ただし，円周率は3.14とします。

図１

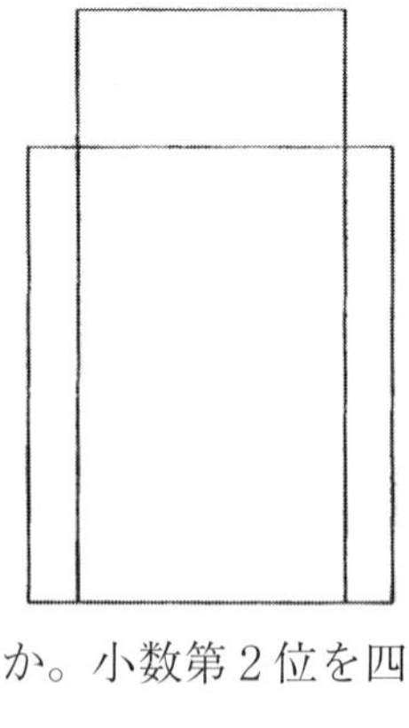

図２

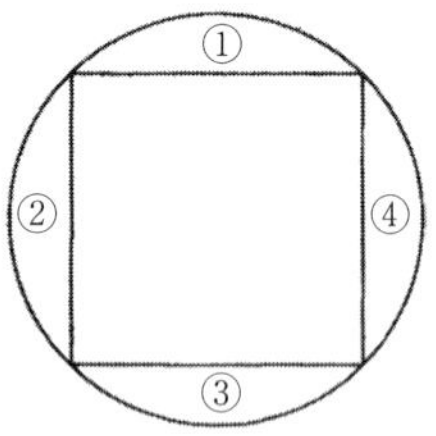


(1)　水そうＡの底面積を求めなさい。

(2)　250cm$^3$の水を，水そうＢに満ぱいになるまで入れ，残りを図２の①～④の４つの部分に均等に入れました。４つの部分の水面の高さは何cmですか。小数第２位を四捨五入して答えなさい。

**11**　ある紙テープを６cmずつに分けると最後の１本が１cm足りなくなりますが，７cmずつに分けると１cm余ります。150cmから200cmまでの間で考えられる紙テープの長さをすべて答えなさい。

**12**　図のように長方形Aと，Aの向きを変えた長方形Bが直線上に並んでいます。図の状態から長方形Aは矢印の方向に直線に沿って一定の速さで進みます。長方形Bは途《と》中から同じ方向に毎秒1.5cmの速さで進みます。下のグラフはAが動き始めてからの時間と，AとBが重なっている部分の面積の関係を表しています。次の問いに答えなさい。

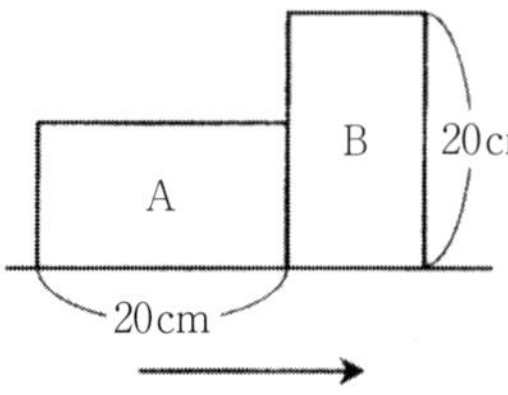


(1)　Aの縦の長さを求めなさい。

(2)　Aの速さを求めなさい。

(3)　ア に当てはまる数を求めなさい。

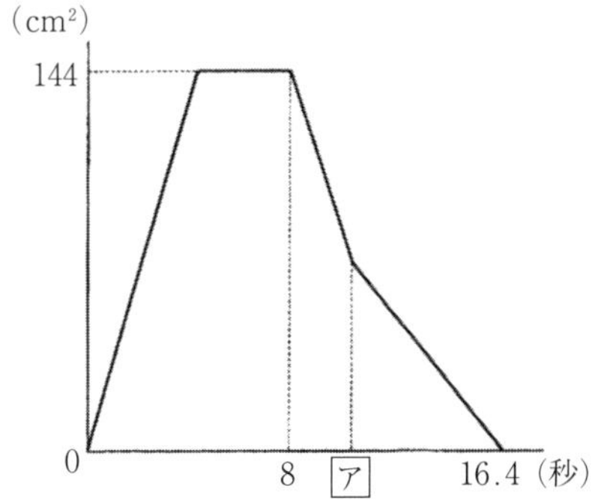


**13**　6年生が20点満点の試験を受けました。問1と問2は○が5点，×が0点，問3は○が10点，△が5点，×が0点です。次のことがわかっています。

- 問1が×の人は全体の12％で，全員が合計0点です。
- 問3が○の人は全体の8％で，全員20点満点です。
- 合計5点の人は全体の16％で，合計0点の人より6人多い。
- 問3が×の人は，△の人の1.5倍より全体の2％多い。
- 平均点は9.6点です。

次の問いに答えなさい。

(1)　試験を受けた人数を求めなさい。

(2)　問3が△の人は何人ですか。

(3)　合計15点の人は何人ですか。

**【社　会】〈Ａ日程試験〉**（30分）〈満点：60点〉

〈編集部注：実物の入試問題では，図や写真などの大半はカラー印刷です。〉

**1**　次は，ある日の中学１年生の地理の授業の様子です。よく読んで，あとの問いに答えなさい。

東　先生：今日は身の回りにあるいろいろな「もの」が，どこでどのように作られて私たちのところへ届けられているか，考えてみましょう。ではまず，食べ物から考えてみましょうか。みなさん，朝ご飯は何を食べましたか？

英子さん：うちは毎朝，ご飯とお味噌汁《みそしる》が基本で，おかずが何品か出ます。

東　先生：では最初はご飯，つまりお米がどこでどのように作られているか考えてみましょう。

洋子さん：お米の生産量が一番多いのは新潟県だと勉強しました。

和子さん：うちは今年，山形県の親戚《せき》から「つや姫」っていう名前のお米を送ってもらったわ。

英子さん：北海道の「ゆめぴりか」もおいしいわよ。

東　先生：みなさんが言ってくれたように，①お米の主な生産地は北陸や東北地方，北海道などですね。「つや姫」や「ゆめぴりか」などの（　１　）は，農家が品質を重視して栽培《さいばい》したお米です。近年，特徴《ちょう》あるおいしい（　１　）が次々に作られて人気になっていますね。さらに和食ブームに乗って，海外への輸出も増えてきています。

英子さん：海外では今，お寿司《すし》がブームになっていると聞きました。

和子さん：私は②サーモンが好きだな。海外ではどんなお寿司が人気なのかな。

洋子さん：父のカナダの友人がお寿司好きで，「日本のわさびを使ったお寿司は格別だね」と言っていました。わさびは外国ではあまり作られていないから，手に入れにくいそうです。

東　先生：日本でも栽培できる場所は限られています。③長野県の安曇野《あずみの》では，冷涼《りょう》な気候と一年を通して13度前後の清らかな水に恵《めぐ》まれていることをいかして，わさびを栽培しています。

和子さん：おじいちゃんはいつも手でお寿司を食べているのよ。お寿司屋さんには割り箸《ばし》も用意してあるのに，それがいいんだって。

東　先生：お寿司の楽しみ方は人それぞれですね。ところで，その割り箸の原料は国産，輸入，どちらが多いと思いますか？

英子さん：使い捨てでたくさん必要だし，国産が多いと思います。

東　先生：そう思いますよね。しかし実際には，ほとんど輸入に頼《たよ》っています。そこで現在，日本では④混み合ってきた森林の木々の一部を切り出し，割り箸の原料にする動きもあるのですよ。さて，お寿司から話が広がりすぎましたね。ほかに好きな食べ物は何かありますか。

和子さん：私は⑤いちごが大好きです。そのまま食べるのも，ケーキに乗っているのも好きだな。

洋子さん：私はぶどうも好きです。でも最近，日本で作られたおいしい果物の種や苗《なえ》が許可なく海外に持ち出されて栽培され，販《はん》売されていると聞きました。なんだか悔《くや》しいです。

東　先生：そうした海外の動きから日本の農作物を守る必要がありますね。一方で国内に目を向けると，味噌や醤《しょう》油などの原料である大豆は輸入が多いです。また⑥肉類やたまごも，実際の自給率はとても低いといわれています。

英子さん：毎日食べるものくらいは自給できなくて大丈《じょう》夫なのかな。

東　先生：確かに心配になりますよね。しかし別の見方をすれば，今の日本で「純国産」を求めすぎると，食べられるものも作れるものも，かなり限られてしまいます。たとえば，みなさんが今着ている制服が何からできているか，知っていますか。

洋子さん：タグを見たら，私の制服には「毛100％」と書いてあります。

東　先生：そうですね。英和の制服は，オーストラリアから羊毛を輸入して，⑦愛知県の一宮の工場で生地にし，その後制服に仕立てられているのですよ。

和子さん：私の制服は「ポリエステル65％，綿35％」と書いてあります。合《あい》服は素材が違《ちが》うのね。

洋子さん：先生，ポリエステルって化学繊維《せんい》ですよね。何から作られるのですか。

東　先生：ポリエステルは(　2　)を主な原料として作られた化学繊維で，軽くて丈夫なことが特徴です。合服に使われている生地は福井県の工場で生産されています。余談ですが，ポリエステルと同じ原料から作られているものの一つにペットボトルがありますね。

和子さん：私の制服が，ペットボトルと同じ(　2　)から作られているって，不思議な感じです。

東　先生：他にも⑧制服のネクタイは，中国から輸入した生糸を山形県の鶴岡の工場で生地にして，さらに東洋英和のスクールカラーであるガーネット色に染める加工をしています。

英子さん：毎日着ている制服が，そんな風に作られているとは思いもしませんでした。

和子さん：うーん，そう言われると「純国産」のものを見つけたいな。そうだ，このミネラルウォーターはどうですか。日本の天然水って書いてあります。

東　先生：いいところに目を付けましたね。日本は雨が多いので，飲料水に限らず水資源の自給率は高いですね。とはいえ，地球温暖化や気候変動によって，将来的には水資源の量や質が変化するかもしれません。しっかりと日本の水を守っていきたいですね。

問１　文章中の(１)にあてはまる語句を答えなさい。

問２　下線部①について。東北地方で米の収穫《かく》量の多い地域は，日本海側に位置しています。その理由の一つに，沖合を流れる暖流の影響《えいきょう》で，稲の生育時期に気温が下がりにくいことがあげられます。この暖流を何といいますか。

問３　下線部②について。

⑴　「サーモン」と呼ばれるサケ・マスは，かつては右の地図中**A**の海域で多くとられていました。このような海域まで船を出して行われる漁業を何といいますか。

⑵　現在では，サーモンの養殖漁業もさかんです。青森県深浦町は，右の地図中**B**の山地から流れ出すミネラル豊富な水を利用した，サーモンの養殖が行われています。世界遺産にも登録されている**B**の山地名を答えなさい。

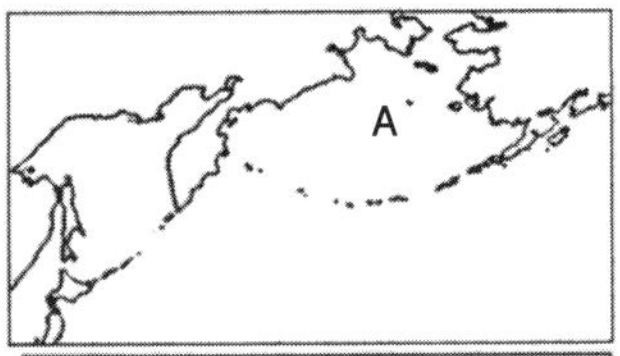


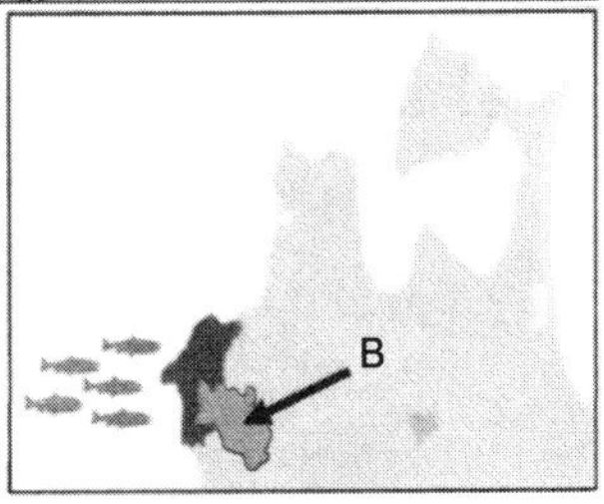


日本海深浦サーモン HP　より

問４　下線部③について。安曇野には，全国でも珍《めずら》しく，複数の扇状地が重なってできた地形が広がっています。そのため，多くの場所で豊富な湧《わ》き水が得られることを利用して，わさびが栽培されています。次は扇状地の模式図です。湧き水が得やすいのはどこですか。記号で答えなさい。

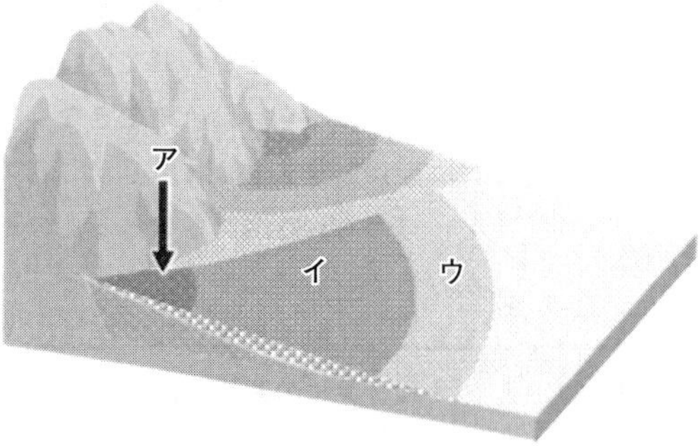


問５　下線部④について。この作業により，残った樹木は健全に成長することができます。この作業を何といいますか。

問６　下線部⑤について。右のグラフは，いちごの県別生産割合を示したものです。グラフ中Ｃの都道府県名を答えなさい。

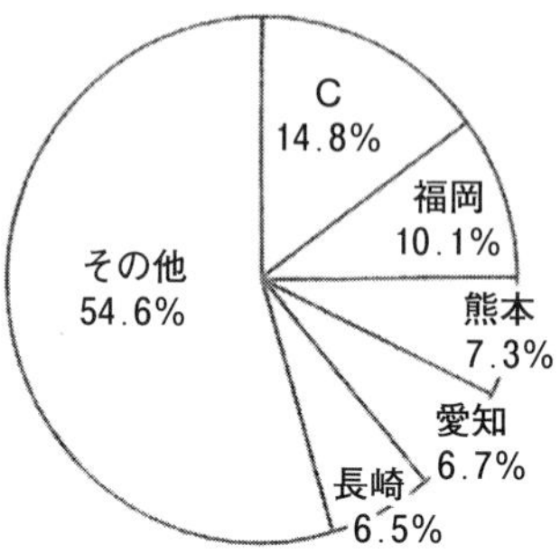


日本国勢図会 2023/24　より

問７　下線部⑥について。農林水産省の統計では，鶏《けい》卵は約96％が国内で生産されているにもかかわらず，実際の自給率は約10％まで下がるとされています。それはなぜですか。解答欄《らん》にしたがって答えなさい。

問８　下線部⑦について。一宮は世界三大毛織物産地といわれています。それは，柔《やわ》らかい毛織物の生産に適した水を，右の地図中Ｄの河川から得ているからです。Ｄの河川名を答えなさい。

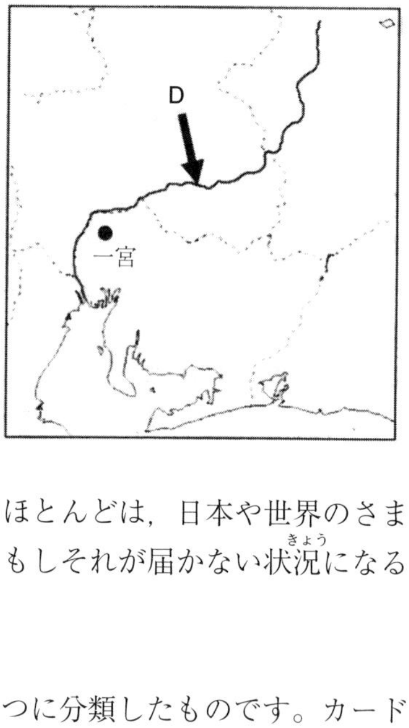


問９　文章中の(２)にあてはまる語句を答えなさい。

問10　下線部⑧について。鶴岡は，生糸の生産から絹織物の最終加工までを一貫《かん》して行うことができる，日本で唯《ゆい》一の地域です。しかし，東洋英和の制服のネクタイは，そうした地域で製造されているにもかかわらず，原料の生糸を中国から輸入しています。それはなぜですか。

問11　本文にあるように，身の回りにあるいろいろな「もの」のほとんどは，日本や世界のさまざまな地域で作られ，私たちのところに届けられています。もしそれが届かない状況《きょう》になるとしたら，どのような状況ですか。一つ答えなさい。

**2**　次は，中学１年生が作った歴史に関する資料のカードを，３つに分類したものです。カードをよく読んで，あとの問いに答えなさい。

**文字資料**

**日本書紀**

●『日本書紀』は，８世紀前半に完成した歴史書である。

●中国の歴史書にならい，『日本書紀』は『( １ )』とともに編さんされた。

●これらの歴史書づくりは，①天武天皇の中央集権的な国づくりの一つとして始められた。

**武家諸法度**

●武家諸法度は，②江戸幕府が制定した基本的なきまりである。将軍の代がわりごとに改めて発布された。

●違《い》反した大名は，石高を減らされたり，藩を取りつぶされたりした。

●③幕末の動乱の時期には，長く禁止されてきた大船の建造が許された。このことから，武家諸法度が最後まで形だけのものにならず，重要なきまりとして見られていたことがわかる。

問１　カード中の(１)にあてはまる歴史書を答えなさい。

問２　下線部①について。中央集権的な国づくりの一環《かん》として，「天皇」や「日本」といった呼び方がつくられました。「天皇」は，以前は何と呼ばれていましたか。

問３　下線部②について。次の武家諸法度を定めた将軍は誰《だれ》ですか。

> 一、大名らの国もとと江戸を交替《たい》して居住することを定める。毎年四月の間には江戸へ来ること。その際の従者の人数が，最近はとても多いが，これは領国の無駄《だ》な出費になり，領民の労苦のもとである。今後は身分相応にして，人数を減らすこと。

問４　下線部③について。それはなぜですか。

**遺跡資料**

**( ２ )遺跡**

●( ２ )遺跡は，青森県にある縄文時代最大級の遺跡である。

●④この遺跡では，大量の土器や石器，魚や動物の骨，クリやクルミ，ヒスイや黒曜石などが出土している。

●大型の六本柱の掘立《ほったて》柱建物跡《あと》や大型の竪《たて》穴住居跡，整えられた道路跡などが見つかっている。これらのことから有力な指導者がいたと考えられる。

**首里城**

●首里城は，( ３ )を建国した尚氏の居城である。

●⑤近くの那覇港には多くの国から船が集まり，( ３ )は貿易で繁《はん》栄した。

●1609年に島津氏は約3000名の軍勢をもって( ３ )に侵攻《しんこう》し，首里城を占拠《せんきょ》した。

問５　カード中の(２)にあてはまる遺跡を答えなさい。

問６　下線部④について。この遺跡では，次の写真のような人形が2000点以上出土しています。このような人形を何といいますか。

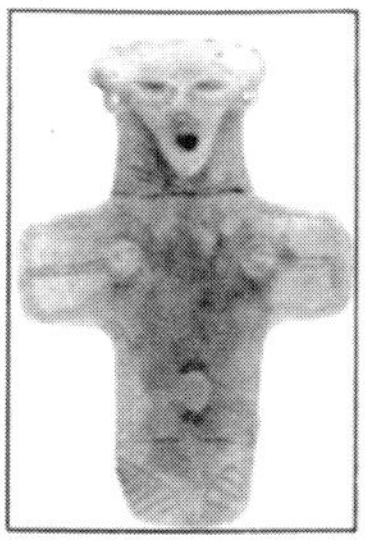

全国子ども考古学教室 HP　より

問7　カード中の(3)にあてはまる語句を答えなさい。

問8　下線部⑤について。たとえば，(3)は中国から輸入した品物を東南アジアにそのまま輸出して利益をあげていました。このような貿易を何といいますか。

**絵画資料**

**蒙古襲来絵巻(絵詞)**

●『蒙古襲来絵巻』は，御家人の竹崎季長が元寇の際に活躍《やく》した様子を描《えが》かせたものである。

●⑥右の絵は，博多湾沿岸で元軍が再び攻めてくるのを警《せ》戒《かい》している様子が描かれている。

●⑦この絵巻物は，竹崎季長が自分の戦いぶりを幕府にうったえかけて，恩賞を得るために作らせたという説がある。

文化庁　国指定文化財機構検索システム　より

**フランス人画家・ビゴーの風刺《し》画**

●ビゴーは明治時代の日本の様子を数多く描いた風刺画家である。

●ビゴーは21歳のときに，⑧浮世絵に興味をもち日本にやってきた。

●⑨右の絵は，日清戦争で“眠《ねむ》れる獅子《しし》”と呼ばれた清に，日本が勝利したあとに描かれたものである。

清水勲『ビゴーが見た日本人』　より

問9　下線部⑥について。絵画中の□(赤い囲み)は，1回目の元寇で敵に上陸を許したことによって苦戦した経験から，博多湾沿岸に造られたものです。これを何といいますか。

問10　下線部⑦について。これ以外にも，鎌倉時代には多くの絵巻物が作られました。それはなぜだと考えられますか。解答欄にしたがって答えなさい。

問11　下線部⑧について。次から浮世絵を選び，記号で答えなさい。

ア

名古屋・徳川美術館 HP　より

イ

東京根津美術館 HP　より

ウ

浜島書店資料集　より

エ

東京国立博物館所蔵品
国立文化財機構所蔵品
統合検索システム　より

問12　下線部⑨について。ビゴーは，国際社会における日本を，どのような国としてとらえていると考えられますか。

**3**　次の文章をよく読んで，あとの問いに答えなさい。

人間は生まれながらに「平等」であるという権利は，自由権とともに重要な基本的人権の一つです。明治時代以降，日本でも近代国家のしくみが整えられていきましたが，大日本帝国憲法のもとでの平等権は非常に限定的なものでした。

太平洋戦争後に制定された日本国憲法では，第14条に「すべて国民は，（　1　）に平等であって，人種，信条，性別，社会的身分又《また》は門地により，政治的，経済的又は社会的関係において，差別されない。」と明記されるようになりました。そして，①この条文をはじめとする憲法の平等原則にもとづいて，法律や制度が整備されてきました。

一方で，長年の慣習や，人々の意識が変わらずに，差別や偏《へん》見，社会格差などが続いたものもあります。そのうちの一つに，男女の格差問題があります。高度経済成長期以降に女性の社会進出が進むと，②職場で不当な差別を受けた女性が，裁判に訴《うった》える事例が相次ぎました。国際社会で女性の権利向上をリードしてきた国際連合では，全加盟国が参加する最高機関である（　2　）において，1979年に女子差別撤廃条約が採択《たく》されました。これを批准《じゅん》するにあたり，日本でも1985年に（　3　）が制定され，労働者の募《ぼ》集や採用，配置や昇《しょう》進など，職場で性別を理由に差別することが禁止され，人々の意識も大きく変わりました。それまで③どちらかの性別に大きく偏《かたよ》っていた職種でも，性別にとらわれない採用が行われる動きが広がりました。

世界各国における男女格差を，４つの分野にわけて数値化したものに「ジェンダーギャップ指数」があります。2023年６月に発表された日本の総合順位は，146カ国中125位と過去最低となりました。その内容を見ると，④４分野のうち，特に２分野で大きな格差が見られました。男女格差が急速に縮まりつつある世界の流れのなかで，日本の停滞《たい》ぶりが浮《う》き彫《ぼ》りとなったかたちです。グローバル化や少子高齢《れい》化などが進む社会で，女性のアイディアや視点，働きが活《い》かされるためには，さまざまなかたちで男女格差を解消していく努力が必要です。

男女格差以外にも，まだ平等が実現されていないものがあります。一人一人が尊重され，平等に生きられる社会をつくっていくことが大切です。

問１　文章中の(１)～(３)にあてはまる語句をそれぞれ答えなさい。

問２　下線部①について。憲法に規定された平等権を保障するにあたり，あえて法律によって制限を設けているものがあります。そのうち，年齢による制限が設けられている例を一つあげなさい。

問３　下線部②について。このような場合，女性が「原告」となり，訴えられた会社は「被告」となります。そのようなかたちで争われる裁判を何といいますか。

問４　下線部③について。そのような職種には，特定の性別を連想させるような名称《しょう》が使われていました。その名称を一つ答えなさい。

問５　下線部④について。その２つの分野とは何ですか。次から選び，記号で答えなさい。

ア．政治分野　　イ．経済分野　　ウ．教育分野　　エ．健康分野

**【理　科】〈A日程試験〉**（30分）〈満点：60点〉

〈編集部注：実物の入試問題では，卵の写真と図の一部はカラー印刷です。〉

**1**　三大栄養素は〔 ア 〕，たんぱく質，脂《し》肪《ぼう》です。たんぱく質は，熱を加えるとやわらかさや色などの性質が変わります。この性質を利用した卵料理には，ゆで卵，半熟卵，温泉卵などがあります。それぞれは，生卵を加熱して下の表のようにしたものです。

| | 生卵 | 温泉卵 | 半熟卵 | ゆで卵 |
|---|---|---|---|---|
| 白身 | 固まっていない | 完全には固まっていない | 固まっている | 固まっている |
| 黄身 | 固まっていない | 完全には固まっていない | 完全には固まっていない | 固まっている |

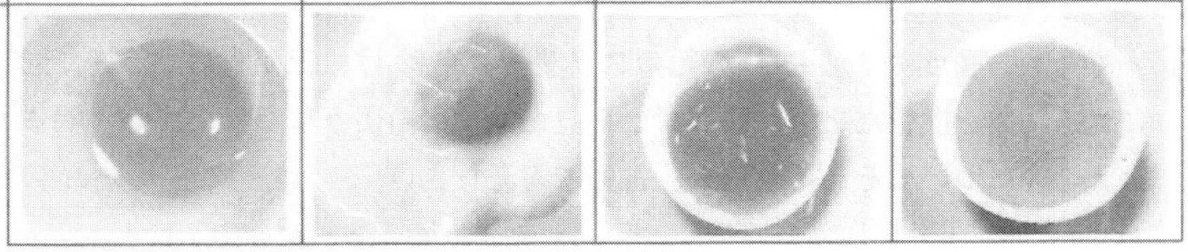

たんぱく質にはいくつか種類があります。卵の白身と黄身をつくるたんぱく質は，種類がちがいます。白身と黄身が固まる温度は，図1のようになっています。

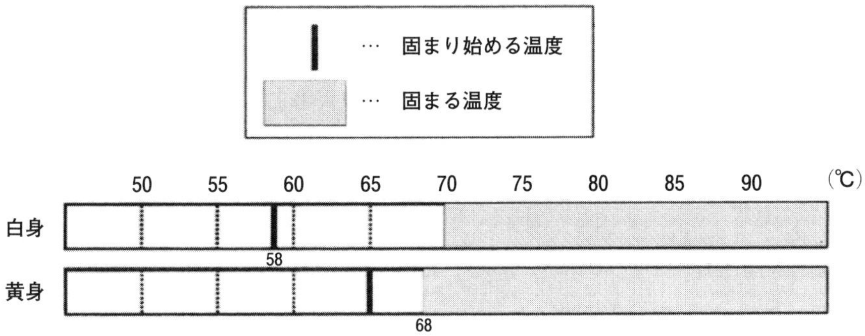


図1　白身と黄身が固まる温度

(1)　〔ア〕に入る三大栄養素の１つを答えなさい。

(2)　温泉卵を作るには，卵を入れるお湯の温度をどのようにすればよいですか。次の文の〔　〕に数字を入れなさい。

『最低〔　　〕℃以上，最高〔　　〕℃未満の温度のお湯に十分な時間入れる。』

ホットケーキの中には，多くの穴があります。これは，材料のホットケーキミックスの粉にふくまれる重《じゅう》曹《そう》(成分名：炭酸水素ナトリウム)が熱によって分解して生じた気体が抜《ぬ》けたあとです。

炭酸水素ナトリウムを図２のように加熱して集めた気体に石灰水を入れてふると白くにごりました。

図２

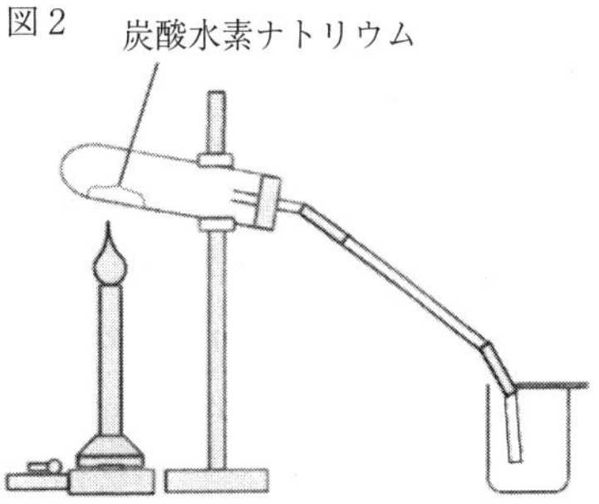


(3)　生じた気体の名前を答えなさい。

(4) 生じた気体は，なぜ図2のように集めるのでしょうか。理由を答えなさい。次の文に合うように10字以内で記入しなさい。

『生じた気体は□□□□□□□□□□から。』

(5) ホットケーキを作るには，ホットケーキミックスの粉に，卵と牛乳を加えて混ぜ，ホットプレートやフライパンで熱を加えて作ります。熱を加えると，(3)の気体の泡《あわ》が出始めますが，はじめはその泡はつぶれてしまいます。しかし，やがてふくらみ，図3のように中に多くの穴が残って完成し，つぶれることはありません。

卵を入れず，牛乳の代わりに水を入れてホットケーキを作った場合，(3)の気体の泡が出ても，図4のように穴がほとんど残らず，つぶれてしまいます。

図3のように，卵と牛乳を加えて作ると穴が残ってふっくらと完成するのはなぜですか。理由を答えなさい。

図3

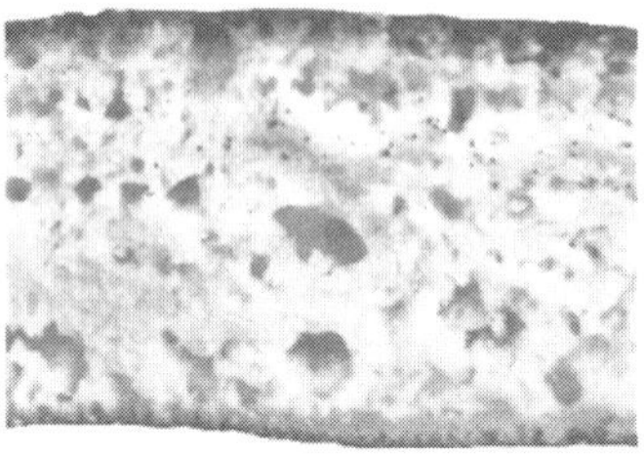

図4

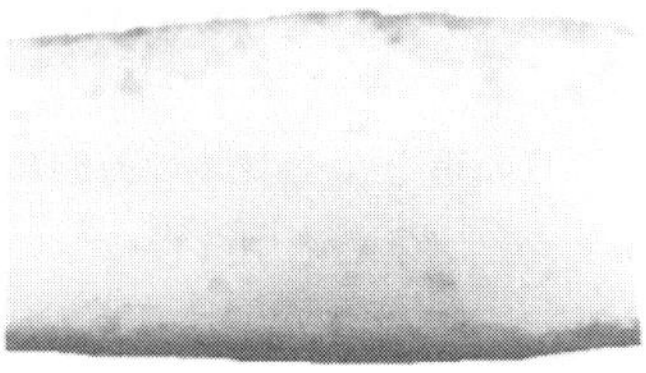

**2** 太さの異なるAとBの箱を用意し，Aの左端《はし》の面の中央に小さな穴(ピンホール)を開け，Bの左端の面には半透明《とうめい》の紙(スクリーン)をつけました。このAとBの箱を重ねてピンホールカメラを作りました。全体が光る，矢印の形をした大きさ10cmの物体を図1のようにピンホールカメラの前に置きました。物体の各部分からはいろいろな方向に光が出ていて，例えば矢印の先から出た光は，図2のようにピンホールを通った光だけがスクリーンに映ります。

図1のように，物体の方向にピンホールがくるようにし，スクリーンに映る像を観察しました。像とは物体と同じ姿・形をしたものをいいます。

図1

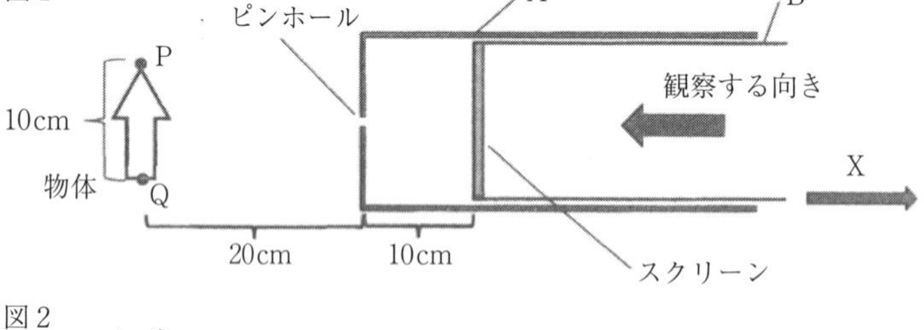


図2

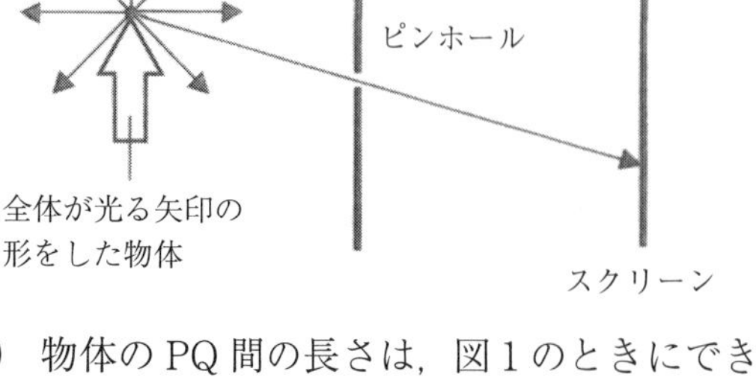


図3

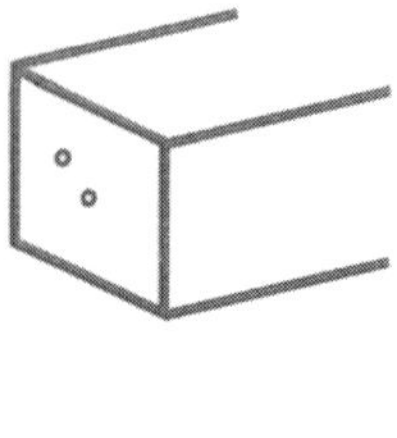

(1) 物体のPQ間の長さは，図1のときにできる像では何cmになっていますか。

(2)　物体を下に動かすと像はどの方向に動きますか。

(3)　Ｂの箱を図１のＸの方向に動かしたとき，スクリーンに映る像はどのようになりますか。大きさと明るさについて正しいものを選び，記号で答えなさい。

ア　大きくなり，明るくなる

イ　大きくなり，暗くなる

ウ　大きくなり，明るさは変わらない

エ　小さくなり，明るくなる

オ　小さくなり，暗くなる

カ　小さくなり，明るさは変わらない

(4)　新たに，図１で作ったときと同じ材料でピンホールカメラを作り，物体の位置やスクリーンは図１と同じにして，スクリーンに映った像を観察しました。そうすると最初に作ったピンホールカメラのスクリーンに映る像よりもぼやけてしまいました。なぜですか。考えられる原因を答えなさい。

(5)　もしも，Ａにあるピンホールを１つではなく，もう１つ図３のようにあけると，観察者から見た像はどのようになりますか。記号で答えなさい。

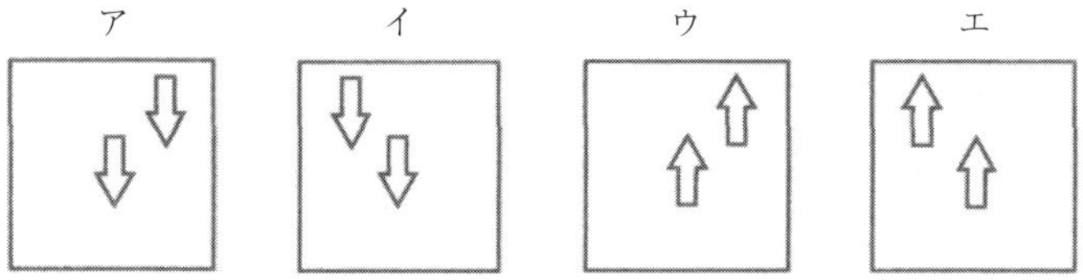


(6)　もしも，図４のようにＢの箱のスクリーンを傾《かたむ》け，上が青，下が赤で同じ明るさに光る物体を置いたとき，観察者から見た像はどのようになりますか。明るさ・向きと大きさについてそれぞれ選び，番号で答えなさい。

図４

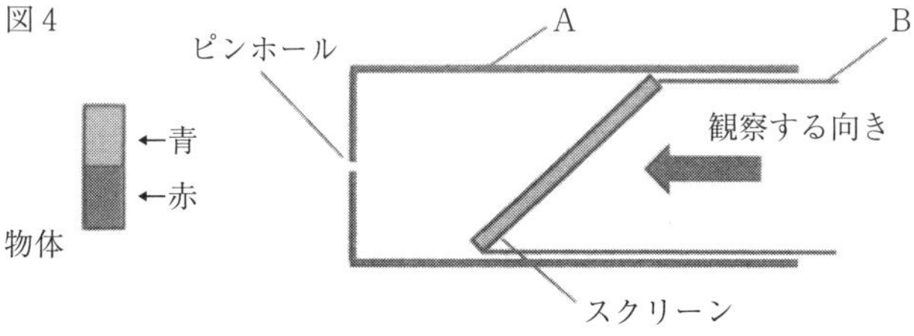


明るさ

１　青が赤より明るくなる　　２　赤が青より明るくなる

３　青と赤は同じ明るさ

向きと大きさ

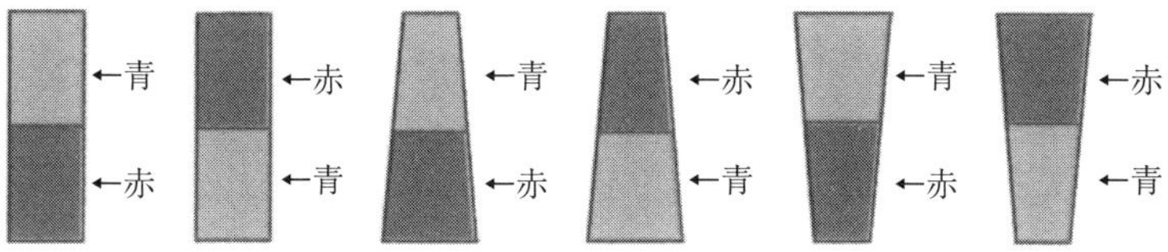

**3**　次の会話文を読んで問いに答えなさい。

英子さん　冬は，ひだまりで，ひなたぼっこをしたくなるよね。

和恵さん　教室の南にある屋根がついた広いベランダは，ひなたぼっこに最適だね。

英子さん　ベランダが，日本家屋の縁側《えんがわ》と同じような機能を果たしているんだね。

和恵さん　つまり，夏は(　　ア　　)けれど，冬は(　　イ　　)から，夏の暑さや冬の寒さをしのぎやすくなるということね。

(1)　会話文中のア，イにあてはまる文を次から選び，それぞれ番号で答えなさい。

1　太陽光がベランダの奥《おく》まで差しこむ

2　太陽光がベランダの奥まで差しこまない

3　ベランダでは風がよく通る

4　ベランダに空気がとどまる

(2)　右の図は，東京の観測点Oから見た，春分，夏至，秋分，冬至の日の太陽の動きをとう明半球の上に表したものです。

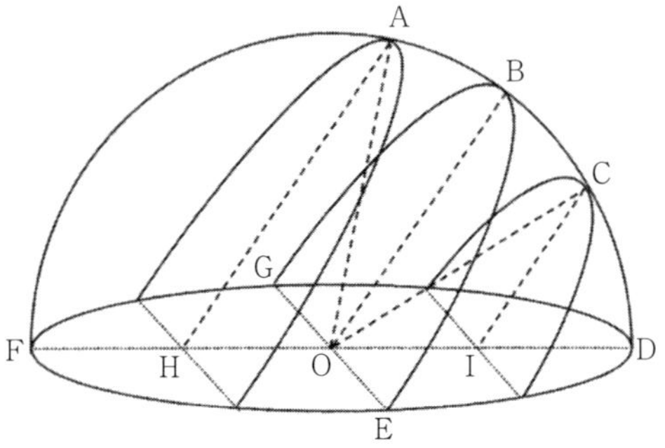


①　冬至の日の南中高度を示す角を次から選び，番号で答えなさい。

1　角 AHD　　2　角 AOD　　3　角 BOD

4　角 COD　　5　角 CID

②　西を示しているのは，図中のD，E，F，Gのうちどの点ですか。

(3)　次の表は，冬至の日における，日本国内の観測地A，B，東京，イギリスのロンドンでの日の出，南中，日の入りの時刻です。ロンドンの時刻は現地時間を記しています。

| 観測地 | 日の出 | 南中 | 日の入り |
|---|---|---|---|
| A | 6時53分 | 11時34分 | 16時15分 |
| B | 7時19分 | 12時17分 | 17時15分 |
| 東京 | 6時47分 | 11時39分 | 16時31分 |
| ロンドン | 8時04分 | 11時59分 | |

①　ロンドンの日の入り時刻を答えなさい。

②　日本国内の観測地のうち，最も西にある地点はどこですか。次から選び，番号で答えなさい。

1　観測地A

2　観測地B

3　東京

③　観測地のうち，最も緯《い》度が低い地点はどこですか。次から選び，番号で答えなさい。

1　観測地A

2　観測地B

3　東京

4　ロンドン

**4** 鏡に映った自分の姿を「自分である」と認識することを「鏡像自己認知」といいます。鏡像自己認知ができるかどうかは「マークテスト」で調べます。

| マークテストの方法 | 〔例〕 チンパンジー |
|---|---|
| ① 動物に一定期間，鏡を見せる。 | ① チンパンジーに鏡を10日間見せる。 |
| ② 鏡を取り除き，気が付かれないようにマークを動物につける。マークは鏡を見て初めて気が付くようなものとする。 | ② チンパンジーに麻酔《ますい》をかけて，額に赤いマークをつける。 |
| ③ 再度，鏡を見せて行動を観察し，<br>すぐにマークに反応した場合→マークテスト合格 (鏡像自己認知できる)<br>マークに反応しなかった場合→マークテスト不合格(鏡像自己認知できない) | |

これまで，マークテストに合格し，鏡像自己認知ができると考えられたのはチンパンジーなど比かく的高等な一部の動物だけでした。しかし近年，魚類のホンソメワケベラ(以下ホンソメ)も鏡像自己認知ができることが下のような実験で明らかになりました。

・太平洋などのサンゴ礁《しょう》域に生息する。
・大型魚などの体表につく茶色の寄生虫を食べる。

約12cm

ホンソメワケベラ

【実験1 ホンソメが茶色のマークを寄生虫とみなすか】

① ホンソメに麻酔をかけ，水槽《そう》から取り出し，ホンソメから直接見える体の右側側面に寄生虫に似せた茶色のマークを注射してつけた。

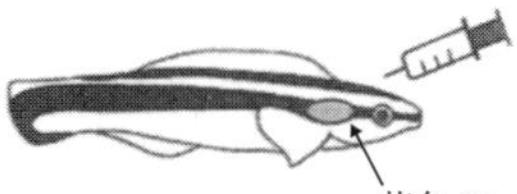


② ホンソメを水槽に戻《もど》し，麻酔から覚めた後，行動を観察した。

結果 ホンソメは体の右側側面を水槽にこすりつけ，茶色のマークを取り除こうとした。

【実験2 ホンソメのマークテスト】

① 鏡を入れた水槽を用意し，1匹のホンソメを入れ10日間そのままにした。

② 10日後，ホンソメに麻酔をかけ，水槽から取り出し，ホンソメからは直接見えないと考えられる喉《のど》の部分に寄生虫に似せた茶色のマークを注射してつけた。

③ ホンソメを鏡を入れた水槽に戻し，麻酔から覚めた後，行動を観察した。

＊この実験を計8匹のホンソメで行った。

結果 8匹中7匹が鏡を見た後，喉を水槽の底にこすりつけた(マークテスト合格)。

実験2の結果から，ホンソメは鏡に映った姿を自分と認識(鏡像自己認知)し，喉についている寄生虫(茶色マーク)を取り除こうと喉をこすりつけたと予想できますが，そのように結論づけるためには不十分で，以下のア～ウの可能性があります。

ア 喉のマークが直接見えていた。

イ 喉のマークがかゆかったり，痛かったりした。

ウ マークの有無にかかわらず，喉を底にこすりつけた。

前ページのア～ウを確かめるために，実験２の方法②（マーク）と方法③（戻す水槽の鏡）を変えた右図の確認実験A～Cを行った。

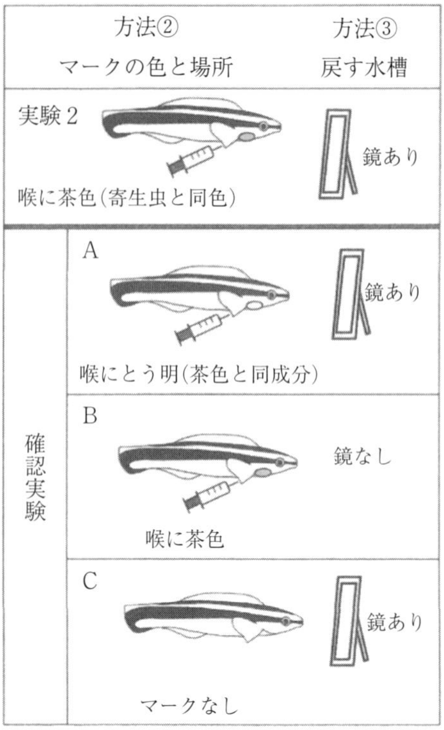


⑴　前ページのア～ウを確かめるためには右図の確認実験A～Cのどれを行えばよいですか。正しい組み合わせを次から選び，番号で答えなさい。

| | | | | | | |
|---|---|---|---|---|---|---|
| 1 | ア | A | イ | B | ウ | C |
| 2 | ア | A | イ | C | ウ | B |
| 3 | ア | B | イ | A | ウ | C |
| 4 | ア | B | イ | C | ウ | A |
| 5 | ア | C | イ | A | ウ | B |
| 6 | ア | C | イ | B | ウ | A |

⑵　確認実験A～Cの結果，ホンソメは鏡像自己認知ができるということが確かめられました。確認実験A～Cはそれぞれどのような結果になったと考えられますか。実験２と同様に，喉を底にこすりつけた場合は○，こすりつけなかった場合は×と答えなさい。

【実験３】

鏡を見たことがないホンソメに，あらかじめ撮影《さつえい》した「自分の全身写真」（ア）と「見知らぬ他のホンソメの全身写真」（イ）を５分ごとに見せ，それぞれの写真に対する攻撃《こうげき》回数を調べた。

【実験４】

鏡を入れた水槽で10日間過ごしたホンソメに，あらかじめ撮影した「自分の全身写真」（ア），「見知らぬ他のホンソメの全身写真」（イ），「自分の顔と見知らぬ他のホンソメの体を合成した写真」（ウ），「見知らぬ他のホンソメの顔と自分の体を合成した写真」（エ）の４種類を５分ごとに見せ，それぞれの写真に対する攻撃回数を調べた。

実験３・４の結果

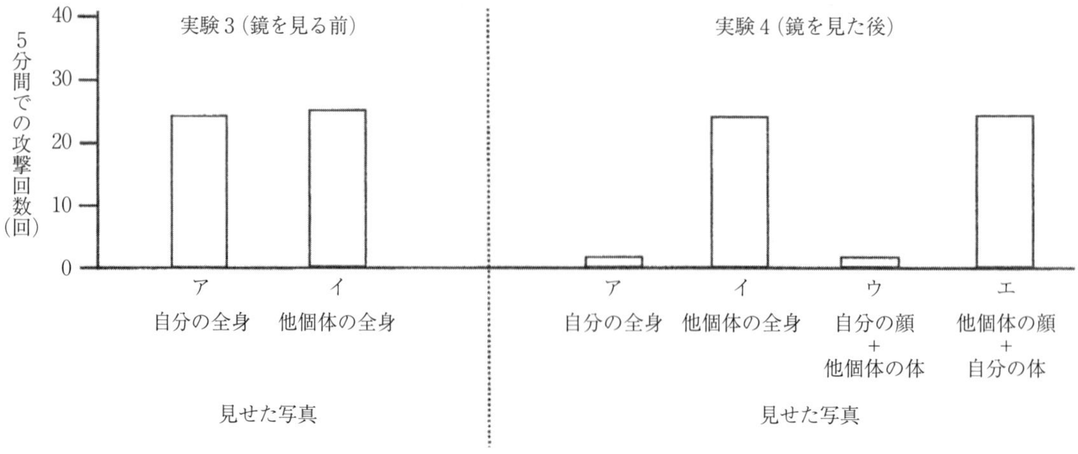

(3) 実験3・4の結果から分かることを次から2つ選び，番号で答えなさい。

1 ホンソメは鏡を見なくても，自分の姿を知っている。
2 ホンソメは他個体が写っていても，写真には攻撃しない。
3 ホンソメは鏡を見た後では，他個体への攻撃性が低下する。
4 ホンソメは全身(顔と体の両方)で，自分と他個体を見分けている。
5 ホンソメは顔で，自分と他個体を見分けている。
6 ホンソメは体(顔以外)で，自分と他個体を見分けている。
7 鏡像自己認知をしたホンソメは，静止した姿(静止画)で自分と他個体を見分けることができる。
8 鏡像自己認知をしたホンソメは，動く姿(動画)でないと自分と他個体を見分けることができない。

これまでのチンパンジーのマークテストの合格率(実験した個体数のうち，合格した個体数の割合)は40%ですが，実験2のホンソメのマークテスト(喉に茶色マーク)の合格率は87.5%です。

ホンソメの実験2で喉に注射するマークの色を様々にして行うと右表のようになります。ホンソメもマークの色により，合格率は低下し，鏡像自己認知の判定結果も変わってしまいます。正しくマークテストを行うためには，「適切なマーク」が重要です。適切なマークを用いてマークテストをすれば，チンパンジーの合格率も向上し，これまで合格例のない動物種においても，合格して，鏡像自己認知できることが新たに分かるかもしれません。

| | マーク | 合格率 |
|---|---|---|
| チンパンジー | 額に赤色 | 40% |
| ホンソメ | 喉に茶色 | 87.5% |
| | 喉に緑色 | 0％ |
| | 喉に青色 | 0％ |

(4) どのようなマークが適切であると言えますか。次の1～5より1つ選び，番号で答えなさい。また，適切であることを確認するためには，マークテストの前にどのような実験をすればよいですか。[1]と[2]に言葉を入れなさい。

1 実験する動物種に限らず，茶色のマーク
2 実験する動物種に限らず，赤色のマーク
3 実験する動物種の好きなにおいのするマーク
4 実験する動物種が強い興味をもつマーク
5 実験する動物種が痛みを感じるマーク

実験：鏡のない場所で，マークをその生物の[ 1 ]につけ，その生物が[ 2 ]という結果になれば，適切なマークである。

(5) 次のうち，魚類を2つ選び，番号で答えなさい。

1 エビ　2 クジラ　3 サメ　4 イルカ
5 ウミウシ　6 ヒラメ　7 タコ

(6) 一般的な魚類の特ちょうとして，誤っているものを2つ選び，番号で答えなさい。

1 セキツイ動物である。　2 えら呼吸を行う。
3 殻《から》のある卵を産む。　4 心臓は1心房《ぼう》1心室である。
5 こう温動物である。

なら、そこで終わりだ。でも、玲ちゃんが、その後、また一歩を踏み出せれば、きっと前より歩幅が大きくなっている筈だよ」について、次の(1)(2)に答えなさい。

(1)　この言葉で「類」が「玲」に伝えたかったことはどういうことですか。自分の言葉でわかりやすく説明しなさい。

(2)　(1)で説明した内容にあてはまるあなたの経験を書きなさい。ない場合は、見聞きしたことや想像したことでもよいです。

**エ**　玲が写すものの動きにあわせて、いろいろな角度から撮影していること。

問十二　10目をしばたたいた　とありますが、どういうことですか。もっともよくあてはまるものを次の**ア**〜**エ**の中から一つ選び、記号で答えなさい。

**ア**　目をしょぼしょぼさせること。
**イ**　目をぎらぎらさせること。
**ウ**　目をぱちぱちさせること。
**エ**　目をきょろきょろさせること。

問十三　11それ　は何を指していますか。本文中から四字でぬき出して答えなさい。

問十四　12殻をはずして歩いてる海老みたい　とありますが、どういうことをたとえていますか。もっともよくあてはまるものを次の**ア**〜**エ**の中から一つ選び、記号で答えなさい。

**ア**　新しいものを得ようと努力していること。
**イ**　決まりを破っても気にしないでいること。
**ウ**　自分を守っていたものを失ってしまったということ。
**エ**　余計なものを捨てて身軽になれたということ。

問十五　13型に寄りかかっていたんだよ　とありますが、これはどういうことですか。もっともよくあてはまるものを次の**ア**〜**エ**の中から一つ選び、記号で答えなさい。

**ア**　自分のセンスにたよって、アドバイスを聞かずにさまざまな構図の写真を撮り続けたこと。
**イ**　カメラを向けているもののおもしろさのみに集中して、何かを伝えたいという思いがないこと。
**ウ**　シャッターを押すことが楽しくて、何も考えずにたくさんの写真を撮ることをよいと考えること。
**エ**　他の人の写真に気を取られてまねばかりして、自分の本当に撮りたいものは何かを考えないこと。

問十六　14にこにこしていても、心の中では笑えなかった　とありますが、その理由を説明しなさい。

問十七　15本当に冒険といえる旅だった。　17決して、型なんかに寄りかかったところから、生まれるものじゃない。　とありますが、本当に　決して　がかかる部分をそれぞれ記号で答えなさい。

本当に　**ア**冒険と　**イ**いえる　**ウ**旅だった。
決して、**ア**型なんかに　**イ**寄りかかった　**ウ**ところから、**エ**生まれる　**オ**ものじゃ　**カ**ない。

問十八　16お母さんのおかげ　とありますが、次の①〜⑤のうち「お母さんのおかげ」にあてはまるものの正しい組み合わせを、後の**ア**〜**オ**の中から一つ選び、記号で答えなさい。

①　打ち合わせ中にお父さんに美人の撮り方のアドバイスをしてくれたこと。
②　怪我をしているお父さんの代わりに車の運転をしてくれたこと。
③　お父さんの撮った写真を知り合いの編集者に見せに行ってくれたこと。
④　お父さんの気持ちを理解してすぐに行動に移してくれたこと。
⑤　傑作を撮るために『北へ』とは別の地方に行く計画を立ててくれたこと。

**ア**　①―②―③　**イ**　③―④―⑤　**ウ**　②―③―⑤
**エ**　②―③―④　**オ**　②―④―⑤

問十九　18「その時、そこには、《駄目だ》と真っすぐに自分を責められる玲ちゃんがいる。そうだろう？　玲ちゃんはそういう子だ。いいかい、これは写真だけの問題じゃない。責めて進めなくなる

問三　本文中の□にあてはまる体の一部を漢字一字で答えなさい。

問四　2昔だったら、経済的問題に直面する　とありますが、どういうことですか。もっともよくあてはまるものを次の**ア**～**エ**の中から一つ選び、記号で答えなさい。

**ア**　シャッターを押す回数が多くなるので、新しいカメラに替えなくてはならなくなってしまうこと。

**イ**　フィルムを丸ごと現像しなければならないので、費用がかかり大変になってしまうこと。

**ウ**　あちらこちらに出かけて行くので、他のことをする大切な時間を失ってしまうということ。

**エ**　スイッチの一押しで消去出来ないので、大量の作品が手元に残ってしまうということ。

問五　3「ねえ、標識って、曲がってることが多いね」／と、しばらく前に玲がいった　とありますが、「しばらく前」の出来事を書いているのはどこまでですか。おわりの六字をぬき出して答えなさい。

問六　4常識が裏切られる　とありますが、これはどういうことですか。次の（ａ）（ｂ）の中にあてはまる言葉を本文中からそれぞれぬき出して答えなさい。

**速度制限の標識の、円周の色彩は本来（　ａ　）である筈なのに、（　ｂ　）に近くなっていること。**

問七　5個性を主張していた　とありますが、なぜそのように言えるのですか。解答らんに合うように本文中の言葉を使って説明しなさい。

問八　6つらそうな表情　とありますが、〈**第一場面**〉ではこれを何と言っていますか。三字でぬき出して答えなさい。

問九　7ぞくりとしたの　とありますが、なぜ「ぞくりとした」のですか。もっともよくあてはまるものを次の**ア**～**エ**の中から一つ選び、記号で答えなさい。

**ア**　秋の突き抜けた空気感に寒さを感じたから。

**イ**　相手の言葉の調子が強いものだったから。

**ウ**　思いもよらないほめ言葉を言われたから。

**エ**　自分の考えの足りなさに気付いたから。

問十　8作り手が考えもしなかった言葉が届くことだってあるだろう　とありますが、「玲」が「考えもしなかった言葉」とはどのような内容でしたか。もっともよくあてはまるものを次の**ア**～**エ**の中から一つ選び、記号で答えなさい。

**ア**　友人が大事な人を事故でなくした場所を、わざわざ写真に撮って作品にしていいのかということ。

**イ**　標識が通常と違っているのを通報せずに、興味本位で写真を撮って作品にしていいのかということ。

**ウ**　人が事故にあったかもしれないと想像しそうな標識を、写真に撮って作品にしていいのかということ。

**エ**　見ている人が嫌でたまらないと感じるように意図して、写真を撮って作品にしていいのかということ。

問十一　9玲ちゃんはカメラと一緒に踊っていた　とありますが、どういうことですか。もっともよくあてはまるものを次の**ア**～**エ**の中から一つ選び、記号で答えなさい。

**ア**　玲が心をひかれるものに出会って、夢中になって撮影していること。

**イ**　玲が手を振ったり足を上げたりして、構図を決めて撮影していること。

**ウ**　玲が思いがけないものを発見して、びくびくしながら撮影していること。

玲は、くすぐったそうな顔になる。

「何それ、のろけてるの」

「それもある。だけどね、いいたいことは、その先だ。――車で北に向かった。人生の中での、15本当に冒険《ぼうけん》といえる旅だった。ファインダーから覗《のぞ》く世界は、空気の色まで違って見えた。――撮って来た写真を整理すると、とてもいいものに思えた。お母さんも《凄《すご》い》といった。こっちから頼んだわけじゃないのに、勢い込《こ》んで、知り合いの編集者に見せに行った。写真集を出している会社の人だ。一目見て感心してくれた。本にすることが出来た。――こういうわけさ」

「だから、《16お母さんのおかげ》なのね」

「そうなんだ。それまでは、器用な二代目というだけで、写真集を出す立場じゃなかった。この本が、幸い評判になって、大きな賞まで貰《もら》うことになった。そうなると――だ」

「うん」

「同じことをやってみないかという誘《さそ》いがあったんだ。ある雑誌からね。車に乗って、今度は別の地方に出かけたらどうか――という企画《きかく》だ。同じようなカメラの位置から世界を見る」

「………」

「全く駄目《だめ》だった。自分で分かる。中途半端《はんぱ》な写真にしかならなかった。『北へ』は傑作だった。そうなったのは形式のせいなんかじゃない。分かるね」

玲は、深く頷いた。

「――玲ちゃん。だからね、カメラを信じていれば――本当にいいものを作れる瞬間というのは、大きくて強い、突然《とつぜん》の波のようにやって来る。波に洗われている間は、とてもいい気持ちだ。カメラを構える度に、それが来るのが天才だろう。――それは17決して、型なんかに寄りかかったところから、生まれるものじゃない。だからね、今、標識のシリーズを進められなくなっても、少しも気にすることはないんだ。――それからね、玲ちゃん、自分を責めて《何も考えずにあんな写真を撮った。わたしって駄目だ》と俯《うつむ》いた時、顔が下を向き過ぎて、《駄目》な方の玲ちゃんだけ見ちゃいけない。それは、自分に失礼だよ」

「………」

18「その時、そこには、《駄目だ》と真っすぐに自分を責められる玲ちゃんがいる。そうだろう？ 玲ちゃんはそういう子だ。いいかい、これは写真だけの問題じゃない。責めて進めなくなるなら、そこで終わりだ。でも、玲ちゃんが、その後、また一歩を踏《ふ》み出せれば、きっと前より歩幅《ほはば》が大きくなっている筈だよ」

（北村　薫『ひとがた流し』）

**【注】**

**1** ショット＝撮影する対象。
**2** 現像＝撮影したフィルムを薬品で処理しプリントすること。
**3** バット＝長方形の平らな皿。
**4** 暗室＝写真の現像をするために光が入らないようにした部屋。
**5** 校了＝校正が完了すること。

問一　本文中の太字の**カタカナ**は漢字に直し、**漢字**は読みをひらがなで答えなさい。

問二　1よどみなく答えた　とありますが、これはどういうことですか。もっともよくあてはまるものを次の**ア**～**エ**の中から一つ選び、記号で答えなさい。

**ア**　つっかえたりせず、すらすらと答えた。
**イ**　つつみかくさず、はっきりと答えた。
**ウ**　迷うことなく、明るく答えた。
**エ**　考える間もなく、急いで答えた。

人物をつかみ取ったものもそうだが、中でも、山中の夜明けの風景には、息を呑《の》むような生々しさがあった。白い渦《うず》となって流れる霧《きり》の向こうに、林があり、その向こうに、黒々とした山影《やまかげ》がある。上ろうとする太陽が、一日の最初の光を投げ始めている。おそらくは、一夜を明かした車中から叫ぶようにレンズを向けたのだろう。玲は、その写真に、のしかかって来るような《力》を感じた。驚嘆《きょうたん》すると同時に、やさしい父親としての類を知る身には、顔を背《そむ》けたくなるような何かさえ感じた。

「――あれを撮るまでは、お父さんは全く誰からも注目されていなかったんだよ。あれが撮れたのも、一冊の本に出来たのも、全部、お母さんのおかげなんだ」

美々は、いつも陽気に、おかしいことをしゃべっている。その母が、どうやって類と結ばれたのか。《職場結婚《けっこん》よ》という説明なら、聞いたことがある。美々は最初の結婚をして、すぐに離婚《りこん》した。仕事は、婦人雑誌の編集者をしていた。そこのグラビア写真などを撮っていたのが玲の《お父さん》だった。めでたく第二の、そして今度こそ末永く添《そ》い遂《と》げようと思う相手と巡《めぐ》り合ったわけだ。

「――お父さんは、子供の頃からカメラを手にしていた。そういっちゃあ何だが、才能はあったよ。――どういう才能かというと、若い頃からね、人に好かれ、褒められる写真なら幾らでも撮れたんだ」

類の頼んだ、ミントのハーブティーが来た。

「――まあ、いってみれば褒められ上手なんだな。うちのおじいちゃんはファッションを専門に撮っていた。写真をやり始めてから、そういう現場にも連れて行ってもらった。修業をしたんだよ。そのうちに、出版社の人とも顔見知りになる。――それでね、お父さんは、依頼《いらい》主の希望通りの写真が、器用に撮れた。――写すものを、《女の人》に譬《たと》えるなら、その人の内面までつかんで写し取るには、本当の力がいる。器用なだけじゃ出来ない。でも、そういう写真を、当人が喜ぶかどうかは別問題だ。誰だって、専門家が《本当にいい》っていう写真より、《美人》に撮れてる一枚の方がずっと嬉しいだろう？　お父さんには、それが出来たんだ。だから、**重宝**がられた。仕事は来た。それが嬉しくて、あっちやこっちで働いた。でも、――迷いはあった。《自分の本当に撮りたい写真は、別にあるんじゃないか》という迷いさ。だけど、その《何か》が、うまくつかめない。そうしているうちに、どんどん時間だけは経《た》っていく。――**14**にこにこしていても、心の中では笑えなかった」

玲の紅茶も来た。

「――そんな時、どういうわけか、お父さんのいらいらを見抜いてくれたのが、お母さんなんだ。最初は、仕事の打ち合わせをしていただけなんだ。それから、だんだん、色んなことを話すようになった。――知りあってしばらくしてね、お父さんが足の怪我《けが》をした。機材を運んでいる時にやっちゃって、当分、普通に歩けない。仕事の方はしばらく休むつもりになった。気障《きざ》にいえば、この機会に、自分を見つめ直そうと思ったんだな。お母さんが《何か、撮りたいもの、あるの？》っていうから、《自動車の窓から撮りたい》って答えたんだ。動くことが簡単に出来なくなった。そうなって逆に、《今この同じ時間の中にいる色々な人や、風景を、この手で捕まえてみたい》という気が湧《わ》き上がって来たんだ。――お母さんは、こういう時、決断が速いんだ。じっと、お父さんを見て、《【注5】校了明けに土日をからめたら、しばらく休める》っていった。雑誌の仕事をしていたから、忙しい時とそうでない時が周期的に来るんだね。《わたしが、ハンドルを握《にぎ》ってあげる》っていった。――その時、分かったんだ」

類は、薄荷《はっか》の香《かお》りのする、薄めた琥珀《こはく》色のお茶を口に運んだ。

「――この人となら、いいチームが作れるかも知れないって」

「心を休めてくれる絵や音楽もある。――でもね、《芸術とは迷惑《めいわく》だ》という一面も、確かにあるよ」

「どういうこと？」

「土方巽《ひじかたたつみ》という舞踏家《ぶとうか》がいる。細江英公《ほそええいこう》という写真家がいる。写真家は舞踏家を追いかけた。――秋田の田圃《たんぼ》が広がる、大きな風景の中に出かけた。土方巽は髭《ひげ》を**ハ**やし、裾《すそ》や袖《そで》が、風ではためき、ひるがえる着流しの姿だ。それで、思うがままに野を駆《か》けて行く。遠い遠い昔の、物語の中から出て来た、人間ではないもののようだ。写真家は、その姿をカメラに収める。土方は、畦道《あぜみち》に来ると、いきなり、そこにいた幼い子供を抱《かか》えて、田圃の中に走り出した。全速力だ。魔物《まもの》の疾《しっ》走《そう》だね。子供は曇天《どんてん》を仰《あお》ぎ、驚《おどろ》きと恐怖《きょうふ》に泣き叫《さけ》んでいる」

「うわあ」

「どうだい」

「何だか、トラウマになりそう。確かに、子供から見たら、大変な迷惑ね」

「だろう？　だけど、この一枚は、大傑作《けっさく》なんだ。《土方さん、やめなさいよ》といっていたり、子供のことを心配してシャッターを押さなかったら、その傑作は生まれなかった」

「お父さんなら、助けに行っちゃいそう」

類は、柔《やわ》らかく微笑《ほほえ》み、

「そうだね」

そして、コップの水をひと口飲み、いった。

「玲ちゃんはね、これでしばらく、交通標識に向けてシャッターを押せないだろう。でもね、それはたいしたことじゃないんだ。細江さんが土方さんを追いかけていたのとは違う。玲ちゃんが標識を撮っていたのは、――結局のところ、13<u>型に寄りかかっていたんだよ</u>。それでは、結局、次に進めない」

そして、立ち上がった。玲もバッグを手に取り、後に続いた。

外に出て、

「忙《いそが》しいのに、ありがとう」

というと、類は首を横に振った。《いいんだよ》の意味ではなかった。《まだ、終わらない》という意思表示だった。

「お茶も飲んで行こう」

これには、玲がびっくりした。

「だって、個展の初日でしょ。普通の日じゃないよ」

「もっと大事なことなんだ」

**〈第三場面〉**

近くの喫茶店《きっさてん》に入り、注文を終えると、すぐ類が話し始めた。

「お父さんの、『北へ』は知っているね」

玲は頷いた。類の出世作となった写真集だ。何ともあっさりした題だが、内容はその通り、車の窓から、青森へと向かう旅の途中の、移り行く眺《なが》めを撮影《さつえい》したものだ。

レンズの高さが、ほぼ固定されている。限定された条件の中で撮りながら、展開される世界は実に豊かだ。その年の、写真界の大きな賞を取っている。今まで類は、自分の口から、それについて語ったことはなかった。だが、『北へ』という題名は、類を紹介《しょうかい》する文には、必ずといっていいほど顔を出す。

知らされなくとも玲が、関心を持たぬ筈はなかった。類の仕事場にある一冊を引き出して、初めて見たのは中学生の頃《ころ》だった。いつも類の撮る、穏《おだ》やかな世界とは、全く違っていた。粗削《あらけず》りに見えるが、その分、一枚一枚に若々しい息遣《いきづか》いが感じられた。

「……喜んで踊《おど》ってる時は、こう、手を振ったり足を上げたりしてる動きが、もう、《喜びの表現》じゃなくて、《喜びそのもの》なんだって……ことよね」

「そうだよね。表現させる何かはある。後ろに何もない表現というのはない。そこから生まれた、もう一つの《生命》が作品だ。ただ、痛くて飛び上がっているのが、喜んで踊っているように見えたりするかも知れない。そういうことはある。――玲ちゃんが、標識のシリーズを撮り始めた時にも、とにかくシャッターを押させる何かがあったわけだ。撮らずにはいられなかったんだ。いってみれば、9玲ちゃんはカメラと一緒《いっしょ》に踊っていた。お父さんは、それを感じた。だから、止めるようなことはいわなかった。踊れる時っていうのは、そんなに簡単にやって来ないからだよ。それは、とっても大事な瞬間《しゅんかん》なんだ。――でも、実はね、あの写真を見て、――玲ちゃんが今日いわれたようなことも、感じたんだよ」

玲は、10目をしばたたいた。

「――どうして黙《だま》っていたか。第一には、今いった通り、シャッターを押したいという《時》を大切にしてやりたかったからだ。――そして何より、これは玲ちゃんの、写真の基礎《きそ》訓練だと思ったんだ。まだ、作品として発表するものだとは思わなかった。――知り合いに見せて、どうなるかまでは考えなかった。結果として、玲ちゃんを苦しめちゃったから、これは、お父さんの判断ミスかな」

類は、ちょっと間を置いて続ける。

「他の風景の中に、ああいう一枚が入っていたら、それは風景の一部だよ。でも、曲がった標識を揃えれば、そこに作者の意図がある。それが前提だ。なくては揃えられない。見る人は、写真そのものを通して、その狙《ねら》いを読むことになる。玲ちゃんの場合は、形の面白さを捕《つか》まえようとしたわけだ。でも、その対象の裏には、確かに《人の痛み》があるよね」

「……わたし、夢中になってて、11それが見えなかった。カメラって《見る》ものなのにね。わたし、写真に向かないのかなあ」

「そういってしまえばね、玲ちゃん、生きていくってことが《見る》ことだろう」

「……」

「向く、向かない、で生きてくことは出来ないよ。大体の人間がね、生きていくには向かないもんだよ。傷ついたり、苦しんだりした時には、自分が12殻《から》をはずして歩いてる海老《えび》みたいに思えるものさ。でも、何とかやっていくんだ。そうしながら、色々な経験を積んでいく。そうして、少しずつ何かが見え始めるんだ」

「うん」

「全《すべ》ての理屈《りくつ》を越えて、何を撮っても許される天才というのはいるよ。それは確かだ。――でも作品として、ああいうものにレンズを向けるとしたら、普通《ふつう》は、その裏にあるものを感じる力が必要だろう。感じられるからこそ、カメラを向ける時には、それを越える意図を持つことになる。これは、報道写真に関《かか》わる人間なら、毎日のようにぶつかる問題だよ」

類は、チョコレートのカップを取り直し、

「――作品には、意図がある。このチョコレートの作られたわけならね、《お客様をくつろがせて、ゆったりと、落ち着いた気持ちになってほしい》。そんなところかな。その心をくみ取るなら、さめないうちに飲まないといけないね」

そういって、ちょっとだけぬるくなったチョコレートを口に運んだ。

玲も、話して落ち着いたのか、チョコレートの適度の甘《あま》さが味わえたようだ。

類は、カップを置きつつ、

受け取って広げた。

道路標識の写真が並んでいる。それぞれ、どこかの隅が、違う曲がり方をしている。情報を伝える《手段》として存在している標識が、それによって微妙に、5個性を主張していた。

「友達にこれを見せたの。自分でも気に入ったものになったから」

「うん」

「そうしたら……」

二人の会話に遠慮《えんりょ》しつつ、《お待ち遠様でした》とカップが置かれた。玲は、そのチョコレートを一口啜《すす》ってから、

「嫌《いや》な顔をされたの」

作品に、肯定《こうてい》否定は付き物だ。誰かが褒めれば、誰かはけなす。だが、《嫌な顔》というのは単純な悪評とは違いそうだ。玲は続けた。

「こう、いわれた。――《画面として面白いのかも知れない。でも、標識が曲がってるってことは、車がぶつかったってことだよね。だとしたら、そこで誰かが怪我《けが》をしたり、もっとひどいことになったかも知れない。そんなところを素材にして、シャッターを押していいのか》って……」

6つらそうな表情のわけは分かった。類は、そっとチョコレートを口にした。玲が、いう。

「構図を工夫《くふう》したり、色調に気を配ったりするだけで、そこまで考えなかった。《特に、これなんかたまらない》って顔をしかめた。そういわれて、7ぞくりとしたの」

そして、ファイルの一枚を指で示した。空が写っていた。春先のものだが、空気感でいえば秋に似た突《つ》き抜けるような青さが印象的だ。中央上に雲がぽつんと浮かび、下に一方通行の標識がある。青地に白い矢印が、向きからいえば天を指している。標識の右側が、少し折れていた。

「……いわれるまで、全然、考えなかったんだ。ただ、白い矢印の先が、白い雲を指してるのが面白かったんだ。……だけどね、もし、その子が、大事な人を交通事故で亡《な》くしてたとしたら、どうだろう。こんなもの見せた、わたしのこと、きっと許せないよね」

類は、カップを受け皿に置き、

「玲ちゃんが、どうして苦しいのか、よく分かったよ。――友達と話している時だって、相手を傷つけることがある。こっちに、全然そんなつもりがなくてもね」

「うん」

「ものを作るのも、やっぱり対話なんだ。作るって行為《こうい》そのものがそうだ。自分と作品とのね。そして、出来ちゃったものを誰かに見せたら、今度は、そこで――作品と観客が話し始める。でも、観客の耳に、8作り手が考えもしなかった言葉が届くことだってあるだろう。作られたものは、説明じゃないからね。――何行かにまとめられるようなテーマがあって、それをそのまま伝えたければ、説明すればいい。そこに、絵や写真や音楽なんて《表現》はいらない筈だよ。――そうなると我々の伝えたいのは、意図じゃなくて、そこから生まれた表現そのものになる。それこそが、人間にとって必要なものだ。――泣くのは悲しいからだろう。でも、誰かに見せつけようとしてる時は別として、純粋《じゅんすい》に泣いてる時はどうか。《これで悲しみを表現しよう》なんて思っていない筈だ。ただ、止《や》むに止まれず、泣くことを泣いている。そうだろう?」

「うん」

「でもそれは、悲しみと涙《なみだ》が別物ということじゃないんだよ。流してる涙が、言葉を越《こ》えた、《悲しみそのもの》なんだよ」

玲は、一所懸命《けんめい》、後を追うように、

【注1】ショットを探しに出たりもする。当然のことながら、シャッターを押《お》す回数は大変なものだ。2昔だったら、経済的問題に直面する。

今の玲には、デジカメがある。フィルムを丸ごと【注2】現像した時代とは違う。失敗したカットは、スイッチの一押しで消去出来る。経済的にはずっと楽である。気に入った作品だけプリントしてファイルする。

類も、ちらりと見せられたりはする。しかし、正面から批評を求められたことはない。時々、十枚ぐらい並べられて、さりげなく《この中では、どれがいい？》と聞かれるぐらいだ。《いいか、悪いか？》という問いではない。その辺が微妙《びみょう》だ。

写真の道に興味を示している若者が、どれほど多いか。真剣《しんけん》にそう思っている者なら、《ちょっと面白《おもしろ》い写真》ぐらい撮れる。当たり前だ。次の一歩こそ、大河を跨《また》ぐ一歩なのだ。

《道路標識》というのは、この数か月、玲がまとめて撮っている対象だ。

3「ねえ、標識って、曲がってることが多いね」

と、しばらく前に玲がいった。ただの世間話と思い、《ああ……そうかな》と、適当に答えていた。やがて何枚かの写真を見せられた。

丸いのは速度制限や駐車《ちゅうしゃ》禁止を示す。赤い逆三角は《止まれ》だ。それぞれ、右側が曲がっている。丈《たけ》の高いトラックなどが擦《す》り寄り、接触《せっしょく》したのだろう。組み合わせられた背景も様々で、カメラを向ける角度により、空になったり風景になったりする。

野外に立つものだ。原則として色落ちしない塗料《とりょう》が使われている筈《はず》だ。だが、中の一枚は違った。速度制限の標識の、円周の色彩《さい》が、薬で落としたように脱色《だっしょく》している。剝《は》がれて下地が出ているわけではない。なぜか、くすんだ灰色に近くなっている。その標識の端《はし》が、巨《きょ》人《じん》の指が曲げたように、くにゃりと曲がっている。非現実的だ。4常識が裏切られるところから、訴《うった》えるものが生まれる。そこにある筈の見慣れた赤がない。代わりに、背景の夕焼けが唐紅《からくれない》といった鮮《あざ》やかさである。

「これ、色の操作をしたの？」

デジカメだと、色々な遊びが出来る。類は、そちらの方には、あまり詳《くわ》しくない。玲は首を振《ふ》り、

「ありのまま。元から、そうなっていたの」

それぞれ、向かう角度の取り方、背景の選択《せんたく》にセンスがあった。褒《ほ》めたわけではないが、表情から好感触だと思ったのだろう。玲は嬉《うれ》しそうだった。

そのシリーズが、どうかしたのだろうか。

「――それで？」

と、うながすと、玲は脇《わき》に下ろしていたバッグに手を伸《の》ばす。椅子が高いから、腰を曲げ、ちょっと窮屈《きゅうくつ》そうな動きになる。雑誌やノートなどの間に紛《まぎ》れたのか、目当てのものを抜き出すのに、ちょっと時間がかかった。

チョコレートの方は、そろそろ出来上がったらしい。白いほうろうの【注3】バットに湯が張られている。ほうろうのバットなら、写真をやる者には【注4】暗室でおなじみだ。勿論《もちろん》、この店では現像に使ったりはしない。そこでカップが温められている。まるで、幾《いく》つかのカップが揃《そろ》って旅行に出掛け、機嫌《きげん》よく温泉に浸《つ》かっているようだった。湯から引き上げられたカップは、濡《ぬ》れた周りを拭《ぬぐ》われる。そして、手鍋からチョコレートが注がれていく。

視線を玲に返すと、バッグから引き出したファイルを渡《わた》してきた。

**〈第二場面〉**

# 2024年度

# 東洋英和女学院中学部

**【国　語】**〈**A日程試験**〉（四五分）〈満点：一〇〇点〉

**次の文章を読んで後の問いに答えなさい。答えは、問十九(2)以外は解答用紙に書きなさい。問十九(2)の答えはそこの解答らんに書きなさい。字数の指定がある問題は、句読点や記号も一字と数えます。**

**類《るい》は写真家で、個展を開いている。その会場に娘の玲《れい》が訪れた。《憂《うれ》い顔》の玲を見て、類はお茶に誘った。**

**〈第一場面〉**

連れだって歩き、お茶ならぬチョコレートを飲ませる店に入った。元気が出るかと思ったのだ。遭難《そうなん》者がチョコレート一枚で何日か生き**ノ**びた——などという話も聞く。《憂い顔》の人間にも、**キ**くに違《ちが》いない。

いつも混んでいる店だが、ちょうど、カウンター席の壁《かべ》寄りが空いていた。隅《すみ》が落ち着くだろう。玲を板の壁際《かべぎわ》に座《すわ》らせ、かばうように隣《となり》の椅子《いす》に腰《こし》を下ろした。

ホットチョコレートを頼《たの》む。類は、ビターだ。

カウンターの向こうで、白いエプロンをつけた女の人が、銀色の手《て》鍋《なべ》を温めだす。

「学校は？」

「日曜だもの」

「ああ、そうだったな」

二人きりになったせいだろう。玲は、前よりはっきり、浮《う》かない顔になった。

類は、すぐに話を続けず、カウンターの向こうに声をかけた。

「——素朴《そぼく》な疑問ですけど、ココアと、飲むチョコレートって、どう違うんです」

昔から、疑問が頭に浮かぶと、すぐ聞きたくなる方だった。確か、チョコレートもココアも、原料は同じ豆だった。

白いエプロンの人は、泡《あわ》立て器を小さくしたようなマドラーを手にしながら、

「はい。チョコレートはカカオ豆から出来ます。ココアは、そこからカカオバターを抜いたものです。当店では、薄《うす》めたミルクでチョコレートを溶《と》いております」

1よどみなく答えた。

「ああ、チョコレートの方が、脂肪《しぼう》が多いんだ。——だから、ミルクそのままだと、濃《こ》くなり過ぎるんですね」

「いえ。いけない——というわけではないんです。その辺は、お店次《し》第《だい》ですね。薄めないで使うところもありますから」

女の人は、手鍋にチョコレートの粉を入れ、マドラーで掻《か》き混ぜ始める。カチャカチャという賑《にぎ》やかな音がする。

類は、玲の方に向き直り、

「……すぐ答えられるところが、プロだね。それぞれのお店に、それぞれの味があるわけだ」

と、□打ちした。玲が、こくんと頷《うなず》く。

「さあ。……それで、どうかしたのかな」

「うん。——道路標識の写真、今日、友達に見せたんだ」

玲は、カメラを片手にあちらこちらに出掛《でか》けて行く。通学やバイトの途中《とちゅう》、東京の**街角**も撮《と》る。家から自転車に乗って、お気に入りの

2024年度

# 東洋英和女学院中学部 ▶解説と解答

## 算　数　＜Ａ日程試験＞（45分）＜満点：100点＞

### 解　答

**1** (1)　37　(2)　$\frac{1}{20}$　**2**　8 cm　**3**　7.5％　**4**　110円　**5**　101.44cm$^2$　**6**　6分間　**7**　13人　**8**　C…3，F…6　**9** (1)　4　(2)　**最小**…28，**最大**…32　(3)　28，29　**10** (1)　25.12cm$^2$　(2)　4.6cm　**11**　155cm，197cm　**12** (1)　12cm　(2)　毎秒2.5cm　(3)　10.4　**13** (1)　150人　(2)　54人　(3)　24人

### 解　説

**1　四則計算**

(1)　144÷6×2－165÷15＝24×2－11＝48－11＝37

(2)　$\frac{2}{15}-\left\{\left(6\div2.25-2\frac{5}{8}\div4.5\right)\times0.2-\frac{1}{3}\right\}=\frac{2}{15}-\left\{\left(6\div2\frac{1}{4}-\frac{21}{8}\div\frac{9}{2}\right)\times\frac{1}{5}-\frac{1}{3}\right\}=\frac{2}{15}-\left\{\left(6\div\frac{9}{4}-\frac{21}{8}\times\frac{2}{9}\right)\times\frac{1}{5}-\frac{1}{3}\right\}=\frac{2}{15}-\left\{\left(6\times\frac{4}{9}-\frac{7}{12}\right)\times\frac{1}{5}-\frac{1}{3}\right\}=\frac{2}{15}-\left\{\left(\frac{8}{3}-\frac{7}{12}\right)\times\frac{1}{5}-\frac{1}{3}\right\}=\frac{2}{15}-\left\{\left(\frac{32}{12}-\frac{7}{12}\right)\times\frac{1}{5}-\frac{1}{3}\right\}=\frac{2}{15}-\left(\frac{25}{12}\times\frac{1}{5}-\frac{1}{3}\right)=\frac{2}{15}-\left(\frac{5}{12}-\frac{4}{12}\right)=\frac{2}{15}-\frac{1}{12}=\frac{8}{60}-\frac{5}{60}=\frac{3}{60}=\frac{1}{20}$

**2　平面図形―辺の比と面積の比**

右の図で，アとイの長方形の面積の比は，84：156＝7：13だから，たての長さの比も7：13であり，イの長方形のたての長さは，$20\times\frac{13}{7+13}$＝13(cm)となる。また，ウとエの長方形の面積の比は，120：40＝3：1なので，たての長さの比も3：1であり，エの長方形のたての長さは，$20\times\frac{1}{3+1}$＝5(cm)とわかる。よって，$A$の長さは，13－5＝8(cm)と求められる。

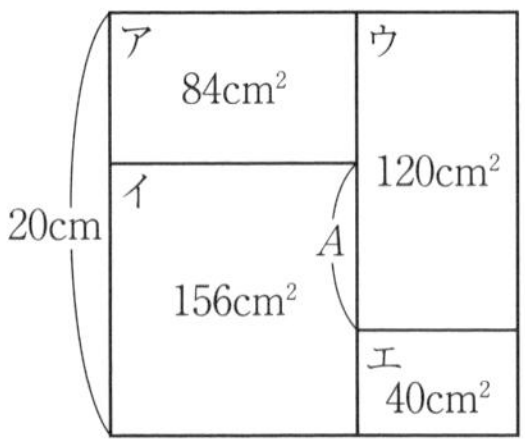


**3　濃度《のうど》**

(食塩の重さ)＝(食塩水の重さ)×(濃度)より，濃度10％の食塩水500ｇに含《ふく》まれている食塩の重さは，500×0.1＝50(ｇ)とわかるから，もとの食塩水に含まれていた食塩の重さは，50－20＝30(ｇ)である。また，もとの食塩水の重さは，500－(20＋80)＝400(ｇ)である。よって，もとの食塩水の濃度は，30÷400×100＝7.5(％)と求められる。

**4　消去算**

(消しゴム2個)＝(鉛筆3本)＋10円　…ア
(消しゴム6個)＋(鉛筆5本)＝1010円　…イ
(消しゴム6個)＝(鉛筆9本)＋30円　…ウ
(鉛筆9本)＋30円＋(鉛筆5本)＝1010円…エ

わかっていることを式に表すと，右の図のア，イのようになる。次に，アの式を3倍するとウのようになり，イの式の＿＿の部分にウの式の＝＝の部分をあてはめるとエのようになる。よって，鉛筆《えんぴつ》，9＋5＝14(本)の代金が，1010－30＝980(円)とわかるから，鉛筆1本の値段は，980÷14＝70(円)と求められる。これをアの式にあてはめると，消しゴム2個の代金が，70×3＋10＝220(円)になるので，消しゴ

ム１個の値段は，220÷２＝110(円)である。

**5 平面図形─面積**

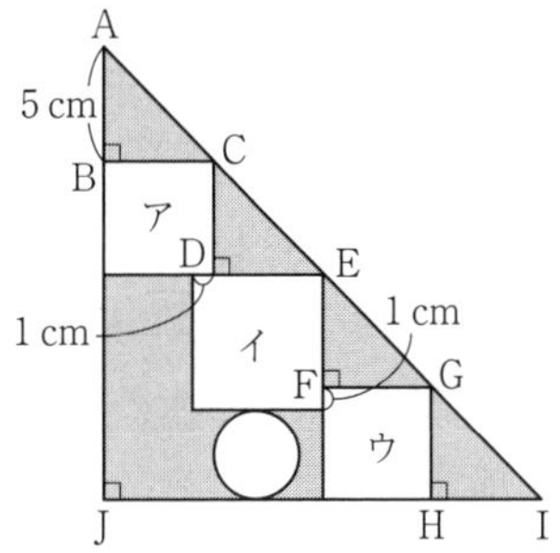


右の図で，三角形ABCは直角二等辺三角形だから，BC＝AB＝５cmであり，正方形アの１辺の長さも５cmとなる。同様にして辺の長さを求めると，DE＝CD＝５cmで，正方形イの１辺の長さは，５＋１＝６(cm)だから，FG＝EF＝６－１＝５(cm)である。すると，正方形ウの１辺の長さも５cmだから，HI＝GH＝５cmで，円の半径は，(５－１)÷２＝２(cm)，JI＝AJ＝５×４＝20(cm)とわかる。よって，影《かげ》の部分の面積は，20×20÷２－(５×５×２＋６×６＋２×２×3.14)＝101.44($cm^2$)と求められる。

**6 速さと比**

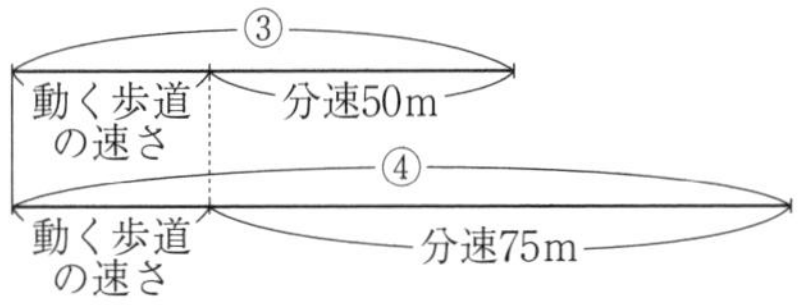


動く歩道の上を進む速さは，歩道の速さと歩く速さの和になる。また，分速50mで歩くときと分速75mで歩くときを比べると，かかる時間の比は，２分：１分30秒＝(60×２)：(60＋30)＝４：３だから，実際に進む速さの比は，$\frac{1}{4}:\frac{1}{3}$＝３：４となり，右上の図のように表すことができる。この図で，④－③＝①に当たる速さが分速，75－50＝25(m)だから，③に当たる速さは分速，25×３＝75(m)となり，動く歩道の速さは分速，75－50＝25(m)とわかる。また，動く歩道の長さは，75×２＝150(m)である。よって，歩かずに乗ったまま進むときにかかる時間は，150÷25＝６(分間)と求められる。

**7 消去算**

にんじんを持ち帰った児童は，１本ずつ持ち帰っているので，にんじんの本数と同じ25人である。よって，にんじんを持ち帰っていない児童，つまり，なすと玉ねぎを持ち帰った児童は，38－25＝13(人)とわかる。

**8 推理**

はじめに，Eの発言より，Aの席は{1，2，3}のいずれかとわかる。次に，Aの発言より，Eの席は1，Aの席は{2，3}のどちらかとなる。すると，Bの発言より，Bの席は4となるから，Aの席はその半分の2と決まる。さらに，Dの発言より，Cの席は3，Dの席は{5，6}のどちらかとなる。そして，Fの発言より，Dの席は5となるので，Fの席は6とわかる。よって，Cの発言より，Cの好きな番号は3，Fの好きな番号は6である。

**9 約束記号，整数の性質**

(1) 〈53÷５〉＝〈10.6〉＝11より，〈〈53÷５〉÷３〉＝〈11÷３〉＝〈3.6…〉＝４となる。

(2) 小数第１位を四捨五入して６になるのは5.5以上6.5未満の数だから，$B$÷５の値は5.5以上6.5未満である。よって，$B$は，5.5×５＝27.5以上，6.5×５＝32.5未満の整数なので，最小は28，最大は32とわかる。

(3) (2)より，〈$B$÷５〉＝６を満たす整数$B$は{28，29，30，31，32}のいずれかである。また，これらの数で44を割ると，44÷28＝1.5…，44÷29＝1.5…，44÷30＝1.4…となり，44÷31，44÷32の商は1.5未満とわかる。よって，〈$B$÷５〉＝６と，〈44÷$B$〉＝２を同時に満たす整数$B$は{28，29}で

ある。

## 10 立体図形―水の深さと体積

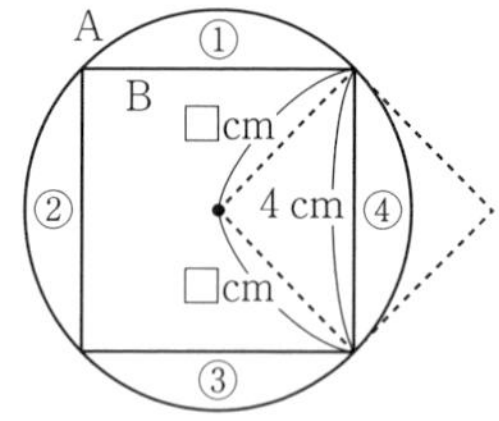


⑴　右の図のように，水そうＡの底面の円の半径を□cmとすると，１辺の長さが□cmの正方形の対角線の長さが４cmだから，□×□＝４×４÷２＝８(cm$^2$)とわかる。よって，水そうＡの底面積は，□×□×3.14＝８×3.14＝25.12(cm$^2$)である。

⑵　水そうＢの容積は，４×４×13＝208(cm$^3$)なので，①～④の４つの部分に入れる水の体積は，250－208＝42(cm$^3$)となる。また，４つの部分の底面積の合計は，25.12－４×４＝9.12(cm$^2$)である。よって，４つの部分の水面の高さは，42÷9.12＝4.60…(cm)と求められる。これは，小数第２位を四捨五入すると4.6cmとなる。

## 11 整数の性質

７cmずつに分けると１cm余ることから，紙テープの長さは｛8，15，22，29，…｝cmである。また，６cmずつに分けると最後の１本が１cm足りなくなることから，紙テープの長さは｛11，17，23，29，…｝cmである。よって，両方に共通する最も短い長さは29cmとわかる。さらに，両方に共通する長さは，６と７の最小公倍数である42cmごとにあらわれる。したがって，(150－29)÷42＝2.8…，(200－29)÷42＝4.0…より，150cmから200cmまでの間で考えられる長さは，29＋42×３＝155(cm)と，29＋42×４＝197(cm)となる。

## 12 グラフ―図形の移動，面積

図１（８秒後）

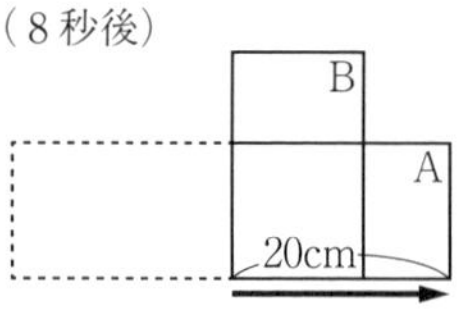


図２（[ア]秒後）

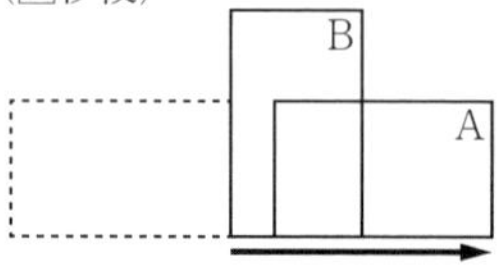


図３（16.4秒後）

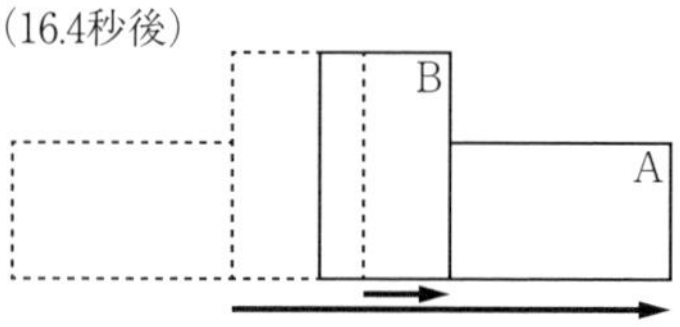


⑴　Ａ，Ｂは右の図１～図３のように動く(図２まではＡだけが動き，図２から図３まではＡとＢの両方が動く)。また，ＡとＢは合同なので，図１でＡとＢが重なっている部分は正方形である。この正方形の面積が144cm$^2$だから，144＝12×12より，Ａの縦の長さは12cmとわかる。

⑵　図１より，Ａが８秒間で動く長さが20cmなので，Ａの速さは毎秒，20÷８＝2.5(cm)である。

⑶　図３までにＡが動いた長さは，2.5×16.4＝41(cm)だから，Ｂが動いた長さは，41－(12＋20)＝９(cm)とわかる。また，Ｂの速さは毎秒1.5cmなので，図２から図３までの時間は，９÷1.5＝６(秒間)であり，[ア]に当てはまる数は，16.4－６＝10.4と求められる。

## 13 相当算，分配算，つるかめ算

⑴　１つ目の条件より，合計０点の人の割合は全体の12％とわかる。また，３つ目の条件より，合計５点の人の割合は全体の16％とわかる。これらの割合の差の，16－12＝４(％)が６人に当たるので，全体の人数は，６÷0.04＝150(人)と求められる。

図１

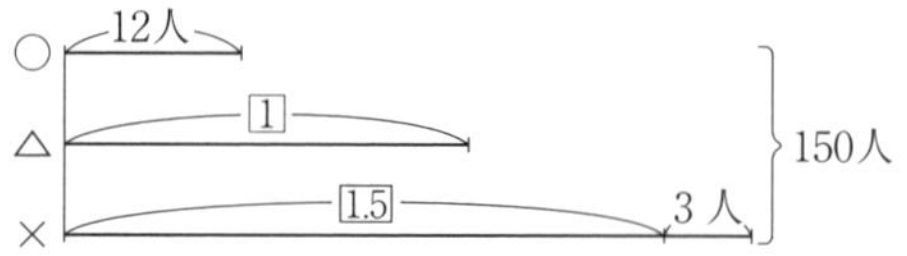


⑵　２つ目の条件より，問３が○の人の数は，150×0.08＝12(人)である。また，４つ目の条件より，問３が×の人は△の人の1.5倍よりも，150×0.02＝

3(人)多い。よって，問3の結果をまとめると上の図1のようになり，[1]＋[1.5]＝[2.5]に当たる人数が，150－(12＋3)＝135(人)だから，[1]に当たる人数，つまり，問3が△の人の数は，135÷2.5＝54(人)と求められる。

(3) 考えられる合計点は｛0点，5点，10点，15点，20点｝であり，1つ目，2つ目，3つ目の条件より，0点の人は，150×0.12＝18(人)，5点の人は，150×0.16＝24(人)，20点の人は，150×0.08＝12(人)となるので，10点の人と15点の人の数の合計は，150－(18＋24＋12)＝96(人)とわかる。次に，5つ目の条件より，150人の合計点は，9.6×150＝1440(点)であり，このうち，0点，5点，20点の人の合計点は，0×18＋5×24＋20×12＝360(点)だから，10点の人と15点の人の点数の合計は，1440－360＝1080(点)となる。よって，右の図2のようにまとめることができ，合計10点の人が96人いたとすると，96人の合計点は，10×96＝960(点)となり，実際よりも，1080－960＝120(点)少なくなる。そこで，合計10点の人と合計15点の人を交換《こうかん》すると，1人当たり，15－10＝5(点)ずつ高くなるから，合計15点の人の数は，120÷5＝24(人)と求められる。

図2

合計10点｝合わせて
合計15点｝96人で1080点

## 社　会　＜Ａ日程試験＞(30分)＜満点：60点＞

### 解　答

[1] **問1**　ブランド米(銘柄米)　**問2**　対馬海流　**問3**　(1)　遠洋　(2)　白神　**問4**　ウ　**問5**　間伐　**問6**　栃木県　**問7**　(例)　飼料を輸入に頼っているから。　**問8**　木曽　**問9**　石油(原油)　**問10**　(例)　中国産の生糸の方が安いから。　**問11**　(例)　戦争で貿易ができない状況。　[2] **問1**　古事記　**問2**　大王　**問3**　徳川家光　**問4**　(例)　来航するようになった外国船に対抗するため。　**問5**　三内丸山　**問6**　土偶　**問7**　琉球王国　**問8**　中継　**問9**　石塁(防塁)　**問10**　(例)　文字が読めない者が多かったため。　**問11**　ウ　**問12**　(例)　日本は列強の仲間入りをしたと考えているが，列強はそう思っていない。　[3] **問1**　**1**　法の下　**2**　総会　**3**　男女雇用機会均等法　**問2**　(例)　選挙権(結婚)(飲酒・喫煙)　**問3**　民事裁判(民事訴訟)　**問4**　(例)　看護婦(サラリーマン)　**問5**　ア，イ

### 解　説

**[1] 「もの」の生産と流通を題材とした日本の国土と産業に関する問題**

**問1**　「つや姫」や「ゆめぴりか」はブランド米(銘柄《めいがら》米)の一種である。ブランド米とは，特定の産地の特定の品種の米を商品化して名前(ブランド，銘柄)をつけたもので，「コシヒカリ」や「あきたこまち」などがよく知られている。

**問2**　日本海側の沖合いを流れる暖流は対馬《つしま》海流で，台湾付近で黒潮(日本海流)から分かれ，東シナ海と日本海を北上している。冬はその上を寒冷な北西の季節風が吹《ふ》くことから大雪をもたらす原因ともなっている。

**問3**　(1)　自国の沿岸から遠く離れた海域まで船を出して行われる漁業は，遠洋漁業と呼ばれる。一般《いっぱん》的には，沿岸から200海里(約370km)以内の排他的経済水域より外側の海域で行われる漁業と

される。オホーツク海や地図中Ａのベーリング海で行われていた遠洋漁業は特に北洋漁業と呼ばれ，サケ・マスを中心として多くの水揚《みずあ》げがあったが，1970年代にアメリカやソ連が漁業専管水域(現在の排他的経済水域)を設定したことで操業が制限され，水揚げ量が激減した。近年はロシアとの間で結ばれた政府間の協定にもとづき，入漁料を支払った上での一定量の操業が行われている。

(2)　地図中Ｂは，青森県と秋田県の県境に位置している白神山地である。世界最大級のブナの原生林が残されていることで知られ，多種多様な動植物が豊かな生態系をはぐくむ貴重な地域であることから，ユネスコ(国連教育科学文化機関)の世界自然遺産に登録されている。

**問４**　扇状地《せんじょうち》は，河川が山地から平地に出たところに，土砂が堆積《たいせき》することによってできる地形である。模式図のアは扇頂，イは扇央，ウは扇端《たん》と呼ばれる部分で，扇頂付近は土砂の粒が大きく，下っていくにつれ土砂の粒が細かくなっていく。そのため，川の水は扇頂付近でいったん地中にしみこみ，伏流《ふくりゅう》水となって地下を流れ，扇端付近で湧《わ》き水となって地上に現れる。その結果，水はけがよい扇央付近は果樹園などに利用され，水の得やすい扇端付近に集落が発達することが多い。

**問５**　人工林では苗木を高密度に植えるので，木が成長するにつれて，枝がたがいにふれ合うようになる。そのため，日当たりや風通しが悪くなって，隣り合った木どうしの競争が激しくなり，木が細長くなる。すると，木材としての価値が下がったり，病虫害や風害，雪害などを受けやすくなったりする。これを防ぐため，成長の悪い一部の木を切ることを間伐《かんばつ》という。日当たりがよくなることで残った樹木の成長がうながされるほか，下草の成長により土壌の流出を防ぐことができるといった利点がある。間伐によって得られた木材(間伐材)は，合板や割りばしなどの材料となるほか，小片(ウッドチップ)にしてバイオマス発電の燃料などにも利用される。

**問６**　いちごの都道府県別生産量は，近年，栃木県，福岡県，熊本県が第１～３位を占《し》める年が続いている。第１位の栃木県では，「とちおとめ」などの品種が特によく知られている。

**問７**　鶏卵《けいらん》の実際の自給率が下がるのは，卵を産む鶏《とり》の飼料《しりょう》の多くを輸入に頼っているからである。なお，日本の穀物《こくもつ》(食用＋飼料用)の食料自給率は28％となっている(2020年)。

**問８**　岐阜県と愛知県，三重県にまたがる濃尾《のうび》平野南西部は低湿地《しっち》帯となっており，木曽三川《きそさんせん》(西から順に揖斐《いび》川，長良《ながら》川，木曽川)が集中して流れている。地図中Ｄの河川は，木曽山脈の付近から流れ出しているので，木曽川と判断できる。

**問９**　ポリエステルやペットボトルの原料のポリエチレンテレフタラート(PET)は，石油(原油)を主な原料としてつくられている。

**問10**　現在，生糸の国内消費量のうち国内産のものが占める割合は１％未満であり，大部分を中国などからの輸入品が占めている。輸入が増えた最大の理由は，価格が安いからである。

**問11**　商品が手もとに届かなくなる状況としては，戦争によって外国との貿易ができなくなる場合や，災害によって陸路・海路・空路が通行不能になる場合などが考えられる。

## 2　資料を用いた歴史総合問題

**問１**　奈良時代初め，歴史書として『古事記』と『日本書紀』が成立した。『古事記』は稗田阿礼《ひえだのあれ》が暗唱(覚えていたものを口に出して唱えること)した神話や伝承を太安万侶《おおのやすまろ》が書きとめてまとめたもの，『日本書紀』は舎人《とねり》親王らの手によって編さんされた国家成立史である。『古事記』は天皇以前の神話が中心で，物語風に記されている。一方，『日本書紀』は天皇についての記録が中心で，できごとが年代の順を追って漢文で記されている。

**問２**　ヤマト(大和)政権の王は，大王《おおきみ》と呼ばれていた。雄略《ゆうりゃく》天皇をさすと考えられている「ワカタケル大王」の例がよく知られている。やがて律令制が整備されていった７世紀後半，天武天皇や持統天皇の時代あたりから，「天皇」の名称が使われるようになったとされている。

**問３**　武家諸法度《しょはっと》は江戸幕府が大名統制のために定めた法令で，1615年に第２代将軍徳川秀忠の名で初めて出され，以後，将軍の代替わりごとに新しいものが出された。資料は参勤交代についての規定なので，1635年に第３代将軍徳川家光が定めたものとわかる。

**問４**　1635年の武家諸法度においては，大名が500石以上の荷物を積める大型船を建造することも禁じられた。これは主に，西国の大名が強い軍事力を持つことを警戒《けいかい》したためであり，幕末までこの規定は存続した。しかし，1853年，アメリカ合衆国東インド艦隊《かんたい》司令長官ペリーが４隻《せき》の軍艦を率いて浦賀《うらが》(神奈川県)に来航し，開国を要求したため，海軍による国防の必要性を感じた幕府は大型船建造の禁令を廃止した。その後，幕府や薩摩《さつま》藩(鹿児島県)などによって海軍が創設された。

**問５**　青森県で発見された三内丸山遺跡《いせき》は，最大級の縄文時代の集落跡で，大型掘立《ほったて》柱建物跡や大型竪穴《たてあな》住居跡などが発掘《はっくつ》されているほか，クリやマメなどを栽培していたことが確認されている。

**問６**　写真の遺物は縄文時代につくられた素焼きの土製の人形で，土偶と呼ばれる。魔よけや安産，豊かな収穫を祈るまじないなどに用いられたと考えられている。

**問７**　首里城は15世紀に琉球《りゅうきゅう》王国を建てた尚氏の居城で，第二次世界大戦末期の沖縄戦のさいに焼失したが後に再建された。しかし，2019年に再び火災により多くの建物などが焼失し，現在，再建が進められている。また，17世紀初め，薩摩藩は琉球を征服して首里城を占領し，以後，幕末まで琉球王国を支配下に置いた。

**問８**　琉球王国は，日本・中国・東南アジアとの中継《なかつぎ》貿易で栄えた。中継貿易とは，貿易貨物が輸出国から輸入国へ直送されず，第三国に一度陸あげされてから本来の輸入国に向けて再輸出される貿易のことである。

**問９**　文永の役(1274年)の後，元軍の再攻撃に備えるため，鎌倉幕府は博多湾沿岸などに石塁《せきるい》(防塁)を築かせた。資料の絵は弘安の役(1281年)の様子を描いたもので，武士たちが石塁の上に陣取っているのがわかる。

**問10**　絵巻物は，紙を横長になるようにつなぎ，情景や物語などを連続して表現したもので，絵画とそれを説明する文章が交互《こうご》に現れるものが多い。絵巻物が広まったのは，この時代の武士や庶民《しょみん》には文字が読めない者が多く，絵巻物はそうした人々にも内容が理解しやすかったためと考えられる。

**問11**　浮世絵《うきよえ》は江戸時代に広まった風俗画で，美人画，役者絵，風景画などがある。当初は肉筆画であったが，江戸時代後半の化政文化のころになると錦絵《にしきえ》と呼ばれる多色刷りの木版画がつくられ，人々の間に広まった。ウは葛飾北斎《かつしかほくさい》の『富嶽《ふがく》三十六景』の中の『神奈川沖浪裏《なみうら》』で，浮世絵の代表作として知られ，2024年に発行予定の新千円紙幣の裏面の図柄の一部に採用されている。なお，アは平安時代の『源氏物語絵巻』の中の一場面で，大和絵に分類される。イは江戸時代初期に尾形光琳《こうりん》が描いた『燕子花図屏風《かきつばたずびょうぶ》』という屏風絵，エは室町時代に雪舟《せっしゅう》が描いた『秋冬山水図』という水墨《すいぼく》画である。

**問12**　ビゴーは明治時代の日本で活躍《かつやく》したフランス人画家である。資料でも述べられているように，浮世絵に描かれた古き良き日本に憧《あこが》れて来日したビゴーは，ひたすら西洋のまねをして近代化を進めようとする日本に幻滅《げんめつ》しており，そうした日本の姿を皮肉な眼で描いた風刺《ふうし》画を多く残した。資料の絵もそうした風刺画で，カード遊びをしているヨーロッパの列強の中に，場違いな服装をした日本人が仲間に加わろうとしているという図柄《ずがら》である。洋装に下駄《げた》ばきという服装のちぐはぐさや，それを冷ややかに見る列強の姿は，日本は自分では列強の仲間入りをしたと思っているが，世界はそうは思っていないという現実を表しているといえる。

**3 基本的人権を題材とした公民分野の問題**

**問１**　**１**　日本国憲法第14条は「法の下《もと》の平等」について定めた条文で，平等権の基本原則を示している。　**２**　国際連合の最高機関は総会(国連総会)である。全加盟国が参加する機関であり，採決は一国一票の「主権平等」を原則とした多数決で決まるが，重要な議案については３分の２以上の国の賛成が必要とされている。　**３**　女子差別撤廃《てっぱい》条約の批准《ひじゅん》に合わせて，日本では男女雇用《こよう》機会均等法が制定された。当初は雇用にあたっての男女差別の禁止が主な内容で，企業の努力義務を定めるものであったが，その後の改正により，賃金，昇進，定年など職場における男女差別を幅広く禁止するものとなり，違反した企業への罰則も定められた。なお，雇用だけでなく社会活動全般に関する法律として，1999年に男女共同参画社会基本法が制定された。

**問２**　法律上，年齢による制限を設けることが認められているものとしては，選挙権(満18歳以上)，婚姻《こんいん》(満18歳以上)，飲酒・喫煙《きつえん》(満20歳以上)などがある。

**問３**　裁判には，国民どうしの利害関係の対立(お金の貸し借りや遺産相続など)を裁く民事裁判(民事訴訟《そしょう》)と，犯罪を裁く刑事裁判(刑事訴訟)がある。民事裁判では，原告が被告を訴《うった》えることで裁判が始まる。刑事裁判では，警察が逮捕した容疑者(被疑者)を検察官が改めて取り調べ，容疑が固まれば容疑者を被告人として起訴《きそ》する。

**問４**　特定の性別を連想させる職種の名称としては，たとえば「看護婦」がある。これは，かつて女性がつく職種であったためだが，男性もつくことができるようになったことから，法律が改正され「看護師」が正式名称となった。同様の例としては「保母」や「スチュワーデス」があり，それぞれ現在は「保育士」「客室乗務員(キャビンアテンダント)」と呼ばれるようになっている。

**問５**　ジェンダーギャップ指数で日本の順位が低くなっている大きな理由としては，国会議員に占める女性の割合が低いことや，企業の管理職に占める女性の割合が低いことなどが挙げられている(ア，イ…○)。

## 理　科　＜Ａ日程試験＞(30分)＜満点：60点＞

**解　答**

1　(1)　炭水化物　(2)　(最低)65(℃以上，最高)68(℃未満の温度のお湯に十分な時間入れる。)　(3)　二酸化炭素　(4)　(例)　(『生じた気体は)空気よりも重たい(から。』)　(5)　(例)　卵や牛乳にふくまれるたんぱく質が熱で固まるから。　2　(1)　5 cm　(2)　上(に動く)　(3)　イ　(4)　(例)　ピンホールの大きさが最初に作ったものより大きかったから。　(5)　ア　(6)　**明るさ**…1　**向きと大きさ**…6　3　(1)　**ア**　2　**イ**　1　(2)　①　4　②　E　(3)　①　15時54分　②　2　③　2　4　(1)　3　(2)　**A**　×　**B**　×

C　×　(3)　5，7　(4)　4　1　(例)　見えるところ　2　(例)　すぐにマークに反応する　(5)　3，6　(6)　3，5

**解　説**

## 1　たんぱく質の性質についての問題

(1)　食物にふくまれる栄養分のうち，米などに多くふくまれる炭水化物(でんぷんなど)，肉などに多くふくまれるたんぱく質，バターなどに多くふくまれる脂肪《しぼう》の３つをあわせて三大栄養素という。三大栄養素はどれも熱や運動などのエネルギーのもとになり，特にたんぱく質は筋肉や内臓など，からだをつくる材料にもなる。なお，ビタミンやミネラルなども成長に必要な栄養素である。

(2)　図１より，白身は58℃以上70℃未満，黄身は65℃以上68℃未満で不完全に固まることがわかる。よって，白身も黄身も完全には固まっていない状態の温泉卵を作るには，卵を最低65℃以上，最高68℃未満の温度のお湯に，中心まで熱が伝わるように十分な時間入れる必要がある。

(3)　重曹《じゅうそう》(炭酸水素ナトリウム)を加熱すると，二酸化炭素と水が発生し，固体の炭酸ナトリウムが残る。発生した二酸化炭素は石灰水を白くにごらせる。なお，図２で試験管の口のほうを少し下げてあるのは，発生した水が試験管の口のほうにたまるようにするためである。発生した水が試験管の加熱部分に流れると，試験管が急に冷やされて割れるおそれがある。

(4)　生じた二酸化炭素は空気より重いので，図２のように下方置換《ちかん》で集めることができる。なお，二酸化炭素は水に少し溶《と》けるが，溶ける量が少ないので，水上置換で集めることもできる。

(5)　卵や牛乳には，熱を加えたときに固まる性質をもつたんぱく質がふくまれている。卵を入れず，牛乳の代わりに水を入れてホットケーキを作ったときでも，ホットケーキミックスにふくまれている重曹が分解して二酸化炭素などの泡《あわ》が出るので，いったんは生地がふくらむ。しかし，たんぱく質がないため生地を固めることができず，二酸化炭素などが生地から逃《に》げていくので，穴がほとんど残らずつぶれてしまう。

## 2　ピンホールカメラについての問題

(1)　右の図１のように，物体から出た光はピンホールを通って直進するので，スクリーンには上下左右が逆になった像が映る。三角形OPQと三角形OP′Q′は相似で，相似比は，20：10＝２：１なので，できる像(P′ Q′ )の長さは，$10\times\frac{1}{2}=5$ (cm)となる。

図１

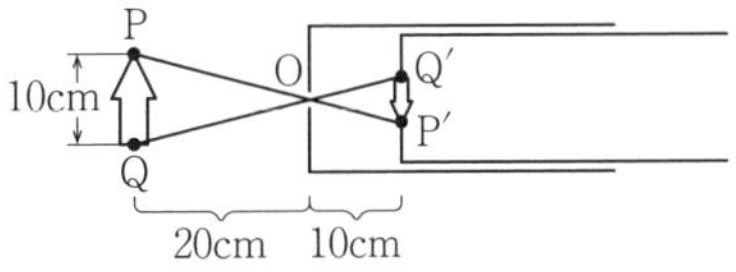


(2)　物体を下に動かすと，ピンホールを通って直進する光は上に動くので，像は上に動く。

(3)　図１で，Ｂの箱をＸの方向に動かすと，ピンホールからスクリーンまでの距離《きょり》が長くなるので，像が大きくなる。また，ピンホールを通る光の量は変化せず，映る像の面積が大きくなるので，像の明るさは暗くなる。

(4)　ピンホールを最初に作ったものよりも大きくすると，ピンホールを通る光の道筋が増えるので，像がぼやける。一方で，像の明るさは明るくなる。

(5)　図３で，１つ目の(中央の)ピンホールによる像は，スクリーン中央にできる。２つ目のピンホールは観察者から見て１つ目のピンホールから右上側にずれた位置にあるので，２つ目のピンホールによる像もスクリーン中央から右上側にずれた位置にできる。したがって，観察者から見た像はアのようになる。

⑹　⑴で述べたように，スクリーンには物体の上下左右が逆になった像が映る。また，右の図２のように，青の像は赤の像よりピンホールに近い位置にできるので，青の像は赤の像より明るくて小さくなる。

図２

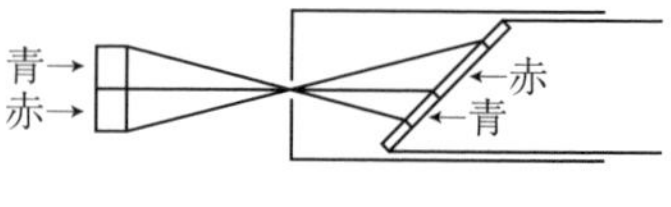


## 3　太陽の動きについての問題

⑴　太陽の通り道は，夏は高く，冬は低くなる。そのため，屋根のついたベランダの下では，夏は太陽光が奥《おく》まで差しこまないので暑さをしのげ，冬は太陽光が奥まで差しこむので部屋をあたためることができる。

⑵　①　太陽の高度は，太陽光と地面とが作る角で表す。角AODは夏至《げし》の日（６月21日ごろ），角BODは春分の日（３月21日ごろ）と秋分の日（９月23日ごろ），角CODは冬至《とうじ》の日（12月22日ごろ）の太陽の南中高度を示している。　②　Dは南，Eは西，Fは北，Gは東を示している。

⑶　①　太陽が南中する時刻は，日の出の時刻と日の入りの時刻のちょうど中間なので，日の出から南中までの時間と，南中から日の入りまでの時間は等しい。ロンドンの日の出から南中までの時間は，11時59分－８時04分＝３時間55分なので，日の入りの時刻は，11時59分＋３時間55分＝15時54分となる。　②　ふつう，西にある観測地ほど南中の時刻が遅《おそ》くなるので，観測地Ｂが最も西にある。　③　冬至の日には，太陽光線と地球との位置関係が右の図のようになり，南にある観測地ほど昼の時間が長くなる。昼の時間は，観測地Ａが，16時15分－６時53分＝９時間22分，観測地Ｂが，17時15分－７時19分＝９時間56分，東京が，16時31分－６時47分＝９時間44分，ロンドンが，15時54分－８時04分＝７時間50分である。したがって，昼の時間が最も長い観測地Ｂが，最も緯度《いど》が低い。

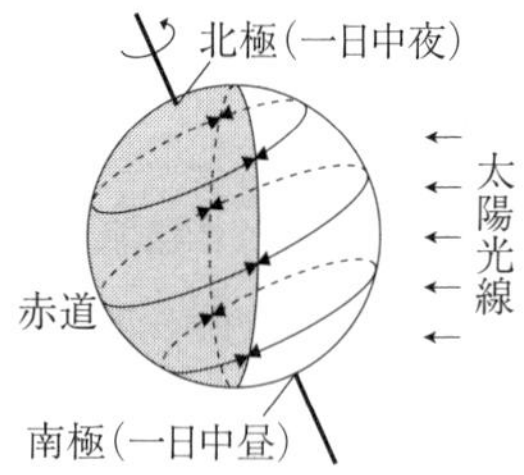


## 4　鏡像自己認知についての問題

⑴，⑵　アについて，直接見えないはずの喉《のど》のマークが見えていたとしたら，鏡がなくても寄生虫を取り除こうと喉を底にこすりつけるはずである。よって，確認実験Ｂを行えばよい。この確認実験で喉を底にこすりつけなければ，マークが直接見えていたことは否定され，ホンソメが鏡像自己認知できることが確認できる。イについて，喉のマークがかゆかったり痛かったりしたのであれば，茶色ではないとう明のマークを注射しても，喉を底にこすりつけるはずである。したがって，確認実験Ａを行えばよい。この確認実験で喉を底にこすりつけなければ，喉を底にこすりつけたのが痛かったりかゆかったりしたためということは否定され，ホンソメが鏡像自己認知できることが確認できる。ウについて，マークの有無にかかわらず，喉を底にこすりつけたのであれば，確認実験Ｃでも喉を底にこすりつけるはずである。この確認実験で，喉を底にこすりつけなければ，マークが喉についていたときにだけ喉を底にこすりつけたことになり，ホンソメが鏡像自己認知できることが確認できる。

⑶　実験３の結果から，ホンソメは鏡を見る前は「自分の全身」の写真に対しても，「他個体の全身」の写真に対しても，同じように攻撃《こうげき》しているので，１と２は誤っている。実験４の結果から，ホンソメは鏡を見た後でも，「他個体の全身」および「他個体の顔＋自分の体」の写真に攻撃をしているので，３も誤っている。実験４の結果から，ホンソメは「自分の全身」および「自分の顔＋

他個体の体」の写真に対して攻撃性が低下し，「他個体の全身」および「他個体の顔＋自分の体」の写真に対しては攻撃性が低下していないので，顔で自分と他個体を見分けていることがわかる。つまり，４と６は誤っており，５は正しい。実験４の結果から，鏡像自己認知をしたホンソメは静止画で自分と他個体を見分けることができているので，７は正しく，８は誤り。

(4)　ホンソメが喉につける色を緑色や青色にしたものではマークテストの合格率が０％であったことから，緑色や青色のマークは適切でないとわかる。これはホンソメが茶色の寄生虫を食べるからだと考えることができる。したがって，実験する動物種が強い興味をもつマークで実験を行うのが適切である。マークが適切かどうかについては，鏡のない場所で，マークをその生物の見えるところにつけてから鏡を見せたときに，その生物がすぐにマークに反応するという結果になれば，強い興味を持つといえ，適切であると考えられる。

(5)　サメとヒラメは魚類，クジラとイルカはほ乳類で，いずれもセキツイ動物である。なお，エビはカニなどと同様に節足動物の甲殻《こうかく》類，ウミウシとタコは軟体《なんたい》動物に分類され，いずれも無セキツイ動物である。

(6)　魚類はセキツイ動物で，えら呼吸を行い，心臓は１心房《しんぼう》１心室である。また，殻《から》のない卵を水中に産み，外部の温度によって体温が変化する変温動物である。

## 国　語　＜Ａ日程試験＞（45分）＜満点：100点＞

### 解　答

**問１**　**ノ(びた)，キ(く)，ハ(やし)**…下記を参照のこと。　**街角**…まちかど　**重宝**…ちょうほう　**問２**　ア　**問３**　耳　**問４**　イ　**問５**　そうだった。　**問６**　**a**　赤　**b**　くすんだ灰色　**問７**　（例）　道路標識がそれぞれ違う曲がり方をしている（から。）　**問８**　憂い顔　**問９**　エ　**問10**　ウ　**問11**　ア　**問12**　ウ　**問13**　人の痛み　**問14**　ウ　**問15**　イ　**問16**　（例）　依頼主の希望通りの写真が撮れるので喜ばれて嬉しかったが，自分の撮りたい写真は別にあるのではないかと迷っていたから。　**問17**　**本当に**…イ　**決して**…カ　**問18**　エ　**問19**　(1)　（例）　駄目な自分でも逃げずに，向き合って行動すれば成長できるということ。　(2)　（例）　合唱コンクールで指揮者としてクラスをまとめられない自分に落ちこんだが，原因を考えて自分のきつい言い方のせいだと気づいた。そこで声のかけ方を直すと，クラスメイトに協力してもらえるようになり，合唱とは気持ちを一つにして歌うことだとわかった。

**●漢字の書き取り**

**問１**　**ノ(びた)**…延(びた)　**キ(く)**…効(く)　**ハ(やし)**…生(やし)

### 解　説

**出典：北村 薫《きたむらかおる》『ひとがた流し』**。道路標識の写真を友達に見せたときの反応に苦しんでいる玲《れい》に，類《るい》は自分の経験を踏《ふ》まえつつ写真への取り組み方を伝える。類は，以前は見た目ばかり美しい写真を撮《と》っていたが，その後，作品に込《こ》める自分の意図に自覚的になるに至った。

**問１**　**「ノ(びた)」**…音読みは「エン」で，「延命」などの熟語がある。　**「キ(く)」**…音読みは「コウ」で，「効果」などの熟語がある。　**「街角」**…町の通りの曲がり角。町中。　**「ハ(やし)」**

…音読みは「セイ」「ショウ」で，「生産」「一生」などの熟語がある。　**「重宝」**…使って便利なようす。

**問２**　「よどみなく」は，ものごとがすらすらと進むようす。

**問３**　「耳打ちする」は，“相手の耳もとへ口を近づけてささやく”という意味。

**問４**　直後の段落に「今の玲には，デジカメがある。フィルムを丸ごと現像した時代とは違《ちが》う」，「経済的にはずっと楽である」とあることから，フィルムを使っていた昔は，写真をたくさん撮ると現像の費用が増えて大変だったのだとわかる。よって，イが選べる。なお，「デジカメ」はデジタルカメラの略で，スマートフォンのカメラと同様に，フィルムを用いず電子的に写真を記録する。

**問５**　ぼう線３から「玲は嬉《うれ》しそうだった」までの部分では，玲が「道路標識の写真」を撮るようになったいきさつについての，類の思い出が描《えが》かれている。そして，「そのシリーズが，どうかしたのだろうか」で，「チョコレートを飲ませる店」の場面に戻《もど》っている。

**問６**　**a**　直後の一文に「そこにある筈《はず》の見慣れた赤がない」とあるので，「赤」が入る。　**b**　前に「くすんだ灰色に近くなっている」とあるので，「くすんだ灰色」がふさわしい。

**問７**　前に「それによって」とあるので，ぼう線５のようにいえる理由はさらに前のほうにある。「個性」とは一つひとつが持つほかとは異なる性質のことであり，ここでは「それぞれ，どこかの隅《すみ》が，違う曲がり方をしている」ことが，「個性を主張」している理由である。

**問８**　ぼう線６は，〈第一場面〉では「憂《うれ》い顔」，「浮《う》かない顔」と表現されている。

**問９**　直後で玲が「いわれるまで，全然，考えなかったんだ」と言っているので，エがあてはまる。

**問10**　玲が「考えもしなかった言葉」とは，友達が言った「標識が曲がってるってことは，車がぶつかったってことだよね。だとしたら，そこで誰《だれ》かが怪我《けが》をしたり，もっとひどいことになったかも知れない。そんなところを素材にして，シャッターを押《お》していいのか」というものなので，ウがよい。

**問11**　直前の一文に「撮らずにはいられなかったんだ」とあるので，「夢中になって」とあるアが合う。少し後に「わたし，夢中になってて」とあることも参考になる。

**問12**　「目をしばたたく」は，しきりにまばたきをすること。道路標識の写真を以前玲から見せられたとき，類はすでに「玲ちゃんが今日いわれたようなことも，感じ」ていたと聞いて，玲は驚《おどろ》き，この仕草をしたと考えられる。

**問13**　この場面で玲は，直前の類の発言の中の「人の痛み」を「それ」で受けて，自分の発言を続けている。

**問14**　無防備に傷つき苦しむ人間を，身を守る固い殻《から》をはずした海老《えび》にたとえている。よって，ウが選べる。

**問15**　玲は，曲がった標識の「形の面白《おもしろ》さを捕《つか》まえようとした」だけで，「その対象の裏」に「人の痛み」があることに気づかなかった。それは，玲が，対象の面白さばかりに注目して，自分が何を表現しようとしているのか，何を表現したいのかという「作者の意図」についてまでは考えていなかったからである。そのような玲の姿勢を指して，類は「型に寄りかかっていた」と言っているので，イがふさわしい。

**問16**　類が「にこにこしてい」た理由は，「依頼《いらい》主の希望通りの写真が，器用に撮れ」るため仕事に恵《めぐ》まれ，そのことが嬉しかったというものである。一方，類が「心の中では笑えなかった」理由は，「《自分の本当に撮りたい写真は，別にあるんじゃないか》という迷い」をかかえたまま「どんどん時間だけは経《た》ってい」ったことである。

**問17**　言葉のかかり受けでは，直接つなげてみて意味のまとまるところが答えになるので，ぼう線15については「本当に」→「いえる」，傍線17については「決して」→「ない」となる。

**問18**　①　本文で，お母さんが類にアドバイスをしているようすは描かれていないので，あてはまらない。　②　前の「お父さんが足の怪我をした」，「《わたしが，ハンドルを握《にぎ》ってあげる》っていった」から，正しいと判断できる。　③「こっちから頼《たの》んだわけじゃないのに，勢い込んで，知り合いの編集者に見せに行った」とあるので，ふさわしい。　④「お母さんは，こういう時，決断が速いんだ」の前後の描写《びょうしゃ》と合う。　⑤『北へ』と「同じことをやってみないかという誘《さそ》い」をくれたのは「ある雑誌」なので，誤っている。

**問19**　⑴「その後，また一歩を踏み出せれば，きっと前より歩幅《ほはば》が大きくなっている筈」は，“その後，再び行動できるなら，人として前よりも成長できる筈”をたとえた表現と考えられる。類は玲に，標識の写真についての苦しい経験を，みずからの成長に役立ててほしいと思っているのである。

⑵　自分自身について「駄目《だめ》だ」と思ったことを説明し，それをどのように解決したかを書けばよい。

## Dr.福井の 入試に勝つ！脳とからだのウルトラ科学

### 右の脳は10倍以上も覚えられる！

手や足，目，耳に左右があるように，脳にも左右がある。脳の左側，つまり左脳は，文字を読み書きしたり計算したりするときに働く。つまり，みんなはおもに左脳で勉強していることになる。一方，右側の脳，つまり右脳は，音楽を聞き取ったり写真や絵を見分けたりする。

となると，受験勉強に右脳は必要なさそうだが，そんなことはない。実は，右脳は左脳の10倍以上も暗記できるんだ。これを利用しない手はない！　つまり，必要なことがらを写真や絵などで覚えてしまおうというわけだ。

この右脳を活用した勉強法は，図版が数多く登場する社会と理科の勉強のときに大いに有効だ。たとえば，歴史の史料集には写真や絵などがたくさん載っていて，しかもそれらは試験に出やすいものばかりだから，これを利用する。やり方は簡単。「ふ～ん，これが○○か…」と考えながら，載っている図版を５秒間じーっと見つめる。すると，言葉は左脳に，図版は右脳のちょうど同じ部分に，ワンセットで記憶される。もし，左脳が言葉を忘れてしまっていたとしても，右脳で覚えた図版が言葉を思い出す手がかりとなる。

また，項目を色でぬり分け，右脳に色のイメージを持たせながら覚える方法もある。たとえば江戸時代の三大改革の内容を覚えるとき，享保の改革は赤，寛政の改革は緑，天保の改革は黄色というふうに色を決め，チェックペンでぬり分けて覚える。すると，「“目安箱”は赤色でぬったから享保の改革」というように思い出すことができ，混同しにくくなる。ほかに三権分立の関係，生物の種類分け，季節と星座など，分類されたことがらを覚えるときもピッタリな方法といえるだろう。

Dr.福井（福井《ふくい》一成《かずしげ》）…医学博士。開成中・高から東大・文Ⅱに入学後，再受験して翌年東大・理Ⅲに合格。同大医学部卒。さまざまな勉強法や脳科学に関する著書多数。

# 2024年度 東洋英和女学院中学部

【算　数】〈Ｂ日程試験〉（45分）〈満点：100点〉

**1**　次の計算をしなさい。

(1)　$38\times7-13\times6$

(2)　$\left\{2-\left(1\frac{1}{6}-\frac{5}{9}\right)\right\}\div\left(\frac{1}{2}+2\frac{4}{7}\times1.75\right)\div\frac{5}{24}$

**2**　英子さんは現在11才で，父は母より４才年上です。１年後，父と母の年令の和は，英子さんの年令のちょうど６倍になります。現在，父は何才ですか。

**3**　[0][1][1][2][2]の５枚のカードから３枚を選び，それらを並べて３けたの数をつくります。このとき偶《ぐう》数は何通りできますか。

**4**　ある本を１日目に全体の25％読み，２日目に残りの$\frac{3}{5}$より８ページ少なく読んだところ，全体の$\frac{1}{3}$が残りました。この本は全部で何ページですか。

**5**　５年生と６年生の児童が合わせて157人います。ピアノを習っている人は，５年生の$\frac{2}{5}$，６年生の$\frac{1}{3}$で合計58人です。５年生は全部で何人いますか。

**6**　図１は，長方形ABCDと，BCを直径とする半円を組み合わせた図形です。図２は，この図形を点Cを中心に40°回転させたものです。影《かげ》の部分の面積を求めなさい。ただし，円周率は3.14とします。

図１

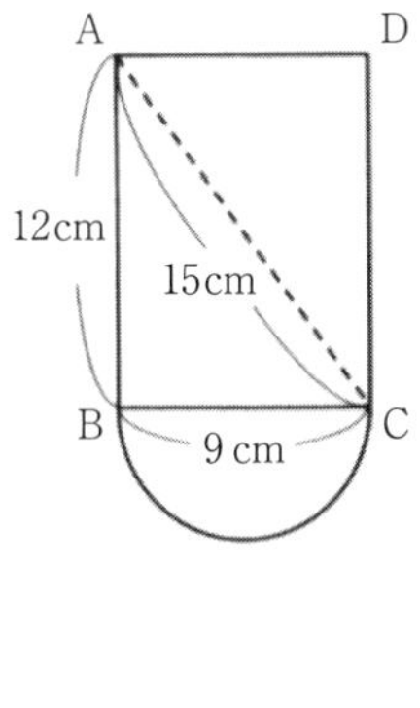


図２

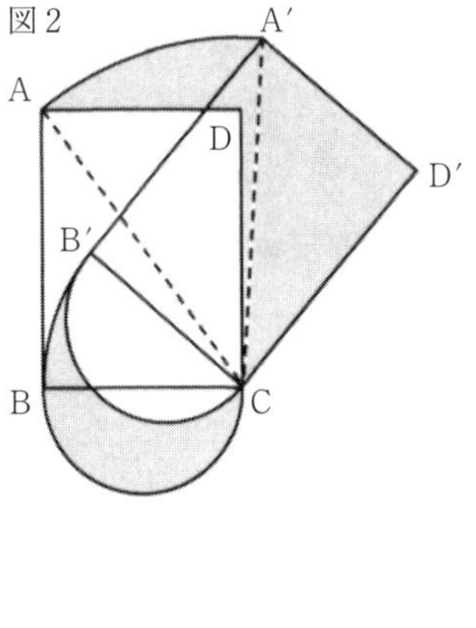

**7**　花さんは，ある計算問題で最後に小数点の位置を１けた間違《ちが》えてしまいました。そのため，間違えた答えが正解より60.57小さくなりました。正解は何ですか。式や文章で説明もしなさい。

**8**　列車Ａは，長さ572mの鉄橋を渡《わた》り始めてから渡り終わるまでに32秒かかります。また，長さ858mのトンネルを通るときに列車全体が隠《かく》れているのは33秒間です。列車Ａの速さは常に一定であるとします。列車Ａの速さと長さを求めなさい。

**9**　右のグラフは，赤と金のリボンの長さと値段の関係をそれぞれ表しています。次の問いに答えなさい。

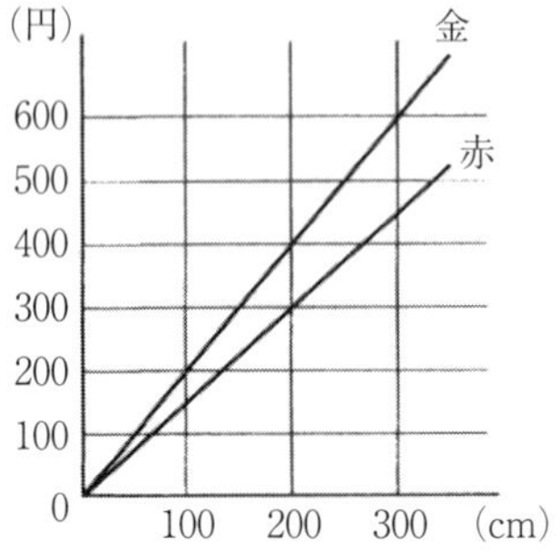


(1)　赤のリボンを300cm，金のリボンを420cm買うと，代金はいくらですか。

(2)　赤と金のリボンの値段が等しくなるように買ったところ，２本の長さの合計は322cmになりました。赤のリボンを何cm買いましたか。

**10**　下図はある立体の展開図で，半円，直角三角形，長方形からできています。この立体の体積を求めなさい。ただし，円周率は3.14とします。

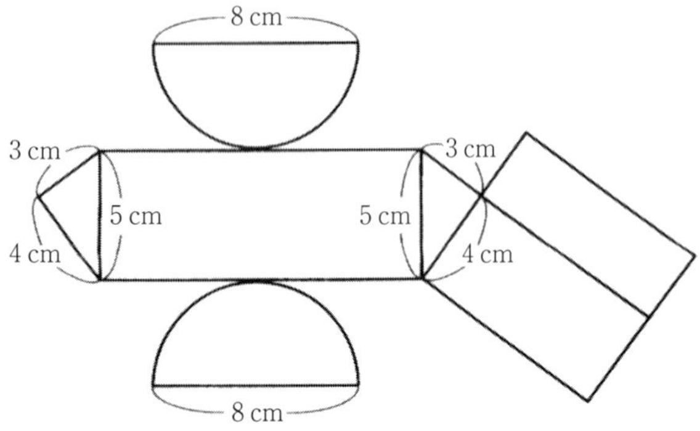


**11**　光小学校の６年１組，６年２組の児童が右図のような２ヶ所の畑で芋《いも》掘《ほ》りをしました。畑①，②の面積比は５：３です。最初の１時間は全員で畑①を，次の40分間は１組が畑①，２組が畑②を掘ったところ，畑①をちょうど掘り終わりました。その後，希望者が48分かけて畑②の残りを掘り終えました。各クラスの人数は等しく，１人が１分あたりに掘る面積は，全員同じだとします。次の問いに答えなさい。

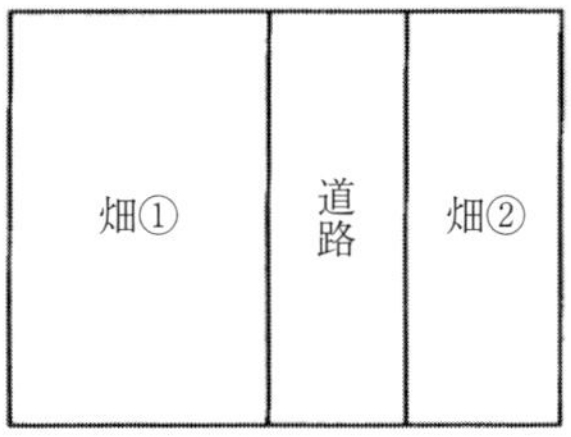


(1)　最初の１時間で掘った面積は，畑①の何％ですか。

(2)　希望者が行った芋掘りを全員で行うと，何分早く終わりますか。

(3)　１クラスの人数は，どのような性質の数ですか。５文字以内で答えなさい。

**12**　地点Ａ，Ｂ，Ｃ，Ｄがこの順で真っすぐな道に沿ってあり，BC 間はぬかるんでいます。ある日，英子さんは地点Ａを出発して地点Ｄへ，洋子さんは地点Ｄを出発して地点Ａへ向かいました。英子さんが出発してから３分後に洋子さんは出発し，２人は地点Ｂで出会いました。

２人は，ぬかるみ以外それぞれ一定の速さで進み，BC 間はもとの速さの４割の速さで進むとします。右のグラフは，英子さんが出発してから地点Ｄに着くまでの時間と２人の間の距離《きょり》の関係を表したものです。次の問いに答えなさい。

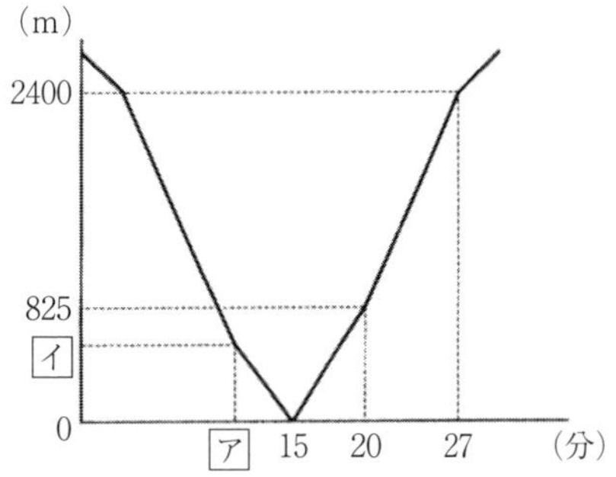


(1)　英子さんと洋子さんが AB 間を進む速さをそれぞれ求めなさい。

(2)　AB 間の距離を求めなさい。

(3)　ア，イ に当てはまる数を求めなさい。

**13**　箱の中に白玉と青玉がたくさん入っています。姉妹はじゃんけんをして，表のように玉を取ることにしました。15回じゃんけんをしたところ，あいこはありませんでした。姉がグーとチョキで勝った回数は等しく，玉の数を比べたら，姉の白玉の個数は妹の白玉の個数の２倍でした。次の問いに答えなさい。

| | 白玉 | 青玉 |
|---|---|---|
| グーで勝ち | ２個 | １個 |
| チョキで勝ち | ３個 | |
| パーで勝ち | | ４個 |

(1)　姉は全部で何個の白玉を取りましたか。すべての場合を答えなさい。

(2)　２人合わせて何個の青玉を取りましたか。すべての場合を答えなさい。

**【社　会】〈Ｂ日程試験〉**（30分）〈満点：60点〉

〈編集部注：実物の入試問題では，写真や図の大半はカラー印刷です。〉

**1**　次の文章をよく読んで，あとの問いに答えなさい。

日本の産業の様子は，太平洋戦争のあとから現在までの間に，大きく変化してきました。

農業では，農地改革が行われたことで米の生産量が著しく増加し，1960年代にはその自給率は100％になりました。高度経済成長によって生活が豊かになると，食生活が多様化し，野菜や果実，肉類などの畜産物や乳製品などの消費が拡大していきました。それによって米の消費量が減少したため，①米から他の農作物の栽培《さいばい》に変える農家が増えました。

漁業では，1970年ごろまでは遠洋漁業がさかんでしたが，②各国が自国の水産資源を守る水域を主張したことで大きな打撃《げき》を受けました。その後，沖合漁業や沿岸漁業がさかんになりましたが，1990年代以降，日本近海の水産資源の減少や，沿岸部の開発によって衰《すい》退していきました。そのような中，「とる漁業」だけでなく「③育てる漁業」にも力を入れています。

工業では，原材料を輸入し，それを製品化して輸出することで重化学工業や機械工業などが発展しました。1960年代には鉄鋼や船舶などが，1970～80年代は，電子・電気機器，精密機器，自動車などが輸出の主力になりました。1980年代に貿易摩擦が激しくなり，円高が進むと，④日本企《き》業は海外に生産拠《きょ》点を移していきました。1990年代以降は，⑤高度な技術や知識を必要とし，自動車やコンピュータなどの付加価値を高める製品をめぐる競争の時代となりました。

エネルギーの面でも大きな変化がありました。1960年代にはエネルギーの中心が石炭から石油へ変化しました。さらに1970年代に石油危機が起こると，石油に代わるエネルギーにも注目が集まるようになりました。また近年は，地球温暖化対策として⑥「脱炭素」への動きが強くなっています。

そして現在，日本は高齢《れい》化や労働力不足などの課題を抱《かか》えています。新しい労働力の確保や技術を受け継《つ》ぐことが重要です。そこで⑦ロボット技術や情報通信技術(ICT)を活用して，新たな産業のかたちを目指し始めました。それらは「スマート産業」と呼ばれています。⑧「スマート産業」は，産業の発展だけでなく持続可能な環《かん》境づくりにもつながると期待されています。

問１　下線部①について。米から他の農作物の栽培に変えることを何といいますか。

問２　下線部②について。この水域は現在何と呼ばれていますか。

問３　下線部③について。そのような漁業に養殖漁業があります。次は，養殖漁業がさかんな県の形です。これらの県に共通している，養殖漁業に適した地形を何といいますか。

問４　下線部④について。その結果，国内の製造業は衰退していきました。このような現象を何といいますか。

問５　下線部⑤について。そのような製品の一つに半導体があります。次は，半導体・鉄鋼・石油化学・自動車の工場の分布をそれぞれ示したものです。このうち，半導体のものを選び，記号で答えなさい。

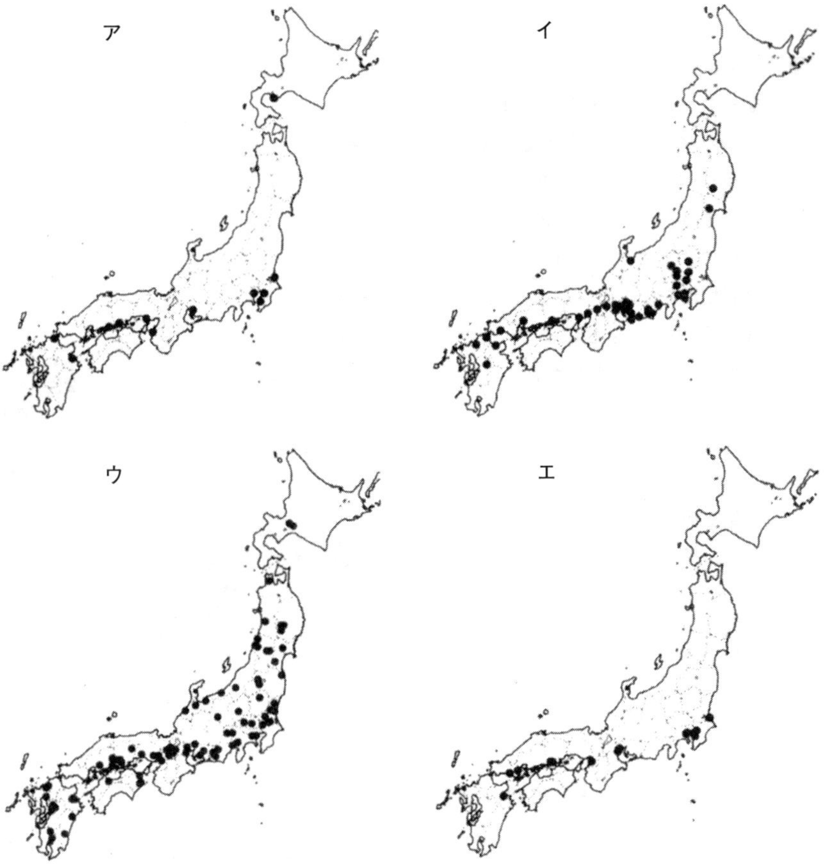


日本国勢図会 2023/24　より

問6　下線部⑥について。

(1)「脱炭素」のエネルギーとして，あてはまらないものを次から選び，記号で答えなさい。

ア．太陽光　　イ．原子力　　ウ．風力　　エ．天然ガス

(2)　温室効果ガスの排《はい》出量と吸収量のバランスをとることで，実質的に排出量をゼロにする取り組みを何といいますか。

問7　下線部⑦について。

KOGEI JAPAN HP　より

(1)　こうした技術は，伝統工芸の生産にも活用されています。右の写真は，職人の技術をAIで再現する取り組みが行われている，岩手県の伝統工芸品です。これを何といいますか。

(2)　養殖漁業では，「ある現象」が発生すると，魚が酸欠状態になって大きな被《ひ》害を受けます。クロマグロの養殖が行われている長崎県では，その現象の発生をいち早く知り，拡大を防ぐために，こうした技術を活用しています。「ある現象」とは何ですか。

(3)　林業は，次のような工程で作業が行われます。今後，林業を活性化させていくためには，ロボット技術や情報通信技術(ICT)をどのように活用することが考えられますか。一つ答えなさい。

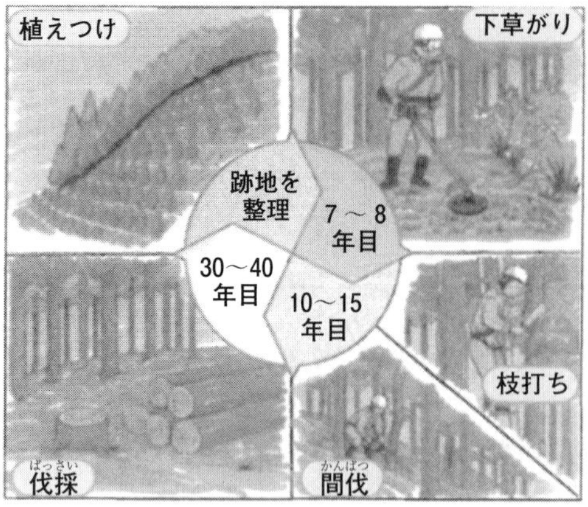


浜島書店資料集　より

本田技研工業株式会社 HP　より

問８　下線部⑧について。右のような水田を維《い》持するためにも，「スマート産業」の技術が使われてきています。

(1)　このような水田を何といいますか。

(2)　(1)の水田は，持続可能な環境づくりに役立っています。どのように役立っているのですか。

**2**　次の各文章をよく読んで，あとの問いに答えなさい。

> 日本の税に関する最も古い記録は，中国の歴史書に見られます。それによると「女王卑弥呼が約30の小国を従えていた(　１　)には，税を収める倉庫があった」とあります。飛鳥時代になると，中国の政治の制度を手本にして，都から全国へ支配を広げていく国づくりを始めました。大宝律令が完成すると，班田収授法が実施《し》され，それにもとづいて①人々に税を負担させるしくみが整いました。しかし，奈良時代の後半から，そのしくみがうまく機能しなくなり，税収が不足するようになりました。

問１　文章中の(１)にあてはまる語句を答えなさい。

問２　下線部①について。６歳《さい》以上の男女に課され，稲《いね》の収穫《かく》高の約３％を納めさせた税を何といいますか。

> 平安時代になると，朝廷は方針を変更《こう》して，土地に対して税を課すようにしました。やがて，地方豪族や貴族・寺社などが開発した「荘園」とよばれる私有地が増加していきました。②藤原氏などの貴族や天皇家・寺社は全国に多くの荘園を所有するようになり，多額の収入を得ました。
>
> 地方での土地をめぐる争いの中で登場した武士は，しだいに朝廷や貴族に実力を認められるようになりました。武士による初めての政府である鎌倉幕府が成立すると，幕府の御家人たちは(　２　)に任命されて，荘園などの年貢の徴《ちょう》収や土地の管理を行いました。室町時代になると，京都に置かれた幕府は，直接支配する土地が少なかったこともあり，年貢

に加えて，③発展してきた商品の流通に目を向けて，商工業者にも税をかけるようになりました。

問3　下線部②について。

(1)　荘園の中には，朝廷への税を免《めん》除される権利を手に入れるものもありました。この権利を何といいますか。

(2)　関白の藤原頼通がばく大な財力を使って建築した建物を次から選び，記号で答えなさい。

ア

るるぶ & more. HP　より

イ

浜島書店資料集　より

ウ

浜島書店資料集　より

エ

THE GATE HP　より

問4　文章中の(２)にあてはまる語句を答えなさい。

問5　下線部③について。港や道路など交通の中心となる地に多く置かれ，行き来する商人たちから税を徴収した施設を何といいますか。

戦国時代になると，大名たちは農民から年貢などの税を取り立てる一方，④商工業者に対しては城下町での楽市・楽座を行いました。その後全国を統一した豊臣秀吉は，検地を行って，農民から年貢を確実に徴収できるしくみをつくりました。さらに，都市を支配して大商人をおさえ，おもな鉱山から金・銀を集めました。⑤秀吉はこうして集めたばく大な富をもとに権力をふるいました。

江戸時代になると，米の収穫高である石高を基準として，幕府と大名が全国を治めるしくみが整いました。幕府や大名の収入のほとんどは農民が米で納める年貢であったため，幕府は農村の管理から農民の生活に至るまで細かく統制しました。江戸時代の後半になると，災害や飢《き》饉《きん》などがしばしば起こり，幕府の財政はしだいに苦しくなっていきました。⑥幕府は財政を再建するためにいろいろな政策を試みましたが，多くは一時的なものに終わりました。

問６　下線部④について。これは，城下町を発展させるために，城下町での税の免除や座に属する商人の特権を廃《はい》止した政策です。この政策が城下町の発展につながるのはなぜですか。

問７　下線部⑤について。秀吉は，ばく大な富をもとに大阪城などの巨《きょ》大な城を建て，金や銀を下地にしたふすま絵やびょうぶ絵を描《えが》かせました。右の絵はこの時代の代表的な絵の一つです。この絵の作者を次から選び，記号で答えなさい。

浜島書店資料集　より

ア．雪舟　　　イ．菱川師宣

ウ．狩野永徳　　エ．葛飾北斎

問８　下線部⑥について。その一つとして，老中の田沼意次がとった政策があります。彼は，大きな経済力を持つようになった商人たちから税を集めるために，商人たちの組合を積極的に認めました。このような組合を何といいますか。

明治時代になると，新政府は近代国家の確立を目標として，さまざまな分野で⑦新しい制度を取り入れていきました。明治時代の半ばになると，⑧大日本帝国憲法をはじめとする諸法律が制定されていく中で，近代的な税のしくみが整いました。明治時代の後半から昭和時代の初めにかけて，日本は大陸への勢力の拡大をめざして何度も戦争を起こしました。強い軍事力を持つためには大きな予算が必要となり，⑨国の財政はしばしば厳しい状況《きょう》におちいりました。

太平洋戦争の敗戦後，日本はGHQによって占《せん》領されました。敗戦後の激しいインフレの中で，GHQの指導により，⑩税収を安定させるために，直接税を基本とするしくみが整備されました。高度経済成長期に入り国民の所得が伸《の》びると，ようやく国の財政が安定していきました。しかし，その後，社会の変化によって国の予算規模は大きくなっていきました。それに対応するための税のしくみが，常に考え続けられています。

問９　下線部⑦について。その一つとして，税のしくみも改めました。税額の基準は，収穫高から何にかわりましたか。

問10　下線部⑧について。これまでと違って，法律によって税を定めると，国民にとってどのような良い点がありますか。考えて答えなさい。

問11　下線部⑨について。そのようなときに，国(政府)は税収の不足をどのように補いましたか。税以外のものを考えて，一つ答えなさい。

問12　下線部⑩について。直接税ではないものを次から選び，記号で答えなさい。

ア．法人税　　イ．所得税　　ウ．相続税　　エ．消費税

**3** 次は，ある日の東洋英和女学院中学部１年生の教室での会話です。よく読んで，あとの問いに答えなさい。

東　先生：昨年５月，G7サミットが日本で開催《さい》されました。日本が議長国を務めたのは７回目です。

洋子さん：各国の首脳が初めて（　１　）に集まって開催されたことが，とても印象に残っています。

東　先生：そうですね。開催されたのは５月でしたが，すでに昨年の初めから岸田総理はG7諸国を訪問して，サミットの成功に向けた連携《けい》を確認しています。そして，G7とG20のサミットの連携も確認するために，３月にはG20の議長国インドを訪問しました。

英子さん：昨年，①インドは，ついに中国を抜《ぬ》いて，最も人口の多い国になりましたよね。やっぱり，国際社会での影響《えいきょう》力も大きい国なのですね。

和子さん：あ，３月に岸田総理がウクライナを訪問したことも話題になりましたよね。

東　先生：そうですね。そして４月には，G7サミットが（　１　）で開催されることもあって，②「核(核兵器)のない世界」に向けた国際賢《けん》人会議の一行による表敬を岸田総理は受けました。さらに③サミット直前には，岸田総理はアフリカ４カ国を訪問しています。これらの国々の国際的な影響力も重視したためと考えられます。

洋子さん：たくさんの準備があって，５月19日を迎《むか》えたのですね。G7の首脳夫妻を平和公園で岸田総理が迎え，その後，原爆死没《ぼつ》者慰霊碑《いれいひ》に献《けん》花した映像を鮮《せん》明に思い出します。

東　先生：サミットを終えると，次にG7首脳と顔を合わせる９月の国連総会の前に，岸田総理は内閣改造を行いました。史上最多の５名の女性閣僚《りょう》が任命されたことが話題になりましたね。

英子さん：そうでした！　外務大臣に就任したばかりの上川大臣が，国連総会に出席するために（　２　）を訪問して，G7外相会合に参加しましたよね。ウクライナ支援《えん》などについてG7の連携を確認した，とニュースで言っていました。

東　先生：そうですね。昨年の国連総会では，ゼレンスキー大統領が国際社会に支援を呼びかける演説を改めて行っていました。その翌日には④安全保障理事会の首脳級会合に出席して，安全保障理事会の改革も訴《うった》えました。

和子さん：国連総会が開催された９月には，まさか翌月に中東で大きな軍事衝突《しょうとつ》が起こるとは，思ってもみませんでした。

洋子さん：上川大臣が９月にG7外相に，「次は11月に東京で会いましょう」と言ったときには，まさかそのような事態になるとは思っていなかったと思います。

英子さん：東京で外相会合が行われたのは，ハマスがガザ地区から⑤イスラエルに越《えっ》境襲《しゅう》撃してから，ちょうど１カ月後でしたよね。

東　先生：そうですね。イスラエルとパレスチナの問題は，「世界で最も解決が難しい紛《ふん》争」と呼ばれています。ニュースで毎日のようにイスラエルが空爆《ばく》を実行している映像が流れ，特に⑥病院が標的になったことや子どもが犠牲《ぎせい》になっていることは，停戦を求める国際的な世論につながりましたね。

和子さん：先生は，「20世紀は難民の世紀」とおっしゃっていましたが，21世紀になってもこれだけ戦争や紛争，自然災害が多いと，難民も減っていないのではないでしょうか。

東　先生：そうですね。残念ながら増えています。2023年５月の段階で，約１億1000万人と計算されています。

洋子さん：それは日本の人口と同じくらいということですか。

東　先生：そうですね。難民をめぐる悲劇的な報道もよく目にします。しかし，⑦受け入れる側の国々にもさまざまな事情があって，難民の受け入れに規制を強化する国も増えています。

英子さん：人間の力で自然災害をなくすことは難しいけれど，戦争や紛争は何とか終わらせて，自分が住みたい所で安心して暮らせる世界になってほしいです。

問1　文章中の（1）にあてはまる都市名を答えなさい。

問2　下線部①について。インドは現在飛躍《やく》的にGDPを伸ばしており，今後も成長すると考えられています。その主な要因に，人口の増加と年齢別構成があります。インドの年齢別構成のグラフを次から選び，記号で答えなさい。

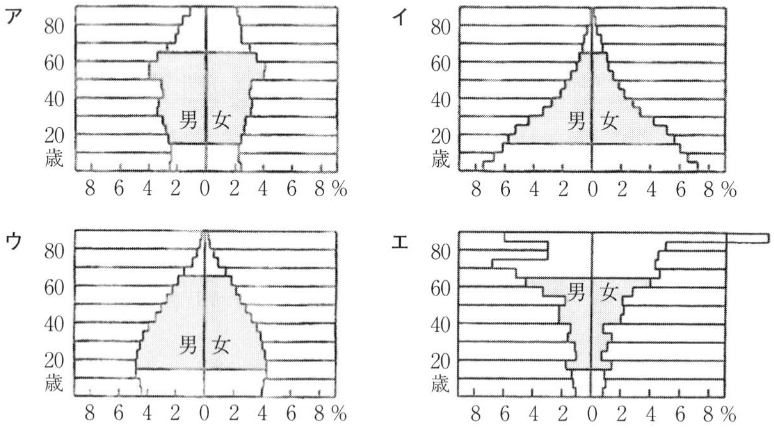


※色が付いている部分は15～64歳の生産年齢人口を表しています。生産年齢人口とは，生産活動の中心となっている人口層のことです。

とうほう資料集　より

問3　下線部②について。「核（核兵器）なき世界」の理想の実現に近づくため，核兵器に関する「ある条約」が2017年に国連総会で採択《たく》され，2021年に発効しました。しかし，日本はまだ締《てい》約国になっていません。「ある条約」を答えなさい。

問4　下線部③について。インドを含《ふく》むアジア・アフリカの国々の多くは，20世紀半ばまで欧《おう》米諸国の植民地でした。しかし，現在ではそれらの国々の協力がなければ，国際秩《ちつ》序の維持を図《はか》ることができません。岸田総理がサミット直前にアフリカ4カ国を訪問したことも，G7とそれらの国々との連携を強化するためです。近年，このような国々は何と呼ばれていますか。

問5　文章中の（2）には国連本部の所在都市が入ります。何という都市ですか。

問6　下線部④について。ゼレンスキー大統領は，「ロシアへの制裁決議は何度も否決され，安全保障理事会は機能不全におちいっている」と指摘《てき》し，安全保障理事会の改革を主張していました。なぜ，制裁決議は何度も否決されているのですか。

問7　下線部⑤について。次の地図はイスラエルとその周辺国を示しています。イスラエルは約75％がユダヤ教徒の国ですが，周辺国は何教徒が多いですか。

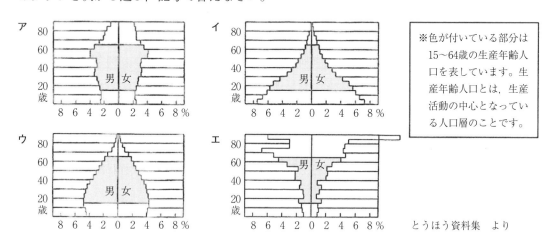

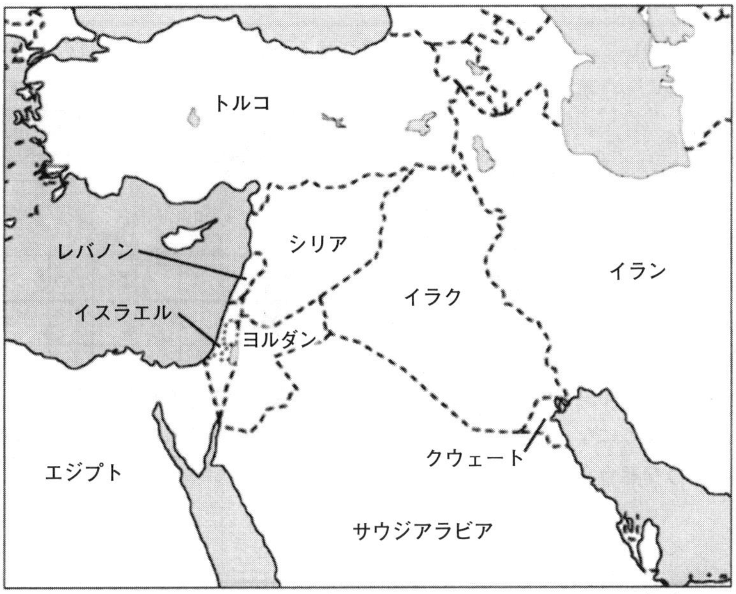


問８　下線部⑥について。この攻《こう》撃によって，ガザ地区で医療《りょう》を続けている「国境なき医師団」の医師も犠牲になったことは，イスラエルに対する批判を強めました。「国境なき医師団」のように，特定の政府や国際機関などに属さず，社会問題の解決のためにさまざまな活動を行う市民団体を何といいますか。

問９　下線部⑦について。規制を強化するようになったのはなぜですか。

**【理　科】〈Ｂ日程試験〉**（30分）〈満点：60点〉

〈編集部注：実物の入試問題では，写真はカラー，図も一部はカラー印刷です。〉

**1**　地震《しん》が起こると，はじめは小さくゆれ，少しおくれて大きくゆれ始めます。小さいゆれと大きいゆれは，震源(地震の原因となる変動が生じた場所)で同時に発生し，それぞれは速さを変えずに遠方へ伝わるものとして，次の問いに答えなさい。

(1)　図１は，ある地震について，震源から最初に伝わって来る小さなゆれと，おくれて来る大きなゆれを，それぞれＡまたはＢで示し，震源からの距離《きょり》とそこにゆれが届くまでの時間の関係を表したグラフです。

以下の問いに答えなさい。計算の答えが割り切れない場合は，四捨五入して小数第２位まで求めなさい。

①　Ａのゆれが伝わる速さは毎秒何kmですか。

②　Ｂのゆれが伝わる速さは毎秒何kmですか。

③　大きなゆれを表したグラフは，ＡとＢのどちらですか。

図１

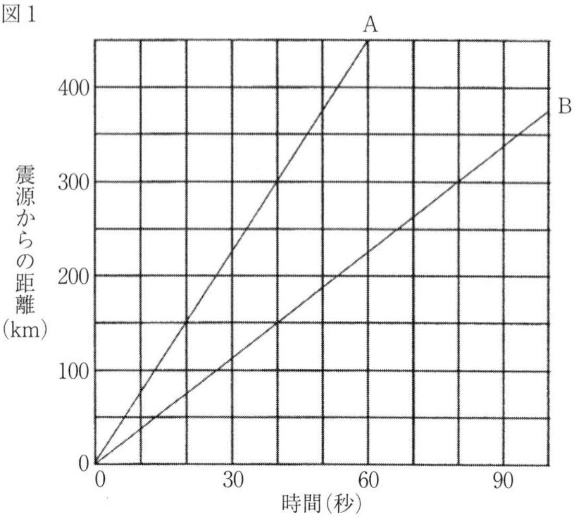


(2)　地震のゆれは，地震計で記録することができます。図２は，図１の地震におけるＸ地点での地震計の記録の一部です。Ｘ地点は震源から，約何kmはなれた場所にあると考えられますか。次から選び，番号で答えなさい。

1　50km　　2　100km　　3　150km
4　200km　　5　250km　　6　300km
7　350km　　8　400km

図２

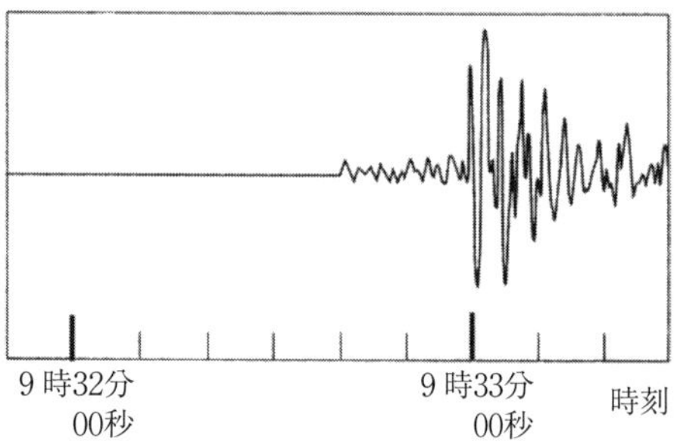


(3)　1960年５月に，南アメリカ大陸南西部に位置するチリの近海で大きな地震(以下，チリ地震と呼ぶ)が起き，チリのモチャ島には高さ約25mの津《つ》波が到達《とうたつ》しました。日本では，人が感じるほどのゆれはありませんでしたが，地震が起きてから約23時間後に津波が到達しました。三陸にある宮古湾《わん》では，高さ約６mの津波により，家屋や漁船の流失などの被《ひ》害が出ました。

地震と津波について述べた次の文から，適切なものを３つ選び，番号で答えなさい。

1　チリ地震では，地震発生から約30時間後に，太平洋の中ほどに位置するハワイ諸島に津波が到達した。

2　チリ地震では，三陸沿岸部の全域に同じ高さの津波が到達した。

3　チリ地震では，北海道から沖縄にかけての太平洋沿岸部各地に津波が到達した。

4　地震のゆれを感じなくても，津波に関する警報や注意報が出る場合がある。

5　津波は川をさかのぼり低地に侵《しん》入することがある。

6　地震が起こると，必ず津波が発生する。

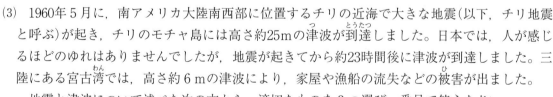

**2** 写真は，海水から食塩を取り出す「揚《あ》げ浜《はま》式塩田」の作業のようすです。どうして砂に海水を撒《ま》いているのでしょうか。

実はこうすることで効率的にたくさんの量の食塩を取り出すことができるのです。

「揚げ浜式塩田」では，まず海からくんできた海水を砂を敷《し》きつめた地面に撒きます。海水を自然に蒸発させると，砂に食塩のつぶがくっつきます。それを砂ごと集めてろ過ができる箱に入れ，上から海水をかけます。砂は溶《と》けずに食塩だけが溶け，「かん水」とよばれる食塩水ができます。そしてそのかん水を大きな釜《かま》で熱して，食塩をつくります。

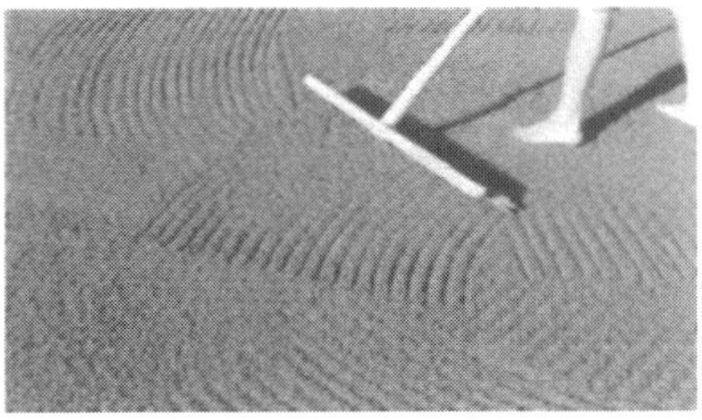

(1) 砂に海水を撒いた後，右図のように「細攫え(こまざらえ)」という竹の棒をくしのように組んだ道具で，砂に筋目をつけます。このような筋目をつけることによって，撒いた海水の蒸発が早くなるのですが，それはなぜですか。

(2) 下の表は，100gの水に溶けることのできる食塩とホウ酸，ミョウバンの量を表したものです。物質が水に溶ける量は，他の物質が溶けていても変わらないものとします。

| 温度[℃] | 0 | 20 | 40 | 60 | 80 |
|---|---|---|---|---|---|
| 食塩[g] | 35.6 | 35.8 | 36.3 | 37.1 | 38.0 |
| ホウ酸[g] | 2.8 | 4.9 | 8.9 | 14.9 | 23.5 |
| ミョウバン[g] | 3.0 | 5.9 | 11.7 | 24.8 | 71.0 |

100gの熱湯が入ったビーカーA，Bを用意し，それぞれに食塩20g，ホウ酸20g，ミョウバン20gを入れ，ガラス棒でよくかき混ぜてすべて溶かしました。次の①，②の操作をしたときに，ろ紙の上に残る物質を下の1～8よりそれぞれ選び，番号で答えなさい。

① ビーカーAの温度を20℃にしてから，ろ過したとき

② ビーカーBに水を100g加え，温度を40℃にしてから，ろ過したとき

1 食塩のみ　　2 ホウ酸のみ

3 ミョウバンのみ　　4 食塩とホウ酸

5 ホウ酸とミョウバン　　6 食塩とミョウバン

7 食塩とホウ酸とミョウバン　　8 何も残らない

(3) 60℃の湯100gが入ったビーカーCに食塩を溶けるだけ溶かして60℃の食塩の飽《ほう》和水溶液をつくりました。温度を60℃に保ったままで水20gを蒸発させたとき，出てきた食塩の重さは何gですか。答えが割り切れない場合は，四捨五入して小数第2位まで求めなさい。

(4) 食塩1kgを取り出すために，海水は何kg必要ですか。ただし海水の食塩の濃《のう》度は3％とします。答えは四捨五入して小数第1位まで求めなさい。

(5) 同じ量の食塩を得るために，海水を直接釜で熱するのではなく，かん水にしてから熱することで，どのような利点がありますか。次の文の[　　]にあてはまる言葉を入れなさい。

かん水は海水よりも[　　　　]ので，この方法には，[　　　　　　]という利点がある。

**3** 英子さんは，アゲハチョウの蛹化《ようか》(蛹《さなぎ》になること)について調べるために，幼虫を使って実験をしました。蛹には蛹化してから１～２週間で羽化《うか》する蛹と，冬越《ご》しをする休眠蛹《きゅうみんよう》(蛹になってから３～４か月たたないと羽化しない)があります。表１は，アゲハチョウの幼虫に与える明期と暗期をいろいろな長さに変えて休眠蛹になるかどうか実験した結果です。

明期：照明をつけて明るくしていた期間のこと。

暗期：照明を消して暗くしていた期間のこと。

表１

| 実験 | 明期(時間) | 暗期(時間) | 結果 |
|---|---|---|---|
| 1 | 14 | 14 | ○ |
| 2 | 14 | 10 | × |
| 3 | 12 | 12 | ○ |
| 4 | 11 | 11 | ○ |
| 5 | 10 | 10 | × |
| 6 | 10 | 14 | ○ |

○：休眠蛹になった個体が90％以上だった。
×：休眠蛹になった個体が３％以下だった。
※この実験では暗期中断はしていない。

(1) 英子さんは，冬が近づくと夜が長くなっていくので，次のような［仮説１］を立ててみました。

［仮説１］

「休眠蛹の形成は暗期の長さで決まる。」

この［仮説１］が正しいことを証明するためには，表１の実験１～６のどれとどれを比べればよいですか。２組選び，番号で答えなさい。

(2) 表１より，休眠蛹の形成にはどのような条件が必要だと考えられますか。次の【結論】の［ア］には数字を入れ，［イ］は，適切なものを○で囲みなさい。

【結論】 休眠蛹の形成条件：［　ア　］時間［イ　以上・以下］の暗期

(3) 英子さんは，さらに研究を進めることにしました。本で調べたら，秋に開花するある植物Ｘの花芽形成(花をつくること)の条件においても，表１のアゲハチョウの実験結果から出した【結論】と同じ長さの暗期が必要であり，図１のような実験ア～ウの結果が報告されていました。実験イ・ウでは，暗期の間に１時間だけ照明をつける「暗期中断」をしていました。

表１と図１の結果より，この植物Ｘの花芽形成の条件には，(2)の【結論】の条件に加えてどのような条件が必要だと考えられますか。20字以内で答えなさい。

図１

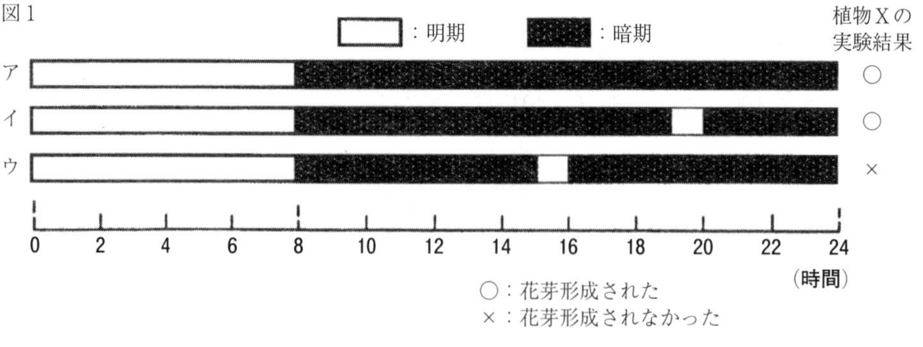


(4) 英子さんは，動物と植物は様々な点で差が大きいので，さらに次のような仮説を立てました。

［仮説２］

「アゲハチョウの休眠蛹の形成条件は，植物Ｘの花芽形成の条件と完全には一致しない。」

そこで，アゲハチョウの幼虫で，図２の実験ａ～ｆを行いました。［仮説２］が正しいことを証明している結果をすべて選び，実験記号(アルファベット)で答えなさい。

図2

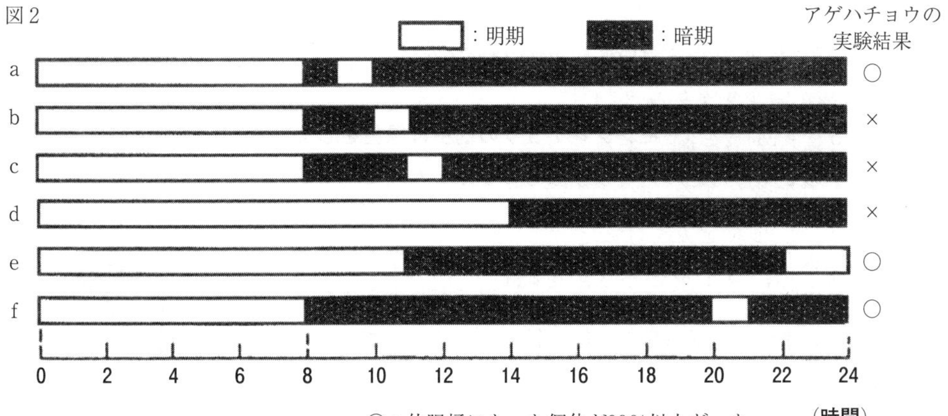


○：休眠蛹になった個体が90％以上だった。
×：休眠蛹になった個体が３％以下だった。

(5)　これまでの実験は，25℃のもとで行ったものです。自然の中では，単に昼や夜の長さだけではなく，温度，とくに夜の低温によって，同じ日の長さでも休眠蛹になる割合が高まることがわかっています。この事実と，これまでの結果などから，アゲハチョウの生活について述べた次の文を完成させなさい。ただし，（１）（２）は選択《せんたく》しから適切なものを○で囲み，（３）は適する語を入れなさい。

『秋になると幼虫が食草である(１　アブラナ・サンショウ)を得にくくなったり，成虫が蜜《みつ》を吸うための(２　ツツジ・サザンカ)の花がさかなくなってしまう。それにより活動が低下してしまうため，秋から冬の時期を休眠して過ごすことで種の(　３　)を避《さ》けることができる。』

(6)　アゲハチョウとモンシロチョウの卵を，葉についたままで持ち帰り，ふ化や成長のようすを観察しました。そのときのようすとして正しいものを次の中から２つ選び，番号で答えなさい。

１　黄色から橙《だいだい》色になった高さ２cmのモンシロチョウの卵を観察していると，やがて卵のからを食い破って幼虫が出てきた。このときの幼虫の体長は４mm位であった。

２　卵からふ化したばかりのモンシロチョウの幼虫は，黄色で体の前半分には長い毛が生えていた。

３　卵からふ化したばかりのモンシロチョウの幼虫は，薄《うす》い黄色だったが，キャベツの葉を食べるうちにだんだんと緑色になっていった。

４　卵からふ化したアゲハチョウの幼虫は，３日位たって脱《だっ》皮すると体の色は黒かっ色で，その中に白いすじが見られた。

５　４回脱皮したモンシロチョウの幼虫は緑色をしていて，幼虫の体に触《さわ》ると頭部から２本の橙色の角のようなものを出した。そのとき，くさいにおいがした。

(7)　右の図はアゲハチョウの成虫が蜜を吸っているときの口器です。飛んでいるときの口器はどのようになっていますか。解答用紙の図に絵をかき加えなさい。

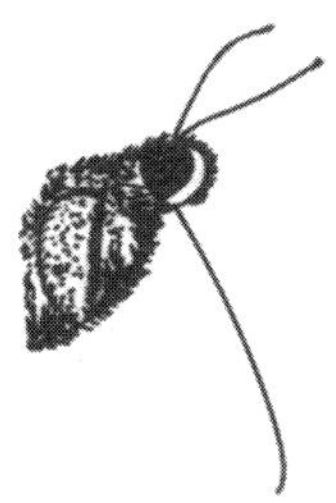

蜜を吸っているときの口器

**4**　電磁石や発電の仕組みについて以下の問いに答えなさい。

(1)　電磁石がもつ磁力(鉄などを引きつける力)を強くする以下の①～③の３つの方法について，(ア)(イ)に入る適切な語を答えなさい。

①　コイルに流れる(　ア　)を強くする

②　コイルの(　イ　)を多くする

③　コイルに入れる鉄しんを太くする

(2)　図１のように鉄しんにコイルを巻き，電磁石を作りました。このコイルに図１のように電流を流すと，電磁石の左側に置いた方位磁石は図１のようになりました。電磁石の左端《はし》と右端はそれぞれ何極になっていますか。

図１

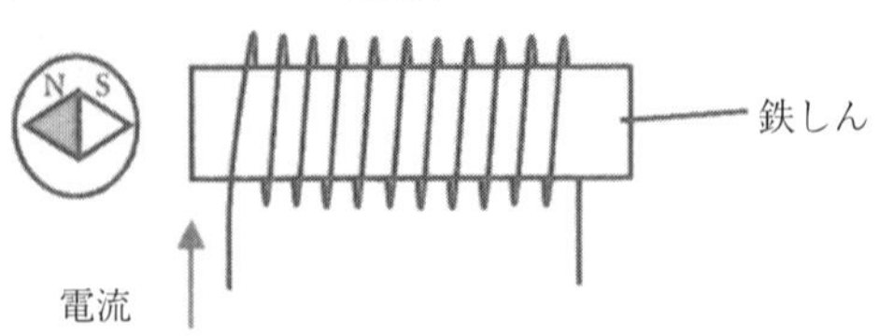


次にこの電磁石を利用してモーターを作りました。モーターは２つの磁石の間で電磁石が回転できるようにしたものです。電磁石はO点を中心に回転できるようにしています。モーターに電流を流すと電磁石が回転します。またモーターには，一定の方向に回転できるように回転の途中で電磁石を流れる電流の向きが変化する仕組みが入っています。

図２

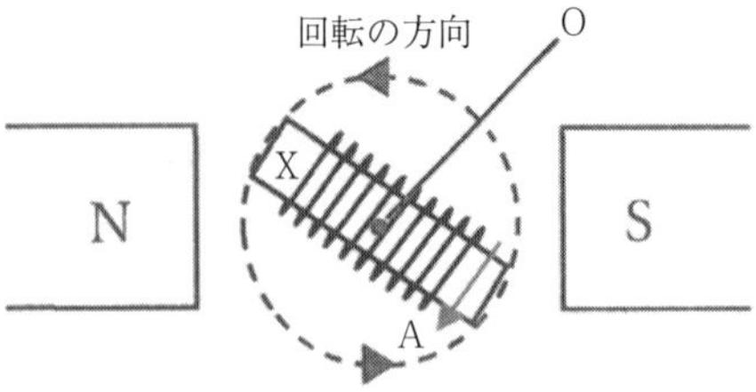


図３

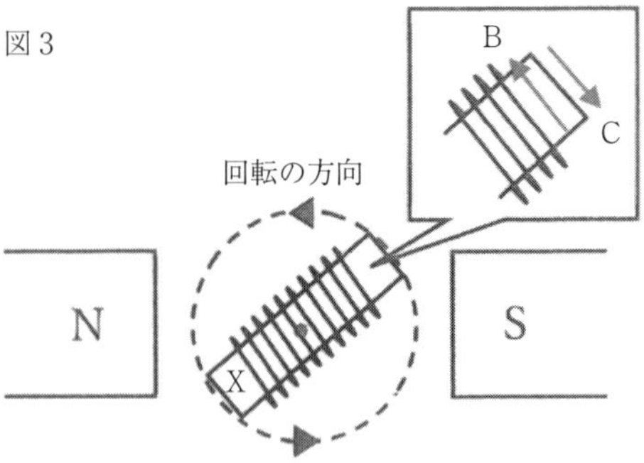


(3)　次の文章の①～③に入る適当な語の組み合わせを，下の表から選び，番号で答えなさい。

「図２のように電磁石が止まっている状態でＡの向きに電流を流すと電磁石は反時計回りに回り始めました。このとき電磁石のＸの部分は(　①　)になっています。また，図２の位置から反時計回りに回転し始め，その回転方向が変わらないためには，図２の位置から初めて図３になったときにコイルには(　②　)の向きに電流が流れ，Ｘの部分は(　③　)になっています。」

| | ① | ② | ③ |
|---|---|---|---|
| 1 | Ｎ極 | Ｂ | Ｎ極 |
| 2 | Ｎ極 | Ｂ | Ｓ極 |
| 3 | Ｎ極 | Ｃ | Ｎ極 |
| 4 | Ｎ極 | Ｃ | Ｓ極 |
| 5 | Ｓ極 | Ｂ | Ｎ極 |
| 6 | Ｓ極 | Ｂ | Ｓ極 |
| 7 | Ｓ極 | Ｃ | Ｎ極 |
| 8 | Ｓ極 | Ｃ | Ｓ極 |

モーターの中のコイルを手などで回転させると，電流を発生させることができます。つまりモーターは使い方によって発電機としても利用できます。磁石があるとそのまわりに磁力がはたらく空間(磁界)が発生します。磁石をコイルに近づけるとコイルのまわりの磁界は強くなり，逆に磁石をコイルから遠ざけるとコイルのまわりの磁界は弱くなります。このようにコイルのまわりの磁界の強さが変化すると電流が流れます。

(4) 次のア～エで電流が流れないものをすべて選び，記号で答えなさい。

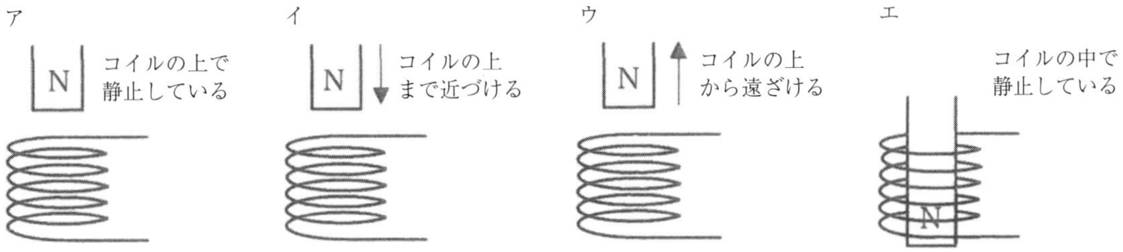


交通系ICカードには，ICチップ(様々な情報が保存されている部分)が入っており，そのICチップと改札機の読み取り部との間で通信を行っています。

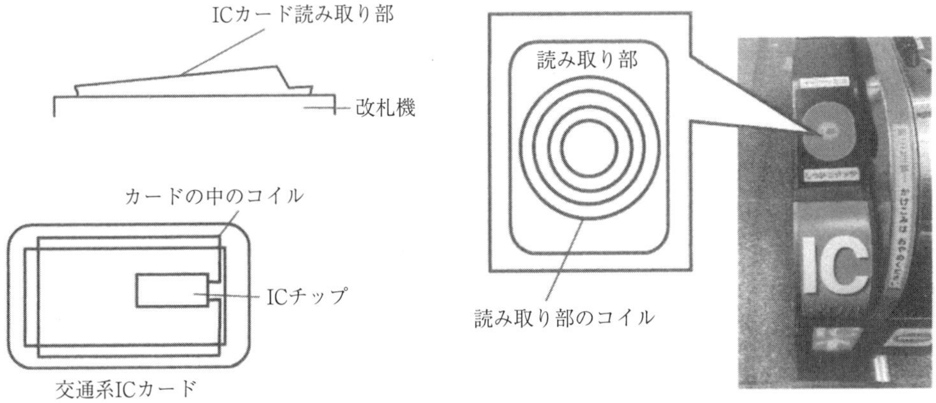


(5) この通信の仕組みについて説明した以下の文章の①～③に適切な語句を入れなさい。

「改札機の読み取り部のコイルには電流が流れており，読み取り部が( ① )のはたらきをし，( ② )が発生している。読み取り部にICカードを近づけるとICカードの中にあるコイルのまわりの( ② )が変化し，ICカードに電流が流れる。そのためICカードには( ③ )が必要ない。このようにしてICチップの情報が読み取り部に発信される。」

「化学反応」によって何が得られたのですか。もっともよくあてはまるものを次の**ア**～**エ**の中から選び、記号で答えなさい。

**ア**　今までにない新しい視点
**イ**　自分の将来を真剣《しんけん》に考える能力
**ウ**　支えてくれた人への感謝
**エ**　夢を持ち続けてきたという自信

問十四　**6**自分の原点　にもっともよくあてはまるものを次の**ア**～**エ**の中から一つ選び、記号で答えなさい。

**ア**　やっぱり自分は野球が好きだし、これからも好きであり続けるだろうという確信。
**イ**　みたことがないほど美しい球場の芝生の上で、有名な野球選手が練習していた光景。
**ウ**　野球をあきらめてから進学や就職をしなかったが、思いきって就職支援を頼《たよ》った勇気。
**エ**　小さいころから野球選手にあこがれていた自分を、周囲の人々が応援してくれた経験。

問十五　Ⅰ～Ⅲにあてはまる五～十字の表現を本文中から探し、それぞれぬき出して答えなさい。

問十六　**7**助長している　とありますが、ここでの意味としてもっともよくあてはまるものを次の**ア**～**エ**の中から選び、記号で答えなさい。

**ア**　原因としている　**イ**　強めている
**ウ**　圧倒《あっとう》している　**エ**　作り上げている

問十七　**8**過去の挫折経験を語れる人ほど、未来のなかの希望を語ることができるようだ　とありますが、なぜですか。その理由としてもっともよくあてはまるものを次の**ア**～**エ**の中から選び、記号で答えなさい。

**ア**　挫折の体験にきたえられて、今後どんなことが起きても大丈夫だと自信がつくから。
**イ**　表現力がある人ほど、自分の失敗を振り返ってそれを前向きに語ることができるから。
**ウ**　挫折をくぐりぬけたことによって、過去の失敗をくり返さないかしこさが身につくから。
**エ**　言葉で説明するうちに自分の失敗を受け止めることができ、次にどうすべきか分かるから。

問十八　本文中の**ア**～**エ**の**そう**について、働きの異なるものを次の中から一つ選び、記号で答えなさい。

**ア**　話をした**そう**
**イ**　いった**そう**
**ウ**　挫折し**そう**
**エ**　伸びていった**そう**

問十九　〔E〕取り〔F〕取り　の〔E〕〔F〕に入る漢字一字をそれぞれ書きなさい。

問二十　**9**特に励ましたり、アドバイスをするといったようなことは、あえてしませんでした　とありますが、「特に」がかかっている部分を、次の**ア**～**キ**の中から一つ選び、記号で答えなさい。

**特に**　**ア**励ましたり、**イ**アドバイスを　**ウ**すると　**エ**いったような　**オ**ことは、**カ**あえて　**キ**しませんでした

問二十一　**10**最初はそうだった　とありますが、どういうことですか。解答らんに合うように十五字程度で答えなさい。

問二十二　**11**挫折が希望に変わる瞬間には、しばしば人から人へ経験の伝播がある　とありますが、このようなあなたの経験を思い出して具体的に書きなさい。ない場合は、見聞きしたことや想像したことでもよいです。

**ア** さすがに　**イ** はたして　**ウ** よもや
**エ** しきりに　**オ** あえて　**カ** むしろ

問四　〔A〕にもっともよくあてはまることばを次の**ア**～**エ**の中から一つ選び、記号で答えなさい。

**ア** ひらめき　**イ** やりがい
**ウ** いきごみ　**エ** あこがれ

問五　**2**小さな子どもの頃にいだいた希望は、実際にはほとんど実現しません　とありますが、どのようなことからそう言えるのですか。次の**ア**～**エ**の中から**あてはまらない**ものを一つ選び、記号で答えなさい。

**ア** 小学校時代の職業希望をたずねると、九・六％が「希望する職業がなかった」とこたえていること。

**イ** 中学生になると希望を持てなくなり、希望する職業がある人も七〇・九％から六二・一％に減ったこと。

**ウ** アンケートの結果で希望していた仕事に就いたことがある人が、全体の八・二％しかいなかったこと。

**エ** 中学三年当時の希望の仕事に就いたことがある人は、一五・一％にしかすぎなかったということ。

問六　**3**昔の子どもよりも、今の子どものほうが、夢や希望を持ちにくくなっているといえるかもしれません　とありますが、なぜですか。その理由としてもっともよくあてはまるものを次の**ア**～**エ**の中から選び、記号で答えなさい。

**ア** 昔の子どもの方が自然の中で遊び、情報の少ない世界に暮らしていて、素直に希望を語り純粋に将来を考えていたから。

**イ** 今の子どもは大人から希望のほとんどはかなわず失望に終わったという話を聞かされ、あきらめやすくなっているから。

**ウ** 情報化が進んだ社会では、様々なデータが簡単に手に入り、自分の希望が実現するかについて興味を失ってしまうから。

**エ** 現代は情報量が多く、目指すものと自分の力との差が分かってしまい夢がかなうかどうかの推測がつきやすくなるから。

問七　4～6にあてはまることばを次の**ア**～**カ**の中からそれぞれ一つずつ選び、記号で答えなさい。ただし記号は一度しか使えません。

**ア** 同様に　**イ** つまり　**ウ** そこで
**エ** しかし　**オ** 反対に　**カ** すると

問八　〔B〕にもっともよくあてはまる表現を次の**ア**～**エ**の中から一つ選び、記号で答えなさい。

**ア** 当初の希望が別の希望へと変わっていった人たち
**イ** 当初の希望を失ってから望む職業がなかった人たち
**ウ** 当初からの希望を失っても悩まなかった人たち
**エ** 当初から強い希望を持ち努力し続けていた人たち

問九　《①》《②》に入る語としてもっともよくあてはまるものを下の**ア**～**エ**の中からそれぞれ選び、記号で答えなさい。

《①》 **ア** につかわしく　**イ** よろこばしく
**ウ** かんばしく　**エ** はかばかしく
《②》 **ア** うつつをぬかして　**イ** 明け暮れて
**ウ** あくせくして　**エ** 取り付かれて

問十　〔C〕望　にあてはまる漢字一字を考えて書きなさい。

問十一　**4**希望が、彼を苦しめていたのです　とありますが、どういうことですか。具体的に説明しなさい。

問十二　聞く〔D〕聞いていた　とありますが、「聞くつもりはなく何となく聞いていた」という意味になるように、〔　〕にあてはまることばを四字のひらがなで考えて書きなさい。

問十三　**5**彼のなかに化学反応が起こり始めます　とありますが、

やりたいと威勢《いせい》よく社長にいってはみたものの、そんな苦難や挫折の連続の毎日に、二人はすっかり疲《つか》れてしまいました。

　ある日の午後、会社にある飲み物の自動販売機の前で休憩《きゅうけい》していた二人は、ためいき交じりに相談していました。「もうできない。やっぱり私たちには無理でしたって謝《あやま》って、やめさせてもらおうよ」。

　そのとき、たまたまだったのですが、同じ狭《せま》い休憩室の向こう側で、コーヒーを飲んでいた四〇歳代の男性先輩《せんぱい》社員がいました。その先輩も、二人が仕事に苦戦していることは傍《はた》からみて知ってはいました。でも、**9**特に励《はげ》ましたり、アドバイスをするといったようなことは、あえてしませんでした。それが、いよいよくじけて折れそうだという様子をみて、ひとことだけ、声をかけました。

「いいんだ、いいんだ。今のうちにちゃんと失敗しておけば大丈夫だから。だいたいみんな**10**最初はそうだったんだから。あんまり気にすんな」。

　ときに人は「ハマる」という感覚を持つことがあります。その言葉は、**ウ**挫折し**そう**だった二人にまさにピタリとハマりました。よくわからないのですが、気分がラクになり、もう少し続けてみようという気になりました。そのうち仕事もみえてくるようになり、さすが社長が見込《みこ》んだだけあって、スーっと社会人として**エ**伸《の》びていった**そう**です。

　先輩社員の言葉は、別に取り立ててスゴイ言葉ではないかもしれません。しかし、これは私の想像にすぎないのですが、その男性も自分がかつて苦しかったときに、同じような言葉を先輩からいわれたのではないか。それは、自分の過去の経験に基《もと》づいた言葉です。自身の経験が裏づけとなって、どこかしら、共感を呼ぶ言葉です。だからこそ、何気ない言葉でも、いや何気ない言葉だからこそ、自分の日常を見つめなおし、明日に希望をつなぐきっかけを与えてくれるのです。

　この話がおしえてくれるのは、**11**挫折が希望に変わる瞬間には、しばしば人から人へ経験の伝播があるということです。

（玄田有史『希望のつくり方』）

【注】

**1** フリーター＝「フリー・アルバイター」の略で、ひとつに決めずに自由に様々な仕事をして生活している人。

**2** ニート＝学校にも通わず、働きもせず、職業訓練も受けないで家にいる若者。

**3** 『広辞苑』＝国語辞典の名前。

**4** 伝播＝伝わり広がっていくこと。

問一　本文中の太字の**カタカナ**は漢字に直し、**漢字**は読みをひらがなで答えなさい。

問二　**1**大人になって、そのときに書いた作文などを目にしたりすると、ほぼ一〇〇％赤面します　とありますが、なぜ赤面するのですか。その理由として次の**ア**～**エ**の中からもっともよくあてはまるものを選び、記号で答えなさい。

**ア**　子どものころに様々な職業にあこがれた純粋《じゅんすい》な気持ちを思うと、夢を失った今の自分がはずかしくなるから。

**イ**　かつてプロ野球選手になりたかったころ、広島カープが優勝した感激を思い出すと今でも胸が熱くなるから。

**ウ**　実際にはほとんど実現しない夢を持っていたことを大人になった後に冷静にふり返り、照れくさく思うから。

**エ**　子どものころにはなりたい職業があったのに、夢をかなえるために努力しなかった自分を腹立たしく思うから。

問三　1～3 にあてはまることばを次の**ア**～**カ**の中からそれぞれ一つずつ選び、記号で答えなさい。ただし記号は一度しか使えません。

そうなると、就職してからの挫折体験によって、働く人々を三種類にわけられることになります。挫折を経験しなかったおよそ「五割」の人々。挫折を経験して乗り越えられなかったおよそ「一割」の人々。そして挫折を経験して乗り越えてきたおよそ「四割」の人々です(「四割」は、〇・四八四×〇・八三二≒〇・四〇三から計算できます)。

この三種類のうち、現在希望を持って仕事をしている割合が圧倒的に高かったのは、挫折を［Ⅰ］経験を持つ人々だったのです。一方、挫折を［Ⅱ］人々と、そもそも挫折を［Ⅲ］人々では、仕事に希望を持つ割合は、ほぼ同じ程度で低い水準にありました。

過去に挫折を経験していない人ほど、希望を持ちにくいという関係は、何も仕事にかぎったことではないようです。計量歴史社会学者の佐藤香さんは、未婚者のうち、失恋という挫折を経験したことのない人ほど、恋愛や結婚に希望を持てないことを指摘《してき》しています。失恋経験の乏《とぼ》しさが、二〇代男性の恋愛や結婚をあきらめる風潮を7助長しているのです(佐藤　二〇〇六)。

希望学で行った複数のアンケートやインタビュー調査に共通して、挫折を経験し、なんとかくぐり抜《ぬ》けてきた人ほど希望を持っているようだという傾向《けいこう》は、たびたび表れました。ただ、挫折とは何かというのは、むずかしい問題です。8過去の挫折経験を語れる人ほど、未来のなかの希望を語ることができるようだ、というのがより適切な表現のようです。

挫折を語ることと、過去の失敗の経験とは、似ているようでちがいます。過去の失敗は事実ですが、挫折を語れるということは、過去の失敗を自分のものとしてとらえなおし、現在の自分の言葉で表現できることを意味しています。同じように希望を語ることも、未来の成功とはちがいます。希望は、未来の成功に向かっていくことを指し示す、現在の自分の言葉なのです。

挫折と希望は、過去と未来という時間軸《じかんじく》上は、正反対に位置するものです。しかしそれらはともに、現在と言葉を通じてつながっています。それが「過去の挫折の意味を自分の言葉で語れる人ほど、未来の希望を語ることができる」という、希望の物語性についての第二の発見なのです。

(中略)

**経験は【注4】伝播《でんぱ》する**

挫折を経験している真っ最中は、本当に苦しいものです。しかしその経験から何かを学び、次につなげるきっかけを得ることが、希望につながっていく。考えてみると、挫折が希望をつくるという物語は、私たちの日常に、めずらしいことではありません。

以前、福島県の水産食品の仕入れや卸《おろし》売りを**営**む会社を訪問したときに聞いた話です。その会社の社長さんは、社員の日ごろの働きぶりを見ているうちに、高校を卒業したばかりの二人の女性社員に目がとまりました。そこで二人を社長室に呼び、**ア**話をした**そう**です。「君たちは、なかなかいい。相談だが、君たちが希望するのであれば、それぞれ商品の担当責任者になって仕事をしてもらいたいと思っているのだが、どうだろう」。社長の話にとまどいながらも、二人は目と目をあわせ、ドキドキしながらも「やってみたい」と**イ**いった**そう**です。

そこからが二人にとっての**シレン**の始まりでした。「とにかく現場でおぼえろ」ということで、毎朝早くから市場に通うことになります。忙しさもあり、市場では、誰かが仕事のやり方を［Ｅ］取り［Ｆ］取りおしえてくれるわけではありません。むしろ流れの邪魔《じゃま》になるということで、怒《おこ》られたりするばかりの毎日です。やっとのこと仕入れをして、レストランやホテルに卸しても、卸先から納得《なっとく》の評価を得られることもあまりありません。

に、まず何か好きなことはあるかをたずねました。「別にない」と、あまり反応も《①》ありません。そこで今度は「じゃあ、好きだったことはある？」と聞いたそうです。

彼には、実はひそかに好きで好きでたまらないものがありました。それは、野球でした。小さい頃から野球選手にあこがれ、いや正確にいえば、プロ野球選手に自分がなることを信じて疑わず、毎日野球に《②》いたのです。

野球への希望に満ちあふれていた彼だからこそ、高校のときに直面せざるを得なかった現実の衝撃《しょうげき》は、こたえました。自分の実力では、プロ野球選手になることは不可能だと思い知らされたのです。その瞬間《しゅんかん》、彼の希望は、失望を大きく超えて、〔C〕望へと変わりました。目標を失った彼は、だからといって、進学や就職をめざすわけでもありません。卒業してから【注1】フリーターもしくは【注2】ニートのような状態を続けていました。4希望が、彼を苦しめていたのです。

その話に耳を澄《す》まし、彼の失望に理解を示しながら、小島さんはこんなこともたずねたそうです。「どうして、そんなにまで野球が好きになったの？　何かきっかけがあるのかな」。

実は、彼にははっきりとしたきっかけがありました。

おそらくはまだ小学校の低学年だったくらいの頃です。テレビ中《ちゅう》継《けい》などで野球を食い入るようにみていたその少年のために、親御《おやご》さんが野球のスタジアムに連れていってくれたのです。当日、球場の入り口でチケットを見せた後、彼は一気に階段を駆《か》け上がります。階段の先には、今までみたことのないほど、美しい芝生《しばふ》が広がっていました。そこには、テレビで知っていた有名な選手が打撃や守備の練習をする姿がありました。その光景をみた瞬間、彼は野球の虜《とりこ》になったのです。

そんな彼と小島さんの会話を、すぐ横でパソコンを使って就職活動中の女性が聞く〔D〕聞いていたのだそうです。「芝生」を耳にして、自分が検索《けんさく》していたなかに、地元でも芝生を生産・販売《はんばい》する会社があったと、彼女は何気なく、おしえてくれました。

そこから5彼のなかに化学反応が起こり始めます。野球に挫折したショックから、彼はまだ完全には立ち直っていません。しかし彼は、会話のなかで、自分がやっぱり野球が好きで、これからもきっと好きであり続けるだろうということを、正直に認めます。

考えてみれば、好きな野球にかかわる仕事をするという希望をかなえるのは、何もプロ野球選手になることだけではありません。6自分の原点を振《ふ》り返り、彼は希望を変えていきます。結局、彼はナマのプロ野球との最初の出会いにあった芝生を植え付ける職人になることへと、新たに希望を修正させていったのです。

**挫折の持つ意味**

希望の物語性として、修正体験とならんで、希望と密接にかかわっているのが挫折体験です。「（計画や事業などが）中途でくじけ折れること。だめになること。」（【注3】『広辞苑《こうじえん》』）と定義される挫折の体験です。

アンケート調査では、学校を卒業して最初についた仕事をはじめてから、最初の五年以内に、何らかの仕事上の挫折や失敗を経験したことがあるかをたずねました。すると三〇歳以上五九歳以下の回答者のうち、ほぼ半数の四八・四％が挫折を経験したことがあると語りました。

調査では、挫折を経験したという回答者に、それを乗り越《こ》えることができたと思うかもたずねました。挫折を乗り越えたという**自負**を持つ人は、八三・二％にのぼりました。八割以上が挫折を乗り越えた体験を持つというのは多いともいえますが、二割弱が乗り越えられなかったと答える現実も、重くきびしいものです。

くなります。また情報が少ない時代には持つことができた無邪気《むじゃき》な希望も、高度情報化社会になると、そうもいきません。情報が多いと選《せん》択肢《たくし》が増えて有利になる人もいます。しかし、自分に特別な才能がないと思う人には、希望なんてどうせかなわないと、思い知らされることのほうが、[2]増えるのです。

情報化が進んだ社会の若者は、かつての若者以上に、希望の実現が困難であることを直観的に知っているように思います。その意味では、

**3** 昔の子どもよりも、今の子どものほうが、夢や希望を持ちにくくなっているといえるかもしれません。

子どもの頃の希望にかぎらず、希望の多くは失望に終わります。希望は文字通り、希《まれ》にしかかなわない望みです。失望や挫折《ざせつ》を避《さ》けたいならば、希望なんて持たないほうがいいという人もいるでしょう。「希望がない」という人のなかには、希望がかなわないことのショックを避けるために、[3]希望から距離《きょり》を置こうとしていることもあるようです。

[4]、どうせ失望に変わることが多い以上、希望など持たないほうがよいのでしょうか。私はそうは思いません。むしろ希望は、失望に変わったとしても、探し続けることにこそ、本当の意味があるのです。そんな考えを**シジ**してくれる結果があります。

日本人のいだく希望の多くは、仕事にかかわっています。日本社会に生きるたくさんの人たちが、やりがいのある仕事に出会うことを望んでいます。実はこの仕事のやりがいと、子どもの頃からの職業希望には、一定の関係があるのです。

先の中学三年生の頃の職業希望について、その後の変遷状況《へんせんじょうきょう》をたずねてみました。[5]何らかの職業希望を持っていた人のうち、「その後も同じ仕事を希望し続けた」割合は、四二・五%にのぼりました。[6]「希望する仕事はその後特になくなった」は、二一・〇%です。残りは「(当初)希望する仕事はあったが、その後なくなり、別の仕事に希望は変わった」でした。

それとは別に、これまでやりがいのある仕事を経験したことがあるかをたずねてみました。すると、職業希望が中学三年生のときになかった人よりはあった人のほうが、平均すると、大人になってからのやりがいの経験割合は高くなっていました。さらに職業希望のあった人のなかで、もっともやりがい経験割合が高かったのは、〔　B　〕だったのです。

希望の多くは簡単に実現しません。大事なのは、失望した後に、つらかった経験を踏《ふ》まえて、次の新しい希望へと、柔軟《じゅうなん》に修正させていくことです。

民話であれ、文学であれ、登場人物のやることが、すべてうまくいく、成功ばかりの物語など、ほとんどありません。あったとしても、誰《だれ》もそんな物語をおもしろいとは思わないでしょう。希望が失望になったとしても、くじけず新たな希望という旅に向かって歩み出す。その波瀾万丈《はらんばんじょう》の姿に、心を動かされるのが、物語なのです。

「希望の多くは失望に変わる。しかし希望の修正を重ねることで、やりがいに出会える」。これが、希望の物語性についての第一の発見です。

**ある青年の物語**

では、希望を修正させていくというのは、具体的にどういうことなのでしょうか。ここではかつて埼玉県で多くの人々の就職支援をしてきた小島貴子さんからヒントをいただいた、ひとりの青年の物語を紹《しょう》介《かい》したいと思います。

高校を卒業して以来、ずっと仕事をしてこなかった若者が、あるときたずねてきたそうです。特にやりたいこともみつからないという彼

# 2024年度

# 東洋英和女学院中学部

【国　語】〈B日程試験〉（四五分）〈満点：一〇〇点〉

**次の文章は玄田有史『希望のつくり方』の一部です。よく読んで、後の問いに答えなさい。答えは、問二十二以外は解答用紙に書きなさい。問二十二の答えはそこの解答らんに書きなさい。字数の指定がある問題は、句読点や記号も一字と数えます。**

**子どもの頃《ころ》**

小学校の卒業文集というものがあります。卒業を記念して、学校での思い出を語ったり、そのとき思っていた夢や目標を作文にしてとりまとめたりするものです。多くの人が書いたことがあるでしょう。1大人になって、そのときに書いた作文などを目にしたりすると、ほぼ一〇〇％赤面します。

将来の夢として、私が書いたのはプロ野球選手。一九七五年（昭和五〇年）、小学校五年生のとき、広島東洋カープが球団**ソウセツ**史上初優勝したときの感激は忘れられません。島根県松江市から貸し切りバスに乗って広島市民球場まで、優勝直前のカープを応援《おうえん》に行ったことをおぼえています。

卒業文集に多くの人々が赤面するのは、何も知らない小学生の自分が、途方《とほう》もない夢を語っていることを、今から現実的にふりかえってみて、はずかしくてたまらなくなるからです。もちろん私もプロ野球選手にはなれませんでした。

希望学の調査で、二〇歳から四九歳の方々に、小学校六年生と中学校三年生のときにいだいていた職業に関する希望について調査をしました。小学校時代の職業希望をたずねると、七〇・九％が「希望する職業があった」とこたえています。なりたかった仕事の中身をきいてみると、教師、スポーツ選手、電車の運転手、パイロット、小説家、漫画家《まんがか》などが多くなっていました。その他は九・六％が「希望する職業がなかった」とこたえており、残りが「おぼえていない」でした。

では、［ 1 ］小学生のときの希望を実現した人たちは、どれくらいいたのでしょうか。調べた結果、「希望していた仕事に就《つ》いたことがある」は、全体の八・二％にしかすぎませんでした。小学生の頃の職業希望を大人になってかなえた人は、ほんのひと握《にぎ》りです。

中学三年生のとき、「希望する職業があった」というのは、六二・一％と、小学生時代よりも減っています。かわりに「希望する職業がなかった」は二六・八％と大きく増えています。

現実が少しわかるようになった中学生は、小学生ほど希望を持てなくなるようです。職業希望の中身も、薬剤師《やくざいし》、栄養士、看護師などの医学・薬学系、エンジニアやプログラマーといった工学系など、［ A ］から専門性へと移っていきます。しかし、そんな現実味を**オ**びてきた中学生のときの希望でさえも、大人になってからかなえたという人は少数です。中学三年当時の希望の仕事に就いたことがある人も、一五・一％にしかすぎませんでした（玄田編　二〇〇六）。

2小さな子どもの頃にいだいた希望は、実際にはほとんど実現しません。子どもの頃の希望は、大人になると多くは失望に変わってしまうのです。

**修正の旅へ**

子どもや若者は本来、素直《すなお》に希望を語りやすいものです。それが大人になるにつれて、実現可能性についての情報を持つようになります。すると、「希望なんてどうせかなわない」というあきらめも生じやす

## 2024年度
# 東洋英和女学院中学部 ▶解説と解答

## 算 数 ＜Ｂ日程試験＞（45分）＜満点：100点＞

### 解 答

**1** (1) 188 (2) $1\frac{1}{3}$ **2** 37才 **3** 9通り **4** 240ページ **5** 85人
**6** 106.76cm$^2$ **7** 67.3 **8** **速さ**…毎秒22m，**長さ**…132m **9** (1) 1290円
(2) 184cm **10** 173.6cm$^3$ **11** (1) 75％ (2) 20分 (3) （例） 6の倍数
**12** (1) **英子さん**…毎分100m，**洋子さん**…毎分125m (2) 1500m (3) **ア** 11 **イ** 600 **13** (1) 10個，20個 (2) 17個，18個，39個

### 解 説

**1** **四則計算**

(1) 38×7－13×6＝266－78＝188

(2) $\left\{2-\left(1\frac{1}{6}-\frac{5}{9}\right)\right\}\div\left(\frac{1}{2}+2\frac{4}{7}\times1.75\right)\div\frac{5}{24}=\left\{2-\left(\frac{7}{6}-\frac{5}{9}\right)\right\}\div\left(\frac{1}{2}+\frac{18}{7}\times\frac{7}{4}\right)\div\frac{5}{24}=\left\{2-\left(\frac{21}{18}-\frac{10}{18}\right)\right\}\div\left(\frac{1}{2}+\frac{9}{2}\right)\div\frac{5}{24}=\left(2-\frac{11}{18}\right)\div\frac{10}{2}\div\frac{5}{24}=\left(\frac{36}{18}-\frac{11}{18}\right)\div5\div\frac{5}{24}=\frac{25}{18}\times\frac{1}{5}\times\frac{24}{5}=\frac{4}{3}=1\frac{1}{3}$

**2** **年令算，和差算**

1年後の英子さんの年令は，11＋1＝12(才)なので，1年後の父と母の年令の和は，12×6＝72(才)である。また，1年後の父と母の年令の差は，現在と同じ4才である。よって，1年後の父と母の年令の関係は右の図のように表すことができ，1年後の父の年令は，(72＋4)÷2＝38(才)だから，現在の父の年令は，38－1＝37(才)とわかる。

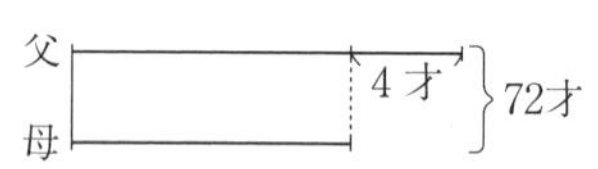


**3** **場合の数**

つくった数が偶数《ぐうすう》になるのは，一の位が0または2の場合である。一の位が0の場合，百の位と十の位の組み合わせは{11，12，21，22}の4通りある。また，一の位が2の場合，百の位と十の位の組み合わせは{10，11，12，20，21}の5通りある。よって，3けたの偶数は全部で，4＋5＝9(通り)できる。

**4** **相当算**

全体のページ数を1とすると，1日目に読んだページ数は，1×0.25＝0.25，その残りは，1－0.25＝0.75となる。すると，2日目に読んだページ数は，$0.75\times\frac{3}{5}=0.45$より8ページ少なくなり，このとき全体の$\frac{1}{3}$が残るから，右の図のように表すことができる。この図で，アの部分の割合は，0.75－0.45＝0.3だから，$\frac{1}{3}-0.3=\frac{1}{30}$にあたるページ数が8ページとなる。よって，

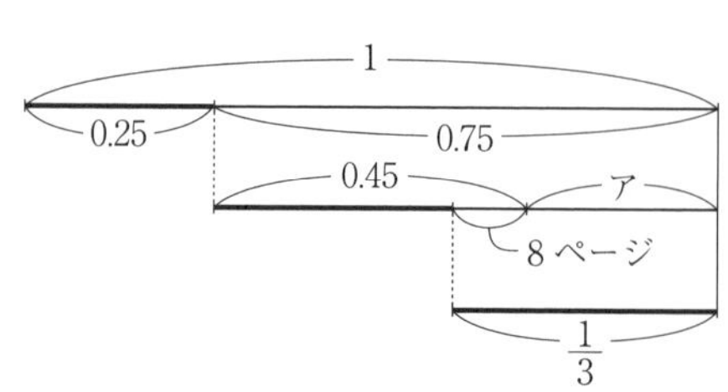

(全体のページ数)$\times\frac{1}{30}=8$(ページ)より，全体のページ数は，$8\div\frac{1}{30}=240$(ページ)と求められる。

## 5 消去算

5年生の人数を□人，6年生の人数を△人として式に表すと，右の図のア，イのようになる。さらに，イの式を3倍すると，ウのようになる。そして，ウの式からアの式をひくと，$\square\times\frac{6}{5}-\square\times1=\square\times\left(\frac{6}{5}-1\right)=\square\times\frac{1}{5}$にあたる人数が，$174-157=17$(人)とわかる。よって，5年生の人数は，$17\div\frac{1}{5}=85$(人)と求められる。

$\square\times1+\triangle\times1=157$(人)…ア

$\square\times\frac{2}{5}+\triangle\times\frac{1}{3}=58$(人)…イ

$\square\times\frac{6}{5}+\triangle\times1=174$(人)…ウ(イ×3)

## 6 平面図形―図形の移動，面積

右の図で，はじめに濃《こ》い影《かげ》の部分の面積を求める。これは，BCを直径とする半円とおうぎ形CB′Bの面積の和から，B′Cを直径とする半円の面積をひいたものである。ここで，2つの＿の部分は合同だから，濃い影の部分の面積はおうぎ形CB′Bの面積と等しくなり，$9\times9\times3.14\times\frac{40}{360}=9\times3.14$(cm$^2$)とわかる。次に，うすい影の部分の面積を求める。これは，おうぎ形CA′Aと三角形A′CD′の面積の和から，三角形ACDの面積をひいたものである。ここで，2つの＝の部分は合同だから，うすい影の部分の面積はおうぎ形CA′Aの面積と等しくなり，$15\times15\times3.14\times\frac{40}{360}=25\times3.14$(cm$^2$)と求められる。よって，影の部分の面積は全部で，$9\times3.14+25\times3.14=(9+25)\times3.14=34\times3.14=106.76$(cm$^2$)となる。

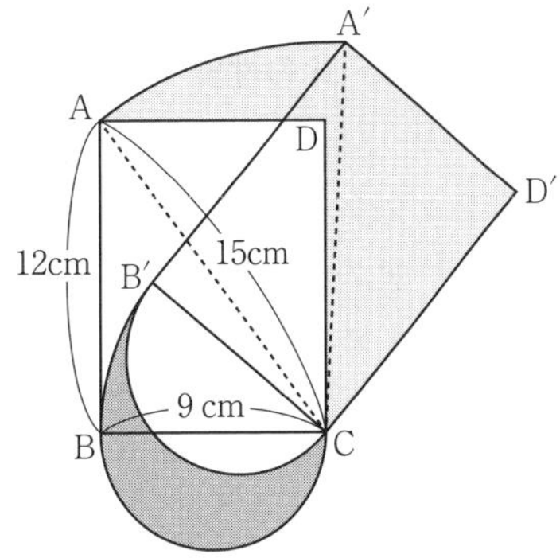


## 7 条件の整理

間違《まちが》えた答えが正解より小さくなったから，間違えた答えの小数点は，正解の小数点の1けた左側についている。つまり，間違えた答えは正解の0.1倍である。よって，正解と間違えた答えの比は，$1:0.1=10:1$であり，この比の差の9が60.57にあたるので，比の1にあたる大きさは，$60.57\div9=6.73$とわかる。したがって，正解は，$6.73\times10=67.3$と求められる。

## 8 通過算

列車Aの進み方を図に表すと，右のようになる。2つの図を合わせて考えると，列車Aは，$572+858=1430$(m)を，$32+33=65$(秒)で進むから，その速さは毎秒，$1430\div65=22$(m)とわかる。また，列車Aの長さは，$22\times32-572=132$(m)と求められる。

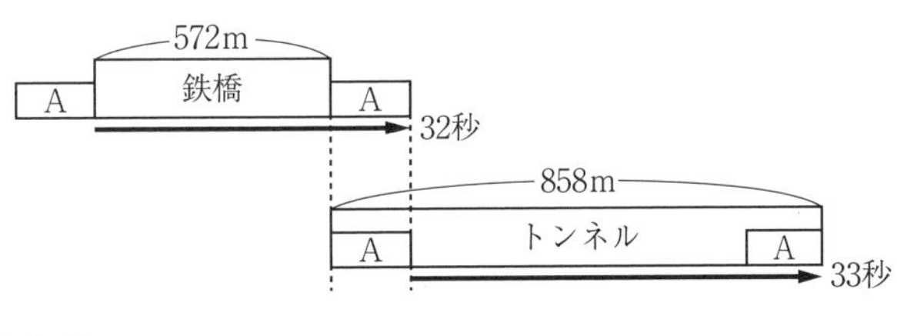


## 9 グラフ―正比例と反比例，比の性質

(1) 問題文中のグラフより，赤のリボンは1cmあたり，$300\div200=1.5$(円)，金のリボンは1cmあたり，$200\div100=2$(円)とわかる。よって，赤のリボンを300cm，金のリボンを420cm買うと，代金は，$1.5\times300+2\times420=1290$(円)となる。

(2) 赤と金のリボンの1cmあたりの値段の比は，$1.5:2=3:4$なので，赤と金のリボンの値段が等しくなるのは，長さの比が，$\frac{1}{3}:\frac{1}{4}=4:3$となるときである。この比の和の，$4+3=7$が

322cmにあたるから，赤のリボンの長さは，$322\times\frac{4}{7}$＝184(cm)とわかる。

**10 立体図形―展開図，体積**

問題文中の展開図を組み立てると，右の図のように，円柱の半分(…Ⓐ)と三角柱(…Ⓑ)を組み合わせた立体になる。Ⓐの底面の円の半径は，８÷２＝４(cm)，高さは５cmなので，Ⓐの体積は，４×４×3.14÷２×５＝40×3.14＝125.6(cm$^3$)である。また，Ⓑの底面積は，３×４÷２＝６(cm$^2$)，高さは８cmだから，Ⓑの体積は，６×８＝48(cm$^3$)となる。よって，この立体の体積は，125.6＋48＝173.6(cm$^3$)と求められる。

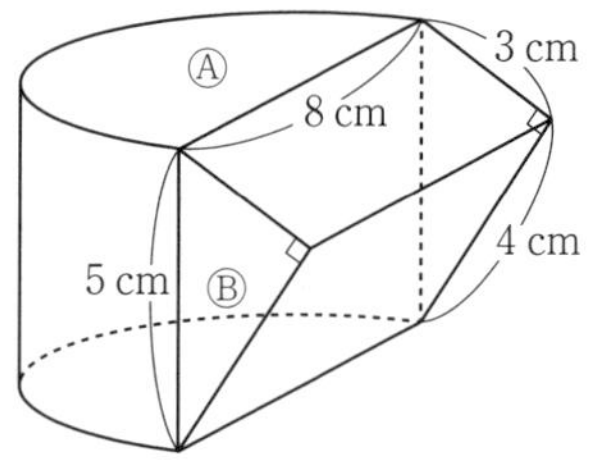


**11 仕事算，比の性質**

⑴　掘《ほ》ったようすを図に表すと，右のようになる。１クラス全員で１分間に掘る面積を１とすると，アの面積は，１×２×60＝120，イの面積は，１×40＝40となる。よって，畑①の面積は，120＋40＝160だから，最初の１時間で掘った面積は畑①全体の，120÷160×100＝75(％)である。

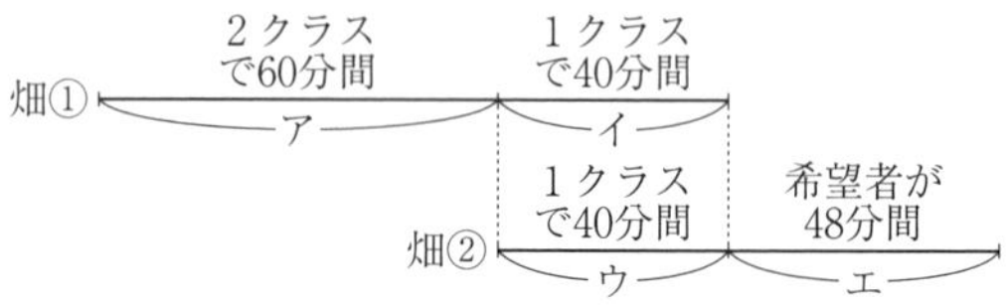


⑵　畑①と畑②の面積の比は５：３なので，畑②の面積は，$160\times\frac{3}{5}$＝96とわかる。そのうち，ウの面積はイの面積と等しく40だから，エの面積は，96－40＝56とわかる。よって，エの部分を２クラス全員で行うと，56÷(１×２)＝28(分間)かかるので，48－28＝20(分)早く終わる。

⑶　エについて，希望者全員が１分間に掘った面積は，$56\div48=\frac{7}{6}$である。よって，１クラスの人数と希望者の人数の比は，$1:\frac{7}{6}$＝６：７だから，１クラスの人数は６の倍数である。

**12 グラフ―旅人算，速さと比**

⑴　２人の進行のようすをグラフに表すと，右のようになる。英子さんと洋子さんがAB間を進むのにかかった時間の比は，15：(27－15)＝５：４なので，英子さんと洋子さんの速さの比は，$\frac{1}{5}:\frac{1}{4}$＝４：５である。また，20分後から27分後までの，27－20＝７(分間)で，２人の間の距離《きょり》は，2400－825＝1575(m)広がったから，この区間での２人の速さの和は毎分，1575÷７＝225(m)とわかる。よって，AB間を進む速さは，英子さんが毎分，$225\times\frac{4}{4+5}$＝100(m)，洋子さんが毎分，225－100＝125(m)と求められる。

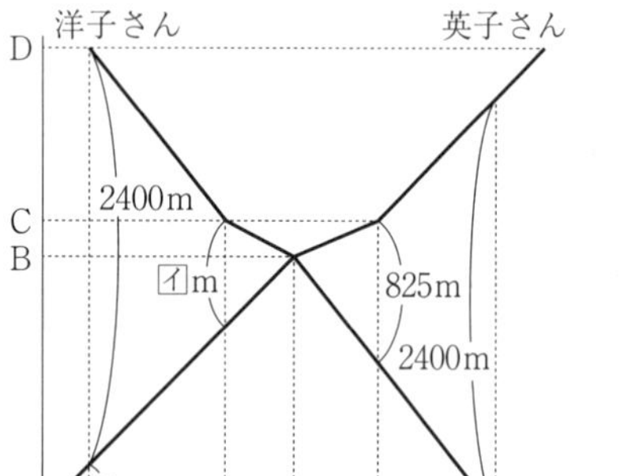


⑵　英子さんはAB間を15分で進んだから，AB間の距離は，100×15＝1500(m)とわかる。

⑶　グラフで，$a$の距離は，100×３＝300(m)だから，AD間の距離は，300＋2400＝2700(m)である。また，英子さんがBC間を進むときの速さは毎分，100×0.4＝40(m)なので，BC間の距離は，40×(20－15)＝200(m)とわかる。よって，CD間の距離は，2700－(1500＋200)＝1000(m)だから，洋子さんがCD間にかかった時間は，1000÷125＝８(分)となり，アに当てはまる数は，３＋８＝11(分)である。すると，英子さんが11分で進んだ距離は，100×11＝1100(m)となる。さらに，AC間

の距離は，$1500+200=1700$(m)なので，イに当てはまる数は，$1700-1100=600$(m)とわかる。

**13 条件の整理**

(1) $15\div2=7$余り1より，姉がグーとチョキで勝った回数はそれぞれ1回以上7回以下とわかる。ここで，グーとチョキで1回ずつ勝つと，白玉を，$2+3=5$(個)取ることになるから，姉が取った白玉の個数は{5個，10個，15個，20個，25個，30個，35個}のいずれかになる。さらに，妹の白玉の個数は姉の白玉の個数の半分なので，姉と妹の白玉の個数の組み合わせとして考えられるものは，(姉，妹)の順に，㋐(10個，5個)，㋑(20個，10個)，㋒(30個，15個)の3通りとなる。㋐の場合，姉がグーとチョキで勝った回数の合計は，$2\times(10\div5)=4$(回)だから，妹が勝った回数は，$15-4=11$(回)以下であり，この回数で白玉の個数を5個にすることは可能である(2個＋3個)。同様に，㋑の場合，姉がグーとチョキで勝った回数の合計は，$2\times(20\div5)=8$(回)なので，妹が勝った回数は，$15-8=7$(回)以下であり，この回数で白玉の個数を10個にすることは可能である(2個×5，または，2個×2＋3個×2)。さらに，㋒の場合，姉がグーとチョキで勝った回数の合計は，$2\times(30\div5)=12$(回)だから，妹が勝った回数は，$15-12=3$(回)以下である。この回数で白玉の個数を15個にすることはできない。よって，姉が取った白玉の個数は10個または20個となる。

(2) (1)の＿部分より，2人がグーまたはチョキで勝った回数の組み合わせは右の表の太線部分になる。すると，残りは姉と妹のどちらかがパーで勝ち，1回あたり4個の青玉を取ることになる。よって，2人の青玉の個数の合計は，㋐の場合は，$1\times(2+1)+4\times9=39$(個)，㋑―ⅰの場合は，$1\times(4+5)+4\times2=17$(個)，㋑―ⅱの場合は，$1\times(4+2)+4\times3=18$(個)と求められる。

| | ㋐ | ㋑－ⅰ | ㋑－ⅱ |
|---|---|---|---|
| 姉が グー で勝つ回数 | 2回 | 4回 | 4回 |
| 姉がチョキで勝つ回数 | 2回 | 4回 | 4回 |
| 妹が グー で勝つ回数 | 1回 | 5回 | 2回 |
| 妹がチョキで勝つ回数 | 1回 | 0回 | 2回 |
| どちらかがパーで勝つ回数 | 9回 | 2回 | 3回 |

## 社 会 ＜Ｂ日程試験＞（30分）＜満点：60点＞

**解 答**

**1** **問1** 転作 **問2** (排他的)経済水域 **問3** リアス海岸 **問4** 産業の空洞化 **問5** ウ **問6** (1) エ (2) カーボンニュートラル **問7** (1) 南部鉄器 (2) 赤潮 (3) (例) ロボットが木を切って運ぶ。(ドローンを使って木を管理する。) **問8** (1) 棚田 (2) (例) 土砂くずれを防ぐ。(洪水を防ぐ。) **2** **問1** 邪馬台国 **問2** 租 **問3** (1) 不輸の権 (2) ア **問4** 地頭 **問5** 関所 **問6** (例) 新たな商人たちが集まるから。(たくさん商品が集まるから。) **問7** ウ **問8** 株仲間 **問9** 地価(土地の価格) **問10** (例) 権力者の意のままに税を課せられることがない点。 **問11** (例) 国債を発行する。(外国から借金する。) **問12** エ **3** **問1** 広島 **問2** ウ **問3** 核兵器禁止 **問4** グローバルサウス **問5** ニューヨーク **問6** (例) ロシアが拒否権を発動し続けているため。(ロシアが常任理事国の1つであるため。) **問7** イスラム教徒 **問8** NGO(非政府組織) **問9** (例) 自国の治安維持が難しくなると考える人がいるため。

(雇用が難民によってうばわれると考える人がいるため。)

## 解　説

**1　日本の農業を題材とした地理の問題**

**問1**　米以外の作物を栽培《さいばい》するために，田を畑に変えることを転作という。米の栽培を休止する休耕とともに，減反《げんたん》政策が進められた1970年代以降，各地でさかんに行われた。

**問2**　自国の沿岸から200海里(約370km)以内の水域はかつて「漁業専管水域」と呼ばれ，外国漁船の操業が制限されてきた。1990年代以降は「排他的経済水域」と呼ばれ，水域内の水産資源や鉱産資源は沿岸国に優先権があることが国連海洋法条約で認められている。

**問3**　図に示されているのは左側から順に岩手県，三重県，宮城県，福井県で，いずれも沿岸部にリアス海岸が発達している。リアス海岸は，かつて山地であったところが沈降(下降)し，尾根であったところが半島に，谷であったところが入り江や湾になってできた，海岸線の複雑な地形である。入り江が多いため波がおだやかで，沿岸部の水深が深く船の出入りがしやすいことから，漁港が発達している場所が多く，養殖《ようしょく》にも適している。

**問4**　円高が進んだ1980年代以降，日本の企業の間では人件費の安い中国や東南アジアなどに工場を移す動きが広まった。その結果，工場がなくなった地域の製造業がおとろえるようになり，そうした現象は「産業の空洞《くうどう》化」と呼ばれた。

**問5**　内陸部もふくめて全国各地に広く分布しているウが，半導体(電子部品)の工場である。集積回路(IC)などの半導体は，小型・軽量のわりに高価なので，航空機やトラックを使って長距《ちょうきょ》離《り》輸送しても十分採算がとれる。そのため，輸送に便利で広い土地や労働力が得やすい全国各地方の空港周辺や高速道路沿いに，半導体工場がつくられるようになった。なお，室蘭《むろらん》市(北海道)，千葉市，君津市(千葉県)，東海市(愛知県)，和歌山市(和歌山県)，北九州市(福岡県)などがあるアは鉄鋼，関東地方内陸部や東海地方に多く分布するイは自動車，市原市(千葉県)，四日市市(三重県)，周南市(山口県)などがあるエは石油化学の工場である。

**問6**　(1)　天然ガスは石油や石炭と同様に化石燃料であり，燃焼時に二酸化炭素を生じるので，「脱炭素」のエネルギーではない。なお，水力や太陽光，風力，地熱のように，自然の力で回復し半永久的にくり返し使えるエネルギーを再生可能エネルギーという。　(2)　大豆やサトウキビなどを発酵《はっこう》させて得たアルコールを利用するバイオエタノールや，薪《まき》や木炭などは，植物由来の燃料である。植物は生育するさいに光合成により大気中の二酸化炭素を吸収しているので，植物由来の燃料を使用したさいに生じる二酸化炭素の量は，光合成により吸収された二酸化炭素の量と相殺《そうさい》されると考えられる。こうした方法により二酸化炭素の排出量と吸収量のバランスをとり，全体として排出量をゼロにすることは，カーボンニュートラルと呼ばれ，温室効果ガス削減《さくげん》のための有効な対策として推進されている。カーボンは「炭素」，ニュートラルは「中立」という意味の英語である。

**問7**　(1)　写真は南部鉄器の鉄瓶《てつびん》で，南部鉄器は岩手県盛岡市などで生産される伝統的工芸品である。盛岡市のあるメーカーは，熟練の職人が身につけている製造技術のポイントをAIに学ばせ，それを図式化するなどして，若い職人が技術を習得しやすいようにする試みを進めている。　(2)　内湾《ないわん》(奥行《おくゆき》のある湾)などの栄養分が豊富(富栄養化)になり，藻類《そうるい》やプランクトンが異常発生することがある。このとき，水面の色が赤褐色《せっかっしょく》に変化する現象を赤潮といい，酸素不足から養殖の魚が死ぬなどの被害が生じる。水温の上昇《じょうしょう》や護岸工事などによりプランクトンを捕食する貝類が減少したことなど，ほかの要因も関わっていることが近年わかってきている。クロマグロの養殖が行われている長崎県五島市では，ドローンを利用して赤潮の早期発見を可能にする技術の開発が進められている。なお，赤潮は主に海水で見られる現象をいい，淡水《たんすい》で見られる現象については，水の華《はな》やアオコと呼ぶことがある。　⑶　日本の林業は従事者の高齢化や後継者不足が深刻化しており，そうした問題を解決するためにも，ロボット技術や情報通信技術(ICT)の活用が求められている。具体的には，ロボットを遠隔《えんかく》操作して木を伐採《ばっさい》・運搬《うんぱん》することや，ドローンや無人ヘリコプターを使って森林を計測・管理することなどが考えられ，実際に各地で試行されている。

**問８**　⑴　示されている写真のような，山の斜面《しゃめん》に階段状につくられた水田を棚田《たなだ》という。平地の少ない山間部や，海岸近くまで丘陵《きゅうりょう》地がせまっているような地域でよく見られる。なお，畑の場合は段々畑という。　⑵　棚田は斜面にあり，規模も小さいことから大型機械が使いづらく，生産性も高くない。そのため，全国的に減少傾向にあるが，水をたくわえて土砂の流出を防ぎ，土砂崩《くず》れや洪水《こうずい》を防ぐはたらきがある。また，景観がよく，観光資源ともなることから，これを保存していこうとする動きが各地で生まれている。

## 2 税の歴史を題材とした歴史の問題

**問１**　中国の歴史書『魏志《ぎし》』倭人《わじん》伝には，３世紀の倭(日本)に邪馬台国《やまたいこく》という国があり，女王の卑《ひ》弥呼《みこ》が30余りの小国を従えていたことなどが記されている。

**問２**　律令制度のもと，農民は朝廷から口分田を支給され，租・庸《よう》・調などの税や労役・兵役を負担した。租(収穫の約３％にあたる稲)は地方の役所に納め，庸(都での労役のかわりに麻布などを納めるもの)と調(各地の特産物を納めるもの)は，自分たちで中央(都)の役所(九州は大宰府《だざいふ》)まで運んで納めなければならなかった。

**問３**　⑴　平安時代中期になると，地方の豪族の中には所有する荘園を藤原氏など都の有力な貴族に寄進し，みずからは荘官となってその土地を管理するとともに，税を納めなくてよい不輸の権や，国司が立ち入ることを拒否《きょひ》できる不入の権を手に入れる者も現れた。　⑵　藤原頼通《よりみち》が建てたのはアの平等院鳳凰《ほうおう》堂で，頼通が京都の宇治に持っていた別荘を阿弥陀《あみだ》堂にしたものである。なお，イは平氏が保護したことで知られる厳島《いつくしま》神社(広島県)，ウは奥州藤原氏が平泉《ひらいずみ》(岩手県)に建てた中尊寺の金色堂，エは室町幕府の第３代将軍足利義満が京都の北山に建てた金閣(鹿苑《ろくおん》寺)である。

**問４**　1185年，平氏を滅《ほろ》ぼした源頼朝は，不仲となった弟の義経をとらえるという名目で朝廷の許可を得て，地方の国ごとに守護を，荘園や公領ごとに地頭を置いた。守護は国内の御家人の統率や軍事・警察など，地頭は年貢の徴収《ちょうしゅう》や治安維持などが主な職務であった。

**問５**　室町時代には，幕府や寺社などによって交通の要所に関所が置かれた。この関所は江戸時代のものとは異なり，商人たちなどから通行税を徴収することを目的としていた。

**問６**　楽市・楽座は，座(商工業者たちがつくる同業者の組合)の特権をなくして，だれでも市で自由に商売ができるようにした制度である。大名がこうした政策をとったのは，新たな商人や商品が集まることで，城下町の経済が活発化することを図ったからである。

**問７**　資料の絵は狩野永徳《かのうえいとく》の『唐獅子図屏風《からじしずびょうぶ》』で，桃山文化を代表する障壁《しょうへき》画として知られている。なお，アの雪舟は室町時代中期に日本風の水墨《すいぼく》画を大成した画僧，イの菱川師宣《ひしかわもろのぶ》は江戸時代前半の元禄《げんろく》文化を代表する浮世絵師，エの葛飾北斎は江戸時代後半の化政文化を代表する浮世絵師である。

**問８**　江戸時代に商工業者たちがつくっていた同業組合は株仲間である。幕府によって結成を禁じられることもあったが，第８代将軍徳川吉宗はこれを公認し，さらに老中田沼意次《おきつぐ》はこれを推奨《すいしょう》して代わりに幕府に税を納めさせた。なお，後に老中水野忠邦《ただくに》は株仲間を物価高騰《こうとう》の原因と考えて解散させたが，逆に経済の混乱を招いた。

**問９**　明治時代初期，政府は地租改正を行い，土地所有者に地価(土地の価格)の３％にあたる税(地租)を現金で納めさせるようにした。それまでの年貢はその年の米の収穫量によって納める量が異なったが，この地租改正により毎年決まった額の税収が入ることとなり，政府の財政が安定した。

**問10**　法律によって税を定めることにすると，新しい税を設けたり税率を上げたりするには議会での議決が必要となるので，権力者の判断次第で国民が税を課せられることがなくなる。

**問11**　税収だけでは歳入が足りない場合，国は国債《こくさい》を発行して不足分を補う。なお，明治時代には外債(外国からの借金)もさかんに発行された。

**問12**　税金には，納める義務のある者(人や企業)と実際に負担する者が同じ直接税と，同じではない間接税がある。消費税は，商品を販売する企業などが国に税を納めるが，実際に負担するのは商品を購入した消費者なので，間接税に当てはまる。

## ３　現代の国際社会についての問題

**問１**　2023年，広島市で主要国首脳会議(Ｇ７サミット)が開催され，ウクライナのゼレンスキー大統領がゲスト国首脳として出席した。なお，参加国はフランス，アメリカ，イギリス，ドイツ，日本，イタリア，カナダ(議長国順)の７か国およびEU(ヨーロッパ連合)であった。

**問２**　年齢階級別人口構成(人口ピラミッド)はふつう，その国の産業・経済が発展するのにともない，イのような富士山型(多産多死型)→ウのようなつりがね型(多産少死型)→アのようなつぼ型(少産少死型)のように変化していく。現在のインドに当てはまるものはウであり，近年，経済発展を続けるインドは，1990年代ごろから少子化の傾向が見られるようになっている。なお，エは過疎《かそ》化が進んだ地域のように，極端《きょくたん》に少子高齢化が進んだ地域に見られるものである。

**問３**　核兵器の開発や保有，使用を禁止する核兵器禁止条約は，2017年に国連総会で採択《さいたく》され，2021年に発効した。ただし，アメリカなどの全ての核保有国と，日本をふくむその同盟国の多くは，この条約に参加していない。

**問４**　近年，インド，インドネシア，トルコ，南アフリカといったアジアやアフリカなどの新興国・発展途上国を総称《そうしょう》するときに，グローバルサウスという言葉が使われることがある。これらの国々が南半球に多いことから南という意味の「サウス」が用いられている。

**問５**　国際連合の本部はアメリカのニューヨークに置かれている。

**問６**　安全保障理事会は常任理事国５か国と任期２年の非常任理事国10か国の計15か国で構成され，決議には全ての常任理事国をふくむ９か国以上の賛成が必要とされる。つまり，常任理事国が１か国でも反対すれば決議は成立しない。常任理事国が持つこのような権限は拒否権と呼ばれる。ウクライナ侵攻《しんこう》を続けるロシアに対して制裁措置《そち》をとることは，安全保障理事会で何度も議題に上ったが，戦争の当事国のロシアが常任理事国であり，ロシアの反対のために制裁決議は成立していない。

**問７**　示されている地図で，国名が示されている国々(イスラエルをのぞく)は全て，イスラム教徒が多い国である。なお，イスラエルはユダヤ教徒を中心とする人々が1948年にパレスチナに建国した国であり，周辺の国々との間でこれまで４度にわたる中東戦争が起こっている。

**問８**　特定の政府機関などに属さず，医療《いりょう》や福祉《ふくし》，環境《かんきょう》問題などさまざまな社会問題の解決のために活動している非営利の団体は，NGO（非政府組織）と呼ばれる。「国際赤十字」や「国境なき医師団」は，その代表的なものである。

**問９**　難民の受け入れについて，これを規制する国が増えている背景には，難民の増加により自国の治安維持が難しくなると考える人々や，定住する難民が増えると雇用《こよう》が難民によって奪《うば》われると考える人々が存在することがある。

## 理　科　＜Ｂ日程試験＞（30分）＜満点：60点＞

### 解　答

**1**　(1)　①　毎秒7.5km　②　毎秒3.75km　③　Ｂ　(2)　３　(3)　３，４，５　**2**　(1)　（例）　日光や風に当たる面積が増えるから。　(2)　①　５　②　２　(3)　7.42ｇ　(4)　33.3kg　(5)　（例）　（かん水は海水よりも）濃い（ので，この方法には，）加熱時間が短くてすむ（という利点がある。）　**3**　(1)　１と２，５と６　(2)　**ア**　11　**イ**　以上　(3)　（例）　11時間以上の暗期が連続していること。　(4)　ｂ，ｃ　(5)　**1**　サンショウ　**2**　ツツジ　**3**　絶めつ　(6)　３，４　(7)　右の図　**4**　(1)　**ア**　電流　**イ**　巻き数　(2)　**左端**…Ｎ極　**右端**…Ｓ極　(3)　５　(4)　ア，エ　(5)　①　電磁石　②　磁界　③　電池

### 解　説

**1**　**地震《じしん》についての問題**

(1)　①　Ａのゆれは20秒間に150km進んでいるので，Ａのゆれが伝わる速さは毎秒，150÷20＝7.5(km)である。　②　Ｂのゆれは40秒間に150km進んでいるので，Ｂのゆれが伝わる速さは毎秒，150÷40＝3.75(km)である。　③　地震が起こると，はじめは小さくゆれ，少しおくれて大きくゆれ始めると述べられている。また，①，②より，Ａのゆれが伝わる速さは，Ｂのゆれが伝わる速さより速い。よって，Ａが小さなゆれ，Ｂが大きなゆれを表したグラフと判断できる。

(2)　図２より，大きなゆれは小さなゆれの，９時33分00秒－９時32分40秒＝20秒後にＸ地点に届いている。そして，図１で，大きなゆれが小さなゆれの20秒後に届くのは，震源からの距離《きょり》が150kmの地点とわかる。したがって，Ｘ地点は震源から約150kmはなれた場所にあると考えられる。

(3)　１　チリからハワイ諸島までの距離は，チリから日本までの距離より短い。よって，ハワイ諸島には日本よりも早く津波《つなみ》が到達《とうたつ》したと考えられる。なお，実際には地震発生から約15時間後に到達した。　２，５　三陸海岸ではリアス海岸が発達しているため，入り江が海に向かってＶ字形に開いているところでは，津波が押《お》し寄せると奥《おく》の方で急激に高くなる。また，津波は河口から川をさかのぼって低地に侵入《しんにゅう》することがある。　３　チリは太平洋に面しているので，チリ地震による津波は，北海道から沖縄にかけての太平洋沿岸部各地に到達したと考えられる。　４，６　津波はふつう，地震によって海底が大きく変形したときに発生するので，海底を変形させない地震

のときには発生しない。また，チリ地震による津波のように，津波は遠くまで届くので，地震のゆれを感じなくても，津波に関する警報や注意報が出る場合がある。

**2 海水から食塩を取り出す方法についての問題**

⑴ 砂に筋目をつけると，日光や風に当たる面積が増えるので，撒《ま》いた海水の水分が蒸発しやすくなる。

⑵ ① 表より，20℃のとき，水100ｇに食塩は35.8ｇ，ホウ酸は4.9ｇ，ミョウバンは5.9ｇまで溶《と》けるので，ビーカーＡの温度を20℃にすると，食塩はすべて溶けたままだが，ホウ酸とミョウバンは結晶《けっしょう》が出てくる。したがって，ろ過をすると，ホウ酸とミョウバンの結晶がろ紙の上に残る。

② ビーカーＢに水を100ｇ加えると，水の量は全部で，100＋100＝200（ｇ）になる。40℃のとき，水200ｇに食塩は，$36.3\times\frac{200}{100}=72.6$（ｇ），ホウ酸は，$8.9\times\frac{200}{100}=17.8$（ｇ），ミョウバンは，$11.7\times\frac{200}{100}=23.4$（ｇ）まで溶けるので，ビーカーＢの温度を40℃にすると，食塩とミョウバンはすべて溶けたままだが，ホウ酸は結晶が出てくる。よって，ろ過をすると，ホウ酸の結晶がろ紙の上に残る。

⑶ 食塩は，60℃の水100ｇに37.1ｇまで溶ける。したがって，温度を60℃に保ったままで水20ｇを蒸発させると，この水に溶けていた，$37.1\times\frac{20}{100}=7.42$（ｇ）の食塩が溶けきれなくなって出てくる。

⑷ 100kgの海水からは，100×0.03＝３（kg）の食塩を取り出すことができる。よって，食塩１kgを取り出すためには，$100\times\frac{1}{3}=33.33\cdots$より，33.3kgの海水が必要である。

⑸ 海水を直接釜《かま》で熱して食塩を得ようとすると，水分を蒸発させるために大量の薪《まき》や炭，ガスなどを使って長時間煮《に》つめる必要がある。かん水は海水よりも塩分濃度《のうど》が高いので，かん水にしてから熱すると，加熱時間が短くてすむという利点がある。

**3 アゲハチョウの蛹化《ようか》と植物の花芽形成についての問題**

⑴ 仮説１が正しいことを証明するには，明期の長さが同じで暗期の長さが異なる実験どうしを比べればよいので，１と２の実験，または，５と６の実験を比べればよい。

⑵ 表１で，暗期が10時間である実験２，実験５の結果は×だが，暗期が11時間以上である実験１，実験３，実験４，実験６の結果は○なので，休眠蛹の形成条件は11時間以上の暗期と考えられる。

⑶ 図１で，実験イと実験ウは，どちらも暗期が合計15時間なので，⑵の結論の条件を満たしている。しかし，実験イの結果は○，実験ウの結果は×となっており，連続する暗期（長い方）は，実験イは11時間，実験ウは８時間となっている。したがって，この植物Ｘの花芽形成の条件には，11時間以上の暗期という⑵の結論の条件に加えて，その暗期が連続していることが必要だと考えられる。

⑷ 図２で，実験ｂと実験ｃは，どちらも連続する暗期が11時間以上なので植物Ｘの花芽形成の条件を満たしているが，どちらも結果が×となっている。この結果は，仮説２が正しいことを証明している。

⑸ **1** アゲハチョウの幼虫はミカン科の植物（ミカン，サンショウ，カラタチなど）の葉をエサとしている。サンショウは秋になると落葉するので，幼虫がエサを得にくくなる。なお，アブラナ科の植物（アブラナ，キャベツ，ダイコンなど）の葉はモンシロチョウなどのエサとなる。 **2** ツツジは春に花をさかせ，サザンカは秋の終わりから冬に花をさかせるので，ツツジが選べる。

**3** 温度，とくに夜の低温によって，同じ日の長さでも休眠蛹になる割合が高まると述べられている。気温が例年より低い年には，幼虫や成虫のエサが得られる時期が変わってくるので，休眠しないで羽化するより休眠してから羽化するほうが，種の絶めつを避《さ》けるうえで有利になる場合があると考えられる。

(6)　1　モンシロチョウの卵は細長く，高さは約１～1.5mm，横はばは約0.4～0.5mmである。すじがついており，産みつけられたときには白色だが，ふ化するころには濃《こ》い黄色になる。また，ふ化したばかりの幼虫の体長は約２～３mmである。　2　ふ化したばかりのモンシロチョウの幼虫は，黄色で体全体に短い毛が生えている。　3，4　正しい。なお，アゲハチョウの１齢《れい》～４齢幼虫は，黒っぽい体に白いまだら模様が入っていて，鳥の糞《ふん》のように見える。５齢(終齢)幼虫になると，黄緑色っぽい色をした体になり，黒い大きな眼のような模様ができる。　5　この文章は，モンシロチョウではなくアゲハチョウの幼虫についての説明である。

(7)　アゲハチョウの成虫の口器はストロー状で，蜜《みつ》を吸うとき以外は巻かれた状態になっている。

**4　電磁石についての問題**

(1)　電磁石の磁力を強くするには，コイルに流れる電流を強くする，コイルの巻き数を多くする，コイルに入れる鉄しんを太くするなどの方法がある。

(2)　図１で，方位磁針のＳ極が電磁石の左端《ひだりはし》の方に向いている(引きつけられている)ので，電磁石の左端はＮ極と判断できる。すると，電磁石の反対側(右端)の極はＳ極とわかる。なお，図１のように，コイルには，右手の親指以外の指の先がコイルに流れる電流と同じ向きになるようにコイルをにぎるようにすると，親指の向く方がＮ極になるという性質がある。

(3)　①，③　電磁石のＸの部分は，図２のときはＳ極になっていて左側の磁石のＮ極に引きつけられ，図３のときはＮ極になっていて左側の磁石のＮ極と反発し合う。そのため，モーターは反時計回りに回転し続ける。　②　上に述べたように，図３のとき，電磁石のＸの部分は，図２とはちがう極になっている。よって，このときコイルには，図２と反対のＢの向きに電流が流れる。

(4)　コイルのまわりの磁界の強さが変化すると電流が流れると述べられているので，イとウは電流が流れるが，アとエは電流が流れない。

(5)　①　改札機の読み取り部のコイルには電流が流れているので，読み取り部は電磁石のはたらきをする。　②　電磁石のはたらきをしている読み取り部には磁界が発生しているので，ここにICカードを近づけると，ICカードの中にあるコイルのまわりの磁界の強さが変化して，ICカードに電流が流れる。　③　ICカードは，改札機などの読み取り部に近づけたときに発生する電流を使って，ICチップ内の情報を読み書きしたり発信したりする。そのため，ICカードには，動作に必要な電力を供給するための電池が必要ない。

## 国　語　＜Ｂ日程試験＞（45分）＜満点：100点＞

**解　答**

**問１**　ソウセツ，オ(びて)，シジ，シレン…下記を参照のこと。　自負…じふ　営(む)…いとな(む)　**問２**　ウ　**問３**　**１**　イ　**２**　カ　**３**　オ　**問４**　エ　**問５**　ア　**問６**　エ　**問７**　**４**　エ　**５**　カ　**６**　オ　**問８**　ア　**問９**　①　ウ　②　イ　**問**

10　絶　　問11　(例)　プロ野球選手になるという希望が強かったからこそ，プロ野球選手になれないとわかったときの落胆が大きかったということ。　　問12　(聞く)ともなく(聞いていた)　**問13**　ア　　**問14**　イ　　**問15**　Ⅰ　乗り越えてきた　　Ⅱ　乗り越えられなかった　　Ⅲ　経験しなかった　　**問16**　イ　　**問17**　エ　　**問18**　ウ　　**問19**　Ｅ　手　　Ｆ　足　　**問20**　キ　**問21**　(例)　若い頃はみんな失敗ばかりだった(ということ)　　**問22**　(例)　ピアノの発表会で緊張のあまり手が動かなくなり，うまく弾けませんでした。落ちこんで，泣いてばかりいたときに母が「私も発表会で失敗したことがあるけれど，あきらめずに練習したら，次はうまくいったよ。あなたも絶対に弾けるようになるよ」と言ってくれました。それを聞いて私は練習を再開し，次の発表会ではうまく弾くことができました。

**●漢字の書き取り**

**問１**　ソウセツ…創設　　オ(びて)…帯(びて)　　シジ…支持　　シレン…試練

**解　説**

**出典：玄田有史《げんだゆうじ》『希望のつくり方』**。子どもの頃《ころ》の希望がかなわなくても，挫折《ざせつ》と向き合うことで新たな希望を見つけることができるし，挫折しそうなときは，経験者の言葉がそれを乗り越《こ》えるきっかけにもなりうると，説明されている。

**問１**　**「ソウセツ」**…初めて設立すること。　　**「オ(びて)」**…音読みは「タイ」で，「帯刀」などの熟語がある。訓読みにはほかに「おび」がある。　　**「シジ」**…ある意見や主張に賛成して協力すること。　　**「自負」**…自分の能力などに，自信と誇《ほこ》りを持つこと。　　**「営(む)」**…音読みは「エイ」で，「営業」などの熟語がある。　　**「シレン」**…決心のかたさや実力などをきびしく試《ため》すこと。また，何かを成し遂《と》げる過程で出会う苦難。

**問２**　ぼう線１の理由について，二つ後の段落で，「卒業文集に多くの人々が赤面するのは，何も知らない小学生の自分が，途方《とほう》もない夢を語っていることを，今から現実的にふりかえってみて，はずかしくてたまらなくなるからです」と述べられているので，ウが選べる。

**問３**　**１**　続く部分に「か」があるので，後に疑問の語をともなって“本当に～か”という意味を表す「はたして」がふさわしい。　　**２**　「自分に特別な才能がないと思う人」にとって，「情報が多い」と「有利になる」どころか「希望なんてどうせかなわないと，思い知らされることのほう」が「増える」と述べる文脈なので，前より後のことを選ぶ気持ちを表す「むしろ」が合う。　　**３**　「『希望がない』という人のなかには」，自分の意志で「希望から距離《きょり》を置こうとしている」人もいるようだと述べる文脈なので，しなくてもよいことをわざわざするさまを表す「あえて」がよい。

**問４**　前に「現実が少しわかるようになった中学生は，小学生ほど希望を持てなくなるようです」とあり，直後に「から専門性へと移っていきます」とあるので，空らんＡには，小学生の頃のあまり現実的でない希望を表す言葉が入ると推測できる。よって，自分が理想とするものに強く心をひかれる気持ちを表す「あこがれ」がふさわしい。

**問５**　子どもの頃に「希望する職業がなかった」とこたえた人は，「希望」を「実現」しようがないので，アがあてはまらない。

**問６**　ぼう線３の理由については，直前の段落で，「情報が少ない時代には持つことができた無邪気《むじゃき》な希望も，高度情報化社会になると，そうもいきません」，「自分に特別な才能がないと思う人には，希望なんてどうせかなわないと，思い知らされることのほうが，むしろ増える」と述べられている。よって，これらの内容をまとめたエが選べる。

**問7**　**4**　「あえて希望から距離を置こうとしている」人の話題を受けて，「希望など持たないほうがよいのでしょうか。私はそうは思いません」と主張する文脈なので，前のことがらを受けて，話題を変えるときに用いる「しかし」が合う。　**5**　続く部分では，直前の「その後の変遷状況《へんせんじょうきょう》」についてくわしく説明されている。よって，前のことがらに続いて後のことが起こることを表す「すると」がよい。　**6**　前後に「その後も同じ仕事を希望し続けた」，「希望する仕事はその後特になくなった」という相反することがらの割合が並べられているので，「反対に」でつなぐ。

**問8**　続く部分では，「希望の修正」の重要性について説明されている。よって，「変わっていった」とあるアがふさわしい。

**問9**　①　「何か好きなことはあるか」という質問に「別にない」とこたえるようすなので，「あまり反応もかんばしくありません」とするのが合う。「かんばしい」は，“りっぱだ”“よい”という意味で，ふつう，「かんばしくない」のように後に打ち消しの言葉をともなって使う。　②　直前に「毎日」とあるので，“その事をして毎日を過ごす”という意味の「明け暮れて」がよい。

**問10**　直前に「彼《かれ》の希望は，失望を大きく超《こ》えて」とあるので，希望がまったくなくなることを表す「絶望」がふさわしい。

**問11**　「彼」は，「プロ野球選手に自分がなることを信じて疑わ」ないほど，「野球への希望に満ちあふれていた」。だからこそ，「自分の実力では，プロ野球選手になることは不可能だと思い知らされた」衝撃《しょうげき》に打ちのめされ，失意のうちに目標を持てないまま過ごすことになったのである。このようすを，筆者はぼう線4のように表している。

**問12**　「ともなく」は，その動作がとりたてるほどではないさま。

**問13**　「化学反応」により，「彼」は「芝生《しばふ》を植え付ける職人になることへと，新たに希望を修正させていった」のだから，「新しい視点」とあるアが合う。

**問14**　「原点」は，そもそもの出発点。「彼」の「原点」は，「実は，彼にははっきりとしたきっかけがありました」に続く部分で述べられている。それは，「今までみたことのないほど，美しい芝生が広がっていました。そこには，テレビで知っていた有名な選手が打撃《だげき》や守備の練習をする姿がありました。その光景をみた瞬間《しゅんかん》，彼は野球の虜《とりこ》になったのです」というものなので，イが選べる。

**問15**　空らんⅠ～空らんⅢをふくむ段落の最初に「この三種類」とあるので，直前の段落に注目すると，空らんⅠ～空らんⅢには「経験しなかった」，「乗り越えられなかった」，「乗り越えてきた」のいずれかが入ると判断できる。　**Ⅰ**　直前に「現在希望を持って仕事をしている割合が圧倒《あっとう》的に高かったのは」とあり，二つ後の段落に「挫折を経験し，なんとかくぐり抜《ぬ》けてきた人ほど希望を持っているようだ」とあるので，「乗り越えてきた」が合う。　**Ⅱ，Ⅲ**　空らんⅢの直前に「そもそも」とあることに注目し，空らんⅡに「乗り越えられなかった」，空らんⅢに「経験しなかった」を入れる。すると，挫折を乗り越えてきた人々は仕事に希望を持つ割合が高く，それに比べて，挫折を乗り越えられなかった人々と，乗り越えてきた，乗り越えられなかったという話の前提となる挫折の経験がない人々は仕事に希望を持つ割合が低いという文脈になり，文意が通る。

**問16**　「助長」は，ある方向に進むように力をそえること。

**問17**　直後の二つの段落で，「挫折を語れるということは，過去の失敗を自分のものとしてとらえなおし，現在の自分の言葉で表現できることを意味しています」，「挫折と希望は，過去と未来という時間軸《じく》上は，正反対に位置するものです。しかしそれらはともに，現在と言葉を通じてつながっています」と述べられている。これらがぼう線８の理由と考えられるので，エがふさわしい。

**問18**　ウは“そうなる可能性が高いこと”，ウ以外は伝聞を表す「そう」である。

**問19**　「手取り足取り」は，細かく，ていねいに教えるようす。

**問20**　言葉のかかり受けでは，直接つなげてみて意味のまとまるところが答えになるので，「特に」→「しませんでした」となる。

**問21**　直前の一文に「今のうちにちゃんと失敗しておけば大丈夫《だいじょうぶ》」とあるので，先輩《せんぱい》社員は二人に，若い頃はみんな失敗ばかりだったと伝えようとしたのだと考えられる。

**問22**　自分の「挫折」の経験と，それが「経験の伝播」によって「希望に変わ」った経験を書く。「自身の経験が裏づけとなって，どこかしら，共感を呼ぶ言葉」をできるだけ具体的に書くと，読み手に伝わりやすい文章になる。

*Memo*

# *Memo*

# 2023年度 東洋英和女学院中学部

**【算　数】**〈A日程試験〉(45分)〈満点：100点〉

**1** 次の計算をしなさい。

(1) $2023-87\times7$

(2) $6\frac{3}{10}-4\frac{3}{5}\div\left\{1\frac{1}{2}-\left(1\frac{3}{8}-\frac{5}{6}\right)\right\}$

**2** 次の□にあてはまる数を入れなさい。

(1) 1個□円のお菓子《かし》を7個買って1500円出したら，おつりは310円でした。

(2) 時速8.4kmで走ると□分で6300m進みます。

(3) 整数$A$の$\frac{1}{3}$と整数$B$の$\frac{3}{4}$が等しく，$A$と$B$の和が78のとき，$A$は□です。

(4) □$m^2$の壁《かべ》にペンキをぬりました。1日目は全体の$\frac{2}{7}$をぬり，2日目は残りの$\frac{2}{5}$をぬる予定でしたが20$m^2$残してしまったので，3日目に140$m^2$ぬって完成しました。

(5) 縦，横，高さの比が1：2：3で，すべての辺の長さの和が72cmの直方体の体積は□$cm^3$です。

(6) 0，1，1，2の4枚のカードをすべて並べてできる4けたの整数は□通りあります。

**3** 下図は，半径8cmの円と，直角二等辺三角形と円の$\frac{1}{8}$を組み合わせた図形です。影《かげ》の部分の面積を求めなさい。ただし，円周率は3.14とします。

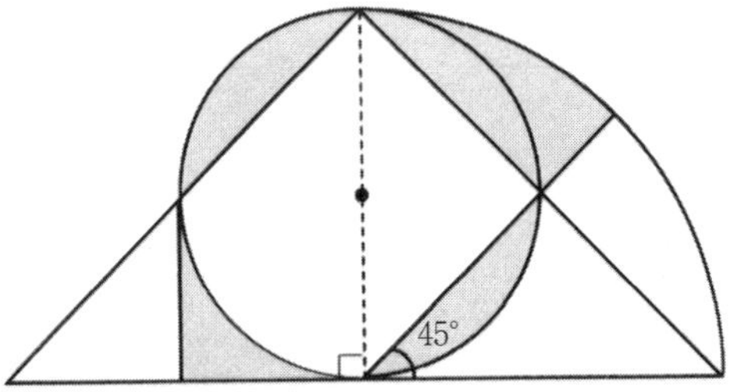


**4** 姉は中学校を，妹は小学校を，それぞれ同じ時刻に出発し，同時に家に着きました。中学校と小学校と家は，この順番で真っすぐな道に沿ってあり，中学校と小学校は160mはなれています。姉と妹の歩く速さはそれぞれ分速60mと分速40mです。中学校から家までの道のりは何mですか。

**5**　A，B，C，Dの４人で徒競走をしました。その結果について４人が話していますが，１人だけうそをついています。４人の順位を答えなさい。

A：私は４位だったわ。残念…。

B：私はCさんのとなりの順位で，Dさんに勝ったよ。

C：私は１位だったわ。

D：私の順位は奇《き》数だったよ。

**6**　下図の曲線①から④はすべて半円です。①の曲線の長さと，②③④の曲線の長さの和はどちらが長いですか，または等しいですか。理由も簡潔に述べなさい。ただし，円周率は３とします。

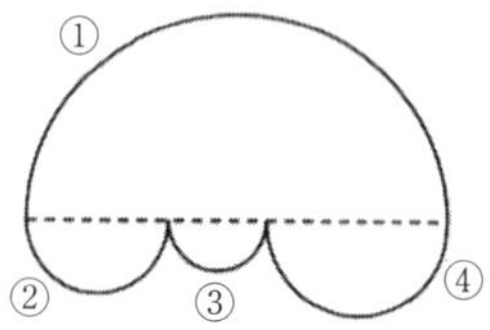


**7**　保育園のひな祭りで，あめ５個とグミ３個を１セットにして配ることにしました。あめは45個入りの袋《ふくろ》，グミは18個入りの袋で売っていたので，セットを作ったときに余りが出ないように買いました。園児45人全員と，いっしょに来た兄弟に１セットずつあげたところ，13セット余りました。ひな祭りに参加した子どもは，最も少ない場合何人ですか。

**8**　縦20cm，横12cmの長方形の厚紙から，図のように２つの長方形を切り取って，棒にはりつけました。この棒を軸《じく》に，厚紙を１回転させてできる立体の体積は何$cm^3$ですか。ただし，円周率は3.14とします。

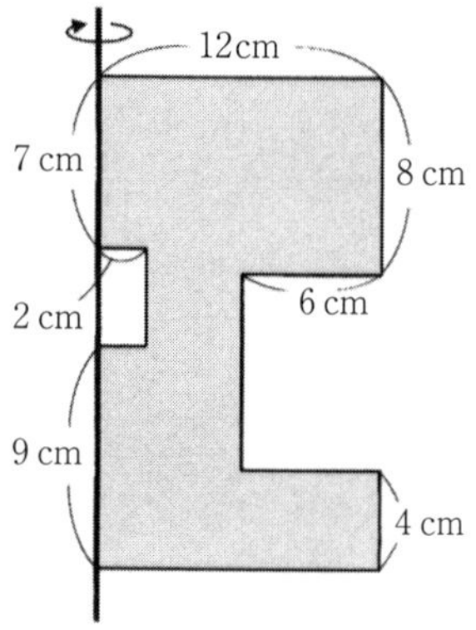

**9**　A地点とB地点は54cm離《はな》れています。その間を2点P，QがA→B→Aの順で1往復します。点Pは一定の速さで往復し，点Qは点Pと出会ってから速さを変えます。ただし，出会う前と後の速さはそれぞれ一定です。グラフは2点が同時にAを出発してから点QがAにもどるまでの時間と，点Pと点Qの間の距離《きょり》の関係を表したものです。次の問いに答えなさい。

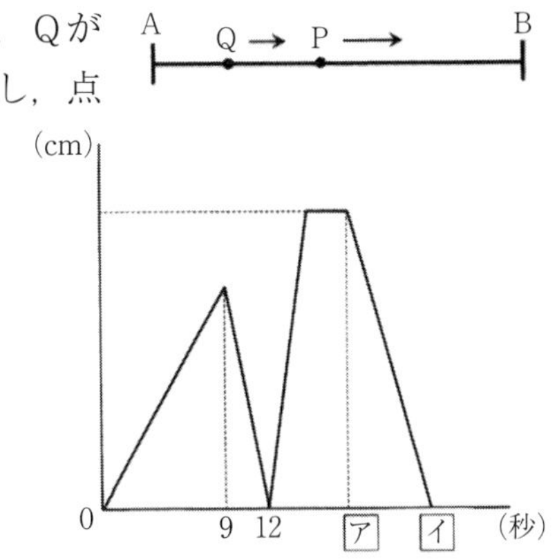


(1)　点Pの速さを求めなさい。

(2)　点QがAを出発したときの速さを求めなさい。

(3)　[ア]，[イ]にあてはまる数を求めなさい。

**10**　南中学の1年生96人が，5から100までの整数が1つずつ書いてある帽《ぼう》子をかぶり，横一列に並びました。生徒は，先生が言った数が自分の帽子の数字の約数のときに1歩前進することにしました。先生が1，2，3，……と順に100まで数を言ったとき，次の問いに答えなさい。

(1)　帽子の数字が48の生徒は何歩前進しましたか。

(2)　5歩前進した生徒の帽子の数字をすべて書きなさい。

(3)　次の[ア]，[イ]，[ウ]には数を，[エ]，[オ]には文章を入れなさい。

Aさんの両側にいる2人が，はじめの位置より2歩だけ前進した場合，Aさんは少なくとも[ア]歩前進しています。なぜなら，7，8，9のように連続する3つの整数には必ず[イ]の倍数と[ウ]の倍数が含《ふく》まれ，両側の帽子の数字は[エ]ので，Aさんの帽子の数字は[オ]だからです。

**【社　会】〈Ａ日程試験〉（30分）〈満点：60点〉**

〈編集部注：実物の入試問題では，写真はすべてカラー，図やグラフも半数はカラー印刷です。〉

**1**　次の＜Ａ＞～＜Ｆ＞は，日本における，海外との交流の窓口を表しています。それぞれについての説明をよく読んで，あとの問に答えなさい。

＜Ａ＞
古墳時代：①渡来人によって大陸の進んだ技術が入ってきて，巨大な古墳が数多く造られました。
室町時代：商人たちは，自治組織をつくり，民間での貿易を積極的に行いました。
安土桃山時代：京都から近く②貿易もさかんだったため，織田信長や豊臣秀吉に支配されました。

＜Ｂ＞
弥生時代：この近くの志賀島で，③中国から贈《おく》られたとされる金印が発見されました。
飛鳥～平安時代：④中国からやってきた使者はこの地に寄港し，「大宰府」で歓迎《かんげい》されました。
鎌倉時代：この地から栄西や⑤道元が中国へ渡《わた》り，日本に禅宗をもたらしました。

＜Ｃ＞
平安時代：⑥平氏は貿易のために，この地を港として整備しました。
室町時代：⑦足利義満がこの地から中国に使者を送ったことで，勘合貿易が始まりました。
明治時代：西洋風な服装・食事・住居が，来航した外国人からもたらされました。

＜Ｄ＞
安土桃山時代：⑧キリシタン大名たちは，この地から４人の少年をヨーロッパに派遣《けん》しました。
江戸時代：幕府は人工島をつくり，⑨貿易を通じて入ってくる西洋の知識や情報を統制しました。
明治時代：三菱は，政府から払《はら》い下げられた施《し》設を用いて，造船業を営みました。

＜Ｅ＞
明治時代：⑩お雇い外国人の指導により，日本初の鉄道が新橋との間に開通しました。
昭和時代：ブラジル移民の出発港であったため，大さん橋にはブラジル産の木材が使われました。
平成時代：日本と韓国が共同で開催《さい》したサッカーワールドカップの決勝戦が行われました。

＜Ｆ＞
江戸時代：将軍の代替《が》わりごとに，朝鮮からの使者がやってきて歓迎されました。
明治時代：政府は⑪不平等な条約を改正するために，鹿鳴館をつくり近代化を示そうとしました。
昭和時代：アジアで初となるオリンピック・パラリンピックが開催されました。

問１　下線部①について。それらは「百《も》舌《ず》鳥・古市古墳群」として，2019年に世界文化遺産に登録されました。その中でも，日本最大の古墳を何といいますか。

問２　下線部②について。右の表は，この時代に行われた貿易の主な輸入品を示したものです。南蛮貿易ではさかんに輸入された品物が，朱印船貿易ではほとんど輸入されなくなっています。それはなぜですか。表中から品物をあげて説明しなさい。

| | 主な輸入品 |
|---|---|
| 南蛮貿易 | 鉄砲，火薬，生糸，絹織物 |
| 朱印船貿易 | 生糸，絹織物，さめの皮，砂糖 |

問３　下線部③について。この金印を日本の「奴国」に贈った中国の王朝名を漢字１字で答えなさい。

問４　下線部④について。

(1)　中国からやってきた使者が持ってきた品物は，正倉院に多く所蔵されています。そのような品物としてあてはまらないものを次から選び，記号で答えなさい。

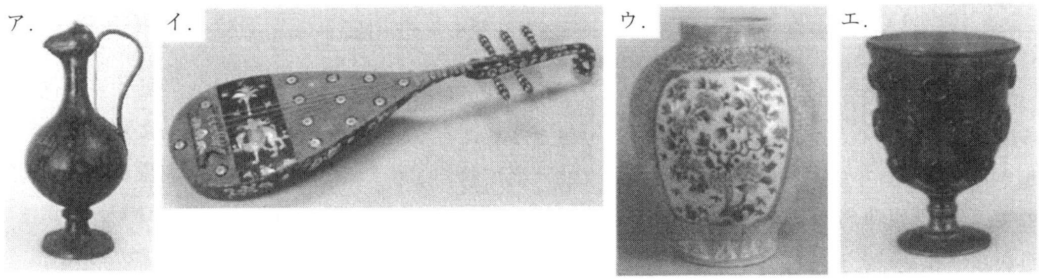


正倉院宝物／文化遺産オンライン HPより

(2)「大宰府」は中国に使者を送り出す場所でもありました。しかし，ある有力な貴族が，894年に使者の派遣を停止するよう提案しました。この人物は後に政敵に敗れ，「大宰府」に左遷《させん》されました。この人物は誰《だれ》ですか。

問５　下線部⑤について。この僧《そう》が開いた鎌倉仏教の宗派を次から選び，記号で答えなさい。

ア．曹洞宗　　イ．浄土宗　　ウ．日蓮宗　　エ．臨済宗

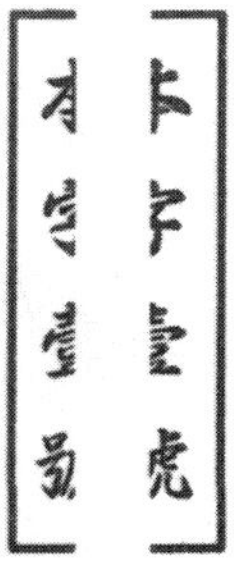

問６　下線部⑥について。この港を何といいますか。

問７　下線部⑦について。この貿易では，右のような合い札を用いました。それはなぜですか。

問８　下線部⑧について。４人の少年を派遣した主な目的は，ヨーロッパでカトリック教会の最高指導者と面会し，日本におけるキリスト教布教の成果を報告することでした。その最高指導者の称《しょう》号を何といいますか。

問９　下線部⑨について。

(1)　徳川吉宗は西洋の書物の輸入制限をゆるめて，それらの書物を直接読めるように，青木昆陽たちに西洋の言語を学ぶよう命じました。この言語は何語ですか。

(2)　幕府が輸入を許した西洋の書物は，『ターヘル＝アナトミア』(『解体新書』)のような実用的な内容のものでした。一方で，引き続き輸入が許されない書物もありました。それはどのような内容の書物ですか。

問10　下線部⑩について。これにあてはまらない人物を次から選び，記号で答えなさい。

ア．モース　　イ．ベルツ　　ウ．クラーク　　エ．ハリス

問11　下線部⑪について。次の資料は，その一つである日米修好通商条約の一部です。(※)にあてはまる場所を，窓口＜A＞～＜F＞から三つ選び，記号で答えなさい。ただし，順番は問いません。

> 第三条　下田・函館以外に，( ※ )・( ※ )・新潟・( ※ )を開港すること。また下田は閉鎖《さ》すること。

**2**　英子さんはお父さんと一緒《しょ》に，歌川広重が描《えが》いた『東海道五十三次』をたどる旅に出かけました。次の各文章は，英子さんの旅日記の一部です。よく読んで，あとの問に答えなさい。

> **【( ※ )～戸塚】**
> 旧東海道の旅，さあ出発！　スタート地点の( ※ )から歩き出すと，道路の両側には江戸時代から続くお店がたくさんあった。品川駅を通り過ぎてしばらく線路沿いを進むと，幕末に生麦事件が起きた場所もあった。でも，歌川広重の絵では「品川宿」にも「神奈川宿」にも海が描かれているのに，今はあんまり見えない。海岸沿いには倉庫や工場が並んでいて，海はとっても遠い。旧東海道から外れてしまったのかと思って①写真を見ると，海が埋め立てられていることがわかった。

問１　文章中(※)にあてはまる語句を答えなさい。

問２　下線部①について。次はその写真です。埋め立て地には運河が張りめぐらされ，さまざまな種類の工場があることがわかります。物を運ぶ時に運河を利用できることは，それぞれの工場にとってどのようなメリットがありますか。

Google Earthより

【沼津～掛川】

沼津を出発してしばらく進むと駿河湾が見えてきた。雄《ゆう》大な富士山と海，美しい松原！広重の絵のままの風景の中に，②工場の赤と白の煙突《えんとつ》がたくさんあるのが不思議だった。そんな景色を見ながら富士市に入った。焼津の漁港を過ぎてしばらく進み，大井川を渡ると，③斜《しゃ》面を利用した茶畑が見えてきた。休憩《けい》したお茶屋さんで，お店の人がお茶について説明してくれた。静岡県が日本一のお茶の生産地になった理由の一つは，温暖な気候らしい。お茶の木は寒さに弱く，冬でも雪の降ることの少ない静岡県は，お茶の栽培《さいばい》にとても適した土地だと教えてくれた。

問３　下線部②について。この工場の多くは，木材を原料とした製品を生産しています。工業名を答えなさい。

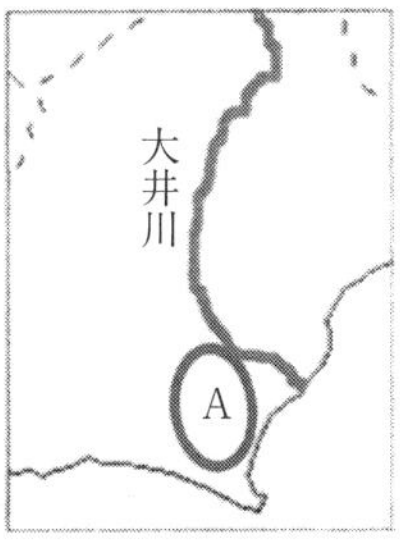


問４　下線部③について。右の地図中Aには，このような景色が多く見られます。Aの地域は，かつて水に恵《めぐ》まれませんでした。しかし大井川の上流に建設されたダムの水を利用できるようになったことで，静岡県最大のお茶の生産地となりました。Aの地名を含《ふく》む地形の名称を答えなさい。

【浜松～岡崎】

浜松市に入り，浜名湖をめざした。お昼には名物のうな丼を食べた。お店の人は「④このあたりでは昔からうなぎを食べていたのよ。最近はほとんど養殖だけどね。」と言っていた。お店を出て東海道を進んでいくと，愛知県に入り，豊川を渡った。しばらく行くと，またすぐに川があった。おかしいなと思って調べたら，これは洪《こう》水を防ぐための放水路らしい。洪水をおこしてばかりの困った川なのかなと思ったけれど，⑤豊川用水が渥美半島の農業を支えてきたこともわかった。

問５　下線部④について。

(1)　うなぎは，稚《ち》魚の時期に海水と淡《たん》水が入り混じった汽水域で過ごします。汽水湖である浜名湖では，昔からうなぎの養殖がさかんでした。日本には他にも，魚介類の養殖に適した汽水湖があります。このような湖を次から選び，記号で答えなさい。

ア．十和田湖　　イ．宍道湖　　ウ．猪苗代湖　　エ．諏訪湖

(2)　1985年以降，台湾や中国から安価なうなぎの輸入が急増しました。そのため，浜名湖のうなぎの養殖は衰《すい》退していき，養殖池の跡《あと》地には再生可能エネルギーの設備がつくられました。この設備は大がかりな工事の必要がないため，全国の休耕地などでも多くみられます。この再生可能エネルギーは何ですか。

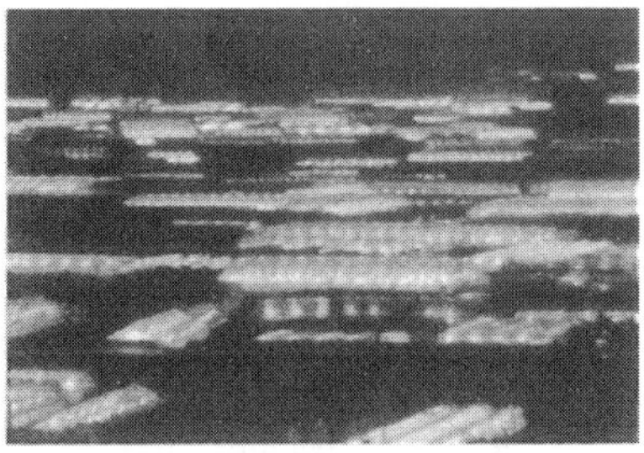
日本夜景遺産 HPより

問６　下線部⑤について。渥美半島はある農作物の日本最大の生産地です。右の写真は，その栽培の様子です。この農作物は栽培方法の特徴《ちょう》から何とよばれていますか。

【名古屋～四日市】

名古屋市に入ると，旧東海道の船着き場跡があった。調べてみると，⑥大きな河川の河口が集まっているため，当時の人々はこのあたりを船で行き来していたことがわかった。今は，航路はすべて埋め立てられているので，陸路で三重県に入り，夕方に四日市市に着いた。江戸時代には旅人の足元を照らしていた，という常夜灯がついていたけれど，それよりも⑦工場の照明のほうがずっと明るかった。

問７　下線部⑥について。この地域は土地が低いため，人々は家と水田の周りを堤《てい》防で囲んで，洪水から身を守りながら生活してきました。このような集落や地域を何といいますか。

問８　下線部⑦について。次の写真は，四日市市の工場群です。ここでは，効率よく生産を行うために，石油精製工場や化学工場などが集まっています。このような工場群を何といいますか。

工場夜景INFO HPより

【坂下～京都】

三重県と滋賀県の間の鈴鹿峠《とうげ》を越《こ》えた。峠道は本当にきつかったけれど，滋賀県に入るとなだらかな下り坂が続いてすごく楽だった。滋賀県をどんどん進んで，草津に着いた。ここは⑧東海道と中山道が合流する場所で，とてもにぎわっていたらしい。草津を過ぎて，一気に京都の三条大橋まで頑《がん》張った。⑨市内はとても人が多く，「京都に着いた！」と実感できた。三条大橋には「駅伝の碑《ひ》」があった。碑にはゴール地点が東京の上野不忍池だと書いてあり，やっぱり京都と東京はつながっているんだと感動した。

問９　下線部⑧について。次の表は，東海道や中山道が通る神奈川県，愛知県，埼玉県，長野県の統計を示したものです。神奈川県を選び，記号で答えなさい。

| | 人口(千人) | 人口密度(人/$km^2$) | 農業産出額(億円) | 漁業生産量(t) | 製造品出荷額(億円) |
|---|---|---|---|---|---|
| **ア** | 7546 | 1458.7 | 2949 | 75439 | 481864 |
| **イ** | 7347 | 1934.5 | 1678 | 2 | 139529 |
| **ウ** | 9240 | 3824.5 | 655 | 35172 | 178722 |
| **エ** | 2050 | 151.1 | 2556 | 1677 | 62194 |

『データでみる県勢 2022年版』より

問10　下線部⑨について。京都では，多くの伝統産業が発展しています。京都の絹織物で，世界でも評価が高い伝統工芸品は何ですか。

問11　次は，英子さんが旅した順番に都府県の形を並べたものです。A～Cにあてはまる県を，下のア～オからそれぞれ選び，記号で答えなさい。ただし，縮尺は同じではありません。

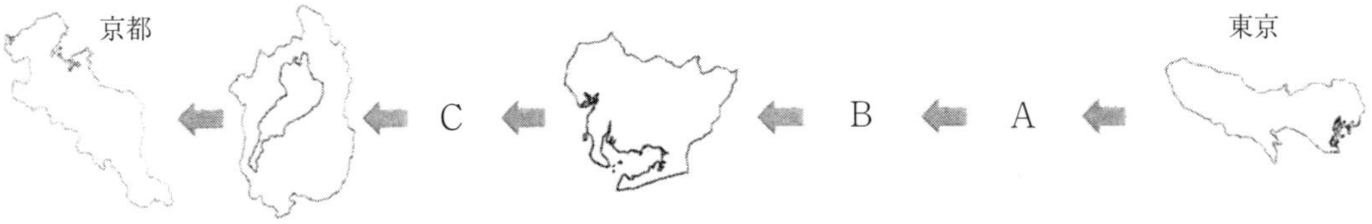


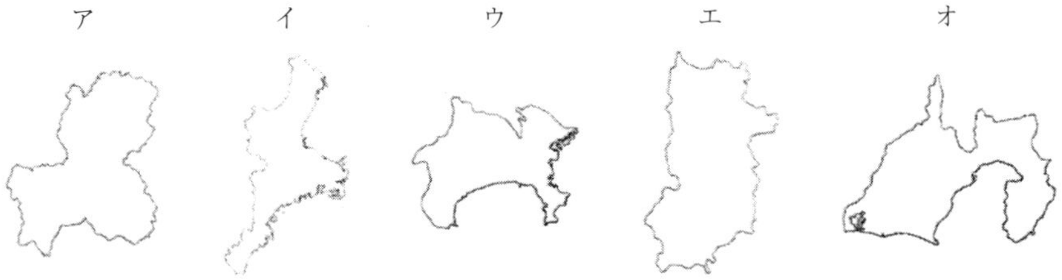


**3**　次はある日の家族の会話です。よく読んで，あとの問に答えなさい。

英子さん：最近，物価高ってよくニュースで言っているけれど，物価はどうして上がったり下がったりするの。

お父さん：いろいろなことが影響《えいきょう》していると思うよ。たとえば，①洪水や干ばつによって農作物に被《ひ》害が出たり，ロックダウンとか紛《ふん》争とかで物流が滞《とどこお》ったりして，需要を満たす商品が減ってしまうと物価が上がるよ。

英子さん：自然災害や国際情勢も物価に影響するのね。

お母さん：特に②日本は食料自給率が低いから，国際情勢の悪化は家計に響《ひび》くのよ。自給率が低いものほど影響が大きくて値段が高くなるのよね。

英子さん：お母さんは最近，賞味期限間近の食品を通販《はん》で安く買ったりして，家計のやりくりを頑張ってくれているよね。

お母さん：家計の助けにもなるし，③まだまだ食べられる食品を廃棄《はいき》するなんてもったいないものね。

お父さん：④エネルギー資源もかなり輸入に頼《たよ》っているから，国際情勢の悪化は生活に直結した問題だね。

お母さん：為替《かわせ》の動きも物価に影響しているかな。

英子さん：為替って，何。

お父さん：国によって通貨が違《ちが》うよね。だから，外国と取引するときには通貨を交換《かん》しなければならないんだよ。

英子さん：そうか，だから為替レート(通貨の交換比率)が必要なのね。

お母さん：(　※　)が1972年に日本に復帰した時には，通貨の交換のために混乱したらしいわよ。

お父さん：ちょっとこのグラフを見てごらん。今年(2022年)のアメリカドルに対する円相場の動きがわかるよ。

英子さん：今年は**【円高・円安】**が進んでいたのね。

お父さん：そういえば，政府は為替レートの安定をねらって，⑤為替介《かい》入を行ったようだね。為替レートは企《き》業の業績にも影響するからね。

英子さん：物価が高くなっている国は日本だけなのかしら。

お母さん：アメリカもイギリスもオーストラリアも物価は高いらしいわよ。

お父さん：でも，物価が高くても，労働者の賃金が一般《ぱん》的に日本より高く設定されている点が大きく違うね。最低賃金の見直しがされているけれど，賃金が上がるには企業の業績がもっと上がらないと厳しいよね。

問１　下線部①について。2022年夏，気候変動によるとみられる大規模な洪水によって国土の三分の一が水没《ぼつ》し，大きな被害が出た国があります。それはどこですか。

問２　下線部②について。次のうち，日本で食料自給率が最も低い食品を選び，記号で答えなさい。

ア．米

イ．野菜

ウ．鶏《けい》卵

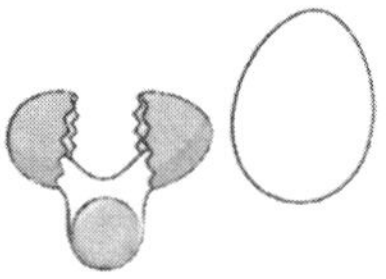

エ．乳製品

問３　下線部③について。このことは，近年，大きな課題となっています。

(1)　このようなことを何といいますか。

(2)　食品の廃棄は，単にもったいないというだけでなく，地球環境問題にもつながります。どのような問題ですか。

問４　下線部④について。日本は化石燃料をほぼ海外に依《い》存しています。そのうち，火力発電で最も利用されている燃料は天然ガスです。液化天然ガスの輸入先を表したグラフを次から選び，記号で答えなさい。

ア．

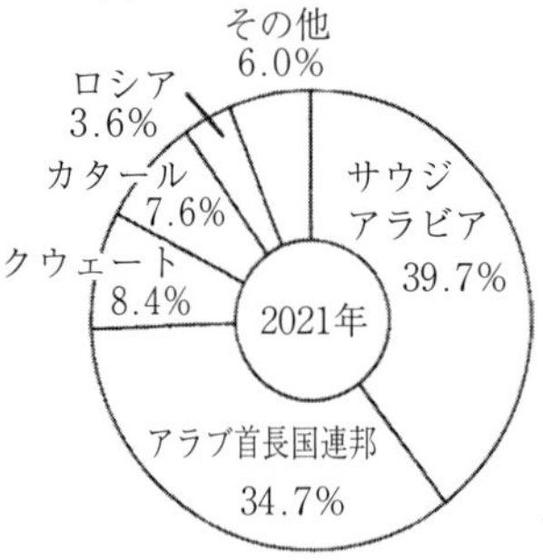


イ．

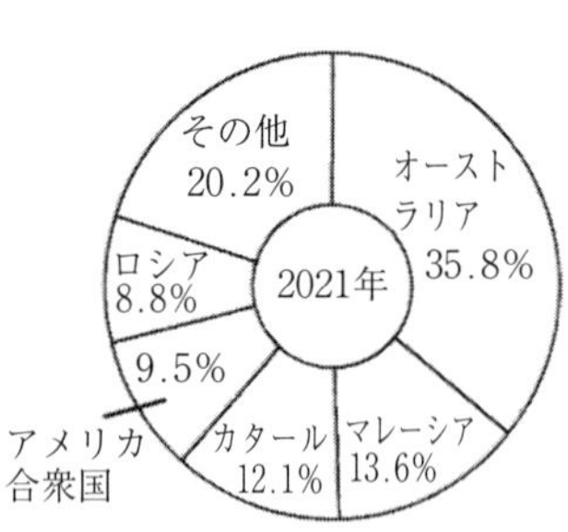


ウ．

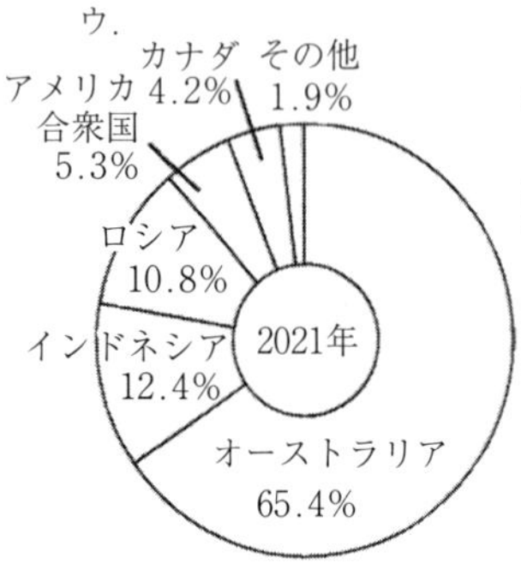


エ．

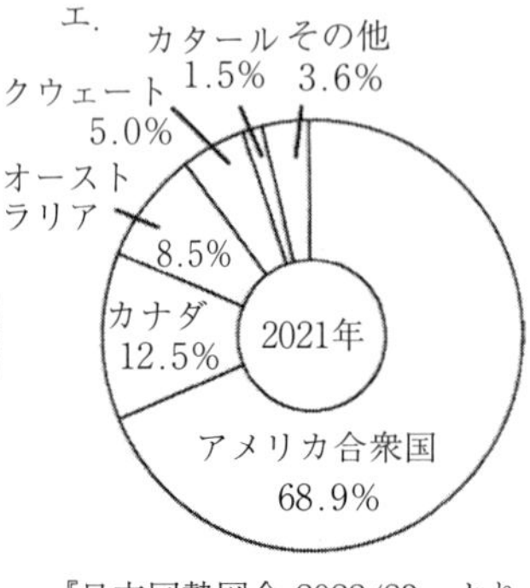


『日本国勢図会 2022/23』より

問5　(※)にあてはまる地域を答えなさい。

問6　**【円高・円安】**について。次は近年のアメリカドルに対する円相場の推移を表したグラフです。グラフを見て，2022年は**【円高・円安】**のどちらに推移したか判断し，解答欄《らん》のいずれかを ⬭ で囲みなさい。

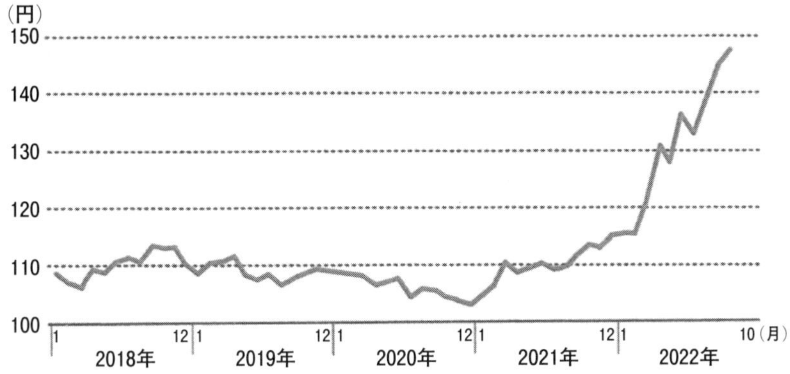


東京商工リサーチ HPより

問7　下線部⑤について。為替介入とは，政府の指示を受けた「政府の銀行」が外国為替市場で自国の通貨の安定のために取引を行うことです。「政府の銀行」とは何ですか。

問8　英子さんは家族との会話などを受けて，どのように経済活動が循環《じゅんかん》するのが理想的なのか考えてみました。次は英子さんが考えた循環図です。図中A～Cにあてはまる事項《こう》をア～ウからそれぞれ選び，記号で答えなさい。

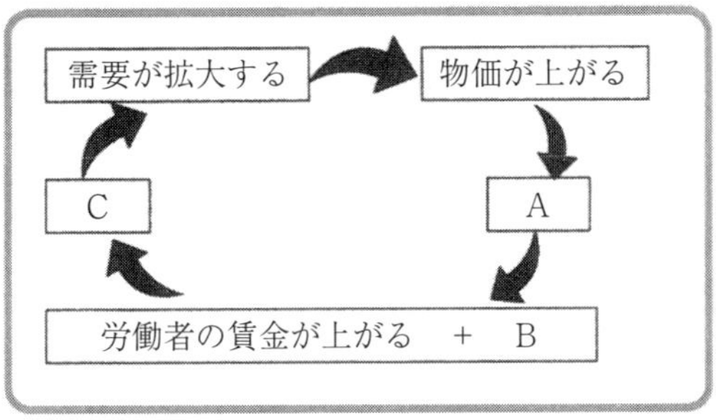


ア．雇用が増える

イ．企業の利益が上がる

ウ．購《こう》買力が上がる

## 【理　科】〈A日程試験〉(30分)〈満点：60点〉

**1**　２種類以上の物質を混ぜたものを混合物といいます。５種類の物質(銅の粉末，アルミニウムの粉末，食塩，砂糖，石灰《かい》石の粉末)の混合物があります。これらの物質は，混ぜても性質は変化しないものとします。この混合物を使って実験を行いました。

**実験１**：混合物に水を加えてよくかき混ぜた。水に溶《と》ける物質が全て溶けたことを確認してからろ過すると，ろ液Ａ(ろ紙を通った水溶《よう》液)と沈殿《ちんでん》物Ｂ(ろ紙上に残ったもの)が得られた。

**実験２**：ろ液Ａを蒸発皿に入れて加熱したところ，黒いかたまりができた。そこへ水を加えて砕《くだ》きながらよくかき混ぜてろ過すると，ろ液Ｃと沈殿物Ｄが得られた。

**実験３**：ろ液Ｃを蒸発皿に入れて加熱したところ，固体が出てきた。

**実験４**：沈殿物Ｂに〔 あ 〕を加えると，気体Ｅが発生した。さらに〔 あ 〕を加え，気体が発生しないことを確認してからろ過すると，沈殿物Ｆが得られた。

**実験５**：沈殿物Ｆに〔 い 〕を加えると，気体Ｇが発生した。さらに〔 い 〕を加え，気体が発生しないことを確認してからろ過すると，沈殿物Ｈが得られた。

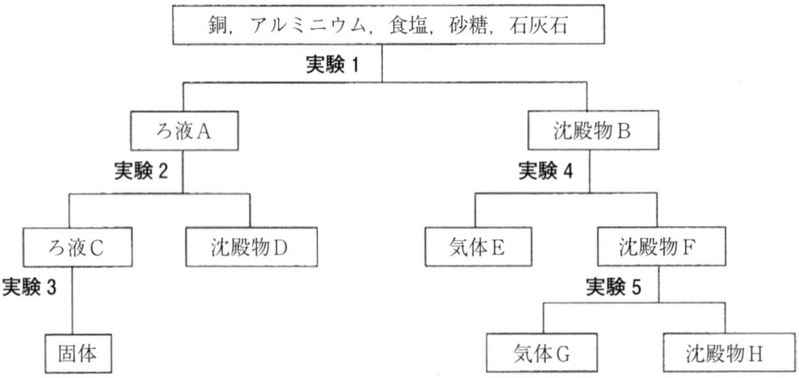


(1)　実験３で出てきた下線部の固体は銅，アルミニウム，食塩，砂糖，石灰石のどれですか。

(2)　〔あ〕，〔い〕の組み合わせとして正しいものを次の中から選び，番号で答えなさい。

| | 〔あ〕 | 〔い〕 |
|---|---|---|
| 1 | 水酸化ナトリウム水溶液 | 塩酸 |
| 2 | 水酸化ナトリウム水溶液 | アンモニア水 |
| 3 | 塩酸 | アンモニア水 |
| 4 | 塩酸 | 水酸化ナトリウム水溶液 |

(3)　沈殿物Ｈは銅，アルミニウム，食塩，砂糖，石灰石のどれですか。

(4)　スチールウール(鉄)に，水溶液Ｘを加えても気体Ｅが発生します。スチールウール0.6ｇに，ある濃《のう》度の水溶液Ｘを加えていき，発生した気体Ｅの体積を調べたところ，右図のような結果になりました。①，②のように条件を変化させた場合，スチールウールをすべて反応させる

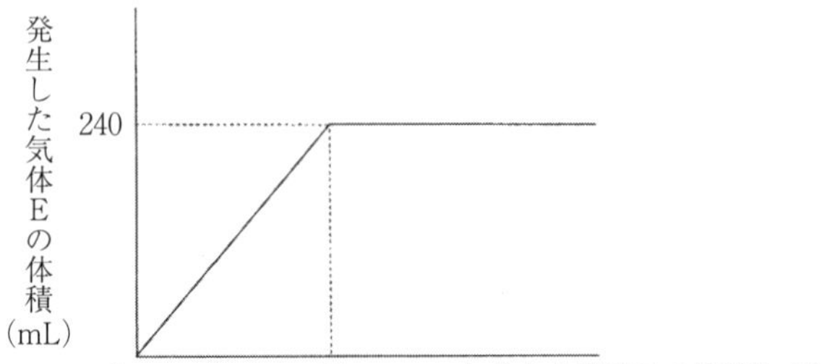

ために必要な水溶液の体積と，そのとき発生する気体Eの体積を求めなさい。計算の答えが割り切れない場合は，小数第2位を四捨五入して小数第1位まで求めなさい。

① スチールウールの重さを0.5gにする

② 水溶液Xの濃度を2倍にする

**2** 重さ80g，長さ120cmの一様な棒を用意し，実験をしました。ただし，一様な棒では，重心(重さの中心)は棒の中心にあるものとします。

図1

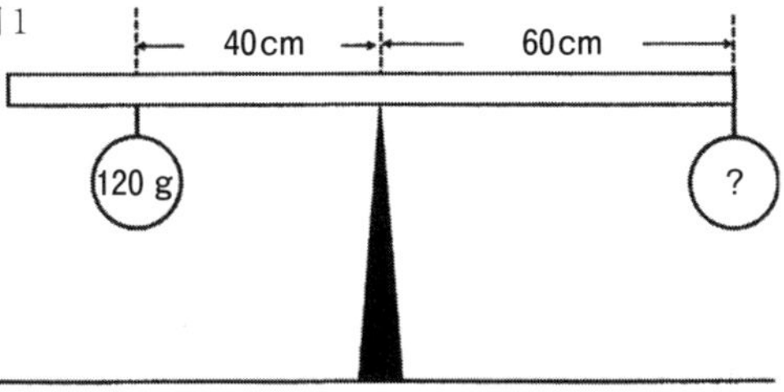


(1) 図1のように，支点から左に40cmの位置に120gのおもりをつり下げ，右に60cmの位置に重さの分からないおもりをつり下げたところ，棒は水平になり，つり合いました。

① 図1のとき，右につり下げたおもりは何gですか。

② 図1と同じように，支点が力点と作用点の間にある道具は次のうちどれですか。2つ選び，記号で答えなさい。

ア はさみ

イ ピンセット

ウ せんぬき

エ くぎぬき

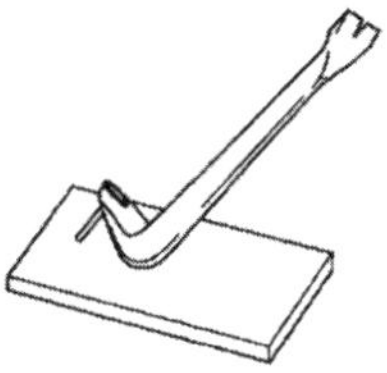

(2) 図2のように，支点から左に40cmの位置に120gのおもりをつり下げたとき，右に80cmの位置には何gのおもりをつり下げると，棒は水平になりますか。

図2

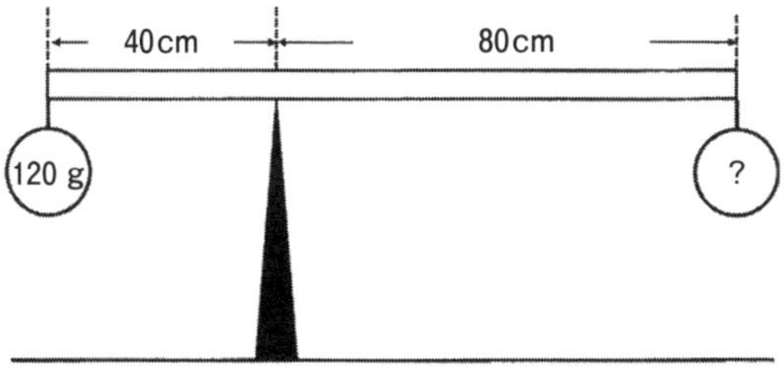


(3) 右の図3のように，ばねばかりで棒を水平に支えたとき，ばねばかりは50gを示しました。このとき，ばねばかりは支点から何cmのところにありますか。

図3

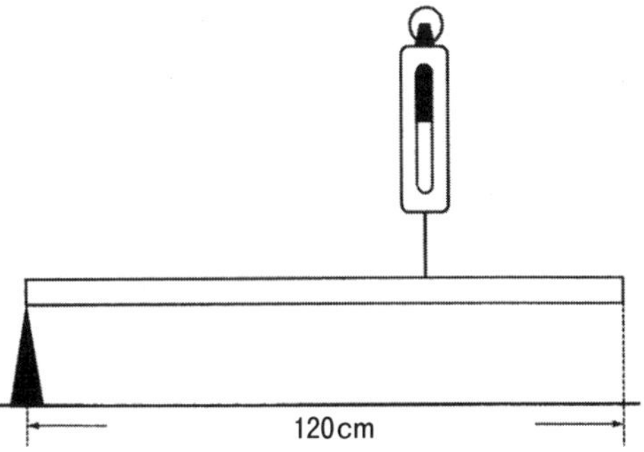

(4) 図4のように，120gのおもりを支点にのせ，ばねばかりで棒を水平に支えました。そこから棒の上をまっすぐに，ばねばかりに向かっておもりを転がしました。おもりの支点からの移動きょりとばねばかりの示す値《あたい》の関係を，解答用紙のグラフにかきなさい。

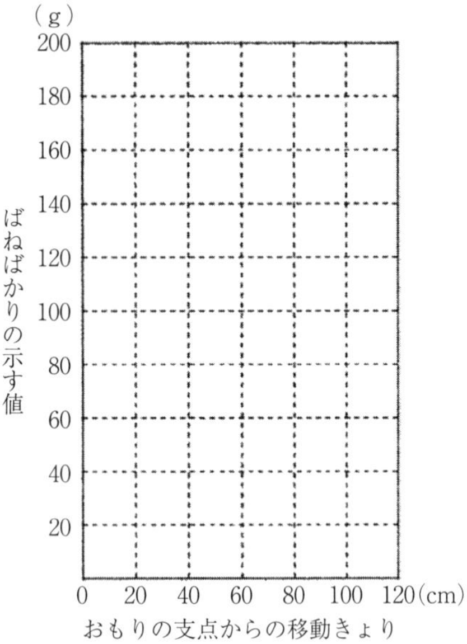


図4

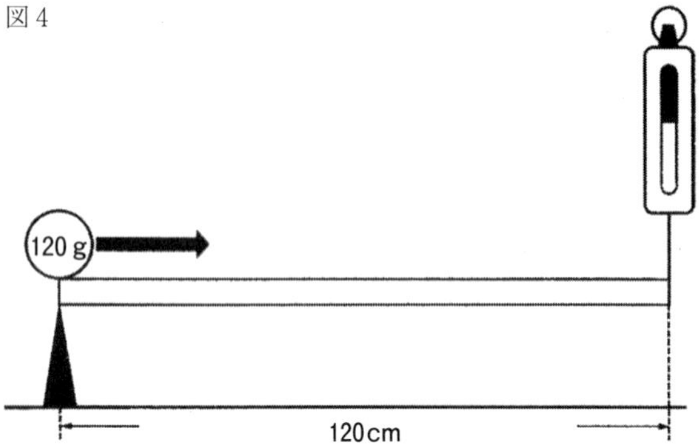


**3** 英子さんと和恵さんの会話文を読んで問いに答えなさい。

英子　新聞に，海外でも日本でも，海岸がけずられて問題になっていると書いてあるよ。

和恵　母が，砂浜《はま》が減って子供のころに泳いだ海水浴場も閉鎖《さ》されたと言っていたよ。

英子　神奈川県では，2019年の台風で，せまくなった砂浜を高波がこえ，浜沿いの国道134号を直撃《げき》し，擁壁《ようへき》の一部が崩《ほう》落して歩道が陥没《かんぼつ》したと書いてある。擁壁って何かな。

和恵　擁壁は，高低差がある土地の側面が崩《くず》れるのを防ぐために設置された壁《かべ》状の構造物のことだよ。

英子　なるほど。砂浜がせまくなっているということは，砂が流出しているんだね。

和恵　海に面しているんだから，これまでも砂は流出していたんじゃない？

英子　確かに。砂浜がせまくなる前は，砂が流出するとともに，流入もしていたってこと？　インターネットで調べてみよう。

和恵　崖《がけ》が(　ア　)されて生じる砂が流入して砂浜になる場合もあるけど，茅ヶ崎海岸の場合は，主に相模川で(　ア　)され，海まで(　イ　)された砂が(　ウ　)してできた海岸なんだね。では，なぜ砂浜に(　ウ　)する砂の量が減ったのかな。

英子　相模川の上流と，相模川に合流する川の上流に5つのダムがつくられ，ダムは水だけでなく土砂もせき止めているという資料があるよ。砂浜に流入する砂の量が減少した原因は，他にもありそうだね。それから，今後，地球温暖化がさらに進むと(　エ　)が起こり，高潮や高波による被《ひ》害がこれまで以上に大きくなることが予想されているから，海岸線について理解しておくことは大切だね。

(1) 文中のア～ウに入る語を，下から選び，番号で答えなさい。

1　運ぱん　　2　風化　　3　液状化　　4　たい積　　5　しん食

(2) 下線部について，ダムの建設以外に，砂浜への砂の流入量が減少した原因として考えられるものを次から2つ選び，番号で答えなさい。

1　上流付近での過剰《かじょう》な森林伐採《ばっさい》　　2　河川での砂利採取
3　肥料の過剰投与《とうよ》　　4　赤潮の発生
5　アオコの発生　　6　工場排《はい》水の増加
7　港の建設や護岸工事

(3)　文中のエに入る現象は複数ありますが，そのうちの１つを答えなさい。

(4)　2019年の台風19号は10月12日19時前に伊豆半島へ上陸しました。図１は，神奈川県横浜市で記録された10月12日の気温・湿《しつ》度・気圧を表したグラフです。気圧とは，大気が示す圧力です。

①　図１で，気温・湿度を表したグラフはどれですか。それぞれＡ～Ｃから選びなさい。

図１

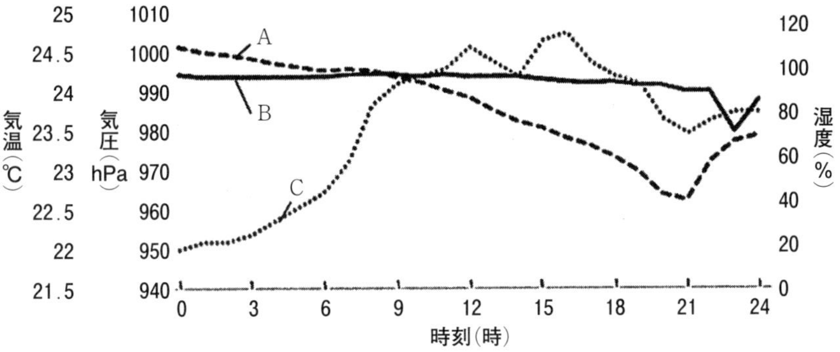


②　表１は，温度と飽《ほう》和水蒸気量の関係を示した表です。飽和水蒸気量とは，１$m^3$の空気に含《ふく》むことができる最大の水蒸気量(ｇ)のことです。

表１

| 温度(℃) | 飽和水蒸気量(g/$m^3$) |
|---|---|
| 22.9 | 20.5 |
| 23.0 | 20.6 |
| 23.1 | 20.7 |
| 23.2 | 20.8 |
| 23.3 | 20.9 |
| 23.4 | 21.1 |
| 23.5 | 21.2 |
| 23.6 | 21.3 |
| 23.7 | 21.4 |
| 23.8 | 21.6 |
| 23.9 | 21.7 |
| 24.0 | 21.8 |
| 24.1 | 21.9 |
| 24.2 | 22.0 |

10月12日のある時刻，横浜市の気温は24.2℃，湿度は95％でした。このとき，温度計を中に入れた金属製のコップに，気温と同じ温度の水を半分くらい入れ，ガラス棒でかき混ぜながら氷水を加えました。

金属製のコップの表面に水てきがつき始めたときのコップ内の水温を，表１をもとに考えて答えなさい。

ただし，コップの表面に接する空気の温度は，コップ内の水温と等しいものとします。

**4**　英子さんの通っている学校では下のＡ～Ｅの生き物を飼育しています。

Ａ　デグー
(ネズミのなかま)

Ｂ　アカハライモリ

Ｃ　ウーパールーパー

Ｄ　リクガメ

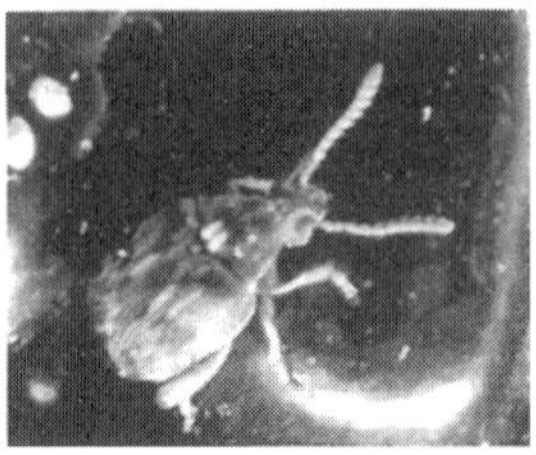

Ｅ　アズキゾウムシ

(1)　上のＡ～Ｅの生き物について，正しいものを２つ選び，番号で答えなさい。

1　触角《しょっかく》があるのはＣとＥである。
2　無せきつい動物はＥのみである。
3　こう温動物はＡとＣである。
4　は虫類はＢとＤである。
5　一生を通じて，肺呼吸を行うのはＡとＤである。
6　からのある卵を産むのはＢとＤである。

(2)　デグーの心ぞうは２心ぼう２心室，アカハライモリの心ぞうは２心ぼう１心室です。デグー，アカハライモリそれぞれの「①心ぞうから呼吸器官に送り出される血液」と「②心ぞうから全身に送り出される血液」として正しいものを下から選び，記号で答えなさい。ただし，同じ記号を何度用いてもよいものとする。

ア　動脈血　　イ　静脈血　　ウ　動脈血と静脈血が混じった血液

＊動脈血：酸素を多く含む血液
＊静脈血：酸素をあまり含まない血液

(3)　英子さんの学校では，リクガメのエサとして主にコマツナやタンポポを与えています。図はタンポポの１つの花を途《と》中までスケッチしたものです。解答用紙の図に足りない部分をかき加えて花のスケッチを完成させなさい。

生物の中には危険を感じるとその場から逃《に》げ出すものや，逆に動きを止め「死んだふり(擬《ぎ》死《し》行動)」をするものがいます。アズキゾウムシも刺激《しげき》を与えると逃げることもあれば，擬死行動をすることもあります。また，その程度も個体によって異なります。

アズキゾウムシの逃げる行動の１つである飛ぶ能力(飛翔《ひしょう》力)と，擬死行動の時間の長さ(擬死力)の関係を調べるために以下のような実験を行いました。

【実験１　育種実験】

ある特ちょうをもつ個体を選び，子をつくらせることをくり返すことで，その特ちょうが際立つ集団をつくることができます。これを「育種」といい，優良な作物や家ちくをつくるために古くから行われてきました。

**飛翔力が高いアズキゾウムシと低いアズキゾウムシの育種**

複数のアズキゾウムシを用意し，飛翔力が特に高いオスとメスを選び，子をつくった。子の中から再び飛翔力が高いオスとメスを選び，子をつくった。これを13世代目の子が生まれるまでくり返した。

同様に，飛翔力が特に低いオスとメスを選び，子をつくった。これを13世代目の子が生まれるまでくり返した。

それぞれ各世代ごとの飛翔力と擬死力を調べた結果，以下のようになった。

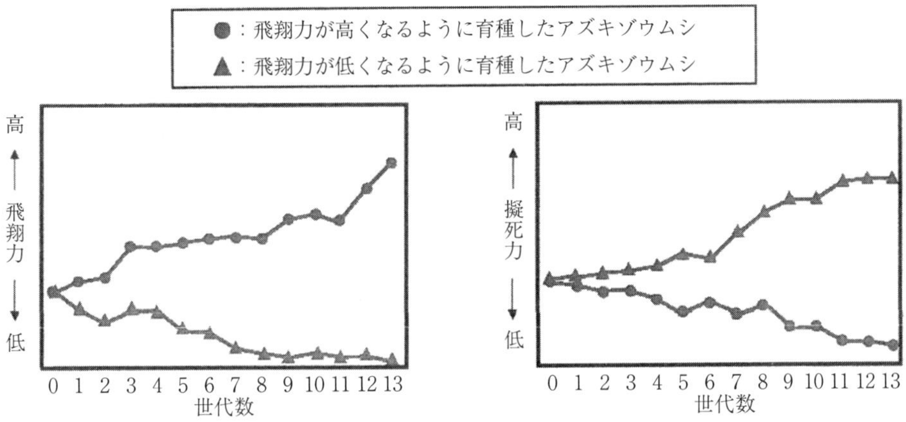


飛翔力に着目して育種したアズキゾウムシの各世代の飛翔力と擬死力

**擬死力が高いアズキゾウムシと低いアズキゾウムシの育種**

複数のアズキゾウムシを用意し，擬死力が特に高いオスとメスを選び，子をつくった。子の中から再び擬死力が高いオスとメスを選び，子をつくった。これを７世代目の子が生まれるまでくり返した。

同様に，擬死力が特に低いオスとメスを選び，子をつくった。これを７世代目の子が生まれるまでくり返した。

それぞれ各世代ごとの擬死力と飛翔力を調べた結果，以下のようになった。

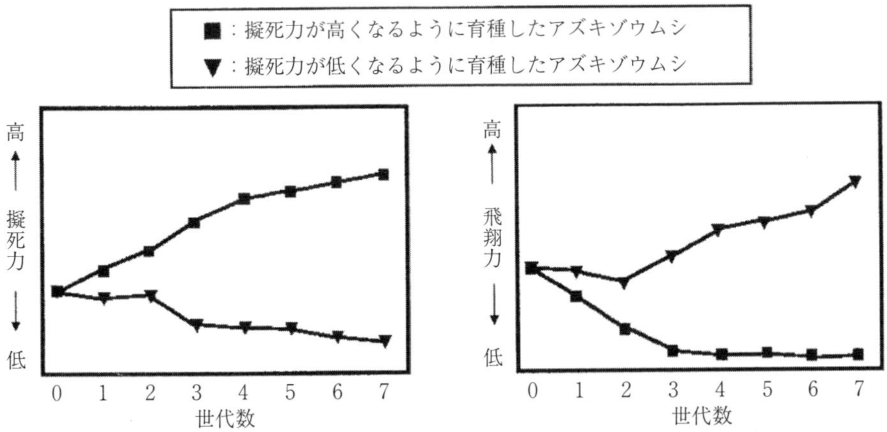


擬死力に着目して育種したアズキゾウムシの各世代の擬死力と飛翔力

(4)　実験１の結果から考えられることを次から２つ選び，番号で答えなさい。なお遺伝《いでん》とは，ある性質が親から子へ伝わることをいいます。

1　飛翔力と擬死力はどちらも遺伝する。
2　飛翔力は遺伝するが，擬死力は遺伝しない。
3　飛翔力は遺伝しないが，擬死力は遺伝する。
4　飛翔力と擬死力は，どちらも遺伝しない。
5　飛翔力と擬死力のうち，一方が高くなると，もう一方も高くなる。
6　飛翔力と擬死力のうち，一方が高くなると，もう一方は低くなる。
7　飛翔力と擬死力のうち，一方が低くなると，もう一方も低くなる。

【実験２　野生のアズキゾウムシを用いた実験】

実験１から考えられた飛翔力と擬死力の関係が，野生のアズキゾウムシにも当てはまるかを確かめるために，野外の21地点でアズキゾウムシを採集した。個体ごとに飛翔力と擬死力を調べ，縦軸《じく》が飛翔力・横軸が擬死力のグラフにまとめた。

(5)　下の文のア～ウに入るグラフの番号を下から選びなさい。

仮に，実験２の結果がグラフ［　ア　］であれば，「野生下では，擬死力に関わらず，飛翔力が高い個体しか生きのびることができない」と考えられる。

仮に，実験２の結果がグラフ［　イ　］であれば，「野生下では，飛翔力が高くかつ擬死力が高い個体しか生きのびることができない」と考えられる。

実際の実験の結果は，グラフ［　ウ　］であった。このことから，「野生下では，飛翔力と擬死力の両方が低くなければ，生きのびることができる」また，「実験１の育種実験で見られた飛翔力と擬死力の関係が野生下でも成立する」と考えられた。

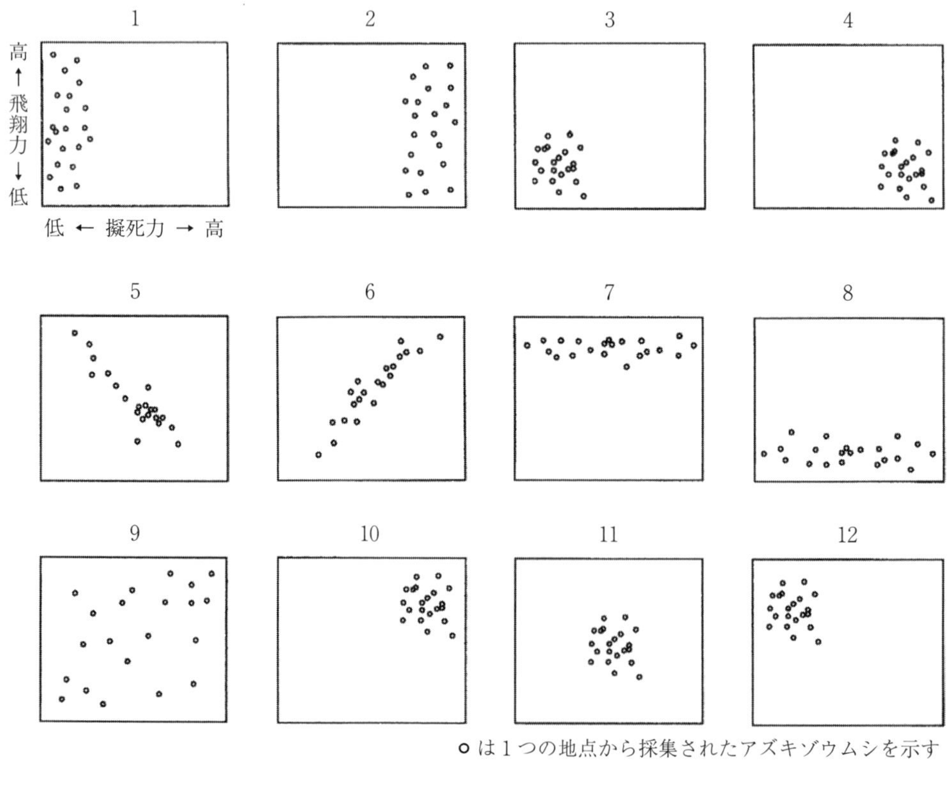


○は１つの地点から採集されたアズキゾウムシを示す

**ア** 特に秘密にすること　**イ** もっとも気を付けること
**ウ** いちばん大切なこと　**エ** とても役に立つこと

問十六 14□承■結 の□と■にあてはまる漢字一字をそれぞれ解答らんに合うように答えなさい。

問十七 15それ とは何ですか。本文中から十五字程度でぬき出しなさい。

問十八 16だから私は、直すことが嫌いではありません とありますが、なぜですか。もっともふさわしいものを次の**ア**～**エ**の中から一つ選び、記号で答えなさい。

**ア** 繰り返し直すことで物語の次の展開が広がっていくから。
**イ** 繰り返し直すことで自分の体験を人に伝えやすくなるから。
**ウ** 繰り返し直すことで苦しみをやわらげることができるから。
**エ** 繰り返し直すことでみんなに受け入れられる物語になるから。

問十九 17「一言主」 とありますが、

(1) 筆者はどういう人のことだと考えていますか。本文中の言葉を使って説明しなさい。

(2) 「一言主」のことを筆者はどのように考えていますか。もっともふさわしいものを次の**ア**～**エ**の中から一つ選び、記号で答えなさい。

**ア** 矛盾《むじゅん》を感じている。
**イ** 疑問に思っている。
**ウ** 仕方ないとあきらめている。
**エ** 嫌悪《けんお》感を抱《いだ》いている。

(3) 「一言主」になってしまった場合の具体例を、本文の内容をふまえて自分で考えて書きなさい。自分の体験したことでなくても構いません。このとき「おもしろい」「フツー」「ヤバい」「悲しい」以外で書きなさい。

問二十 次の**ア**～**キ**のうち、《**文章Ⅱ**》の内容と合っているものを**二つ**選び、記号で答えなさい。

**ア** 筆者は肌感覚で実感したことを書くのでなければ、優れた物語はできないと考えている。
**イ** 筆者はつらい時にはその経験を十分に味わうことで、よりよい人生になると考えている。
**ウ** 筆者は夢の中から得た真実を自分の人生の物語に生かすことができると言っている。
**エ** 筆者はおもしろい物語を作るためには、人とは違う経験をすることが必要だと考えている。
**オ** 筆者は物語を考える時は見たものを土台として広く深く考えることが大切だと言っている。
**カ** 筆者は学生の表現力が乏《とぼ》しいので、物語を通して表現力を豊かにすべきだと言っている。
**キ** 筆者は誰もが抱えるうまく表現できないことを人に伝えたくて物語るのだと考えている。

**イ**　「ちゃりちゃり」という表現で「鎧金具」を想像することができたから。

**ウ**　「落人」は家族でよく見ていた時代物のドラマで登場する存在だったから。

**エ**　「うむっ」と気合を入れるおばあちゃんの言葉には不思議な力があるから。

問八　6おまじないみたいな、〔　　　〕言葉を、いくつも知っていました　の〔　〕にあてはまる言葉としてもっともふさわしいものを次の**ア**〜**エ**の中から一つ選び、記号で答えなさい。

**ア**　調子がよくておもしろい

**イ**　願いごとをかなえてくれる

**ウ**　落語に出てくる長い

**エ**　子どもには覚えられない

問九　7二足のわらじを履きつづけてきた　とありますが、「二足のわらじを履く」とはここではどういうことですか。説明しなさい。

問十　8身をもって知ったそういうひとつひとつの体験が、全部、あとになって物語の中で、息を吹き返し、かたちになっていきました　とありますが、「ひとつひとつの体験が」「かたちに」なるとはどういうことですか。もっともふさわしいものを次の**ア**〜**エ**の中から一つ選び、記号で答えなさい。

**ア**　子どものころ病院通いをしたつらい経験が、大人になって「人生という物語」を生きる強さにつながった。

**イ**　中学生のころ漫画で斧を振り回す男を描いた経験が、斧のさまざまな使い方を身につけることにつながった。

**ウ**　実際にオーストラリアで馬に乗った経験が、チャグムが馬に乗ってへとへとになった様子につながった。

**エ**　愛犬が死んだときの悲しくて悲しくて涙が止まらない経験が、デッサンのように正確な記憶につながった。

問十一　9作家の性というのは、妙にしたたかなもので　とありますが、

(1)　「したたかな」のここでの意味にもっともよくあてはまることわざを次の**ア**〜**エ**の中から一つ選び、記号で答えなさい。

**ア**　かわいい子には旅をさせよ

**イ**　転んでもただでは起きぬ

**ウ**　情けは人のためならず

**エ**　のど元過ぎれば熱さを忘れる

(2)　「作家の性」が「妙にしたたかなもの」だというのはなぜですか。もっともふさわしいものを次の**ア**〜**エ**の中から一つ選び、記号で答えなさい。

**ア**　どんな体験も作品に生かそうとしてしまうから。

**イ**　簡単なこともあえて難しく表現してしまうから。

**ウ**　悲しい時も心が動かず平気な顔をしてしまうから。

**エ**　いつでも他人の本心を深く考え疑ってしまうから。

問十二　10つらい、悲しいことだけじゃないな、〔　　〕もあるよな、と気づいたりする　の〔　〕にあてはまる言葉を本文中から**二字**でぬき出して答えなさい。

問十三　11私のおばあちゃんみたいです　とありますが、私の話し方のどのようなところが「おばあちゃんみたい」なのですか。《**文章Ⅰ**》からおばあちゃんの話し方について書いてある**一文**をさがし、はじめの五字を答えなさい。

問十四　12足りないものが反転して、その人の力になる　とありますが、サトクリフの場合はどうだったのですか。説明しなさい。

問十五　13極意　の意味としてもっともよくあてはまるものを次の**ア**〜**エ**の中から一つ選び、記号で答えなさい。

て、本当に伝えたかったのはこういうことなのだと、伝えることなのだと思います。

物語にしないと、とても伝えきれないものを、人は、それぞれに抱えている。

だからこそ、神話のむかしからたくさんの物語が語られてきたのだと思うのです。

**上橋菜穂子 著（構成・文　瀧　晴巳）『物語ること、生きること』**

**【注】**

1 落人＝戦いに負けて、追ってくる敵から逃げる人。

2 嬉々として＝とてもうれしそうに

3 フィールドワーク＝文化人類学者が実際にその場所に行って、調査や研究・採集などをすること。

4 靴ふきマットの上から飛びだした＝イギリスの作家トールキン『ホビットの冒険《ぼうけん》』の登場人物ビルボにちなむ。ビルボは面倒くさがりで新しいこと、こわいこともできることならしたくないのに「靴ふきマットの上で、もそもそしているヤツと思われたくない！」と思い、長い冒険の旅にでた。それに影響《えいきょう》を受けて、筆者の上橋菜穂子が思い切って行動したことを指す。

5 アボリジニ＝オーストラリア大陸に昔から住んでいる民族。

6 ブッシュハイク＝ハイキングのこと。

7 バルサとチャグム＝上橋菜穂子『天と地の守り人』の登場人物。

8 翻弄されて＝振り回されて

9 享受した＝味わった

10 サトクリフ＝イギリスの小説家。

11 のりしろ＝余裕《よゆう》や遊びの部分。

問一　本文中の太字の**カタカナ**は漢字に直し、**漢字**は読みをひらがなで答えなさい。

問二　1加減　と同じ成り立ちの熟語を次の**ア**～**エ**の中から一つ選び、記号で答えなさい。

**ア** 国立　**イ** 価値　**ウ** 利害　**エ** 作文

問三　〈　〉にもっともよくあてはまる言葉を次の**ア**～**エ**の中から一つ選び、記号で答えなさい。

**ア** じりじりと　**イ** まじまじと　**ウ** たんたんと　**エ** まざまざと

問四　2おばあちゃんはものすごく話のうまい人で　とありますが、おばあちゃんの話のうまさに**あてはまらないもの**を次の**ア**～**エ**の中から一つ選び、記号で答えなさい。

**ア** 擬音《ぎおん》語をうまく使って聞き手をひきつけるところ。

**イ** 聞き手の反応を見ながらどんどん内容を変えるところ。

**ウ** どんな話でも聞き手をわくわくさせる結末になるところ。

**エ** 実際に起こった出来事のように聞き手に感じさせるところ。

問五　3おばあちゃんの十八番　とはここではどういう意味ですか。もっともふさわしいものを次の**ア**～**エ**の中から一つ選び、記号で答えなさい。

**ア** 自慢《じまん》話　**イ** お気に入り　**ウ** 宝物　**エ** 得意芸

問六　4たくさんの〔　〕がいないている　の〔　〕にあてはまる言葉を漢字一字で答えなさい。

問七　5言葉の意味がわからなくても、ちっとも気になりませんでした　とありますが、気にならなかったのはなぜですか。もっともふさわしいものを次の**ア**～**エ**の中から一つ選び、記号で答えなさい。

**ア** 「ほとほと、ほとほと」という言葉の響きはいつも聞きなれている音だから。

のを土台にして、そこから想像力をふくらませていたのです。12足りないものが反転して、その人の力になる。なるほど、幼いころ、偉人《いじん》伝で学んだ13極意《ごくい》は、まったくそのとおりでした。

物語を書きたいなら、まず、どんなことでもいいから、興味があるものを、どれだけ広げられるか（あるいは掘りさげられるか）を考えてみてください。

そして、そのことについて（まずはどんなに長くなってもいいから）、最初から最後まで書きおえてみてください。

最初は14□承[redacted]結を見つけることさえ大変だと思います。でもプロの作家は、そこにありきたりじゃない、自分だけの道筋を必ず見つけだすものです。

15それがあるかどうかは、自分で自分が書いた物語を直してみれば、わかります。

私は、まえの晩に書いたものを、毎朝、直しています。

一日の作業としては、朝書いて、夜に書きはじめるとき、また読み直して、直す。

【注11】のりしろじゃないけど、そうやって書いたところを繰り返し直していると、そこからまた新しい芽が出てきます。そして翌日になると、その新しいところをまた直すと、そこから新しい芽がまた出てくるので、それをまた直す……というのを繰り返しているのです。

そうすると、あるとき、登場人物が何かを言ったのがきっかけで、次の展開が開けたりする。その物語を生きている人間たちが、その物語のあるべき姿を生みだしていって、頭の中で最初に想定していたかたちじゃないところに、連れていってくれるのです。

16だから私は、直すことが嫌《きら》いではありません。

毎朝、毎晩、何度も、何度も、繰り返し直しています。

その作業は、考古学者が埋《う》もれていた化石を見つけだすことに似ているかもしれません。

たったひとつのシーンに、じつは多くのものが眠っているからです。

そこにいる女の子の表情、着ているもの、窓から差しこんでくる光……生まれ落ちようとする世界がそこにすでにあるのです。それが見えるかどうかに、物語が書けるかどうかが、かかっているのだと思います。

近ごろ、学生さんと話していて、17「一言主《ひとことぬし》」が増えたなあと思うことがあります。

何か問いかけても、返ってくる言葉が、すごく短いんです。「おもしろかった」「フツー」「ヤバくない？」

そういう、ひと言で片づけてしまう。

そのひと言じゃ伝わらないたくさんのものを、本当は後ろにいっぱい抱《かか》えているだろうに、なぜ、ひと言なんだろう？　面倒《めんどう》なのかな、それとも、ひと言だけ発して、反応を見ているのかな、などと、考えてしまう。

「どんな気持ちがしますか」と聞かれて「悲しい」と答えたときに、たぶん誰もが「でも、そのひと言ではやっぱり伝えられないな」と思うはずです。

「悲しい」のひと言ですませたけれど、その後ろに、うまく言えなかったもやもやしたものが本当はいっぱいあって、その捨てちゃったものが全部集まらないと、本当は、自分が言った「悲しい」という意味にはならないんだけどな……そう思っている気がするのです。

物語を書くことは、そのひと言では言えなかったこと、うまく言葉にできなくて、捨ててしまったことを、全部、ひとつひとつ拾い集めつらいことに出会ったときは「いずれ作家としてこの経験が役に立つ」――いつも、そう思っていました。

9作家の性《さが》というのは、妙《みょう》にしたたかなもので、愛犬が死んだときも、悲しくて悲しくて涙《なみだ》がとまらないのに、その悲しみを後ろから傍《ぼう》観者《かんしゃ》のように見ている自分がいたりするのです。

この悲しみは、いったい、どういう悲しみだろう。

愛犬は、いま、どんな匂いがしている？　周りの人はどうしてる？　デッサンをするように記憶に留《とど》めておこうとしている、とてもとても冷静な傍観者の自分がいるのです。自分がどうにかなってしまったんじゃないかと思うような、身も心も吹っ飛ぶような恋《こい》をしているときも、その自分を外側から見ている自分がいるのです。

しんどいことがあったとき、この感覚が、意外に役に立ったこともありました。

アボリジニとの人間関係に【注8】翻弄《ほんろう》されて、ああ、疲《つか》れたな、と思っても、子どものころ、洞窟《どうくつ》で考古学者になりきっていたみたいに「おいおい、アボリジニとの人間関係で悩《なや》んでいるなんて、おまえ、いっぱしの文化人類学者みたいじゃんよ」と自分を笑えば、なんとか乗りきることができました。

もう逃《に》げたいな、と思うたびに、「なりたい自分」の姿を思ってみることで、なんとかやってきたような気がします。

つらいとき、自分の外側に出て、「人生という物語」の中を、いま生きている自分を見る。そうしていると、10つらい、悲しいことだけじゃないな、［　　］もあるよな、と気づいたりする。

小さくとも喜びがなかったら、苦しみや悲しみを越《こ》えていくことは、なかなかできないでしょう。たぶん、私は、そうやって、なんとか、やりはじめたことをあきらめずに歩いてきたのです。

子どものころ、時を忘れて物語にのめりこんだように、私はいまも、物語を生きるように、自分の人生を生きているような気がします。

まず夢を見る。それを頭の中で描いてみる。でも現実が「違うよ」と教えてくれる、その瞬間《しゅんかん》、パッと何かをつかまえる。

ほかの誰でもない、私だけの真実を。

そうやって自分が【注9】享受《きょうじゅ》した体験を、特別なものとして刈《か》りとっては、物語に生かしてきたのだと思います。

パン生地も焼くまえに、よく発酵《はっこう》させるとふくらむものですが、私も、すでにエピソードになっているような思い出をよく人に話します。繰《く》り返し話すうちに、相手の反応を見ながら、ちょっとずつ足したり、ひいたりして修正するので、だんだんエピソードが**センレン**されて、その話のおもしろさの勘《かん》どころがわかってきます。これはまるで……そう、11私のおばあちゃんみたいです。

おばあちゃんも、私にたくさんの昔話をしながら、似たようなことをやっていたのに違いありません。

経験は大切です。でも、べつに、人と違うことをたくさんしなければいけないということではなくて、むしろ、人と同じことをしていながら、そこに人とは違うものを感じ取ることのほうが大切だと思います。

優《すぐ》れた描写《びょうしゃ》力で、読む者を、遠い時代のその場所へと連れていってくれる【注10】サトクリフにしても、行きたい場所に行きたいように行けたわけではありませんでした。

子どものころの病気が原因で、彼女が身体が不自由だったと知ったとき、どんなに驚き、また励《はげ》まされたことでしょう。

サトクリフは、限られた環境《かんきょう》のなかで、自分の目でしかと見たも選択肢《せんたくし》がなかったわけではありません。それでも文化人類学者と7 二足のわらじを履《は》きつづけてきたのは、【注4】靴《くつ》ふきマットの上から飛びだした遠いあの日から、**生身**の人間と出会い、異文化の中でもまれるフィールドワークの奥《おく》深い魅力《みりょく》に、魅《み》せられてしまったからだと思います。

痛い思いをするのは本当に嫌《いや》です。でも、そうして自分の足で歩いているなかで、肌《はだ》感覚で実感できたことがたくさんあって、私の書く物語のあちらこちらに、それは確かに息づいているような気がするのです。

頭でわかったつもりになっていることと実際の経験のあいだには、大きな開きがあるもので、中学生のころ、漫画《まんが》では斧《おの》を振《ふ》りまわす男を描《か》いたりしていたのに、実際にオーストラリアで【注5】アボリジニに本物の斧を渡《わた》されたら、どうしていいのか、わかりませんでした。

力まかせに振り下ろしたら、木の根にガイーンとはじかれて、手がびりびり。

たき火用に木の根っこを採ってこないといけないのに、そんなこともできなくて「なにやってんだ、ナホコ、おまえ、斧の使いかたが間違っているよ」と笑われました。

木を伐《き》るわけじゃないんだから、斧をさかさまにして柄《え》のほうで、根っこを叩いて掘《ほ》り起こせよ、と言われて、そんな使いかたもあるのだとはじめて知ったのでした。そういうことも、実際に教わらないとわからないものですよね。

長いキャンプ生活の中で、たき火をおこすと、どんなふうに燃えるのかを知ることもできました。

たき火の火は、日の光がまだあるうちには見えないこと、たき火の火が見えはじめることによって、いつの間にか、辺りが暗くなってきている、と、気づく。たき火の匂《にお》いは、服にしみついたら、洗ったくらいじゃ落ちないこと。

8 身をもって知ったそういうひとつひとつの体験が、全部、あとになって物語の中で、息を吹《ふ》き返し、かたちになっていきました。

馬が好きで、大学生のときには、短いあいだですが、乗馬同好会に入っていたこともあります。

オーストラリアで【注6】ブッシュハイクをしたときは、さすがにへろへろになりましたが、実際に乗ったことがなければ、長いあいだ乗っているとどこがこすれるのか、降りたときに、どこが痛くなるのかもわからないでしょう。

けっこうイジワルな馬もいて、落馬したら、おまえ、なに落ちてんだよ、とあざわらうように、ポロシャツの襟《えり》のあたりをかまれて持ちあげられたこともあります。白いポロシャツだったので、見事に草色の歯形がついていて、びっくりしました。

そうした体験が、【注7】バルサとチャグムが馬で山道を登っていくシーンを描こうとしたときに、ひょいと出てきたりするのです。

> 馬の脇腹《わきばら》をそっと踵《きびす》で押《お》して歩かせはじめたバルサは、背後にいるチャグムが、なんともいえぬ顔で自分を見ているのに、気づかなかった。〈タンダ〉も、〈名無し〉もおとなしい馬で、険しい山道も、白く息を吐《は》きながら、どんどんのぼった。斜面《しゃめん》をのぼっていく馬に乗っていると、足だけでなく、腰《こし》や背にも負担がかかる。日が暮れて馬をおりるころには、いつも、チャグムはくたくたになっていた。地面におりても、膝がわらってしまって、まともに立てないほどだった。

——『天と地の守《も》り人《びと》　第二部』（偕成社）

「むかしな、あるところにじいさんばあさんがおってな。じいさんばあさんの住んでいる家の**ウラテ**には土《ど》まんじゅうがあってな。土まんじゅうって、わかるか？」

「わかんない」

「人が亡《な》くなったけれど、誰《だれ》もお墓を建ててくれない。そういう無縁《むえん》仏《ほとけ》さんが入ったお墓のことをいうんだよ」

おばあちゃんは、私の顔をじっと見ながら語りはじめます。

こわい話は、**3**おばあちゃんの十八番《おはこ》。

「ああ、かわいそうにこんなところで亡くなられて、どなただろうと思いながら、じいさんばあさん、人がいいから毎日毎日草取りをして、お花をあげたりしていた。そうしたらある夜、眠《ねむ》っていると、家の外から、鎧金具《よろいかなぐ》がちゃりちゃり、ちゃりちゃり鳴る音がして、**4**たくさんの〔　　〕がいないている。いったい、何が起きたんだろうと、じいさんばあさん、こわくて寝床《ねどこ》で震《ふる》えていたら、ほとほと、ほとほと、戸を叩《たた》く音がした。『夢ではないぞ、夢ではないぞ。われは平家の**【注1】**落人《おちうど》である。ゆえあってここで亡くなったけれど、おまえたちが毎日毎日供養《くよう》してくれたおかげでようやく成仏《じょうぶつ》できる。ありがとう。夢ではないぞ、夢ではないぞ』、そう言って去っていったそうな」

それはまるで本当に起こった出来事のような感じがしました。

夢ではないぞ、夢ではないぞ。

いまでも、おばあちゃんがそう言ったときの**声色**や口調が耳の底に残っています。

湿《しめ》った闇《やみ》の中にたくさんの馬がざわざわといる気配や、何者かが戸を「ほとほと、ほとほと」と叩く音を、私も、確かに聴《き》いたような気がするのです。

「鎧金具」という言葉を知らなくても「鎧金具がちゃりちゃり、ちゃりちゃり鳴る音がして」と聞くと、子どもは「鎧金具」の印象を「ちゃりちゃり、ちゃりちゃり」鳴る音として耳に留めるのでしょう。時代もののドラマを見たりして「平家の落人」というのが何者で「鎧金具」というのが何かを知ったのはずっとあとのことです。

**5**言葉の意味がわからなくても、ちっとも気になりませんでした。

おばあちゃんが、「ちょうちんぶらぶら、お先に帰りましょ」などと、調子のよい歌を歌いながら、「ほい」「ほい」と手を叩くのに合わせて、私が**【注2】**嬉々《きき》として踊《おど》っているのを、父と母は「しょうがないなあ」と笑いながら見ていたそうです。子どもって、言葉の響《ひび》きだけで、身体《からだ》が反応してしまうものですよね。

「ちちんぷいぷい」じゃないけれど、おばあちゃんは、そういう**6**おまじないみたいな、〔　　〕言葉を、いくつも知っていました。

のどに魚の小骨がつかえたとき、食べかけの魚を頭の上に乗せられたことがありました。おばあちゃんが、その魚の上に手を置いて、「うむっ」と気合をいれたら、ふっと小骨が抜《ぬ》けて、びっくりしたことがあります。おばあちゃんいわく、「魚が自分の小骨を引っ張るんだよ」って。不思議ですよね。

私は、そんなおばあちゃんのことが大好きでした。

**《文章Ⅱ》**

はじめてオーストラリアに行ってから二十年あまり、作家になってからも、私は、毎年**【注3】**フィールドワークのためにオーストラリアに通いつづけてきました。

念願の作家になることができたときに、たとえ食べられなくても（デビューしてすぐ食べられるなんて、そんなすごい作家ではありませんでしたから）、アルバイトをしながら作家に**センネン**するという

# 2023年度

# 東洋英和女学院中学部

**【国　語】〈A日程試験〉**（四五分）〈満点：一〇〇点〉

**次の《文章Ⅰ》《文章Ⅱ》は、上橋《うえはし》菜穂子《なほこ》著（構成・文　瀧《たき》晴巳《はるみ》）『物語ること、生きること』の一部です。これを読んで後の問いに答えなさい。答えは、問十九⑶以外は解答用紙に書きなさい。問十九⑶の答えはそこの解答らんに書きなさい。字数の指定がある問題は、句読点も一字と数えます。**

**《文章Ⅰ》**

私の最も古い記憶《きおく》のひとつは、一匹《ぴき》の大きなガマガエルです。

幼い私が、父方の祖母と、庭にいるその巨大《きょだい》なカエルをじっと見ているのです。

お風呂《ふろ》場をつくるために庭をつぶしたのは、私が二歳《さい》のときでした。とすると、これは私が二歳になるかならないかの記憶ということになります。

親は「そんなにちっちゃかったころのことを、そこまで覚えているはずがない」と言うけれど、ガマガエルのひらべったい背中の感じや、そのときの日差しの1加減、木戸についていた鈴《すず》が鳴る音まで、〈　〉思い浮《う》かべることができます。「緑青《ろくしょう》」という言葉はまだ知らなかったけれど、その鈴が緑色に錆《さ》びているのも、まるで一枚の絵のように鮮明《せんめい》に覚えているのです。

記憶というのは不思議なものです。

あとになって家族から聞いた話をもとに再構成したのだと言われれば、そうかもしれません。でも「何かある」一シーンだからこそ記憶に焼きついているのではないでしょうか。

作家になったいまでも、物語がひらめくときは、必ずひとつの光景が浮かびます。

それは繭玉《まゆだま》を一個与《あた》えられたようなもので、私は、それを解きほぐすようにして物語を書いてきたのです。

生まれたとき、心臓に**ザツオン**があった私は、体が弱く病気がちで、両親はお医者様から「この子はそう長くは生きられないかもしれない」と言われたそうです。

風邪《かぜ》をひくとすぐに肺炎《はいえん》になってしまうような、病院通いの多い子どもで、本当は男の子みたいに思いっきり駆《か》けまわりたいのに、それが許されないことは悔《くや》しくて、悲しくて、でも自分ではどうすることもできません。

そんな私の支えになってくれたのが、父方の祖母でした。2おばあちゃんはものすごく話のうまい人で、私は、おばあちゃんの膝《ひざ》に頭をくっつけて甘《あま》えながら、たくさんの昔話を聞いて育ったのです。

おばあちゃんがしてくれる昔話は、絵本で読むようなお話とはまた違《ちが》っていました。

いわゆる「**口頭伝承**」といって、人が口から口へ伝えてきたお話で、山口県で生まれ、福岡に嫁《とつ》いだおばあちゃんは、自分も耳で聞き覚えたであろう、その土地その土地で語り伝えられてきたお話をいくつも聞かせてくれました。

物語には、目より先に、耳から入ったというわけです。

しかもおばあちゃんは、私の反応を見ながら、先の展開をどんどん変えてしまいます。おかげで、私は、自分で本を読めるようになるまえに「次はどうなるんだろう」「次はどうなるんだろう」とワクワクしながら、物語を想像する楽しさを知ってしまったのだと思います。

**2023年度**

# 東洋英和女学院中学部 ▶解説と解答

## 算　数　＜Ａ日程試験＞（45分）＜満点：100点＞

### 解　答

[1] (1)　1414　(2)　$1\frac{1}{2}$　[2] (1)　170円　(2)　45分　(3)　54　(4)　280m²　(5)　162cm³　(6)　9通り　[3] 86.72cm²　[4] 480m　[5] **Ａ**…4位，**Ｂ**…1位，**Ｃ**…2位，**Ｄ**…3位　[6] 等しい。／**理由**…(例)　解説を参照のこと。　[7] 59人　[8] 6280cm³　[9] (1)　毎秒6cm　(2)　毎秒3cm　(3)　**ア**　18　**イ**　24　[10] (1)　10歩　(2)　16，81　(3)　**ア**…4　**イ**，**ウ**…2，3　**エ**…(例)　素数な　**オ**…(例)　6の倍数

### 解　説

**[1] 四則計算**

(1)　2023－87×7＝2023－609＝1414

(2)　$6\frac{3}{10}-4\frac{3}{5}\div\left\{1\frac{1}{2}-\left(1\frac{3}{8}-\frac{5}{6}\right)\right\}=\frac{63}{10}-\frac{23}{5}\div\left\{\frac{3}{2}-\left(\frac{11}{8}-\frac{5}{6}\right)\right\}=\frac{63}{10}-\frac{23}{5}\div\left\{\frac{3}{2}-\left(\frac{33}{24}-\frac{20}{24}\right)\right\}=\frac{63}{10}-\frac{23}{5}\div\left(\frac{3}{2}-\frac{13}{24}\right)=\frac{63}{10}-\frac{23}{5}\div\left(\frac{36}{24}-\frac{13}{24}\right)=\frac{63}{10}-\frac{23}{5}\div\frac{23}{24}=\frac{63}{10}-\frac{23}{5}\times\frac{24}{23}=\frac{63}{10}-\frac{24}{5}=\frac{63}{10}-\frac{48}{10}=\frac{15}{10}=\frac{3}{2}=1\frac{1}{2}$

**[2] 四則計算，速さ，比の性質，相当算，体積，場合の数**

(1)　お菓《か》子《し》7個分の代金が，1500－310＝1190(円)だから，1個の値段は，1190÷7＝170(円)である。

(2)　時速8.4kmを分速に直すと，8.4×1000÷60＝140(m)になる。よって，この速さで6300m進むのにかかる時間は，6300÷140＝45(分)とわかる。

(3)　$A\times\frac{1}{3}=B\times\frac{3}{4}$と表すことができるので，$A:B=\frac{3}{1}:\frac{4}{3}=9:4$である。よって，$A$と$B$の和が78のとき，$A=78\times\frac{9}{9+4}=54$と求められる。

(4)　全体の面積を1とすると，1日目にぬった面積は，$1\times\frac{2}{7}=\frac{2}{7}$，その残りは，$1-\frac{2}{7}=\frac{5}{7}$，2日目にぬる予定だった面積は，$\frac{5}{7}\times\frac{2}{5}=\frac{2}{7}$となる。よって，右の図のように表すことができ，$\frac{5}{7}-\frac{2}{7}=\frac{3}{7}$にあたる面積が，140－20＝120(m²)とわかる。したがって，(全体の面積)$\times\frac{3}{7}$＝120(m²)より，全体の面積は，$120\div\frac{3}{7}$＝280(m²)と求められる。

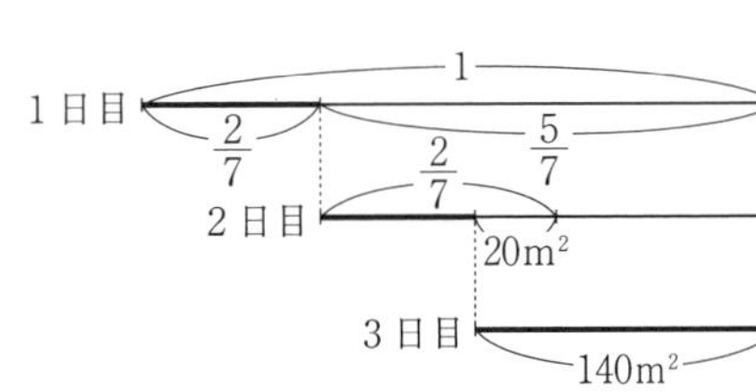


(5)　縦の長さを①，横の長さを②，高さを③とすると，直方体には同じ長さの辺が4本ずつあるので，すべての辺の長さの和は，(①＋②＋③)×4＝㉔となる。これが72cmだから，①にあたる長さは，72÷24＝3(cm)とわかる。よって，縦の長さは3cm，横の長さは，3×2＝6(cm)，高さは，3×3＝9(cm)なので，体積は，3×6×9＝162(cm³)と求められる。

(6)　千の位が[1]のとき，残りのカードは{[0]，[1]，[2]}だから，百の位には3通り，十の位には2通

り，一の位には1通りのカードを並べることができ，4けたの整数は，3×2×1＝6(通り)できる。また，千の位が[2]のとき，残りのカードは{[0]，[1]，[1]}なので，2011，2101，2110の3通りの整数ができる。よって，4けたの整数は全部で，6＋3＝9(通り)できる。

## 3 平面図形─面積

下の図1で，濃《こ》い影《かげ》の部分を矢印のように移動すると下の図2のようになり，さらに移動すると下の図3のようになる。図3で，濃い影の部分は半径が8cmの四分円だから，その面積は，8×8×3.14÷4＝16×3.14(cm$^2$)とわかる。また，うすい影の部分は，半径が，8＋8＝16(cm)で中心角が45度のおうぎ形から，直角二等辺三角形を除いたものなので，その面積は，16×16×3.14×$\frac{45}{360}$－16×8÷2＝32×3.14－64(cm$^2$)となる。よって，影の部分の面積は，16×3.14＋32×3.14－64＝(16＋32)×3.14－64＝48×3.14－64＝150.72－64＝86.72(cm$^2$)と求められる。

図1
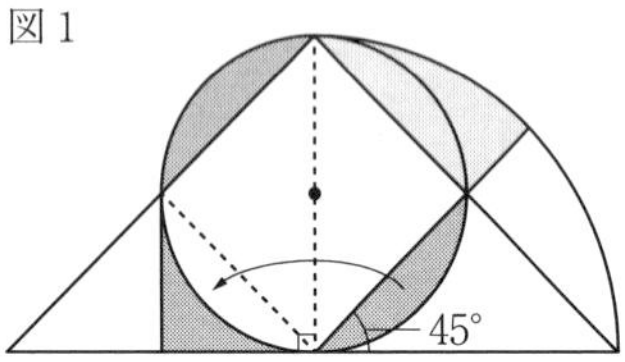


図2
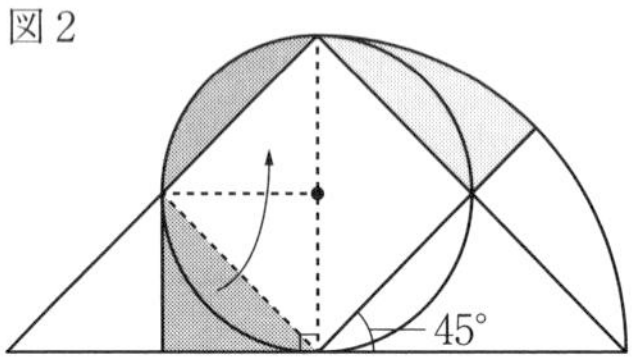


図3
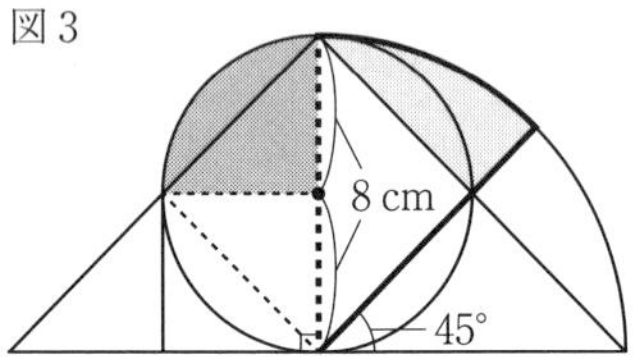


## 4 速さと比

姉と妹の速さの比は，60：40＝3：2だから，姉と妹が同じ時間で歩く道のりの比も3：2である。よって，右の図のように表すことができ，③－②＝①にあたる道のりが160mなので，中学校から家までの道のりは，160×3＝480(m)とわかる。

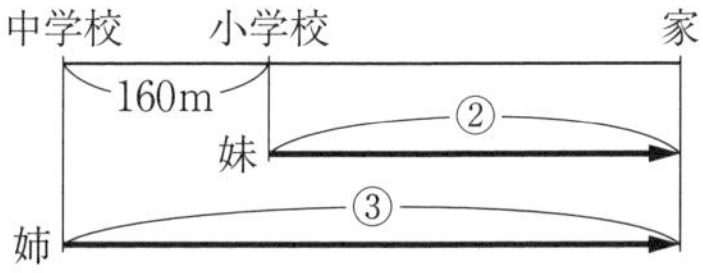


## 5 推理

うそをついている人がAならば，Cの発言と合わせて，下の図1のようになる。さらに，D，Bの発言を順に検討すると下の図2のようになり，Aにあてはまる順位がなくなるので，ふさわしくない。次に，うそをついている人がBならば，A，C，Dの発言を順に検討すると下の図3のようになり，Bは2位と決まるが，この場合，Bはうそをついていないことになるから，ふさわしくない。また，うそをついている人がCならば，A，Cの発言を順に検討すると下の図4のようになるので，Dを3位，Bを1位，Cを2位とすると，B，Dの発言と合う。そして，うそをついている人がDならば，A，C，Bの発言を順に検討すると下の図5のようになり，Dは3位と決まるが，この場合，Dはうそをついていないことになるから，ふさわしくない。よって，うそをついているのはCで，Aは4位，Bは1位，Cは2位，Dは3位である。

図1

| | 1 | 2 | 3 | 4 |
|---|---|---|---|---|
| A | × | | | × |
| B | × | | | |
| C | ○ | × | × | × |
| D | × | | | |

図2

| | 1 | 2 | 3 | 4 |
|---|---|---|---|---|
| A | × | × | × | × |
| B | × | ○ | × | × |
| C | ○ | × | × | × |
| D | × | × | ○ | × |

図3

| | 1 | 2 | 3 | 4 |
|---|---|---|---|---|
| A | × | × | × | ○ |
| B | × | | × | × |
| C | ○ | × | × | × |
| D | × | × | ○ | × |

図4

| | 1 | 2 | 3 | 4 |
|---|---|---|---|---|
| A | × | × | × | ○ |
| B | | | | × |
| C | × | | | × |
| D | | | | × |

図5

| | 1 | 2 | 3 | 4 |
|---|---|---|---|---|
| A | × | × | × | ○ |
| B | × | ○ | × | × |
| C | ○ | × | × | × |
| D | × | × | | × |

## 6 平面図形─長さ，計算のくふう

下の図のように，②，③，④の直径をそれぞれア，イ，ウとすると，①の直径は(ア＋イ＋ウ)だから，①の曲線の長さは，（ア＋イ＋ウ）×３÷２＝(ア＋イ＋ウ）×1.5となる。また，②，③，④の曲線の長さの和は，ア×３÷２＋イ×３÷２＋ウ×３÷２＝(ア＋イ＋ウ）×３÷２＝(ア＋イ＋ウ）×1.5となる。よって，①の曲線の長さと②，③，④の曲線の長さの和は等しい。

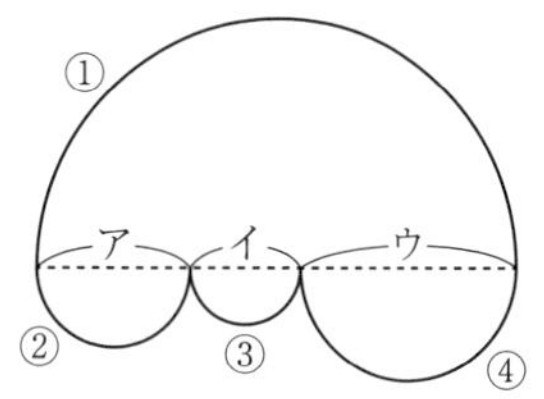


## 7 整数の性質

あめ１袋《ふくろ》には，45÷５＝９(セット)ぶんのあめが入っていて，グミ１袋には，18÷３＝６(セット)ぶんのグミが入っている。セットを作ったときに余りが出ないように買ったとあるので，用意したセットの数は18の倍数(９と６の公倍数)の{18，36，54，72，…}とわかる。また，参加した子どもの人数は45人以上であり，配った後に13セット余ったから，用意したセットの数は，45＋13＝58(セット)以上である。よって，最も少ない場合，用意したセットの数は72セットであり，参加した子どもの人数は，72－13＝59(人)と求められる。

## 8 立体図形―体積

厚紙の各部分の長さは，右の図１のようになる。厚紙を１回転させてできる立体は，右の図２のア，イ，ウを１回転させてできる立体から，図１の★の部分を１回転させてできる円柱を除いたものなので，その体積は，12×12×3.14×８＋６×６×3.14×８＋12×12×3.14×４－２×２×3.14×４＝1152×3.14＋288×3.14＋576×3.14－16×3.14＝(1152＋288＋576－16)×3.14＝2000×3.14＝6280(cm$^3$)と求められる。

図１

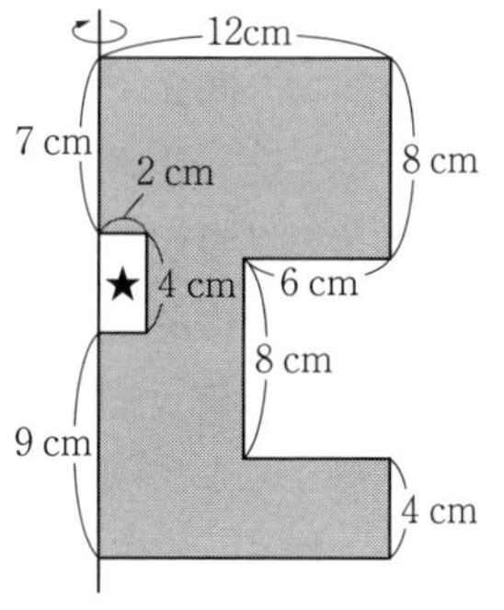


図２

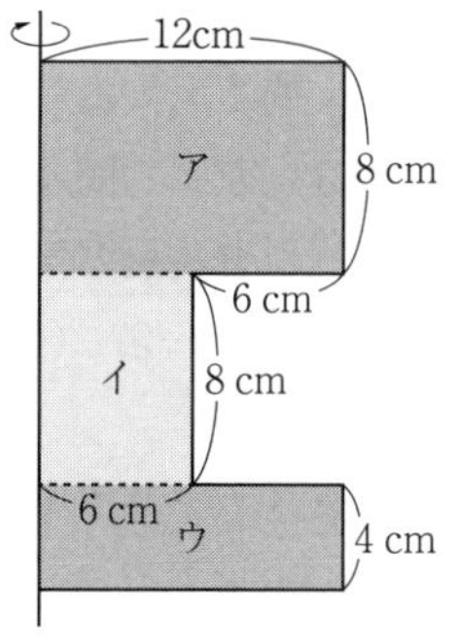


## 9 グラフ―点の移動，旅人算

⑴　問題文中のグラフから，９秒後にＰがＢを折り返し，12秒後にＰとＱがすれちがうことがわかる。また，ＰとＱの間の距離《きょり》が変わらない時間があることから，速さを変えた後のＱの速さはＰの速さと同じであることがわかる。よって，ＰとＱの進み方をグラフに表すと，右のようになる。Ｐは９秒で54cm進んだので，Ｐの速さは毎秒，54÷９＝６(cm)と求められる。

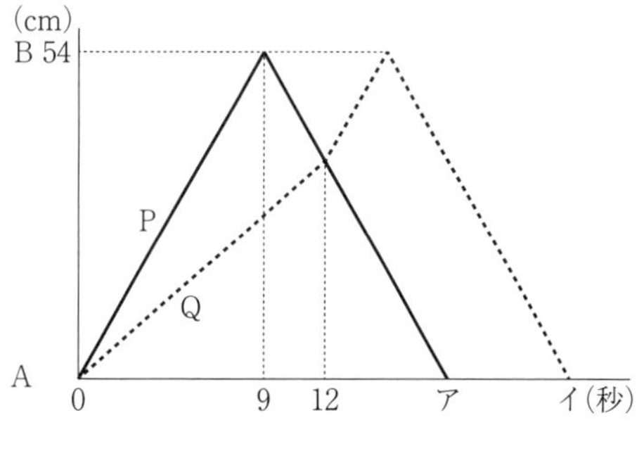


⑵　ＰとＱが12秒で進んだ距離の和は，54×２＝108(cm)だから，このときのＰとＱの速さの和は毎秒，108÷12＝９(cm)とわかる。よって，出発したときのＱの速さは毎秒，９－６＝３(cm)である。

⑶　アは，Ｐが１往復するのにかかった時間なので，９×２＝18(秒)である。また，12秒後からイ秒後までのＱの進み方は，０秒後から12秒後までのＰの進み方を逆にしたものなので，イは，12×２＝24(秒)である。

## 10 整数の性質

⑴　48の約数は{1，2，3，4，6，8，12，16，24，48}の10個なので，帽子《ぼうし》の数字が48の生徒は10歩前進する。

⑵　5から100までの整数のうち，約数の個数が5個である整数を求める。約数の個数が5個である整数は，素数の積で表したときに，□×□×□×□と表すことができる整数である。よって，2×2×2×2＝16，3×3×3×3＝81の2個ある。

⑶　2歩だけ前進するのは，約数の個数が2個の整数(素数)(…エ)の場合なので，Ａさんの両側にいる生徒の帽子の数字は素数である。また，連続する3個の整数の中には必ず2の倍数と3の倍数(…イ，ウ)が含《ふく》まれるから，Ａさんの帽子の数字は2と3の公倍数，つまり，6の倍数(…オ)である。6には{1，2，3，6}の4個の約数があるので，Ａさんは少なくとも4歩(…ア)前進することになる。

## 社　会　＜Ａ日程試験＞（30分）＜満点：60点＞

### 解　答

**1** **問1**　大山(大仙)(古墳)　**問2**　(例)　鉄砲は国内で製造できるようになったため。　**問3**　漢　**問4**　⑴　ウ　⑵　菅原道真　**問5**　ア　**問6**　大輪田泊　**問7**　(例)　正式な貿易船と倭寇を区別する必要があったから。　**問8**　ローマ教皇　**問9**　⑴　オランダ(語)　⑵　(例)　キリスト教に関係する内容をふくむ書物。　**問10**　エ　**問11**　〈Ｃ〉，〈Ｄ〉，〈Ｅ〉　**2** **問1**　日本橋　**問2**　(例)　それぞれの工場に直接船で物を運ぶことができること。　**問3**　製紙・パルプ(工業)　**問4**　牧之原(牧ノ原)台地　**問5**　⑴　イ　⑵　太陽光(エネルギー)　**問6**　電照菊　**問7**　輪中　**問8**　コンビナート　**問9**　ウ　**問10**　西陣織　**問11**　**Ａ**　ウ　**Ｂ**　オ　**Ｃ**　イ　**3** **問1**　パキスタン　**問2**　エ　**問3**　⑴　食品ロス(フードロス)　⑵　ゴミ処理問題(地球温暖化問題)　**問4**　イ　**問5**　沖縄　**問6**　円安　**問7**　日本銀行　**問8**　**Ａ**　イ　**Ｂ**　ア　**Ｃ**　ウ

### 解　説

**1**　**海外との交流の窓口を題材とした歴史総合問題**

**問1**　〈Ａ〉は堺(大阪府)について述べた文章である。堺市に位置する大山《だいせん》(大仙)古墳は前方後円墳で，日本最大の古墳として知られている。5世紀ごろにつくられ，仁徳《にんとく》天皇の墓と伝えられている。

**問2**　1543年，ポルトガル人を乗せた中国船が種子島《たねがしま》(鹿児島県)に流れ着き，日本に初めて鉄砲が伝えられた。これをきっかけにポルトガルやスペインとの貿易(南蛮《なんばん》貿易)が始まり，鉄砲や火薬，中国産の生糸などが輸入された。当時の日本は戦国時代であったため，鉄砲は堺や国友(滋賀県)など国内でも生産されるようになり，またたく間に各地に広がった。そのため，鉄砲は朱印《しゅいん》船貿易ではほとんど輸入されなくなった。なお，朱印船貿易は豊臣秀吉や徳川家康がおもに東南アジアとの間で行った貿易で，江戸時代初めにさかんであった。

**問3**　〈Ｂ〉は博多(福岡県)について述べた文章である。中国の歴史書『後漢書』東夷伝《とういでん》には，57年，倭《わ》(日本)の小国の1つ奴国《なこく》の王が漢(後漢，中国)に使いを送り，皇帝から金印を授《さず》けられたこ

となどが記されている。江戸時代に博多湾の志賀《しかの》島で発見された「漢 委奴国《かんのわのなの》王」と刻まれた金印は，そのときのものと考えられている。

**問4**　⑴　東大寺(奈良県)の正倉院は聖武天皇の愛用品などが収められていたことで知られる宝庫で，宝物の多くは奈良時代に遣唐使が唐(中国)から持ち帰った品々である。アはペルシア(現在のイラン)製の水差し(漆胡瓶《しっこへい》)，イは弦楽器(螺鈿紫 檀 五絃琵琶《らでんしたんのごげんびわ》)，エは銀の脚がついた紺《こん》色のガラスコップ(瑠璃坏《るりのつき》)で，いずれも正倉院に収められていた。ウは江戸時代に佐賀県でつくられた有田焼(伊万里《いまり》焼)の壺《つぼ》(色絵花卉文大壺《かきもんたいこ》)で，色絵(赤絵)の技法が用いられている。　⑵　894年，朝廷は数十年ぶりに遣唐使を派遣することを決定し，菅 原 道真《すがわらのみちざね》を遣唐大使に任命したが，道真は航海が危険であることと唐の国内が乱れていることなどを理由に派遣の中止を提案し，認められた。道真はその後，天皇の信任もあつく朝廷内で活躍《かつやく》したが，藤原氏のたくらみにより大宰府《だざいふ》(福岡県)に左遷《させん》され，２年後にその地で亡くなった。

**問5**　道元は13世紀前半，宋(中国)で禅宗などを学び，帰国後，曹洞《そうとう》宗を開いた。なお，イの浄《じょう》土《ど》宗は法然《ほうねん》，ウの日蓮《にちれん》宗(法華《ほっけ》宗)は日蓮，エの臨済《りんざい》宗は栄西を開祖としている。

**問6**　〈Ｃ〉は兵庫(神戸)について述べた文章である。平安時代末期，政治の実権をにぎった平清盛は，大輪田 泊《おおわだのとまり》(現在の神戸港の一部)を修築するなど瀬戸内海の航路を整備し，宋と民間貿易を行って大きな利益をあげた。

**問7**　15世紀の初め，明(中国)が倭寇《わこう》(日本の武装商人団・海賊《かいぞく》)の取りしまりを幕府に求めてきたのをきっかけに，室町幕府の第３代将軍を務めた足利義満は明と国交を開いて貿易を始めた。日明貿易では倭寇と区別するため正式な貿易船に「勘合《かんごう》(符《ふ》)」という資料のような合い札を持たせたことから，この貿易は勘合貿易ともよばれる。

**問8**　イタリアの首都ローマ市内には，世界で最も面積の小さい国として知られるバチカン市国が位置しており，カトリック教会の総本山であるローマ教皇庁がある。カトリック教会の最高指導者はローマ教皇で，バチカン市国の首長でもある。日本では「法王」とよばれることが多かったが，現在は「教皇」が正式名称とされている。なお，〈Ｄ〉は長崎について述べた文章である。

**問9**　⑴，⑵　江戸幕府の第８代将軍徳川吉宗は実学を重視し，西洋の知識を得るため，キリスト教に関係のない漢訳洋書(中国語に翻訳《ほんやく》したヨーロッパの書物)の輸入を認めた。さらに，オランダの書物を直接読めるように，青木昆陽《こんよう》らにオランダ語を学ばせた。やがてオランダの書物の輸入も認められるようになり，オランダ語を通して西洋の科学や知識を学ぶ蘭学《らんがく》が広まるきっかけとなった。なお，青木昆陽は，ききんに備えるため吉宗にサツマイモの栽培を勧めたことで知られる学者である。また，『ターヘル＝アナトミア』はドイツの医学解剖《かいぼう》書のオランダ語訳で，杉田玄白《げんぱく》，前野良 沢《りょうたく》らが翻訳して『解体新書』として出版した。

**問10**　明治時代初期には欧米諸国から多くの技師・学者・専門家が日本に招かれ，官庁や学校，工場などで指導にあたった。多くは政府によって高給で雇用《こよう》されていたことから，彼らは「お雇《やと》い外国人」とよばれた。大森貝塚(東京都)を発見したモースや，東京医学校や東京大学で医学を教えたベルツ，札幌農学校(北海道)で教えたクラーク，ナウマンゾウの命名のもととなったナウマンなどが知られている。ハリスは江戸時代末期，アメリカ総領事として来日し，日米修好通商条約(1858年)に調印したアメリカの商人である。なお，〈Ｅ〉は横浜(神奈川県)について述べた文章である。新橋(東京都)―横浜間で開通した日本最初の鉄道は，イギリスから資金と技術の援助を受け，技師を招いて建設が進められた。

**問11**　日米和親条約(1854年)により，江戸幕府は函館(箱館，北海道)と下田(静岡県)の２港を開いた。そして，日米修好通商条約では，すでに開港されていた函館(下田は閉鎖)のほか，神奈川，新潟，兵庫，長崎が開港地とされた。なお，神奈川は東海道の宿場町で，外国人と日本人が出会うことによる混乱が予想されたことから，実際には隣接《りんせつ》する横浜が開港された。兵庫も同様の理由から，実際には隣接する神戸が開港された。また，〈Ｆ〉は東京について述べた文章である。

**2 「東海道五十三次」をたどる旅を題材とした地理総合問題**

**問１**　東海道を始め，五街道の起点とされたのは江戸の日本橋である。歌川(安藤)広重《ひろしげ》は江戸時代の化政文化を代表する浮世絵《うきよえ》師で，浮世絵版画集「東海道五十三次」で知られる。その中でも，日本橋は１枚目に描かれている。

**問２**　臨海部の埋め立て地に工場が多く建設されるのは，運河を利用して原料や製品などの物資を船で運ぶことができるからである。

**問３**　富士市(静岡県)とその周辺には，製紙・パルプ工業の工場が多く立地している。紙は多くの場合，木材からつくられるパルプを原料として生産される。

**問４**　地図中のＡ付近には，牧之原(牧ノ原)台地が広がっている。かつては原野が広がっていたが，明治時代以降に開拓が進み，現在は全国有数の茶の産地となっている。なお，地図帳での表記は国土地理院の見解に従い，「台地」をつけず「牧ノ原」となっている場合が多い。

**問５**　⑴　汽水湖は海水と淡水《たんすい》が混じりあう海岸近くに位置しているので，イの宍道《しんじ》湖(島根県)が選べる。シジミは淡水や汽水にすむ貝で，宍道湖はシジミの漁獲《ぎょかく》量が多いことで知られる。なお，アの十和田《とわだ》湖(青森県・秋田県境)，ウの猪苗代《いなわしろ》湖(福島県)，エの諏訪《すわ》湖(長野県)は，いずれも内陸に位置している。　⑵　沿岸部や休耕地などは日当たりがよく，広い土地も得やすいことから，太陽光パネルを設置して太陽光発電を行う事業が各地で行われている。

**問６**　菊など秋に花を咲かせる植物の多くは，日照時間が短くなると開花する。そうした性質を利用し，人工的な照明を使い，明かりをつける時間を段々短くするなどして開花時期を調節して生産された菊は，電照菊とよばれる。渥美《あつみ》半島(愛知県)は，全国最大の電照菊の産地となっている。

**問７**　濃尾平野の南西部は低湿地帯となっており，木曽三川《さんせん》(西から順に揖斐《いび》川・長良《ながら》川・木曽川)が集中して流れ，伊勢湾に注いでいる。その下流域では昔から水害になやまされてきたため，集落の周りを堤防《ていぼう》で囲んだ輪中という集落が見られる。

**問８**　原料などの面で結びつきが強い工場が集まって生産を進めるしくみは，コンビナートとよばれる。四日市コンビナート(三重県)などの石油化学コンビナートでは，原油を精製する石油精製工場(製油所)を中心に多くの関連する工場が集まり，中間製品や副産物を効率よく利用して輸送の無《む》駄《だ》を省くため，工場どうしをパイプラインでつないでいる。石油精製工場では，原油からアスファルト，重油，軽油，灯油，ナフサ，ガスなどが成分ごとに分離される。ナフサはさらにナフサ分解工場に送られ，石油化学製品(プラスチックや合成ゴムなど)の原料とされる。

**問９**　神奈川県は，あげられている４県のうちで人口が最多，人口密度が最大で，農業産出額は最少と判断できるので，ウが選べる。なお，製造品出荷額が最多であるアは，豊田市を中心に自動車の生産がさかんな愛知県。残ったイとエのうち，人口がより多いイが埼玉県，もう一方が長野県である。

**問10**　京都で生産される伝統的工芸品の絹織物は，西陣織《にしじんおり》である。生産の中心地である「西陣」の地名は，応仁の乱(1467～77年)のさい，西軍の総大将である山《やま》名《な》持豊《もちとよ》(宗全《そうぜん》)がこの地に本陣を置いたことによる。

**問11**　英子さんの旅日記には，東京都，神奈川県，静岡県，愛知県，三重県，滋賀県，京都府が順に登場している。よって，Ａはウ(神奈川県)，Ｂはオ(静岡県)，Ｃはイ(三重県)となる。なお，アは岐阜県，エは奈良県。

## 3　物価や為替《かわせ》などを題材とした公民総合問題

**問１**　パキスタンでは2022年６月以降，記録的な豪雨が続いて各地で洪水が発生し，同国政府によると国土の３分の１が水没した。死者は1400人以上におよんでいるほか，浸水した地域では水がなかなか引かず，衛生状態の悪化によりマラリアなどの感染症《しょう》が広がっている。

**問２**　2021年度におけるそれぞれの食品の自給率は，米が98%，野菜が79%，鶏卵が97%，牛乳・乳製品が63%となっている。

**問３**　(1)，(2)　規格外や賞味期限切れなどの理由から，あるいは食べ残しによって，まだ食べられる食品が捨てられることを食品ロス(フードロス)という。食品ロスは，単にもったいないというだけでなく，ゴミを焼却するさいに発生する二酸化炭素が増えるので，地球温暖化の進行にもつながる。近年では，こうした食品ロスの問題を解消するため，売れ残りの食品などを回収して福祉《ふくし》施設などに無料で提供するフードバンクの活動が，各地で広まっている。

**問４**　天然ガスは都市ガスとして使用されるほか，近年は火力発電で最も利用される燃料ともなっている。地下から気体の状態で採掘されるが，マイナス162℃以下にすれば液状化し，体積が約600分の１になるので，液化天然ガス(LNG)として輸送される。輸入先を表したグラフはイで，近年はオーストラリア，マレーシアの２か国が輸入量の約半分を占《し》めている。なお，アは原油，ウは石炭，エは液化石油ガス(LPG)である。

**問５**　1972年に日本に復帰したのは沖縄である。第二次世界大戦後，アメリカの統治下に置かれていたため，通貨もドルが使われていた。

**問６**　１ドル＝100円であったものが１ドル＝120円になるような状況は，ドルに対する円の価値が下がったことになるので，円安とよばれる。グラフをみると，2021年には１ドル＝110円前後で推移していた為替相場は，2022年後半には１ドル＝140円を超《こ》えるようになっているから，円安が進んでいることがわかる。

**問７**　１つの国の金融《きんゆう》制度の中心となる銀行を中央銀行といい，日本では日本銀行がこれにあたる。中央銀行は，個人や一般企業ではなく銀行を対象にするので，「銀行の銀行」とよばれる。また，政府の資金管理を行うことから「政府の銀行」ともよばれ，紙幣(日本では日本銀行券)を発行する唯一《ゆいいつ》の「発券銀行」でもある。

**問８**　物価が上がれば一般に企業の利益が上がる。企業の利益が上がれば雇用が増え，労働者の賃金も上がる。賃金が上がれば消費者の購買力が上がるので，需要《じゅよう》(消費者が必要とする量)が拡大する。需要が拡大すれば景気が良くなるので物価も上がる…というのが，望ましい経済循環《じゅんかん》である。ただし，実際にはさまざまな要件がからんでくるので，いつもそうなるわけではない。

# 理　科　＜Ａ日程試験＞（30分）＜満点：60点＞

## 解　答

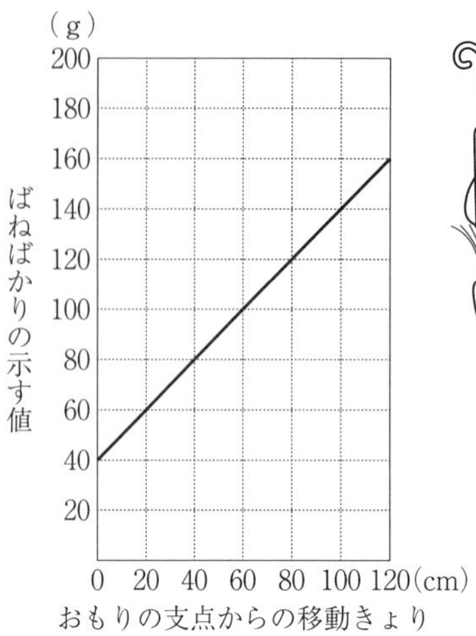


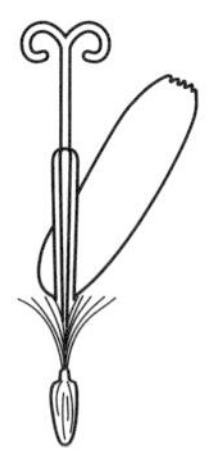


**1** (1)　食塩　(2)　1　(3)　銅　(4)　①　**水溶液の体積**…8.3mL　**気体Ｅの体積**…200mL　②　**水溶液の体積**…５mL　**気体Ｅの体積**…240mL　**2** (1)　①　80ｇ　②　ア，エ　(2)　40ｇ　(3)　96cm　(4)　右の図①　**3** (1)　**ア**　５　**イ**　１　**ウ**　４　(2)　２，７　(3)　（例）　海面の上昇　(4)　①　**気温**…Ｃ　**湿度**…Ｂ　②　23.3℃　**4** (1)　２，５　(2)　**デグー**…①　イ　②　ア　**アカハライモリ**…①　ウ　②　ウ　(3)　右上の図②　(4)　１，６　(5)　**ア**　７　**イ**　10　**ウ**　５

## 解　説

### 1　混合物の分離《ぶんり》についての問題

(1)　実験１のろ液Ａに溶《と》けている物質は，水に溶ける食塩と砂糖である。実験２でろ液Ａを加熱すると，砂糖がこげてできた黒っぽい色の物質（炭素を多く含《ふく》む）と，食塩の白い結晶《けっしょう》が得られるので，ろ液Ｃは食塩水，沈殿《ちんでん》物Ｄは砂糖がこげてできた黒っぽい色の物質となる。したがって，実験３でろ液Ｃを加熱して出てきた固体は食塩である。

(2)，(3)　実験１の沈殿物Ｂは，水に溶けない銅，アルミニウム，石灰石の混合物である。また，沈殿物Ｂに水酸化ナトリウム水溶液《すいようえき》を加えると，銅と石灰石は反応せず，アルミニウムは溶けて水素を発生する。沈殿物Ｂに塩酸を加えると，銅は反応せず，アルミニウムは溶けて水素を発生し，石灰石は溶けて二酸化炭素を発生する。沈殿物Ｂにアンモニア水を加えても，銅，アルミニウム，石灰石はどれも反応しない。よって，「あ」を水酸化ナトリウム水溶液，「い」を塩酸とすると，気体Ｅは水素，沈殿物Ｆは銅と石灰石の混合物となり，気体Ｇは二酸化炭素，沈殿物Ｈは銅となってあてはまる。

(4)　①　グラフより，スチールウール0.6ｇと水溶液Ｘ10mLが過不足なく反応し，気体Ｅが240mL発生する。したがって，スチールウールの重さを0.5ｇにすると，$10\times\frac{0.5}{0.6}=8.33\cdots$より，反応に必要な水溶液Ｘの体積は8.3mLとなり，発生する気体Ｅの体積は，$240\times\frac{0.5}{0.6}=200$（mL）になる。
②　水溶液Ｘの濃度《のうど》を２倍にすると，反応に必要な水溶液Ｘの体積は，$10\div2=5$（mL）となる。しかし，スチールウールの重さは変わらないので，発生する気体Ｅの体積も240mLで変わらない。

### 2　てこのつり合いについての問題

(1)　①　棒のつり合いは，棒を回転させようとするはたらき（以下，モーメントという）で考えられる。モーメントは，（加わる力の大きさ）×（回転の中心からの距離《きょり》）で求められ，左回りと右回りのモーメントが等しいときに棒はつり合って水平になる。図１で，右につり下げたおもりの重さを□

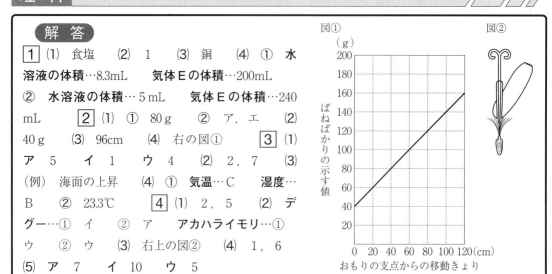

ｇとすると，120×40＝□×60が成り立つので，□＝120×40÷60＝80(ｇ)と求められる。　②　はさみとくぎぬきは支点が力点と作用点の真ん中にあるてこで，作用点にはたらく力を力点に加えた力よりも大きくすることができる。なお，ピンセットは力点が真ん中にあるてこ，せんぬきは作用点が真ん中にあるてこである。

(2)　図２で，重さ80ｇの棒の重心は支点から右に，120÷２－40＝60－40＝20(cm)のところにある。よって，右につり下げたおもりの重さを□ｇとすると，120×40＝80×20＋□×80が成り立つので，□＝(4800－1600)÷80＝40(ｇ)となる。

(3)　図３で，ばねばかりが支点から□cmのところにあるとすると，50×□＝80×60が成り立つので，□＝80×60÷50＝96(cm)と求められる。

(4)　図４で，おもりが支点にあるとき，ばねばかりの示す値を□ｇとすると，□×120＝80×60が成り立つので，□＝80×60÷120＝40(ｇ)となる。また，おもりが支点から右に20cm移動するごとに，右回りのモーメントが，120×20＝2400ずつ増え，ばねばかりによる左回りのモーメントも2400ずつ増えるので，ばねばかりの示す値は，2400÷120＝20(ｇ)ずつ増える。したがって，グラフは解答の図①のようになる。

**3　流れる水のはたらき，天気の変化と湿度《しつど》についての問題**

(1)　川や海などの流れる水のはたらきには，ものをけずるしん食作用，けずったものを運ぶ運ぱん作用，運んできたものを積もらせるたい積作用がある。海岸の砂は，崖《がけ》や川の上流でしん食されたものが，運ぱんされ，たい積したものである。

(2)　河川で砂利採取がさかんに行われると，やがて海に運ばれるはずだった土砂が減り，砂浜への砂の流入量が減少する。また，港の建設や護岸工事が進むと，崖からけずられる土砂の量が減ったり，潮の流れが変わったりして砂浜への土砂の流入が減ると考えられる。

(3)　地球温暖化が進むと，南極や高い山にたくわえられた氷がとけたり，海水が膨張《ぼうちょう》したりすることで，海面の上昇《じょうしょう》が起こる。また，台風が大型化したり，猛烈《もうれつ》な低気圧が発達したりすることも，高潮や高波による被害《ひがい》を大きくする可能性がある。

(4)　①　台風は低気圧の一種なので，中心に近づくほど気圧が低くなる。図１は神奈川県横浜市で記録されているので，台風の伊豆半島への上陸時刻(19時前)に近い21時ごろに最低になっているＡが気圧とわかる。また，台風がもたらす大量の水蒸気が流れ込《こ》んで雨が降るので，100％に近い時間が長いＢが湿度である。さらに，台風は南からあたたかい空気を運んでくるので，台風の接近につれて上昇しているＣは気温と判断できる。　②　表１より，気温24.2℃で，湿度95％の空気１$m^3$には，$22.0\times\frac{95}{100}=20.9$(ｇ)の水蒸気が含まれている。よって，コップ内の水温が23.3℃に下がると，コップ表面に接する空気の温度も23.3℃に下がって飽和《ほうわ》水蒸気量に達し，コップの表面に水てきがつき始める。

**4　生物の特ちょう，アズキゾウムシの育種についての問題**

(1)　１　触角《しょっかく》があるのはＥだけである。なお，Ｃのウーパールーパーはメキシコサンショウウオが正式名称《めいしょう》で，触角のように見えるものはエラである。　２，４　背骨をもつ動物をせきつい動物，もたない動物を無せきつい動物という。Ａはほ乳類，ＢとＣは両生類，Ｄはは虫類に属し，いずれもせきつい動物である。Ｅは節足動物の昆虫《こんちゅう》類に属し，無せきつい動物である。　３　まわりの温度の変化に応じて体温がほぼ同じように変化する動物を変温動物といい，まわりの温度によらず体温がほぼ一定である動物をこう温動物という。鳥類とほ乳類以外のせきつい動物や無せきつい動物は，すべて変温動物である。　5　ふつう，魚類，両生類の幼生はエラ，両生類の成体は肺と皮膚《ひふ》，は虫類や鳥類，ほ乳類は肺で呼吸を行う。また，多くの昆虫類の成虫は気管で呼吸を行う。　6　魚類，両生類はやわらかい膜《まく》で包まれた卵を水中に産み，は虫類，鳥類はかたいからがついていて乾燥《かんそう》に耐《た》えられる卵を陸上に産む。昆虫類の卵は産む場所によってからのかたさが異なる。また，ほ乳類は親と似た姿の子を産む。

⑵　2心ぼう2心室の心ぞうをもつデグーの場合，静脈血は全身→右心ぼう→右心室→肺の順に流れ，動脈血は肺→左心ぼう→左心室→全身の順に流れるので，①は静脈血，②は動脈血となる。一方，2心ぼう1心室の心ぞうをもつアカハライモリの場合，全身から右心ぼうにもどってきた静脈血と，肺から左心ぼうにもどってきた動脈血が，心室で混じり合う。そのため，①，②とも，動脈血と静脈血が混じった血液となる。

⑶　タンポポの花は，5枚の花びらがくっついている合弁花である。解答欄《らん》の図にはめしべ，おしべ，子房《しぼう》がかかれているので，解答の図②のように花びらと冠毛《かんもう》をかき加える。なお，冠毛はがくが変化してできたもので，綿毛ともよばれる。

⑷　実験1の4つのグラフで，世代数が増えるほど，●と▲の間隔《かんかく》や，■と▼の間隔が広がっているので，1が選べる。また，1つ目のグラフと2つ目のグラフでは●と▲の上下が逆になっており，3つ目のグラフと4つ目のグラフでは■と▼の上下が逆になっているので，6もあてはまる。

⑸　**ア**　グラフ7では，擬死《ぎし》力の高低によらず飛翔《ひしょう》力が高い部分に集中している。　**イ**　グラフ10では，飛翔力と擬死力が高い部分に集中している。　**ウ**　野生のアズキゾウムシには，飛翔力と擬死力の両方が低い個体はおらず，実験1で見られたように，飛翔力と擬死力の一方が高くなるともう一方が低くなると考えられたので，グラフは5が適する。

## 国　語　＜A日程試験＞（45分）＜満点：100点＞

**解　答**

**問1**　**ザツオン**，**ウラテ**，**センネン**，**センレン**…下記を参照のこと。　**口頭伝承**…こうとうでんしょう　**声色**…こわいろ　**生身**…なまみ　**問2**　ウ　**問3**　エ　**問4**　ウ　**問5**　エ　**問6**　馬　**問7**　イ　**問8**　ア　**問9**　（例）　文化人類学者と作家の両方の仕事をすること。　**問10**　ウ　**問11**　⑴　イ　⑵　ア　**問12**　喜び　**問13**　しかもおば

**問14**　（例）　サトクリフは子どものころの病気のために行きたいところに行けなかったことで，想像力をふくらませて優れた描写力を得た。　**問15**　ウ　**問16**　起(承)転(結)　**問17**　ありきたりじゃない，自分だけの道筋　**問18**　ア　**問19**　⑴　（例）　ひと言では伝わりきらないものであるのに，ひと言で言葉を返す人。　⑵　イ　⑶　（例）　家族で遊園地に行きました。ジェットコースターに乗った私が下りてきた時，下で見ていた母が，「どうだった？」と聞きました。本当は顔に当たる風の感じや解放感などがあったのですが，うまく説明できないので「すごかった」とだけ答えてしまいました。　**問20**　オ，キ

**●漢字の書き取り**

**問１**　ザツオン…雑音　　ウラテ…裏手　　センネン…専念　　センレン…洗練

**解説**

**出典は上橋菜穂子《うえはしなほこ》著，瀧晴巳《たきはるみ》構成・文の『物語ること，生きること』による。**幼いころの思い出や作家としての経験にふれながら，物語を書くという行為《こうい》や物語の書き方について論じている。

**問１**　**「ザツオン」**…本来は不要なところにまぎれこんだ異音。　**「口頭伝承」**…書ではなく口頭で代々伝えること。　**「ウラテ」**…建物の後ろ側。　**「声色」**…声の調子や印象。　**「センネン」**…一つのことにひたむきに取り組むこと。　**「生身」**…生きて血が通っている身体。　**「センレン」**…整っていて品があるさま。

**問２**　「加減」は“加える”“減らす”という反対の意味の漢字を重ねた構成なので，“利益”“損害”という反対の意味の漢字を組み合わせた構成の「利害」が選べる。なお，アの「国立」は，“国が立てる”と読め，上の漢字が主語，下の漢字が述語になる構成。イの「価値」は，「価」も「値」も“有用性がある”という意味を表す漢字で，似た意味の漢字を重ねた構成。エの「作文」は，“文を作る”というように，上の漢字が動作を表し，下の漢字が動作の対象や目的を表す構成。

**問３**　直後に「思い浮《う》かべる」とあるので，記憶《きおく》や印象があざやかなさまを表す「まざまざと」がよい。なお，アの「じりじりと」は，“ゆっくりとだが確実に近づくようす”や“太陽が強く照りつけるさま”などを表す。イの「まじまじと」は，視線をそらさず見つめるさま。ウの「たんたんと」は，“気持ちをこめずあっさりとしているさま”や“とくに変わったこともなく平凡《へいぼん》に過ぎるさま”などを表す。

**問４**　ア　おばあちゃんは「ちゃりちゃり」，「ほとほと」などの擬音《ぎおん》語をうまく使って筆者をひきつけている。　イ　筆者は「おばあちゃんは，私の反応を見ながら，先の展開をどんどん変えてしまいます」と感心している。　ウ　筆者は「物語を想像する楽しさ」で「ワクワク」していたのであり，「わくわくさせる結末」を期待していたわけではない。　エ　おばあちゃんの話について，筆者は「それはまるで本当に起こった出来事のような感じがしました」と語っている。

**問５**　「十八番《おはこ》」は，得意な芸や技を表す。

**問６**　「いななく」は，馬が大きな鳴き声を上げること。少し後の「湿《しめ》った闇《やみ》の中にたくさんの馬がざわざわといる気配」が参考になる。なお，この馬は，戦いに敗れた「平家の落人《おちうど》」の軍馬である。

**問７**　直前の段落で，「鎧《よろい》金具」という言葉を知らなくても，子どもは「ちゃりちゃり」という音を聞くだけで，「鎧金具」の印象を「耳に留める」ことができると述べられている。筆者は，「おばあちゃん」の話に出てくる言葉自体を知らなくても，イメージをつかんで物語に入りこむことができたのだから，イが合う。なお，筆者が「時代もののドラマを見た」のは「ずっとあとのこと」なので，ウはふさわしくない。

**問８**　直前の段落の「調子のよい歌」，「嬉々《きき》として」などから，アが選べる。

**問９**　「二足のわらじを履《は》く」は，同じ一人の人間が，両立しにくい職業を兼《か》ねること。よって，筆者の職業が「作家」と「文化人類学者」であることをふまえてまとめる。

**問10**　ぼう線部８に「物語の中で」とあり，続く部分ではオーストラリアでの「体験」が筆者の「物語」にどのように反映されたのかが説明されているので，ウがふさわしい。

**問11**　⑴「したたか」は“しぶとくて手ごわいようす”を表す言葉なので，“失敗してもそれだけでは終わらず，何かを得ようとする意欲”を意味する「転んでもただでは起きぬ」がよい。なお，アの「かわいい子には旅をさせよ」は，“かわいい子どもは，親の手元において甘《あま》やかすよりも，他人の中で苦労させたほうがしっかりした人間になる”という意味。ウの「情けは人のためならず」は，“人に情けをかけておけばめぐりめぐって自分によい報《むく》いがある”という意味。エの「のど元過ぎれば熱さを忘れる」は，苦しい経験も，それが過ぎてしまうとけろりと忘れてしまうということ。　⑵　続く部分では，「愛犬が死んだとき」や「身も心も吹《ふ》っ飛ぶような恋《こい》をしているとき」，「しんどいことがあったとき」などにも，筆者が自分を客観視して「物語に生かしてきた」ことが書かれている。よって，アがよい。

**問12**　直後の「小さくとも喜びがなかったら，苦しみや悲しみを越《こ》えていくことは，なかなかできないでしょう」は，ぼう線部10を確認《かくにん》する内容なので，「喜び」がぬき出せる。

**問13**　筆者の話し方については，同じ段落で，「繰《く》り返し話すうちに，相手の反応を見ながら，ちょっとずつ足したり，ひいたりして修正する」と述べられている。よって，《文章Ⅰ》の「しかもおばあちゃんは，私の反応を見ながら，先の展開をどんどん変えてしまいます」がふさわしい。

**問14**　サトクリフの場合については，ぼう線部12をふくむ段落と，その直前の二つの段落で説明されている。「足りないもの」がサトクリフの「限られた環境《かんきょう》」にあたり，「その人の力」が「優《すぐ》れた描《びょう》写《しゃ》力」や「想像力」にあたることをふまえてまとめる。

**問15**　「極意」は，芸道や武道などで最も大切な意味や秘訣《ひけつ》。

**問16**　「起承転結」は，まず言い起こし，次にその内容を受け，続いて意を転じて発展させ，最後に結ぶ文章の組み立て方。もともとは，中国古来の詩である漢詩(特に，四句で完成する「絶句」とよばれる詩)の組み立て方である。なお，文章の構成を表す言葉には，ほかに「序破急」(序論・本論・結論の三段構成)などがある。

**問17**　直後に「があるかどうか」とあり，直前の段落に「ありきたりじゃない，自分だけの道筋を必ず見つけだす」とあるので，「ありきたりじゃない，自分だけの道筋」がぬき出せる。

**問18**　前の部分で筆者は，「自分が書いた物語」を「繰り返し直している」と，「次の展開が開けたりする」と述べている。よって，アが合う。

**問19**　⑴　続く部分では，「ひと言じゃ伝わらないたくさんのもの」を「ひと言で片づけてしまう」人について語られている。　⑵　筆者は「一言主」について，「なぜ，ひと言なんだろう？」と疑問に感じているので，イがよい。　⑶　少し後にあるような，「ひと言ですませたけれど，その後ろに，うまく言えなかったもやもやしたものが本当はいっぱいあって」という思いをした経験について書く。

**問20**　ア　筆者は，「肌《はだ》感覚で実感できたこと」が「私の書く物語のあちらこちらに，それは確かに息づいている」と述べているが，そのような書き方でなければ「すぐれた物語はできない」とまでは述べていない。　イ　筆者は，つらいときに「人生という物語」を生きる自分を客観視することで，「物語を生きるように，自分の人生を生きているような気がします」と述べているが，そのような生き方で「よりよい人生になる」とまでは述べていない。　ウ「まず夢を見る。それを頭の中で描《えが》いてみる。でも現実が『違《ちが》うよ』と教えてくれる」とあるので，「夢の中から得た真実」はふさわしくない。　エ「経験は大切です。でも，べつに，人と違うことをたくさんしなければいけないということではなくて」とあるので，合わない。　オ　筆者はサトクリフが「自分の目でしかと見たものを土台にして，そこから想像力をふくらませていた」ことを例にあげ，物語を書くうえでは「興味があるものを，どれだけ広げられるか(あるいは掘《ほ》りさげられるか)」が大切だと述べているので，あてはまる。　カ　筆者は，「学生さん」の「一言主」をきっかけとして，「ひと言」と「物語」の関係について述べている。しかし，学生が「表現力を豊かにすべきだ」と提言してはいない。　キ　本文の最後に，「物語にしないと，とても伝えきれないものを，人は，それぞれに抱《かか》えている。／だからこそ，神話のむかしからたくさんの物語が語られてきたのだと思うのです」とあるので，ふさわしい。

# 2023年度 東洋英和女学院中学部

**【算　数】**〈Ｂ日程試験〉(45分)〈満点：100点〉

〈編集部注：実物の入試問題では，**9**と**10**の図はカラー印刷です。〉

**1**　次の計算をしなさい。

(1)　13×7－14×4－72÷4

(2)　$\left(1.6-\frac{3}{14}\times1\frac{1}{6}\right)\div4.5\times\frac{5}{6}-\frac{1}{12}$

**2**　次の□にあてはまる数を入れなさい。

(1)　メモ帳16冊の重さが280ｇのとき，□冊の重さは4.2kg です。

(2)　□個のあめ玉をクラス全員に１人４個ずつ配ると23個余り，６個ずつ配ると３個足りません。

(3)　バレー部の生徒□人の平均身長は162.5cm でした。身長182cm の留学生が入部したので，平均が164cm になりました。

(4)　３％の食塩水200ｇと５％の食塩水240ｇを混ぜてから，水を□ｇ蒸発させると，６％の食塩水になります。

(5)　箱いっぱいのツルを折るのに，Ａさんは120分，Ｂさんは150分，Ｃさんは200分かかります。３人で折ると□分かかります。

(6)　５で割ると１余り，７で割ると５余る整数のうち，２番目に小さい数は□です。

**3**　図１のような１辺が24cm の折り紙を，図２のように折り，円の$\frac{1}{4}$と三角形２つをはさみで切り取りました。この紙を広げたとき，Ⓐの部分とつながっている部分の面積を求めなさい。ただし，円周率は3.14とします。

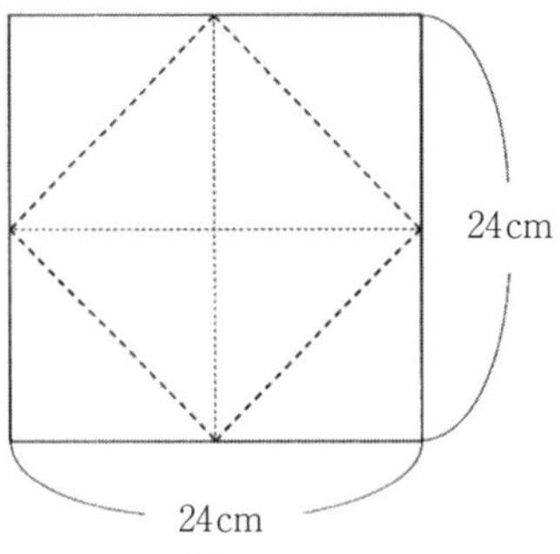

図１

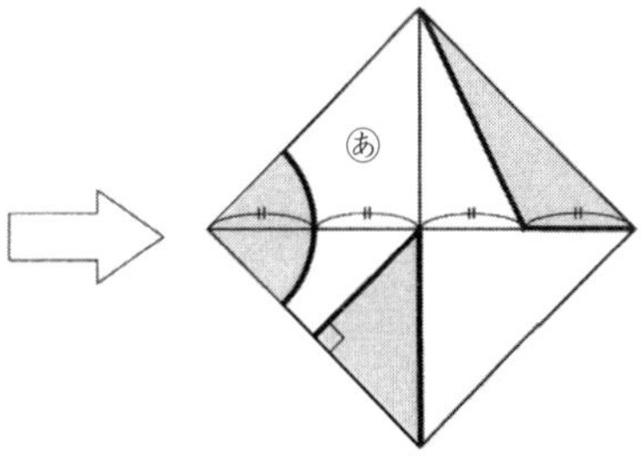

図２

**4**　姉は700円，妹は440円を持って，鉛筆《えんぴつ》を買いに行きました。姉は８本，妹は４本買ったので，姉と妹の所持金の比は７：５になりました。鉛筆は１本いくらですか。

**5**　$[A◎B]$は，$A$を$B$で割った余りを表します。$A$，$B$は整数とします。

(1)　[[292◎14]◎７]を求めなさい。

(2)　$[164◎C]=[C◎5]=2$にあてはまる整数$C$をすべて求めなさい。

**6** 123…91011…のように整数を1から小さい順に並べるとき，次の問いに答えなさい。ただし，10は2個，100は3個の数字が並んでいるとします。

(1) 整数を1から100まで並べるとき，数字は何個並びますか。

(2) 整数をいくつまで並べると，数字が450個並びますか。また，そのとき0は何個ありますか。

**7** Aさん，Bさん，Cさんの3人が遊びに行き，同じ昼食とおやつを食べ，おそろいのぬいぐるみを買いました。Aさんは昼食代，Bさんはおやつ代，Cさんはぬいぐるみ代を3人分まとめて払《はら》いました。昼食代はおやつ代とぬいぐるみ代の和に等しいです。最後に，BさんはAさんに1160円，Cさんに110円払い，3人の使った金額が等しくなるようにしました。1人分のおやつ代，ぬいぐるみ代はそれぞれいくらですか。

**8** 下図のように，1辺8cmの立方体から底面が合同な正方形の四角柱を2本くりぬき，立方体の側面にぴったりと付けたところ，表面積がもとの立方体より336cm$^2$増えました。四角柱の底面の1辺の長さを求めなさい。

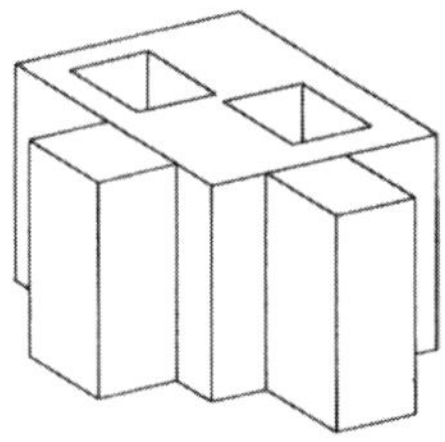

**9** 直方体型の水そうがあり，下図のように長方形の仕切りが側面に平行についています。この水そうに仕切りの左側から一定の割合で水を入れました。満水になったときに水を止め，A，Bの部分から3：2の割合で同時に排《はい》水し始めたところ，116秒後に仕切りより左側の水はなくなりました。グラフは，水を入れ始めてからの時間と，辺CD部分の水面の高さの関係を表しています。次の問いに答えなさい。

(1) 毎秒何cm$^3$の割合で水を入れましたか。

(2) [ア]，[イ]，[ウ]にあてはまる数を求めなさい。

(3) Aの部分からは，毎秒何cm$^3$の割合で排水しましたか。

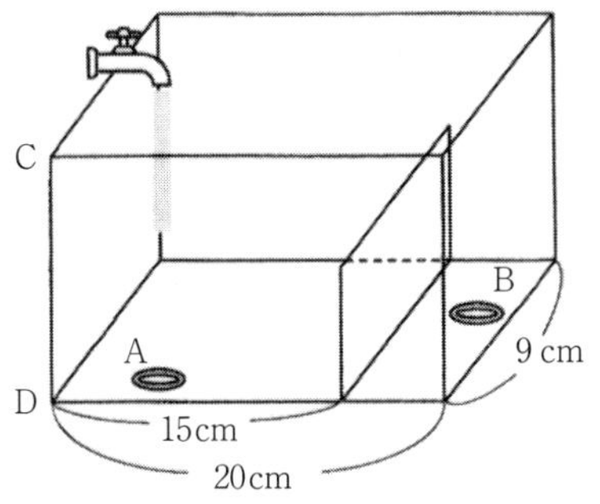


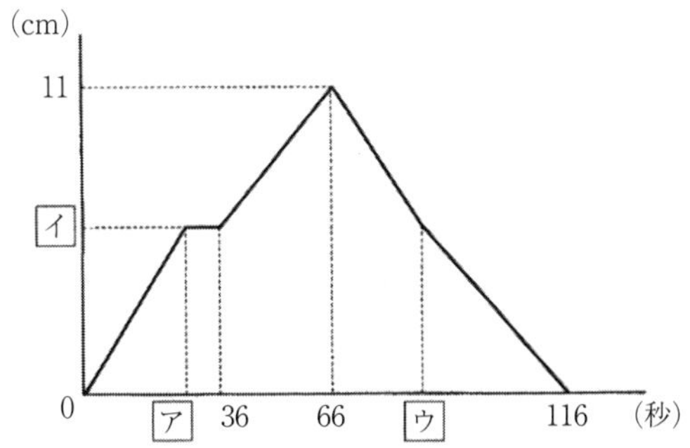

**10** 図1のようにサイコロを置き，右に2回，前に2回の順番で転《ころ》がしていきます。次の問いに答えなさい。ただし，サイコロの向かい合う面の数の和は7です。

(1) 4回転《ころ》がしたときに，サイコロの上，前，右の3つの面の数の和はいくつになりますか。例えば，図2の場合は，1+2+3=6になります。

(2) 50回転《ころ》がしたとき，上，前，右の3つの面の数をそれぞれ答えなさい。

図1

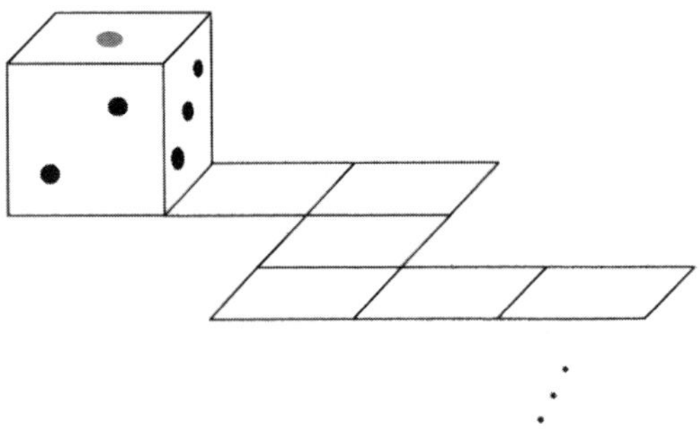

図2

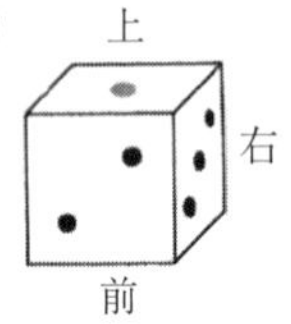

**【社　会】〈Ｂ日程試験〉**（30分）〈満点：60点〉

〈編集部注：実物の入試問題では，写真や絵，地図やグラフの大半はカラー印刷です。〉

**1**　次の文章をよく読んで，あとの問に答えなさい。

人間の歴史は戦争の歴史ともいわれ，日本でも太古の昔から数多くの戦乱・争乱がありました。旧石器時代や縄文時代はまだ争いが少なかったと考えられています。しかし，弥生時代になって稲作が東北地方まで広がっていくと，①ムラとムラ，クニとクニによる本格的な戦いが始まりました。古墳時代になると，近畿地方に成立した大和政権が各地の豪族を征《せい》服して，広い範《はん》囲を治めました。

中国で隋・唐が成立して東アジアに大きな影響《えいきょう》を与《あた》えるようになると，日本でも天皇を中心とした国づくりが進められました。②それにともなって権力争いがいくつも起きました。国家のしくみが整った奈良時代には，貴族同士の争いが激しくなりました。平安時代になると，藤原氏が他の貴族を抑《おさ》え，権力を独占《せん》するようになりました。一方で，③朝廷は各地の抵抗《ていこう》する人々を征服していきました。しかし，地方の政治はしだいにゆきづまり，土地をめぐる争いが起きるようになりました。その中から現れた④「武士」は反乱を起こすこともありましたが，そうした反乱を鎮《しず》める時にも活躍《やく》したため，朝廷・貴族にも認められる存在となっていきました。平安時代の終わりに，天皇家や藤原氏の権力争いをきっかけに京都で保元・平治の乱が起きました。この争いで実力を示した平清盛は，武士として初めて政治の実権をにぎりました。

平氏の政権は長続きせず，源氏との争いに敗れました。勝利した源頼朝は朝廷から征夷大将軍に任じられましたが，武士のための政府として鎌倉の地に幕府をおくという道を選びました。これによって，政治の中心が二つおかれることになり，⑤朝廷と幕府との権力争いが，大きな戦乱を引き起こす原因にもなりました。室町時代になると，幕府は京都におかれ，しだいに朝廷がもっていた力を手に入れていきました。応仁の乱をきっかけに室町幕府がおとろえると，戦国時代とよばれる長い争乱の時代に入りました。戦国大名の中から織田信長が勢力を拡大し，それを継《つ》いだ豊臣秀吉が全国統一を果たしました。

一方，権力者同士の争いではなく，⑥農民や商人などの民衆が支配者に対して抵抗する動きも，室町時代ごろから見られるようになりました。実力をつけた村の中には自治を行う村も現れ，時には大きな一揆を起こすこともありました。また⑦都市でも商工業者を中心に自治が行われるようになりました。

⑧関ヶ原の戦いに勝利した徳川家康は朝廷から征夷大将軍に任じられましたが，以前から拠《きょ》点としていた江戸に幕府を開きました。大名・朝廷・寺社の勢力を抑え，身分ごとの統制を進めたため，⑨大きな戦乱はほとんどなくなり，社会は安定しました。しかし江戸時代の後半になると，重税や災害の影響もあって，百姓一揆や打ちこわしが増えていきました。そのような中で倒幕の動きが強まると，幕府が朝廷に政権を返上し，天皇中心の新政府が成立しました。明治新政府は短期間に新しい政策を次々と行いました。社会の急激な変化に動揺《よう》した人々は⑩政府に反対する一揆を起こしました。このような政府に対する抵抗は，自由民権運動の中にも見られ，さらに⑪大正デモクラシーに引き継がれていきました。

また，戦争を考える上で，近代的な国家による「国と国との戦争」も重要です。日清戦争・日露戦争に勝利し，第一次世界大戦にも参戦した日本は，領土や経済的な利益を手に入れました。昭和時代になると，深刻な不景気から抜《ぬ》け出すために満州へ侵《しん》略を行い，さらに中国との全面戦争へ拡大させました。日本は，この戦争で欧米諸国との対立を深め，国際社会から孤《こ》立し，ついに太平洋戦争を起こしました。太平洋戦争は，それまでの戦争と比べてはるかに広い地域で戦いが行われ，アジア・太平洋の人々に被《ひ》害がおよびました。また，⑫国内のあらゆる人々も巻き込《こ》みました。

太平洋戦争の敗戦後，新たに制定された日本国憲法には「戦争の放棄」が明記され，日本は戦争をしていません。しかし世界では，⑬現在でも戦争・紛《ふん》争が続いています。私たち一人一人が戦争のない平和な世の中をつくるために，何ができるかを改めて考えてみることが大切です。

問１　下線部①について。次の写真は弥生時代の集落を復元したものです。この中には，戦いがあったことを示すものがいくつか見られます。一つあげなさい。

九州オンラインメディアセンター HPより

問２　下線部②について。そのうちの一つに，壬申の乱があります。この戦乱の後のできごととして，あてはまらないものを次から選び，記号で答えなさい。

ア．大化の改新とよばれる政治の改革が進められた。

イ．銅製の貨幣《へい》である富本銭がつくられた。

ウ．中国の律令にならって大宝律令が定められた。

エ．初めての本格的な都である藤原京が建設された。

問３　下線部③について。そのうち，主に東北地方に住んでいた人々を何といいますか。

問４　下線部④について。10世紀の前半に関東で反乱を起こし，武士の実力を朝廷や貴族に知らしめた人物は誰《だれ》ですか。

問５　下線部⑤について。鎌倉時代の前半に，朝廷と幕府が初めて対決した戦乱を何といいますか。

問６　下線部⑥について。この時代の民衆の生活などを題材に，社会や権力者を面白おかしく風刺《し》した劇が，能と能の合間に演じられました。これを何といいますか。

問7　下線部⑦について。京都の自治を担《にな》っていた有力な商工業者は，応仁の乱によって荒廃《こうはい》した町の復興に尽《つ》くしました。右の絵に描《えが》かれている祭りは，その復興を象徴《ちょう》するものとされています。この祭りを何といいますか。

京都の文化遺産 HPより

問8　下線部⑧について。この戦いをきっかけに，政治の中心が東日本に移っていきました。この戦いが起こった場所を次の地図から選び，記号で答えなさい。

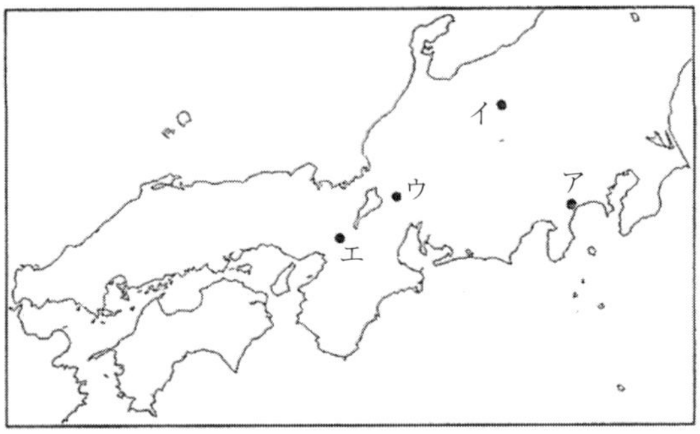


問9　下線部⑨について。その結果，町人も文化の担い手となり，民衆も歌舞伎や人形浄瑠璃を楽しむようになりました。その脚《きゃく》本を多く書いた元禄文化を代表する人物は誰ですか。

問10　下線部⑩について。次の資料は明治政府が行ったある法令に関するものです。これに反対する一揆が各地に広がりました。この法令は何ですか。

> ……そもそもこの世においては，すべてのものに関して，税金がかからないものはなく，この税金は国の必要にあてる。だから，人は当然心も力をも国のために尽くさなければならない。西洋人はこれを血税といっている。自らの血によって国に報《むく》いるという意味である。……

問11　下線部⑪について。その中で，かつての身分によって差別を受けてきた人々が自ら立ち上がり，初めての全国的組織を結成しました。この組織を何といいますか。

問12　下線部⑫について。右の写真は，子どもたちが集団で地方の町村に疎開する様子を示したものです。なぜこのようなことが行われたのですか。

中央区 HPより

問13　下線部⑬について。自衛隊は1992年から，次の〔主な派遣《けん》先〕で，停戦状況《きょう》や選挙の監《かん》視，復旧・復興援《えん》助などの活動を行ってきました。この活動を何といいますか。アルファベット3字で答えなさい。

> 〔主な派遣先〕　カンボジア，アンゴラ，モザンビーク，エルサルバドル，
> ゴラン高原，東ティモール，ネパール，ハイチ，南スーダン

**2** 次の文章をよく読んで，あとの問に答えなさい。

日本の河川には急流が多くあります。河川は①上流域で川底をけずり，土砂を中・下流域へ運び堆積させることで，さまざまな地形を形成してきました。私たちはその地形や河川の水の「恵《めぐ》み」を受けながら，生活してきました。

その「恵み」について考えてみましょう。まずは，農地をうるおす水としての利用です。②特に米作りで使われる多くの水は，河川に頼《たよ》っています。また，河川の水は，③豊かな生活を営む上で必要な工業に利用されています。工場の稼《か》働や生活に④必要なエネルギーを発電するためにも使われています。さらに，河川は⑤上流と下流の地域をつなぐ輸送路・交通路としての役割も担い，その地域の産業を発展させました。

しかし，河川は「恵み」をもたらすだけではありません。日本には氾濫《はんらん》をくり返す河川が多いため，⑥私たちは河川の氾濫に立ち向かい，生命と生活を守ってきました。⑦水があまり得られない盆地では，その環《かん》境に適応するための工夫をしてきました。その一方で，⑧人間の都合の良いように河川の流れを変えることもあります。しかし自然を大きく変えることは，環境破壊《かい》につながることもあるため，⑨自然環境を保ちつつ治水を行っていく必要があります。

問1　下線部①について。このように形成された谷を何といいますか。

問2　下線部②について。米の生産量が多い日本海側の地域では，春先に急増する河川の水を米作りに利用しています。なぜこの時期に河川の水が増えるのですか。

問3　下線部③について。

(1)　阪神工業地帯は，琵琶湖を水源とする河川の水を工業用水として利用することで発展してきました。この河川名を答えなさい。

(2)　次は，阪神工業地帯・中京工業地帯・関東内陸工業地域・京葉工業地域の出荷《か》額の割合のグラフです。阪神工業地帯を選び，記号で答えなさい。

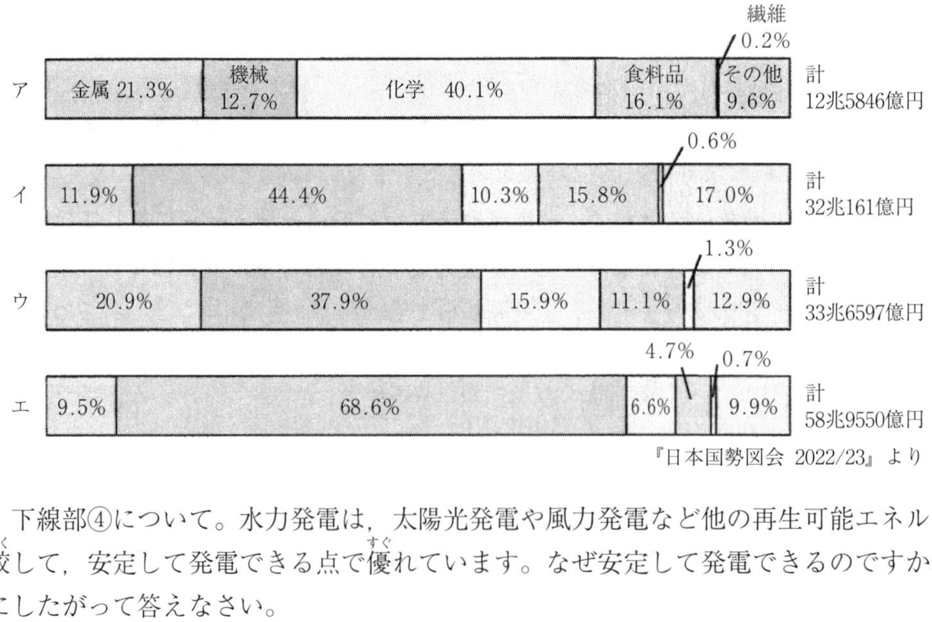

『日本国勢図会　2022/23』より

問4　下線部④について。水力発電は，太陽光発電や風力発電など他の再生可能エネルギーと比較《かく》して，安定して発電できる点で優《すぐ》れています。なぜ安定して発電できるのですか。解答欄《らん》にしたがって答えなさい。

問５　下線部⑤について。

(1)　和歌山県を流れる紀の川は，かつて上流地域の豊かな森林から伐《ばっ》採した木材を下流へ運ぶ役割を担っていました。**地図１**中Ａの地域に育つ，日本を代表する人工美林の一つを何といいますか。

(2)　森林は河川を通じて海とつながっています。そして，豊かな森は豊かな海を育むといわれています。そのため北海道では，多くの森林が「魚つき保安林」に指定されています。これによって生息環境を守られている魚を次から選び，記号で答えなさい。

ア．まぐろ　　イ．さけ　　ウ．かつお　　エ．いわし

問６　下線部⑥について。**地図２**中の池田ダムは，暴れ川であった吉野川の治水とともに，水不足に悩《なや》んでいた隣《となり》の県に水路を引くためにつくられました。この水路を何といいますか。

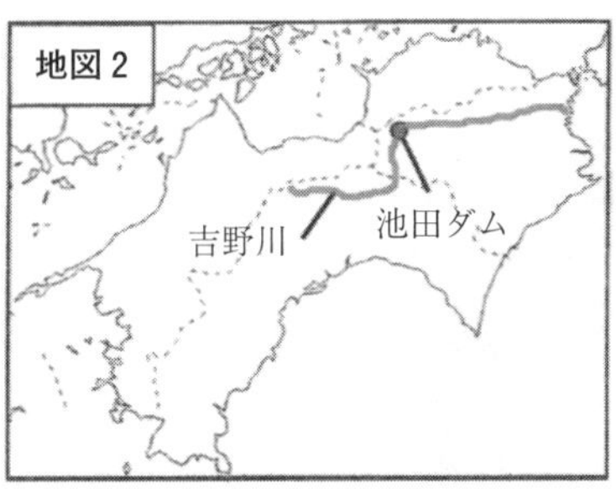


問７　下線部⑦について。右のグラフは，そのような盆地で栽《さい》培《ばい》がさかんな，ある農作物の県別生産割合を示したものです。この農作物名を答えなさい。

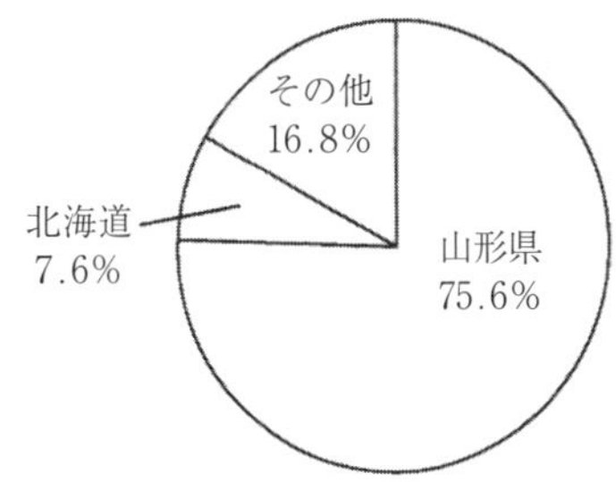


『日本国勢図会 2022/23』より

問８　下線部⑧について。

(1)　このような川の一つに石狩川があります。石狩川はかつて日本一長い川でした。しかし，たびたび洪水を起こしたため，明治時代以降に治水工事が行われてきました。その結果，長さは約60kmも短くなりました。どのような工事が行われたのですか。

(2)　(1)の工事によって利用できる土地は広がりましたが，土の質が良くなかったので，ある工夫をして豊かな農地に改良していきました。この工夫を何といいますか。

問９　下線部⑨について。右は，首都圏《けん》にある地下施《し》設の内部の写真です。この施設を利用して，どのように河川の水を調整しているのですか。

フォートラベル HPより

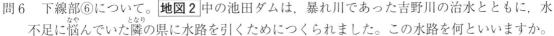

**3** 次の文章をよく読んで，あとの問に答えなさい。

民主主義とは，社会全体に関わることについて，それを構成する人々が自ら決定するべきだという考え方のことです。日本では，敗戦をきっかけに民主的な改革が大幅《はば》に進められ，民主主義の精神にもとづいた日本国憲法が制定されました。

憲法はその前文で，「国政は，国民の厳粛《しゅく》な信託《たく》によるものであつて，①その権威《い》は国民に由来し，その権力は国民の代表者がこれを行使し，その福利は国民がこれを享《きょう》受する」としています。そのため，憲法には，国民が選挙で選んだ代表者によって民主政治を実現することが明記されています。したがって，選挙は国民が主権を行使する最も重要な機会です。②選挙権は戦前から一部に認められていましたが，終戦後，大幅に拡大されました。さらに③選挙制度も，時代の変化に合わせて変更《こう》がくり返されてきました。

選挙で選ばれた国民の代表者で構成される国会は，「国権の最高機関であつて，国の唯《ゆい》一の立法機関である」（憲法第41条）とされています。国会は衆議院と参議院で構成されており，④法案や予算など多くの議案が審《しん》議されています。

国会が決めた法律や予算にもとづいて政治を行う各行政機関にも，主権者である国民の意思が反映されるよう，⑤内閣が国会に対して連帯して責任を負うしくみが取り入れられています。また，国会や内閣による政治が正しく行われているかを監視したり，民意を伝えたりするためには，⑥新聞やテレビなどのマスメディアやSNSによって形成される世論のはたらきも重要です。

民主主義は国の政治だけではなく，都道府県や市区町村などの地方自治でも実現しています。「地方自治は民主主義の学校」と呼ばれるように，身近な地域社会で民主主義を実践《せん》し，経験を積み重ねていくことはとても重要です。そこで地方自治では，国政のしくみと異なり，⑦住民の意見が政治に直接反映するようにはたらきかける権利が認められ，生かされています。

民主主義のしくみはさまざまなかたちで整備されてきましたが，それが有効に機能するかどうかは，主権者である国民の参加にかかっています。国民一人一人がその意義をよく理解し，課題に向き合いながら粘《ねば》り強く議論を重ね，より良い選択《たく》をしていくことが大切です。

問１　下線部①について。これは，第16代アメリカ大統領のリンカーンが行った有名な演説の一節を参考にしたものであるとされています。その一節を解答欄にしたがって答えなさい。

問２　下線部②について。右はある家族の構成を示しています。この家族の場合，1946年４月に行われた衆議院議員選挙で選挙権を持っていたのは何人ですか。

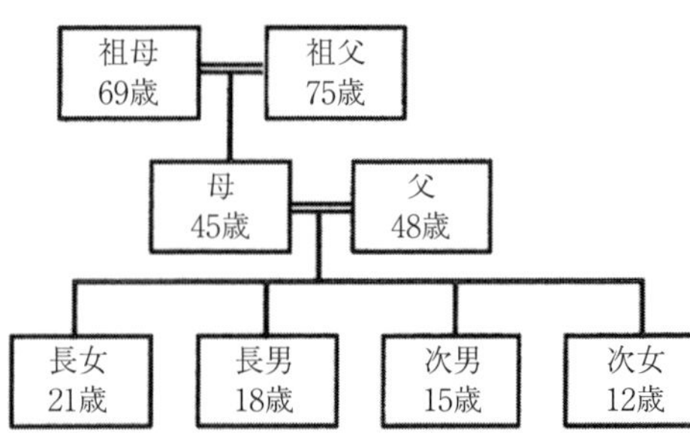


問３　下線部③について。

(1)　現在の衆議院議員選挙は，「小選挙区比例代表並立制」で行われています。小選挙区制は一つの選挙区から１人が選ばれる制度ですが，この制度の短所を補うために比例代表制を組み合わせています。それはどのような短所を補うためですか。

(2)　昨年７月に行われた参議院議員選挙では，議員１人あたりの有権者が最も多かった埼玉選挙区で，改選される定数を３人から４人に増やしました。それはどのような問題を解決するためですか。

問4　下線部④について。本会議に先立って審議が行われる委員会では，専門家や利害関係のある人から意見をきくことができます。これを何といいますか。

問5　下線部⑤について。このしくみにもとづいて，衆議院が内閣不信任決議を可決した場合，内閣には二つの選択肢《し》があります。一つは，内閣が総辞職することですが，もう一つは何ですか。

問6　下線部⑥について。SNSは，新聞やテレビなどのマスメディアにはない特徴があるため，世論の形成に新たな影響を与えています。それはどのような特徴ですか。

問7　下線部⑦について。そのうち，議員や首長の解職を請求することを何といいますか。カタカナで答えなさい。

## 【理　科】〈Ｂ日程試験〉（30分）〈満点：60点〉

**1**　炭酸飲料のふたを開けたときに「プシュ」という音とともに出てくる気体は〔 ア 〕です。炭酸飲料は，飲み物の中に高い圧力で〔 ア 〕を溶《と》かしこんで作られています。ふたを開けて放置すると，飲み物に溶けている〔 ア 〕はだんだん空気中に出ていきます。

火山近くの温泉には，硫化《りゅうか》水素や二酸化硫黄《いおう》などの成分が地下深くの高い圧力によって溶けこんでいます。地表でわき出るときには地中の高い圧力から開放され，炭酸飲料のふたを開けたときのように，一部は空気中に出て，残りは温泉の中に溶けこんだままになります。硫化水素や二酸化硫黄は，こい状態で人間が吸いこむと有害な気体です。

(1)　文中の〔ア〕に入る気体の名前を答えなさい。

(2)　右の写真は，火山に近い群馬県の草津温泉で見られる湯《ゆ》畑《ばたけ》です。ここで，わき出た温泉を樋《とい》に流し通して空気にさらすことで，熱い温泉を冷まして入浴に適した温度に下げたり，温泉の成分を沈殿《ちんでん》させた「湯の華《はな》」とよばれる固体を集めたりしています。湯畑には，私たちが安心して温泉に入るために果たす役割がもう一つあります。それは何ですか。簡単に答えなさい。

(3)　空気の重さを1.0とすると，硫化水素と二酸化硫黄の重さは次のようになります。

| 空気 | 硫化水素 | 二酸化硫黄 |
|---|---|---|
| 1.0 | 1.2 | 2.2 |

火山近くの温泉では，屋内の洗い場や湯船の空間は換気《かんき》されています。また，洗い場の床《ゆか》や湯船の湯面(温泉が空気にさらされている面)の位置，排水溝《はいすいこう》の位置が工夫されています。最も安全に入ることができる温泉の図を選び，番号で答えなさい。

ただし，矢印の向きは換気扇《せん》で空気を排気・取り込む向きを示し，温泉には肩《かた》までつかるものとします。

1
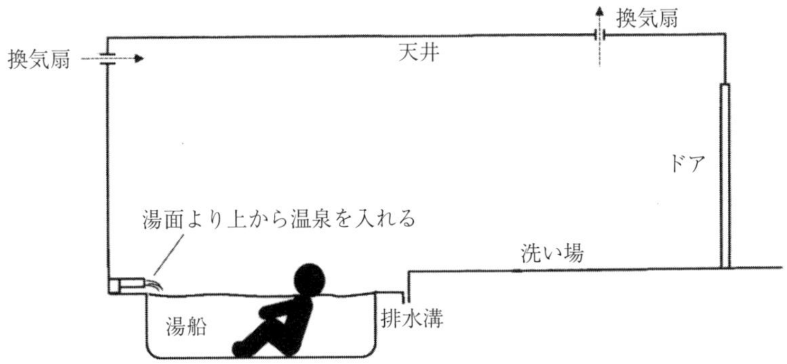


2

3
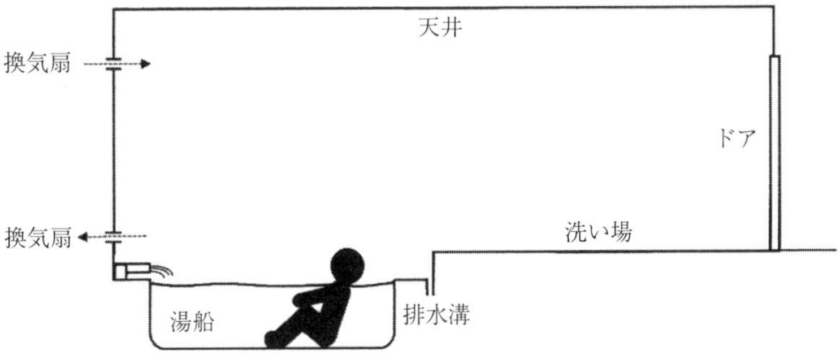


4
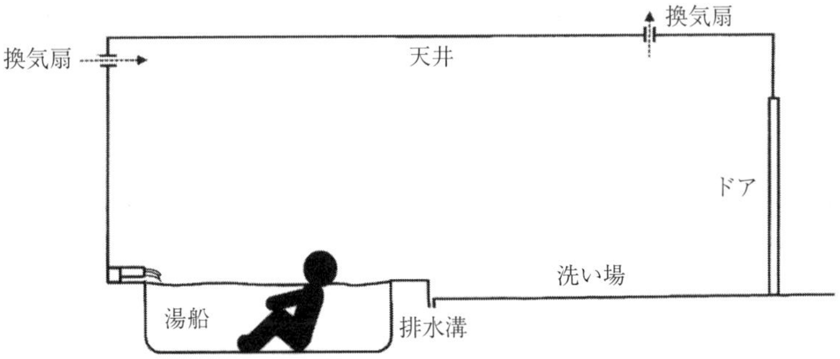


(4)　秋田県の玉川温泉は，塩酸が主成分で，その性質が強く表れています。玉川温泉の湯船や洗い場の床は何でつくられていますか。下から選び，番号で答えなさい。

1　鉄　　2　アルミニウム　　3　大理石　　4　木　　5　亜鉛《あえん》

(5)　わき出た地下水を温泉とよぶ条件の１つは，「溶けている成分が温泉１kg あたり1000mg(ミリグラム)以上含《ふく》まれていること」です。

ある入浴剤《ざい》は，お湯に溶ける成分が１袋《ふくろ》あたり20ｇ入っています。家の湯船に入るお湯の体積が290Ｌの場合に，その入浴剤で温泉の条件(溶けている成分が温泉１kg あたり1000mg 以上)を満たすようにするには，少なくとも何袋入れる必要がありますか。整数で答えなさい。

ただし，１ｇ＝1000mg，水１Ｌの重さは１kgとします。

**2**　物体が液体に浮《う》くのは，液体中の物体に浮力《ふりょく》(液体が物体を押《お》し上げようとする力)がはたらくからです。この浮力の大きさは，液体中にある物体が押しのけた液体の重さに等しいというアルキメデスの原理にしたがいます。

また，物質1.0cm$^3$あたりの重さを密度といい，単位はg/cm$^3$です。密度は物質によって値《あたい》が決まっています。下の表はいくつかの物質の密度を表しています。

| | 水 | 海水 | 氷 | アルミニウム | 銀 | 金 |
|---|---|---|---|---|---|---|
| 密度(g/cm$^3$) | 1.0 | 1.02 | 0.92 | 2.7 | 10.5 | 19.3 |

図１

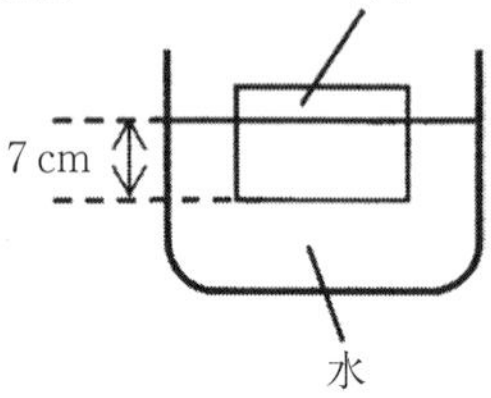


(1)　木片(底面積20cm$^2$，高さ10cmの直方体)を水に入れると図１のように底面が水面から深さ７cmの位置で静止しました。

このとき，木片の重さと木片にはたらく浮力の大きさが等しいです。

①　この木片にはたらく浮力の大きさは何ｇですか。

②　この木片の密度は何g/cm$^3$ですか。

図２

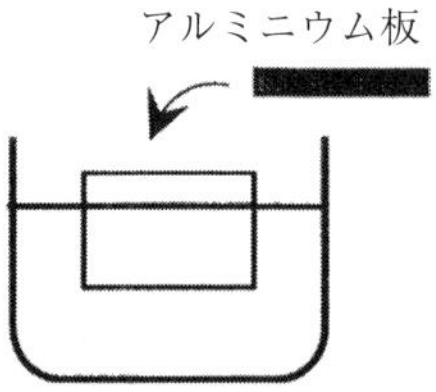


(2)　(1)の木片の上に，図２のように135ｇのアルミニウム板(底面積20cm$^2$の直方体)をのせました。

この物体(木片にアルミニウム板をのせた全体)が完全に水中にあるときにはたらく浮力の大きさは何ｇですか。

またこの物体は浮きますか，それとも沈《しず》みますか。正しいものに○をつけなさい。

図３

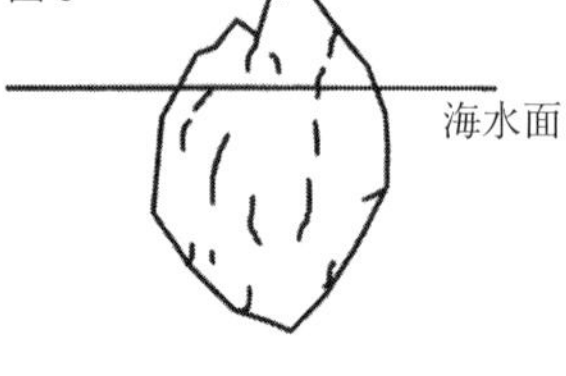


(3)　体積が100cm$^3$の氷を海水中に入れたとき，図３のように静止しました。海水面より下にある部分の体積は何cm$^3$ですか。小数第２位を四捨五入して，小数第１位まで求めなさい。

(4)　次の文のア～ウについて，アとイはそれぞれ正しいものに○をつけなさい。ウは適する語を答えなさい。

「同じ重さの金貨と銀貨を図４のように軽くて細いひもでつなぎ，軽くてなめらかに回転できる滑車《かっしゃ》にかけました。次に，このままゆっくりと金貨と銀貨を水中にいれました。糸は(ア：ａ・ｂ)の向きに動きました。これは金貨と銀貨にはたらく浮力の大きさを比べた場合，(イ：金貨・銀貨)の方が大きいからです。なぜなら同じ重さでも(イ)の方が(　ウ　)が大きいからです。」

図４

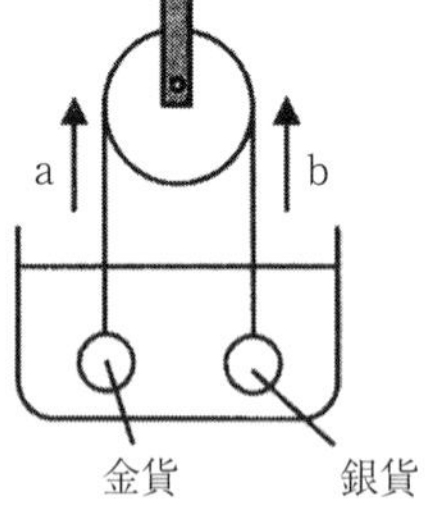


**3**　太陽のように自ら光を放つ星を恒《こう》星といいます。「天の川」は帯状に連なる多くの恒星の集まりで，古くから七夕伝説などで親しまれてきました。

星は，宇宙空間に散らばっているのではなく，集団を作っていて，太陽は「天の川銀河」という星の集団に属しています。太陽を中心とした地球や火星などの天体の集まりを「太陽系」といいます。地球は，「天の川銀河」にある「太陽系」の中で，太陽の周りをまわっています。

(1)　図１は，ある日の地球と太陽の関係を表し，地球の北極側から見た図です。

① 地球が自転する方向を１～４から選び番号で答えなさい。

② 日の出が見えるのは地球上の地点ア～エの，どの地点ですか。

③ 南の空に上弦《げん》の月（左側が欠けた半月）が見えるのはア～エの，どの地点ですか。

図１

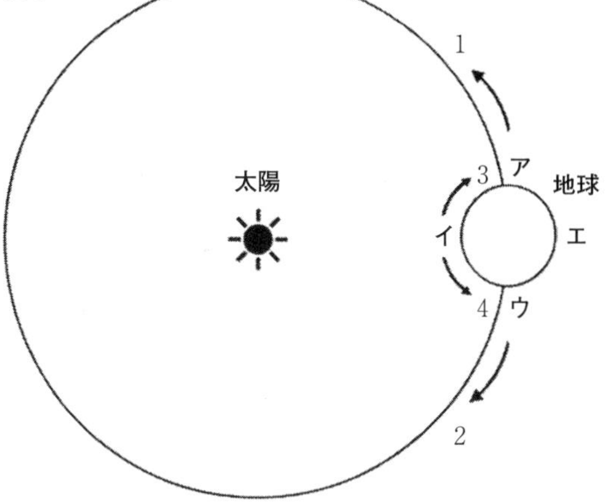


(2) 次の１～３は，関東地方で８月中旬《じゅん》に午後10時から２時間おきに見上げた空を表した図です。帯状にのびているのが「天の川」です。☆印は，デネブ，アルタイル，ベガを示し，✧印は北極星を示しています。時間が早い方から順に，図の番号を並べなさい。

1

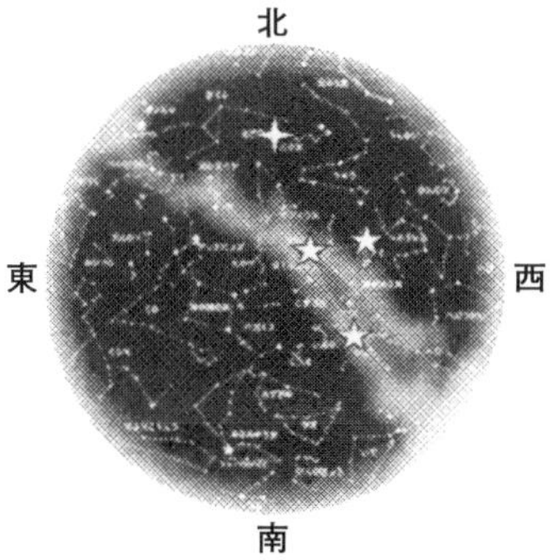


2

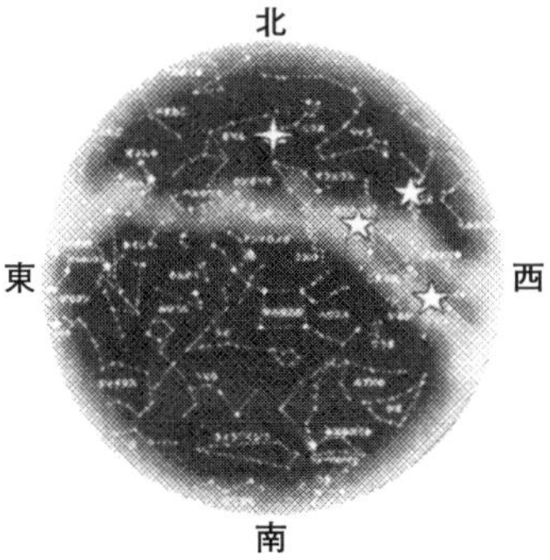


3

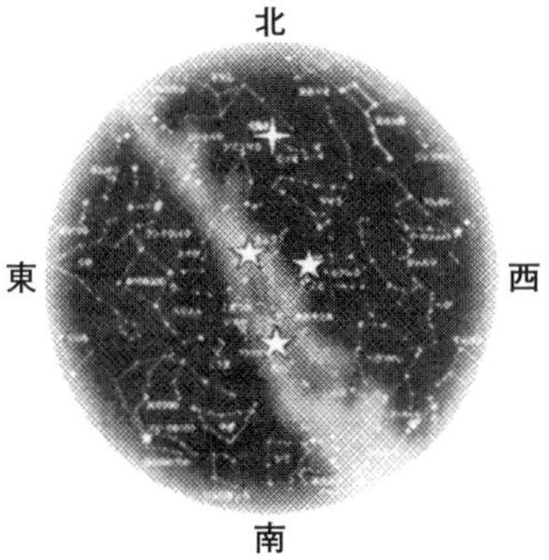


(3) 図２は「天の川銀河」の模式図です。「天の川銀河」を構成する大部分の恒星は，中央に膨《ふく》らみを持つ円盤《ばん》状の部分に集まっており，図中の●の位置に「太陽系」があります。「天の川」の見えやすさは，季節によって変わります。地球から「天の川」が最もよく見えるのは，太陽に対して地球がどの方向にある季節ですか。図２のＡ～Ｄから選びなさい。

図2

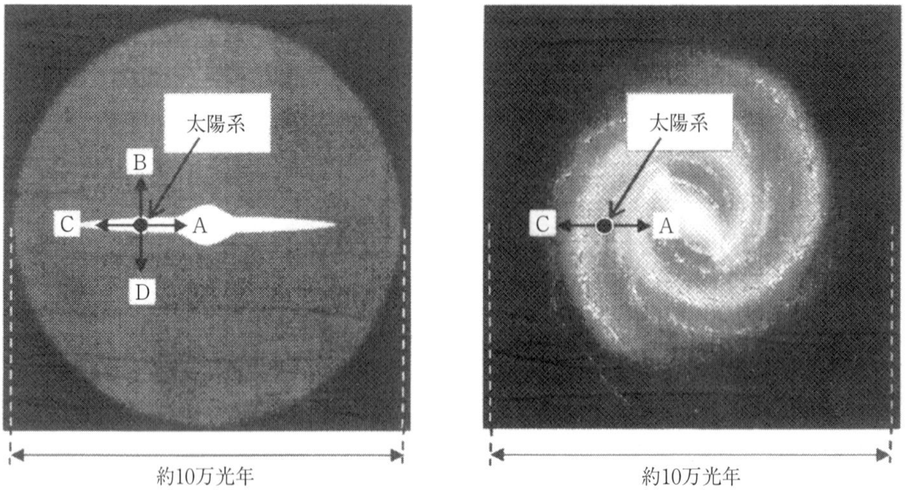


円盤状の部分を横方向から見た「天の川銀河」　　円盤状の部分を上方向から見た「天の川銀河」

※1光年：光が1年かけて進むきょり

(2)の図：国立天文台のホームページから引用　https://www.nao.ac.jp/phenomena/20050800/index.html

図2右：NASAのホームページから引用　https://solarsystem.nasa.gov/resources/285/the-milky-way-galaxy

**4**　植物を食べる昆《こん》虫と植物の間には「食べる―食べられる」の関係がみられますが，植物はただ食べられているわけではありません。植物の中には昆虫にかじられると，その部分で食害を防ぐための物質をつくって，昆虫の消化のはたらきを妨《さまた》げるものもあります。この物質は，師管の中を移動して，植物のからだ全体に運ばれていきます。また，一株《かぶ》の同じ植物を2種類の昆虫がかじると，植物の反応を通してそれぞれの昆虫に間接的な作用がおよびます。

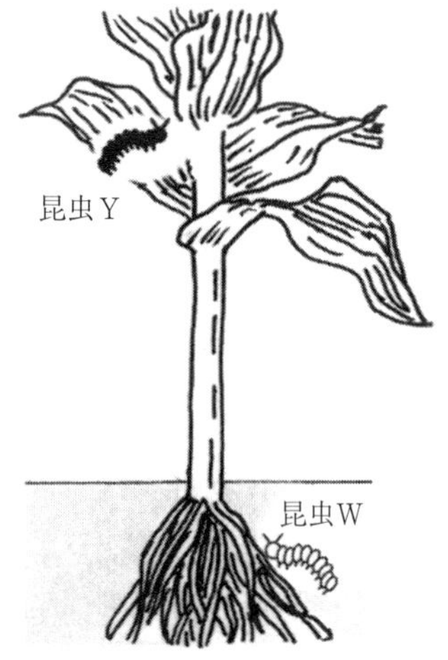


図1

図1のように，トウモロコシの根を食害するウエスタンコーンルートワームの幼虫(昆虫W)，または，葉を食害するアワヨトウの幼虫(昆虫Y)の食害を受けると，かじられた部分だけで，トウモロコシはそれぞれの昆虫に対して異なる特有の防御《ぎょ》物質を出します。これらの防御物質は，それぞれの昆虫の食害後，24時間経つと，出る量が最大になります。この反応に続いて，トウモロコシのからだ全体で，様々な種類の昆虫からの食害を防御する物質が出ます。このように，食害によって最初につくられる物質を「1次物質」，後からつくられる物質を「2次物質」とよびます。英子さんと和恵さんはグループ研究で，この作用をくわしく知りたいと思い，【実験1】～【実験3】をしました。

【実験方法】　トウモロコシの鉢《はち》植えを10個ずつ用意し，温度，湿《しつ》度，明暗条件を一定にした室内で7日間，次の【実験1】～【実験3】を行いました。

【実験1】　3日目に，トウモロコシの根に昆虫Wを4ひき接触《しょく》させ，7日目のおわりに全個体を回収した。そして接触前と回収後の昆虫Wの体重増加量を測定した。

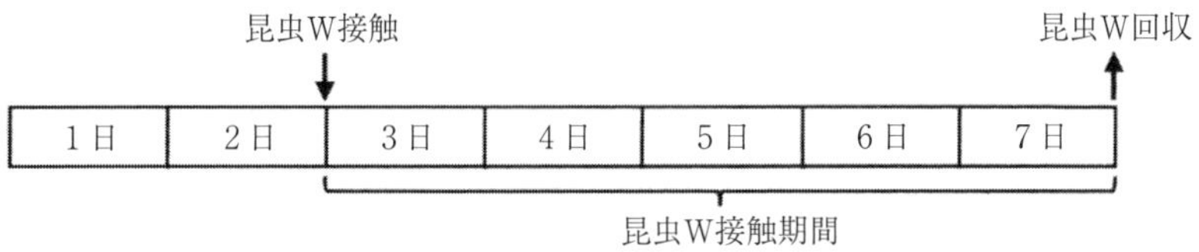


【実験2】　1日目に，トウモロコシの葉に昆虫Yを12ひき接触させ，2日目のおわりに全個体を回収した。昆虫Yの回収後，すぐに根に昆虫Wを4ひき接触させ，7日目のおわりに全個体を回収した。そして接触前と回収後の昆虫Wの体重増加量を測定した。

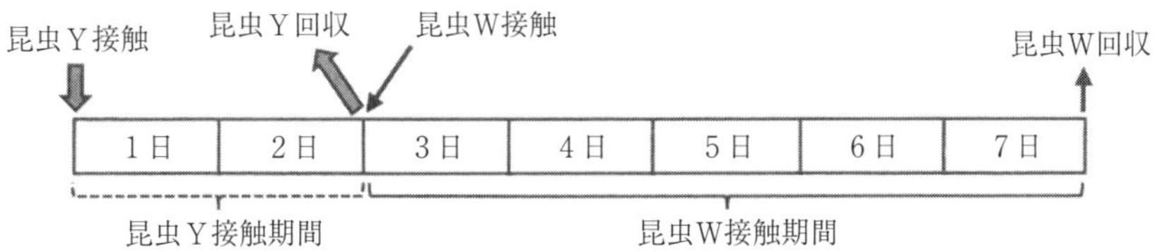


【実験3】　3日目に，トウモロコシの根に昆虫Wを4ひき接触させ，その後5日目に，葉に昆虫Yを12ひき接触させた。昆虫Yは，6日目のおわりに全個体を回収した。昆虫Wは7日目のおわりに全個体を回収した。そして接触前と回収後の昆虫Wの体重増加量を測定した。

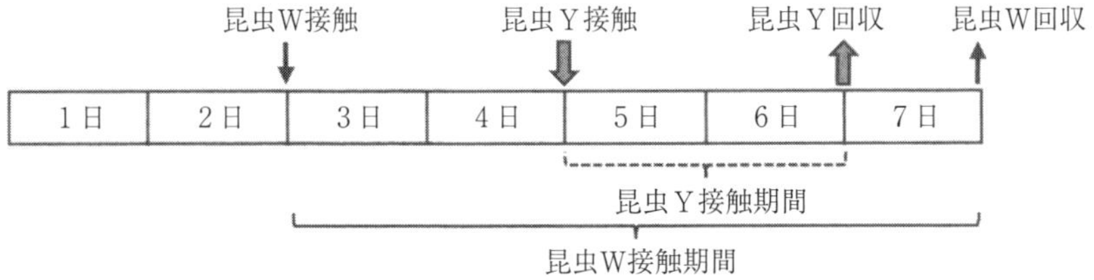


【結果】【実験1】～【実験3】の結果は図2のようになった。

図2

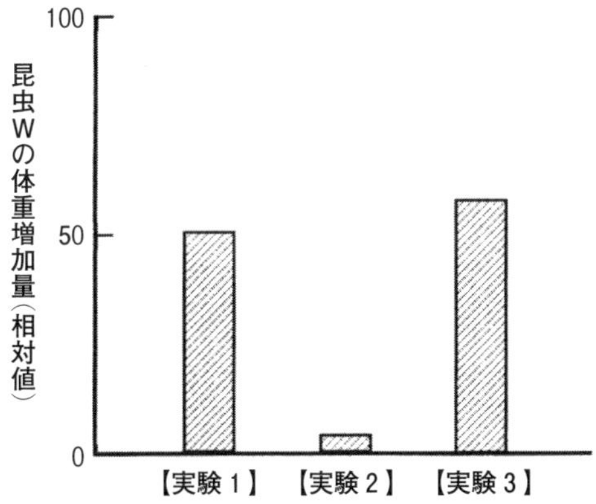


(1)　図3のトウモロコシについて次の問いに答えなさい。

①　お花はどちらですか。AかBで答えなさい。

②　トウモロコシと同じく，同じ株にお花とめ花がつくものを2つ選び，番号で答えなさい。

1　イチョウ　　2　マツ

3　ヒマワリ　　4　キュウリ

5　アサガオ

図3

(2) 下線部について，「食べる—食べられる」の関係で，**誤っている**組み合わせを下から２つ選び，番号で答えなさい。

1　モンシロチョウの幼虫・ブロッコリーの葉

2　アゲハチョウの幼虫・サンショウの葉

3　カイコガの成虫・クワの葉

4　カブトムシの成虫・クヌギの樹液

5　ミツバチの幼虫・レンゲの葉

6　トンボの幼虫・おたまじゃくし

(3) 本文より，トウモロコシがつくる防御物質の量の変化を表しているグラフを次の１～５より選び，番号で答えなさい。

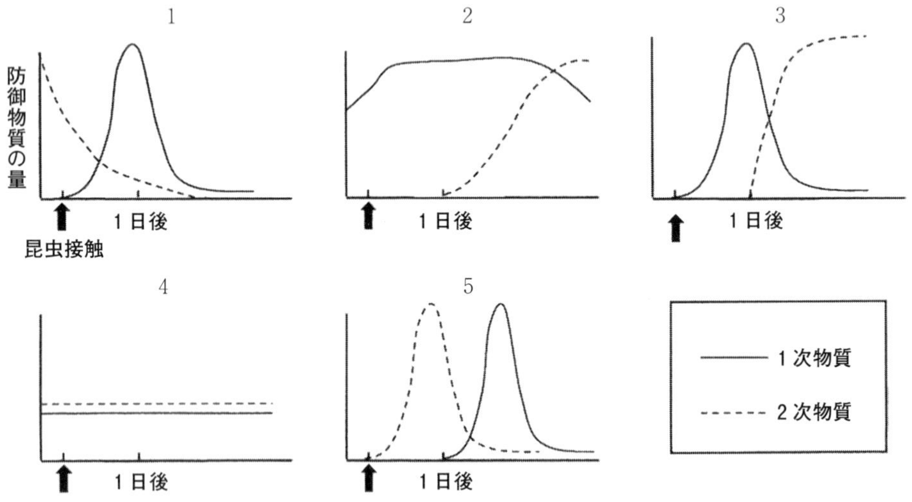


(4) トウモロコシの害虫と防御物質について英子さんと和恵さんの会話を読み，文の内容が正しくなるように，[１]～[３]の中の記号(英字)を選びなさい。

ただし，[ア]・[イ]にはWまたはYが入ります。

英子　グループ研究をまとめるために，話し合いましょう。

和恵　昆虫[ア]は，【実験２】で体重増加が抑制《よくせい》されて，あまり増えていなかったね。

英子　ということは，その時にはトウモロコシに防御物質は存在したことになるわね。

和恵　それじゃあ，【実験２】や【実験３】で，昆虫[ア]と昆虫[イ]の食害によって同じぐらいの量の防御物質がつくられるとしたら，【実験２】での昆虫[イ]の体重はどうなるかしらね。予想してみましょうよ。

英子　昆虫[イ]の体重は[１：a　増加する　　b　ほとんど変わらない]と予想できるわね。

和恵　それじゃあ，【実験３】での昆虫[イ]は，どうなると予想できるかしら。

英子　体重は[２：a　増加する　　b　ほとんど変わらない]と予想できるよ。

和恵　それは【実験３】で，昆虫[ア]が食害したことによってつくられた[３：a　昆虫Wに対する１次物質　　b　昆虫Yに対する１次物質　　c　２次物質]によって，昆虫[イ]が，食べ物を消化できなくなるからよね。

英子　トウモロコシは食害されることでディフェンス力がアップするってことよね。

和恵　植物って，すごい力をもっているわね！

(5)　植物には防御物質ではなく，トゲをつくって動物による捕《ほ》食を防ぐものがあります。図４のようにハマビシという植物の種子は４本のトゲをもつ果実に保護されています。トゲの長さは株によってちがい，短いトゲは，より少ないエネルギーでつくることができます。長い間，トゲを持つ株がなくならないのは，「鳥に食べられるのを防ぐため」という仮説があります。この仮説が正しいということを確かめるために下の【調査】①～③を行います。どのような結果になれば仮説が正しいと証明できますか。それぞれ【結果】から選び，記号で答えなさい。

ハマビシの果実

図４

【調査】

①　果実のトゲの長さを測定して，平均よりも長い集団(Ａ)と短い集団(Ｂ)に分ける。それらを別々の鳥かご(同数の鳥が入っている)の中へ入れ，かごの中で自由に鳥に食べさせたあと，Ａ，Ｂそれぞれの集団で，食べられずに残った割合を調べる。

②　ある島からハマビシの果実が，鳥の密度が高い島(Ａ)と，鳥の密度が低い島(Ｂ)に流れ着いた。長い年月の後，それぞれの島の果実のトゲの長さを測定し，長さの平均を調べる。

③　野外にエサ台を２つ用意し，一方の台(Ａ)に，トゲを除去した果実を，他方の台(Ｂ)にトゲをそのままにした果実を置く。そして，食べられずに残った割合を調べる。

【結果】　ア　ＡとＢで差がない

イ　ＡがＢよりも大きい

ウ　ＡがＢよりも小さい

※図３は金子美登 監修「コンテナ・プランターでできる有機・無農薬 かんたん野菜づくり」成美堂出版Ｐ104より引用

**ア**　チームの連帯が築かれること。
**イ**　科学者として有名になること。
**ウ**　人間としての真理をみつけること。
**エ**　研究の成果が得られること。

問十八　11「論理を越える」にはどのようなことが必要ですか。本文中から四十字程度で探し、最初と最後の五字をぬき出して答えなさい。

問十九　12これは、冒頭で引用したニュートンの言葉に近い述懐であるとありますが、その内容はどのようなことですか。次の**ア**〜**エ**の中からもっともあてはまるものを選び、記号で答えなさい。
**ア**　ニュートンもアインシュタインも一心に研究をして、重要な発見をしたが、世間からは認められていなかったということ。
**イ**　ニュートンもアインシュタインも偉業をなし遂げたにもかかわらず、さらなる進歩の余地があることを自覚していたこと。
**ウ**　ニュートンもアインシュタインも静かにライフワークを進めているように見えて、心の中はあせってばかりいたということ。
**エ**　ニュートンもアインシュタインも関心のおもむくままに研究しただけなのに、予期せず世界中から高い評価を受けたということ。

問二十　13科学は完成のない芸術であるとありますが、これはどのようなことをいっていますか。説明しなさい。

**ウ**　どの方向で究極をめざすかである

**エ**　最先端をめざす研究者個人の究極志向にかかっている

(2)

**ア**　いくしかない

**イ**　すべてのことに近みちのない

**ウ**　できない相談である

**エ**　はずはないのに

問七　4私の最も好きな言葉は「究極」である　とありますが、筆者は「究極」をめざして研究することによって何が得られるといっていますか。本文中から十字以内で探し、ぬき出して答えなさい。

問八　本文中の［A］・［B］・［C］に入ることばを考え、［A］・［B］はそれぞれ二字で、［C］は一字で答えなさい。

問九　5関の山　の意味として最もふさわしいものを次の中から選び、記号で答えなさい。

**ア**　せいぜいだ　　**イ**　しばしばだ

**ウ**　つねづねだ　　**エ**　いよいよだ

問十　［①］・［②］・［③］とありますが、それぞれにあてはまることばを次の中から選び、記号で答えなさい。

**ア**　すると　　**イ**　つまり　　**ウ**　しかし

**エ**　なぜなら　　**オ**　もしも　　**カ**　それでは

問十一　6脚の早い旅人　とありますが、ここでいう「脚の早い」とはどのようなことですか。本文中の《　》内のことばを用いて、解答らんに合うように三十字程度で答えなさい。

問十二　7大事な宝物　にあたる内容を、本文中の《　》内から探し、十五字以内でぬき出して答えなさい。

問十三　8赤裸の自分　とありますが、どのような様子のことですか。次の**ア**～**エ**の中からもっともあてはまるものを選び、記号で答えなさい。

**ア**　傷だらけで見るからに痛々しい状態の自分

**イ**　何も持たずに恥ずかしい状態の自分

**ウ**　全てをさらけ出した状態の自分

**エ**　生まれたままの純粋な自分

問十四　9頭が悪いと同時に頭がよくなくてはならない　とありますが、寺田寅彦は、科学者はどうあらねばならないといっているのですか。「頭が悪い」「頭がよい」の意味に触れながら説明しなさい。

問十五　本文中から次の一文が抜けています。**A**～**D**のどこに入るのがふさわしいですか。記号で答えなさい。

**山の頂上をめざす登山や、ゴールをめざすマラソンと同じことである。**

問十六　［　］に入る語を、本文中から漢字二字でぬき出して答えなさい。

問十七　10幸運の女神が微笑む　とは、この場合はどのようなことをいっていますか。次の**ア**～**エ**の中からもっともあてはまるものを選び、記号で答えなさい。

越えられるとは限らない。むしろ悶々《もんもん》として苦しんだり、確信に至らずに悩《なや》む時間の方が圧倒的に長いはずである。革命的な理論を創《つく》り上げた【注10】アインシュタインは、晩年に次のように述べている（Ｍ・ソロヴィン宛の一九四九年三月二八日付けの手紙より）。

あなたは、私がライフワークを振《ふ》り返り、静かに満足していると想像するかもしれません。しかし、身近には全く違って見えるのです。確固たるものであろうと自分で確信するような考えは一つもなく、そもそも正しい方向に進んでいるのかさえ私には定《さだ》かではないのです。

12これは、冒頭で引用したニュートンの言葉に近い【注11】述懐《じゅっかい》である。アインシュタインもまた、科学のさらなる進歩の余地を見すえていたに違いない。論理を越えた創造の産みの苦しみがそこにある。13科学は完成のない芸術である。

（**酒井邦嘉『科学者という仕事』**）

**【注】**

1　落札＝入札や競売で仕事や品物を手に入れること。
2　普遍＝全てのことに共通していて広く行きわたっているさま。
3　志向＝考えや気持ちがある方向を目指すこと。
4　幾何学＝数学の中で、図形や空間の分野の学問。
5　再現性＝科学実験などにおいて、所定の作業や手順の下で同じ事象が観察されること。
6　流儀＝その人の技術的な手法・様式。
7　傾聴＝耳をかたむけて熱心にきくこと。
8　醍醐味＝ものごとの本当の楽しさ。
9　模倣＝まねをして似せること。
10　アインシュタイン＝相対性理論を発見した物理学者。
11　述懐＝思いを述べること。

問一　本文中の太字の**カタカナ**は漢字に直し、**漢字**は読みをひらがなで答えなさい。

問二　二重ぼう線部**a**と**b**の言葉の意味としてあてはまるものを後の**ア**～**エ**の中からそれぞれ一つずつ選び、記号で答えなさい。

(1)　**a**奇しくも

**ア**　意外なことに　**イ**　悲しいことに
**ウ**　不思議なことに　**エ**　困ったことに

(2)　**b**いとわない

**ア**　好まない　**イ**　いやがらない
**ウ**　投げ出さない　**エ**　あきらめない

問三　1これ　とありますが、何を指していますか。本文中のことばを用いて答えなさい。

問四　2「記録」という最先端をめざす人たちは、みんな「超人」なのだろうか？　とありますが、ここでの「超人」とはどのような人のことですか。次の**ア**～**エ**の中から選び、記号で答えなさい。

**ア**　不思議な力でたくましい体を持つことができる人。
**イ**　チームの指導のもとで、着実に新記録を達成する人。
**ウ**　筋肉増強剤によって、人間の限界を越えた体を持つ人。
**エ**　誰の助けも借りずに、一人で新記録をぬりかえていく人。

問五　3二人三脚で進む　とありますが、どのようなことを例えているのですか。解答らんに合うように説明しなさい。

問六　次の(1)・(2)の選択肢《し》は本文から引用したものです。ぼう線部のことばのはたらきが他と異なるものを選び、記号で答えなさい。

(1)　**ア**　二人三脚で進むことになる
**イ**　最先端をめざして行けるところまで全力でやってみる

所謂《いわゆる》頭のいい人は、云《い》わば6脚《あし》の早い旅人のようなものである。人より先に人の未《ま》だ行かない処《ところ》へ行き着くことも出来る代りに、途中の道傍《みちばた》或《あるい》は一寸《ちょっと》した脇《わき》道にある肝心《かんじん》なものを見落す恐れがある。頭の悪い人脚ののろい人がずっと後からおくれて来て訳もなく其《そ》の7大事な宝物を拾って行く場合がある。（中略）

頭のいい人は批評家に適するが行為の人にはなりにくい。凡《すべ》ての行為には危険が伴うからである。怪我《けが》を恐れる人は大工にはなれない。失敗を怖《こわ》がる人は科学者にはなれない。（中略）

頭がよくて、そうして、自分を頭がいいと思い利口だと思う人は先生にはなれても科学者にはなれない。人間の頭の力の限界を自覚して大自然の前に愚《おろか》な8赤裸《あかはだか》の自分を投出し、そうして唯々《ただただ》大自然の直接の教《おしえ》にのみ【注7】傾聴《けいちょう》する覚悟があって、初めて科学者にはなれるのである。併《しか》しそれだけでは科学者にはなれない事も勿論《もちろん》である。矢張《やは》り観察と分析と推理の正確周到《とう》を必要とするのは云う迄《まで》もないことである。

つまり、9頭が悪いと同時に頭がよくなくてはならないのである。

あえて「鈍」に徹して失敗を恐れないことが、科学者には必要なのだ。科学とは、「未知への挑戦《ちょうせん》」という最大の冒険なのだから。D

＊

一般《ぱん》論としての「運・鈍・根」に対して、同様に韻《いん》を踏みながら、研究者に必要な「勘《かん》」を加えてみたい。

「勘」とは、科学的思考のセンスであり、エレガントな解決法を見つけ出す嗅覚《きゅうかく》とも言うべき直感や「ひらめき」である。経験に裏打ちされた、いわば「刑《けい》事の勘」によって難問を解決することは、研究の最大の【注8】醍醐味《だいごみ》でもある。この勘は実際に研究を体験しながら現場で会得《え》するしかないし、現場にいなければ勘がすぐに鈍ってしまう。もちろん、刑事の勘に加えて、張り込みのねばり強さと尾《び》行の集中力も必要である。

また、「鈍」が説明の過程を意識的かつ論理的にたどって分かることにつながる一方、「勘」は直感的な分かり方に対応する。仕事の九十九パーセントが汗《あせ》だったとしても、残り一パーセントの［　　］が必要なのだ。「名人の勘」が、端《はた》から見ていると C がかりのように感じられるゆえんである。このような意味で、「勘」は未知の暗闇《やみ》を照らすサーチライトである。そしてこの「勘」こそが研究者の究極の能力でもある。このような研究のセンスについては第四章でさらに考えてみる。

＊

私の恩師である堀田凱樹先生（遺伝学）の言葉を紹介しよう。

科学者は論理的でなければならないが、論理の積み上げだけでは十分でない。着実な準備の上に論理を越えた信念と実行力が必要で、そこにこそ10幸運の女神《めがみ》が微笑《ほほえ》む。（中略）秀《しゅう》才であることは、成功するために必要でも十分でもない。

科学における【注9】模倣《ほう》とは、基本的に論理の積み上げで予測できる範《はん》囲にある。科学的な創造とは、これに対して11「論理を越える」ことで、この予測をくつがえすような発見にたどりつくことである。日本の技芸で、伝統を身につけた後に独自の道を極めることを指して、「守破離《しゅはり》」という言葉があるが、模倣によってこれまでの研究を守り、それを破り、そして創造の力でそれから離れることができれば、「論理を越えた」ことになる。

しかし、研究者はいつも名案が次々と湧《わ》いて来て、軽《かろ》やかに論理をを動員することで、逆に人の力の及《およ》ばない運の部分も見えてくるようになる。人事を尽くさずにボーッとしているだけでは、チャンスを見送るのが5関の山。運が運であると分かることも実力のうちなのだ。

A

次の「鈍」の方は、切れ味が悪くてどこか鈍《にぶ》いということである。最後の「根」は、もちろん根気のことだ。途中で投げ出さず、ねばり強く自分の納得《なっとく》がいくまで一つのことを続けていくことも、研究者にとって大切な才能である。論文を完成させるまでの数々の自分の苦労を思い出してみると、「最後まであきらめない」、という一言に尽きる。

B

＊

[ ① ]、なぜ「鈍」であることが成功につながるのだろうか？ 分子生物学の基礎を築いたM・デルブリュック（一九〇六〜八一年）は、「限定的いい加減さの原理(the principle of limited sloppiness)」が発見には必要だと述べている。

もしあなたがあまりにいい加減ならば、決して【注5】再現性のある結果を得ることはなく、そして決して結論を下すことはできません。[ ② ]、もしあなたがちょっとだけいい加減ならば、何かあなたを驚かせるものに出合った時には……それをはっきりさせなさい。

[ ③ ]、予想外のことがちょっとだけ起こるような、適度な「いい加減さ」が大切なのである。このように少しだけ鈍く抜《ぬ》けていることが成功につながる理由をいくつか考えてみよう。

《第一に、「先があまり見えない方が良い」ということである。頭が良くて先の予想がつきすぎると、結果のつまらなさや苦労の山の方にばかり意識が向いてしまって、なかなか第一歩を踏《ふ》み出しにくくなるからである。C

第二に、「頑固一徹《がんこいってつ》」ということである。「器用貧乏《ぼう》」や「多芸は無芸」とも言われるように、多方面で才能豊かな人より、研究にしか能のない人の方が、頑固に一つの道に徹《てっ》して大成しやすいということだ。誰でも使える時間は限られている。才能が命じるままに小説を書いたりスポーツに熱中したり、といろいろなことに手を出してしまうと、一芸に秀《ひい》でる間もなく時間がたってしまう。私の恩師の宮下保司先生（脳科学）は、「頑固に実験室にこもる【注6】流儀《りゅうぎ》」を貫いており、私も常にこの流儀を意識している。

第三に、「まわりに流されない」ということである。となりの芝生《しばふ》はいつも B 見えるもので、となりの研究室は楽しそうに見え、いつも他人の仕事の方がうまくいっているように見えがちである。それから、科学の世界にも流行廃《はやりすた》りがある。「自分は自分、人は人」とわり切って他人の仕事は気にかけず、流行を追うことにも鈍感になった方が、じっくりと自分の仕事に打ち込んで、自分のアイディアを心ゆくまで育てていけるようになる。

第四に、「牛歩《ぎゅうほ》や道草をbいとわない」ということである。研究の中では、地味で泥臭《どろくさ》い単純作業が延々と続くことがある。研究は決して効率がすべてではない。研究に試行錯《さく》誤や無駄はつきものだ。研究が順調に進まないと、せっかく始めた研究を中途で投げ出してしまいがちである。成果を得ることを第一として、スピードと効率だけを追い求めていては、傍《かたわ》らにあって、大発見の芽になるような糸口を見落としてしまうかもしれないのだ。寺田寅彦は、晩年に次のように書いている。》

う最先端をめざす人たちは、みんな「超《ちょう》人」なのだろうか？

一つの理由は、近年のスポーツ医学の進歩にあると言われている。監督《かんとく》やコーチに加えて、トレーナーや整体士・栄養士、時には心理療《りょう》法士までが、ベスト・コンディションへの調整に参加する場合があるという。もちろん、筋肉増強剤《ざい》や興奮剤などの薬物を使用するドーピングは不正行為《い》として厳しく禁止されているから、あくまで自然に、こうしたトレーニングを少しずつ積み重ねていくしかない。

これにならって、コーチや栄養士が研究チームに参加して、日々の食事のメニューにまで気をつかってくれたら、研究者も素晴らしい新発見ができるようになるかもしれない。実際、そういう家族や配偶《ぐう》者に恵まれたら幸運だと言える。最先端の科学研究においても、先人が必死で限界に挑んで成し遂げた発見を、その後に続く研究者達が乗り越えていくのだから。

日々のトレーニングの積み重ねで筋力を維《い》持するのと同じように、研究者としての頭脳力と体力を衰《おとろ》えさせてはいけない。そして、研究室の指導者はコーチと同じ役割を果たしているわけで、最先端をめざして、まさに3二人三脚《きゃく》で進むことになる。

4私の最も好きな言葉は「究極」である。究極とは、物事を最後まで究《きわ》めて、頂点を極《きわ》めるという意味である。究極の理論は、一切の無駄《だ》がなく**【注2】**普遍《ふへん》的な説明を可能にするものでなくてはならない。究極の研究は、最先端をめざして行けるところまで全力でやってみるということである。そこには、中途《と》半端《ぱ》で投げ出したり、妥《だ》協したりしないという厳しさとともに、本質が持つ深みと高みがある。

生活のすべてに究極を**【注3】**志向することは、できない相談である。しかし、研究や趣《しゅ》味のごく限られた世界では、試してみる甲斐《かい》がある。問題は、どの方向で究極をめざすかである。芸術が究極の美しさを極めようとするように、研究は究極の真理をつきとめることが目標である。人事《じんじ》を尽《つ》くして未知の問題の本質を明らかにしようと努力すること。科学研究の発展は、最先端をめざす研究者個人の究極志向にかかっている。

＊

理系のカリキュラム（授業や講義の教育課程）では、実験のトレーニングや、理論的な問題を解く演習がかなりの時間を占《し》めている。それでは、文系の環《かん》境で育った人が、一念発起《ほっき》して科学研究をめざすことはできるだろうか。

高校から大学院まで、十年以上もの長い期間をかけて行われる科学専門教育の「**下積み**」の過程を、短期間で一気にクリアする方法があるのなら、とっくに理系でも**サイヨウ**されているはずである。文系の人が理系に移る（「理転」と言われる）ためには、それだけの時間と覚悟《ご》が必要だ。ユークリッドは、「**【注4】**幾何《きか》学に王道なし」と言ったそうだが、研究にも王道や近道はない。このことは、朝永振一郎の次の言葉（一九六〇年）によく表れている。

私の自然科学研究の経験は、すべてのことに近みちのないことを教える。一つ一つの積み重ねをたゆまず、あきることなくやっていく、それが最も確実な方法であり、それが最も速《すみや》かに目的に達する途《みち》であると私は信じている。

＊

研究に限らず、大事業の成功に必要な三要素として、日本では昔から「運・鈍《どん》・根《こん》」ということが言われている。科学者の伝記を読むと、その人なりの「運・鈍・根」を味わうことができる。

「運」とは、幸運（チャンス）のことであり、最後の神頼《だの》みでもある。「人事を尽くして［ A ］を待つ」と言われるように、あらゆる知恵《え》

# 2023年度

# 東洋英和女学院中学部

**【国　語】**〈B日程試験〉（四五分）〈満点：一〇〇点〉

**次の文章は酒《さか》井《い》邦嘉《くによし》『科学者という仕事』の一部です。はじめの囲みでは、一人の科学者の人物像や歴史的背景に焦《しょう》点を当てながら、主題となる言葉を紹介《しょうかい》し、本文の導入としています。よく読んで後の問いに答えなさい。答えは、問十四はそこに、それ以外は解答用紙に書きなさい。字数の指定のある問題は句読点や記号も一字と数えます。**

私が世間からどのように見られているのか知りません。しかし、私自身について言えば、海辺で遊び、並はずれてなめらかな小石や美しい貝をときどき見つけては気晴らしをしている子どものようだったとしか思えません。ところがその間にも、真理の大海は全く未発見のまま私の前に広がっていたのです。

●アイザック・ニュートン卿《きょう》(Sir Isaac Newton, 1642. 12.25～1727. 3.20)

＊

ニュートンは、自然科学の基礎《そ》を築いた科学者であり、近代の宇宙観を創造した。ほぼ同時代のJ・S・バッハ（一六八五～一七五〇年）が音楽において行ったのと同様の偉《い》業を、ニュートンは科学において成し遂《と》げた。a奇《く》しくも、力学の基礎を築いたイタリアのガリレオ・ガリレイが没《ぼっ》した年のクリスマスに、イギリスのウールスソープに生まれている。

ニュートンは、『自然哲《てつ》学の数学的原理』（一六八七年）をラテン語で著《あらわ》した。タイトルの「原理」の部分から、この本は『プリンキピア(Principia)』と呼ばれている。その初版本は、一九九八年のクリスティーズのオークションにおいて、三十二万一千ドルで**【注1】**落札されたほどで、「科学の**ゲンテン**」と呼ぶにふさわしい。また、A・モッテによる『プリンキピア』の英訳（一七二六年の最終第三版に基づく）が出てから、なんと二百七十年ぶりに新訳が出版された。1これは、科学史家I・B・コーエンらが十五年の歳《さい》月をかけて完成させたもので、並々ならぬ執《しゅう》念の結晶《しょう》である。

さらにニュートンは、光のスペクトルや反射・屈《くっ》折をはじめ、光についての現象をいくつも発見して、『光学(Opticks)』（一七〇四年）という**タイチョ**にまとめあげた。『光学』は、最初が英語版でその二年後にラテン語版も出ている。その冒《ぼう》頭の言葉に、ニュートンの強い意志がうかがえる。

この本における私の構想は、光の性質を仮説によって説明することではなく、理性と実験によって問題を**テイキ**し証明することにある。

（中略）

スポーツの世界では、日本新記録や世界新記録が次々とぬりかえられていることに驚く。人間の体は数十年でそんなに「進化」するはずはないのに、先人が必死で限界に挑《いど》んで**ジュリツ**した新記録を、その後に続く選手たちがなぜ乗り越《こ》えられるのだろうか。2「記録」とい

2023年度

# 東洋英和女学院中学部　▶解説と解答

## 算　数　＜Ｂ日程試験＞（45分）＜満点：100点＞

### 解　答

**1** (1)　17　(2)　$\frac{1}{6}$　**2** (1)　240冊　(2)　75個　(3)　12人　(4)　140ｇ　(5)　50分　(6)　61　**3**　339.48cm$^2$　**4**　35円　**5** (1)　5　(2)　27，162　**6** (1)　192個　(2)　186，28個　**7**　**おやつ代**…350円，**ぬいぐるみ代**…810円　**8**　3.5cm　**9** (1)　毎秒30cm$^3$　(2)　**ア**　27　**イ**　6　**ウ**　86　(3)　毎秒27cm$^3$　**10** (1)　10　(2)　**上**…６，**前**…２，**右**…４

### 解　説

**1**　**四則計算**

(1)　13×７－14×４－72÷４＝91－56－18＝35－18＝17

(2)　$\left(1.6-\frac{3}{14}\times1\frac{1}{6}\right)\div4.5\times\frac{5}{6}-\frac{1}{12}=\left(\frac{16}{10}-\frac{3}{14}\times\frac{7}{6}\right)\div\frac{9}{2}\times\frac{5}{6}-\frac{1}{12}=\left(\frac{8}{5}-\frac{1}{4}\right)\div\frac{9}{2}\times\frac{5}{6}-\frac{1}{12}=\left(\frac{32}{20}-\frac{5}{20}\right)\div\frac{9}{2}\times\frac{5}{6}-\frac{1}{12}=\frac{27}{20}\times\frac{2}{9}\times\frac{5}{6}-\frac{1}{12}=\frac{1}{4}-\frac{1}{12}=\frac{3}{12}-\frac{1}{12}=\frac{2}{12}=\frac{1}{6}$

**2**　**正比例と反比例，差集め算，平均とのべ，濃度《のうど》，仕事算，整数の性質**

(1)　メモ帳16冊の重さが280ｇだから，１冊あたりの重さは，280÷16＝17.5(ｇ)とわかる。また，4.2kgは，4.2×1000＝4200(ｇ)である。よって，メモ帳の数は，4200÷17.5＝240(冊)と求められる。なお，4200ｇは280ｇの，4200÷280＝15(倍)なので，16×15＝240(冊)と求めることもできる。

(2)　あめ玉を１人４個ずつ配るのに必要な個数と，１人６個ずつ配るのに必要な個数の差は，23＋３＝26(個)である。これは，６－４＝２(個)の差がクラスの人数だけ集まったものだから，クラスの人数は，26÷２＝13(人)とわかる。よって，あめ玉の数は，４×13＋23＝75(個)である。

(3)　留学生が入部する前の人数を□人として図に表すと，右のようになる。この図で，ア：イ＝(164－162.5)：(182－164)＝１：12だから，□：１＝$\frac{1}{1}$：$\frac{1}{12}$＝12：１とわかる。よって，□＝12(人)である。

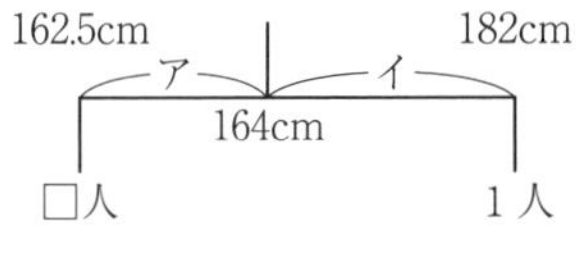


(4)　(食塩の重さ)＝(食塩水の重さ)×(濃度)より，３％の食塩水200ｇにふくまれている食塩の重さは，200×0.03＝６(ｇ)，５％の食塩水240ｇにふくまれている食塩の重さは，240×0.05＝12(ｇ)とわかるので，これらの食塩水を混ぜると，食塩水の重さは，200＋240＝440(ｇ)，食塩の重さは，６＋12＝18(ｇ)になる。また，食塩水から水を蒸発させても食塩の重さは変わらないので，水を蒸発させて濃度が６％になった食塩水にも18ｇの食塩がふくまれている。よって，水を蒸発させた後の食塩水の重さを□ｇとすると，□×0.06＝18(ｇ)と表すことができるから，□＝18÷0.06＝300(ｇ)と求められる。したがって，蒸発させた水の重さは，440－300＝140(ｇ)である。

(5)　箱いっぱいのツルの数を120と150と200の最小公倍数の600とすると，Ａさん，Ｂさん，Ｃさんが１分間に折るツルの数はそれぞれ，600÷120＝５，600÷150＝４，600÷200＝３となる。よって，３人で折ると，１分間に，５＋４＋３＝12のツルを折ることができるので，すべて折り終わるまでに，600÷12＝50(分)かかる。

(6)　５で割ると１余る数は，１に次々と５を加えてできる数だから，{1，6，11，16，…}のように，一の位が１か６になる。また，７で割ると５余る数は，５に次々と７を加えてできる数なので，{5，12，19，26，…}となる。よって，両方に共通する最も小さい数は26とわかる。さらに，両方に共通する数は５と７の最小公倍数の35ごとにあらわれるから，２番目に小さい数は，26＋35＝61である。

## 3 平面図形―面積

紙を広げると，右の図のようになる。この図で，影《かげ》の部分が切り取られた部分である。また，(い)の部分は，切り取られてはいないが，(あ)の部分とはつながっていない。ここで，印をつけた部分の長さはすべて，12÷２＝６(cm)であり，(い)，(う)，(え)の部分の面積はどれも，６×12÷２＝36(cm$^2$)，(お)の部分の面積は，12×12÷２＝72(cm$^2$)，(か)の部分の面積は，６×６×3.14÷２＝18×3.14＝56.52(cm$^2$)となる。よって，(あ)の部分とつながっている部分の面積は，24×24－(36×３＋72＋56.52)＝339.48(cm$^2$)と求められる。

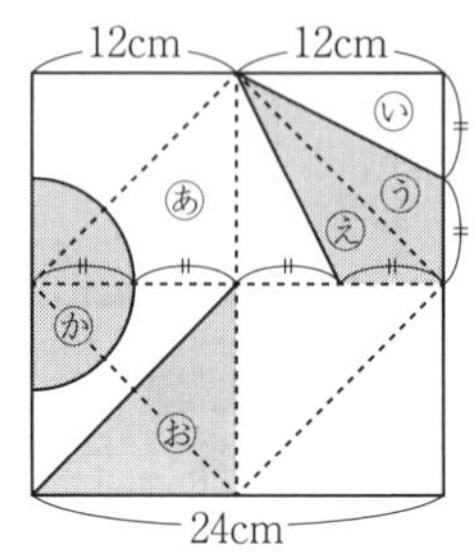


## 4 倍数算

鉛筆《えんぴつ》１本の値段を①円とすると，(700－⑧)：(440－④)＝７：５という式を作ることができる。ここで，$A$：$B$＝$C$：$D$のとき，$B$×$C$＝$A$×$D$となることを利用すると，(440－④)×７＝(700－⑧)×５，440×７－④×７＝700×５－⑧×５，3080－㉘＝3500－㊵，㊵－㉘＝3500－3080，⑫＝420より，①＝420÷12＝35(円)と求められる。よって，鉛筆１本の値段は35円である。

## 5 約束記号，整数の性質

(1)　292÷14＝20余り12より，[292◎14]＝12となるから，[[292◎14]◎７]＝[12◎７]となる。さらに，12÷７＝１余り５より，[12◎７]＝５と求められる。

(2)　[164◎$C$]＝２より，164を$C$で割ると余りが２になるので，$C$は，164－２＝162の約数のうち，余りの２よりも大きい数である。また，162の約数は{1，2，3，6，9，18，27，54，81，162}だから，考えられる$C$の値は＿の８個である。さらに，[$C$◎５]＝２より，$C$を５で割ると余りが２になるので，$C$は５の倍数よりも２大きい数，つまり，一の位が２か７の数である。よって，＿の中で条件に合う数は27，162である。

## 6 場合の数

(1)　１けたの整数(１～９)に使われる数字の個数は９個である。また，２けたの整数は10から99までの，99－10＋１＝90(個)あり，これらにはそれぞれ２個ずつ数字が使われるので，２けたの整数に使われる数字の個数は，２×90＝180(個)とわかる。さらに，100に使われる数字の個数は３個である。よって，１から100まで並べたときの数字の個数は，９＋180＋３＝192(個)と求められる。

(2)　数字が450個並ぶのは，101からかぞえて，450－192＝258(個)の数字を並べたときである。また，３けたの整数にはそれぞれ３個ずつ数字が使われるので，101からかぞえて，258÷３＝86(個)の整数を並べたときとわかる。よって，最後に並べた整数は，101＋86－１＝186である。次に，並べた数字のうちの０の個数を求める。一の位に０が使われる整数は，{10，20，30，…，170，180}の18個ある。また，十の位に０が使われる整数は，{100，101，102，…，109}の10個ある。したがって，並べた数字のうちの０の個数は，18＋10＝28(個)と求められる。

## 7 条件の整理

はじめにＢさんが払《はら》った金額（３人分のおやつ代)を□円とすると，ＢさんがＡさんとＣさんに払った金額の和は，1160＋110＝1270(円)だから，右の図のように表すことができる。

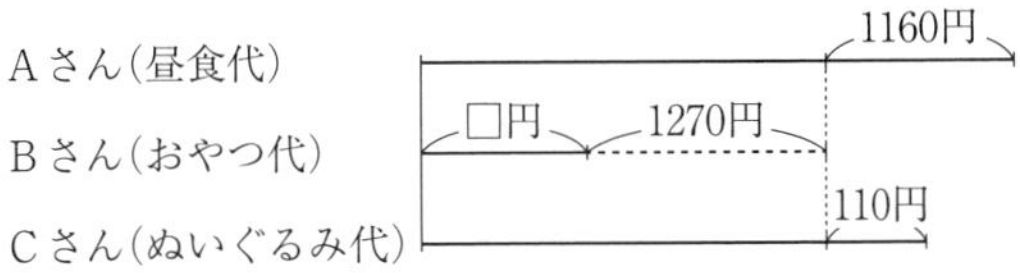


すると，３人分の昼食代は，□＋1270＋1160＝□＋2430(円)，３人分のぬいぐるみ代は，□＋1270＋110＝□＋1380(円)となる。さらに，昼食代はおやつ代とぬいぐるみ代の和に等しいので，□＋□＋1380＝□＋2430より，□＝2430－1380＝1050(円)と求められる。よって，１人分のおやつ代は，1050÷３＝350(円)である。また，３人分のぬいぐるみ代は，1050＋1380＝2430(円)だから，１人分のぬいぐるみ代は，2430÷３＝810(円)となる。

## 8 立体図形―表面積

右の図１のように，四角柱を２本くりぬくと，四角柱の側面の，４×４＝16(面)分の表面積が増える。次に，右の図２のように，２本の四角柱を立方体の側面にぴったりと付けると，★の部分の，２×２＝４(面)分の表面積が減る。よって，四角柱の側面の，16－４＝12(面)分の面積が336$cm^2$とわかるので，１面の面積は，336÷12＝28($cm^2$)であり，四角柱の底面の１辺の長さは，28÷８＝3.5(cm)と求められる。

図１

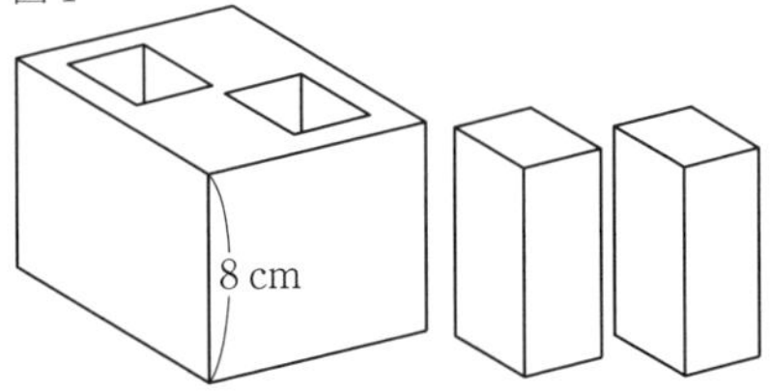


図２

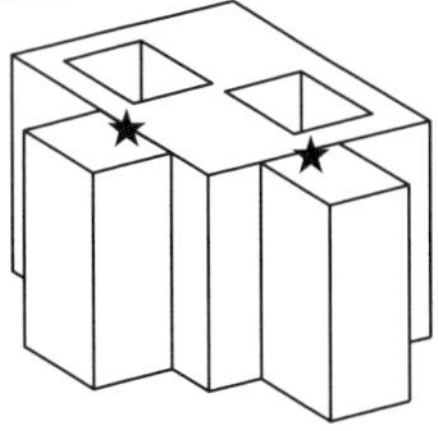


## 9 グラフ―水の深さと体積

(1) はじめに，水を入れるときについて考える。右の図の①～③の順番で水が入り，問題文中のグラフより，②まで入る時間は36秒，③まで入る時間は66秒，水そうの高さは11cmとわかる。よって，水を入れた割合は毎秒，$\frac{9\times20\times11}{66}$＝30($cm^3$)と求められる。

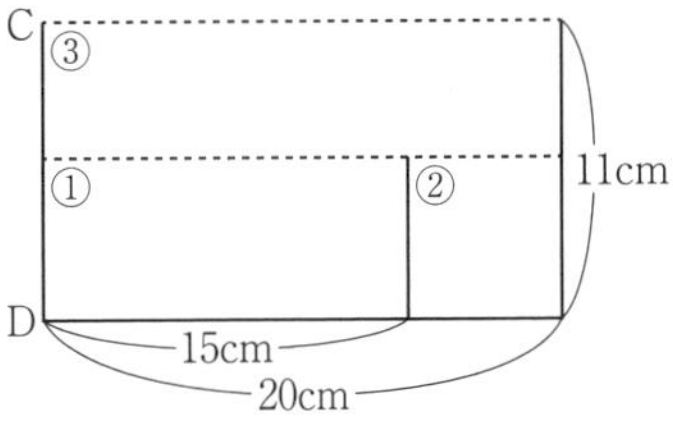


(2) ①の部分と②の部分は，横の長さの比が，15：(20－15)＝３：１なので，容積の比も３：１であり，①の部分がいっぱいになる時間は，36×$\frac{3}{3+1}$＝27(秒)(…ア)とわかる。また，①の部分と②の部分の容積の合計と，水そう全体の容積の比は，36：66＝６：11だから，仕切りの高さは，11×$\frac{6}{11}$＝６(cm)(…イ)と求められる。次に，③の部分と①の部分の容積の比は，{９×20×(11－６)}：(９×15×６)＝900：810＝10：９，③の部分と①の部分を排水《はいすい》する割合の比は，(３＋２)：３＝５：３なので，③の部分と①の部分を排水した時間の比は，$\frac{10}{5}$：$\frac{9}{3}$＝２：３とわかる。よって，③の部分を排水した時間は，(116－66)×$\frac{2}{2+3}$＝20(秒)だから，ウは，66＋20＝86(秒)である。

(3) ③の部分を排水した割合は毎秒，900÷20＝45($cm^3$)であり，この部分はＡとＢで排水しているので，Ａから排水する割合は毎秒，45×$\frac{3}{5}$＝27($cm^3$)とわかる。

**10 立体図形—構成**

⑴　上の面の目を中央の数字で，側面の４つの目をそれ以外の数字で表すと，上から見たようすは右の図のようになる(○で囲まれた数字は，転がした回数)。よって，４回転がしたとき，上の面は１，前の面は５，右の面は４なので，これらの和は，１＋５＋４＝10となる。

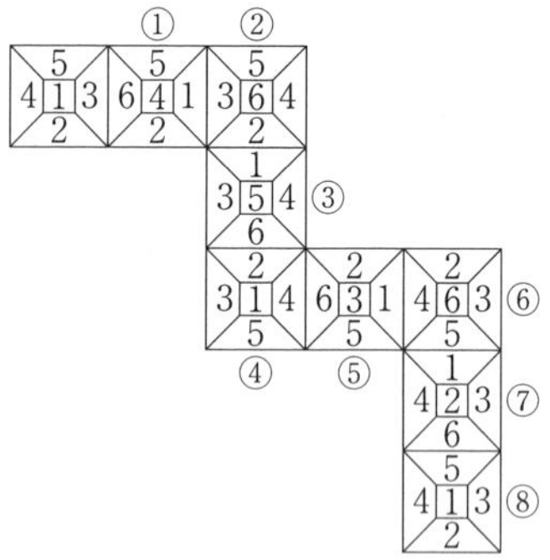


⑵　図より，８回転がすと最初の状態にもどることがわかるから，８回を周期と考える。すると，50÷８＝６余り２より，50回転がしたときの状態は，２回転がしたときの状態と同じになる。よって，上の面は６，前の面は２，右の面は４である。

## 社　会　＜Ｂ日程試験＞（30分）＜満点：60点＞

**解　答**

**1** **問１**　(例)　物見やぐら(濠，柵)　**問２**　ア　**問３**　蝦夷　**問４**　平将門　**問５**　承久の乱　**問６**　狂言　**問７**　祇園祭　**問８**　ウ　**問９**　近松門左衛門　**問10**　徴兵令　**問11**　全国水平社　**問12**　(例)　都市への空襲の被害からのがれるため。　**問13**　PKO　**2** **問１**　Ｖ字谷　**問２**　(例)　雪解け水が流れこむから。　**問３**　⑴　淀川　⑵　ウ　**問４**　(例)　(太陽光発電や風力発電に比べて)天候の影響を受けにくい(から)　**問５**　⑴　吉野すぎ　⑵　イ　**問６**　香川用水　**問７**　さくらんぼ(おうとう)　**問８**　⑴　(例)　川をまっすぐにする工事をした。　⑵　客土　**問９**　(例)　洪水を防ぐため，増水した河川の水をためる。　**3** **問１**　人民の，人民による，人民のための(政治)　**問２**　５(人)　**問３**　⑴　(例)　死票が多い。(少数意見が反映されにくい。)　⑵　一票の(価値の)格差　**問４**　公聴会　**問５**　衆議院の解散。(衆議院を解散すること。)　**問６**　(例)　(情報を受けるだけでなく)自分の意見を発信することができる。　**問７**　リコール

**解　説**

**1 戦乱や戦争を題材とした歴史総合問題**

**問１**　稲作を中心とした農耕が広まった弥生時代には，ムラやクニが成立し，農耕に適した土地や蓄えた食料などをめぐってムラ同士，クニ同士の争いが起きていた。写真は弥生時代中期の環濠《かんごう》集落跡である吉野ヶ里遺跡(佐賀県)のもので，外敵の侵入《しんにゅう》を防ぐために，集落のまわりを濠《ほり》や柵《さく》で囲み，物見やぐらも備えていたことがわかる。

**問２**　671年に天智天皇が亡くなると，翌672年，弟の大海人《おおあまの》皇子と子の大友皇子の間で皇位をめぐる争いが起こった。これを壬申《じんしん》の乱といい，勝利した大海人皇子は即位《そくい》して天武天皇となった。大化の改新とよばれる政治改革が始まったのは，それより前の645年である。なお，イは７世紀末，ウは701年，エは694年のできごと。

**問３**　古代，おもに東北地方に住む朝廷の支配に従わない人々は，蝦夷《えみし》とよばれた。彼らはしばし

ば反乱を起こし，朝廷もこれをおさえるためたびたび出兵した。８世紀末から９世紀初め，朝廷から征夷《せいい》大将軍に任じられ，大軍を率いて蝦夷征討《せいとう》を行った坂上田村麻呂の例がよく知られる。

**問４**　平安時代中ごろ，地方の豪族がみずからの土地を守るため武装するようになった。これが武士のおこりで，こうした武士のうち，関東地方で平将門《まさかど》が，瀬戸内海で藤原純友《すみとも》が反乱を起こし，中央の貴族たちをあわてさせた。

**問５**　源実朝《さねとも》が暗殺されて源氏の将軍が３代で絶えたのをきっかけに，政権を朝廷に取りもどそうと考えた後鳥羽《ごとば》上皇は，1221年，鎌倉幕府の第２代執権《しっけん》北条義時《よしとき》を討《う》つ命令を全国の武士に出した。しかし，よびかけに応じて集まった武士は少なく，幕府の大軍にわずか１か月で敗れ，上皇は隠岐《おき》(島根県)に流された。これを承久《じょうきゅう》の乱という。

**問６**　室町時代には，第３代将軍足利義満の保護を受けた観阿弥《かんあみ》・世阿弥《ぜあみ》父子によって能が大成され，能の合間には狂言《きょうげん》が演じられた。狂言は，中世の庶民《しょみん》の日常や説話などを題材に人間の姿をこっけいにえがく対話劇で，大名や僧侶《そうりょ》などを風刺《ふうし》したものが多い。なお，能と狂言を合わせて能楽という。

**問７**　京都の八坂神社の祭礼は祇園《ぎおん》祭とよばれ，平安時代に始まった。応仁の乱のさい，主戦場となった京都の大半が焼け野原になったため一時中断したが，その後，京都の町衆とよばれる富裕な町人らが復興《ふっこう》し，現在にいたる。祇園祭は，山鉾《やまぼこ》とよばれる山車《だし》(かざりたてた大きな車)を引き回す「山鉾巡行《じゅんこう》」が最大の見せ場で，資料の絵にはそのようすが描かれている。

**問８**　関ヶ原は現在の岐阜県西部，滋賀県との県境付近にある。古代から，畿内《きない》(都とその周辺)と東国を結ぶ交通の要地であった。

**問９**　江戸幕府の第５代将軍徳川綱吉《つなよし》が政治を行った元禄《げんろく》時代には，大坂(大阪)の町人をおもな担い手とする元禄文化が栄えた。このころの歌舞伎《かぶき》や人形浄瑠璃《じょうるり》の脚本家としては，『国性爺合戦《こくせんやかっせん》』『曽根崎心中』などの脚本を書いた近松門左衛門《ちかまつもんざえもん》が知られている。

**問10**　資料に「自らの血によって国に報《むく》いる」(自分の命によって国にお返しをする)とあることから，この法令は徴兵《ちょうへい》令と判断できる。明治政府は1872年，徴兵告諭(資料はその一部)を出して国民皆兵の方針を示し，翌73年，徴兵令を発布した。徴兵により働き手をとられることに対する反発や，徴兵告諭の中の「血税」という語を生き血をとられると勘違《かんちが》いしたことなどから，徴兵令反対の一揆《いっき》が各地で起きた。なお，当初は戸主や長男などは除くとする免除規定があったため，実際に徴兵されたのは農家の次男以下の者が多かった。

**問11**　江戸時代に幕府によって定められた身分制度のもとで，えた・ひにんなどとして特定の地域に住まわされ，差別されてきた人々は，明治時代初期に解放令が出されてからも，就職や結婚などさまざまな場面で差別を受けてきた。そうした部落差別に苦しめられてきた人々は，みずからの手で差別の解消に取り組むため，1922年に全国水平社を結成した。なお，第一次世界大戦(1914～18年)後には，世界的に民主主義(デモクラシー)の気運が高まる中，日本でも憲政擁護《ようご》運動(護憲運動)や普通選挙運動，部落解放運動，婦人解放運動など，大正デモクラシーとよばれる民主主義的風潮が高まった。

**問12**　太平洋戦争(1941～45年)末期，アメリカ軍による日本本土への空襲《くうしゅう》が本格化すると，その被害を避《さ》けるため，都市部に集中する人や産業を地方に分散させる政策がとられた。これを疎開《そかい》といい，大都市の小学生を集団で地方に移住させる学童疎開や，工場を地方に移転させる工場疎開などが行われた。資料の写真は，疎開先に向かう列車に乗りこむ児童らのようすをとらえたものである。

**問13**　国際連合が紛争が行われていた地域に部隊などを派遣し，停戦の監視や公正な選挙の実施，復興支援などを行う活動を「平和維持活動(PKO)」という。日本では1991年の湾岸戦争を機に国際貢献《こうけん》のあり方をめぐって議論が高まったこともあり，1992年に「国連PKO協力法」が制定され，自衛隊をPKOに参加させることとなった。以来，同年に行われたカンボジアへの派遣を最初として，世界各地で行われているPKOに自衛隊が参加するようになっている。

**2　河川を題材とした地理総合問題**

**問１**　川の上流付近では，斜面《しゃめん》が急なので，流れる水の勢いが強く，侵食作用と運搬《うんぱん》作用により川底がどんどんけずられ，断面がＶ字形の深い渓谷《けいこく》ができやすい。このような谷をＶ字谷という。

**問２**　日本海側の地域では，冬の間に山間部に積もった雪が春になるととけ，地中にしみこんだり地表を流れて河川に流れこんだりするため，春先に河川の流量が増える。

**問３**　(1)　琵琶湖(滋賀県)を水源とする淀《よど》川は，京阪神地方に生活用水や農業用水，工業用水などを提供してきた。阪神工業地帯も，淀川の水を工業用水として利用することで発展した。　(2)　化学工業の割合が最も高いアは，京葉工業地域，機械工業が70％近くを占《し》めるエは中京工業地帯である。残る２つのうち，機械工業が40％を超《こ》えているイは関東内陸工業地域で，金属工業が20％を超えているウが阪神工業地帯と判断できる。統計資料は『日本国勢図会』2022／23年版による(以下同じ)。

**問４**　再生可能エネルギーは自然の力で回復し半永久的にくり返し使えるエネルギー(太陽光，水力，バイオマス，風力，地熱など)のことで，日本では総発電電力量の約２割を占める。太陽光発電や風力発電は天候などの気象条件に左右されるが，水力発電にはそうした心配は少ない。

**問５**　(1)　地図１中Ａの地域は奈良県の吉野地方で，紀の川は上流側の奈良県では吉野川とよばれる。吉野地方にはすぎの人工美林があり，吉野すぎは尾鷲《おわせ》ひのき(三重県)，天竜すぎ(静岡県)とともに「人工の三大美林」に数えられる。なお，「天然の三大美林」とよばれるのは木曽ひのき(長野県)，秋田すぎ，青森(津軽《つがる》)ひばである。　(2)　森林には木の葉が腐《くさ》ってできる栄養分の多い腐《ふ》葉土《ようど》があり，その腐葉土の中の栄養分が川から海に流れこむと，魚のえさとなるプランクトンが増える。さけは一般《いっぱん》に成魚が秋に河川をさかのぼって上流で産卵し，生まれた稚魚は春になると川を下って海に出て，河口付近でしばらく過ごした後，回遊して北洋に向かい，数年たつと生まれた川に戻って産卵し，一生を終える。そのため，さけは特に北海道などの「魚つき保安林」との結びつきが強いといえる。

**問６**　香川県の讃岐《さぬき》平野は瀬戸内の気候に属し，夏の湿った南東の季節風を四国山地に，冬の湿った北西の季節風を中国山地にさえぎられるため年間降水量が少なく，古くからため池を使ったかんがいが行われてきた。太平洋戦争後，となりの徳島県を流れる吉野川を水源として香川用水が引かれ，水不足による被害が少なくなった。

**問７**　山形盆地ではさくらんぼ(おうとう)の栽培がさかんで，山形県のさくらんぼの生産量は全国の７割以上を占めている。

**問８**　(1)　蛇行《だこう》(曲がりくねること)する河川は，河岸を侵食する作用が強くはたらくため，洪水を起こしやすい。低地が広がる石狩《いしかり》平野(北海道)を流れる石狩川は蛇行して流れる部分が多かったため，しばしば洪水を引き起こしてきた。そのため，20世紀前半に，水が速やかに下流に流れるように流路を直線的にする工事が各地で行われた。　(2)　石狩平野は泥炭地(寒冷な気候のため太古の植物が腐ることなく幾重にも積み重なった土壌)が広がり，農業には適さなかった。そのため，第二次世界大戦後，ほかの地域から質のよい土を運び，土壌を入れ替える客土が行われた。その結果，現在は全国有数の稲作地帯となっている。

**問９**　写真の施設は，首都圏外郭《けんがいかく》放水路の調圧水槽《すいそう》である。この放水路は国道16号の地下を走る全長約６kmの地下水路で，近年増えている都市型洪水とよばれる中小河川の氾濫《はんらん》を防ぐため，大雨で河川の水量が増えた場合に水をここに引きこみ，一時的に貯蔵できるようになっている。

## 3　民主主義と日本の政治についての問題

**問１**　アメリカ合衆国の内乱である南北戦争中の1863年，大統領リンカーンが激戦地のゲティスバーグで演説を行った。その中の「人民の，人民による，人民のための政治」という言葉は，民主主義の基本的な考え方を示すものとして，現代に受け継《つ》がれている。

**問２**　1945年12月の選挙法改正により，満20歳以上のすべての男女に選挙権が認められた。したがって，図に示された家族のうち選挙権を持っていたのは，「祖母」「祖父」「母」「父」「長女」の５人である。

**問３**　(1)　小選挙区制は１つの選挙区から１人を選出する制度であり，２位以下の候補者はすべて落選となるので，それらの候補者に投じられた票は政治に反映されない「死票」になる。また，大政党に有利な結果になりやすく，少数意見が政治に反映されにくくなるという短所も持つ。　(2)　現行の参議院の選挙制度では，議員１人あたりの有権者が最も多い選挙区と最も少ない選挙区の間で，約３倍の差がある。つまり，最も多い選挙区の候補者は，最も少ない選挙区の３倍の票を獲得しないと当選できない。こうした状況は，「一票の格差」あるいは「一票の価値の格差」とよばれる。埼玉選挙区で定数が増やされたのは，そうした問題を少しでも解消するためである。

**問４**　国会において，議案はまず委員会で審議・採決されたあと，本会議に送られる。委員会では，専門家や利害関係者などの意見を聞くために，公聴会が開かれることがある。なお，予算の審議や新たな予算をともなう議案の審議のさいには，公聴会は必ず開かれることになっている。

**問５**　衆議院が内閣不信任決議をした場合，内閣は10日以内に衆議院を解散しない限り，総辞職しなければならないことが，日本国憲法第69条で定められている。なお，日本国憲法施行後，衆議院で内閣不信任案が可決された例は４回あるが，内閣はいずれも衆議院の解散を選択している。

**問６**　SNS(ソーシャル・ネットワーキング・サービス)とは，インターネット上のさまざまなオンライン・サービスを利用して，不特定多数の個人や企業などとの間で情報のやりとりを行うしくみである。経営する企業は掲載される広告の収入によって事業を運営しているので，会員は原則として無料で利用できる。新聞やテレビなどのマスメディアと異なり，情報を受け取るだけでなく，自分からも発信できるという特徴を持つため，世論の形成にも一定の影響を与《あた》えるようになっている。

**問７**　首長や議員の解職を求めることをリコールという。地方の政治においては，住民は有権者の３分の１以上の署名を集めることで，選挙管理委員会に対してリコールの請求《せいきゅう》(解職請求)を行うことができる。

## 理　科　＜Ｂ日程試験＞（30分）＜満点：60点＞

### 解　答

**1** (1) 二酸化炭素　(2) (例) 空気にさらして有害な気体を減らしている。　(3) 2
(4) 4　(5) 15袋　**2** (1) ① 140 g　② 0.7 g/$cm^3$　(2) 250 g，沈む　(3)
90.2$cm^3$　(4) **ア** b　**イ** 銀貨　**ウ** 体積　**3** (1) ① 4　② ア　③ ウ
(2) 3→1→2　(3) A　**4** (1) ① B　② 2，4　(2) 3，5　(3) 3
(4) **1** a　**2** b　**3** c　(5) ① イ　② イ　③ ウ

### 解　説

**1 温泉に溶《と》けている気体の性質についての問題**

(1) 炭酸飲料は，飲み物の中に高い圧力で二酸化炭素を溶かしこんで作られている。炭酸飲料の容器のふたを開けると，容器中の圧力が下がるために二酸化炭素が出てくる。

(2) 硫化《りゅうか》水素や二酸化硫黄《いおう》は，こい状態で人間が吸いこむと有害な気体だと述べられている。そのため，溶けこんでいる有毒な気体を減らすことも，温泉水を空気にさらすことの役割の１つだと考えられる。

(3) 硫化水素と二酸化硫黄は空気より重い気体なので，屋内の空気を排気《はいき》するための換気扇《かんきせん》を低い位置につけ，外気を取り込《こ》むための換気扇を高い位置につけると，屋内の空気を効率よく入れかえることができる。また，硫化水素と二酸化硫黄が顔付近にたまらない構造になっている方がよい。よって，２がふさわしい。

(4) 鉄やアルミニウム，亜鉛《あえん》は，水素を発生しながら塩酸に溶ける。また，大理石は石灰岩が熱と圧力によって変化してできた岩石で，二酸化炭素を発生しながら塩酸に溶ける。したがって，４が選べる。

(5) お湯290Ｌは，$1 \times 290 = 290$(kg)だから，温泉の条件を満たすために必要な温泉の成分は，$290 \times 1000 \times \frac{1}{1000-1} = 290.2\cdots$より，およそ290 g である。よって，290÷20＝14余り10より，入浴剤を15袋入れればよいことがわかる。

**2 浮力《ふりょく》についての問題**

(1) ① 図１で，木片にはたらく浮力の大きさは，木片が押《お》しのけた水の重さに等しく，$1.0 \times 20 \times 7 = 140$(g)である。　② 図１で，木片が浮《う》いているのは，木片の重さと浮力がどちらも140 g でつり合っているからである。また，木片の体積は，$20 \times 10 = 200$($cm^3$)である。よって，この木片の密度は，140÷200＝0.7(g/$cm^3$)と求められる。

(2) 図２でのせたアルミニウム板は，重さが135 g，密度が2.7 g/$cm^3$なので，体積は，135÷2.7＝50($cm^3$)である。また，木片の体積は200$cm^3$だから，この物体全体の体積は，50＋200＝250($cm^3$)である。よって，この物体が完全に水中にあるときにはたらく浮力の大きさは，$1.0 \times 250 = 250$(g)とわかる。次に，この物体の全体の重さは，140＋135＝275(g)で，この物体が完全に水中にあるときにはたらく浮力の大きさよりも重いので，この物体は沈《しず》む。

(3) 図３の氷は，密度が0.92 g/$cm^3$，体積が100$cm^3$なので，重さは，$0.92 \times 100 = 92$(g)である。よって，この重さとつり合う浮力は92 g であり，海水の密度は1.02 g/$cm^3$なので，92÷1.02＝90.19

…より，海水面より下にある部分の体積は90.2cm³と求められる。

(4)　同じ重さの金貨と銀貨を比べたときに体積が大きいのは，密度が小さい銀貨である。よって，図４で，ゆっくり金貨と銀貨を水中にいれたとき，銀貨にはたらく浮力の方が大きいので，滑車《かっしゃ》にかけた糸はｂの向きに動く。

## 3　太陽系と天の川銀河についての問題

(1)　①　北極側から見て，地球は地軸《ちじく》を中心に反時計回りの４の向きに自転している。　②　地球が４の向きに自転しているので，太陽と反対側の夜から太陽に照らされる昼に変わるアの地点で，東の空に太陽が出てくるのが見える。　③　向かって左側が欠けた上弦《じょうげん》の月は，向かって右側半分が太陽の光に照らされているときに見られる。したがって，上弦の月はウの地点で真南に見える。

(2)　地球が西から東に自転しているため，夜空に見える星は，北極星を中心に反時計回りの円をえがくように動いて見える。よって，北極星と夏の大三角との位置関係に注目すると，３→１→２となる。なお，夏の大三角は，はくちょう座のデネブ，わし座のアルタイル，こと座のベガを結んだ三角形である。

(3)　太陽に対して地球がＡの方向にあるとき，地球上で夜になっている地域では，天の川銀河の中央が正面に見えるので，天の川が最もよく見える。

## 4　食害による植物の反応についての問題

(1)　①　トウモロコシは１つの株に，めしべを欠いたお花と，おしべを欠いため花が，別々につく。お花は株の上の方に図３のＢのようにつく。Ａはめ花で，めしべの柱頭をひげのように出し，お花の花粉が風で運ばれることで受粉する。　②　マツとウリ科の植物であるキュウリは，トウモロコシと同じく，同じ株にお花とめ花が別々につく。なお，イチョウはお花のつくお株と，め花のつくめ株に分かれている。また，ヒマワリとアサガオは，おしべとめしべがそろった花がつく。

(2)　カイコガの幼虫はクワの葉を食べるが，成虫はエサをいっさい食べない。また，ミツバチの幼虫は，はたらきバチの与《あた》えるハチミツと花粉を混ぜたエサを食べる。

(3)　１次物質の量は，食害の24時間後（１日後）に最大になると述べられている。また，実験２で，昆虫《こんちゅう》Ｙが接触《せっしょく》した２日後に接触させた昆虫Ｗの体重増加が見られないことから，２次物質は２日後以降もつくられ続けると考えられる。したがって，３がふさわしい。

(4)　図２より，実験２で体重増加が抑制《よくせい》されたのは昆虫Ｗとわかるので，アは昆虫Ｗである。すると，イは昆虫Ｙとなる。　**1**　(3)より，１次物質の量は昆虫Ｙ接触の１日後に最大になり，２次物質の量は昆虫Ｙ接触の１日後から増え始めるので，実験２での昆虫Ｙの体重は１日目の間に増加すると予想できる。　**2，3**　(3)より，２次物質は昆虫Ｗ接触の２日後以降もつくられ続けるので，実験３での昆虫Ｙの体重は，実験２の昆虫Ｗと同様に，ほとんど変わらないと予想できる。

(5)　①　仮説が正しければ，Ａの果実はＢの果実よりも食べられにくいので，食べられずに残った割合はＡがＢよりも大きくなる。　②　仮説が正しければ，長い年月の後，Ａの果実のトゲの長さの平均は，Ｂの果実のものよりも長くなるはずである。　③　Ａの果実はＢの果実よりも食べやすいので，食べられずに残った割合はＡがＢよりも小さくなる。

## 国　語　＜Ｂ日程試験＞（45分）＜満点：100点＞

### 解　答

**問１　ゲンテン，タイチョ，テイキ，ジュリツ，サイヨウ**…下記を参照のこと。　**下積(み)**…したづ(み)　**問２**　⑴　ウ　⑵　イ　**問３**　（例）『プリンキピア』の新訳　**問４**　エ　**問５**　（例）（科学の世界で）研究者と指導者が二人で研究を進めていく（ということ。）　**問６**　⑴　ア　⑵　ウ　**問７**　本質が持つ深みと高み　**問８**　**Ａ**　天命　**Ｂ**　青く　**Ｃ**　神　**問９**　ア　**問10**　①　カ　②　ウ　③　イ　**問11**　（例）　成果を得ることを第一として，スピードや効率だけを追い求める（こと。）　**問12**　大発見の芽になるような糸口　**問13**　ウ　**問14**　（例）　科学者は，のろさと引きかえに大切な発見をしたり，失敗を見通せないかわりに思い切った行為ができたり，おろかさを自覚することで自然に傾聴できたりする「頭の悪さ」を持つと同時に，観察と分析と推理を正確に行える「頭のよさ」を持たねばならないということ。　**問15**　Ｂ　**問16**　直感　**問17**　エ　**問18**　模倣によっ～離れること　**問19**　イ　**問20**　（例）　科学は（あらたな発見や達成があっても）つねにさらなる進歩の余地があり，（論理を越えた）創造的なものであるということ。

**●漢字の書き取り**

**問１　ゲンテン…原典　タイチョ…大著　テイキ…提起　ジュリツ…樹立　サイヨウ…採用**

### 解　説

**出典は酒井邦嘉《さかいくによし》の『科学者という仕事―独創性はどのように生まれるか』による。**科学の本質や研究者として大切なことについて，さまざまな科学者の言葉を引用しながら説明している。

**問１　「ゲンテン」**…参照すべき書物。　**「タイチョ」**…質の高さや分量の多さが際立《きわだ》った本。　**「テイキ」**…相手にわかるように示すこと。　**「ジュリツ」**…しっかり打ち立てること。　**「下積(み)」**…表舞台《ぶたい》に出る前に，人の下で働く期間。　**「サイヨウ」**…新しく取り入れること。

**問２**　⑴　「奇《く》しくも」は，“不思議にも”という意味。　⑵　「いとわない」は，避《さ》けたり抵抗《ていこう》を感じたりしないこと。

**問３**　ぼう線部１の「これ」は，直接的には直前の一文の「新訳」を指している。この「新訳」が，「『プリンキピア』の英訳」であることをふまえてまとめる。

**問４**　ぼう線部２の問いを読者に投げかけた筆者は，直後の段落で，「監督《かんとく》やコーチに加えて，トレーナーや整体士・栄養士，時には心理療法《りょうほう》士までが，ベスト・コンディションへの調整に参加する場合」について述べ，チームの支えが必要であることを説いている。裏を返せば，誰《だれ》の力も借りずに個人で新記録を達成しているならば「超人《ちょうじん》」といえると考えられるので，エがよい。

**問５**　「二人三脚《さんきゃく》」は，二人が助け合って仕事などをすること。同じ段落の「研究室」における「二人」とは，「研究者」と「指導者」である。

**問６**　⑴　アの「なる」は，“ある状態に至《いた》る”という意味の言葉。これに対して，イの「みる」，ウの「ある」，エの「いる」は，ほかの言葉につくことでいろいろな意味をそえる言葉である。　⑵　ウの「ない」は，「ぬ」と置きかえられる打ち消しの表現。これに対して，ア，イ，エの「ない」はいずれも，“存在しない”という意味を表す言葉である。

**問７**　「究極」をめざして研究することによって得られるものについては，同じ段落の「究極の研究は，最先端《せんたん》をめざして」以降に続く部分で，「中途半端《ちゅうとはんぱ》で投げ出したり，妥協《だきょう》したりしないという厳しさ」と，「本質が持つ深みと高み」が得られると説明されている。

**問８**　Ａ「人事を尽《つ》くして天命を待つ」は，自分にできることをやりきったうえで結末を見守ること。　Ｂ「となりの芝生《しばふ》は青い」は，他人が持っているものは実際よりもよく見えて，うらやましく感じられるものだということ。　Ｃ「神がかり」は，人間の限界を超《こ》えた奇跡《きせき》的なもの。

**問９**　「関の山」は，うまくいってもせいぜいそこまでという意味。

**問10**　①　直前の大段落で取り上げた「鈍《どん》」について，続く大段落でくわしく説明する場面なので，前の内容を受けて，次のことがらを導くときに使う「それでは」がよい。　②「あまりにいい加減」ならば「発見」につながらないが，「ちょっとだけいい加減」ならば「発見」につながると述べる文脈なので，前のことがらを受けて，それに反する内容を述べるときに用いる「しかし」が合う。
③「ちょっとだけいい加減」であることの必要性を論じた引用部分をふまえ，続く部分で「予想外のことがちょっとだけ起こるような，適度な『いい加減さ』が大切なのである」と言い換《か》えているので，まとめて言い換《か》えるはたらきの「つまり」が選べる。

**問11**　直前の段落で筆者は，「成果を得ることを第一として，スピードと効率だけを追い求めていては，傍《かたわ》らにあって，大発見の芽になるような糸口を見落としてしまうかもしれない」と述べている。このことから，研究を順調に進めることばかりを重視する人が「脚《あし》の早い旅人」にたとえられていることがわかる。

**問12**　問11でみたように，筆者は「スピードと効率」ばかりを追求すると，すぐそばにある「大発見の芽になるような糸口」を見落とす可能性があると述べている。これは，引用部分の「肝心《かんじん》なもの」や「大事な宝物」と同じものにあたる。

**問13**　「赤裸《あかはだか》」は，何も隠《かく》すことなくむき出しであるさまを表すので，ウが選べる。

**問14**　引用部分で寺田寅彦《てらだとらひこ》は，科学者になるには「頭の悪い人」であることが前提であることを説明し，そのうえで，「併《しか》しそれだけでは科学者にはなれない事も勿論《もちろん》である。矢張《やは》り観察と分析《ぶんせき》と推理の正確周到《しゅうとう》を必要とする」と，「頭のいい人」であることの必要性も述べている。

**問15**　もどす文の内容から，直前では「頂上」や「ゴール」と似た言葉が使われていると推測できる。よって，「完成」をふくむ一文の直後のＢに入れると，「論文」への取り組みを「登山」や「マラソン」にたとえる形になり，文意が通る。

**問16**　空欄《くうらん》をふくむ一文は，直前の一文と同様に「鈍」と「勘《かん》」について述べた内容である。「鈍」は「汗《あせ》」に対応し，空欄には「勘」に対応する言葉が入るので，「勘」を言い換えた言葉である「直感」がぬき出せる。

**問17**　「幸運の女神が微笑《ほほえ》む」は，幸運がめぐってくること。前のほうで筆者は，「研究は究極の真理をつきとめることが目標である」と述べている。このような筆者にとっての幸運とは，研究の成果が得られることといえる。

**問18**　続く部分に，「模倣《もほう》によってこれまでの研究を守り，それを破り，そして創造の力でそれから離《はな》れること」ができれば「論理を越《こ》えた」ことになると書かれている。

**問19**　ニュートンは「真理の大海は全く未発見のまま私の前に広がっていたのです」と述べ，アインシュタインは「確固たるものであろうと自分で確信するような考えは一つもなく」と述べていたので，「さらなる進歩の余地があることを自覚していた」とあるイが選べる。最後の段落に「アインシュタインもまた，科学のさらなる進歩の余地を見すえていたに違《ちが》いない」とあることも参考になる。

**問20**　ぼう線部13の「完成のない」は，科学がどれだけ進歩しても「さらなる進歩の余地」があるようすを表している。また，「芸術」は，「論理を越えた創造」を言い換えた言葉である。これらをふまえ，「科学はどれだけ進歩してもつねにさらなる進歩の余地があり，論理を越えた創造を必要とするものであるということ」のようにまとめる。

# 2022年度　東洋英和女学院中学部

〔電　話〕(03) 3583－0696
〔所在地〕〒106-8507　東京都港区六本木5－14－40
〔交　通〕東京メトロ日比谷線・都営大江戸線－「六本木駅」より徒歩7分
東京メトロ南北線・都営大江戸線－「麻布十番駅」より徒歩5分

**【算　数】**〈A日程試験〉(45分)〈満点：100点〉

**1**　次の計算をしなさい。

(1)　$14\times 7-29-57\div 3$

(2)　$\frac{5}{21}-\left(\frac{1}{6}+\frac{1}{4}\right)\div 2\frac{1}{3}\times\left(1.6-\frac{6}{5}\right)$

**2**　次の□にあてはまる数を入れなさい。

(1)　1個□円のお菓子《かし》を7個，1本90円のジュースを4本買うと代金は合わせて1620円になります。

(2)　家から駅までの道のりは□kmです。家から駅に向かって時速4.2kmで9分歩いた後，分速140mで5分30秒走ると駅に着きます。

(3)　原価□円の商品に4割の利益を見こんで定価をつけましたが，売れなかったので定価の2割引きにして売ったところ，利益は45円でした。

(4)　0，2，3，4から3種類の数字を選んで，3けたの偶《ぐう》数をつくると全部で□通りできます。

(5)　直方体A，Bがあり，体積の比は10：9です。縦の長さはBがAの1.5倍，横の長さはBがAの0.8倍，高さはBがAの□%です。

(6)　3つの整数$A$，15，21の最大公約数は3，最小公倍数は630です。$A$にあてはまる数の中で，2けたの整数は□と□です。

**3**　下図の四角形ABCDは1辺の長さが8cmの正方形で，曲線は半円か円の$\frac{1}{4}$です。辺BCの真ん中の点をMとします。影《かげ》の部分の面積を求めなさい。ただし，円周率は3.14とします。

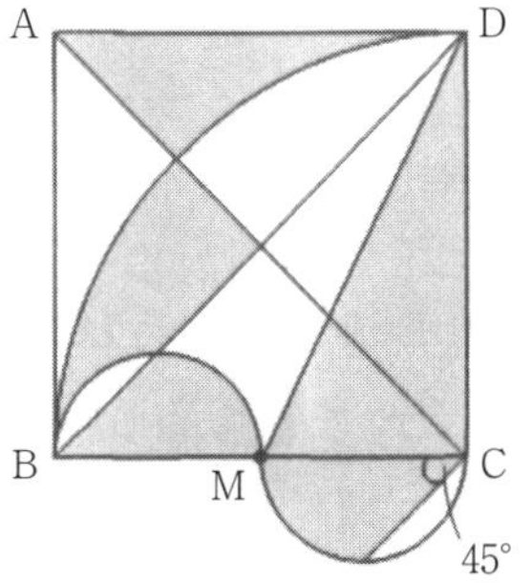


**4**　かきを2個，りんごを3個，梨を5個買うと代金は1470円です。りんごの個数はそのままで，かきと梨の個数を入れかえて買うと，代金は270円安くなります。梨1個の値段はかき1個の値段の2倍です。りんご1個の値段はいくらですか。

**5**　右図のような直方体を組み合わせた立体があり，表面積は1644$cm^2$です。この立体の体積を求めなさい。

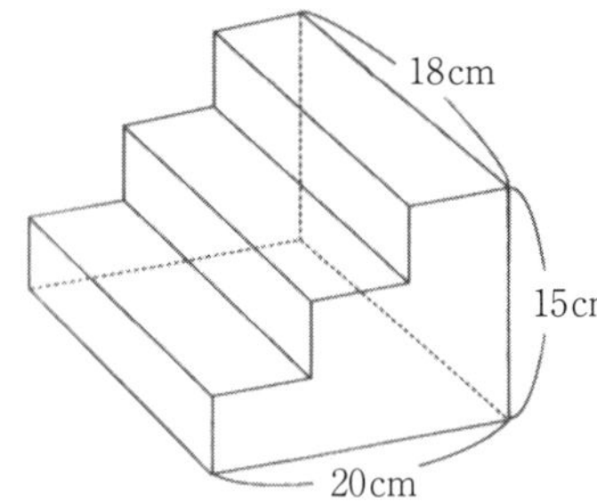


**6**　周の長さが等しい正方形と円があります。この正方形の面積と円の面積を比べると，どちらが大きいですか。理由も述べなさい。ただし，円周率は３とします。

**7**　1011を$A$で割ると，商が25，余りが$B$になります。$A$，$B$にあてはまる整数の組をすべて答えなさい。

**8**　家，図書館，公園がこの順番で真っすぐな道に沿ってあります。ある日，弟は公園から家に，姉は同じ時刻に家を出発して図書館に，それぞれ歩いて向かいました。姉は図書館に着いて本を借り，急ぎ足で家に帰る途《と》中，弟に追いついたので，弟の歩く速さに合わせて一緒《しょ》に帰りました。右のグラフは，２人が出発してからの時間と，家と姉，家と弟それぞれの距離《きょり》の和の関係を表したものです。ただし，姉が歩く速さと急ぎ足の速さ，弟が歩く速さはそれぞれ一定とします。次の問いに答えなさい。

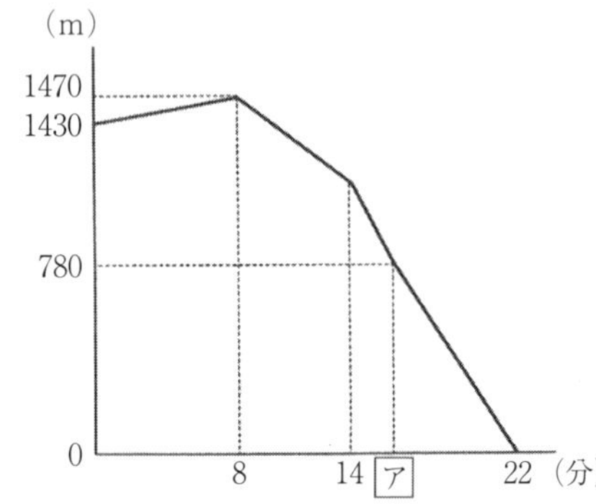


(1)　弟の歩く速さを求めなさい。

(2)　家と図書館の距離を求めなさい。

(3)　$\boxed{ア}$にあてはまる数は何ですか。

(4)　姉の急ぎ足の速さを求めなさい。

**9**　ゆうちゃんは友だちと一緒にどんぐりを拾いに行きました。目標は１人30個でしたが，３人は25個ずつ，１人は26個，他の人は30個ずつ拾いました。拾ったどんぐりを全部集めて，みんなが同じ個数ずつもらえるように分け，余った５個を先生へのおみやげにしました。帰り道，みんなで同じお菓子《かし》を１つずつ買い，合計で468円払《はら》いました。何人でどんぐりを拾いに行きましたか。考えられる人数をすべて答えなさい。

**10**　［$A$ $\boxed{○の位}$ ］は，整数$A$を指定した位で四捨五入した数を表します。例えば，［2875 $\boxed{十の位}$ ］＝2900，［2875 $\boxed{一の位}$ ］＝2880です。次の問いに答えなさい。ただし，下の△と▽と☆にはそれぞれ十または一が入ります。

(1)　$B$＋［745 $\boxed{△の位}$ ］＝970にあてはまる$B$をすべて答えなさい。

(2)　［$C$ $\boxed{▽の位}$ ］＝8800，［$D$ $\boxed{☆の位}$ ］＝1000，$C+D$＝$\boxed{E}\boxed{F}\boxed{E}\boxed{F}$ となる４けたの整数 $\boxed{E}\boxed{F}\boxed{E}\boxed{F}$ は２種類あります。ただし，$E$と$F$は１けたの整数です。$\boxed{E}\boxed{F}\boxed{E}\boxed{F}$ を求め，それぞれに対して$C$は何個考えられるか答えなさい。

**【社　会】**〈Ａ日程試験〉（30分）〈満点：60点〉

〈編集部注：実物の入試問題では，すべての写真と地形図，大部分の地図とグラフはカラー印刷です。〉

**１**　次の文章をよく読んで，あとの問いに答えなさい。

最初に日本列島に住んだ人々は，狩《か》りをしたり，木の実などを採集したりして生活していました。大陸から米作りが伝わると，米作りを指導する人と，それに従う人の間に，身分や貧《ひん》富の差が見られるようになりました。古墳時代，大陸との行き来が活発になり，①有力者が進んだ技術や知識を取り入れて力をつけ，支配者としての権力を強めていきました。

②奈良時代，中国にならって律令政治が始まると，支配する人とされる人の関係も大きく変化しました。律令政治がいかに都に力を集中させたかは，聖武天皇が多くの人を都で働かせ，（　１　）に世界最大級の金銅仏をつくらせたことからもわかります。一方，地方では，農民は厳しい税に苦しみ，税をごまかしたり，土地を捨てて逃げたりする者も現れました。

平安時代，全国の豪族から寄進をうけて力を伸《の》ばした藤原氏は，都で摂関政治を行い，重要な役職を独占《せん》しました。一方，豪族の中には，領地を守るために武装して戦う者が現れ，やがて戦いを仕事とする武士が生まれました。③武士は都の政治に関わって力を伸ばし，ついに平清盛や源頼朝が武力で政治の実権を奪《うば》いました。武士の世は鎌倉時代に始まって，今から約（　２　）年前まで続いていたため，④武士の生き方や考え方に関係することばが今も多く残っています。

鎌倉時代の中頃《ごろ》から，農業技術や商工業の発達により，支配者と人々の関係に変化が見られるようになりました。力をつけた農民は団結して村の自治を行い，納税を拒《きょ》否するなど，領主に逆らうこともありました。実力をつけた者が身分に関係なく活躍《やく》する（　３　）の風潮は，戦国時代になるとさらに強まります。戦国大名は，独自のきまりをつくって家臣を厳しく統制する一方，⑤治水や鉱山開発に力を入れ，領民を守り育てることにも努めました。

戦国時代を終わらせた豊臣秀吉は，太閤検地や刀狩りを行って，武士が全国の土地と農民を支配する体制をつくり，武士とその他の身分をはっきり区別しました。江戸時代，農村の生活は厳しく統制されましたが，都市の生活は比較《かく》的自由でした。経済力をつけ，生活にゆとりができた町人は，相撲《すもう》や歌舞伎《かぶき》，⑥旅行などを楽しむようになりました。

明治時代，身分制度が廃《はい》止されて四民平等の世になりました。⑦身分にもとづく負担が改められ，国民全員に同じ負担が課されるようになると，急激な改革に反対する動きが各地で起きました。政府はこうした動きを武力で抑《おさ》えこみましたが，今度は国会の開設を求める声が高まりました。この声におされた政府は，ついに国会を開設しましたが，国会を軽視した政治を続けました。

20世紀に入ると，産業革命が進展しました。大正時代，農民や労働者，女性など弱い立場の人々は，団結して権利を求めるようになりました。こうした動きは民主政治の実現を求める運動となり，やがて平民宰《さい》相とよばれた（　４　）による最初の本格的な政党内閣の成立につながっていきました。

昭和時代，世界恐慌が起こって不景気が続くと，軍部が進める大陸侵《しん》略を支持する声が国民の間で強まりました。⑧犬養毅首相は軍部が起こした満州事変を批判したため暗殺され，政党内閣は８年で終わりを迎《むか》えました。軍人を中心とする政府は，日本の大陸侵略に反対するアメリカなどと激しく対立し，ついに太平洋戦争へと突《とつ》入していきました。

1945年，日本は多くの犠牲《ぎせい》をだした末，連合国軍に無条件降伏《ふく》しました。連合国軍総司令部(GHQ)は，⑨日本を平和で民主的な国にするためにさまざまな指示を出しました。なかでも重要な民主化改革は，憲法の改正でした。日本国憲法は，国の政治を動かす力は国民にあると明記しています。国民自身が政治の主役になる時代がやってきたのです。

問1　下線部①について。その様子は，古墳時代初期と中～後期の出土品の変化から読み取ることができます。次はそれぞれの時期の古墳に多く見られる出土品です。有力者の立場は，何の指導者から，何の指導者へ変化していったと考えられますか，解答欄《らん》に従って答えなさい。

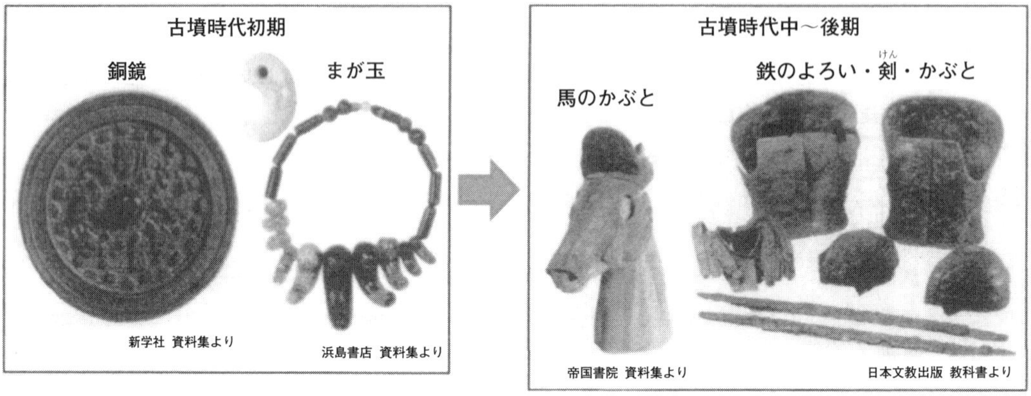


問2　下線部②について。次は律令政治について調べているときの，3人の生徒の会話です。また，右は主な農民の税について示した表です。庸や調の特徴《ちょう》について，会話文中の□にあてはまるように答えなさい。

| | |
|---|---|
| 租 | 収穫《かく》した稲《いね》の約3%を，住んでいる地域の役所に納める |
| 調 | 住んでいる地域の特産品を納める |
| 庸 | 都で10日間働くか，布を納める |

和子さん：それまでは豪族が農民も土地も支配していたけど，律令政治では班田収授の法を定めて，農民を戸籍《せき》に登録して税を負担させたのね。収穫の3%って大変なのかな。

英子さん：口分田は一人一人に与《あた》えられたって書いてあるから，家族全員分を合わせたら大変かも。それに他にも特産品や布も作らないといけないし。

洋子さん：租も大変だろうけど，調や庸は□から，もっと大変だったと思うわ。そのために道もつくられて，朝廷が全国を支配するしくみが整っていったのね。

問3　文章中(1)にあてはまる寺院名を答えなさい。

問4　下線部③について。次は平清盛と源頼朝について調べているときの，3人の生徒の会話です。頼朝がめざしていた武家政治のありかたを，□にあてはまるように答えなさい。

洋子さん：清盛は，武士で初めて太政大臣になって，一族で朝廷の高い地位を独占したのよね。娘を天皇に嫁《とつ》がせて，生まれた子どもを天皇にしたのは，藤原氏に似ているわ。

和子さん：平氏は西日本で勢力が強かったし，清盛は日宋貿易にも力を注いでいたのに，最後まで京都の周辺で政治を行っていたのね。頼朝はどうだったのかな。

英子さん：征夷大将軍に任命されて幕府を開いたのは，京都から遠い鎌倉よ。鎌倉は源氏の拠《きょ》点だし，思い入れが強かったのかしら。

洋子さん：そういうことじゃないと思うな。だって同じ源氏の室町幕府は京都におかれたじゃない。清盛や平氏のやり方を見て，頼朝は京都から離れた鎌倉で［　　　　］政治をめざしたのだと思うわ。

問５　文章中（２）にもっともふさわしいものを次から選び，記号で答えなさい。

ア．100　　イ．150　　ウ．200　　エ．250

問６　下線部④について。その一つで，自分の領地を全力で守り抜《ぬ》こうとした武士の生活の様子から生まれたことばを，漢字四字で答えなさい。

問７　文章中（３）にあてはまる語句を，漢字三字で答えなさい。

問８　下線部⑤について。そのうち，堤《てい》防を築いて甲府盆地の水害を防いだ戦国大名を次から選び，記号で答えなさい。

ア．武田氏　　イ．上杉氏　　ウ．伊達氏　　エ．今川氏

問９　下線部⑥について。右は『東海道五十三次』の中の「荒井（新居）宿」です。荒井宿は，江戸の日本橋から京都の三条大橋を結ぶ，東海道で31番目の宿場です。絵には大名の一行や旅人が船で湖を渡《わた》る様子が描《えが》かれています。絵中の湖を次から選び，記号で答えなさい。

ア．芦ノ湖　　イ．諏訪湖

ウ．浜名湖　　エ．琵琶湖

『江戸のうんちく道中』より

問10　下線部⑦について。そのような改革のうち，ある法令は，武士（士族）からは本来の仕事を奪い，農民や町人（平民）にはそれまで武士が担《にな》ってきた仕事を新たに負わせたため，激しい反乱を引き起こしました。ある法令とは何ですか。

問11　文章中（４）にあてはまる人物名を答えなさい。

問12　下線部⑧について。この出来事を何といいますか。

問13　下線部⑨について。その担い手を育てるため，個人の尊厳や教育の機会均等，男女共学などを定めた法律が，1947年に制定されました。法律名を答えなさい。

**2**　東洋英和女学院では，高等部二年生が九州へ修学旅行に行きます。次の文章は，行きの飛行機の窓から見える風景についてのものです。よく読んで，あとの問いに答えなさい。

飛行機は午前９時50分に羽田空港を離《り》陸しました。飛行機はその後，丹沢山地の上空を通り，離陸から８分程で飛行高度は5,000ｍに達していました。①進行方向左側の窓からは，雲海に浮《う》かぶ富士山が見えます。富士山を過ぎると，今度は南北に並《へい》行して延びる二つの山脈が見え

ます。最初に上空を通ったのは(　1　)山脈で，5月中旬《じゅん》でも雪がたくさん残っています。二つの山脈の間，伊那盆地を大きな川が流れているのが見えます。諏訪湖を水源とする(　2　)川です。少したつと窓から濃尾平野が見えました。奥《おく》には伊勢湾や知多半島も見えます。②知多半島は園芸農業がさかんです。

しばらくして窓に目を向けると，瀬戸内海が見えました。③瀬戸内地方は降水量が少なく，晴天率が高く，比較的風が弱いため天体観測に適した場所となっており，東洋最大級の天体望遠鏡も設置されています。左側の窓から児島半島が見えます。半島の西側には④水島コンビナートと水島港があります。次に見えてきたのは本州四国連絡橋の一つ“しまなみ海道”です。⑤しまなみ海道が結ぶ島々では，瀬戸内地方の気候の特色をいかした果実の栽培《さいばい》がさかんです。しまなみ海道を過ぎると広島市街が見えてきました。広島市街がある⑥広島平野は太田川によって形成された平野です。

右側の窓から国東半島が見えてきました。いよいよ九州です。世界最大級の(　3　)である阿蘇山も見えます。着陸態勢に入るアナウンスが聞こえ，飛行機は⑦遠浅の有明海の上空を大きく旋《せん》回しています。飛行機は無事，阿蘇くまもと空港に着陸しました。⑧空港には外国の飛行機も見られます。

問1　文章中(1)～(3)にあてはまる地名や地形名を答えなさい。

問2　下線部①について。次の写真は窓から見えた富士山です。飛行機が通るルートを次の地図中**ア**～**エ**から選び，記号で答えなさい。

ANA Webサイト より

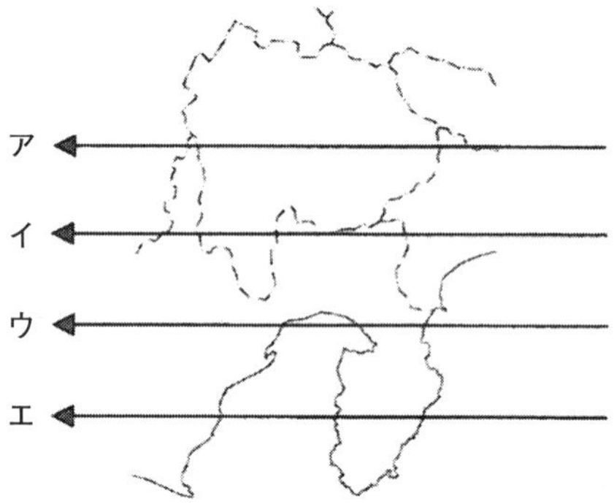


（←は飛行機の進行方向を示しています）

問3　下線部②について。ここは大きな河川がなく，農家は水不足に悩《なや》んでいましたが，木曽川から用水路を使って水が引かれると，農業がさかんになりました。用水名を答えなさい。

問4　下線部③について。瀬戸内地方がこのような天体観測に適した気候になる理由を答えなさい。

問5　下線部④について。次の表は水島港の輸入相手国とその割合，地図は日本の主要資源の輸入相手国を表しています。表中**A**・**B**と，地図中**A**・**B**は，それぞれ同じ国を示しています。水島コンビナートで使用される海外の鉱産資源の多くは，水島港から入ってきます。水島コンビナートでは，➡(赤)と➡(緑)の資源を使用する工業と，➡(青)の資源を原料とする工業がさかんです。その工業をそれぞれ答えなさい。

**水島港の輸入相手国とその割合**

| 順位 | 輸入相手国 | 割合 |
|---|---|---|
| 1位 | A | 34% |
| 2位 | B | 14% |
| 3位 | アメリカ | 7% |
| 4位 | 中国 | 7% |
| 5位 | アラブ首長国連邦 | 5% |
| 6位 | クウェート | 4% |
| | その他 | 29% |

「水島港とその周辺 2021」より

**日本の主要資源の輸入相手国(2019)**

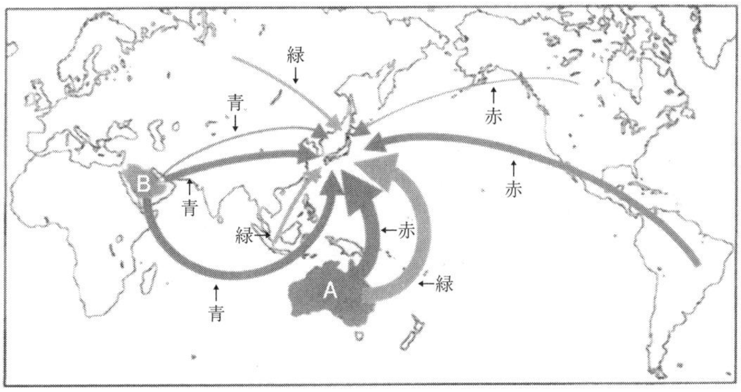


注1：矢印が太いほど輸入割合が高いことを示しています
注2：上位3か国のみを示しています

帝国書院Webサイト より

問6　下線部⑤について。これらの島々で栽培されている“ある果実”は，約90%が輸入品です。しかし近年，農薬や防カビ剤《ざい》を使用しない国産品が注目され，生産量が伸びています。次のグラフはその果実の県別出荷割合を表しています。果実名を答えなさい。

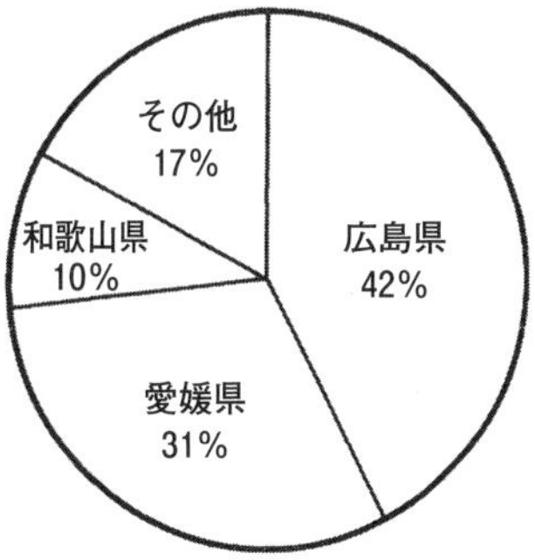


農林水産省2018年統計 より

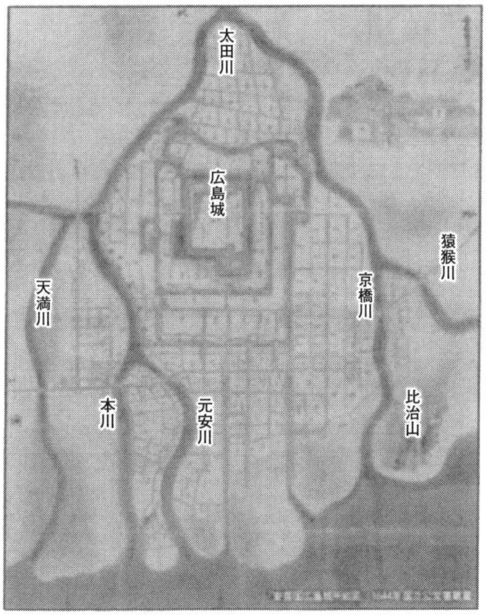


三井住友トラスト不動産Webサイト より

問7　下線部⑥について。

(1)　右は江戸時代初期の広島平野の地図です。地図中の広島城は，広島平野の特徴的な地形を防御《ぎょ》に利用しています。地形名を答えなさい。

(2)　次の地形図は，現在の太田川の河口付近のものです。また右の航空写真は，その一部の地域のものです。航空写真中の地形**A**・**B**は，干拓地や埋立地では通常見られない地形です。なぜこのような地形があるのですか。

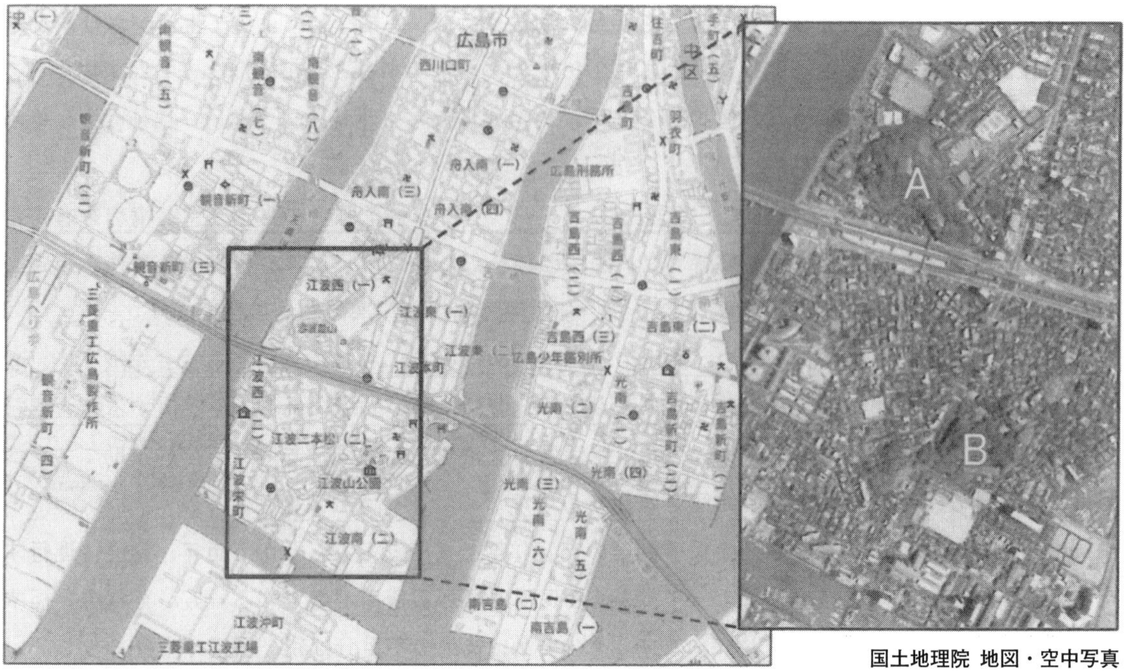

国土地理院 地図・空中写真閲覧サービスの画像より

国土地理院 地理院地図 GSI Maps より

問８　下線部⑦について。有明海では，次の写真のような「支柱式」という独自の方法で，品質の高い“ある海産物”の養殖が行われています。海産物名を答えなさい。

Webサイト「SHUN GATE -THE ROOTS OF SHUN-」より

問９　下線部⑧について。阿蘇くまもと空港は国際空港で，香港国際空港に定期便が飛んでいます。阿蘇くまもと空港から香港国際空港までは，行きは約３時間45分かかりますが，帰りは約２時間55分で着きます。右の地図は，北半球の偏西風(ジェット気流)の流れを示したものです。行きのほうが時間がかかる理由を答えなさい。

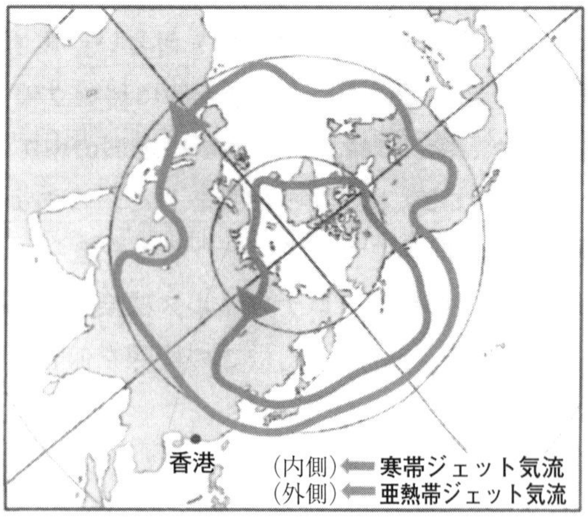

https://www.cokbee.com/weather 資料 より

**3** 次の文章をよく読んで，あとの問いに答えなさい。

人は幸せを求めようとしますが，誰《だれ》でも突然の病気やけが，失業などによって生活がおびやかされる可能性があります。また社会には，さまざまな理由から生活することが困難な人もいます。そこで人々が安心して暮らせるように，国の責任と国民の協力によって生活を支え合う「福祉《し》」のしくみがつくられてきました。

日本国憲法第25条１項《こう》では「すべて国民は，【　　　　】な最低限度の生活を営む権利を有する。」と明記し，国がさまざまな法律を整備して，国民の福祉のためにサービスを提供する責務を規定しました。国や地方自治体が提供する福祉のうち，社会保障制度は，次の四つの柱で成り立っています。一つ目は，①国民から保険料を集め，生活の安定のために必要に応じて支給する社会保険です。二つ目は，②子どもや障がい者，高齢《れい》者などのように，社会的に弱い立場にある人を支援《えん》する社会福祉です。三つ目は，所得のない人や少ない人に，生活費や医療《りょう》費などを国が支給する公的扶《ふ》助です。四つ目は，③病気の予防や健康管理，健康を維《い》持する環《かん》境づくりを行う公衆衛生です。

国や地方自治体は，これまで社会保障制度の充《じゅう》実に努めてきました。しかし近年，急速に進行する「少子高齢化」と「人口減少」によって，④社会保障に関わる費用が増大する一方，それを負担する人が減少するといった問題が生じています。そのため，費用の不足分は税と国債《さい》でやりくりしているのが現状で，財政はひっ迫《ぱく》しています。国は⑤安定した財源の確保に努めていますが，状況《きょう》は厳しいままです。

政府は，社会保障制度改革にも取り組んでいます。その一つは，少子化対策として⑥安心して子育てできる環境を整備することです。もう一つは，⑦世代間の負担の格差を縮めることです。しかし，こうした取り組みは，あまりうまくいっているとはいえません。日本の福祉がこれからも維持されていくためには，立場や世代をこえて共に暮らす社会づくりをめざすことが，これまで以上に求められています。

問１　文章中【　】にあてはまることばを答えなさい。

問２　下線部①について。そのうち，2000年に導入され，高齢者などの身の回りの世話をするサービスを提供するための保険を何といいますか。

問３　下線部②について。社会的に弱い立場にある人への支援は，以前は施《し》設中心で行われてきましたが，今では特別扱いせずに地域の中で健常者と共に暮らすことが望ましい，という考え方が重視されるようになってきました。このような考え方を何といいますか。

問４　下線部③について。その中心を担っている機関は，地方自治体によって設置されています。特に今回の新型コロナウィルス感染症《せんしょう》対策では，PCR 検査や感染経路の追跡《せき》など，さまざまな業務を担ってきました。この機関を何といいますか。

問５　下線部④について。次のグラフは，そのうちの社会保障給付費の内訳と移り変わりを示したものです。グラフ中 ※ にあてはまる語句を答えなさい。

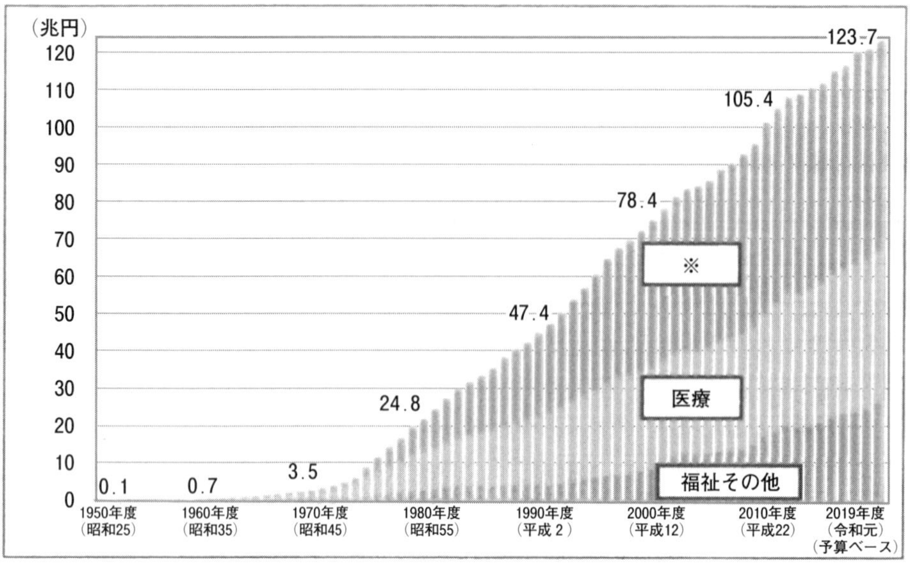


国立社会保障・人口問題研究所統計および厚生労働省推計 より

問６　下線部⑤について。そのために1989年に導入された税は，三度の税率引き上げによって，税収が右のグラフのように変化してきました。この税を何といいますか。

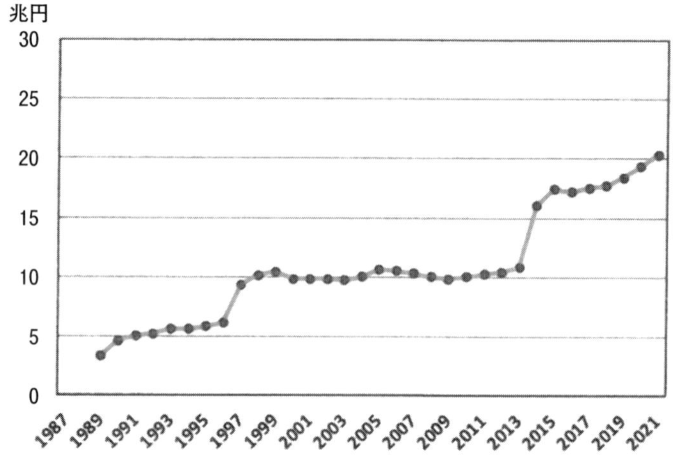


財務省 一般会計税収 より

問７　下線部⑥について。そのための政策の一つとして，国や地方自治体は「待機児童」の解消に努めてきました。その結果，近年，待機児童の数は減少し続けています。どのような改善が行われてきたのですか。

問８　下線部⑦について。そのために，どのようなことをする必要がありますか。具体的に一つ答えなさい。

**【理　科】〈A日程試験〉**（30分）〈満点：60点〉

**1**　2021年7月14日，欧《おう》州連合(EU)の欧州委員会は，2035年以降に販《はん》売できる自動車(新車)は，電気自動車や燃料電池自動車(以下，水素自動車)といった温室効果ガスを排《はい》出しない車のみとする規制の方針を発表しました。これによって，EU圏《けん》内ではハイブリッド車を含《ふく》むガソリン自動車，ディーゼル車は販売できなくなります。

(1)　下線部について述べた下の文章の〔ア〕〔イ〕に入る語句を答えなさい。

石炭や原油からつくられるガソリン・石油などの〔　ア　〕燃料は，地球での埋《まい》蔵量に限りがあります。また，燃やすと温室効果ガスである〔　イ　〕を発生させることから地球温暖化の原因となっています。

(2)　水素自動車は，水素を燃料として走ります。水素の性質として**当てはまらないもの**を1つ選び，番号で答えなさい。

1　火を近づけると音をたてて燃える。

2　アルミニウムを水酸化ナトリウム水溶《よう》液に入れると発生する。

3　ものを燃やすのを助けるはたらきがある。

4　気体の中でいちばん軽い。

(3)　水素自動車は，燃料の水素を空気中の酸素と結びつけたときに生じる電気を利用し，モーターを回して走ります。

ある会社が販売している水素自動車は，最大で5.6kgの水素を圧縮してタンクに入れることができます。また，最大量の水素で800km走行することが可能です。

①　この水素自動車が1km走行するために必要な水素は何gですか。

②　水素が酸素と結びついて水になるときは，体積比が水素：酸素＝2：1で結びつきます。温度が0℃のとき，1gの水素の体積は11.2Lです。この水素自動車が1km走るために必要な酸素の体積は0℃で何Lですか。

(4)　下の表は，あるガソリン自動車(A)，電気自動車(B)，水素自動車(C)が積むことのできる燃料の最大量・充《じゅう》電できる総電力量などをまとめてあります。

| | ガソリン自動車(A) | 電気自動車(B) | 水素自動車(C) |
|---|---|---|---|
| 燃料・電気の値段 | 1Lで150円 | 1kWhで30円 | 1kgで1200円 |
| 燃料の最大量・総電力量 | 41L | 62kWh | 5.6kg |
| 最長走行距離《きょり》 | 820km | 465km | 800km |
| 車からの温室効果ガスの排出 | あり | なし | なし |

※最長走行距離…最大量の燃料・充電で走行できる距離

※kWh…電力量の単位

①　ガソリン自動車(A)，電気自動車(B)，水素自動車(C)をそれぞれ1km走行させるときにかかる燃料・電気代が安い順に並べるとどのようになりますか。解答らんにA，B，Cの記号を書きなさい。

←――――――→
安い　　　　　高い
〔　　〕〔　　〕〔　　〕

② 電気自動車(B)は，車からは温室効果ガスは出ませんが，完成した自動車を走らせるためには温室効果ガスが間接的に発生する場合があります。それはどのような場合ですか。20字以内で書きなさい。

**2** 英子さんは，家族と筑波《つくば》山に登りました。登山道には岩場があります。遠くから平野ごしにそびえて見えることから，英子さんは筑波山が火山の噴火《ふんか》によってできた可能性もあると考え，現在も火山活動を続ける浅間山と，筑波山を比べてみることにしました。

筑波山の外観

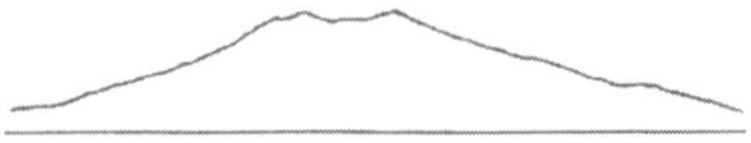
筑波山の断面図

(1) 山体を形成する岩石を調べたところ，浅間山は主に安山岩，筑波山は山頂などがはんれい岩で，その周囲は花こう岩であることがわかりました。また，はんれい岩と花こう岩は，含んでいる成分のちがいで色あいが異なりますが，岩石のでき方は同様であることもわかりました。

① 浅間山と筑波山を形成する岩石のつくりを知るために，岩石をうすく切ってつくられたプレパラートを，顕微鏡《けんびきょう》で観察しました。図1は安山岩，図2は花こう岩を顕微鏡の同じ倍率で観察してかいたスケッチです。図1と図2から，安山岩と花こう岩はどのようにしてできたと考えられますか。それぞれについて下から1つずつ選び，番号で答えなさい。

図1

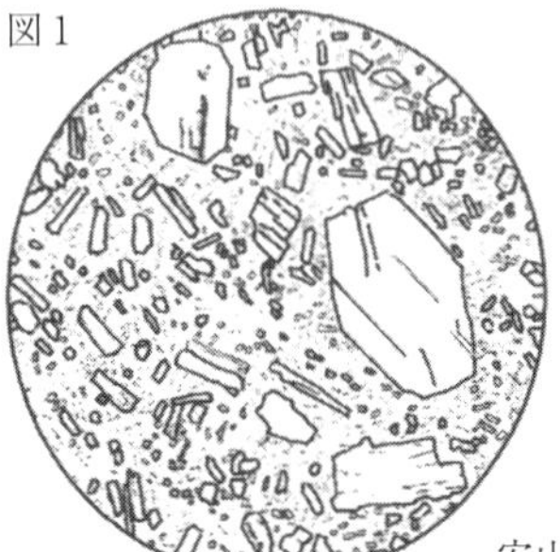
安山岩

図2

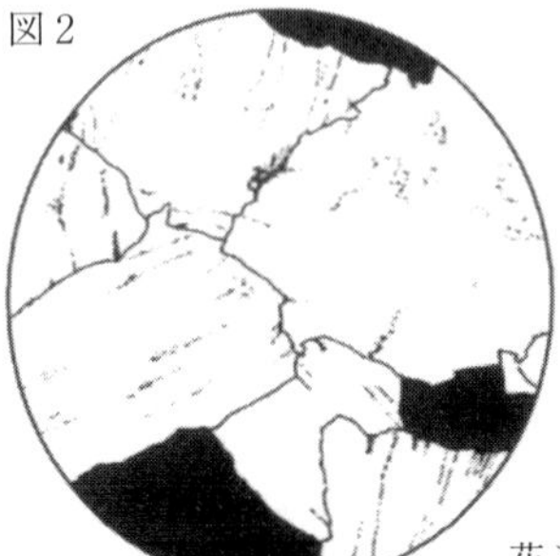
花こう岩

1 主に火山灰がたい積してできた。
2 流水に運搬《ぱん》された土砂《しゃ》がたい積してできた。
3 マグマが地上に噴《ふ》き出し，地表近くでゆっくりと固まってできた。
4 マグマが地上に噴き出し，地表近くで急速に固まってできた。
5 マグマが地下深い場所でゆっくりと固まってできた。
6 マグマが地下深い場所で急速に固まってできた。

② 伊豆《いず》大島，平成新山，浅間山の3つの火山について，断面図を比べました。マグマのねばりけが強いと考えられる順に，ア～ウの記号を並べなさい。

ア 伊豆大島

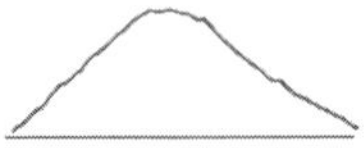
イ 平成新山

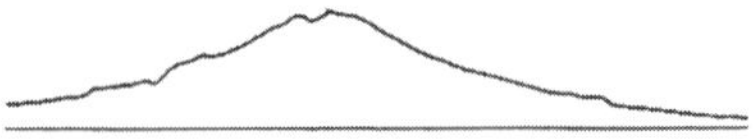
ウ 浅間山

(2) ジオサイトマップ(貴重な地形や地質の見どころを記した地図)を見ると，筑波山山頂から直線距離で約25kmの場所に，生息していた牡蠣《かき》の化石が密集する層があります。牡蠣がたい積した当時の環《かん》境として，適当なものを次から１つ選び，番号で答えなさい。

1　暖かい気候　　2　すずしい気候　　3　湖などの淡水《たんすい》

4　浅い海　　5　海の沖合

(3) 英子さんが調べた結果から，筑波山の成り立ちとして考えられる説明を次から１つ選び，番号で答えなさい。

1　ねばりけが強いマグマが火口から噴出した。

2　ねばりけが弱いマグマが火口から噴出した。

3　ねばりけが１と２の中間のマグマが火口から噴出した。

4　流水に運搬された土砂がたい積してできた岩石が，りゅう起した。

5　マグマが冷え固まってできた岩石がりゅう起し，上部がしん食された。

(4) 筑波山付近で古くから行われてきた産業として最も適当と考えられるものを，次から１つ選び，番号で答えなさい。

1　豊富にたい積している軽石を採集し，園芸用土としてはん売する。

2　山周辺にある火山灰質の土を利用して大型の大根を育てる。

3　岩石を切り出して墓石，建物の土台や建築材料などに利用する。

4　地熱を利用して地熱発電を行う。

筑波山の写真：つくば市公式ウェブサイト内「筑波山地域ジオパーク中核拠点施設基本構想・計画」より引用

https://www.city.tsukuba.lg.jp/_res/projects/default_project/_page_/001/013/568/kkak.pdf

山の断面図：国土地理院ホームページ内「日本の主な山岳標高」にて作成

https://www.gsi.go.jp/kihonjohochousa/kihonjohochousa41139.html

**3**　電気は，いろいろな器具によって，光や熱，音，ものの運動などに変えられ，利用されています。豆電球やLEDは，電気を光に変える器具です。また，電気ストーブなどに用いられている電熱線は，電気を熱に変える器具です。

(1) 同じ種類の豆電球，乾《かん》電池，スイッチを使って図１のような回路をつくりました。

図１

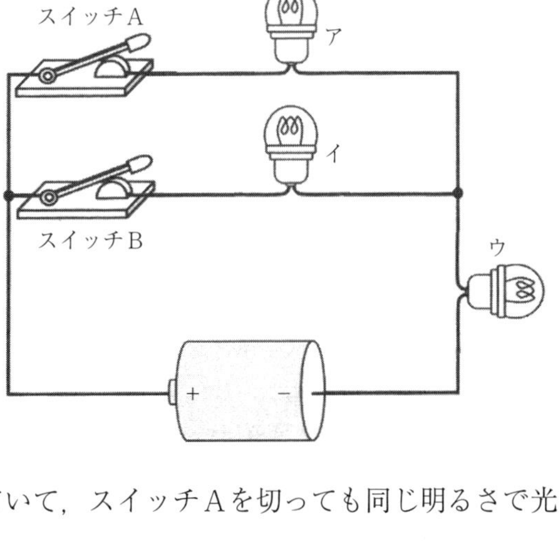


①　スイッチAだけを入れると，ア～ウのどの豆電球が光りますか。すべて選びなさい。

②　スイッチAとBが入っている状態から，スイッチAだけを切りました。このとき，ウの豆電球の明るさはどのようになりますか。番号で選びなさい。

1　スイッチAとBが入っているときは光っていて，スイッチAを切るとさらに明るく光る。

2　スイッチAとBが入っているときは光っていて，スイッチAを切っても同じ明るさで光ったままである。

3　スイッチＡとＢが入っているときは光っていて，スイッチＡを切ると弱く光る。

4　スイッチＡとＢが入っているときは光っていて，スイッチＡを切ると消える。

5　スイッチＡとＢが入っているときは消えていて，スイッチＡを切ると光る。

6　スイッチＡとＢが入っているときは消えていて，スイッチＡを切っても消えたままである。

(2)　右の図２に示すような，同じ豆電球が３つ取り付けてある箱があります。この箱からＡ，Ｂ，Ｃの３本の導線が出ていて，箱の中の導線の接続の様子は見えません。Ａ～Ｃのうち２本の導線を選んで乾電池１個をつないだところ，以下のような結果になりました。

図２

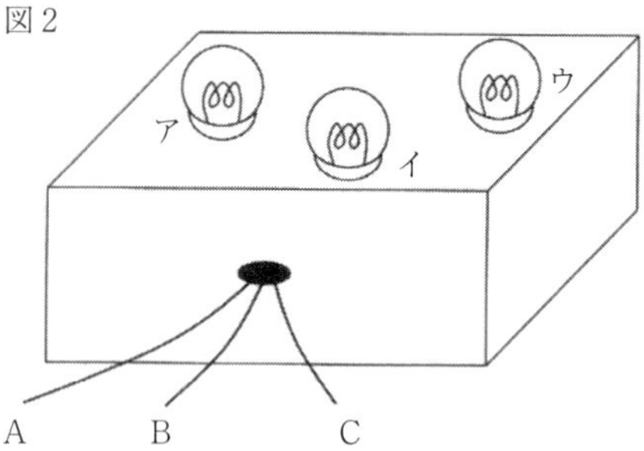


・ＡとＢにつなぐと，豆電球アだけが光った。

・ＢとＣにつなぐと，豆電球イとウが光った。

・ＡとＣにつなぐと豆電球は３つとも光った。このとき，豆電球アが最も明るく，豆電球イとウは同じ明るさだった。

この箱の中の導線はどのようにつながっていますか。番号で選びなさい。

1

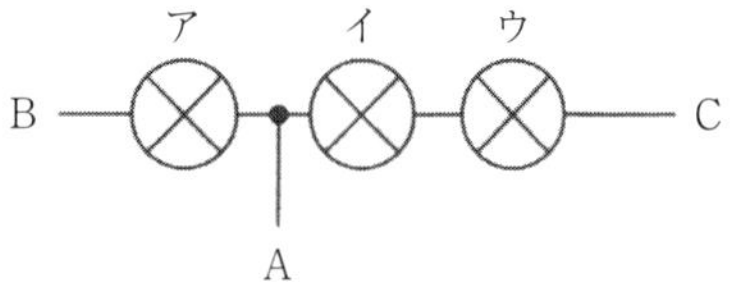


2

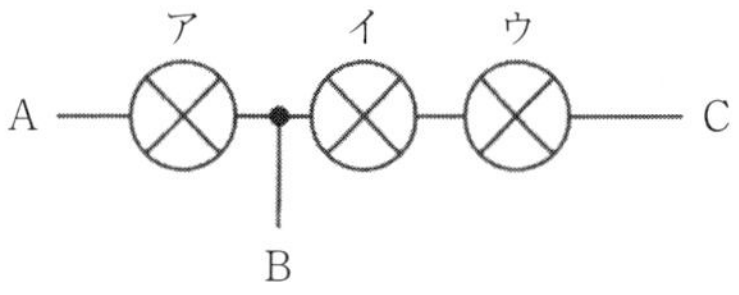


3

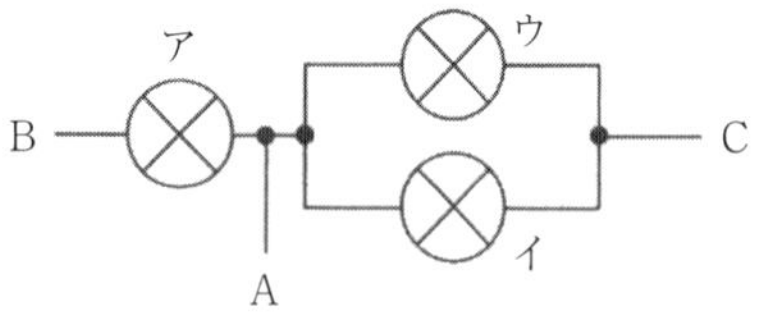


4

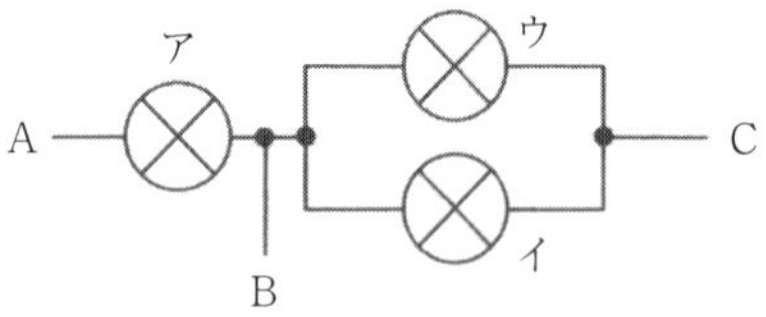


5

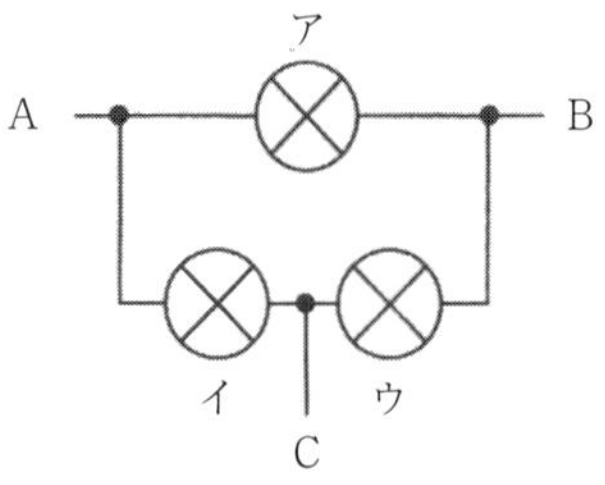


(3)　電熱線に電流を流すと熱が発生します。このとき発生する熱の量を発熱量といいます。乾電池１個に電熱線１本をつないだときに流れる電流の大きさを１，発熱量を１とします。同じ電熱線を２本直列つなぎにすると，電熱線を流れる電流の大きさは$\frac{1}{2}$となり，電熱線全体の発熱量も$\frac{1}{2}$となります。また，同じ電熱線を２本並列つなぎにすると，それぞれの電熱線に流れる電流の大きさは１本のときと変わらないので，発熱量は１本のときと変わらず，電熱線全体では電流の大きさが２になるので発熱量も２になります。同じ種類の電池と電熱線を組み合わせてつくった４つの回路ア，イ，ウ，エがあります。

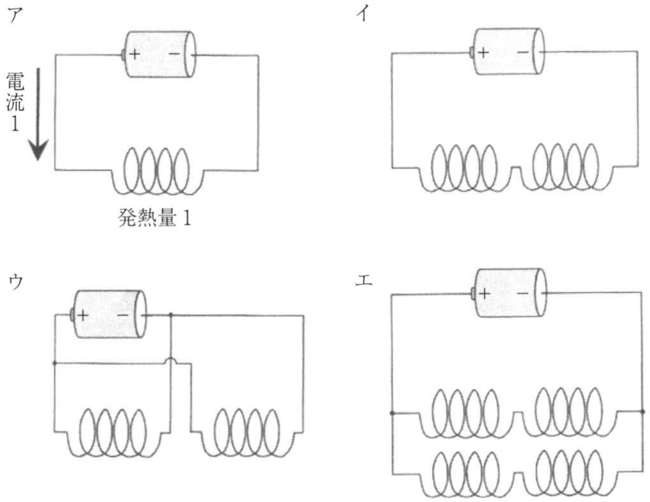


① イ～エを電熱線全体の発熱量の大きい順番に並べたものを次から選びなさい。

1 イ―ウ―エ　2 イ―エ―ウ　3 ウ―イ―エ

4 ウ―エ―イ　5 エ―イ―ウ　6 エ―ウ―イ

② ア，イ，ウをそれぞれ温度が同じで量の違《ちが》う水の中に入れました。同じ時間電流を流したとき，最も水温の低いものはどれですか。記号で答えなさい。ただし，発生した熱は外部に逃げないものとします。

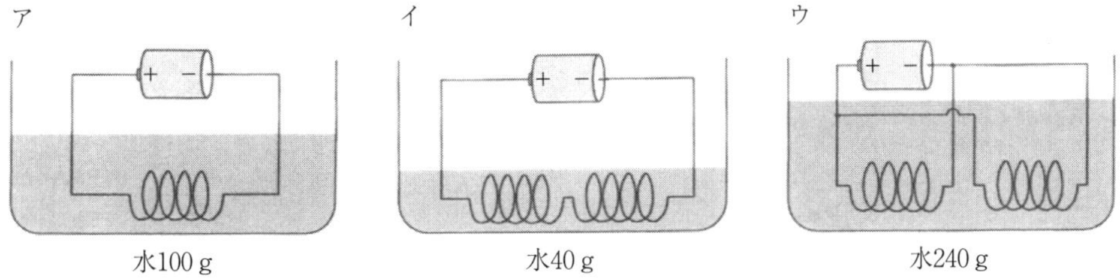


**4** ドングリとは，ブナ科植物(ブナ・コナラ・クヌギ・ミズナラなど)の果実のことをいいます。下図はコナラのドングリのつくりを示したものです。

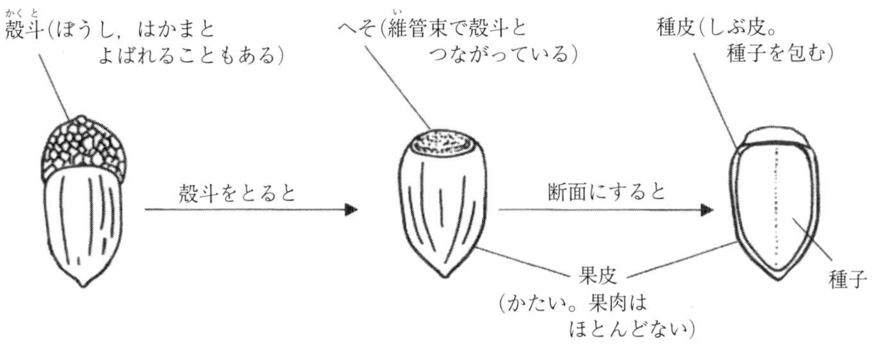


(1) 花には「両性花(１つの花にめしべ，おしべの両方がある)」と「単性花(１つの花にめしべ，おしべの一方しかない)」があります。単性花はさらに「雌雄同株《しゆうどうしゅ》(め花とお花が同じ個体に咲《さ》く)」，と「雌雄異株《しゆういしゅ》(め花とお花が異なる個体に咲く)」に分かれます。ブナ科植物は単性花で雌雄同株です。

両性花，単性花(雌雄同株)，単性花(雌雄異株)の正しい組み合わせを下から選び，番号で答えなさい。

| | 両性花 | 単性花(雌雄同株) | 単性花(雌雄異株) |
|---|---|---|---|
| 1 | トウモロコシ | イネ | イチョウ |
| 2 | イネ | トウモロコシ | イチョウ |
| 3 | アカマツ | ヘチマ | イチョウ |
| 4 | トウモロコシ | イネ | アカマツ |
| 5 | イネ | トウモロコシ | アカマツ |
| 6 | イチョウ | ヘチマ | アカマツ |

(2) 下の文章の①・②に入るものをそれぞれ選び，記号で答えなさい。

ドングリは，(①　ア：め花　　イ：お花　　ウ：お花とめ花)の部分にできる。ドングリが実るようすを正しく示しているのは下図の(②　ア　　イ　　ウ)である。

ア
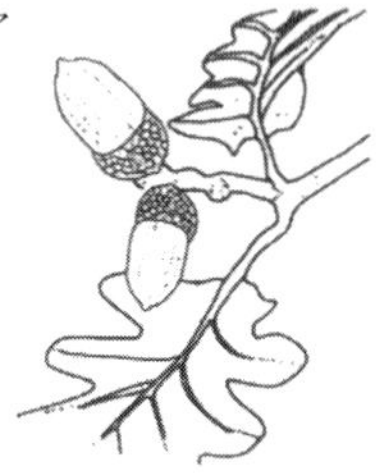
イ
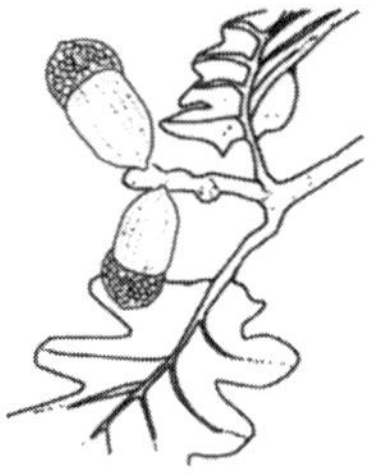
ウ
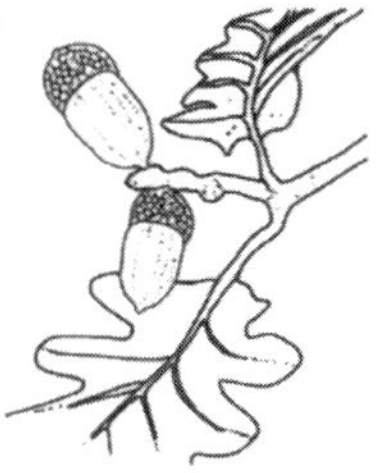

**ネズミ(アカネズミ)とブナ科植物の攻防《こうぼう》**

冬の間も保存ができる
栄養豊富な食べ物が欲しい！

ネズミ(アカネズミ)

種子を遠くに運んで欲しい。種子
は乾燥《かんそう》に弱いから，発芽する春まで，
土の中に入れておいて欲しい。

ブナ科植物

そこで，両者の望みが一致《ち》!!

① ブナ科植物は秋にドングリを実らせる。
② ネズミはそれを食べたり，さまざまな所へ運び，土の中にうめる。
③ うめられたドングリの一部は食べられずに残り，春になって発芽する。
＊このような種子の広がり方を「食べ残し散布」といいます。

しかし，ブナ科植物にはネズミを上手にあやつり食べ残し散布を成功させるためのさまざまな戦略があります。

【ブナ科植物の戦略その1】

ドングリは，他の植物の果実に比べて食べ残し散布に適した特ちょう(下のア～ウ)を備えています。

ア：果皮や殻斗がかたい　　イ：色が地味でにおいも少ない　　ウ：水分量が少ない

【ブナ科植物の戦略その2】

コナラやミズナラのドングリは「タンニン」という化学物質を高濃《のう》度(コナラ2.7%，ミズナラ8.6%)で含んでいます。

【ブナ科植物の戦略その3】

種子を確実に広範囲《こうはんい》に散布し，たくさん発芽させたい。
それにはたくさんのドングリを実らせればいいが，ドングリをつくるにはエネルギーが必要なのであまりたくさんつくりたくない。
それに，ドングリをたくさんつくると，ネズミが増えてしまう。

これを解決したのが，広範囲のブナ科植物が同調して(周囲の木がそろって)実らせるドングリの数をコントロールするという戦略です。

(3)【ブナ科植物の戦略その1】について，ア～ウのような特ちょうがあるとなぜ食べ残し散布に適するのですか。下から当てはまるものを3つ選び，番号で答えなさい。

1　くさりにくくなるから　　2　風に飛ばされやすくなるから
3　土の中で分解されやすくなるから　　4　土の中で見つけやすくなるから
5　太陽の光を吸収しやすくなるから　　6　他の動物に横取りされにくくなるから
7　体内で消化吸収されやすくなるから　　8　一度にたくさん食べにくくなるから

【ブナ科植物の戦略その2】について，次の実験1～3をしました。

実験1　コナラとミズナラのドングリを土の中にうめ，3か月後に土から取り出し，それぞれに含まれるタンニンの量を調べた結果，コナラ，ミズナラどちらもタンニンの量は土の中にうめる前と変化はありませんでした。

実験2　ネズミを飼育し，数匹《ひき》ずつ3つのグループ(A～C)に分けて，それぞれに下表のようなエサを与《あた》え，5日後の体重と15日後の生存率を調べました。結果は下表のようになりました。

| | 与えたエサ | 5日後の体重<br>(実験開始時と比べて) | 生存率 |
|---|---|---|---|
| A | タンニンを含まない人工飼料 | 1%減少 | 100% |
| B | コナラのドングリ | 17%減少 | 88% |
| C | ミズナラのドングリ | 24%減少 | 25% |

＊それぞれに与えたエサは，同じエネルギー量になるようにした。

実験３　ミズナラのドングリをあらかじめ数週間にわたり少量ずつ与えておいたネズミ(D)と，与えなかったネズミ(E)を数匹ずつ用意しました。その後，D・Eどちらにも同じ量のミズナラのドングリを10日間与え，体重と生存率を調べました。結果は下表のようになりました。

| | 10日後の体重<br>(実験開始時と比べて) | 生存率 |
|---|---|---|
| D | 2.5%減少 | 91% |
| E | 18%減少 | 27% |

(4)　実験１～３より，分かることを下からすべて選び，番号で答えなさい。

1　ネズミはドングリを土にうめることでタンニンの量を減らしている。

2　取り入れるタンニンの量とネズミに与えるダメージの大きさは関係がない。

3　取り入れるタンニンの量が多いほど，ネズミに与えるダメージは大きい。

4　ネズミはタンニンを少しずつ取り入れることで，体をならし，タンニンによるダメージを小さくすることができる。

5　ネズミはタンニンを短時間で集中して取り入れることで，タンニンによるダメージを小さくすることができる。

6　ネズミにとってタンニンは毒だが，タンニンを全く取り入れないと死んでしまう。

(5)　【ブナ科植物の戦略その３】の下線部について，ブナ科植物は実らせるドングリの量をどのようにコントロールすると考えられますか。下の１～６より１つ選び，番号で答えなさい。

1　毎年，ネズミの数に対してちょうど食べきるくらいの量のドングリを実らせる。

2　毎年，ネズミの数に対して少ない量のドングリを実らせる。

3　毎年，ネズミの数に対して過剰《じょう》な量のドングリを実らせる。

4　年を経るごとに，ネズミの数に対して，実らせるドングリの量を減らしていく。

5　年を経るごとに，ネズミの数に対して，実らせるドングリの量を増やしていく。

6　ネズミの数に対して，実らせるドングリの量が過剰な年と，少ない年をつくる。

(6)　食べるものが少ない冬をどのように過ごすかは，動物によってさまざまです。ツバメはどのように冬を過ごすか説明しなさい。

ド」のものに分け、「スピリットのワールド」にあてはまるものを**すべて**選び、記号で答えなさい。

**ア** 地図　**イ** コンパス　**ウ** 手帳
**エ** ソングライン　**オ** パンツ　**カ** 火の夢

問十五　15少しずつスピリットは失われているんだ　とありますが、それによってどのようなことが起きましたか。あてはまるものを次の**ア**～**オ**の中から**二つ**選び、記号で答えなさい。

**ア** 国に禁止されたことで、火の夢や水の夢を見ることができなくなった。

**イ** 国に支配されたせいで、大陸を自由に動き回ることができなくなった。

**ウ** 新しい言語を獲得《かくとく》して、自らの文化を明確に発信できるようになった。

**エ** 自分たちの文化を主張せずに、たがいに話し合うことをさけるようになった。

**オ** パンツをはくというような外からの文化を受け入れて、生活するようになった。

問十六　16私はあの時間、デイヴィッドが夢を見ていたことを確かに感じていたのだ　とありますが、「夢を見ていたこと」とはどのようなことですか。解答らんに合うように本文中から探し、十五字以上二十字以内で書きなさい。

問十七　17私は私の無意識が、日本語でも英語でもないまったく別の言語の感覚を急速に要求していることを知った　とありますが、この文章は「私」が「デイヴィッド」という他者とすごしたことをきっかけに、今まで意識したことのない感覚に気づいた場面です。あなたは同じような経験をしたことがありますか。ない場合は想像したことでも良いです。その経験と、どのように感じたのかを書きなさい。また、その時に考えたことを説明しなさい。

(2) ここでの「ディジュリィドゥ」の特徴《ちょう》の説明としてあてはまるものを次の**ア**～**オ**の中から**すべて**選び、記号で答えなさい。

**ア** 天然に生えている木で作られている。
**イ** サーモンのようにピンクがかっている。
**ウ** 内部は人の手でくりぬかれている。
**エ** 発色する石によって色がつけられている。
**オ** 手のひら大で丸い形をしている。

問九 ぼう線部**7**と**14**の言葉の意味としてあてはまるものを後の**ア**～**エ**の中からそれぞれ一つずつ選び、記号で答えなさい。

(1) **7**変哲もない
**ア** まとまった考えがない。
**イ** たいしてかたくない。
**ウ** とくに変わったことがない。
**エ** はっきりとはちがわない。

(2) **14**目をこらす
**ア** じっと見つめる。　**イ** まぶたを閉じる。
**ウ** 目を大きく見開く。　**エ** 自然に気がつく。

問十 **9**私が驚きたずねると、チャーリーの方が不思議そうな顔をしたとありますが、次の文はなぜ「私」が驚いたかを説明する文です。【A】～【C】に適当な表現を補い、文を完成させなさい。ただし、【A】・【B】ともに本文中の語を使い、【A】は十五字以上二十字以内、【B】は五字以上十五字以内、【C】は自分の言葉で、漢字二字で書きなさい。

> チャーリーが【　A　】と言ったことに対して、「私」はこの石は【　B　】もので【 C 】なものであるはずだと思ったから。

問十一 **10**何というスケールの土地なのだろうと思ったとありますが、なぜこのように思ったのですか。もっともよくあてはまるものを次の**ア**～**エ**の中から一つ選び、記号で答えなさい。

**ア** 石が積み上げられた場所がとても広いから。
**イ** 気にかけるべきものが何気なく置かれているから。
**ウ** 危ない動物が人をおそれず歩き回っているから。
**エ** だれもがその土地の歴史を大切に思っていないから。

問十二 **11**だがその間私たちは、まったく不愉快ではなかったと思うとありますが、ここでいう「不愉快」に感じるはずのこととはどのようなことですか。本文中の四角で囲んだ範囲《はんい》から具体例を探し、その中の一つを十字以上で書きなさい。

問十三 **12**変な表現だが、デイヴィッドという人が溶けていく感じだったとありますが、どのようなことですか。もっともよくあてはまるものを次の**ア**～**エ**の中から一つ選び、記号で答えなさい。

**ア** 二つの個性が交じり合うことで、私とデイヴィッドのちがいが少しずつなくなっている。
**イ** 二つの文化が出会うことで、私とデイヴィッドの距離が少しずつ広がった。
**ウ** 同じ空間にいることで、私とデイヴィッドの会話が少しずつ始まった。
**エ** 同じ時間を過ごしたことで、私とデイヴィッドの心が少しずつ通い合っている。

問十四 **13**彼らが大切にしているのは、そうした現実世界ではなく、スピリットのワールドなんだとありますが、

(1) 「彼ら」とは具体的に誰のことですか。本文中からぬき出して書きなさい。

(2) 次の**ア**～**カ**を「現実世界」のもの、「スピリットのワール

について、次の問いに答えなさい。

(1) ぼう線部1は、チャーリーがどのような行動をとったことを指していますか。もっともよくあてはまるものを次のア～エの中から一つ選び、記号で答えなさい。

ア 自分たちとはちがった格好をしているデイヴィッドを、人に見られないように車でむかえに行くこと。
イ コーヒー好きのデイヴィッドのために、ミルクと砂糖の入ったコーヒーを用意すること。
ウ デイヴィッドがいらないと言った分のビスケットも、それとなく持って帰れるようにすること。
エ 白人であるチャーリーが消極的なデイヴィッドを、自分のひらくお茶会に参加させること。

(2) ぼう線部1とは、どのようにすることですか。もっともよくあてはまるものを次のア～エの中から一つ選び、記号で答えなさい。

ア 自分の考えを感情的に表すこと。
イ 相手の文化を学びながら身につけること。
ウ 自分の思いを積極的に伝えること。
エ 相手の立場を考えながら接すること。

問三 本文中の〔A〕にもっともよくあてはまるものを次のア～エの中から一つ選び、記号で答えなさい。

ア 息を殺して　イ 肩《かた》をおとして
ウ 風のように　エ 蝶《ちょう》のように

問四 ぼう線部2と8の言葉の使い方としてもっともふさわしいものを後のア～エの中からそれぞれ一つずつ選び、記号で答えなさい。

(1) 2ややもすると

ア 夏休みはややもするとなまけがちである。
イ 遠足はややもすると中止になった。
ウ 入学式はややもすると楽しい。
エ クリスマスはややもするとお正月になる。

(2) 8がぜん

ア 注意されてもがぜん意見を変えない。
イ ほめられたらがぜんやる気が出てきた。
ウ 二つを比べてがぜんこちらのケーキが好きだ。
エ 時間のある限りがぜん問題を解きつづける。

問五 3「また気がつかなかった」とありますが、

(1) 何に「気がつかなかった」のですか。ここまでで「気がつかなかった」ものを**すべて**書きなさい。

(2) なぜ「気がつかなかった」のですか。理由となる**一文**を本文中からぬき出してはじめの五字を書きなさい。

問六 4私は本当におろかだと思うとありますが、「私」のどのようなところが「おろかだと思う」のですか。解答らんに合うように書きなさい。

問七 5唇をかんでいるとありますが、この時の「私」の気持ちにあてはまるものを次のア～エの中から一つ選び、記号で答えなさい。

ア 自分の努力不足を後かいする気持ち。
イ ばかにされてくやしく思う気持ち。
ウ 自分のことをわかってもらえずおこる気持ち。
エ 日本への思いちがいにあきれる気持ち。

問八 6自分のディジュリィドゥを作るための木を探していたとありますが、

(1) 「ディジュリィドゥ」とは何ですか。漢字二字で本文中からぬき出して書きなさい。

「彼のスピリットは生きて、このLandは彼のことを憶《おぼ》えているんだ」

そう言った。

「Land ?」

私がたずねかえすと、チャーリーはうなずいた。Land、この土地は彼のことを憶えている。

私は感動し、全身が**コキザ**みに震《ふる》えるのを感じた。それは、闇の中で話すチャーリーの淡々《たんたん》とした話し方にひきつけられていたということも、もちろんある。

だが何より、その話には、私がそこでキャンプをし始めたときから、もしくは居住区に足をふみ入れたときから感じていた何かが含《ふく》まれていた。闇《やみ》の恐怖《きょうふ》を薄れさせる独特のやわらかさ、木々のざわめき、だれもが見せるおだやかなリズム……。そう言われて**アラタ**めて辺りの闇に14目をこらす。森があり、岩肌《いわはだ》に囲まれた泉があり、その周囲の砂の一辺に私たちは今座っている。

火の粉が時折、生き物のように砂の中へ飛んでは消えた。

「この土地は彼のことを憶えている……」

イマハルが無意識にそうくり返すのを私は聞いた。

チャーリーは砂のついた手を払うと、マットにひじをつき、続けた。

「それでも彼らはパンツをはくようになったからね。かつてアボリジニたちはパンツをはかずに火の夢、水の夢を見た。それらに導かれ旅を続けた。でも今ではパンツをはいて、国に勝手に支配されて移動することもできない。15少しずつスピリットは失われているんだ」

チャーリーはそうして、さらにいくつかのアボリジニたちの話を教えてくれた。

そんなチャーリーがしばらくすると、ふと私とデイヴィッドの様子を思い出したかのように言った。

「日本人とアボリジニはよく似ているよ。君たちはたがいに何もたずねない」

そんなことはない。私はだれにもよく物ごとをたずねるおしゃべり女なのだと思ったが黙《だま》った。16私はあの時間、デイヴィッドが夢を見ていたことを確かに感じていたのだと答えたかったが、それも言えなかった。たった一度きり一緒に過ごしたよそ者がそんなことを言うのは、あまりに【注9】不遜《ふそん》だとふとちゅうちょしてしまった。それは私の思いこみで十分ではないか、と。

だがあの時間、デイヴィッドは私の横でぼんやりと釣糸を垂らしながら、確かにこの土地の精霊たちと交信していたのである。私は彼の横でその感覚に支配されていた。

17私は私の無意識が、日本語でも英語でもないまったく別の言語の感覚を急速に要求していることを知った。あるいはもしかしたら、それは言語を超《こ》えた直感を信じるということだったのかもしれない。

（谷村志穂『アボリジナル・ランド』）

【注】

1 アボリジニ＝オーストラリアの先住民
2 フィール＝ふん囲気
3 ブッシュ＝しげみ
4 ウォーター・フォール＝滝
5 灌木林＝低木の林
6 白昼夢＝真昼に見る夢、また非現実的な空想
7 インフォメーション＝情報
8 スピリット＝たましい
9 不遜＝思い上がった態度

問一　本文中の太字の**カタカナ**は漢字に直し、**漢字**は読みをひらがなで答えなさい。

問二　1そうしてアボリジニの友人たちと独特の距離を取っている

私たちは日が暮れるまでじっと座っていたが、彼はもう、私に何も話しかけてはこなかった。ぼんやりした目で、釣糸を垂らしたままじっとしていた。
　私も横に座って、仕方がないので釣糸を垂らすまねをしてみたが、何しろそのウォーター・フォールには魚のいる形跡《けいせき》などほとんどないのだった。太陽はまぶしく、背中はこげるように熱く、ゆるやかな風が**時折**頬《ほお》をなでるだけの中で、何も待たずにじっとしていた。

　私がもう一度デイヴィッドに本当は何歳なのかとたずねてみると、彼は少し首をひねり、また適当に、七十歳だ、というようなことを言った。
　11 だがその間私たちは、まったく不愉快《ふゆかい》ではなかったと思う。あえて私たちは、と言いたいのだが、たがいに何も話さずに時間を過ごしていながら、その間に私にはデイヴィッドのことが少しずつわかっていくようでならなかったのだ。12 変な表現だが、デイヴィッドという人が溶《と》けていく感じだった。彼は何をするでもなく時折居眠りしていたし、私も同じだったが、夕暮れが迫《せま》り彼が帰る頃《ころ》になると、私たちは並んで座り始めた頃よりずっと親しんでいた。その感覚はどうにも説明しようがない。ただ、私たちは何も話さずに、だが会話していたようだったと言うしかない。そんな経験を、私はほかにしたことがない。デイヴィッドはこれまでに私が出会ったどんな人ともちがう、不思議な人だった。
　夜になるとチャーリーは、また火を囲み、こんなことを話してくれた。
「デイヴィッドは、集落の重要な仕事を担当する長老だ」と。
　チャーリーは、ウィスキーを入れたホーローのカップを手にさらに続けた。
「デイヴィッドはすでにドリーミングを完成させた。ほかの集落のセレモニーにも呼ばれるようになったらしい」
　ドリーミングの解釈《かいしゃく》は様々だが、チャーリーはそれを、
「うまくはいえないが【注6】白昼夢のようなものだ」と説明した。
　かつてこの大陸を**ジザイ**に歩き回っていたアボリジニたちは、地図や、コンパスや、手帳を持ったことは一度もなかったのである。彼らは、そうした物がまったくなくとも、たとえば決まった日時にある一本のユーカリの木の下で、異なる部族の男同士が落ち合うことができたのだそうだ。そんな彼らは地図を持たない代わりにソングラインという歌の道を持っていた。
　チャーリーが言うには、白昼夢はまた夢告げのようなものであり、彼らにとっては重要な【注7】インフォメーションなのである。アボリジニたちは子供の頃からこのストーリーを書き続けてゆく。完成する者もしない者もあるが、デイヴィッドはすでにそれを完成させたのだ、というのだった。
　泉からはまたクロコダイルの立てる音がし、鳥の鳴き声が辺りに響《ひび》き、火が目の前でぷすぷすと**モ**え続けていた。
「デイヴィッドは本当に年齢を知らないのね？」
　私がたずねると、チャーリーは言った。
　星のよくかがやく晩で、風がおだやかに空気をゆっくりと旋回《せんかい》させていた。
「13 彼らが大切にしているのは、そうした現実世界ではなく、【注8】スピリットのワールドなんだ。ドリーミングを信じ、描《えが》く。そうすれば、たとえばデイヴィッドが死んでも」
　チャーリーはそう言うと、焚き火で照らされた足元の砂を拾い上げ、大きな手の中からさらさらとこぼした。

べてこの天然の石でなされるのだ。

「この石もペインティング・ロックスだ。擦《こす》ってごらん」

岩場に出ると、チャーリーがしゃがみこんで私に教えてくれた。

外側は灰色の、汚《よご》れたチョークのように見える石が、擦ってみるとやわらかく、ほかの石に擦りつけると鮮やかな赤を発色した。私は夢中になって石拾いを始めた。まぬけな話だが、私は昔から栗《くり》拾いや貝拾いといった、そうした拾い物になると**8**がぜん張り切る癖《くせ》がある。このときも突然《とつぜん》、元気を取りもどし、石をどんどん拾いチャーリーに手わたそうとすると、

「お土産《みやげ》に持っていきなさい」と言われた。

チャーリーは、そんな私を見て特別に石に興味を持つ人間だと思ったのか、さらに新しいことも教えてくれた。

岩場の中央には、古墳《こふん》のように見える平らな石の積み上げられた場所があった。

「ここにある大きな石は、昔のアボリジニたちのキッチンだ。ここに火を焚《た》いた跡があるだろう。この尖った石は矢じりだ。そしてこの丸く削《けず》られた石は、ウーマンズ・ストーンだ。そうだね、デイヴィッド？」

デイヴィッドはうなずく。

ウーマンズ・ストーンと呼ばれたその石は手のひら大で丸くすべらかだった。チャーリーはそれを私の手にのせ、さらに続けた。

「これで粉をひいたり、野菜をつぶしたりしたんだ。持って帰るかい」

「構わないの？」

**9**私が驚きたずねると、チャーリーの方が不思議そうな顔をした。

「だってもうずっと昔のものなんでしょう？」

「何千年かは昔のものだと思う」

そう答えながらチャーリーは、だから何だと言うんだという顔をした。そんなものが落ちていたならすぐにロープが張りめぐらされ、研究対象にされてしまうのだということを、彼は考えつきもしないらしい。

「そんなものが、こうしてごろごろと落ちているのね」

「ここへはそんなに人は入ってこないんだ」

彼は当然のようにそう言った。

**10**何というスケールの土地なのだろうと思った。

幾《いく》百年、幾千年も昔のものが、そのまま風に吹かれ転がっている。その上を当たり前のように動物たちが通り過ぎ、こうして時には人の目にふれる。それをだれも大さわぎしないのだ。

ウォーター・フォールにもどると、チャーリーは取ってきた木を干し、昼食にみんなの分のサンドイッチを作ってくれた。ライ麦パンにバターとからしをぬってハムをはさみ、皿にピクルスとザウワークラウトと、スライスしたトマトをたっぷりのせてくれた。

デイヴィッドも食べた。一つ一つ中身をのぞきながら、とてもうまいと言って食べた。

食べ終わると、デイヴィッドはクロコダイルのいるウォーター・フォールに釣糸《つりいと》を垂らした。私も横に並び、座《すわ》った。お腹《なか》が一ぱいで、ほどよい日かげがあり、前の泉はワニはいるものの神秘的に深い木の香りを放っている。ブッシュを歩き回った心地よい疲労感《ひろうかん》が身体のすみずみに染《し》みわたる。あとはビールがあれば最高なのだが、チャーリーはデイヴィッドがいる間はそれを出さなかった。私たちは代わりにあまいブッシュ・ティを飲み続けた。

だが残念なことにその瞬間《しゅんかん》には私はまだ彼にまったく追いついておらず、ぜいぜいしながら歩いている。

「気がつかなかった」

私がそう言っても、デイヴィッドは小さくうなずくだけだ。

「ああ、あれはディンゴ、野犬だ」

彼はそうも言ったが、私はまたもや見逃《みのが》した。とにかく彼についていくのが精一ぱいで、また動物だって動きがすばやい。デイヴィッドが指差す方を見たときには、すでに影も見えない。動物の逃げた跡《あと》なのか、木々《きぎ》がかすかに揺《ゆ》れているだけだ。

3「また気がつかなかった」

私は正直に言う。

そんなことを何度か続けているうちに、私は全身汗《あせ》まみれになっており、ゆでダコのように赤い顔をしていたのではないだろうか。Tシャツから伸《の》びた腕《うで》には植物の葉によって細かな傷ができ、サンダルをはいた足元もちくちくしている。また私はおろかなことにデイパックに貴重品や薬品類を一式入れたまま歩いており、それも災《わざわ》いした。それがずっしり重く肩《かた》に食いこんでいたのだ。軽装のイマハルに荷物はどうしたのかたずねると、彼はパスポートまでベースキャンプに置いてきたと答えた。こんな場所じゃあカラスしか持っていかないよ、と彼は言って笑った。

4私は本当におろかだと思う。

デイヴィッドはそんな会話を聞いていたかのように私をふり返ると、もはや開き直ってのろのろと歩く私にたずねた。

「お前は自分の国では歩いたことがないのか？」

私が5唇《くちびる》をかんでいると、彼はさらにイマハルに言う。

「どうなんだ？」

イマハルは笑いながら、

「**リッパ**な足があるのにね」と言った。

チャーリーはデイヴィッドから遅《おく》れることなく歩き、さらに時々コースを外れては6自分のディジュリィドゥを作るための木を探していた。デイヴィッドも、もう動物を探すのはやめて、絵の具にするためのペインティング・ロックスを拾い始めた。イマハルも彼らの手伝いを始めた。

ディジュリィドゥには、天然に生えている木の空洞《くうどう》がそのまま用いられる。

木の種類は、表皮がサーモンのようにピンクがかったもの、黄色っぽいものなど様々《さまざま》だが、それらの木々の内部は自分でくりぬかなくてもこの国の猛烈《もうれつ》な蟻《あり》たちがきれいに空洞になるまで食べつくしてしまうらしい。

チャーリーたちは灌木林の中を歩きながら、めぼしい木が見つかると、表面を指でぱちんぱちんと弾《はじ》いた。慣れてくるとその指の感触《かんしょく》や音で、中がどれくらいくりぬかれているかわかるらしい。チャーリーの腰《こし》には斧《おの》がさしてある。これと決めた木をその斧で切る。予想通り中がすっかり空洞になっていると、その場で斧を使い簡単に皮を剝《は》ぎ、イマハルと一緒《いっしょ》に両端《りょうたん》を持った。

この木を乾燥《かんそう》させ、表面をみがきペイントし、楽器は完成品になるのだそうだ。

ペインティング・ロックスも至るところに転がっている。

乾燥した土地に、雨季には水路になると思われる道がいくつかある。そうした近辺には大小の岩石が転がっている。表面はいずれも灰色の何の7変哲《へんてつ》もない石だが、それらの中には目の覚めるような鮮《あざ》やかな色の眠《ねむ》っているものがある。黄色や、白や赤、黒などの原色を見事に発色する石だ。

ディジュリィドゥだけではなく、アボリジニの絵画の彩色《さいしょく》は、す

# 二〇二二年度 東洋英和女学院中学部

**【国　語】**〈A日程試験〉（四五分）〈満点：一〇〇点〉

**次の文章は、谷村志穂の『アボリジナル・ランド』の「ドリーミングを完成させた長老デイヴィッド」の一部です。一九九三年、筆者はオーストラリアを訪れ、現地の案内人にともなわれて、以前から興味を持っていた先住民のアボリジニが住む土地を歩くことになりました。この文章を読んで後の問いに答えなさい。問十七の答えはそこの解答らんに書きなさい。答えは、問十七以外は解答用紙に書きなさい。字数の指定がある問題は、句読点も一字と数えます。**

ある日、デイヴィッドが私たちのキャンプをたずねてくれた。早朝にチャーリーが車で彼《かれ》のことを迎えに行ったのだ。デイヴィッドは薄緑色《うすみどりいろ》の着古したポロシャツに、コットンのズボンを半分に切ったものをはいており、足元は裸足《はだし》だった。

チャーリーが湯を沸《わ》かし、

「コーヒーと紅茶はどちらがいい？」

とデイヴィッドにたずねると、彼は少し考え、小声で答える。

「昨日は紅茶をもらったから、今日はコーヒーにするよ」

デイヴィッドは、ホーローのカップを持つと、遠くを見ながらゆっくりコーヒーを飲んだ。ミルクとお砂糖のたっぷり入ったコーヒーを、味わいながら飲んだ。お酒と同様、コーヒーも紅茶も彼らの文化には元々《もともと》存在しなかったものだが、デイヴィッドとコーヒーとはとても馴《な》染《じ》んでいた。

チャーリーが食料をつめたダンボールからビスケットを取りだし、デイヴィッドに勧《すす》める。彼が手に取る限り勧める。デイヴィッドがもういらないと言うと、チャーリーはさりげなく、だったらのこりは持って帰ってくれというふうに手わたす。

白人であるチャーリーは、1そうして【注1】アボリジニの友人たちと独特の距離《きょり》を取っているように私には見えた。今では彼らのマーケットにだってビスケットは売ってはいるけれど、やはりそれは貴重なのだ。そしていくらチャーリーがアボリジニの【注2】フィールを全身に受け止めたところで、彼が白人であることにも変わりはないのである。

お茶の時間を終えると、デイヴィッドが、【注3】ブッシュの中を案内してくれることになった。

彼は静かに立ち上がると、【注4】ウォーター・フォールの水辺をそれて【注5】灌木林《かんぼくりん》の中へどんどん入っていった。私たちキャンプ組は、並んでデイヴィッドの後に従った。

デイヴィッドは白髪《はくはつ》で、痩《や》せている。膝《ひざ》から下は骨と筋が見えている。

私が年齢《ねんれい》をたずねると、彼は六十七歳《さい》といったり、八十歳と答えたりした。

だが彼は、とてつもない速さでブッシュの中を（　A　）歩いた。デイヴィッドのポロシャツが薄緑色だからよけい、私は2ややもすると彼を見失いそうになった。

下草が足元をちくちく刺《さ》す。灌木は視界を折々《おりおり》さえぎり、全体には小高い斜面《しゃめん》になっている。

彼は少し俯《うつむ》き加減で歩いているのに、彼が時々《ときどき》立ち止まるときは必ず何か野生の動物たちを見つけたときで、それも私を驚《おどろ》かせた。

「今、ロック・ワラビーが走っていったろう」

指をさす。

2022年度

# 東洋英和女学院中学部 ▶解説と解答

## 算　数　＜A日程試験＞（45分）＜満点：100点＞

### 解　答

**1** (1)　50　(2)　$\frac{1}{6}$　**2** (1)　180円　(2)　1.4km　(3)　375円　(4)　14通り　(5)　75％　(6)　18と90　**3** 41.14cm$^2$　**4** 130円　**5** 3456cm$^3$　**6** 円／**理由**…(例)　解説を参照のこと。　**7** $(A,\ B)$＝(40, 11), (39, 36)　**8** (1)　毎分65m　(2)　560m　(3)　16　(4)　毎分85m　**9** 6人，12人　**10** (1)　220，270　(2)　$EFEF$…9797，$C$…98個／$EFEF$…9898，$C$…1個

### 解　説

**1** **四則計算**

(1)　14×7−29−57÷3＝98−29−19＝69−19＝50

(2)　$\frac{5}{21}-\left(\frac{1}{6}+\frac{1}{4}\right)\div 2\frac{1}{3}\times\left(1.6-\frac{6}{5}\right)=\frac{5}{21}-\left(\frac{2}{12}+\frac{3}{12}\right)\div\frac{7}{3}\times\left(\frac{8}{5}-\frac{6}{5}\right)=\frac{5}{21}-\frac{5}{12}\times\frac{3}{7}\times\frac{2}{5}=\frac{5}{21}-\frac{1}{14}=\frac{10}{42}-\frac{3}{42}=\frac{7}{42}=\frac{1}{6}$

**2** **四則計算，速さ，売買損益，相当算，場合の数，体積，整数の性質**

(1)　1本90円のジュース4本の代金は，90×4＝360(円)だから，お菓《か》子《し》7個の代金は，1620−360＝1260(円)とわかる。よって，お菓子1個の値段は，1260÷7＝180(円)である。

(2)　時速4.2kmを分速に直すと，4.2×1000÷60＝70(m)になるので，歩く道のりは，70×9＝630(m)とわかる。また，5分30秒は，$5\frac{30}{60}$分＝$5\frac{1}{2}$分だから，走る道のりは，140×$5\frac{1}{2}$＝770(m)と求められる。よって，家から駅までの道のりは，630＋770＝1400(m)，1400÷1000＝1.4(km)である。

(3)　原価を1とすると，定価は，1×(1＋0.4)＝1.4，定価の2割引きは，1.4×(1−0.2)＝1.12となる。よって，利益は，1.12−1＝0.12なので，(原価)×0.12＝45(円)と表すことができる。したがって，原価は，45÷0.12＝375(円)と求められる。

(4)　偶数《ぐうすう》になるのは一の位が{0，2，4}の場合である。一の位が0の場合，残りの数字は2，3，4だから，百の位には3種類，十の位には残りの2種類の数字を選ぶことができ，3けたの整数は，3×2＝6(通り)できる。また，一の位が2の場合，残りの数字は0，3，4なので，百の位には0を除いた2種類，十の位には残りの2種類の数字を選ぶことができ，3けたの整数は，2×2＝4(通り)できる。同様に，一の位が4の場合も4通りできるから，3けたの偶数は全部で，6＋4＋4＝14(通り)できる。

(5)　直方体Aと直方体Bの縦の長さの比は，1：1.5＝2：3，横の長さの比は，1：0.8＝5：4である。よって，高さの比を□：△とすると，体積の比は，(2×5×□)：(3×4×△)＝(10×□)：(12×△)＝(5×□)：(6×△)とわかる。これが10：9なので，5×□＝10，6×△＝9とすると，□：△＝(10÷5)：(9÷6)＝2：1.5＝4：3と求められる。したがって，高さはBが

Aの，３÷４×100＝75(％)である。

(6)　630を素数の積で表すと，２×３×３×５×７になる。よって，右の図のアの部分を素数の積で表したとき，少なくとも(２×３)が含《ふく》まれることになる。このほかに５と７が含まれる場合もあるから，考えられる$A$の値は，３×(２×３)＝18，３×(２×３×５)＝90，３×(２×３×７)＝126，３×(２×３×５×７)＝630とわかる。このうち，２けたの整数は18と90である。

15＝３×５
21＝３×７
$A$＝３×［ア］

## 3　平面図形―面積

右の図１で，斜線《しゃせん》部分を矢印のように移動すると，右の図２のようになる。図２で，アとイの面積はどちらも正方形ABCDの面積の$\frac{1}{4}$だから，８×８×$\frac{1}{4}$＝16(cm²)とわかる。また，ウの面積はアの面積の，$\frac{1}{2}\times\frac{1}{2}=\frac{1}{4}$なので，16×$\frac{1}{4}$＝４(cm²)となり，エの面積はウの面積の$\frac{1}{2}$だから，４×$\frac{1}{2}$＝２(cm²)と求められる。また，オは半径が，８×$\frac{1}{2}\times\frac{1}{2}$＝２(cm)の四分円なので，面積は，２×２×3.14×$\frac{1}{4}$＝3.14(cm²)である。よって，全部で，16×２＋４＋２＋3.14＝41.14(cm²)となる。

図１　図２

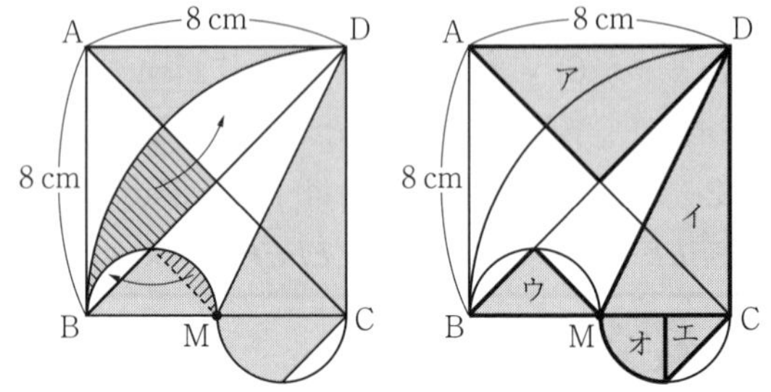


## 4　比の性質

かき１個の値段を①，梨１個の値段を②とすると，かき２個と梨５個の値段の合計は，①×２＋②×５＝⑫となる。また，かきと梨の個数を入れかえると，かき５個と梨２個の値段の合計は，①×５＋②×２＝⑨となる。この差が270円だから，⑫－⑨＝③にあたる金額が270円となり，①にあたる金額は，270÷３＝90(円)とわかる。よって，かき２個と梨５個の値段の合計は，90×12＝1080(円)と求められる。これにりんご３個を加えると1470円になるので，りんご３個分の値段は，1470－1080＝390(円)となり，りんご１個の値段は，390÷３＝130(円)とわかる。

## 5　立体図形―表面積，体積

右の図を底面とする角柱と考える。図の矢印のように辺を移動すると，底面のまわりの長さは，たて15cm，横20cmの長方形のまわりの長さと等しくなるから，(15＋20)×２＝70(cm)とわかる。よって，この角柱の側面積は，70×18＝1260(cm²)なので，底面積２つ分は，1644－1260＝384(cm²)と求められる。したがって，底面積は，384÷２＝192(cm²)だから，体積は，192×18＝3456(cm³)となる。

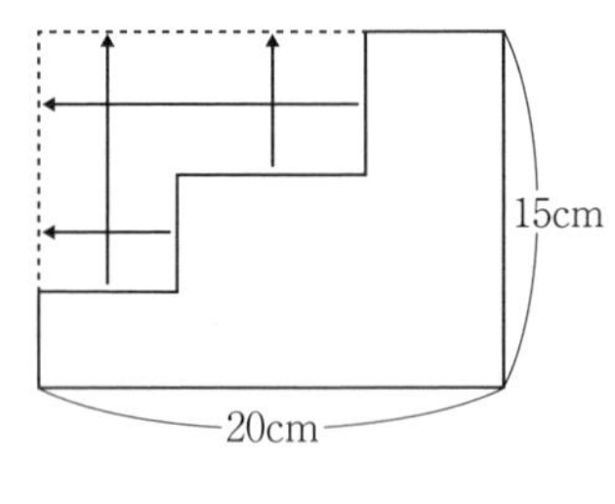


## 6　平面図形―長さ，面積

正方形の１辺の長さを１とすると，正方形の周の長さは，１×４＝４となる。よって，円の半径を□とすると，□×２×３＝４と表すことができるから，□＝４÷６＝$\frac{2}{3}$とわかる。このとき，正方形の面積は，１×１＝１，円の面積は，$\frac{2}{3}\times\frac{2}{3}\times3=\frac{4}{3}$となるので，円の面積の方が大きくなる。

## 7　四則計算

条件を式にすると，1011÷$A$＝25余り$B$となり，この式は，$A$×25＋$B$＝1011と表すことができる。ただし，割り算の余りは割る数よりも小さいので，$A$＞$B$となる。次に，1011÷25＝40余り11より，$A$は40以下であり，$A$＝40とすると，$B$＝11となることがわかる。また，$A$＝39とすると，$B$＝1011－39×25＝36となり，条件に合う。さらに，$A$＝38とすると，$B$＝1011－38×25＝61となるが，この場合は条件に合わない。よって，($A$，$B$)にあてはまる整数の組は，(40，11)，(39，36)である。

### 8 グラフ―速さ

(1) はじめの家と姉の距離《きょり》は０ｍだから，はじめの家と弟の距離，つまり家から公園までの距離は1430ｍである。よって，２人の進行のようすをグラフに表すと，右のようになる。グラフより，弟は22分で1430ｍ歩いたので，弟の速さは毎分，1430÷22＝65(ｍ)とわかる。

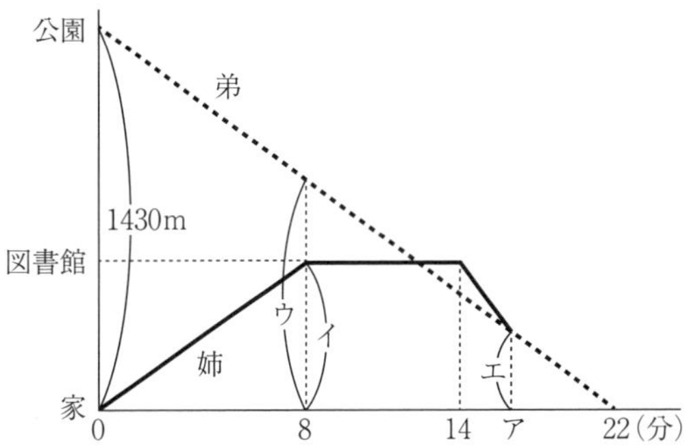


(2) ８分後に，家と姉の距離と家と弟の距離の和，つまりイとウの和が1470ｍになる。また，弟が８分で歩いた距離は，65×８＝520(ｍ)だから，ウ＝1430－520＝910(ｍ)とわかる。よって，イ＝1470－910＝560(ｍ)と求められるので，家と図書館の距離は560ｍである。

(3) ア分後に，家と姉の距離と家と弟の距離の和，つまりエの２倍が780ｍになるから，エ＝780÷２＝390(ｍ)である。よって，ア分後までに弟が歩いた距離は，1430－390＝1040(ｍ)なので，ア＝1040÷65＝16(分)と求められる。

(4) 姉が急ぎ足で歩いた時間は，16－14＝２(分)であり，このとき姉が歩いた距離は，イ－エ＝560－390＝170(ｍ)だから，姉の急ぎ足の速さは毎分，170÷２＝85(ｍ)と求められる。

### 9 条件の整理

目標に足りない個数の合計は，(30－25)×３＋(30－26)×１＝19(個)だから，人数を□人とすると，拾った個数の合計は，30×□－19(個)と表すことができる(ただし，□は５以上の整数)。また，そのうちの５個を先生へのおみやげにしたので，分けた個数の合計は，30×□－19－５＝30×□－24(個)と表すことができる。これが□人でちょうど分けることができるから，□は24の約数のうち５以上の数であり，考えられる□は{6，8，12，24}となる。さらに，人数は468の約数でもあるから，468÷６＝78，468÷８＝58.5，468÷12＝39，468÷24＝19.5より，考えられる人数は{6人，12人}とわかる。

### 10 約束記号，整数の性質

(1) △が十の場合，745を十の位で四捨五入すると700になるから，$B$＋700＝970と表すことができる。よって，$B$＝970－700＝270となる。また，△が一の場合，745を一の位で四捨五入すると750になるので，$B$＋750＝970と表すことができ，$B$＝970－750＝220と求められる。したがって，$B$にあてはまる数は{220，270}である。

(2) ▽も☆も十の場合，$C$は8750以上8849以下(…★)，$D$は950以上1049以下になる(▽や☆が一の場合もこの範囲《はんい》に含まれる)。すると，$C$＋$D$は，8750＋950＝9700以上，8849＋1049＝9898以下だから，考えられる$EFEF$は9797と9898の２種類だけである。$EFEF$＝$C$＋$D$＝9797の場合，$D$は950

以上1049以下なので，9797－1049＝8748，9797－950＝8847より，$C$は8748以上8847以下(…☆)となる。条件に合う$C$は★と☆の両方に含まれる数だから，8750から8847までの，8847－8750＋１＝98(個)ある。また，$EFEF=C+D=9898$となるのは，上の＿＿の場合だけである。つまり，$C=8849$，$D=1049$の場合だけなので，条件に合う$C$の値は１個である。

## 社　会　＜Ａ日程試験＞（30分）＜満点：60点＞

### 解　答

1 **問１**　(例)　儀式(から)軍事(へ)　**問２**　(例)　地方から都まで運ばなければならない(から)　**問３**　東大寺　**問４**　(例)　朝廷の影響力から離れた武士だけの(政治)　**問５**　イ　**問６**　一所懸命　**問７**　下剋上　**問８**　ア　**問９**　ウ　**問10**　徴兵令　**問11**　原敬　**問12**　五・一五事件　**問13**　教育基本法　2 **問１**　(1)　赤石(山脈)　(2)　天竜(川)　(3)　カルデラ　**問２**　ア　**問３**　愛知用水　**問４**　(例)　中国山地と四国山地にはさまれているため。　**問５**　**二つの矢印**…鉄鋼業(製鉄業)／**一つの矢印**…石油化学工業　**問６**　レモン　**問７**　(1)　三角州　(2)　(例)　Ａ・Ｂはかつて島だったから。　**問８**　のり　**問９**　(例)　偏西風に向かい，風の抵抗を受けて飛ぶから。　3 **問１**　健康で文化的　**問２**　介護保険　**問３**　ノーマライゼーション　**問４**　保健所　**問５**　年金　**問６**　消費税　**問７**　(例)　保育施設を増やす。　**問８**　(例)　支払う能力のある高齢者にも医療費をもっと負担してもらう。

### 解　説

**1 各時代の政治体制や権力と人々との関係を題材にした問題**

**問１**　資料からは，古墳時代初期の古墳からは銅鏡やまが玉など祭りや儀式《ぎしき》に用いられたと考えられる道具が多く出土し，古墳時代中期から後期にかけての古墳からは武器や武具が多く出土していることがわかる。このことから，古墳時代の有力者の立場は，神を祭る儀式などをつかさどる宗教的・呪術《じゅじゅつ》的な指導者から，戦いを指揮する軍事的な指導者へと変化していったと考えられる。

**問２**　租が口分田を支給された６歳以上の男女すべてに課されたのに対し，調と庸《よう》は成年男子に課せられた税であった。また，調と庸のどちらも農民みずからが都まで運んで納めなければならなかったので，大きな負担となった。

**問３**　貴族間の争いや疫病《えきびょう》の流行などの社会不安があいついだことから，仏教を厚く信仰した聖武天皇は仏の力で国を安らかに治めようと願い，地方の国ごとに国分寺と国分尼《に》寺を建てさせるとともに，都の奈良には総国分寺として東大寺を建て，金銅の大仏をつくらせた。

**問４**　鎌倉を根拠《こんきょ》地とした源頼朝は，侍所《さむらいどころ》(御家人を統率する機関)や公文所《くもんじょ》(のちの政所《まんどころ》で，政務一般を扱《あつか》う機関)，問注所(訴訟《そしょう》や裁判を扱う機関)などを設けて政治のしくみを整えるとともに，平氏を滅《ほろ》ぼしたあと，朝廷の許可を得て地方の国ごとに守護，国衙《こくが》領(かつての口分田にあたる国司の支配がおよぶ土地)や荘園に地頭をおき，御家人をその地位につかせた。つまり頼朝は，これまでの朝廷による政治に代わり，武士が全国の土地を支配する新しい政治をめざしたのである。

**問５**　武士が支配する社会は，1867年に大政奉還により江戸幕府が滅亡《めつぼう》するまで続いたから，今から150年余り前まで続いていたことになる。

**問６**　鎌倉時代の武士たちは，１か所の領地を命がけで守り，生活の頼みとした。そうした武士の心構えは「一所懸命《けんめい》」とよばれた。現代の「一生懸命」のもとになった言葉である。

**問７**　戦国時代には，実力のある家臣が主君を倒してのしあがり，権力を手にして戦国大名になるといったことがしばしば起きた。そのような風潮は，「下の身分の者が上の身分の者に打ちかつ」という意味から下剋上《げこくじょう》とよばれる。

**問８**　山梨県北西部を流れる釜無《かまなし》川(富士川の上流部にあたる)は，古くから氾濫《はんらん》を起こして流域に水害をもたらしていたが，甲斐《かい》(山梨県)の戦国大名武田信玄は，氾濫の原因は釜無川の支流の御勅《みだ》使《い》川にあることをつきとめ，御勅使川の流れを２つに分けるとともに合流点近くに16個の大きな石をおいて水の勢いをゆるめ，本流の釜無川にはしっかりした堤防を築いた。堤防は水流を分散させるため短い突堤《とってい》をいくつも張り出させた独特のもので，「信玄堤《づつみ》」とよばれる。この堤防工事は江戸時代以降も整備が続けられ，甲府盆地西部の新田開発に貢献《こうけん》した。

**問９**　浜名湖はかつては砂洲《さす》によって海と隔《へだ》てられた淡水《たんすい》湖であったが，1498年に起きた大地震とそれにともなう津波により砂州が流失して遠州灘《なだ》とつながり，現在のような汽水湖になった。浜名湖と遠州灘をつなぐ水路は今切《いまぎれ》とよばれ，のちに東岸の舞坂《まいさか》宿と対岸の荒井(新居)宿の間に渡し船が運行され，浮世絵に描かれているように，「今切の渡し」によって人や荷物が浜名湖を渡っていた。なお，荒井(新居)宿のとなりには，新居の関所(今切の関所)がおかれていた。

**問10**　明治新政府は国民皆兵の方針のもと，1873年に徴兵《ちょうへい》令を出し，20歳以上の男子に兵役につくことを義務づけた。しかし，それは士族(武士)にとっては本来の仕事を奪《うば》うものであり，平民である農民や町民にとっては新たな負担となるものだったため，各地でこれに反対する一揆《いっき》が起きた。

**問11**　1918年，米騒動《そうどう》の責任をとり寺内内閣が総辞職すると，代わって立憲政友会総裁の原敬《たかし》が，日本で最初の本格的政党内閣を組織した。原は爵位《しゃくい》を持たず衆議院に議席を持つ総理大臣であったことから，「平民宰相《さいしょう》」とよばれて期待を集めた。

**問12**　1932年５月15日，犬養毅《いぬかいつよし》首相は過激派の海軍青年将校らによって暗殺された。五・一五事件とよばれるこのできごとにより，８年間続いていた政党内閣が途絶《とだ》え，以後は役人や軍人を首相とする内閣が続いた。

**問13**　1947年３月，平和の希求や個人の尊厳の重視などの教育の基本理念を示すとともに，教育の機会均等，男女共学などを定めた教育基本法が制定された。

**２　東京・熊本間の航空路を題材とした問題**

**問１**　(1)　富士山を過ぎてから見え，南北に並行して走る二つの山脈は赤石山脈と木曽山脈で，そのうち最初に上空を通過するのは赤石山脈である。　(2)　諏訪《すわ》湖を水源として南に向かい，伊那《いな》盆地を流れるのは天竜《てんりゅう》川である。　(3)　カルデラは火山の噴火により地下のマグマだまりが空《くう》洞《どう》化し，火口付近が落ちこんでできたくぼ地のことで，阿蘇山には南北25km，東西18kmにおよぶ世界最大級のカルデラがある。

**問２**　富士山は山梨県と静岡県の県境に位置する。ここでは進行方向左側の窓から写真のように見えたのだから，ルートはアがあてはまる。なお，イのルートは，富士山のほぼ真上を通過する。

**問３**　愛知用水は木曽川の水を岐阜県南部で取水し，濃尾平野東部から知多半島に引いている。現在は農業用水だけでなく，生活用水や工業用水などにも利用されている。

**問4**　瀬戸内地方は中国山地と四国山地にはさまれた位置にあり，夏は四国山地に，冬は中国山地によって季節風がさえぎられるため，１年を通じて降水量が少なく，晴天の日が多い。

**問5**　地図中のＡはオーストラリア，Ｂはサウジアラビアである。オーストラリア，ブラジル，カナダから多く輸入している矢印は鉄鉱石，オーストラリア，インドネシア，ロシアから輸入している矢印は石炭，サウジアラビア，アラブ首長国連邦，クウェートから多く輸入している矢印は石油である。鉄鉱石と石炭を原料とするのは鉄鋼業，石油を原料とするのは石油化学工業で，岡山県倉《くら》敷《しき》市の水島地区には両方のコンビナートがある。

**問6**　輸入されるレモンには，防カビ剤《ざい》や，日本では使用が禁止されている農薬が使われているものが多い。近年，レモンは果汁を利用するだけでなく，皮ごと料理や菓子《かし》などの材料に用いることが広まってきたことから，そうした防カビ剤や農薬を使用していない国産のレモンの需要《じゅよう》が高まってきている。

**問7**　(1)　広島平野の中央部には，太田川の三角州が形成されている。　(2)　写真中の地形Ａ・Ｂはともに丘陵《きゅうりょう》状の地形で樹木におおわれているが，これはもともと島であった両地区が，周囲の海が埋《う》め立てにより陸地化したことで現在のような地形になったからだと考えられる。

**問8**　写真は，のりの養殖のようすを示したものである。有明海ののりの養殖は「支柱式」という方法で行われる。これは，海に多くの支柱を立てて網《あみ》を張り，網に付着したのりの胞子《ほうし》を育てていく方法である。有明海は遠浅で干満の差が大きく，網についたのりは満潮のときには海水につかることで海水の栄養分を取りこみ，干潮のときには日光にあたることでうま味がたくわえられるとされている。

**問9**　阿蘇くまもと空港から香港《ホンコン》国際空港に向かう場合は偏西《へんせい》風(ジェット気流)に向かって風の抵《てい》抗《こう》を受けながら進むため，時間がかかる。逆の場合は偏西風を追い風として進むため，早く進むことになる。

**3　社会保障を題材とした問題**

**問1**　日本国憲法第25条１項が保障する「健康で文化的な最低限度の生活を営む権利」は，生存権とよばれる。社会権の中心となる権利である。

**問2**　2000年に導入された社会保険は，介護《かいご》保険である。40歳以上の国民が納める保険料をもとにして運営されるもので，被保険者が要介護と認定された場合に，在宅看護や特別養護老人ホームへの入所といった介護サービスを受けられる。

**問3**　高齢者や障がい者などの社会的弱者を特別視せず，できるだけ一般の人と同じように扱うことで，だれもが普通に生活できるようにすることをめざす考え方をノーマライゼーションという。これは「標準化」「正常化」などを意味する英語である。

**問4**　保健所は病気の予防や環境衛生の維持など，地域の公衆衛生活動の中心となる公的機関で，都道府県や政令指定都市などの主要都市，東京都の特別区などによって設置・運営される。2020年から広がった新型コロナウイルス感染症《しょう》に対しては，PCR検査の実施などさまざまな実務を担《にな》った。

**問5**　「社会保障関係費」は国の一般会計の歳出のうちの社会保障に関係する費用，つまり社会保障に対して用いられる国費のことであるが，「社会保障給付費」は実際に社会保障に使われた費用，つまり，国費に地方税や国民が納めた保険料を加えたものである。その内訳は，金額の多い順に

「年金」「医《い》療《りょう》」「福祉その他」となっている。

**問6**　1989年４月に導入された消費税は，商品やサービスを受ける場合，販売価格に一定割合を上乗せする形で課せられる間接税である。導入時の税率は３％であったが，1997年４月には５％に，2014年４月には８％に引き上げられた。さらに2019年10月には10％に引き上げられたが，酒類を除く飲食料品などは８％にすえ置く軽減税率の制度が採用された。

**問7**　「待機児童」とは，保護者が保育園(保育所)への入園・入所を申請しているにもかかわらず，定員がいっぱいであるといった理由でそれがかなわず，「空き待ち」の状態にある児童のことをいう。共働きの家庭が増えたことなどから，その数が増加していることが問題となってきたが，国や地方自治体が保育施設の増設に努めたことなどから，近年は減少傾向《けいこう》にある。

**問8**　少子高齢社会の大きな課題の一つは，社会保障制度の維持が難しくなることである。特に，医療保険や年金保険は，保険料を負担する現役世代の数が減り，サービスを受ける高齢者の数が増えていく中で，現在の保障のレベルを維持していくことは，世代間の負担の格差を広げることにもなりかねない。そうしたことがないようにするためにとられる対策としては，支払う能力のある高齢者に医療費の一部を負担してもらうことや，年金の受給年齢を引き上げることなどが考えられる。

## 理　科　＜Ａ日程試験＞（30分）＜満点：60点＞

### 解　答

**1**　(1)　**ア**　化石　　**イ**　二酸化炭素　　(2)　3　　(3)　①　7ｇ　　②　39.2Ｌ　　(4)　①　Ｂ，Ａ，Ｃ　　②　(例)　電気をつくるときに火力発電を行った場合。　**2**　(1)　①　**安山岩**…4　　**花こう岩**…5　　②　イ→ウ→ア　　(2)　4　　(3)　5　　(4)　3　　**3**　(1)　①　ア，ウ　　②　3　　(2)　4　　(3)　①　4　　②　ウ　　**4**　(1)　2　　(2)　①　ア　　②　ア　　(3)　1，6，8　　(4)　3，4　　(5)　6　　(6)　(例)　エサがあるあたたかい地域に移動する。

### 解　説

**1　燃料と温室効果ガスについての問題**

(1)　**ア**　ガソリンや石油などのことを化石燃料と呼ぶ。これらは，大昔の動植物などが地中にうまり長い年月をかけて圧力や温度の変化を受けながら変化してできたものである。　**イ**　化石燃料を燃やすと二酸化炭素が発生する。二酸化炭素やメタンなどの温室効果ガスは，地球の表面から宇宙空間へ向かおうとする熱(赤外線)を吸収し，再び地球の表面に熱をもどす性質がある。そのため，温室効果ガスが増えると，地球の表面付近の大気があたたまり，地球温暖化が進むといわれている。

(2)　水素は燃える気体だが，酸素のようにものを燃やすのを助けるはたらきはない。空気中で水素に火を近づけると，ポンと音を出して燃える。また，水素は気体の中で最も軽く，アルミニウムを塩酸や水酸化ナトリウム水溶液《すいようえき》に入れるなどして発生させることができる。

(3)　①　この水素自動車は水素5.6kg(＝5600ｇ)で800km走行するので，1km走行するために必要な水素は，5600÷800＝7(ｇ)と求められる。　②　温度が0℃の場合，水素1ｇの体積は11.2Ｌなので，水素7ｇの体積は，11.2×7＝78.4(Ｌ)になる。水素と酸素は体積比が2：1になるように結びつくため，この水素自動車が1km走行するために必要な酸素の体積は，78.4÷2＝39.2(L)である。

⑷　①　ガソリン自動車(A)は最長走行距離《きょり》を走るときに(150×41)円かかるので，1km走行するときにかかる燃料代は，150×41÷820＝7.5(円)となる。同様に求めると，電気自動車(B)が1km走行するときにかかる電気代は，30×62÷465＝4(円)，水素自動車(C)が1km走行するときにかかる燃料代は，1200×5.6÷800＝8.4(円)である。したがって，A～Cを燃料・電気代が安いものから順に並べると，B，A，Cとなる。　②　電気自動車は充電《じゅうでん》した電気を使って走る。火力発電でつくられた電気で充電した場合，電気をつくるときに化石燃料を燃やして温室効果ガスが発生するので，間接的に温室効果ガスが発生することになる。

## 2　火山と岩石についての問題

⑴　①　安山岩などの火山岩は，マグマが地表近くで急速に冷やされて固まってできたため，図1のように，細かい結晶《けっしょう》の中に大きな結晶が見られる。一方，花こう岩などの深成岩は，マグマが地下深い場所でゆっくりと固まってできたため，図2のように，大きな結晶が組み合わさったつくりになっている。　②　マグマのねばりけが強いと，溶岩が流れにくく，盛り上がった形の山体になり，マグマのねばりけが弱いと，溶岩が流れやすく，かたむきがゆるやかな(なだらかな)山体になる。

⑵　牡蠣《かき》(マガキ)は淡水《たんすい》と海水の混じり合うところなどに生息している。そのため，牡蠣がたい積した当時の環境《かんきょう》として，川が流れこんでいるような浅い海が考えられる。

⑶　マグマが噴出《ふんしゅつ》したとすると，浅間山のように安山岩などの火山岩が見られるはずだが，筑波《つくば》山は山頂などに深成岩のはんれい岩，その周囲に深成岩の花こう岩が見られる。このことから，筑波山は，マグマが地下深くで冷えて固まって深成岩ができた後に，これらがりゅう起してできたと考えられる。

⑷　筑波山の山体をつくるはんれい岩や花こう岩はかたい岩石で，墓石，建物の土台や建築材料などに利用される。なお，⑶より，筑波山ではマグマが噴出していないため，周辺に軽石や火山灰をたい積させることはなく，1や2は適当でない。また，筑波山はマグマが地下深くにあり，4のようにマグマの熱を利用する地熱発電を行うことには適さないと考えられる。

## 3　豆電球を使った回路についての問題

⑴　①　スイッチAだけを入れると，豆電球アと豆電球ウは光り，豆電球イは光らない。　②　スイッチAとスイッチBが入っている状態では，豆電球アと豆電球イを並列つなぎにしたものに，豆電球ウが直列につながる回路になっている。ここからスイッチAだけを切った状態にすると，豆電球アには電流が流れず，豆電球イと豆電球ウが直列につながる回路になる。そのため，どちらの状態でも豆電球ウは光る。ただし，豆電球2個を並列つなぎにしたものよりも，豆電球1個のほうが，電流をさまたげるはたらき(抵抗《ていこう》)が大きいため，スイッチAを切った後のほうが，回路全体の抵抗が大きくなり，豆電球ウに流れる電流の大きさは小さくなる。そのため，豆電球ウの光り方は弱くなる。

⑵　1，3，5のつなぎ方では，1番目の結果や2番目の結果のようにならない。残る2と4のつなぎ方のうち，3番目の結果のように，豆電球アが最も明るく，豆電球イと豆電球ウが同じ明るさで光るのは，4のつなぎ方である。2のつなぎ方の場合，AとCをつなぐと豆電球ア～ウがすべ

て同じ明るさになる。

(3)　①　問題文中に述べられているように，アにおける電熱線の発電量を１とした場合，同じ電熱線を２本直列つなぎにしているイでは電熱線全体の発熱量が$\frac{1}{2}$，同じ電熱線を２本並列つなぎにしているウでは電熱線全体の発熱量が２となる。エでは，同じ電熱線を２本直列つなぎにしたものを２組用意し，それを並列つなぎにしているため，同じ電熱線を２本直列つなぎにしたものがそれぞれ$\frac{1}{2}$の発熱量を持ち，２組を合わせた，$\frac{1}{2}+\frac{1}{2}=1$が電熱線全体の発熱量になる。したがって，電熱線全体の発熱量の大きいものから順に，ウ，エ，イとなる。　②　水の温度上昇《じょうしょう》は，水１ｇあたりに与《あた》えられる発熱量に比例する。①で述べた発熱量を用いて水１ｇあたりに与えられる発熱量を求めると，アでは，$1\div100=\frac{1}{100}$，イでは，$\frac{1}{2}\div40=\frac{1}{80}$，ウでは，$2\div240=\frac{1}{120}$となる。よって，最も水温が低くなるものはウとわかる。

## 4　ブナ科植物とネズミについての問題

(1)　イネは１つの花にめしべとおしべが両方ある両性花，トウモロコシとアカマツ，ヘチマは１つの個体にめ花とお花が咲《さ》く単性花(雌雄同株《しゆうどうしゅ》)である。イチョウは単性花(雌雄異株)で，め花だけを咲かせる木と，お花だけを咲かせる木に分かれる。

(2)　①　ドングリはブナ科植物の果実のことで，め花にあるめしべの子房《しぼう》が育ってドングリになる。　②　ドングリのつくりの図より，へそは維管束《いかんそく》で殻斗《かくと》とつながっている。ドングリは維管束を通して栄養分が送られてくるように，殻斗が枝につながっている。

(3)　食べ残し散布のためには，ドングリがさまざまなところへ運ばれ，一部は食べられずに残ることが必要である。果皮や殻斗がかたいと，一度にたくさん食べにくくなり，食べられないドングリが残りやすくなる。また，色が地味でにおいも少ないと，土の中にうめられたドングリを他の動物が見つけにくくなり，横取りされにくくなる。さらに，水分量が少ないことで土の中にうめられていてもくさりにくくなるため，食べられなかったドングリは春に芽を出すことができる。

(4)　１　実験１で，ドングリは３か月土の中にうめてもタンニンの量が変化していない。　２，３　実験２で，タンニンを含《ふく》まない人工飼料を食べたネズミの生存率は100％であるが，コナラ(タンニンを2.7％含む)，ミズナラ(タンニンを8.6％含む)の順に，タンニンを含む割合が多いエサを食べるほど生存率が低くなっている。つまり，取り入れるタンニンの量が多いほど，ネズミに与えるダメージが大きいといえる。　４，５　実験３で，タンニンを少しずつ取り入れたネズミ(Ｄ)は，タンニンを短時間で集中して取り入れたネズミ(Ｅ)と比べて10日後の体重の減少率が低く，生存率が高くなっている。このことから，ネズミはタンニンを少しずつ取り入れることで，タンニンによるダメージを小さくすることができると考えられる。　６　実験２のＡで生存率が100％であることから，タンニンを全く取り入れなくてもネズミは生きていける。

(5)　６のようにすると，ネズミの数に対して実らせるドングリの量が過剰《かじょう》な年には，食べられないで散布されるドングリが増える。このとき，ネズミも増える可能性があるが，実らせるドングリの量が少ない年にネズミの数が減るので，次のドングリを多く実らせる年では再び散布されるドングリを増やすことができる。

(6)　ツバメは，ハエやアブなどおもに飛んでいるこん虫をとらえて食べる。そのため，秋から冬になると日本ではエサが少なくなるので，ツバメは秋になると，エサが多くいる南のあたたかい地域に移動し，そこで冬を過ごす。

## 国語 ＜Ａ日程試験＞（45分）＜満点：100点＞

### 解答

**問１** **リッパ，ジザイ，モ(え)，コキザ(み)，アラタ(めて)**…下記を参照のこと。　**時折**…ときおり　**問２** (1) ウ　(2) エ　**問３** ウ　**問４** (1) ア　(2) イ　**問５** (1) ロック・ワラビー／ディンゴ(野犬)　(2) とにかく彼　**問６** (例) 安全な場所なのに，置いてきてもよい荷物を持ってきてしまった(ところ。)　**問７** イ　**問８** (1) 楽器　(2) ア，エ　**問９** (1) ウ　(2) ア　**問10** **A** (例) ウーマンズ・ストーンを持って帰るかい　**B** (例) 研究対象にされる　**C** 大切(貴重)　**問11** イ　**問12** (例) 二人の間に会話がないこと。　**問13** エ　**問14** (1) アボリジニたち　(2) エ，カ　**問15** イ，オ　**問16** この土地の精霊たちと交信していた(こと。)　**問17** (例) 私は，ボランティアで知的障がいのある方の施設をたずねたとき，お話はうまくできないけれど，澄んだきれいな目で見つめながら何かを伝えようとしているのを見て，とてもひきよせられるような感覚を覚えました。言葉は上手に出なくても，その方の中にはたくさんのものがつまっているのだと考えました。

**●漢字の書き取り**

**問１** **リッパ**…立派　**ジザイ**…自在　**モ(え)**…燃(え)　**コキザ(み)**…小刻(み)　**アラタ(めて)**…改(めて)

### 解説

**出典は谷村《たにむら》志穂《しほ》の『アボリジナル・ランド』による。**オーストラリア先住民の文化をよく知るチャーリーの縁故《えんこ》で，アボリジニの長老であるデイヴィッドと出会った筆者は，彼《かれ》らの精神世界にふれた体験を語っている。

**問１** **「リッパ」**…ひじょうに見事なようす。　**「時折」**…ある程度の期間をおいてときどき起こるようす。　**「ジザイ」**…縛《しば》りつけるものがなく，思うままにできるようす。　**「モ(え)」**…音読みは「ネン」で，「燃料」などの熟語がある。　**「コキザ(み)」**…ごく短い間隔《かんかく》で動作がくり返されるようす。　**「アラタ(めて)」**…音読みは「カイ」で，「改築」などの熟語がある。

**問２** (1) 「そうして」とあるので，前の部分に注目する。食料をつめたダンボールからビスケットを取り出したチャーリーは，もういらないと言われるまでデイヴィッドに勧《すす》めた後，「さりげなく」残りは持ち帰るよう手渡《てわた》ししている。よって，ウが選べる。　(2) 続く部分からもわかるとおり，ビスケットは彼らにとって「貴重」品である。そのことを理解しているチャーリーは，裕福《ゆうふく》な「白人」としてデイヴィッドに“与《あた》える”のではなく，気兼《きが》ねなく受け取ってもらえるよう取り計らったのだから，エが正しい。なお，本文の中ほどにある四角で囲まれた範囲《はんい》において，デイヴィッドがいる間はビールを出さず，代わりに甘《あま》いブッシュ・ティを飲み続けたことからも，彼らの「立場」を尊重するチャーリーの気遣《づか》いがうかがえる。

**問３** 高齢《こうれい》にもかかわらず，デイヴィッドは「とてつもない速さでブッシュの中」を「歩いた」のだから，ウの「風のように」があてはまる。

**問４** (1) 「ややもすると」は，ある状況《じょうきょう》になりやすいようすをいう。よって，アが合う。　(2) 「がぜん」は，急なようすを表すので，イがよい。

**問５**　(1), (2)　とてつもない速さでブッシュの中を歩くデイヴィッドについていくのがやっとだった筆者は，彼が「今，ロック・ワラビーが走っていったろう」と指をさしたときも，「あれはディンゴ，野犬だ」と言ったときも，それらの動きの素早《すばや》さもあいまって，見逃《のが》してしまったのである。

**問６**　直前の段落で，ブッシュに入るため，「デイパックに貴重品や薬品類を一式入れたまま」やって来た筆者に対し，同行のイマハルは荷物など「カラスしか持っていかない」所だからと「ベースキャンプに置いてきた」と言っている。とられる心配のない場所にもかかわらず，必要以上に警戒《けいかい》する気持ちから重い荷物を全て持ってきた結果，自分自身を苦しめることになった点が「おろか」だといえるので，「安全な所なのに，必要のない荷物をたくさん持ってきてしまった(ところ)」のようにまとめる。

**問７**　「唇《くちびる》をかむ」は，“くやしさなどをこらえる”という意味。風のように歩くデイヴィッドのスピードについていけず「開き直ってのろのろと歩く」筆者は，「自分の国では歩いたことがないのか？」と問われてくやしがっているのだから，イが合う。

**問８**　続く部分で，「ディジュリィドゥ」のつくり方が説明されている。　(1)「ディジュリィドゥ」は，「空洞《くうどう》」のある「天然に生えている木」を用いた「楽器」である。　(2) 皮を剥《は》ぎ，乾燥《かんそう》させた「空洞」のある「天然」の木を用いるうえ，「ペインティング・ロックス」とよばれる「黄色や，白や赤，黒などの原色」を発色する石で色をぬり，「楽器」は完成するのだから，ア，エがよい。

**問９**　(1)「変哲《へんてつ》もない」は，ありふれたようす。　(2)「目をこらす」は，“よく見る”という意味。

**問10**　「ウーマンズ・ストーン」に対する，筆者とチャーリーの感覚の違《ちが》いを読み取る。　**Ａ**　チャーリーから「ウーマンズ・ストーン」を「持って帰るかい」と言われた筆者は驚《おどろ》いている。　**Ｂ**　「ウーマンズ・ストーン」は，「昔のアボリジニたち」が「粉をひいたり，野菜をつぶしたり」するのに利用していた遺物にあたる。ゆえに，筆者からすれば何らかの「研究対象」になるような価値のあるものだが，この土地ではそうした「幾《いく》百年，幾千年も昔のもの」が転がっていても「だれも大さわぎしない」のである。これをもとに，「研究対象にされる」のように書く。あるいは，「ずっと昔の」などとしてもよい。　**Ｃ**　筆者の感覚からいえば，「ウーマンズ・ストーン」はその周囲に「ロープ」を張りめぐらし，保護するのがふさわしいと思えるような遺物なので，「大切」なものだといえる。

**問11**　研究対象となるような大切な遺物が，「風に吹《ふ》かれ転がって」いるにもかかわらず「だれも大さわぎしない」ことに，筆者は感じ入っている。貴重なものが放置されていることに驚き慌《あわ》てている自分に対し，そうしたことを問題にしないこの土地の懐《ふところ》の深さ，大らかさに筆者は圧倒《あっとう》されているのだから，イが選べる。

**問12**　四角で囲まれた範囲では，泉に釣糸《つりいと》を垂らし日暮れまでじっと並んで座《すわ》っていながら，その間話すこともなく，ただじっとしていた筆者とデイヴィッドのようすが描《えが》かれている。ふつうなら，初対面同士の沈黙《ちんもく》は気づまりなはずだが，少し後に，おたがい「何も話さずに時間を過ごし」つつも，「その間に私にはデイヴィッドのことが少しずつわかっていくようでならなかった」とあるとおり，筆者は沈黙の中でデイヴィッドという人物への理解を少しずつ深めていったのだろうと考えられる。だから，二人の間に会話がなくとも筆者は「不愉快《ゆかい》」ではなかったのである。

**問13**　続く部分に，筆者はデイヴィッドと「並んで座り始めた頃《ころ》よりずっと親しんでいた」とある。

その感覚は，話さないながらも会話していたようだったと表現されているので，エが合う。

**問14**　(1)「デイヴィッドは本当に年齢を知らないのね？」という筆者の質問に対し，チャーリーは「彼らが大切にしているのは，そうした現実世界ではなく，スピリットのワールド」だと返答している。ここでは，デイヴィッドがアボリジニの代表としてとらえられているものとわかるので，「年齢」云々《うんぬん》といった「現実世界」の概念《がいねん》よりも「スピリット」(たましい)の世界を重視する「彼ら」とは，「アボリジニたち」にあたる。　(2)夜に火を囲んださい，チャーリーが筆者に話した内容を整理する。かつてアボリジニたちは地図もコンパスも手帳も持たず，「火の夢，水の夢」あるいは「ソングライン」という「歌の道」に導かれて旅をし，異なる部族であっても決まった日時に落ち合うことができていた。つまり，地図や手帳などに頼《たよ》る現実世界とは異なり，彼らの「スピリット」(たましい)の世界では「夢」や「歌」が人を導いていたのだから，エとカがあてはまる。

**問15**　チャーリーは二つの事例をあげ，「スピリット」が「失われ」たと結論づけている。一つ目は，「パンツをはく」外来の習慣にしたがい，火や水の「夢」に共振《きょうしん》する文化が失われていることを指す。二つ目は「国に勝手に支配され」た結果，「移動することもできない」状態になっていることにあたる。よって，イとオが選べる。

**問16**　問12でもみたように，「あの時間」とは本文の中ほどにある四角で囲まれた場面を指す。筆者とデイヴィッドは泉に向かって並んで座り，釣糸を垂れ，終始黙《だま》って心を通わせている。そのとき「ぼんやりした目」で，「じっとしていた」デイヴィッドのようすが，「夢を見ていた」状態にあたる。このことについて筆者は，傍線《ぼうせん》部16の直後の段落で「この土地の精霊《せいれい》たちと交信していた」と表現している。

**問17**　せまい意味の「言語」は，人の集団内において，考えや気持ち，情報などを伝えるためのもので，声や文字を用いる。広義には，身振り，数字，音符《おんぷ》といったコミュニケーションや創造活動の手段もふくむ。筆者がデイヴィッドを通して「精霊たち」との「交信」にふれた「感覚」は，狭義《きょうぎ》の言語をこえた直感だといえる。つまり，感覚的に相手の何かが伝わってきた体験，言語を通さず「交信」できた体験をまとめるとよい。合唱やダンスなどでの仲間との一体感，絵画や音楽など言語によらない作品から受けた感動，また自然などに対象を広げても共感は可能である。たとえば「小学三年のとき妹が生まれ，最初はみんなが赤ちゃんを中心としてものごとを考えるのを不満に思っていました。しかし，しばらくたって，妹が私のほうへ『あー』と言って手をのばしたとたん，『かわいい』と思えるようになったのです。私を『好きだ』と伝える妹の心にふれた気がしました。言葉をこえて心が通じたのだと信じています」といった内容が考えられる。

# 2022年度　東洋英和女学院中学部

〔電　話〕(03) 3583－0696
〔所在地〕〒106-8507　東京都港区六本木5－14－40
〔交　通〕東京メトロ日比谷線・都営大江戸線－「六本木駅」より徒歩7分
東京メトロ南北線・都営大江戸線－「麻布十番駅」より徒歩5分

**【算　数】**〈B日程試験〉(45分)〈満点：100点〉

**1**　次の計算をしなさい。

(1) $\frac{7}{15}-\frac{1}{4}\div\frac{5}{6}$

(2) $\left\{\left(2\frac{1}{4}\times0.5-0.75\right)\div2\frac{1}{4}+\frac{1}{6}\right\}\times1.2$

**2**　次の□にあてはまる数を入れなさい。

(1) 231gの6割は□gの42%です。

(2) 算数のテストを□回受けた結果，平均点は74点でした。次に受けたテストの結果が90点だったので，全体の平均点は76点になりました。

(3) 弟が家を出てから3分後に，兄は家を出て弟を追いかけ，22分間走って追いつきました。弟は分速220m，兄は分速□mで走りました。

(4) □ページの本を1日目は全体の$\frac{3}{8}$を読み，2日目は84ページ読みました。3日目に読んだページ数は残りの$\frac{2}{3}$より12ページ少なかったので44ページ残りました。

(5) $\frac{A}{36}$は，0より大きく1より小さい分数です。$\frac{A}{36}$がこれ以上約分できない分数となるような整数$A$は□個あります。

(6) $A$は2けた，$B$と$C$は3けたの整数です。$A$は$B$の$\frac{5}{8}$倍，$B$は$C$の$\frac{7}{9}$倍であるとき，$C$は□です。

**3**　次の問いに答えなさい。

(1) 右の図1のように，長方形ABCDの中にDを中心とする円の一部と対角線BDをかくと，㋐と㋑の部分の面積が等しくなります。ABの長さを求めなさい。ただし，円周率は3.14とします。

(2) 右の図2は，中心角が90°のおうぎ形です。直線ABを折り目として折ったとき，点Oは円周上の点Cに重なりました。㋒の角の大きさを求めなさい。

図1

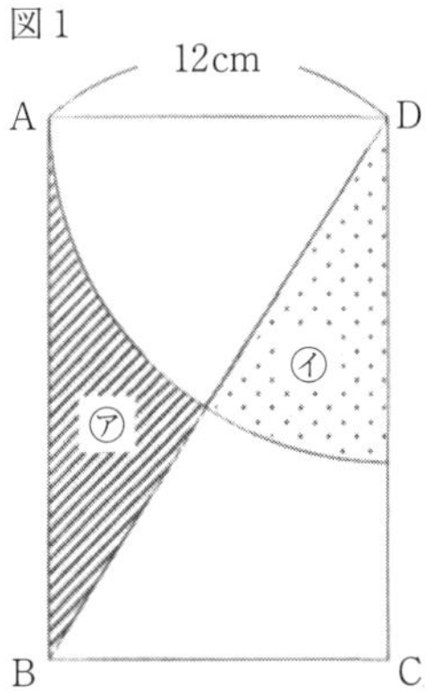


図2

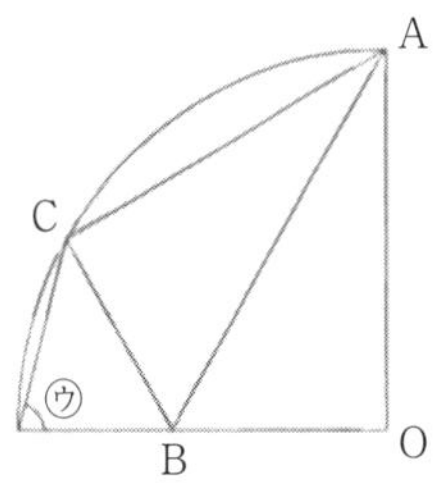

**4**　町内会に180個のアメが寄付されたので，クジの景品にすることにしました。当たりクジ用に6個入りの袋《ふくろ》を，はずれクジ用に4個入りの袋を作ったところ，はずれクジ用の袋は，当たりクジ用の袋の2倍より3袋多くできました。余ったアメはありません。当たりクジ用の袋は，いくつできましたか。

**5**　$[A]$は，10から$A$までの連続する整数の積$10\times11\times12\times\cdots\times A$を表します。ただし，[　]の中の数は10より大きい整数とします。次の問いに答えなさい。

(1)　$[B]$が512で割り切れるとき，考えられる$B$の中で一番小さい数はいくつですか。

(2)　$[C]$は78で割り切れて234で割り切れません。$C$にあてはまる数をすべて答えなさい。

**6**　A，B，C，D，Eの5人が，1問1点で10問ある小テストを受けたところ，最高点は10点，最低点は4点でした。次のうち，5人の平均点にならないものをすべて選び，それぞれ理由を述べなさい。

①　5点　　②　8.6点　　③　7.5点

**7**　下図のように，1辺の長さが12cmの正方形の中に，直角二等辺三角形が2つあります。影《かげ》の部分の面積は101$cm^2$です。網《あみ》の目の部分の面積は何$cm^2$ですか。

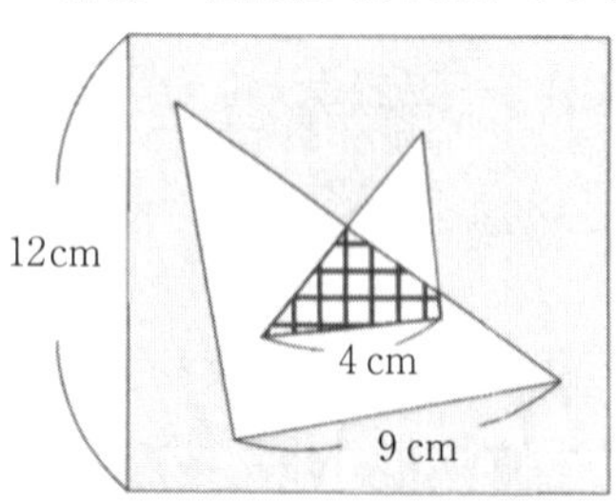


**8**　下図のように，縦10cm，横10cm，高さ8cmの直方体から2つの三角柱と円柱の$\frac{1}{4}$を切り取った立体があります。この立体の体積を求めなさい。ただし，円周率は3.14とします。

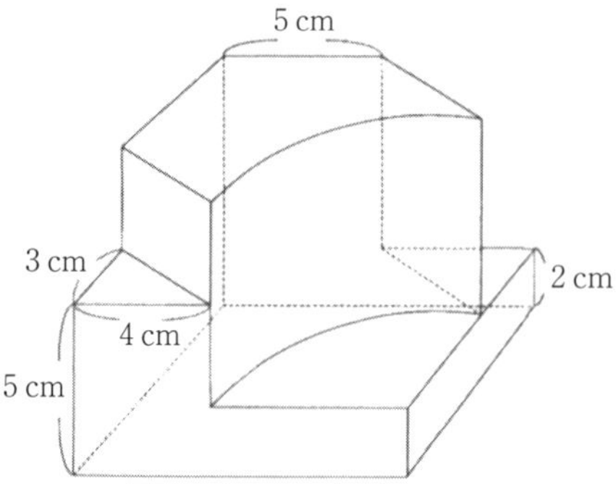

**9**　右図のような高さ20cm，体積4200cm$^3$の四角柱があり，底面は角Ａと角Ｄが90°の台形です。点Ｐはこの四角柱の辺上をＡ→Ｂ→Ｃ→Ｄ→Ｅ→Ｆ→Ａの順に一定の速さで動きます。グラフは，点ＰがＡを出発してからＡにもどるまでの時間と，三角形ADPの面積の関係を表したものです。次の問いに答えなさい。ただし，三角形にならないときは面積を0 cm$^2$とします。

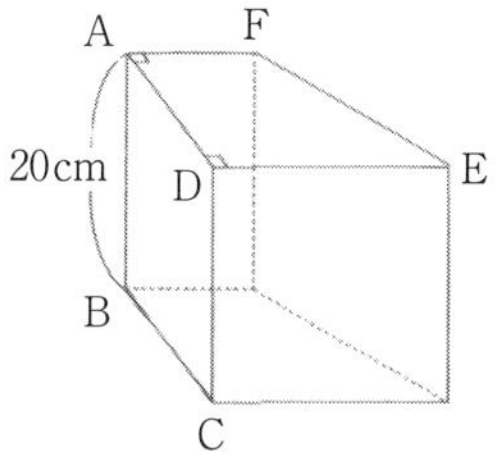


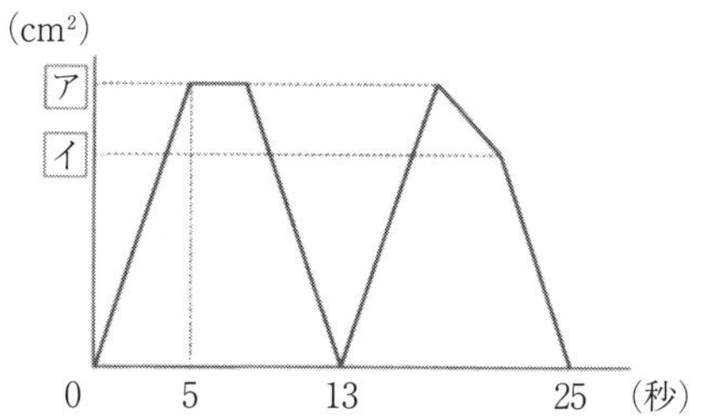


(1)　点Ｐの動く速さを求めなさい。

(2)　ア，イ にあてはまる数を求めなさい。

(3)　辺EFの長さを求めなさい。

**10**　Ａ，Ｂ，Ｃの３人は学校で配布された算数と国語のドリルに取り組んでいます。右の表は，昨日３人が，各ドリルのページ数に対して何％解いたかを表したものです。解いたページ数を２冊合わせると，ＡはＢより２ページ少なく，Ｃより６ページ多く，３人の合計は152ページでした。次の問いに答えなさい。

| | A | B | C |
|---|---|---|---|
| 算数 | 32% | 24% | □% |
| 国語 | 15% | 30% | △% |

(1)　Ａは２冊合わせて何ページ解きましたか。

(2)　算数と国語のドリルのページ数をそれぞれ答えなさい。

(3)　□と△には整数が入ります。あてはまる数の組をすべて書きなさい。

## 【社　会】〈Ｂ日程試験〉（30分）〈満点：60点〉

〈編集部注：実物の入試問題では，写真と地形図とグラフはすべて，地図も大部分はカラー印刷です。〉

**1**　次の文章をよく読んで，あとの問いに答えなさい。

①人間は集団で生活することで文化を育《はぐく》んできました。その過程で貧《ひん》富の差が生まれ，富や権力をもつ者が住む場所と，農民たちが住む場所が分かれるようになると，「都市」が成立しました。都市とは，政治・経済・宗教に関わる中心的機能があるところです。日本では江戸時代までに，都市が各地に成立しました。

政治の中心地としての都市をみていくと，奈良時代に中国を模範《はん》とした国づくりが進められる中で，都として建設された平城京があります。平城京には，天皇や貴族の住居，儀《ぎ》式を行う建物や朝廷の役所，市場などが整備され，約10万人の人々が住んでいたとされます。都と地方の国々とを結ぶ道もつくられ，②重要な地域には政治の拠《きょ》点が置かれました。平安時代になると，③都は現在の京都へうつされ，平安京と名づけられました。その後，武士が力をもつようになると，④平泉や鎌倉などの新たな都市も生まれました。江戸時代になると，⑤大名は領地を治めるために城下町を整備していきました。その中には，現在の日本の都市につながるものが多くみられます。特に「将軍のおひざもと」とよばれた江戸は，人口約100万人におよんだとされ，当時，世界有数の人口をもった都市でした。

経済の中心地としての都市は「港町」が代表的です。平安時代頃《ころ》から各地の産物が船で運ばれて売買されることが多くなり，港町が発展してきました。室町時代になると，国内だけでなく，⑥中国との貿易によって栄えた港町もあらわれました。江戸時代になると，⑦各地の港町を結ぶ航路の整備も進み，全国的な物資の流通がさかんになりました。

宗教の中心地としての都市に「門前町」があります。寺院や神社の中には，広い領地を所有し，多数の兵をかかえるなど，経済力や軍事力をもつものも多かったため，その周辺に人が集まり門前町が栄えるようになりました。江戸時代になると，幕府の統制によって，宗教の中心としての機能は低下しましたが，一方で⑧庶《しょ》民が有名な寺院や神社をお参りすることが一般《ぱん》的になり，多くの人々でにぎわった門前町もありました。

明治時代になると，都市の様子も大きく変わりました。それまで多くの人は農村に住んでいましたが，身分制度が廃《はい》止され，移動の自由が認められたため，農村から都市へ移り住む人々が増えていきました。なかでも江戸は東京と改められ，日本の首都としていちはやく欧《おう》米の生活習慣が取り入れられました。しかし⑨都市の街《まち》並み自体は，江戸時代とほとんど同じでした。

大正時代になると，産業の発展にともなって，都市へ出て工場などで働く人々も増えました。多様な人が都市に集まるようになる一方で，その間で格差が広がっていきました。昭和時代になると，中国との戦争が始まり，長期化していきました。政府は戦争に協力させるために，都市の生活にさまざまな統制を行いました。太平洋戦争が始まり，⑩次第に戦争の状況《きょう》が悪くなると，都市は攻撃《こうげき》目標になることが多くなり，住民の安全がおびやかされるようになりました。

現在，日本をふくむ世界の多くの国で都市に人口が集中しています。人々は快適で豊かな生活を求めて都市に集まってきます。しかし，都市での生活にはさまざまな問題が生じます。まず，災害が起こった時に被《ひ》害が拡大することが多いという点です。特に⑪都市での火災は，歴史上何度も起こっており，大きな被害を出してきました。また，⑫衛生状態の悪化や土地不足などの問題も生じます。都市での生活を維《い》持するためには，国や自治体が都市の課題に取り組むことはもちろん，住民自身も協力することが大切なのです。

問１　下線部①について。縄文時代には，数百人が生活していた「むら」があったことが明らかになっています。青森県で発見された，縄文時代最大級の遺跡を答えなさい。

問２　下線部②について。なかでも九州に置かれ，大陸との外交や九州の統治にあたった朝廷の役所を何といいますか。

問３　下線部③について。地図Ⅰは平城京と平安京の位置を示したものです。都を置く場所として，平安京が平城京よりも優《すぐ》れている点は何ですか。地図から読み取れることを答えなさい。

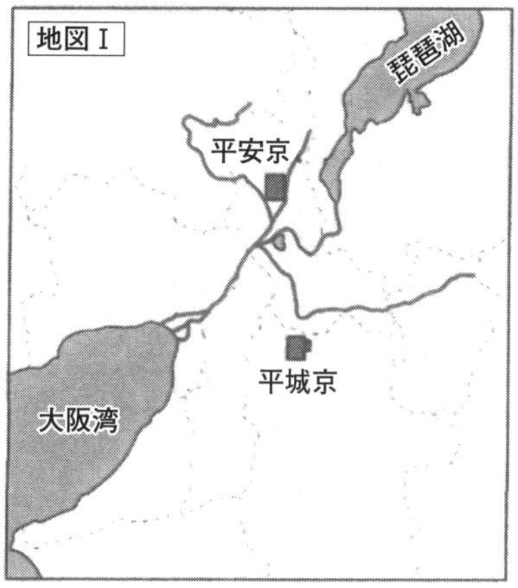

問４　下線部④について。平泉の位置を地図Ⅱ中から選び，記号で答えなさい。

問５　下線部⑤について。城下町の中心である城には，右の写真のような天守閣が建設されました。城は本来，軍事的な建物ですが，戦乱のほとんどない江戸時代に，大名が天守閣を建設したのはなぜですか。

問６　下線部⑥について。日明貿易で栄え，鉄砲の生産地としても有名な都市を答えなさい。

問７　下線部⑦について。全国の藩は「天下の台所」とよばれた大阪に蔵屋敷を建て，年貢米を運びました。それは何をするためですか。

問８　下線部⑧について。その一つに，右の写真の神社を中心とする門前町があります。この神社には徳川家康がまつられています。この門前町を答えなさい。

浜島書店資料集 より

問９　下線部⑨について。東京が近代的な都市に変わる大きなきっかけとなった，大正時代のできごとを答えなさい。

問10　下線部⑩について。そのような中で，都市の子どもたちを地方の農村に移住させる政策がすすめられました。これを何といいますか。

問11　下線部⑪について。江戸は火災に弱く，しばしば大きな被害を出しました。火災対策を行った江戸幕府の８代将軍を答えなさい。

問12　下線部⑫について。東京では，衛生状態の悪化と土地不足を同時に解決しようと努めてきた結果，東京湾は次の地図のように変化していきました。どのようにして解決してきたのですか。地図の変化から考えて説明しなさい。

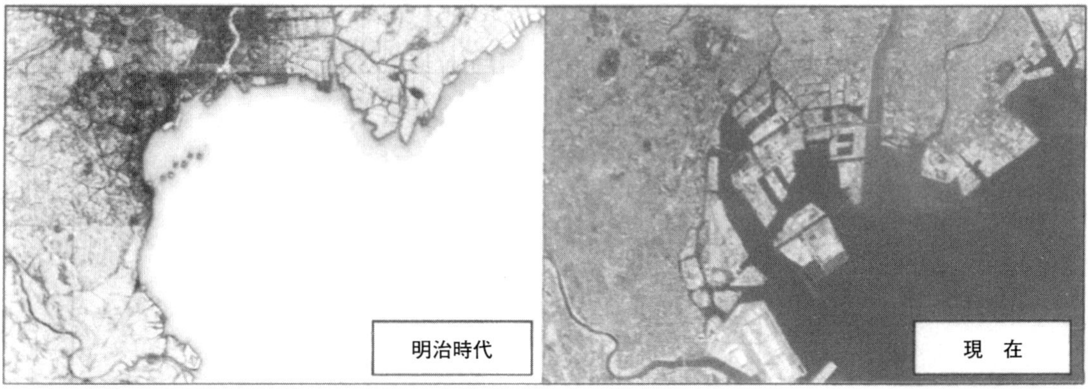


今昔マップ on the web より

**2**　次の各文章をよく読んで，あとの問いに答えなさい。

夏休みに，英子さんの学校では，校舎の工事を行いました。英子さんは，働いている人たちの話している言葉が日本語ではないことに気づき，外国人が働いている日本の産業について調べ始めました。調べてみると，人手不足に悩《なや》む地方の産業が，技能実習生を多く受け入れていることがわかりました。次は，そのような地方の産業についての説明です。

> 【高知県室戸市】
> ①カツオの一本釣《づ》りがさかんである。一本釣り漁法は，ねらった魚だけを獲《と》るため，生態系への影響《えいきょう》を最小限に抑《おさ》える持続可能な漁法である。この海域で魚が多いのは，②室戸岬の沖合から水深が急に深くなっており，そこから栄養分が多い海流が昇《のぼ》ってくるからである。

問１　下線部①について。一本釣りは，沖縄の南方から海流に乗って回遊するカツオを追って操業しています。何という海流ですか。

問２　下線部②について。室戸岬は，次の地図中 **a** に沿って起こる巨《きょ》大地震《しん》の影響で隆起してできた土地です。**a** を何といいますか。

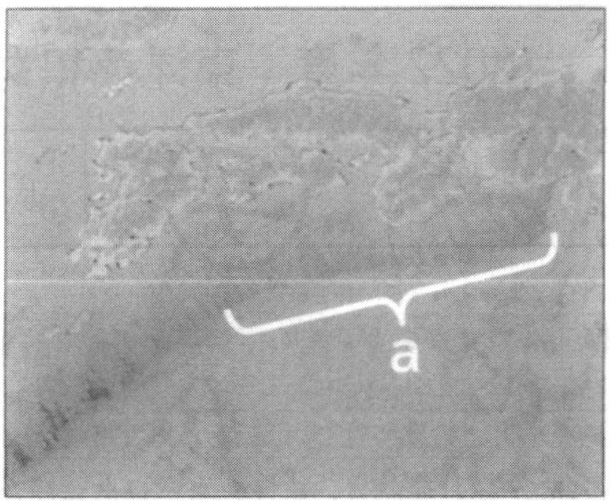


帝国書院『中学生の地理』より

【長野県川上村】
レタス栽培《さいばい》がさかんである。川上村は③八ヶ岳の噴《ふん》火による溶《よう》岩と火山灰のため，もともと土地の質が良くなかった。しかし，人々の努力で牛のフンを畑の土に混ぜたりして栄養のある土地へと変えていった。現在，④長野県のレタスの出荷《か》量は全国第１位である。葉物野菜の収穫《かく》は機械化が難しいので，今でも手作業で行われている。

問３　下線部③について。八ヶ岳の位置を次の地図中から選び，記号で答えなさい。

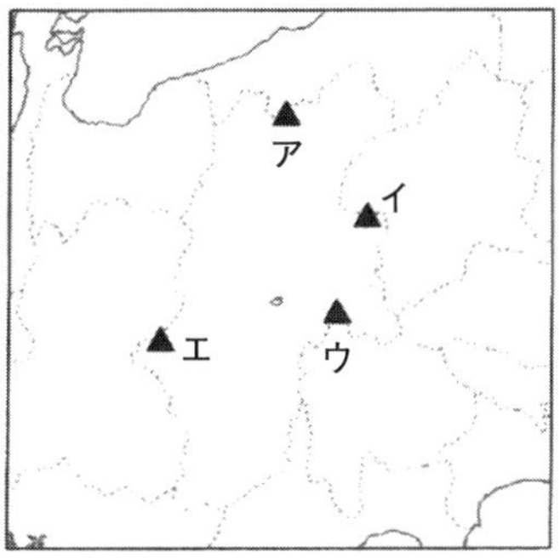


問４　下線部④について。右のグラフは，東京へ出荷されるレタスの量を表したものです。長野県は茨城県と比べると夏に出荷量が多いことがわかります。それはなぜですか。

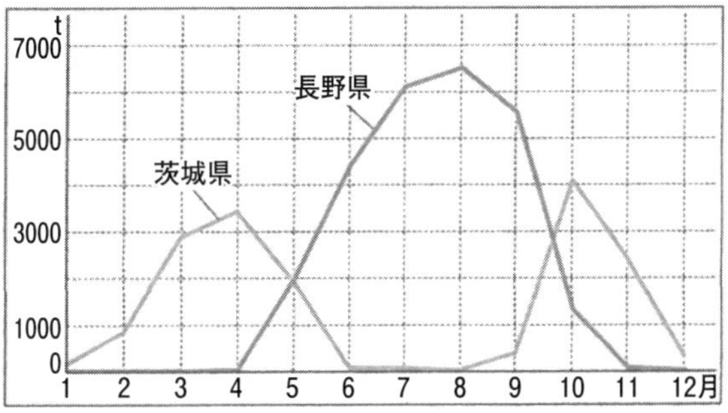


帝国書院『中学生の地理』より

【茨城県鉾《ほこ》田市】
野菜や果物栽培がさかんである。鉾田市は土地が平たんで，⑤水はけの良い赤土に覆《おお》われているため，特にメロン栽培に適している。鉾田市がある茨城県は，広大な農地が多く，全国第２位の耕地面積である。そして利根川や霞ヶ浦があるため水資源も豊富で，農業に最適な自然環《かん》境となっている。茨城県の農業地域は，⑥東京に近い利点をいかし，「首都圏《けん》の台所」といわれている。

問５　下線部⑤について。この土壌《じょう》を何といいますか。

問６　下線部⑥について。このような利点をいかした農業を何といいますか。

【愛媛県八幡《やわた》浜市】
　みかん栽培がさかんである。一年を通して温暖で晴れの日が多い気候と，⑦山地の斜《しゃ》面を利用して，みかんを育てている。恵《めぐ》まれた気候と地形によって，おいしいみかんがつくられてきたが，1991年にオレンジの輸入が自由化されたため，みかん農家は打撃を受け，新たな工夫が必要になった。

問７　下線部⑦について。
　⑴　どのような農地でみかんを栽培しているのですか。
　⑵　次の地形図は，八幡浜市のものです。この地域で栽培されるみかんは，「三つの太陽」を浴びて育つといわれています。「空からの太陽」「畑の石垣《がき》から反射する太陽」と，もう一つはどのような「太陽」ですか。地形図を見て答えなさい。

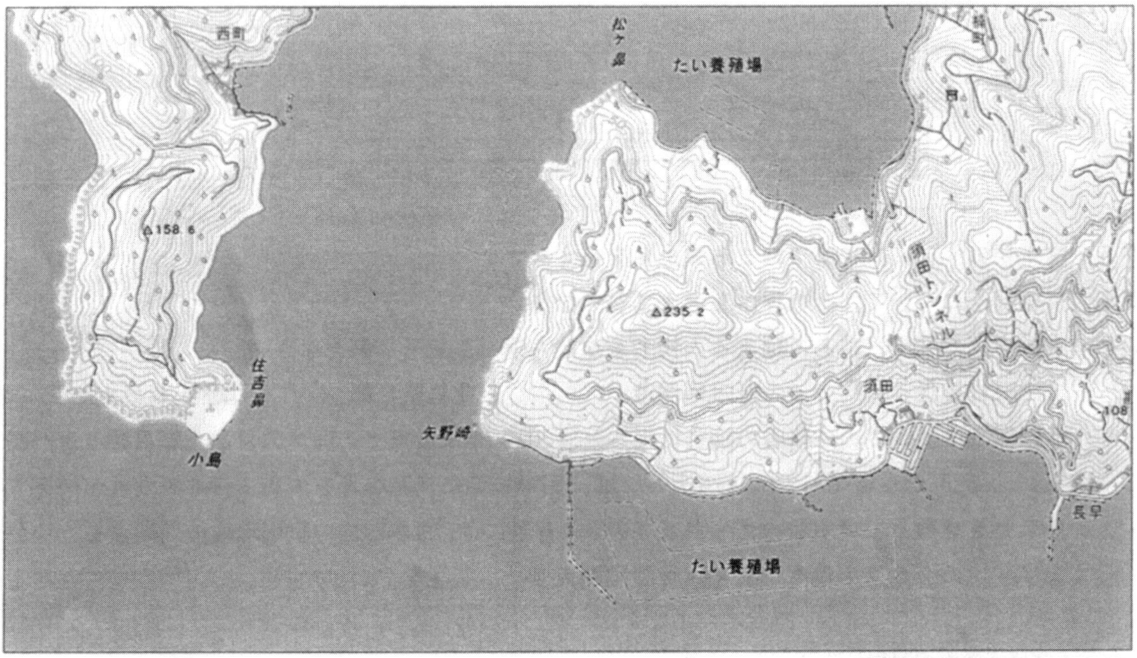


国土地理院 地理院地図 GSI Maps より

【愛知県豊田市】
　自動車工業がさかんである。都市の労働人口の約50%が自動車関連の仕事に携《たずさ》わっている。自動車の部品は，それぞれ専門の工場で生産し，自動車工場に運ばれて組み立てられる。部品が余ることによる無駄《だ》を省くため，⑧必要なものを必要な時に必要な量だけつくる方式をとっている。今では世界中の多くの工場がこの方式をとっているが，初めて導入したのは，この都市に本社がある自動車会社である。

問８　下線部⑧について。この方式を何といいますか。
問９　豊田市のように，大企《き》業を中心に関連企業が集まり，地域が発展する都市を何といいますか。
問10　現在，世界では「脱《だつ》炭素化」を実現するために，電気自動車の普及《ふきゅう》が加速しています。次の表は，ガソリン自動車と電気自動車を比較《かく》したものです。豊田市の自動車会社が，ガソリン自動車から電気自動車へ転換《かん》した場合，豊田市の産業にはどのような影響が出ると心配されていますか。

| | ガソリン自動車 | 電気自動車 |
|---|---|---|
| 部品数 | 約３万点 | 約２万点 |
| 製造組立 | 構造が複雑で，組立に独自の技術が必要である。 | 構造が単純で，組立が比較的容易である。 |

中小企業庁「経済社会を支える中小企業」より

問11　地方の産業では，技能実習生は重要な働き手となっています。しかし，一般的に農業は工業に比べて，技能実習生の受け入れが難しい面があります。それはなぜですか，農業の特徴《ちょう》をふまえて答えなさい。

**3**　次は，ある日の東洋英和女学院の教室での会話です。よく読んで，あとの問いに答えなさい。

洋子さん：先生，私は将来，杉原千畝さんのような外交官になりたいと思っています。

東　先生：それは素《す》敵な夢ですね。ほかのみなさんにもぜひ，世界に目を向けていただきたいです。

英子さん：先生，外交官は具体的にどのような仕事をしているのですか。

東　先生：外交官は，外務大臣が管轄《かつ》する外務省によって各国に派遣《けん》され，諸外国との政治的・経済的な連携《けい》や駆《か》け引きなどを行っています。日本では，外交関係を処理することは，内閣の権限として，日本国憲法第73条に規定されています。そして，内閣を構成する①総理大臣と，国務大臣の中でも外務大臣が外交の中心を担《にな》っています。

洋子さん：外交官の仕事は難しそうですね。

東　先生：世界各国との関係が重要視される現在は，内閣や省庁，外交官だけではなく，多様な立場の人が関わらなければ，外交はうまくいきません。国際交流にはさまざまな形があります。慎《しん》重さも必要ですが，積極的な外交は，人や物資，文化の移動をもたらし，自国の利益につながります。

和子さん：物資の移動ということは貿易などですか。（　1　）に関する交渉《しょう》は難しそうですね。

東　先生：そうですね。政府に期待することは，まずは（　1　）についての交渉など，経済的な利益につながることだと思います。今年初め，日本や中国，ASEAN（東南アジア諸国連合）諸国などが参加するRCEP（地域的な包括《かつ》的経済連携）協定が発効しました。今後，工業製品を中心に，多くの品目で（　1　）を段階的になくしていく予定です。

和子さん：貿易はだんだん自由化に向かっているのですね。

洋子さん：先生，私は外交官になったら，大好きな日本の文化をたくさんの外国の方にアピールしたいです。特に日本のアニメやカワイイ文化を知ってほしいです。

英子さん：海外では，日本のアニメの中に描《えが》かれる制服やランドセルも注目されていると聞いたことがあります。私は，ランドセルをアフガニスタンに送る活動をしているNGO（非政府組織）に，小学校の時に使っていたランドセルを寄付しました。

和子さん：先生，アフガニスタンといえば，2019年12月に銃《じゅう》撃されて亡《な》くなられた中村哲さんが活動されていた国ですよね。②昨年，パラリンピック直前に政変がありましたよね。

東　先生：そうでしたね。参加をあきらめかけていた二人の選手が参加できたことは，本当によかったですね。中村さんは，パキスタンとアフガニスタンで医療《りょう》や水源確保，農業計画などに携わるNGOの現地代表でした。NGOや個人が交流したり支援《えん》活動を行ったりする例が増えていますね。

洋子さん：先生，私はパンダが大好きなのですが，「パンダ外交」という言葉を聞いたことがあります。パンダも外交に役立っているのですか。

東　先生：日本に初めてパンダが贈《おく》られたのはちょうど50年前，1972年のことでした。この年の９月，日中共同声明が発せられ，日中国交正常化が実現したのです。1980年にも日本にパンダが贈られましたが，その前年の1979年に中国に対する③ODA(政府開発援助)が開始されています。2011年の東日本大震災後には，復興支援のために仙台市にパンダを貸し出す交渉が進んでいたそうです。しかし，2012年に日本が(　２　)の国有化を宣言すると，その話は中断してしまいました。

洋子さん：パンダは中国との友好関係を象徴するものなのですね。

東　先生：(　２　)をめぐる問題は，「安全保障」という外交課題でもありますね。その課題解決のためにも，国家間の相互《ご》理解を深めることが重要です。その鍵《かぎ》になるのが，人材交流や民間外交だと思います。

英子さん：先生，そういえば，杉原千畝さんにゆかりのある岐阜県八《や》百《お》津《つ》町は，昨年の東京オリンピック・パラリンピックで，イスラエルの選手団のホストタウンの一つでした。④杉原さんは，イスラエル政府から，「諸国民の中の正義の人」という賞を贈られていますよね。

和子さん：国際連盟事務局次長を務めた(　３　)の出身地，岩手県盛岡市は，カナダの選手団の事前合宿を受け入れました。先生は私たちに，「太平洋のかけ橋になりたい」と言った，(　３　)のような志を持ってほしいのですね。それなら，⑤私は国際連合の職員をめざそうかな。

東　先生：それも素敵な夢ですね。現在，国連の事務次長で，軍縮担当には，日本人女性の中満泉さんが就任しています。和子さんにもぜひ活躍《やく》していただきたいですね。

問１　下線部①について。2002年，当時の小泉首相が北朝鮮との間に行った首脳外交は，大きな成果を生み，さらなる進展が期待されました。しかし，いまだに解決していないばかりか，関心の低下が心配されている人権問題があります。それはどのような問題ですか。

問２　文章中(１)にあてはまる国税を答えなさい。

問３　下線部②について。この政変の背景には，アメリカ軍のアフガニスタンからの撤《てっ》退があります。アメリカ軍が，約20年前にアフガニスタンに派兵されたのは，直前にアメリカで起こった事件が原因です。その事件名を答えなさい。

問４　下線部③について。ODAは，開発途上国を支援することを目的としています。中国に対する日本の「二国間援助」は，2018年に打ち切られました。それはどのような理由からですか，次のグラフを参考に説明しなさい。

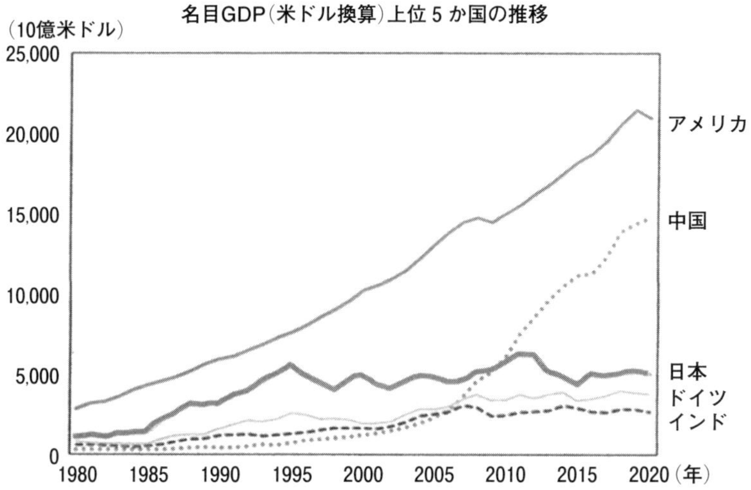

ニッセイ基礎研究所作成資料 より

問５　文章中(２)にあてはまる領土名を答えなさい。

問６　下線部④について。その理由を考えて書きなさい。

問７　文章中(３)にあてはまる人物名を次から選び，記号で答えなさい。

ア．野口英世　　イ．新渡戸稲造　　ウ．北里柴三郎　　エ．小村寿太郎

問８　下線部⑤について。外務省の調査によると，2020年末時点での国連の日本人職員数(専門職以上)の62%が女性でした。このデータは，国際社会に活躍の場を求める日本人女性が増えていることを象徴していると考えられます。その背景には，日本国内の職場環境の問題点もうかがえます。次のグラフを参考にして，その問題点を一つ答えなさい。

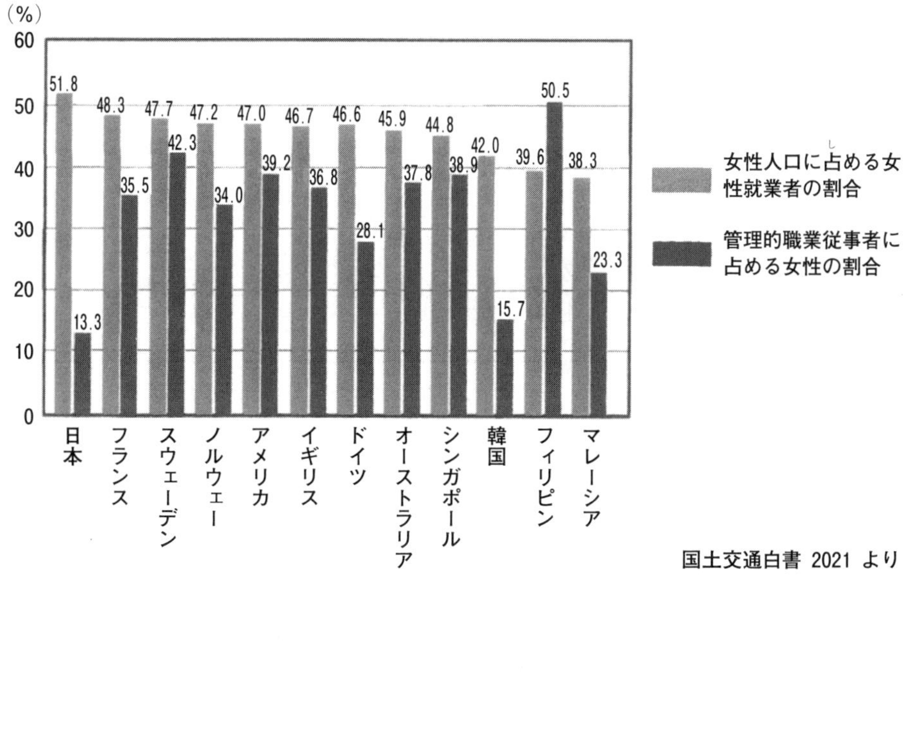

国土交通白書 2021 より

## 【理　科】〈B日程試験〉(30分)〈満点：60点〉

〈編集部注：実物の入試問題では，写真はカラー印刷です。〉

**1**　水の温度がどのように変化するのか調べるために2つの実験を行いました。ただし，熱の移動は湯，水，氷の間のみで起こるものとし，容器や外部との熱のやり取りはないものとします。

図1

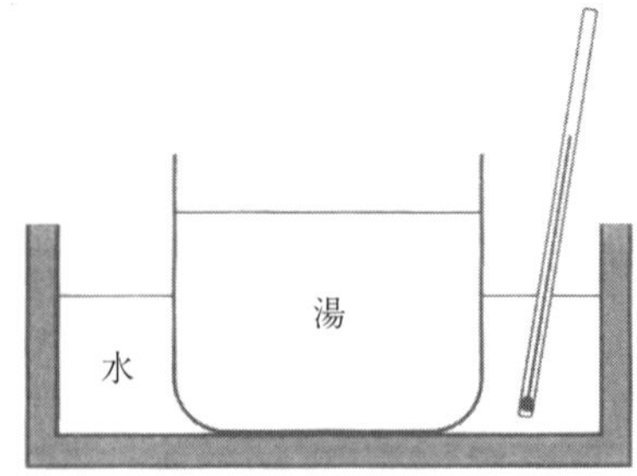


［実験1］　図1のような装置を作り，内側のビーカーに湯，外側の発泡《はっぽう》スチロール容器に水を入れ，その温度変化を温度計で調べた。下の①～③はそのときの条件と結果をまとめたものである。

| | ① | ② | ③ |
|---|---|---|---|
| 内側のビーカーの湯の温度と重さ | 70℃の湯 100g | 70℃の湯 150g | 70℃の湯 150g |
| 外側の容器の水の温度と重さ | 10℃の水 100g | 10℃の水 50g | 10℃の水 150g |
| 一定になった温度 | 40℃ | 55℃ | 40℃ |

(1)　①のとき，温度計ではかった水の温度変化と時間の経過の関係をグラフであらわしたものは次のどれですか。番号で答えなさい。

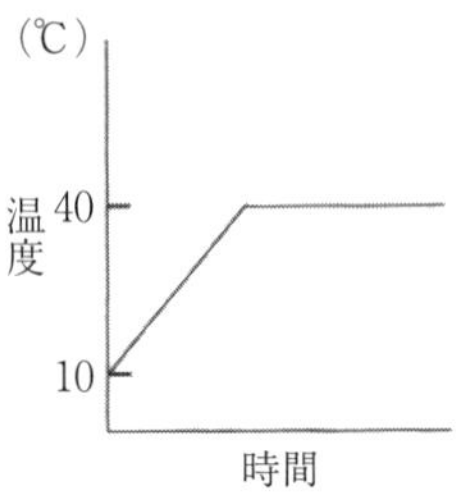


1

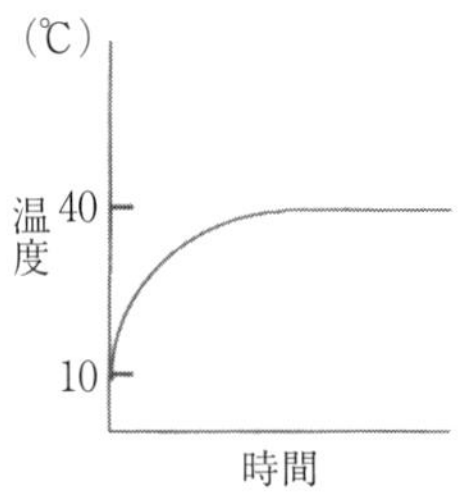


2

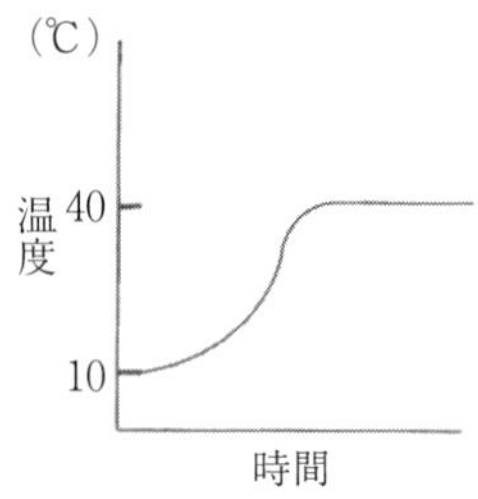


3

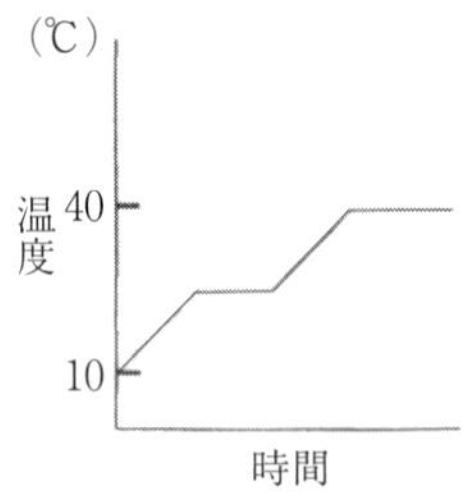


4

(2)　熱の量を熱量といい，数値であらわします。熱量の単位は「cal(カロリー)」が用いられます。「1cal」は「1gの水の温度を1℃上昇《しょう》させるのに必要な熱量」です。②では内側のビーカーの湯から外側の容器の水に何calの熱が移動したと考えられますか。

(3)　内側のビーカーに70℃の湯50g，外側の容器に10℃の水150gを入れたとき，温度計の温度は何℃で一定になりますか。

図2

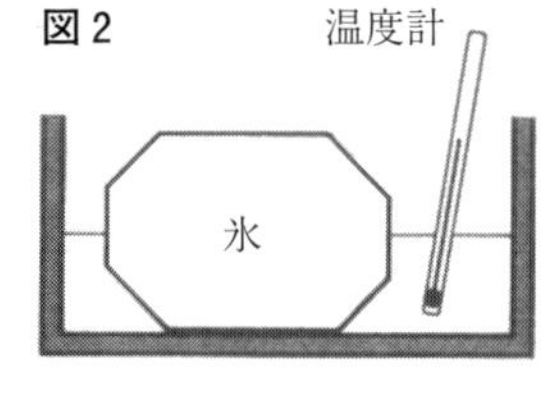


［実験2］　図2のように，0℃の氷50gと40℃の湯50gを発泡スチロール容器に入れ温度をはかったところ，(　　)で一定になった。このとき，容器の中は氷がとけきらずに残っていた。

(4)　(　)に入る温度は何℃ですか。次から選び，記号で答えなさい。

ア　－5℃　　イ　0℃　　ウ　5℃

エ　10℃　　オ　20℃

(5)　0℃の氷1gをとかして，0℃の水1gにするために必要な熱量は80calです。0℃の氷100gをすべてとかすためには40℃の湯は少なくとも何g必要ですか。

(6)　氷と水を入れた容器をコップに変えてしばらく置いておくと，コップの外側がぬれていました。この現象と同じものを次からすべて選び，番号で答えなさい。

1　霧《きり》吹《ふ》きで水を窓に吹きかけると，窓がぬれた。

2　暑い日にコンクリートの上に水をかけると，すずしくなった。

3　湯船に入る前にふたを開けると，浴室の鏡がくもった。

4　氷を皿にのせて，部屋の中に放置すると皿の上に水がたまった。

5　スープを入れた容器にラップをかけて電子レンジで加熱した後，そのまま放置すると，ラップの内側に水てきがついた。

6　キュウリに塩をかけると，水が出てきた。

**2**　日本では，冬に太平洋側に比べて日本海側で雪や雨が多く降るけい向があります。

(1)　図1は，2020年12月31日の天気図です。図1を参考に，冬に日本海側で雪や雨が多く降る原因を次から2つ選び，番号で答えなさい。

図1

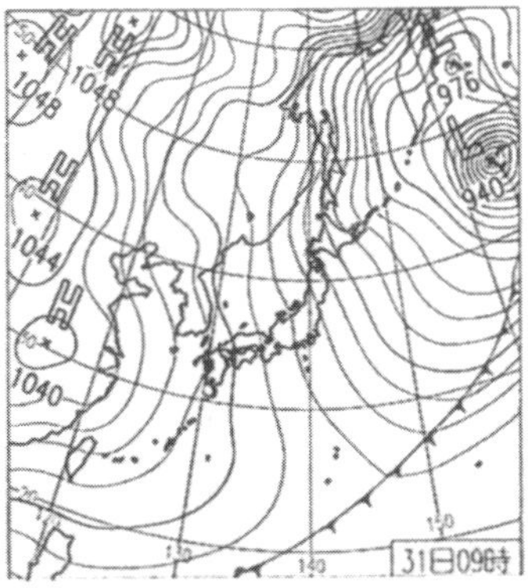


H…高気圧　　L…低気圧
記号下の数字は気圧の値

1　大陸には発達した高気圧，東の海上には低気圧があり，北東から強い風が吹く。

2　大陸には発達した高気圧，東の海上には低気圧があり，北西から強い風が吹く。

3　日本海上の空気より海水の方が温度が低いため，季節風へ水蒸気が供給される。

4　太平洋上の空気より海水の方が温度が低いため，季節風へ水蒸気が供給される。

5　日本海上の空気より海水の方が温度が高いため，季節風へ水蒸気が供給される。

6　太平洋上の空気より海水の方が温度が高いため，季節風へ水蒸気が供給される。

(2)　地球は，太陽から主に光としてエネルギーを受け取ります。図2は，太陽から届く光の当たり方を，緯《い》度が異なる地点1～3の同じ面積で比べたものです。光の量は緯度によって大きく異なり，赤道付近で多く，極付近で少なくなります。

一方，地球が太陽から受けたエネルギーは，赤外線として宇宙に出ていきます。図3は，地球が太陽から受けるエネルギーと，地球から出ていくエネルギーについて，緯度との関係を示したものです。地球から出ていくエネルギーは，太陽から受けるエネルギーに比べて赤道付近で少なく，極付近で多くなります。これは，地球が低緯度で受けたエネルギーが，熱として赤道付近から両極方向に輸送されて，放出されるからです。

**図２　太陽から届く光の当たり方**

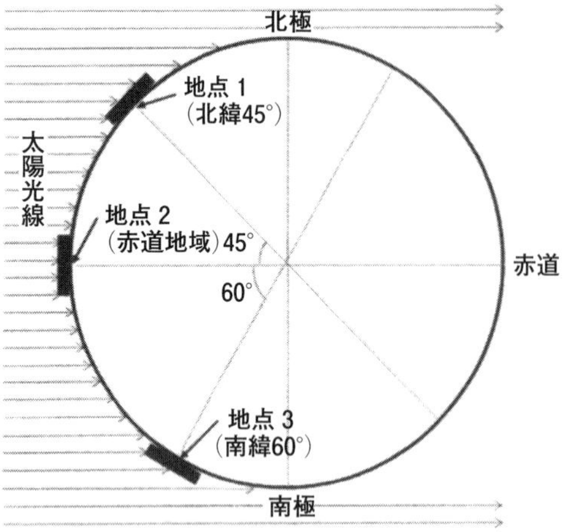


春分・秋分の日に，地点１～３で太陽の高度が最も高くなったときのようす

**図３　地球が太陽から受けるエネルギーと，地球から出ていくエネルギー**

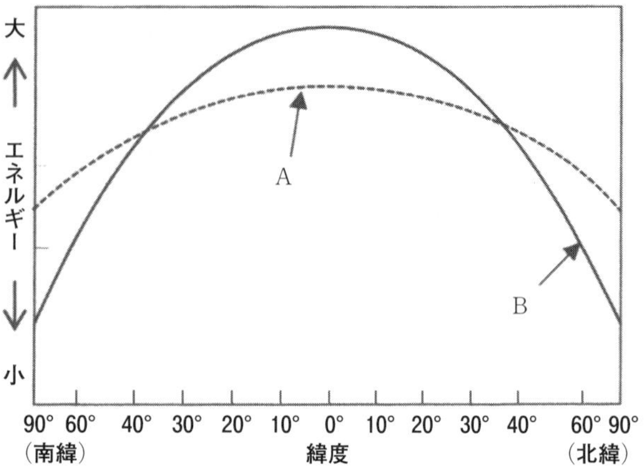


①　図３で，地球が太陽から受けるエネルギーを示すのは，ＡとＢのどちらですか。

②　下線部で，赤道付近から両極方向へ熱が移るとき，熱は何によって赤道付近から両極方向へ運ばれたり伝わったりするでしょうか。大きな割合をしめると考えられるものを次から２つ選び，番号で答えなさい。

1　海流　　2　地震《しん》波　　3　津《つ》波

4　大気の運動　　5　地面

(3)　地球上の広範《はん》囲で急速に進む地球温暖化が問題になっています。

①　現在進んでいる地球温暖化の主な原因を２つ選び，番号で答えなさい。

1　地球が太陽から受けるエネルギーが増加した。

2　石油や石炭の燃焼により発生し，太陽光を受けて強い酸性になった物質が増加した。

3　石油や石炭の燃焼により発生する二酸化炭素が大気中で増加した。

4　火山活動が活発になり，火山ガスに含《ふく》まれる二酸化炭素が大気中に多く放出された。

5　大規模農園や牧草地などへの転用により，森林が減少した。

6　必要以上に与えられた肥料や，家庭や工場からのはい水が地下水に流入した。

②　次のうち，地球温暖化が原因で生じていると考えられるものを２つ選び，番号で答えなさい。

1　酸性雨が降り，そこに生息する生物に影《えい》響《きょう》がおよぶ。

2　湖や内湾《わん》で，植物プランクトンなどが大量に発生し，魚類が大量死する。

3　日本付近に移動してくる熱帯低気圧は，その強さが最大に達する緯度が北に移動する。

4　洪《こう》水が発生しやすくなる。

5　オゾン層が破かいされて地上に届く紫《し》外線の量が増え，生物に影響がおよぶ。

6　有害な物質が，外部の環《かん》境よりも高い濃《のう》度で生物の体内にちく積する。

**3**　物体を鏡に映すと，鏡の奥《おく》(鏡をはさんだ線対しょうの位置)に物体があるように見えます。これを物体の像といいます。

図1のように鏡の前にろうそくPを置き，鏡に映ったろうそくの像P′を**E**から見ています。このときPから出て，鏡で反射し**E**に届く光の道筋は以下のように求めることができます。なお図1は真上から見たようすです。

**図1**

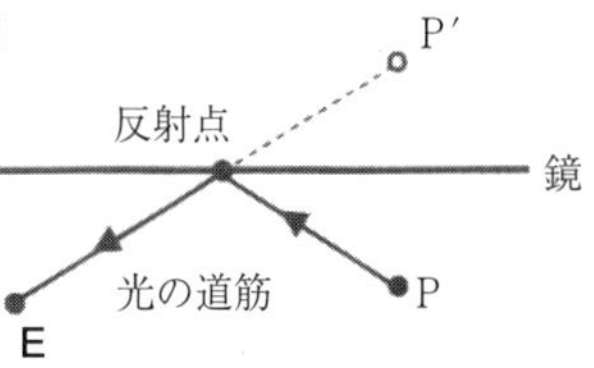


① P′から光がまっすぐ**E**に届くように見えるのでP′と**E**を点線で結ぶ。

② ①の線と鏡が交わる点である反射点(光が反射している点)とP，**E**をそれぞれ実線で結ぶ。

③ Pから反射点，反射点から**E**に向かって矢印をつける。

(1) 図2のように鏡の前のア～エの場所にろうそくを置き，**E**から鏡に映る像を見ました。このとき鏡に映る像を見ることができないのはどの位置にろうそくを置いたときですか。すべて選び，記号で答えなさい。

**図2**

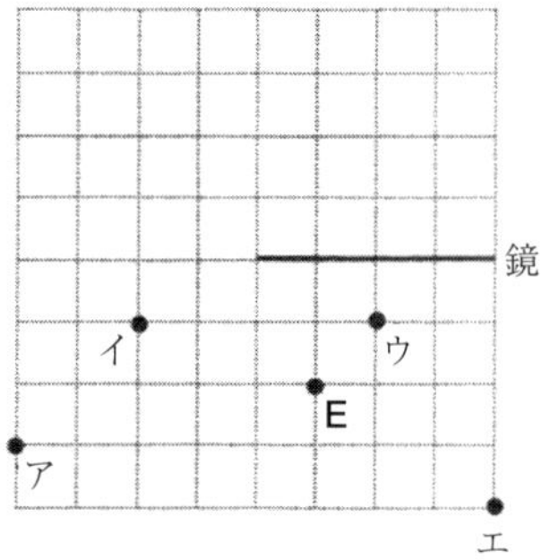


(2) 図3のように2枚の鏡(鏡Aと鏡B)を90°になるようにして置き，その間にろうそくPを置いたところ，鏡にはPの像が図の o の3か所にできました。その後，2枚の鏡の角度を変えて鏡に映る像の数を調べた結果が右の表です。この結果から，鏡に映る像の数は下のようにして求めることができます。

**図3**

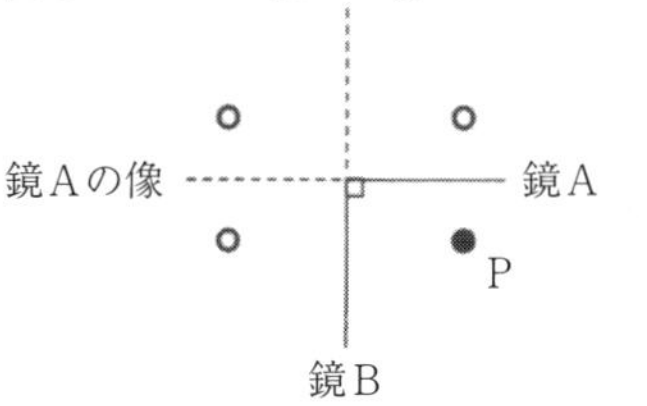


**表**

| 2枚の鏡の角度 | 像の数 |
|---|---|
| 90° | 3 |
| 60° | 5 |
| 45° | 7 |
| 30° | 11 |

[求め方]

90°の場合，360°を2枚の鏡の角度で割ると360÷90＝4となり，鏡や鏡の像によって区切られた空間が4つできることになります。それぞれの空間に1つずつろうそくがあるように見えます。そのうち1つは実際のろうそくなので1を引くと，像の数は4－1＝3になります。

では2枚の鏡の角度が20°の場合にはいくつ像ができますか。

(3) 図4で像P″を**E**から見ているとき，ろうそくPから出た光は鏡Aで反射し，次に鏡Bで反射して**E**に届きました。その光の道筋を実線と矢印を用いて作図しなさい。ただし，作図に用いた線は残しておくこと。

**図4**

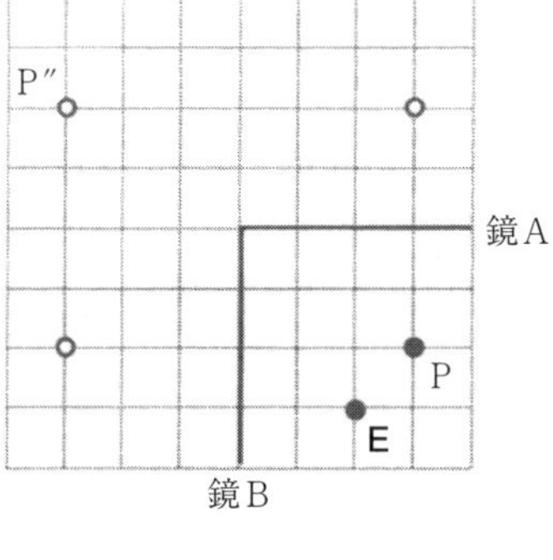

(4)　図５のように２枚の鏡を90°にして置き，正面に英子さんが右手をあげて立ちました。このとき鏡のＸ～Ｚに映る像はそれぞれどのように見えますか。正しいものを１つずつ選び，番号で答えなさい。

**図５**

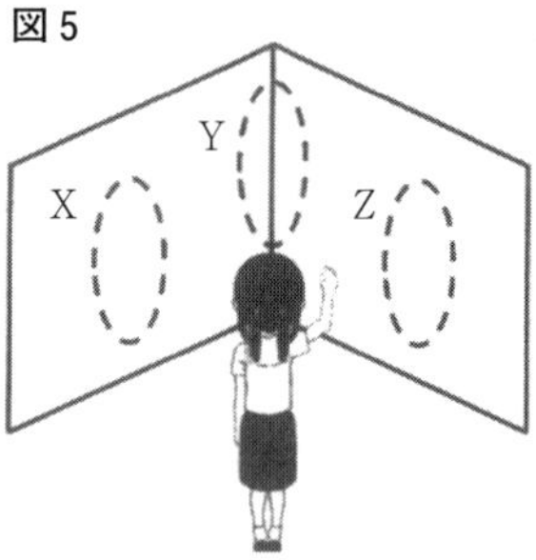


1　2　3　4　5　6

(5)　(4)で英子さんが図６のようにその場で矢印の向きに回ったときＸ～Ｚに映る像はそれぞれどのように回りますか。正しいものを１つ選び，番号で答えなさい。

1　すべて①の向きに回る。

2　すべて②の向きに回る。

3　ＸとＺは①の向きに回り，Ｙは②の向きに回る。

4　ＸとＺは②の向きに回り，Ｙは①の向きに回る。

**図６**

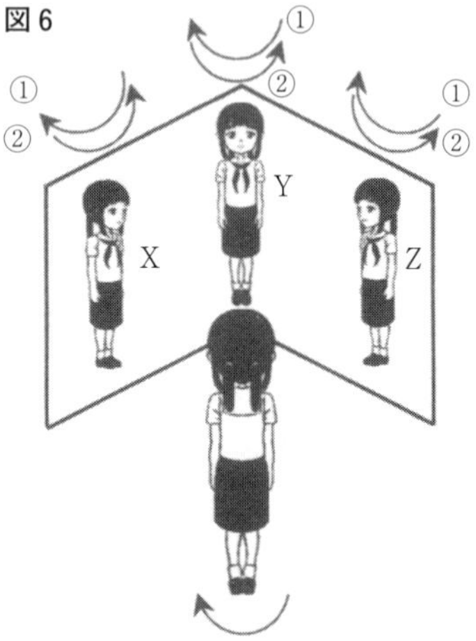


(6)　図７のように英子さんが鏡の前に立ち，全身を鏡に映して見ようとするときに最低限必要な鏡の部分はどこからどこまでですか。その部分を右の例のように太くしなさい。目の位置を**E**，像における頭の上の位置をａ，つま先の位置をｂとします。ただし，作図に用いた鏡は残しておくこと。

**図７**

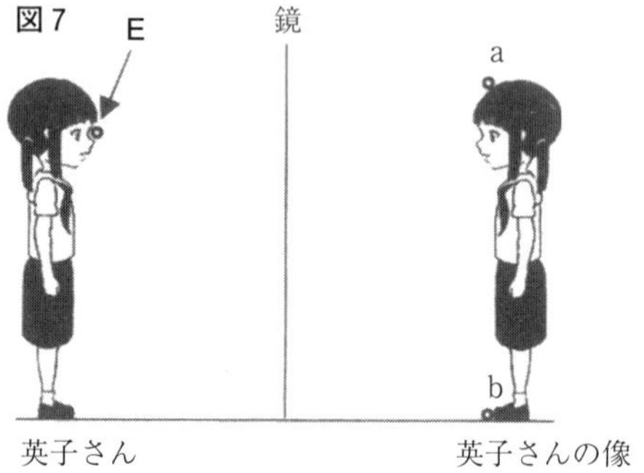


例
必要な部分の示し方

**4**　植物の光合成は，葉の中にある(　ア　)で行われています。(　ア　)は，太陽からの(　イ　)エネルギーを利用し，デンプンをつくっています。デンプンはヨウ素液で(　ウ　)色になります。また，インゲンやイネなどの植物の葉にある気孔《きこう》が開くことで，空気中の二酸化炭素をとりこむことができますが，同時に<sub></sub>Ａ 葉の中の水分が失われます。このように，気孔は葉の光合成や水分量に関係しています。ただし，Ｂ 気孔の開閉は環《かん》境の変化や葉の中の状態によって調節されています。

(1)　文中の(ア)～(ウ)にあてはまる語句を答えなさい。

(2)　下線部**Ａ**のはたらきを何といいますか。名前を答えなさい。

(3)　下線部**B**について，イネの葉の気孔を閉じさせる方法を次から1つ選び，番号で答えなさい。

1　根に適切な量の水を与《あた》える。

2　暗所に入れておいてから，明所に移動させる。

3　葉に太陽の光を当てる。

4　葉を茎《くき》から切りはなして放置する。

(4)　インゲンとアイスプラントという植物を使い，【実験1】～【実験4】を行いました。①～④の問いに答えなさい。ただし，デンプンの量は，光合成と呼吸のはたらきによってのみ増減するものとします。

【実験1】　インゲンとアイスプラントを12時間ごとの明暗周期で栽培《さいばい》し，二酸化炭素の吸収速度，開いている気孔の割合，デンプンの量を24時間調べたらどちらも，図1のようになりました。

【実験2】　アイスプラントだけを12時間ごとの明暗周期で，一定期間水を与えず(水ストレス条件)に栽培しました。この状態で，二酸化炭素の吸収速度，開いている気孔の割合，デンプンの量を24時間調べたら，図2のようになりました。

図1

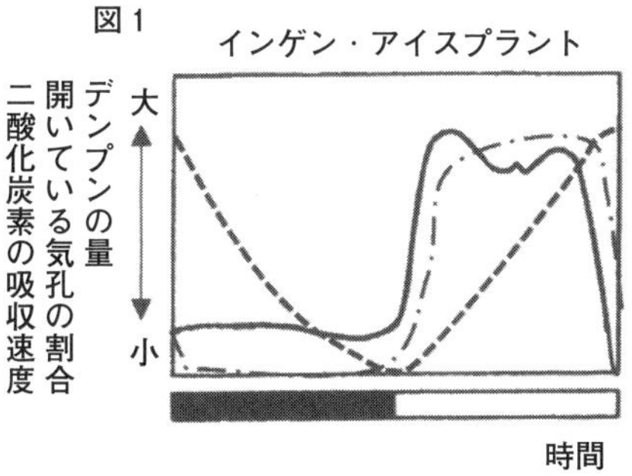


図2

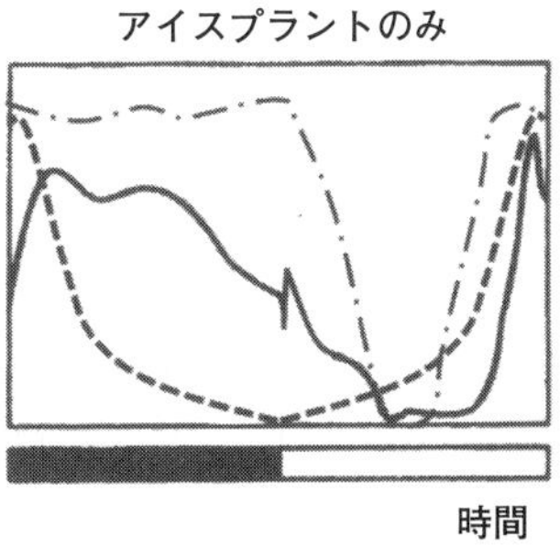


：暗期　：明期

二酸化炭素の吸収速度
開いている気孔の割合
デンプンの量

【実験3】　アイスプラントを一定期間3.5%の食塩水で(塩分ストレス条件)，栽培しました。この状態で，二酸化炭素の吸収速度，開いている気孔の割合，デンプンの量を24時間調べたら，【実験2】と同じような結果になりました。

【実験4】　アイスプラントとインゲンを4週間，いろいろな濃度の食塩水で栽培した後の植物の重量を測定した結果，図3のようになりました。ただし，食塩水の濃度0(水)のときの4週間後の重量を100としています。

図3

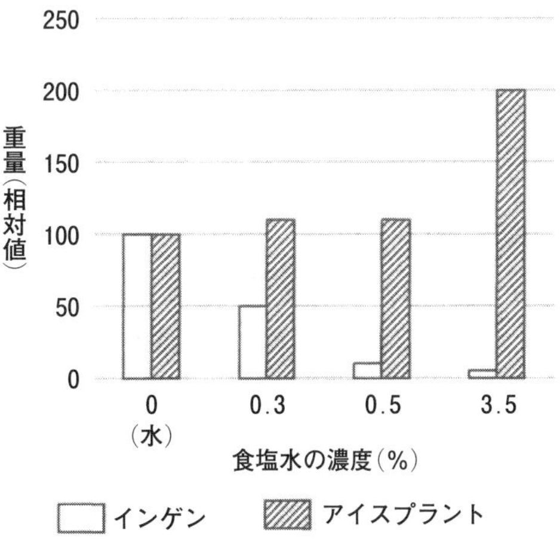

①　【実験１】の結果から，インゲンとアイスプラントの気孔の開閉について，１日のうちでどのように変化すると考えられますか。次から選び，番号で答えなさい。

1　昼間は気孔が開き，夜間は気孔が閉じる

2　昼間は気孔が閉じ，夜間は気孔が開く

3　昼間も夜間も気孔は開いたまま

4　昼間も夜間も気孔は閉じたまま

②　【実験１】の結果から，インゲンとアイスプラントについて考えられることを次から１つ選び，番号で答えなさい。

1　夜間に大気中から吸収した二酸化炭素は利用されず，そのまま気孔から放出される。

2　夜間に大気中から吸収した二酸化炭素を使ってデンプンがつくられ，昼間にデンプンが分解される。

3　夜間に大気中から吸収した二酸化炭素を使ってデンプンがつくられ，昼間もずっとデンプンがつくられ続ける。

4　夜間に大気中から二酸化炭素を吸収しておき，昼間にデンプンをつくっている。

5　昼間に大気中から吸収した二酸化炭素は利用されず，そのまま気孔から放出される。

6　昼間に大気中から吸収した二酸化炭素を使ってデンプンがつくられ，夜間に気孔を閉じ，デンプンが分解される。

7　昼間に大気中から吸収した二酸化炭素を使ってデンプンがつくられ，夜間に気孔を閉じ，ずっとデンプンがつくられ続ける。

8　昼間に大気中から二酸化炭素を吸収しておき，夜間に気孔を閉じ，デンプンをつくっている。

③　【実験２】の結果から，水ストレス条件下でのアイスプラントについて考えられることを②の１～８より１つ選び，番号で答えなさい。

④　アイスプラントは，乾《かん》季と雨季がある南アフリカ原産の多肉植物で，水ストレスまたは塩分ストレスが与えられると，光合成のパターンが変化します。【実験１】～【実験４】の結果から，アイスプラントについて考えられることを次から２つ選び，番号で答えなさい。

1　乾季は昼間に気孔を開いていると，水分が失われるため，夜間に気孔を開き，二酸化炭素を吸収するように変化する。

2　乾季は夜間に気孔を開いていると，水分が失われるため，昼間に気孔を開き，二酸化炭素を吸収するように変化する。

3　乾季は昼間に気孔を開いていると，水分が失われるため，夜間に気孔を開き，二酸化炭素を放出するように変化する。

4　乾季は夜間に気孔を開いていると，水分が失われるため，昼間に気孔を開き，二酸化炭素を放出するように変化する。

5　乾季は土中の塩分濃度が高くなるため，生育に不利になる。

6　乾季は土中の塩分濃度が低くなるため，生育に不利になる。

7　乾季は土中の塩分濃度が高くなるため，生育に有利になる。

8　乾季は土中の塩分濃度が低くなるため，生育に有利になる。

(5)　アイスプラントは，日本ではツブリナとよばれる野菜として注目されています。ツブリナという名前のとおり塩分ストレス下で栽培すると，葉の表面には，粒《つぶ》状の透《とう》明なブラッダー細胞《ぼう》という高濃度の塩分を含んだ袋《ふくろ》が発達します。ブラッダー細胞以外の部分は一般的な植物体の塩分濃度と変わりません。この事実と，【実験4】の結果からブラッダー細胞の存在は，アイスプラントの生育にとってどのような利点があると考えられますか。「ブラッダー細胞」「ブラッダー細胞以外の細胞」「塩分」という3つの言葉をすべて使って，下記の□に文を補い，説明文を完成させなさい。

「アイスプラントは，□ので，塩分濃度が高い条件でも生育することができる。」

アイスプラント

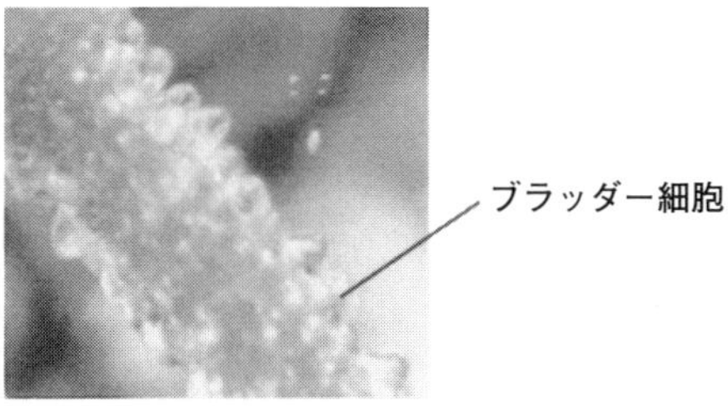

**エ**　実績　　**オ**　目印

問十七　[5] にもっともよくあてはまる言葉を次の**ア**～**エ**の中から一つ選び、記号で答えなさい。

**ア**　一期一会《いちごいちえ》　**イ**　十人十色《じゅうにんといろ》

**ウ**　千変万化《せんぺんばんか》　**エ**　創意工夫《そういくふう》

問十八　この文章の特徴《とくちょう》として**あてはまらないもの**を次の**ア**～**エ**の中から一つ選び、記号で答えなさい。

**ア**　キーワードをくり返し使って、主題を分かりやすく示そうとしている。

**イ**　読者に語りかけるような文体により、親しみやすさを感じさせている。

**ウ**　起承転結を用いた文章の組み立てで、すじみちを分かりやすく述べている。

**エ**　さまざまな具体例を用い、角度を変えながら一貫《いっかん》した主張を述べている。

問十九　この文章で筆者の言いたいことを次のようにまとめました。文章全体の内容から考えて、解答らんに合うように書きなさい。答えは、左の解答らんに直接書きなさい。

**私たちは**

[　　　　]

**というあり方ではなくて、**

[　　　　]

**というあり方を心がけるべきである。**

選び、記号で答えなさい。

**ア**　日本人の食事様式のあり方が理想的であると言われている状態。

**イ**　日本人の一人一人の食事内容において、栄養成分の過不足がはげしい状態。

**ウ**　料理の品数がへって、具入りの主食がふえている状態。

**エ**　平均してみると、過不足があるのにPFC比率は適正な結果になってしまう状態。

**オ**　農村部では炭水化物を、都市部ではタンパク質や脂肪をとりすぎる状態。

問九　5平均的には理想的だけれど、ありていは惨澹たるもの　とありますが、なぜそうなるのですか。その理由が書かれている部分を、「～から」につながるような**一文で**探し、その最初の五字をぬき出しなさい。

問十　[4] に入る表現としてもっともよくあてはまるものを次の**ア**～**エ**の中から一つ選び、記号で答えなさい。

**ア**　人間は万物《ばんぶつ》の尺度である

**イ**　現実を直視する心で世界と勝負せよ

**ウ**　情熱のみが理性を鋭《するど》くする

**エ**　正気というのは統計的なものじゃない

問十一　6手も足も出ない暮らしのハードウェア（＝機械や装置）が、次々と日常のなかにはいってくることになった　とありますが、「手も足も出ない」とはここではどういう意味なのかを答えなさい。

問十二　7自前の、独自の遠近法　とありますが、これはどういう意味ですか。もっともよくあてはまるものを次の**ア**～**エ**の中から一つ選び、記号で答えなさい。

**ア**　自分の日々の経験を基《もと》にして、親しみ深さを感じる世界のとらえ方。

**イ**　自分の考えに加え、地図で抽象的な図形として理解する世界のとらえ方。

**ウ**　自分の経験だけではなく、他者の意見もとり入れた世界のとらえ方。

**エ**　自分の視点だけではなく、外側からも客観的に見る世界のとらえ方。

問十三　〔**Ⅰ**〕〔**Ⅱ**〕にあてはまる言葉を次の**ア**～**カ**の中からそれぞれ選び、記号で答えなさい。（記号は一度しか使えません）

**ア**　みすみす　**イ**　うすうす　**ウ**　やすやす

**エ**　るる　**オ**　まま　**カ**　よよ

問十四　8知識によってじぶんの毎日の経験、日常の感覚をさっさと切り捨ててしまうのが知識につく（＝知識を重視する）ことであるかのようなトリッキーな知のありよう　とありますが、この内容を具体的に述べている**一文**を[　]の段落から探し、最初と最後の五字をぬき出しなさい。

問十五　9言葉にたいしてよくよく「私」をむきあわせてゆく　について、次の問いに答えなさい。

(1)　「言葉」とは、具体的にどんな言葉を指しますか。本文中から探し、十五字以上二十字以内でぬき出しなさい。

(2)　(1)で答えた言葉に対して「私」をむきあわせてゆくとはどういうことですか。考えて自分の言葉で答えなさい。

問十六　10言葉がすぐ旗になっちゃうのです　とありますが、ここでの「旗」の意味として**あてはまらないもの**を次の**ア**～**オ**の中から一つ選び、記号で答えなさい。

**ア**　目標　**イ**　象徴　**ウ**　理想

**3** 最たるもの＝第一のもの
**4** 如実に＝その通りに　ありのままに
**5** 乖離＝はなればなれになること
**6** ありていは＝ありのままに言えば
**7** 惨澹たる＝みじめでひどい
**8** さかしまの＝逆の
**9** 甘受＝文句を言わずに受け入れること
**10** ブラックボックス＝使い方はわかるが仕組みはわからないもの
**11** 独得＝その人だけが得るさま
**12** 大川端＝隅田川《すみだがわ》の岸辺
**13** 疎隔＝へだたり
**14** 手足れ＝すぐれていること
**15** 留保＝すぐに決めないこと
**16** 言霊のさきわう国柄＝日本は言葉の不思議な力によって幸福がもたらされている国だということ
**17** スキル＝技能・技術
**18** アブソリュート・リアリティ＝絶対の実感
**19** 拮抗＝たがいに同じくらいの力で張り合うこと

問一　本文中の太字の**カタカナ**は漢字に直し、**漢字**は読みをひらがなで答えなさい。

問二　1そのこと　とありますが、「そのこと」とはどのようなことを指していますか。もっともよくあてはまるものを次の**ア**～**エ**の中から一つ選び記号で答えなさい。

**ア**　「私の尊敬する人」の上位に入ったのが女性二人で、男性は一人もあがっていなかったということ。
**イ**　アンケート結果で一番おおいのは、実は他のだれとも回答が重複していない人たちだったということ。
**ウ**　ほぼ百人が回答なしで、黒柳徹子さんとヘレン・ケラー以外の尊敬する人が出なかったということ。
**エ**　流行と風俗を追うアンケートでは、映画や舞台で反響のあった人が選ばれやすいということ。

問三　2後者の見方　とありますが、これはどのような見方ですか。「～見方」に続くように本文中から探して、最初と最後の五字をぬき出しなさい。

問四　3多数派がピックアップされてゆく過程で、何を百としての多数派なのかという、もとになる百、もとになる全体というのが、だんだんちいさくなってゆく　とありますが、選挙においてこのようになるのはなぜですか。その理由が書かれている部分を、「～から」につながるような**一文で**探し、その最初の五字をぬき出しなさい。

問五　[1] [2] にあてはまる言葉をそれぞれ次の**ア**～**カ**の中から選び、記号で答えなさい。（記号は一度しか使えません）

**ア**　多様性　**イ**　客観性　**ウ**　具体性
**エ**　反対派　**オ**　保守派　**カ**　多数派

問六　二か所ある [3] には同じ言葉が入ります。その言葉を漢字一字で書きなさい。

問七　《①》～《⑤》にあてはまる言葉をそれぞれ次の**ア**～**オ**の中から選び、記号で答えなさい。（記号は一度しか使えません）

**ア**　ところが　**イ**　つまり　**ウ**　だから
**エ**　あるいは　**オ**　たとえば

問八　4一人ひとりにとってもっとものぞましくない状態が、もっとものぞましい国民平均をつくってしまう　とありますが、「一人ひとりにとってもっとものぞましくない状態」とはどのような状態を指していますか。あてはまるものを次の**ア**～**オ**の中から**三つ**

コの経験に対して不正直であるような知識というのは、めったに信用ならないんです。

　地縁や血縁というように、縁を**元手**にして社会をつくってきた日本では、そこに住む、そこに暮らすということは、たとえばかつて【注12】大川端《おおかわばた》に住んだひとにとって、川の眺《なが》めが縁という感覚のおおきな情緒《じょうちょ》的な要素をつくっていたみたいに、街並みや匂《にお》いとかいったものまでふくんでいた。だけど、そこに高速道路ができて、眺めがまったくちがってしまうと、そういうじぶんのよって生きた縁なんか語りようもなくなってきます。地名も、建物もすっかり変わって、風景もどんどん変わってきて、一人ひとりにとっての生きられた縁、とりかえのきかない経験というのが、具体的に確かなしかたで、ひととひとのあいだに置かれるということが、どんどんむずかしくなってる。

　ですから、そうした【注13】疎隔《そかく》をうめあわせるかのように、歌謡《かよう》曲の詞《し》の【注14】手《て》足《だ》れの文句によくあるように、すぐに「ひとは誰でも」と歌っちゃう。しかし「ひとは誰でも」というふうに「みんな」という多数派の言葉に身をよせて物言う術《すべ》というのは、ほんとうはずいぶんあやしげなんです。子どもたちが何かほしいとき、「みんなもってるよ」という。だけど、その「みんな」というのは、まずたいていはクラスで二、三人くらいだといいます。「みんな」「人は誰でも」といった言葉でいうと、いかにもそのように、またそのようでなければならないみたいにおもえるというふうな物言う術にたいして、へんだという【注15】留保をのこしておかないと、「私」と、「人は誰でも」「みんな」とが、だんだん見分けもつかなくなっちゃいます。そうでなくても、【注16】言霊《ことだま》のさきわう国柄《くにがら》だから、9言葉にたいしてよくよく「私」をむきあわせてゆくことができないと、10言葉がすぐ旗になっちゃうのです。

　何でも代わってやってもらって、「私」まで「みんな」に肩代わりしてもらってというしかたで、仕事、暮らしのなかに希薄《きはく》になったのは、いってみれば【注17】スキル、熟練の感覚だろうとおもうのです。カンとかコツとかツボとか、そういった独得の言いまわしでしかあらわしようもなかった、代えのきかない「これだ」というかんじ。【注18】アブソリュート・リアリティというか、コツンというアタリが、日常の経験のなかで落っこちちゃってる。それらをじぶんの五感をちゃんとはたらかせて、どれだけわが身にもてるかどうかなんだとおもう。じぶんとはちがう、だけれども、そこにそういう人がいると知るだけで、おのずと気が開けてゆくということがあります。そういうありようがじぶんのもついま、ここというのを、ひととひとのあいだに確かにしてゆくんだとおもうんです。

　「公私混同」を戒《いまし》めるというでしょう。その言葉を、「公」の支配を「私」におよぼさないようにすること、「私」を「公」に拡延しないこととというふうに、わたしは解しています。「公」にたいして「私」をよく【注19】拮抗《きっこう》させてゆくようでないと、全体がたちまち「公」の名の下にちいさくなってトリッキーになっていってしまうんです。

「　5　」という言葉をおもいだしたい。わたしたちはそういういい言葉をもってるはずなんです。じぶんにとってのいま、ここというのは、「いまはこういう時代なんだ」というような、みくだす物言いによっては、けっしてみえてこないだろう。わたしはそうかんがえています。そうではなくて、じぶんにとって他に代わってもらえないものは何かという、一人ひとりの側にあるその何かのなかに、一人のわたしにとってのいま、ここというのはあるんだ、と。

（長田　弘『一人称で語る権利』）

【注】

1　衆目＝多くの人の見るところ

2　トリッキー＝まどわしやすいもの

代わってTVが「経験」を経験してくれる。「情報」というその「情報」は、おおくは体験の代理なんです。

　確かに便利で「よくなった」けれど、一人ひとりの場においてよくよくかんがえると、何もかも代わってやってもらえるかわりに、何にも手も足もでないというふうになってきちゃってる。街角に、こわれたTVなんかがぽっと捨てられてあっても、それはもったいないことのようだけれど、そうでなくて、そうしかできないからみたいになっています。TVというのはなにしろ、買ってアンテナを立てるところから、捨てるまで、みな代理業にやってもらわないと、どうにもならない**代物**なんですね。こわれたからなおそうとなかを開けてみたって、まるで手がだせない。こわれた部品はたいしたことなくても、修理のための出張費は部品費の十倍ぐらいかかる。おおきな**コショウ**だったら、買ったほうがずっと安い。では不用になったTVを引きとりにきてもらおうとすると、その手数料がばかにならない。で、こっそりとごみ置場に捨てるのが、もっとも**セツヤク**ということになってしまう。

　TVは暮らしのなかにあって、いわばまったくの【注10】ブラックボックスなんです。まさに象徴《しょうちょう》的な例ですが、TVが茶の間にはいってきたときが、やがて圧倒《あっとう》的に **6** 手も足も出ない暮らしのハードウェア(=機械や装置)が、次々と日常のなかにはいってくることになったたぶん最初だったとおもう。ラジオなら、まだ誰にだってたたいたり、けとばしたりすれば、なんとか音がでたけれども。

　手も足もだせる **7** 自前の、独自の遠近法というものを、日常ふだんに、正直にもちつづけるようにしたい。知識があれば手も足もでるというんじゃないのです。知識だってブラックボックスとして、封印《ふういん》された知識のようにしかはたらかないということが、［　Ｉ　］あるんです。たとえば、世界地図帖《ちょう》をひらいて、世界の国々の位置というのを、地図のうえでよくよく承知しているようなつもりになるということがあります。しかし、国々の位置というのは、地図帖のうえに抽象《ちゅうしょう》的な図形のようにあるようにみえて、その実、一人ひとりの側というところからかんがえると、国々の位置、他の国の近さ遠さだって、かならずしも距離《きょり》の遠近じゃない、というのがほんとうです。じぶんの知りあいの誰かが、そこに滞在《たいざい》していた。あるいは、旅してきた。そして特別な感情をもってかえってきたとすると、にわかにじぶんにとってそれまで知らなかった国がちかづいてくるということがあるし、あるいはもしその国の誰かと知りあいだったとしたら、その一人の知りあいをとおして、その国がじぶんにとってはなにより親しい国だということがある。じぶんでその国へ旅したことがあり、そこで暮らしたことがあればなおさらだし、そうでなくて本を読むなどして【注11】独得の感情がじぶんのなかにつくられることもある。

　そういう一人ひとりの側からの普通《ふつう》の感情をとおして、じぶんの世界地図というものを日常の感覚のなかに親しくつくってゆくようにすると、じぶんにとっての世界の光景がじぶんの目にみえてくるようになる。**8** 知識によってじぶんの毎日の経験、日常の感覚をさっさと切り捨ててしまうのが知識につく(=知識を重視する)ことであるかのようなトリッキーな知のありようを、じぶんに［　Ⅱ　］と受けいれてしまって何ともおもわないでいると、ちいさくされたトリッキーな全体のなかに手も足もでないままに、じぶんそのものだって、いつかじぶんにとってブラックボックスになってしまいかねないんです。いつも経験と知識とを一コのわたしのいま、ここという場でたがいにぶっつけあわせてゆくことで、じぶんがもつ遠近法のひずみ、ゆがみをできるだけへらしてゆくようにしないと、どうにもまずいんじゃないか。一おおいものに時代の焦点《しょうてん》をみようとしがちで、そうしたなかで、社会の全体像がずんずんちいさくされている、あるいはちいさくみせられてるということがあるとおもう。しかし、社会の容量というのは、[1]によってでなく、[2]によって決まる。いまはこういう時代なのだと、多数の言葉で語るベストテンやクローズアップされた情報の側からでなく、一人ひとりの側から、わが身の側から、ものをみてゆくようにしないと、視聴《しちょう》率調査で、TV《テレビ》のこの番組をこんなに大多数がみているぞと知らされると、ワッと話題がその一点にゆくというようにして、われにもあらず、じつはトリッキーなしかたでちいさくされてゆく全体に、[3]をとられちゃうことになる。多数派が幅をきかせる社会というのは、きまって浮き[3]だった社会です。

《①》、平均をとるというしかたで、統計がトリッキーな全体をつくりだしてしまうという場合もすくなくないのです。《②》、国民栄養調査というのがあって、その調査の決めてとされるのはPFC比率。《③》、摂取《せっしゅ》熱量にしめるタンパク質(P)、脂肪《しぼう》(F)、炭水化物(C)、それぞれの割合をあらわすものですが、そのPFC比率を食料需給《じゅきゅう》から算出すると、日本人の食事の平均はきわめて理想的な比率をしめす結果になるといわれます。主食、主菜、副菜の組みあわせからなる日本人の食事様式は、《④》理想的だという議論が、昨今しきりにおこなわれるようになった。《⑤》実際はどうかというと、ちがうんです。食生態学の足立己幸《みゆき》さんなどの調査によると、農村部では炭水化物のとりすぎ、都市部ではタンパク質、脂肪のとりすぎ。しかも、料理の品数がへって、具入りの主食がふえて、農村部であれ都市部であれ、人びとの暮らしのなかから、主食、主菜、副菜という食事様式は、日常にどんどんなくなってきている。そうであるにもかかわらず、日本人の食事は、全体を合計し平均してみると、奇妙《きみょう》なことにPFC比率は適正な結果になってしまう。いいかえると、この場合、平均値が適正であるということは、一人ひとりの側からみると個々人の食事内容が、それだけ過不足がはげしいということを意味している。理想的どころか、【注6】ありていは【注7】惨澹《さんたん》たるものだというのです。4一人ひとりにとってもっとものぞましくない状態が、もっとものぞましい国民平均をつくってしまう。栄養調査の例は、平均的なものに安易に、社会の多数なるものの指数をみることが、うっかりするとどんなに危うい、【注8】さかしまの全体をこしらえてしまいかねないものかを、よくあらわしています。

平均値によって語られる全体は、一つひとつのちがいを問うことをせず、問題があっても、それを例外としてしりぞける。ですから、教育の偏差値《へんさち》偏重にしめされるように、平均値ばかりが優先されることになると、一人ひとりがいま、ここにもつ生きかたという具体的な視野が、ずんずん失われてってしまうようになる。平均値にたよってものをかんがえ、一つひとつの事実の語るところのもの、一人ひとりのちがった生きようがになっているものを落っことしてしまえば、5平均的には理想的だけれど、ありていは惨澹たるものというようなありようを、みすみす【注9】甘受《かんじゅ》しなければならなくなるでしょう。『一九八四年』の作家オーウェルのいった痛烈《つうれつ》な言葉をおもいだすんですが、オーウェルは「[4]」といった。

それぞれがたがいにちがうということが、わたしたちにとってのたのしいありようなのだという感じかたを、じぶんになくさないようにしたい。だけど、どうなのでしょうか。いま、暮らしのよしあしというとき、その「よくなる」ということはじぶんのしたいことを、できるだけ他に代わって肩《かた》代わりしてもらうということですね。「お任せください」という代理商売、代理業に、生活設計も何もかも、それこそ政治から料理の味つけまで、代わってやってもらう。笑うことでもじぶんから笑うのでなく、笑わせてもらう。TVをみれば、じぶんに

# 二〇二二年度

# 東洋英和女学院中学部

**【国　語】**〈B日程試験〉（四五分）〈満点：一〇〇点〉

**次の文章を読んで後の問いに答えなさい。答えは、問十九以外は解答用紙に書きなさい。問十九の答えはそこの解答らんに書きなさい。字数の指定がある問題は、句読点や「　」なども一字と数えます。**

　流行と風俗《ふうぞく》を追って、ある企業《きぎょう》が『女性の戦後変身史』という本をつくって、新聞でひろくとりあげられ、たまたまその本を手にする機会をもちました。その本自体はよくあるカタログのたぐいでさしたる印象ものこらなかったのですが、ただその本のおしまいに、企画に応じた全国の千人の女性を対象に、「私の尊敬する人」というアンケートの集計がのっていて、それはなかなかに興味ぶかいものでした。

「私の尊敬する人」としてあげられたうち、もっともおおかったのは黒柳徹子《くろやなぎてつこ》さんで、八十人。つづいては、そのほぼ半数が、ヘレン・ケラーをあげ、さらにいろいろな人が以下につづきます。千人のうちほぼ百人は回答なしで、回答者のおよそ一割が黒柳さんをあげているのですから、何といっても黒柳さんが一番にみえます。それは、その本が企画されたのが黒柳さんの『窓ぎわのトットちゃん』という本が**クウゼン**のベストセラーとなった年だったというその反響《はんきょう》のせいだったでしょうし、つづいてのヘレン・ケラーというのも、おそらくその企画に前後して映画や舞台《ぶたい》で『奇蹟《きせき》の人』が演じられたことの反響かもしれません。しかし、よくみると、回答で人数として一番おおいのは、じつをいうと、他の誰《だれ》とも、じぶんの尊敬する人が重複していない百九十九人の人びとなんです。1そのことが、わたしにはとてもおもしろかった。

　仮にこの統計をいまの女性たちの関心の**ホウイ**をあらわすものとかんがえて、いまもっともひろく**シジ**されているのは【注1】衆目の一致《いっち》するところ黒柳さんが一番というふうにとるか、それとも一見バラバラにみえるけれども、それぞれがそれぞれにとっての価値を重んじるしかたで、たがいの多様性を一番重んじるようになってるというふうにとるかでは、意味するところは全然ちがってくるでしょう。わたしは2後者の見方なんです。一人ひとりのもつ多様性がこんなふうに独立してでてるところに、いかにも目立たないけれど、むしろいま、ここをささえている実質があるとおもうのです。

　統計をとって、一致してる数のおおいものを多数というふうにとるのは、いかにも目立つし、みやすいけれど、数というのは勘定《かんじょう》のしかたで、とても【注2】トリッキーになる。たとえば、多数が肝心《かんじん》ということでは選挙が【注3】最たるものでしょうが、3多数派がピックアップされてゆく過程で、何を百としての多数派なのかという、もとになる百、もとになる全体というのが、だんだんちいさくなってゆくんですね。しかし、いまは選挙で一ばんおおいものはといえば、結果として多数派をしめたものではなくて、じつをいえば棄権《きけん》です。その一番おおい棄権が選挙においてあたかも「無」のようにしかとりあつかわれない。だけれども、見かたを変えれば、それほどの棄権がでるというのも、いまの選挙のありようがかならずしも人びとの政治への関心の、必要な十分な容《い》れものになってないことを【注4】如実《にょじつ》にしめしていて、棄権というのは政治への無関心というより、むしろ人びとと政治との現在の【注5】乖離《かいり》をしめす目安でしょう。多数派が幅《はば》をきかすのは、そうした乖離がとてもおおきくなって、全体というのがとてもちいさくされているとき。

　いまはすべてをベストテンみたいなしかたで測ってくって、数の

## 2022年度

# 東洋英和女学院中学部　▶解説と解答

## 算　数　＜Ｂ日程試験＞（45分）＜満点：100点＞

### 解　答

[1] (1) $\frac{1}{6}$　(2) $\frac{2}{5}$　[2] (1) 330ｇ　(2) 7回　(3) 分速250m　(4) 288ページ　(5) 12個　(6) 144　[3] (1) 18.84cm　(2) 75度　[4] 12袋　[5] (1) 18　(2) 13, 14　[6] ①, ③／**理由**…(例) 解説を参照のこと。　[7] 5.5cm$^2$　[8] 552.44cm$^3$　[9] (1) 毎秒4cm　(2) **ア** 120　**イ** 90　(3) 13cm　[10] (1) 52ページ　(2) **算数**…125ページ, **国語**…80ページ　(3) **(□, △)**＝(8, 45), (24, 20)

### 解　説

**[1] 四則計算**

(1) $\frac{7}{15}-\frac{1}{4}\div\frac{5}{6}=\frac{7}{15}-\frac{1}{4}\times\frac{6}{5}=\frac{7}{15}-\frac{3}{10}=\frac{14}{30}-\frac{9}{30}=\frac{5}{30}=\frac{1}{6}$

(2) $\left\{\left(2\frac{1}{4}\times0.5-0.75\right)\div2\frac{1}{4}+\frac{1}{6}\right\}\times1.2=\left\{\left(\frac{9}{4}\times\frac{1}{2}-\frac{3}{4}\right)\div\frac{9}{4}+\frac{1}{6}\right\}\times\frac{6}{5}=\left\{\left(\frac{9}{8}-\frac{6}{8}\right)\div\frac{9}{4}+\frac{1}{6}\right\}\times\frac{6}{5}$ $=\left(\frac{3}{8}\times\frac{4}{9}+\frac{1}{6}\right)\times\frac{6}{5}=\left(\frac{1}{6}+\frac{1}{6}\right)\times\frac{6}{5}=\frac{2}{6}\times\frac{6}{5}=\frac{2}{5}$

**[2] 割合と比, 平均とのべ, 旅人算, 相当算, 整数の性質, 集まり, 比の性質**

(1) 231ｇの6割は, 231×0.6＝138.6(ｇ)である。よって, □×0.42＝138.6(ｇ)と表すことができるから, □＝138.6÷0.42＝330(ｇ)と求められる。

(2) 平均点が74点のテストの回数を□回として図に表すと, 右の図1のようになる。図1で, ア：イ＝(76−74)：(90−76)＝1：7なので, □：1＝$\frac{1}{1}$：$\frac{1}{7}$＝7：1とわかる。よって, □＝7(回)と求められる。

図1

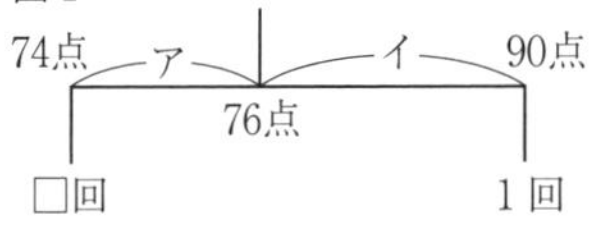


(3) 弟が3分で走る距離《きょり》は, 220×3＝660(m)だから, 兄と弟が22分間で走る距離の差が660mになり, 1分間に走る距離の差は, 660÷22＝30(m)とわかる。つまり, 兄と弟の速さの差は分速30mだから, 兄の速さは分速, 220＋30＝250(m)と求められる。

(4) 全体のページ数を①, 2日目に読んだ後の残りのページ数を$\boxed{1}$とすると, 下の図2のようになる。図2から, $\boxed{1}-\boxed{\frac{2}{3}}=\boxed{\frac{1}{3}}$にあたるページ数が, 44−12＝32(ページ)とわかるので, $\boxed{1}$にあたるページ数は, $32\div\frac{1}{3}=96$(ページ)となる。すると, ①−$\left(\frac{3}{8}\right)$＝$\left(\frac{5}{8}\right)$にあたるページ数が, 96＋84＝180

図2

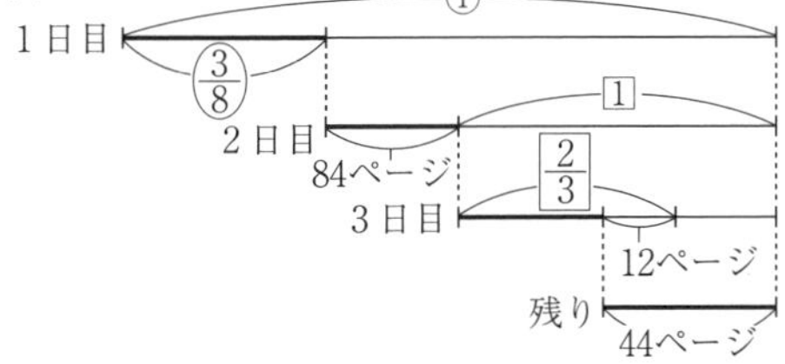


図3

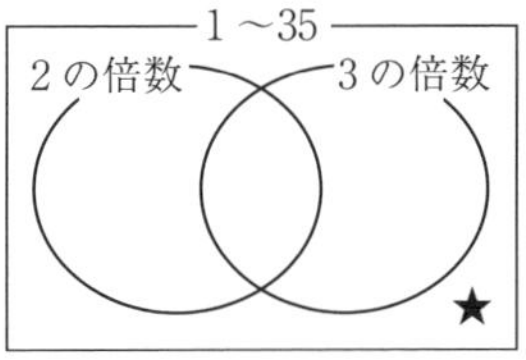


図4

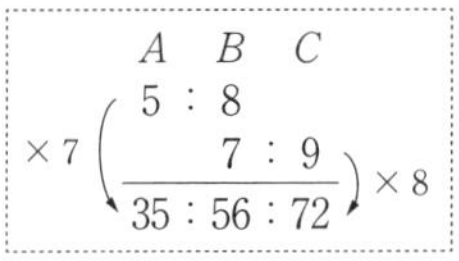

(ページ)とわかるから，①にあたるページ数，つまり全体のページ数は，180÷$\frac{5}{8}$＝288(ページ)と求められる。

(5)　36＝2×2×3×3なので，$\frac{A}{36}$が約分できないとき，$A$は2の倍数でも3の倍数でもない数である。また，$A$は1～35だから，上の図3の★の部分に含《ふく》まれる整数の個数を求めればよい。35÷2＝17余り1，35÷3＝11余り2より，1から35までに2の倍数は17個，3の倍数は11個あることがわかる。また，2と3の最小公倍数は6なので，35÷6＝5余り5より，1から35までに2と3の公倍数は5個ある。よって，約分できる分数の個数は，17＋11－5＝23(個)だから，約分できない分数の個数は，35－23＝12(個)と求められる。

(6)　$A$：$B$＝$\frac{5}{8}$：1＝5：8，$B$：$C$＝$\frac{7}{9}$：1＝7：9なので，これらの比をそろえると上の図4のようになる。よって，$A$，$B$，$C$はそれぞれ，35，56，72に同じ整数をかけてできる数だから，$A$が2けた，$B$と$C$が3けたになるのは，それぞれに2をかけた場合であり，$A$＝35×2＝70，$B$＝56×2＝112，$C$＝72×2＝144と求められる。

## 3　平面図形―面積，角度

(1)　右の図1で，㋐と㋑の面積が等しいから，両方に★の部分を加えると，(㋐＋★)と(㋑＋★)の面積も等しくなる。つまり，三角形ABDと四分円DAEの面積も等しくなる。また，四分円DAEの面積は，12×12×3.14×$\frac{1}{4}$＝36×3.14($cm^2$)なので，三角形ABDの面積も(36×3.14)$cm^2$であり，ABの長さは，(36×3.14)×2÷12＝6×3.14＝18.84(cm)と求められる。

図1

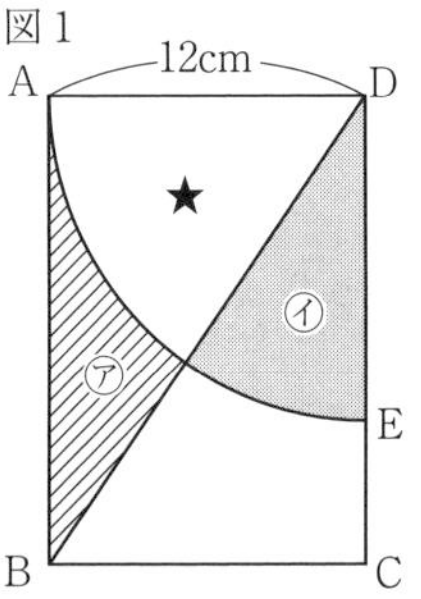


図2

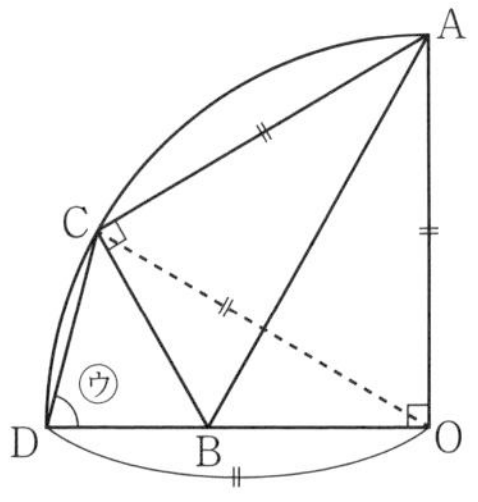


(2)　右上の図2で，三角形AOBと三角形ACBは合同だから，AOとACの長さは等しい。また，OとCを結ぶと，OAとOCはおうぎ形の半径で長さが等しいので，三角形OACは正三角形とわかる。よって，角AOCの大きさは60度だから，角CODの大きさは，90－60＝30(度)となる。さらに，三角形OCDも二等辺三角形なので，㋒の角の大きさは，(180－30)÷2＝75(度)と求められる。

## 4　条件の整理

はずれクジ用の袋《ふくろ》を3袋減らすと，アメの個数は全部で，180－4×3＝168(個)になる。このとき，はずれクジ用の袋の数は当たりクジ用の袋の数のちょうど2倍になるから，はずれクジ用2袋と当たりクジ用1袋をセットにすると，1セットのアメの個数は，4×2＋6×1＝14(個)になる。この合計が168個なので，セットの数は，168÷14＝12(セット)となり，当たりクジ用の袋の数は，1×12＝12(袋)と求められる。

## 5　約束記号，素数の性質

(1)　512＝2×2×2×2×2×2×2×2×2(2を9個かけた数)だから，512で割り切れるためには，10×11×…×$B$を素数の積で表したとき，2が9個含まれる必要がある。よって，10から順に，素数の積で表したときの2の個数を調べると右上の㋐のようになるので，1番小さい$B$は18とわかる。

㋐　10×11×12×13×14×15×16×17×18×…
10↑1個　12↑2個　14↑1個　16↑4個　18↑1個　⬅2の個数

㋑　10×11×12×13×14×15×…
12↑1個　15↑1個　⬅3の個数

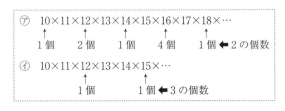

(2)　78＝２×３×13だから，78で割り切れるためには，素数の積で表したときに，２が１個，３が１個，13が１個含まれる必要がある。また，234＝２×３×３×13なので，３が２個含まれると，234でも割り切れてしまう。そこで，素数の積で表したときの３の個数を調べると上の㋑のようになるから，２と13を含み，しかも３の個数が１個だけになるような$C$の値は13，14とわかる。

**6　平均とのべ，条件の整理**

(平均点)＝(合計点)÷(人数)より，(合計点)＝(平均点)×(人数)となる。①の場合，５人の合計点は，５×５＝25(点)だから，最高点と最低点を除いた３人の合計点は，25－(10＋４)＝11(点)になる。ところが，この３人の合計点はどんなに低くても，４×３＝12(点)になるので，あてはまらない。次に，②の場合，５人の合計点は，8.6×５＝43(点)だから，最高点と最低点を除いた３人の合計点は，43－(10＋４)＝29(点)になる。これは，３人の点数が｛9点，10点，10点｝の場合に成り立つ。さらに，③の場合，５人の合計点は，7.5×５＝37.5(点)となる。ところが，点数はすべて整数なので，あてはまらない。よって，５人の平均点にならないのは①と③である。

**7　平面図形─面積**

右の図で，正方形の面積は，12×12＝144(cm²)であり，大きい方の直角二等辺三角形の面積は，９×９÷２＝40.5(cm²)である。よって，正方形の面積から，大きい方の直角二等辺三角形の面積と影《かげ》の部分の面積をひくと，★印をつけた部分の面積は，144－(40.5＋101)＝2.5(cm²)とわかる。また，小さい方の直角二等辺三角形の面積は，４×４÷２＝８(cm²)だから，網《あみ》の目の部分の面積は，８－2.5＝5.5(cm²)と求められる。

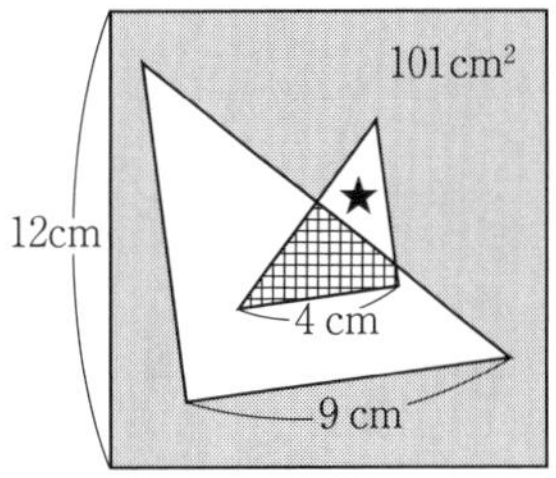


**8　立体図形─体積**

切り取ったのは，右の図の斜線《しゃせん》部分の立体と，影の部分の三角柱２つである。はじめに，切り取る前の直方体の体積は，10×10×８＝800(cm³)である。次に，アの長さは，10－４＝６(cm)だから，斜線部分の立体の体積は，６×６×3.14×$\frac{1}{4}$×(８－２)＝54×3.14＝169.56(cm³)とわかる。また，２つの三角柱の体積はそれぞれ，３×４÷２×(８－５)＝18(cm³)，(10－６)×(10－５)÷２×(８－２)＝60(cm³)なので，この立体の体積は，800－(169.56＋18＋60)＝552.44(cm³)と求められる。

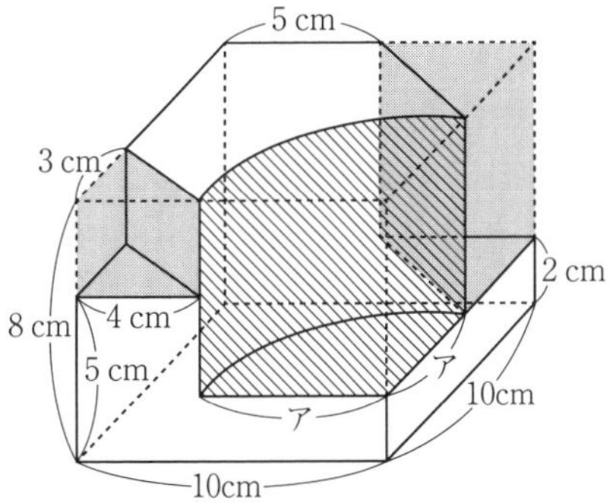


**9　グラフ─図形上の点の移動，面積**

(1)　グラフに点Ｐがいる頂点の記号を書き入れると，右の図１のようになる。点Ｐが辺ABを動くのにかかる時間は５秒であり，辺ABの長さは20cmだから，点Ｐの速さ

図１

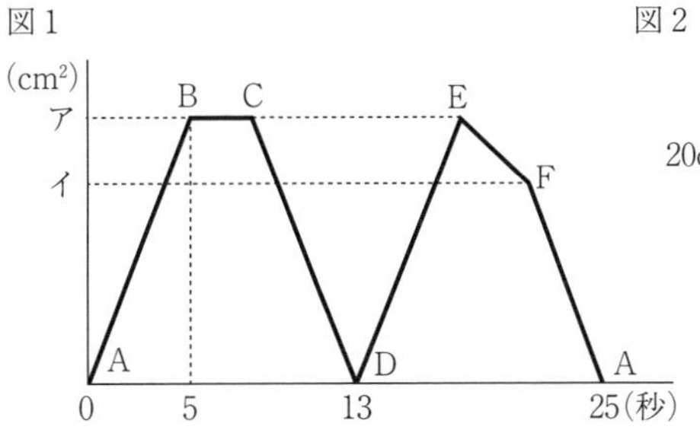


図２

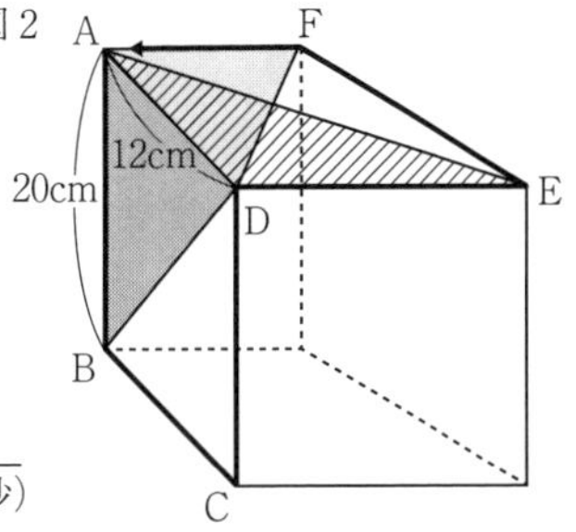

は毎秒，20÷５＝４(cm)とわかる。

(2)　辺BCと辺CDを動くのにかかる時間の合計が，13－５＝８(秒)なので，辺BCと辺CDの長さの合計は，４×８＝32(cm)となる。そのうち辺CDの長さは20cmだから，辺BC(＝辺AD)の長さは，32－20＝12(cm)とわかる。よって，上の図２の三角形ADBの面積は，12×20÷２＝120($cm^2$)なので，アにあてはまる数は120である。次に，三角形ADEの面積は三角形ADBの面積と等しく120$cm^2$だから，辺DEの長さも20cmとなる。また，四角柱の体積は4200$cm^3$なので，台形ADEFの面積は，4200÷20＝210($cm^2$)とわかる。したがって，辺AFの長さを□cmとすると，(□＋20)×12÷２＝210($cm^2$)と表すことができるから，□＝210×２÷12－20＝15(cm)と求められる。すると，三角形ADFの面積は，12×15÷２＝90($cm^2$)となるので，イにあてはまる数は90とわかる。

(3)　点Ｐが動いた長さの合計は，４×25＝100(cm)である。そのうち辺EF以外の長さの合計は，20＋12＋20＋20＋15＝87(cm)だから，辺EFの長さは，100－87＝13(cm)と求められる。

**10　和差算，消去算，つるかめ算**

(1)　３人が解いたページ数は右の図１のように表すことができる。よって，Ａが解いたページ数の３倍が，152－２＋６＝156(ページ)だから，Ａが解いたページ数は，156÷３＝52(ページ)とわかる。

図１

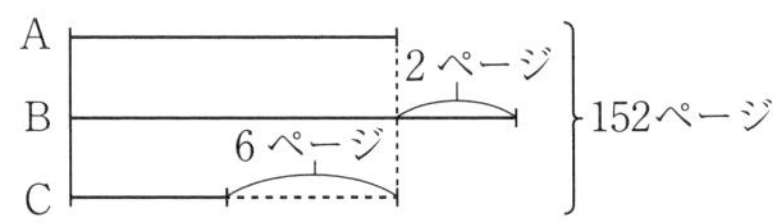


(2)　Ｂが解いたページ数は，52＋２＝54(ページ)なので，算数のページ数を算，国語のページ数を国として式に表すと，下の図２のア，イのようになる。次に，アの式の等号の両側を２倍して国をそろえ，イの式との差を求めると，算×0.64－算×0.24＝算×0.4にあたるページ数が，104－54＝50(ページ)とわかる。よって，算数のページ数は，50÷0.4＝125(ページ)と求められる。さらに，これをアの式にあてはめると，国語のページ数は，(52－125×0.32)÷0.15＝80(ページ)とわかる。

図２

算×0.32＋国×0.15＝　52(ページ)…ア
算×0.24＋国×0.3　＝　54(ページ)…イ
算×0.64＋国×0.3　＝104(ページ)…ア×２

図３

$125\times\frac{\square}{100}+80\times\frac{\triangle}{100}=$　46…ア
125×□＋80×△＝4600…イ
25×□＋16×△＝　920…ウ

(3)　Ｃが解いたページ数は，52－６＝46(ページ)だから，上の図３のアのような式を作ることができる。アの式の等号の両側を100倍するとイのようになり，イの式の等号の両側を５で割るとウのようになる。ウの式より，あてはまる□と△の組は，(□，△)＝(８，45)，(24，20)の２通りある。

## 社　会　＜Ｂ日程試験＞（30分）＜満点：60点＞

**解　答**

**1**　**問１**　三内丸山(遺跡)　**問２**　大宰府　**問３**　(例)　水運を利用できること。　**問４**　イ　**問５**　(例)　大名の権力を示すため。(城下町を見下ろすため。)　**問６**　堺　**問７**　(例)　年貢米を売って現金を手に入れるため。　**問８**　日光　**問９**　関東大震災　**問10**　学童疎開　**問11**　徳川吉宗　**問12**　(例)　ゴミを使って埋め立てを行った。　**2**　**問１**　日本海流(黒潮)　**問２**　南海トラフ　**問３**　ウ　**問４**　(例)　高原の涼しい気候を利用して出荷時期をずらしているから。　**問５**　関東ローム　**問６**　近郊農業　**問７**　(1)　段々畑　(2)　海から反射する(太陽)　**問８**　ジャストインタイム(方式)　**問９**　企業城下町　**問10**　(例)　関連する部品工場の仕事が続けられなくなる。(専門の技術を持った人の仕事が減る。)　**問11**　(例)　農業は収穫期が限られており，季節によって仕事の量に大きな差があるため。　**3**　**問１**　日本人拉致問題　**問２**　関税　**問３**　アメリカ同時多発テロ(事件)　**問４**　(例)　中国の名目GDPが日本を上回って世界第２位になったから。(中国が開発途上国とはいえない状態になったから。)　**問５**　尖閣諸島　**問６**　(例)　第二次世界大戦中に命のビザを発給して多くのユダヤ人を救ったから。　**問７**　イ　**問８**　(例)　日本の職場環境では，いまだに男女の平等が達成されていない。(女性の能力が十分に生かされない。)

**解　説**

**1　各時代の都市のようすを題材とした問題**

**問１**　三内丸山遺跡は青森県青森市郊外で発見された縄文時代中期の大規模集落跡で，高層の建築物や大型建物，多くの竪穴《たてあな》住居跡などのほか，クリやクルミなどを栽培したと思われる跡も見つかっており，最盛期には500人前後が住んでいたと考えられている。なお，三内丸山遺跡は2021年７月に「北海道・北東北の縄文遺跡群」の一つとして，ユネスコ(国連教育科学文化機関)の世界文化遺産に登録された。

**問２**　九州に置かれ，大陸との外交や九州の統治にあたった朝廷の出先機関は大宰府《だざいふ》で，福岡県太《だ》宰府《ざいふ》市にその遺構が残されている。

**問３**　平城京も平安京も内陸に位置しているが，鴨《かも》川・桂《かつら》川から淀《よど》川を経て大阪湾や琵琶湖に通じる水運を利用しやすい平安京のほうが，物資の輸送や交易などの面で平城京よりも有利だったといえる。

**問４**　平泉は平安時代後半，奥州藤原氏の根拠《こんきょ》地として栄えた。位置は地図中のイで，現在の岩手県平泉町にあたる。

**問５**　天守閣を持つ城の多くは平地に築かれた平城で，周囲に開かれた城下町のどこからでも見える位置にある。つまり，城主である大名の権威《けんい》を示すという点で，大いに効果があったと考えられる。

**問６**　日明貿易の根拠地として栄え，鉄砲の生産地としても知られた堺(大阪府)は，中世における代表的な港町で，戦国時代には会合衆《えごうしゅう》とよばれる有力商人たちによる自治が行われていた。

**問７**　江戸時代，多くの藩は大阪に蔵屋敷《くらやしき》を建て，年貢米などの産物を運び入れた。そうした産物は，蔵元や札差とよばれる商人たちにより売りさばかれ，そこで得られた現金が藩の収入になっていた。

**問８**　写真の建物は，日光東照宮の陽明門である。駿府《すんぷ》(静岡市)で亡くなった徳川家康は，はじめ当地にある久能《くのう》山に葬《ほうむ》られたが，その遺言により１年後に日光(栃木県)に改葬《かいそう》された。その後，第３代将軍家光により大改築工事が行われ，東照宮の本殿と陽明門が完成した。なお，日光東照宮の近くには８世紀に創設された輪王寺《りんのうじ》と二荒山《ふたらさん》神社があり，それらの２社１寺は「日光の社寺」として1999年に世界文化遺産に登録された。

**問９**　1923年に起きた関東大震災は，大規模な火災が発生したこともあって史上最大級の地震災害となり，東京の中心部は壊滅《かいめつ》的な被害を受けた。震災後，前東京市長で震災直後に内務大臣に任命された後藤新平を中心として「帝都復興計画」という都市計画がつくられ，新たな都市づくりが進められることとなった。現在の東京の幹線道路には，このときにつくられたものも多い。

**問10**　太平洋戦争末期の1944年，アメリカ軍による日本本土への空襲《くうしゅう》が始まった。攻撃《こうげき》の対象となったのは軍需《ぐんじゅ》工場や関連施設，大都市であったため，東京や大阪，名古屋など大都市部の子どもたちを集団で地方に疎開《そかい》させる学童疎開がさかんに行われるようになった。

**問11**　江戸幕府の第８代将軍徳川吉宗は目安箱に寄せられた意見も参考に，それまでの幕府に属する定火消《じょうびけし》，藩に属する大名火消に加え，町奉行が監督する町火消という消防組織を新たにつくらせた。町火消は「いろは」47組からなる組織で，江戸市中の消火に活躍《かつやく》した。

**問12**　資料の地図からは，東京湾の沿岸部で陸地が広がっていることがわかる。高度経済成長期には東京への人口集中が進んだ結果，住宅を建設するための土地が不足するとともに，増え続けるゴミの処理が問題となったが，それらの問題を解決するため，ゴミを使って埋《う》め立てがさかんに行われた。なお，当初はゴミをそのまま地中に埋める方法がとられていたが，現在はゴミを焼却《しょうきゃく》したさいに生じる灰などを利用した埋め立てが行われている。

**2**　**日本各地の産業を題材とした問題**

**問１**　南方から日本近海に向かって流れる暖流は日本海流(黒潮)で，カツオは暖流に乗って移動する回遊魚である。

**問２**　地図中のａの海底には，南海トラフがある。これは，フィリピン海プレートがユーラシアプレートの下にもぐりこむことによってできた海底地形で，過去にこの地域を震源とする大地震が発生しており，近い将来，再び発生することが心配されている。なお，トラフとは一般に，細長い海底盆地のうち深さが6000ｍ未満のものをいい，6000ｍ以上のものは海溝《かいこう》とよばれる。

**問３**　八ヶ岳(最高峰《ほう》は赤岳の2899ｍ)は長野県と山梨県の県境に位置する火山で，ウがあてはまる。なお，アは高妻《たかつま》山，イは浅間山，エは御嶽《おんたけ》山である。

**問４**　レタスは，露地栽培では一般的に春か秋につくられるが，長野県では夏でも涼《すず》しい高原の気候を利用してほかの産地と時期をずらし，おもに６月から９月にかけて生産・出荷する抑制《よくせい》栽培がさかんである。

**問５**　関東平野には，富士山や浅間山などの火山灰が降り積もってできた，関東ロームとよばれる赤褐色《せっかっしょく》の土壌《どじょう》が厚く広がっている。一般に「赤土」とよばれるが，地表付近は黒い土で覆《おお》われており，水はけがよいことからおもに畑作などに利用されている。

**問６**　東京や大阪などの大都市の周辺地域では，大消費地に近く，輸送費が安くてすむという利点を生かして新鮮な野菜や花などを生産する近郊農業がさかんに行われている。

**問７**　(1)　愛媛県の瀬戸内海沿岸や宇和海沿岸では，日当たりのよい山の斜面《しゃめん》に開かれた段々畑で，みかんなどの果物がさかんに栽培されている。　(2)　入り江と陸地が入り組んだ地形で，海に囲まれる形になっていることから，「海水面から反射する太陽」と判断できる。

**問８**　親工場である自動車の組み立て工場では，発注先の関連工場から必要なものを必要なときに必要な量だけ納入させる方式がとられている。「ジャストインタイム」とよばれるこうした方式を日本で最初に導入したのはトヨタ自動車工業で，組み立て工場に部品を在庫しなくてもよいため生産コストを削減《さくげん》できるという利点があるが，事故などのトラブルで関連工場から部品が納入されなくなった場合，生産ラインが止まってしまうというリスクもある。

**問９**　トヨタ自動車工業のある豊田市のように，大企業を中心に関連工場が集まり，地域住民の多くがそれらの企業で働き，それらの企業が納める税金がその地域の自治体の財政を支えるようになっている都市は，企業城下町とよばれる。豊田市のほか，日立製作所のある茨城県日立市，旭《あさひ》化成のある宮崎県延岡《のべおか》市などがその代表的な都市として知られる。

**問10**　表を見てわかるように電気自動車は部品の数が少ないため，部品を製造する関連工場は注文が減り，経営が厳しくなることが予想される。また，電気自動車は構造が簡単であるということから，これまで開発や製造に必要とされてきた専門的な技術を持った労働者の仕事が減っていくことも予想される。

**問11**　１年を通して安定した量の仕事がある工業に対して，農業は季節によって仕事の量に差があるため，技術実習生の受け入れには難しい面がある。

**3　外交の仕事を題材とした問題**

**問１**　1970年代から80年代にかけて，北朝鮮の工作員などにより日本国内の各地から17人の日本人が拉致《らち》された。北朝鮮は2002年に開かれた日朝首脳会談で初めてその事実を認め，その後，５人の帰国が実現したが，残る12人については北朝鮮側がその存在を認めないなど両国間で交渉《こうしょう》が進んでおらず，拉致被害者の帰国は実現していない。

**問２**　和子さんの言葉に「貿易はだんだん自由化に向かっているのですね」とあることから，関税があてはまるとわかる。関税は，おもに国内の産業を保護し，国の収入を得るため輸入品に課される税金である。

**問３**　2001年９月11日，アメリカで４機の航空機がハイジャックされ，そのうちの２機がニューヨークの高層ビル(世界貿易センタービル)に，１機がアメリカ国防総省本部(ペンタゴン)に突《つ》っこみ(残る１機は墜落《ついらく》)，約3000人の死者を出す惨事《さんじ》となった。これをアメリカ同時多発テロという。犯行グループはイスラム過激派のアルカイダのメンバーであることが判明し，アメリカのブッシュ政権は，やはりイスラム過激派であるタリバンの支配していたアフガニスタン政府が犯行グループをかくまっているとしてその引き渡しを要求。タリバン政権がこれを拒否《きょひ》したことから，アメリカはアフガニスタンへの攻撃を開始し，タリバン政権を崩壊《ほうかい》させた。その後，アフガニスタンにはアメリカが支援する新政権が発足してアメリカ軍の駐留《ちゅうりゅう》も続いていたが，2021年にアメリカ軍が完全撤退《てったい》すると，タリバンが再び政権をにぎった。

**問４**　ODA(政府開発援助)は先進国が開発途上国に対して行うもので，日本もアジアやアフリカなどの国々に多くの資金援助や技術協力などを行ってきた。中国に対しても長い間「二国間援助」を行ってきたが，近年，中国はめざましい経済発展をとげ，資料からもわかるように，2010年代には名目GDP(国内総生産)が日本をぬいて世界第２位となった。そのため，「二国間援助」は不要になったとされ，2018年に打ち切られたのである。

**問５**　南西諸島の西端に位置する尖閣《せんかく》諸島は日本固有の領土であるが，近年，中国がその領有権を主張するようになり，調査船をたびたび尖閣諸島近海に派遣したり，中国漁船が付近で操業したりするなどの事例があいつぎ，問題となっていた。こうした中，2012年に石原東京都知事が私有地である尖閣諸島の土地を都が買い上げるという方針を打ち出したことから，中国側が猛《もう》反発。当時の政府(野田内閣)は「平穏《へいおん》かつ安定的な維持管理」をするためとして，地権者から尖閣諸島の土地を買い上げ，国有化することとなった。

**問6**　杉原千畝《ちうね》は岐阜県出身の外交官で，第二次世界大戦中，リトアニアの領事館に赴任《ふにん》していた。当時，ドイツのヒトラー政権はユダヤ人に対する迫害《はくがい》を強めていたことから，リトアニアにはポーランドなどから逃《のが》れてきた多くのユダヤ人がいた。杉原が勤務していた領事館にも多くのユダヤ人がビザ（入国査証）の発給を求めて押し寄せたため，杉原は日本の外務省の指示に逆らい，彼らにビザを発給。その結果，多くのユダヤ人が日本経由でアメリカなどに亡命することができたことから，杉原が発給したビザは「命のビザ」とよばれることとなった。

**問7**　国際連盟の発足時に事務次長となったのは新渡戸《にとべ》稲造《いなぞう》で，母校である札幌農学校の教授や東京女子大学学長などを務めた教育者でもあった。アメリカ滞在《たいざい》中に英文で著した『武士道』が各国でベストセラーになるなど，国際的な知名度も高かった。

**問8**　資料を見ると，日本は女性人口に占《し》める就業者の割合は高いが，管理的職業従事者に占める女性の割合は諸外国と比べて非常に低い，つまり，「女性管理職」の数が非常に少ないことがわかる。こうした事実からは，日本の職場環境では，いまだに男女の平等は達成されていない現状がうかがえる。そのことは，女性の能力が十分に生かされていない職場が多いことを示しているともいえる。

## 理　科　＜Ｂ日程試験＞（30分）＜満点：60点＞

### 解　答

**1** (1)　2　(2)　2250cal　(3)　25℃　(4)　イ　(5)　200ｇ　(6)　3，5　**2** (1)　2，5　(2)　①　B　②　1，4　(3)　①　3，5　②　3，4　**3** (1)　ア，イ　(2)　17　(3)　解説の図②を参照のこと。　(4)　**X**　2　**Y**　5　**Z**　3　(5)　4　(6)　解説の図③を参照のこと。　**4** (1)　**ア**　葉緑体　**イ**　光　**ウ**　青紫　(2)　蒸散　(3)　4　(4)　①　1　②　6　③　4　④　1，7　(5)　（例）　ブラッダー細胞に余計な塩分をためることができ，ブラッダー細胞以外の細胞の塩分濃度が高くならない

### 解　説

**1　水の温度の変化についての問題**

(1)　水の温度差が大きいときは温度変化の速さは速く，温度差が小さくなると温度変化の速さはおそくなるので，グラフは2のようになる。

(2)　内側のビーカーの湯は150ｇあり，70℃から55℃に変化したので，移動した熱量は，150×(70−55)＝2250(cal)とわかる。

(3)　0℃の水を基準にすると，内側のビーカーの湯が持っている熱量は，50×70＝3500(cal)，外側の容器の水が持っている熱量は，150×10＝1500(cal)である。両方の水(湯)の重さは合わせて，50＋150＝200(ｇ)，熱量は合わせて，3500＋1500＝5000(cal)なので，一定になったときの温度は，5000÷200＝25(℃)となる。

(4)　40℃の湯50ｇが持っている熱量がすべて氷に移動しても，氷がとけきらずに残っているので，水の温度は0℃になっている。

(5)　0℃の氷100ｇがすべて0℃の水になるために必要な熱量は，100×80＝8000(cal)である。よって，この氷をすべてとかすのに必要な40℃の湯は，8000calの熱量を持っていればよいので，少なくとも，8000÷40＝200(ｇ)必要である。

(6)　氷と水を入れたコップの外側がぬれたのは，空気中の水蒸気が冷たいコップにふれて冷やされ，水てきとなってコップについたからである。よって，水蒸気が冷やされて水になることで起こる現象を選べばよく，3と5があてはまる。1は，霧《きり》吹《ふ》きから出た水てきが窓についただけで，水は姿を変化させていない。2は，水が蒸発して水蒸気になることで起こる。4は，氷がとけて水になる現象で，6は，キュウリの内部から水がしみ出る現象(浸透《しんとう》という)である。

## 2　地球の気候変動と温暖化についての問題

(1)　冬は，日本の西の大陸上に勢力の大きい高気圧，東の海上に発達した低気圧があるという気圧配置になりやすく，これを西高東低という。このとき，日本列島には北西からの強い季節風が吹きつけるが，この季節風が日本海の上を通過するさい，季節風より海水の方が温度が高いため，季節風へ水蒸気が供給され，湿《しめ》った状態で日本列島に吹きつける。すると，山脈にそって上昇《じょうしょう》するさいに雲を発生させるため，日本海側の地域に雪や雨をもたらす。

(2)　①　地球から出ていくエネルギーは，太陽から受けるエネルギーに比べて赤道付近で少なく，極付近で多くなると述べられていることから，図3のグラフのAは地球から出ていくエネルギー，Bは太陽から受けるエネルギーと考えられる。　②　海水や大気は地球全体で対流していて，この流れに乗って熱も赤道付近から両極方向に移動している。

(3)　①　地球温暖化は，二酸化炭素などの温室効果ガスが増加していることによって引き起こされている。特に二酸化炭素は，化石燃料(石油や石炭など)の大量消費や森林の破かいが進んでいることで，増加が続いている。　②　地球温暖化の進行により，世界の各地で今までとは異なる気象現象(異常気象)が見られるようになっていて，それにともない自然災害も発生しやすくなっている。3と4はその例である。なお，1の酸性雨は工場や自動車の排煙《はいえん》などに含《ふく》まれる硫黄《いおう》酸化物やちっ素酸化物による。2は工場や家庭の排水に多くの栄養分が含まれることで発生する。5のオゾン層の破かいはフロンという物質が原因である。6は環境《かんきょう》中の有害物質が生物に取りこまれることで起こる。

図①

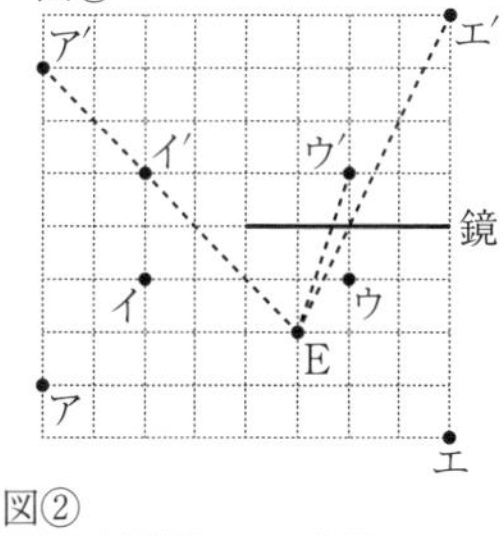


## 3　鏡によってできる像についての問題

(1)　右の図①のように，ア～エの像の位置を調べ，それぞれア′～エ′とする。そして，ア′～エ′とEを直線(図①では破線)で結んだとき，直線が鏡を通る場合は，直線と鏡の交点が反射点となってEまで光が届き，Eからその位置のろうそくを見ることができる。したがって，Eから鏡に映る像を見ることのできないのは，アとイとわかる。

図②

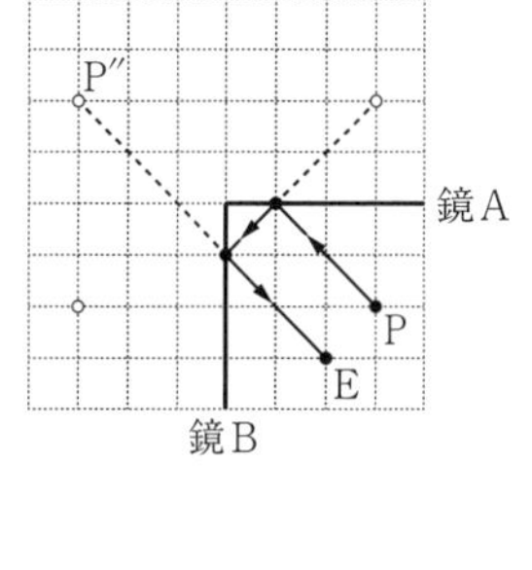


(2)　求め方で述べられていることをまとめると，360÷(2枚の鏡の角度)－1＝(像の数)という規則となる。よって，2枚の鏡の角度が20度の場合は，像の数が，360÷20－1＝17になる。

(3)　像P″とEを直線で結ぶと，鏡Bと交わる。この交点が鏡Bでの反射点となる。そして，この交点と鏡Aに対してできるPの像を直線で結ぶ。この直線と鏡Aの交点が鏡Aでの反射点になる。光は，P→

鏡Ａの反射点→鏡Ｂの反射点→Ｅの順に進み，上の図②のようになる。

⑷　鏡のＸの部分には英子さんの左側が向いていて，あげている右手がＸの部分の右側に映るので，Ｘに映る像は２となる。同様に，鏡のＺの部分には英子さんの右側が向いていて，あげている右手がＺの部分の右側に映るので，Ｚに映る像は３になる。また，鏡のＹの部分は英子さんの正面にあり，あげている右手が，右側の鏡，左側の鏡の順に反射するため，像の左側に見える。よって，Ｙに映る像は５となる。

⑸　英子さんが上から見て時計回りに回ると，鏡で１回反射してできるＸに映る像とＺに映る像は時計回りの反対，つまり反時計回りに回る。また，鏡で２回反射してできるＹの像は，時計回りの反対の反対，つまり時計回りに回る。

⑹　右の図③のように，Ｅとａ，Ｅとｂをそれぞれ直線で結んだとき，それら２本の直線が鏡と交わってできる２点の間が，最低限必要な鏡の部分となる。その部分には全身がちょうど収まるように見える。なお，実物(英子さん)と像は鏡からの距離《きょり》が等しいため，三角形Eabとその半分の大きさの三角形の関係から，全身を鏡に映すのに最低限必要な鏡の部分は，実物(または像)の大きさのちょうど半分となる。

図③

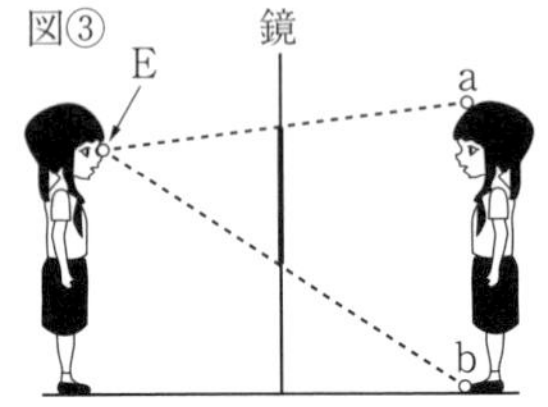


**4　植物の光合成についての問題**

⑴　**ア**　植物の細胞《さいぼう》には葉緑体という緑色の粒《つぶ》を含むものがあり，その葉緑体で光合成が行われている。　**イ**　光合成では，光エネルギーを利用して二酸化炭素と水からデンプンをつくり出していて，そのさい酸素も生じる。　**ウ**　ヨウ素液には，デンプンと反応して青紫《むらさき》色を示す性質がある。

⑵　葉などには気孔《きこう》という開閉する小さなすき間がたくさんあり，これが開くと，体内の水分が水蒸気として放出される。このはたらきを蒸散という。なお，気孔では光合成や呼吸を行うために，酸素や二酸化炭素も出入りする。

⑶　１では，体内の水分量が増えるため，気孔が開いて蒸散が行われる。２と３では，光合成を行うために気孔が開き，二酸化炭素が取りこまれる。４では，葉に水分が届かなくなるため，葉の水分量が減らないように気孔が閉じる。

⑷　①　図１で，開いている気孔の割合のグラフを見ると，暗期はきわめて小さく，明期は大きくなっているので，１が選べる。　②　図１を見ると，明期は二酸化炭素の吸収速度や開いている気孔の割合が大きく，デンプンの量が増加しているから，昼間に二酸化炭素を吸収し，光合成を行ってデンプンをつくっていると考えられる。また，暗期は二酸化炭素の吸収速度や開いている気孔の割合が小さく，デンプンの量が減少しているから，夜間は気孔が閉じ，光合成は行われず，デンプンが分解されていると考えられる。よって，６が選べる。　③　図２を見ると，暗期は開いている気孔の割合が大きく，二酸化炭素の吸収速度がやや大きい。よって，夜間は気孔を開いて二酸化炭素を吸収しているといえる。ただし，デンプンの量は減少しているから，夜間にデンプンはつくられていない。また，明期の一時期に，開いている気孔の割合や二酸化炭素の吸収速度が小さくなっている時間があるが，その間もデンプンの量が増加していることから，夜間に吸収した二酸化炭素を使って，昼間にデンプンをつくっていると考えられる。したがって，４が選べる。　④　１～４について，乾季《かんき》は水ストレス条件下にあり，③より，夜間に気孔を開いて二酸化炭素を吸収

している。5～8について，乾季は土中の水分が減るため塩分濃度《のうど》が高くなる。図3より，アイスプラントの重量は食塩水の濃度が高いときに大きく増えているので，土中の塩分濃度が高い乾季は生育に有利になると考えられる。

(5)　塩分ストレス条件下では，アイスプラントは多くの塩分を体内に吸収してしまうが，このとき高濃度の塩分を含むブラッダー細胞を発達させて，余計な塩分をブラッダー細胞にため，ブラッダー細胞以外の細胞の塩分濃度が高くならないようにしている。このようにして塩分濃度が高い条件下でも生育できるようになっていると考えられる。

## 国　語　＜Ｂ日程試験＞（45分）＜満点：100点＞

### 解　答

**問1**　**クウゼン，ホウイ，シジ，コショウ，セツヤク**…下記を参照のこと。　**代物**…しろもの　**元手**…もとで　**問2**　イ　**問3**　一見バラバ～ふうにとる(見方)　**問4**　その一番お　**問5**　**1**　カ　**2**　ア　**問6**　足　**問7**　①　エ　②　オ　③　イ　④　ウ　⑤　ア　**問8**　イ，ウ，オ　**問9**　平均値によ　**問10**　エ　**問11**　(例)　自分では修理できない　**問12**　ア　**問13**　Ⅰ　オ　Ⅱ　ウ　**問14**　たとえば，～あります。　**問15**　(1)　「みんな」「人は誰でも」といった言葉　(2)　(例)　「みんな」に流されるのではなく，自分独自の考えを大切にすること。　**問16**　エ　**問17**　イ　**問18**　ウ　**問19**　(例)　(私たちは)多数派，平均値，統計など数や知識によって物事を判断する(というあり方ではなくて，)五感を働かせて物事にあたり，自分がどう考えるのかを決める(というあり方を心がけるべきである。)

**●漢字の書き取り**

**問1**　クウゼン…空前　ホウイ…方位　シジ…支持　コショウ…故障　セツヤク…節約

### 解　説

**出典は長田《おさだ》弘《ひろし》の『一人称《いちにんしょう》で語る権利』による。**筆者はアンケートや統計の具体例をあげながら，多数派や平均値などにはトリッキーな面があることを指摘《してき》し，「私」自身で考える大切さを語っている。

**問1**　**「クウゼン」**…ごくまれなようす。　**「ホウイ」**…ある所から向かっていく先。　**「シジ」**…主張，政策，生き方などに賛同して加勢すること。　**「代物」**…今話題にしている人や物に評価を加えていうことば。　**「コショウ」**…機械や身体などが正常に働かなくなること。　**「セツヤク」**…むだを省くこと。　**「元手」**…利や糧《かて》を得る元になるもの。

**問2**　アンケートで取り上げられた「私の尊敬する人」の中で，一番多かったのは黒柳《くろやなぎ》徹子《てつこ》，続いてヘレン・ケラーだったが，「回答」としてもっとも数をしめていたのがほかの誰《だれ》とも「重複《ちょうふく》していない百九十九人の人びと」だったことに筆者は興味を抱《いだ》いたのだから，イが合う。

**問3**　取り上げられた二つのものごとのうち，一つ目を「前者」，二つ目を「後者」という。いまもっともひろく支持されているのが「黒柳さん」ととるか，「一見バラバラにみえるけれども～たがいの多様性を一番重んじるようになってるというふうにとる」かで意味するところは全く違《ちが》ってくるとしたうえで，筆者は「後者」に「一人ひとりのもつ多様性」が「独立」した形であらわれている点で，目立たないけれど「いま，ここをささえている実質がある」と述べている。

**問４**　選挙の「もとになる全体」が「ちいさく」なるとは，具体的には投票数がへることを意味する。いま一番おおいのは「棄権《きけん》」だが，それが「選挙においてあたかも『無』のようにしかとりあつかわれない」ため，選挙に反映されるべき「もとになる全体」がちいさくなるのだと筆者は述べている。

**問５**　続く部分で筆者は，「多数の言葉で語るベストテンやクローズアップされた情報の側」からではなく，「一人ひとりの側」からものをみるべきだと語っている。つまり，「社会の容量」は，「多数派」ではなく「多様性」によって決まるといえる。

**問６**　「足をとられる」は，“じゃまがあって身動きできなくなる”という意味。「浮《う》き足だつ」は，“落ち着きを失う”という意味。「浮き足」は，つま先立ち。地に足がしっかりついていない状態。

**問７**　①　「多数派が幅《はば》をきかせる社会」を後押《お》しするトリッキーな仕掛《しか》けについて筆者は，視聴《しちょう》率調査で人気番組を知らせ「ワッと話題がその一点にゆく」こと，「統計」の「平均」を多数派のように思わせることをあげているので，ことがらを並べ立てるときに用いる「あるいは」が入る。「トリッキー」は，わながあって油断ならないようす。　②　「統計がトリッキーな全体をつくりだしてしまうという場合」の例として，筆者は「国民栄養調査」をあげているので，具体的な例をあげるときに用いる「たとえば」が合う。　③　続く部分で「PFC比率」についてくわしく述べられているので，説明を導く「つまり」がふさわしい。　④　「PFC比率」において，日本人の食事様式は「主食，主菜，副菜《ふくさい》」の組み合わせからなるため，「理想的」だというつながりである。よって，前のことがらを原因・理由として，後の結果につなげるときに用いる「だから」がよい。　⑤　日本人全体からみれば「PFC比率」は「適正な結果」を示しているものの，「一人ひとりの側」からみれば個々人の食事内容には過不足がはげしく，「理想的」かと言われれば，実情は異なるという文脈である。よって，前のことがらを受けて，それに反する内容を述べるときに用いる「ところが」が合う。

**問８**　直前の段落で，平均値からすれば理想的に見える日本人の食事が，「実際」には異なっていることが述べられている。「農村部では炭水化物」，「都市部ではタンパク質，脂肪《しぼう》」をとりすぎ，かつ「料理の品数がへって，具入りの主食がふえ」，「主食，主菜，副菜という食事様式」が失われつつあり，「個々人の食事内容」の「過不足がはげしい」現状にあると，筆者は指摘している。よって，イ，ウ，オが選べる。

**問９**　少し前で，「平均値によって語られる全体は，一つひとつのちがいを問うことをせず，問題があっても，それを例外としてしりぞける」ため，日本人の食事の「惨澹《さんたん》たる」実情が「平均値」にかくれ，全体像としては「のぞましい」状態となるといった，理想と現実との乖離《かいり》が発生するのだと筆者は説明している。

**問10**　現代は「統計」的な「多数派が幅をきかせる社会」だが，それによって導き出された平均値はトリッキーで，「個々」の実情を「例外としてしりぞける」ものだったことをおさえる。この内容には，「統計的なもの」への痛烈《つうれつ》な批判を投げかけた，エが合う。

**問11**　「手も足も出ない」とは，力が足りず対処のしようがないさま。筆者は「ハードウェア（＝機械や装置）」の具体例としてTVをとりあげ，アンテナを立てること，修理すること，捨てることまで「代理業にやってもらわないと，どうにもならない」と言っている。つまり，ここでの「手も足も出ない」は，設置も修理も処分も自分ではできないということを指すとわかる。

**問12**　「遠近法」は，奥行《おくゆ》きや遠近など，立体を平面上に表現するための絵画的方法。「自前」の遠近法とは，地図の上の「抽象《ちゅうしょう》的」な世界ではなく，「一人ひとり」が「特別な感情」をともなったものとして世界をみることをたとえている。この内容を，アがもっともよくまとめている。なお，「自前」は自分の費用を自分で負担すること。独立して営業すること。自分で手に入れたもの。

**問13**　Ⅰ　時々起こるようす，起こりやすいようすの「まま」が合う。知識がブラックボックス化して使えないものになることは，よく起きるというのである。　Ⅱ　たやすくそうなるさまの「やすやす」が入る。知識で日常の経験や感覚を切り捨てることを簡単に受け入れると，自分自身さえブラックボックスになってしまうというのである。

**問14**　問12でみたように，自前の感情をともなわず，地図上の距離《きょり》感で「世界」をとらえようとする点が，日常の経験や感覚を切り捨て「知識につく（＝知識を重視する）こと」にあたる。これについては，空らんⅠの直後で「たとえば～世界の国々の位置というのを，地図のうえでよくよく承知しているようなつもりになる」と説明されている。

**問15**　⑴　少し前で，多数派の言う「『みんな』『ひとは誰でも』といった言葉」に対し，まず「へんだ」と思うようでないと，「私」とそれとの見分けがつかなくなってしまうと述べられている。

⑵　筆者は「みんなもってるよ」のように，多数派側でものを言う危険性を指摘している。⑴でみたように，多数派側に迎合《げいごう》するのではなく，「へんだ」といったん立ち止まり，彼《かれ》らに対する立場から考えなければならないというのである。これをもとに，「多数派に左右されることなく『私』自身で考えること」のようにまとめる。

**問16**　比喩《ひゆ》的に「旗」を用いた場合は，行動の目標や指針，他と区別する目印，目指す理想，何らかの概念《がいねん》を表すシンボルなどを意味する。エの「実績」の意味で用いられることはない。

**問17**　「一人ひとり」の「私」が公に支配されないよう「拮抗《きっこう》」することの大切さが述べられているので，人はそれぞれ好みや意見がちがうことを表す「十人十色」が合う。なお，「一期一会《いちごいちえ》」は，一生に一度の出会い。人との出会いに誠意を尽《つ》くせという茶道《さどう》の教え。「千変万化《ばんか》」は，さまざまに変化すること。「創意工夫《くふう》」は，新しくみつけ出した方法や手段。

**問18**　アンケートや統計を例に，多様性を重んじる方向へ変化しつつある現状，平均値や多数派といった数や知識はトリッキーであることを指摘したうえで，自身の経験や日常の感覚を大切にし，多数派に左右されず自分で考えようと筆者は語っている。ウのような「起承転結」の組み立てにはなっていない。

**問19**　問18でみた本文の全体像をもとに，筆者の意見をまとめる。筆者は「平均値，多数派，統計といったトリッキーなものにたよって判断する」のではなく，「自分自身の経験や日常の感覚を大切にして自分で考える」ことを勧《すす》めている。

# Dr.福井の 入試に勝つ！ 脳とからだのウルトラ科学

## 意外！　こんなに役立つ“替え歌勉強法”

病気やケガで脳の左側（左脳）にダメージを受けると，字を読むことも書くことも，話すこともできなくなる。言葉を使うときには左脳が必要だからだ。ところが，ふしぎなことに，左脳にダメージを受けた人でも，歌を歌う（つまり言葉を使う）ことができる。それは，歌のメロディーが右脳に記憶されると同時に，歌詞も右脳に記憶されるからだ。ただし，歌詞は言葉としてではなく，音として右脳に記憶される。

そこで，右脳が左脳の10倍以上も記憶できるという特長を利用して，暗記することがらを歌にして右脳で覚える“替え歌勉強法”にトライしてみよう！

歌のメロディーには，自分がよく知っている曲を選ぶとよい。キミが好きな歌手の曲でもいいし，学校で習うようなものでもいい。あとは，覚えたいことがらをメロディーに乗せて替え歌をつくり，覚えるだけだ。メロディーにあった歌詞をつくるのは少し面倒かもしれないが，つくる楽しみもあって，スムーズに暗記できるはずだ。

替え歌をICレコーダーなどに録音し，それを何度もくり返し聞くようにすると，さらに効果的に覚えることができる。

音楽が苦手だったりして替え歌がうまくつくれない人は，かわりに俳句（川柳）をつくってみよう。五七五のリズムに乗って覚えてしまうわけだ。たとえば，「サソリ君，一番まっ赤は，あんたです」（さそり座の１等星アンタレスは赤色——イメージとしては，運動会の競走でまっ赤な顔をして走ったサソリ君が一番でゴールした場面）というように。

Dr.福井（福《ふく》井《い》一成《かずしげ》）…医学博士。開成中・高から東大・文Ⅱに入学後，再受験して翌年東大・理Ⅲに合格。同大医学部卒。さまざまな勉強法や脳科学に関する著書多数。

# 2021年度　東洋英和女学院中学部

〔電　話〕 (03) 3583－０６９６
〔所在地〕 〒106-8507　東京都港区六本木５－14－40
〔交　通〕 東京メトロ日比谷線・都営大江戸線－「六本木駅」より徒歩７分
東京メトロ南北線・都営大江戸線－「麻布十番駅」より徒歩５分

**【算　数】**〈A日程試験〉(45分)〈満点：100点〉

**1**　次の計算をしなさい。

(1)　$43-6\times3-98\div7$

(2)　$\left\{1\frac{1}{7}\times1.47\div\left(\frac{5}{3}-\frac{7}{15}\right)-\frac{7}{3}\div3\right\}\div\frac{14}{15}$

**2**　次の□にあてはまる数を入れなさい。

(1)　１個110円の消しゴムを８個と，１本□円のえんぴつを７本買い，2021円を出しておつりを700円もらいました。

(2)　A町からB町までの道のりは□kmです。姉は分速100mでA町からB町に向かい，妹は時速９kmでB町からA町に向かいました。２人は同じ時刻に出発し，14分後に出会いました。

(3)　15％の食塩水200gに，水を□g加えて12％の食塩水を作りました。

(4)　ある小学校の生徒数は□人で，男子は全体の$\frac{2}{3}$より72人少なく，女子は全体の$\frac{2}{5}$より40人多いです。

(5)　長方形Aと正方形Bがあります。Aの縦の長さは□cmで，Aの縦の長さと横の長さの比は４：５，Aの縦の長さとBの１辺の長さの比は６：５です。また，AとBの面積の差は$20cm^2$です。

(6)　225枚のコインをA，B，C，Dの４人で分けたところ，
・Aの枚数に２を足した数　　・Bの枚数から２を引いた数
・Cの枚数に２をかけた数　　・Dの枚数を２で割った数
がすべて等しくなりました。Dの枚数は□枚です。

**3**　次の問いに答えなさい。

(1)　右の図１の曲線はすべて円か半円か円の$\frac{1}{4}$です。影《かげ》の部分の面積を求めなさい。ただし，円周率は3.14とします。

(2)　右の図２は長方形の紙を折り返したものです。㋐の角の大きさは何度ですか。

図１

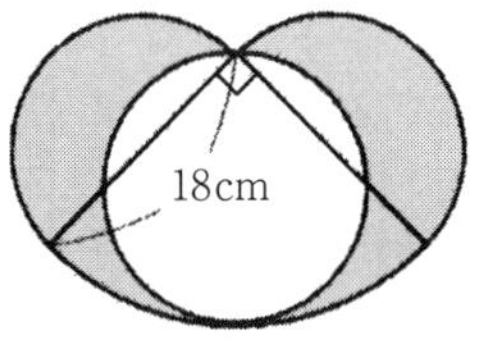


図２

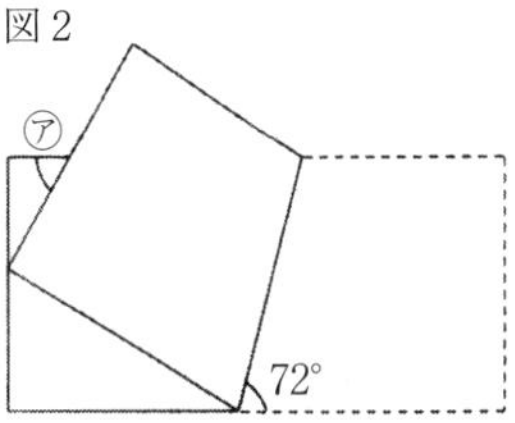


**4**　りんご１個とみかん１個を買うと240円，りんご３個とみかん５個を買うと840円です。りんご１個の値段はいくらですか。

**5** 形が異なる5種類のおもりがあります。それぞれの重さは，1g，2g，3g，4gのいずれかで，そのうちの2種類は同じ重さです。図のようにおもりを天びんにのせたとき，すべてつり合いました。5種類のおもりの重さをそれぞれ求めなさい。

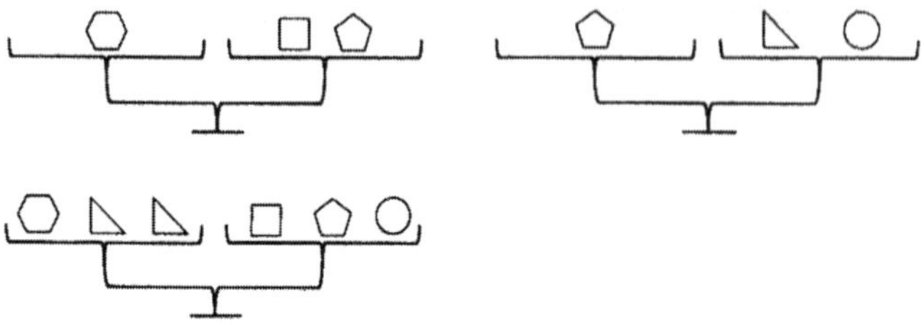

**6** メジャーと，円柱の形をした缶《かん》があります。この2つを使って，円周率の大体の値を求めたいとき，どこを測り，どのように計算すればよいですか。

**7** 下図はある立体の展開図で，長方形か円，または円の一部を組み合わせた形をしています。この展開図からできる立体の体積を求めなさい。ただし，円周率は3.14とします。

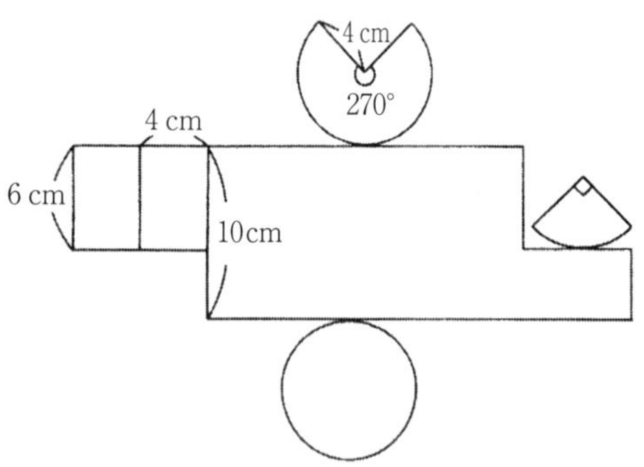


**8** 同じ大きさの立方体を積み重ねていきました。積み重ねてできた立体を正面，真横，真上から見ると，下図のようになりました。次の問いに答えなさい。

(1) 立方体の個数が最も少ないとき，その個数は何個ですか。

(2) 立方体の個数が最も多いとき，その個数は何個ですか。

(3) (2)のとき，立体の表面に下の面を除いて色をぬりました。3面がぬられた立方体は全部で何個ありますか。

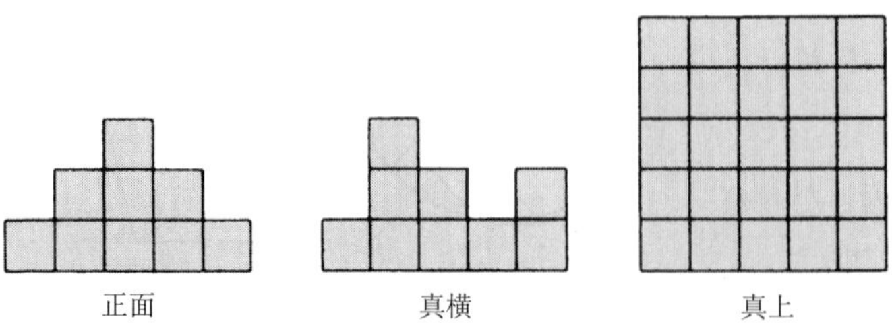

**9**　姉は徒歩通学をしています。ある日，学校まで残り450mの地点で忘れ物に気づいた姉は，歩いて家に引き返しました。妹は姉が家を出発してから9分後に姉の忘れ物に気づき，姉を追いかけました。姉は妹から忘れ物を受け取った後，走って学校へ行き，妹は家に帰りました。右のグラフは，姉が家を出発してからの時間と，姉と妹の距離《きょり》の関係を表したものです。ただし，家と学校は同じ直線道路沿いにあり，姉の歩く速さと走る速さはそれぞれ一定で，妹の速さは毎分60mとします。次の問いに答えなさい。

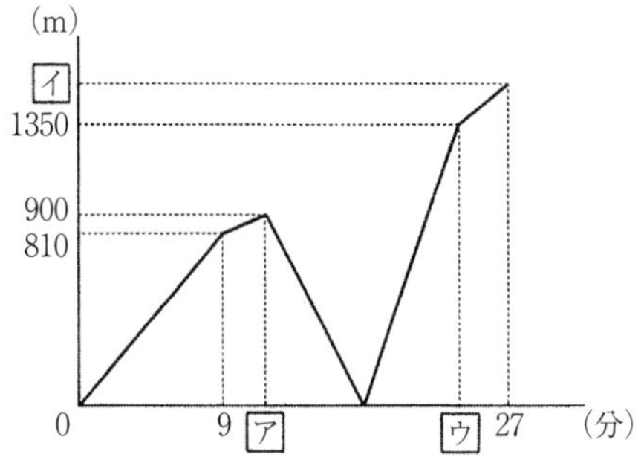


(1)　姉の歩く速さを求めなさい。

(2)　[ア]，[イ]，[ウ] にあてはまる数を求めなさい。

(3)　姉の走る速さを求めなさい。

**10**　0から9までの数字が1つずつ書かれた10枚のカードがあります。英子さんがカードを何枚か並べて整数を作り，陽子さんはその整数に最も近い数を残りのカードから作ります。例えば，英子さんが [3] [1] と並べたとき，陽子さんが作る数は29です。次の問いに答えなさい。

(1)　英子さんが [5] [7] と並べたとき，陽子さんが作る数はいくつですか。

(2)　英子さんが [6] [2] [4] [9] と並べたとき，陽子さんが作る数はいくつですか。

(3)　英子さんと陽子さんの数の和が606であるとき，2人の数はそれぞれいくつですか。

**【社　会】〈A日程試験〉**（30分）〈満点：60点〉

〈編集部注：実物の入試問題では，写真はすべてカラー印刷です。〉

**1**　次の文章は，中学一年生の歴史の授業の様子です。よく読んで，あとの問に答えなさい。

東　先生：今日は服装から日本の歴史について考えてみたいと思います。「服」は私たちの生活に欠かせないものですが，みなさんは何のために「服」を着るのですか。

英子さん：服を着るのは当たり前ですよね。はずかしいから着るのかな。

洋子さん：それに服を着ないと寒いです。

東　先生：そうですね。では最初に，服が体を守る，ということについて考えてみましょう。大昔，今よりずっと気温の低かった時代には，人は動物の毛皮を身に着けてすごしていたようです。また，①本州を中心に日本の大部分で稲作が行なわれるようになると，背中などの日焼けを防ぐためにも，服は役立ちました。

和子さん：スキーウェアを着たり，夏に帽《ぼう》子をかぶったりするのと同じですね。

東　先生：そうです。また体を激しく動かす場合には，それぞれの動きに合った機能的な服が必要です。さあ，A を見てください。

英子さん：これは古墳の上に並べられていた（　1　）ですね。

東　先生：そのとおり。これは男性の（　1　）で，馬に乗りやすいようにズボンのようなものを履《は》いています。膝《ひざ》のあたりに注目しましょう。

洋子さん：ひもでリボン結びをしています。裾《すそ》が下がって歩きづらくなるのを，防ごうとしたのではないかしら。

東　先生：旅や戦いの時に結んだようですから，おそらく洋子さんの言うとおりでしょうね。

国立博物館所蔵品
統合検索システム
より作成

和子さん：私は少しくらい動きにくくても，おしゃれで流行《はや》っている服が着たいです。

東　先生：そういう意見も大切ですね。服装で自分の個性を表現したいと思っていたのは，昔の人も同じでした。B を見てください。これは平安時代の貴族の女性を描《えが》いたものです。

和子さん：多くの色を使っているのに，まとまりがあって，とてもおしゃれです。

東　先生：そうですね。この女性が着ているのは（　2　）です。そで口や裾，えり元に重ねた色の組み合わせで，季節感や個性をあらわしたそうです。センスの良さを競《きそ》い，自分の魅《み》力をアピールすることは，貴族の女性たちにとって重要でした。彼女たちの中には②天皇の妃《きさき》になる人もいました。

洋子さん：でも全部着ると20kg くらいになったらしいですよ。おしゃれをするのも大変ですね。

C

東　先生：さてもう一つ，昔の女性の服装を見てみましょう。C は奈良の高松塚古墳の中に描かれた，身分の高い女性たちの絵です。天武天皇や持統天皇の時代，日本が③当時の中国にならって政治や社会のしくみを変えると同時に，服装も中国風の色やデザインをとりいれたことがわかります。

洋子さん：進んでいる国の，目新しいものをまねしたいと思うのは，どの時代にも共通していますよね。

和子さん：さかんに（　3　）貿易を行なっていた織田信長が，マントを手に入れ，好んで着ていたと聞いたことがあります。

東　先生：同じことが明治維新でも起こりました。日本が鎖国していた間に，欧《おう》米諸国は政治制度や科学技術を発展させました。それに追いつくために，明治政府は制度や技術だけでなく，④服をはじめとする欧米の文化や風俗《ぞく》も積極的にとりいれようとしました。

英子さん：私は流行っているものを追いかけるのは苦手です。中学に入学して，みんなと同じ制服を着られるようになって，実はとてもほっとしています。

D

東　先生：それでは，決められた服を着るということの意味も考えてみましょう。D を見てください。これは平清盛の肖《しょう》像画です。

洋子さん：清盛は武士なのに，貴族の服装をしています。

東　先生：そのとおりです。⑤武士として初めて政治の実権を握《にぎ》った清盛ですが，朝廷で仕事をする時には，このように貴族と同じ服装をしました。

和子さん：武士と貴族では，服装に大きな違《ちが》いがあったのですね。

東　先生：江戸時代には，同じ武士の中でも，公式の場所での服装について，細かい決まりがありました。一方，⑥庶《しょ》民は身に着けてはいけない生《き》地が，法令で定められていました。また服の色を限定されていた人々もいました。

洋子さん：服は，見ただけでその人の【　※　】を示す役割も持っているのですね。

和子さん：見ただけで区別できると言えば，私たちが運動会で着ける鉢巻《はちま》きやゼッケンもそうですね。

東　先生：そのような区別は昔からありましたよ。戦国大名の中には，戦いの最中に敵味方を見分けるために，自分たちの部隊の鎧《よろい》や兜《かぶと》の色を，赤などで統一した者もいました。

洋子さん：テレビで見た戦争の映像でも，兵士たちは同じ軍服を着て戦っていました。

東　先生：それは⑦明治時代以降，同じ規格の軍服を大量生産できるようになって，初めて実現可能になったことですね。

英子さん：学校の制服もそうなのですか。

東　先生：制服もまた，その学校の生徒であることを示す役割があります。さらに同じ制服を着ることによって，生徒たちの間に一体感が生まれることや，その学校の生徒であるという誇《ほこ》りを感じられることなども，制服の役割なのかもしれませんね。

問1　下線部①について。このようになったのは，何時代ですか。

問2　文章中の(1)にあてはまる語句を答えなさい。

問3　文章中の(2)にあてはまる語句を答えなさい。

問4　下線部②について。平安時代に4人の娘を天皇の妃とし，生まれた3人の孫を天皇に即《そく》位させて，政治の実権を握ったのは誰《だれ》ですか。

問5　下線部③について。この時の中国の王朝名を次から選び，記号で答えなさい。

ア．漢

イ．唐

ウ．元

エ．清

問6　文章中の(3)にあてはまる語句を答えなさい。

問7　下線部④について。このような風潮を漢字四字で何といいますか。

問8　下線部⑤について。平清盛が1159年に源義朝らを破り，政治の実権を握るきっかけとなった戦いを何といいますか。

問9　下線部⑥について。その生地の素材は，明治時代になると日本を代表する輸出品になりました。それは何ですか。

問10　文章中の【※】にあてはまる言葉を，前後の文章をよく読んで，考えて答えなさい。

問11　下線部⑦について。それはなぜですか。

問12　次は東洋英和の校舎の前で撮影《さつえい》した生徒の写真です。制服のデザインは，初めて着用された1929年から現在まで変わっていません。しかし太平洋戦争の終わり頃《ごろ》には，E のような服装をするように指導されていました。それはなぜですか。

**2**　中学一年生の英子さんは，冬休みに東洋英和に関係があるNHKの朝の連続テレビ小説「花子とアン」を見てすごしました。ドラマの中で，地理の授業で習ったことがたくさん出てきて，より理解が深まりました。英子さんは，他のドラマも見ることにしました。次の各文章は，英子さんが関心を持ったドラマの内容についてまとめたものです。よく読んで，あとの問に答えなさい。

**【あまちゃん】　2013年４月～９月**

**主な舞《ぶ》台**：東京都，岩手県

**あらすじ**：東京の女子高生**アキ**は，①遠洋漁業の漁師である祖父と，海女《あま》の祖母が住む②岩手県の港町に移り住んだ。**アキ**は祖母に影響《えいきょう》されて海女をめざすことになる。やがて**アキ**は一度上京するが，東日本大震災が発生し，再び東北へ戻《もど》る。**アキ**の笑《え》顔が元気を届ける物語。

**地理の勉強と重なったシーン**：被《ひ》災した鉄道の一部区間が復旧し，海では海開きが行われ，大勢の人が押しかける。③震災からの復興に向かう美しい景色と，地元の人たちの明るい笑顔が続く場面。

問１　下線部①について。次は漁業別漁獲《かく》量の変化を表したグラフです。遠洋漁業を示すものを選び，記号で答えなさい。

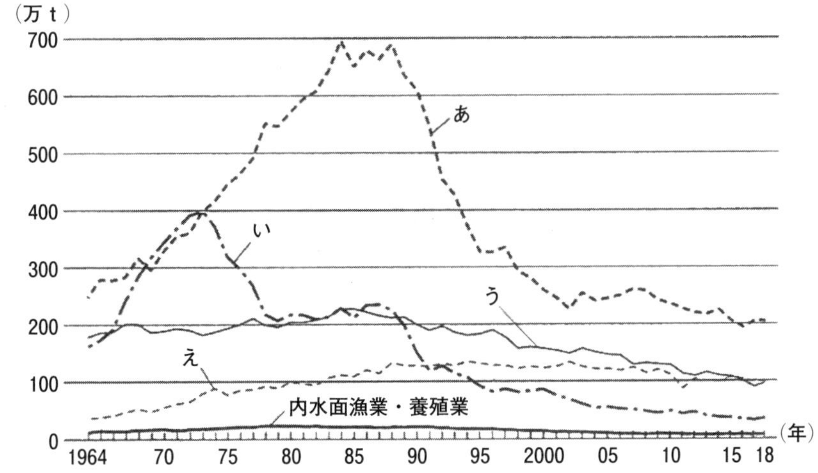


『日本のすがた2020』より

問２　下線部②について。ドラマの舞台となった港町は，全長約600kmの海岸線沿いにありました。この海岸名を答えなさい。

問３　下線部③について。この地域は，東日本大震災の二次災害で大きな被害を受け，復興に時間がかかりました。その二次災害とは何ですか。

**【花子とアン】　2014年３月～９月**

**主な舞台**：［　※　］県，東京都

**あらすじ**：［　※　］県の甲府の貧しい家に生まれた**はな**は，東京の女学校で英語を学んだ。卒業後は④出版社に就職し，やがて翻《ほん》訳家の道へ進んでいく。関東大震災や太平洋戦争を乗り越《こ》え，**はな**は子どもたちに夢と希望を送り届けていく。戦後に翻訳・出版した『赤毛のアン』の主人公アンのように，夢見る力を信じた人生を描いた物語。

**地理の勉強と重なったシーン**：水くみ桶《おけ》を担《かつ》いだ**はな**が，たわわに実った⑤ぶどうに頭をぶつけないように歩いている場面。

問４　［※］にあてはまる県名を答えなさい。

問5　下線部④について。**はな**の仕事である出版業は，かつては製造業に分類されていましたが，2002年に情報・通信業に分類されるようになりました。それは，従来の出版の仕方に加えて，新たな出版方法が増えてきたからです。どのような方法ですか。

問6　下線部⑤について。

(1)　**はな**の生まれ育った甲府周辺は，次の写真のように，ぶどうの栽培《さいばい》に適した地形が広がっています。この地形を何といいますか。

Google Earth より

(2)　なぜ(1)の地形はぶどうの栽培に適しているのですか。

**【なつぞら】　2019年4月～9月**

**主な舞台**：北海道，東京都

**あらすじ**：太平洋戦争で両親を失った**なつ**は，十勝で酪農を営む家族に引き取られ，成長していく。**なつ**をたくましく育てたのは，十勝の大自然と，開拓《たく》者精神あふれた，強く優しい大人たちだった。やがて**なつ**は上京し，アニメーションの世界で活躍《やく》していく。⑥北海道の酪農の発展に努力する十勝の人々と**なつ**との深い絆《きずな》を描いた物語。

**地理の勉強と重なったシーン**：**なつ**の友人の家族のために，みんなの力で農作物が育たない質の悪い土地を開墾《こん》し，⑦農作物が青々と育つ畑へと変えた場面。

問7　下線部⑥について。北海道の酪農は，今後も発展し続けるために，現在IT化を進めています。あなたが考える酪農のIT化とはどのようなものですか。一つ答えなさい。

問8　下線部⑦について。

(1)　このような畑をやせさせずに，安定した生産を行うために，十勝平野では，ある栽培方法が行われています。その栽培方法を何といいますか。

(2)　十勝平野では，北海道が全国生産量の100％を占《し》める農作物の栽培がさかんです。その農作物を原料として生産される製品は何ですか。

**【スカーレット】　2019年９月～2020年３月**

**主な舞台**：大阪府，滋賀県

**あらすじ**：絵が得意な**喜美子**は，太平洋戦争後，大阪から信楽《しがらき》にやってきた。やがて**喜美子**は，地元の信楽《しがらき》焼にひかれ，男性ばかりの伝統工芸の世界に飛び込《こ》んでいく。さまざまな困難を乗り越え，独自の信楽焼を見いだす物語。

**地理の勉強と重なったシーン**：現在⑧滋賀県の中央に位置する湖は，かつて信楽を含《ふく》む地域に位置していた。そのため信楽では，その湖底だった時代に堆《たい》積してできた地層から，⑨特に焼き物に適した土が豊富にとれるとわかった場面。

問９　下線部⑧について。湖名を答えなさい。

問10　下線部⑨について。この土を原料として，信楽や周辺の地域では陶器やガラス製品など，さまざまな工業製品が生産されています。これらの製品を生産する工業を何といいますか。

**3**　次の文章をよく読んで，あとの問に答えなさい。

国際連合(以下，国連)が発《はっ》足したのは，第二次世界大戦終結直後の1945年10月のことです。1948年に国連総会で採択《たく》された「（　１　）宣言」は，すべての人間が基本的人権を与《あた》えられていることを確認しました。日本は，国連加盟を果たすよりも前に，①1951年９月に第二次世界大戦の連合国と結んだ条約の前文で，「（　１　）宣言」の実現に向けて努力することを宣言しています。さらに1966年に国連総会は国際人権規約を採択しました。この規約では，自由権や②社会権について具体的に規定し，基本的人権の保障を義務づけました。さて，現状はどうでしょうか。

アメリカで公民権運動(黒人の人権保障を要求する運動)が高まっていた1965年，「（　２　）撤廃条約」が国連総会において採択されました。しかし，私たちは白人警官による黒人への暴行事件などのニュースをよく耳にします。その度《たび》に，（　２　）は解決が難しい問題だと考えさせられます。

（　２　）の問題は外国に限ったことではありません。日本では，明治時代に，国の政策として（　３　）民族への差別感情を高めるような法律が制定されました。その法律は，約百年後の1997年に制定された「（　３　）文化振興法」によって廃《はい》止されましたが，差別を解消するには不十分であるという批判が続きました。2007年に「先住民族の権利に関する国際連合宣言」が採択されると，翌年，③国会は「（　３　）民族を先住民族とすることを求める決議」を採択しました。そして2019年春，彼らは法律ではじめて先住民族として認められましたが，それでもまだ不十分であるという批判があります。

次に在日韓国・朝鮮人問題について考えてみます。日本では特に彼らに対するヘイトスピーチという，悪意のある言葉や行動などが問題となっています。国連からの指摘《てき》を受けて，④2016年に「ヘイトスピーチ規制法」が制定されましたが，罰《ばっ》則規定は設けられていません。さらに近年は，さまざまな国から来日した方が働いている姿を見かけます。多くは日本語学校などへの留学生ですが，⑤外国人技能実習制度により来日した外国人もいます。この制度は本来，国際貢献《こうけん》の一環《かん》として整備されたものですが，実際には日本で深刻になっている労働力不足を補うための制度になっている，という批判があります。

障がいのある方に対する配慮《りょ》が不十分であることも問題です。2006年に国連総会で採択された「障害者権利条約」は，「障がいは個人にではなく社会にある」という視点に立つ条約です。国内の法律を整えて，2014年に日本はようやく批准《じゅん》しました。⑥身近なところでもバリアフリー化が進められていると感じられるようになりましたが，まだまだ不十分な点があることも否定できません。

ほかにも北朝鮮による拉致《らち》被害者，内戦やテロ活動による犠牲《ぎせい》者など，日本を含め，世界が一丸となって取り組むべき人権問題が数多くあることを私たちは忘れてはなりません。

問１　文章中の(１)にあてはまる語句を答えなさい。

問２　下線部①について。この条約名を答えなさい。

問３　下線部②について。次のア～カから社会権をすべて選び，記号で答えなさい。

ア．居住地や職業を選ぶ　イ．裁判を受ける　ウ．選挙で投票する
エ．教育を受ける　オ．健康で文化的な生活を送る　カ．宗教を選び信仰《こう》する

問４　文章中の(２)にあてはまる語句を答えなさい。

問５　文章中の(３)にあてはまる語句を答えなさい。

問６　下線部③について。この決議は衆議院と参議院それぞれで採択されました。議決において，両院に対等な権限が与えられている事項《こう》を次から選び，記号で答えなさい。

ア．予算の議決　イ．内閣総理大臣の指名　ウ．条約の承認　エ．憲法改正の発議

問７　下線部④について。罰則を設けていないのは，規制を厳しくすることで，逆に国民の人権，特に自由権が脅《おびや》かされるという指摘があるからです。どのような自由権が脅かされると指摘されているのですか。

問８　下線部⑤について。次のグラフは，国籍《せき》別の技能実習生数の推移を表しています。グラフ中※にあてはまる国名を答えなさい。

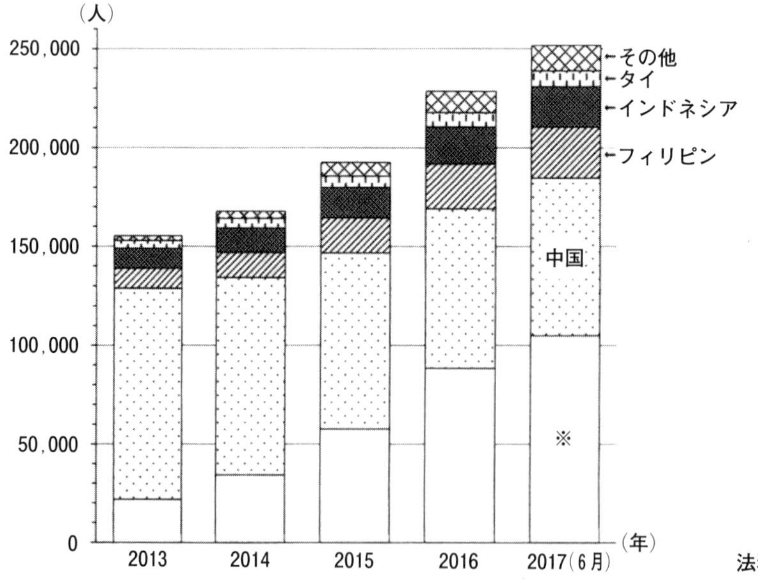


法務省データより

問９　下線部⑥について。たとえば，みなさんの通っている学校で，視覚に障がいのある児童が授業を受ける場面を考えたとき，どのような障がい(**バリア**)があると思いますか。また，それはどのようにすれば解消(**フリー**)できると思いますか。

**【理　科】〈A日程試験〉**（30分）〈満点：60点〉

**1**　ある濃《こ》さの塩酸を10個のビーカーに50mLずつとり，それぞれに水酸化ナトリウム水溶《よう》液を異なる体積加えました。これを混合溶液と呼びます。その後，ビーカー内の水を蒸発させ，残った白い固体の重さをはかりました。加えた水酸化ナトリウム水溶液の体積と，残った固体の重さの関係をグラフに表すと右図のようになりました。各問いに答えなさい。

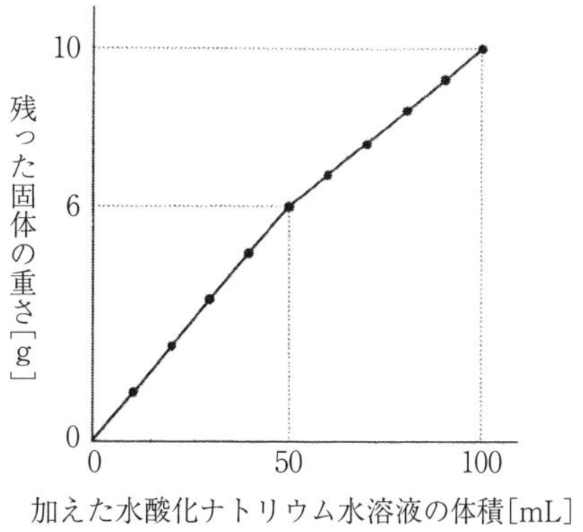


(1)　加えた水酸化ナトリウム水溶液の体積が20mL，50mL，80mLのとき，それぞれの混合溶液にBTB液を加えると，溶液は何色になりますか。正しい組み合わせを選び，番号で答えなさい。

| | | 1 | 2 | 3 | 4 | 5 | 6 |
|---|---|---|---|---|---|---|---|
| 水酸化ナトリウム水溶液の体積 | 20mL | 黄色 | 青色 | 緑色 | 青色 | 黄色 | 緑色 |
| | 50mL | 緑色 | 緑色 | 黄色 | 黄色 | 青色 | 青色 |
| | 80mL | 青色 | 黄色 | 青色 | 緑色 | 緑色 | 黄色 |

(2)　この実験に用いた塩酸50mLをビーカーに入れました。ところが実験中に塩酸をいくらかこぼしてしまいました。そこで，水を加えて体積を50mLに戻《もど》し，水酸化ナトリウム水溶液を加えていったところ，35mLで完全に中和しました。こぼしてしまった塩酸は何mLですか。

(3)　この水酸化ナトリウム水溶液100mLには何gの水酸化ナトリウムが溶《と》けていますか。

(4)　先ほどとは逆に，この水酸化ナトリウム水溶液50mLに塩酸を加え，同じように実験しました。加えた塩酸の体積と残った固体の重さの関係はどのようになりますか。解答用紙の図にグラフをかきなさい。

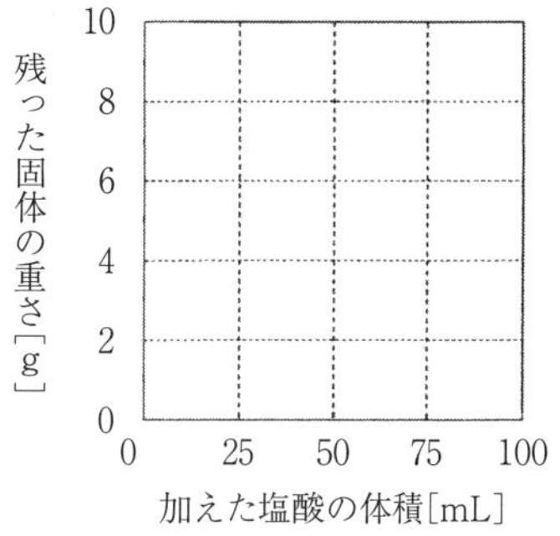


(5)　中和反応に関係ないものはどれですか。次から２つ選び，番号で答えなさい。

1　火山地帯の近くを流れる河川はそのままだと多くの生物が生育できないため，石灰《かい》石をくだいたものを川に入れている。

2　使い捨てカイロは，空気中の酸素と反応して発熱する。

3　悪臭《しゅう》の原因物質の一つであるアンモニアを，クエン酸を用いて消臭する。

4　田畑の土が強い酸性になってしまうと作物が育ちにくくなるので，消石灰などをまいている。

5　胃薬には炭酸水素ナトリウム（重曹《そう》）が含《ふく》まれている。

6　紅茶にレモンを入れると紅茶の色が薄《うす》くなる。

**2**　過去数十万年の間に動き，今後も動いてずれる可能性がある断層を活断層と言います。図１は，活断層である断層Ｘ―Ｙを含む地層が，土木工事によって現れた場所のスケッチです。この地域の地層は，Ａ層がたい積した後，水平にたい積を続け，しん食作用を受けていないと考えられています。また，過去に何回か断層がずれ，そのたびに地しんが発生しました。

図２は，図１のＡ層～Ｃ層がたい積していったときのようすを示しています。地層がたい積していく過程で断層がずれたので，断層の東西で厚さのちがう層ができました。

各問いに答えなさい。

図１

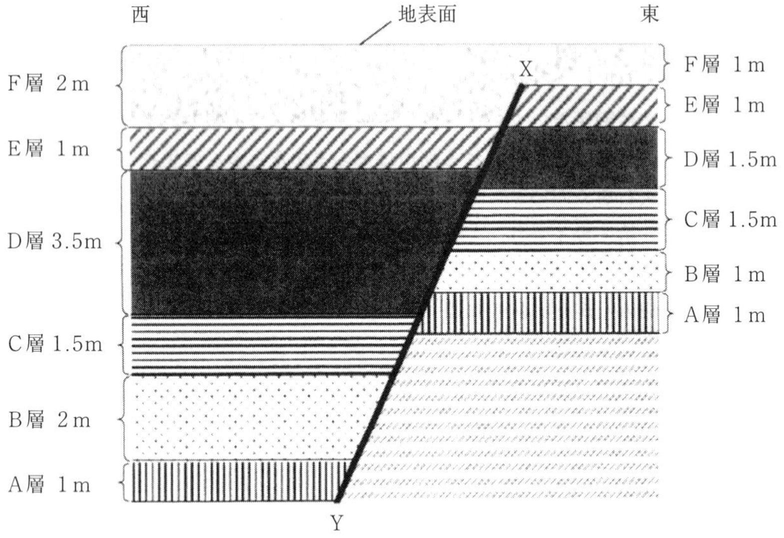


図２　Ａ層～Ｃ層がたい積していったときのようす

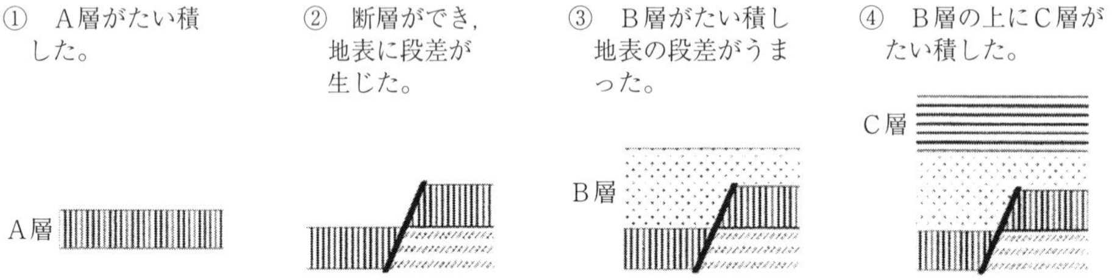

①　Ａ層がたい積した。
②　断層ができ，地表に段差が生じた。
③　Ｂ層がたい積し地表の段差がうまった。
④　Ｂ層の上にＣ層がたい積した。

(1)　図１のＥ層を少量けずりとって拡大して見たら，穴が多数空いているつぶや角張ったつぶが含まれていました。Ｅ層は何がたい積してできたと考えられますか。次から選び，番号で答えなさい。

1　れき

2　砂

3　どろ

4　火山灰

(2)　図１のＢ層はどろがたい積してできています。Ｂ層がたい積したときのようすとして適する文を次から選び，番号で答えなさい。

1　水の動きが速かった。

2　水の動きがおそかった。

3　こう水で一気に大量の土砂が流入し，たい積した。

(3) 図1にある地層には何度か同じように力が加わって，そのたびに断層X—Yがずれたと考えられます。どのように力が加わったと考えられますか。適するものを次から1つ選び，番号で答えなさい。矢印は加わった力の向きを表します。

1
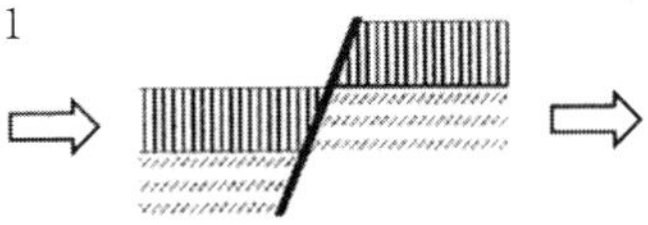

2
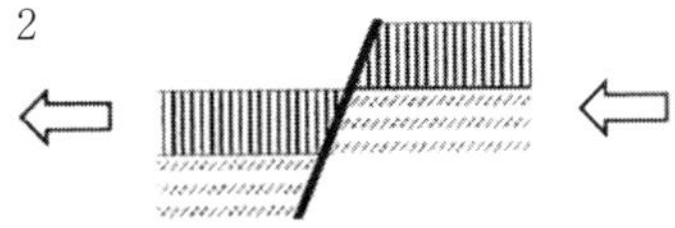

3
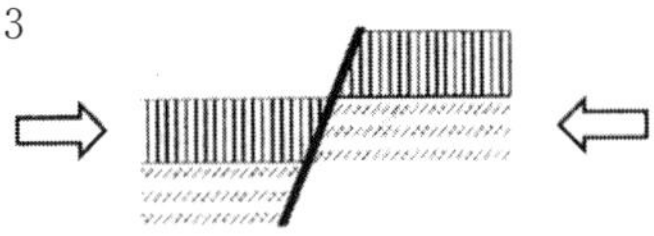

4
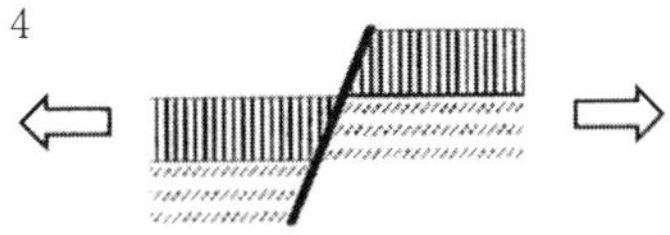

(4) 図1の断層X—Yは，これまでに最低何回ずれたと考えられますか。図2を参考にして答えなさい。

**3** 図のように，糸におもりをつけて支点からつるしてふりこを作りました。おもりの重さ，ふりこの長さを変えて，ふりこが10往復する時間を何回か計って平均しました。表はその結果です。各問いに答えなさい。ただし，どれも糸の重さは考えないものとします。

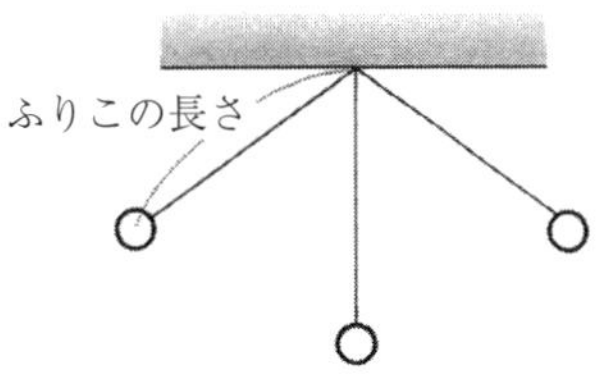


おもりの重さ25g

| ふりこの長さ〔cm〕 | 20 | 40 | 60 | 80 | 100 |
|---|---|---|---|---|---|
| 10往復の時間〔秒〕 | 9.0 | 12.7 | 15.5 | 18.0 | 20.0 |

おもりの重さ50g

| ふりこの長さ〔cm〕 | 25 | 50 | 75 | 100 | 125 |
|---|---|---|---|---|---|
| 10往復の時間〔秒〕 | 10.0 | 14.2 | 17.4 | 20.0 | 22.4 |

(1) ふりこの長さが160cmのとき，ふりこが10往復する時間を答えなさい。

(2) 上の表の実験結果を使って次の2つのグラフをかくと，およその形はどうなりますか。下から選び，番号でそれぞれ答えなさい。

① 横じく：ふりこの長さ　縦じく：1往復の時間

② 横じく：ふりこの長さ　縦じく：1往復の時間×1往復の時間

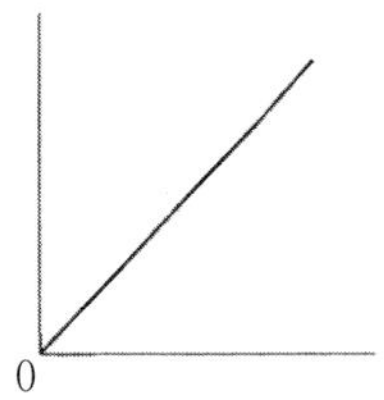


1

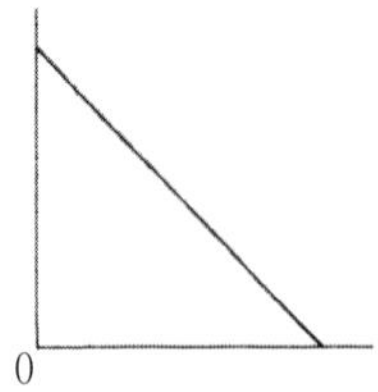


2

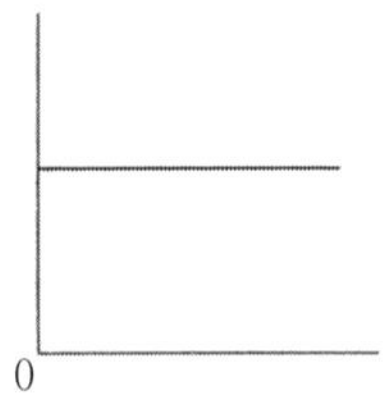


3

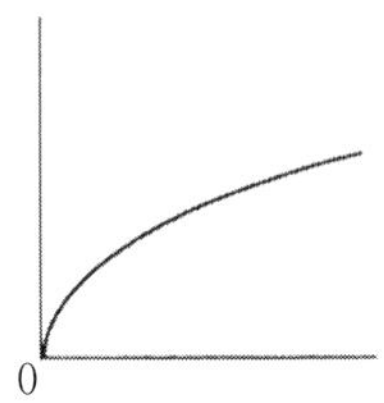


4

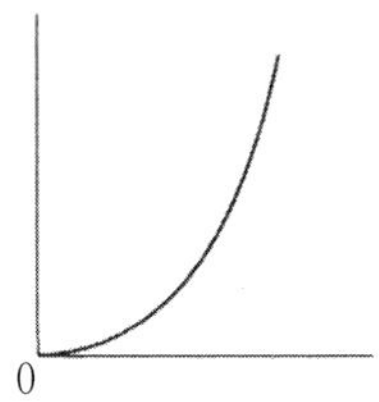


5

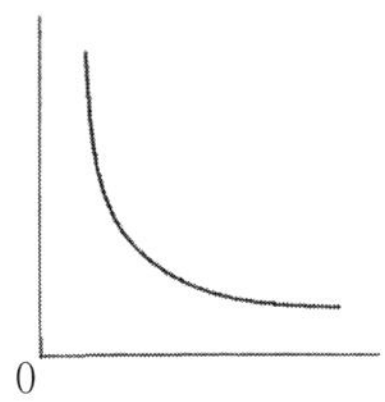


6

(3) 図のように，支点から50cm真下にくぎを打って糸がひっかかるようにしました。ふりこの長さを75cmにして，アの位置でふりこを静かにはなします。このとき，ふりこが10往復する時間を答えなさい。

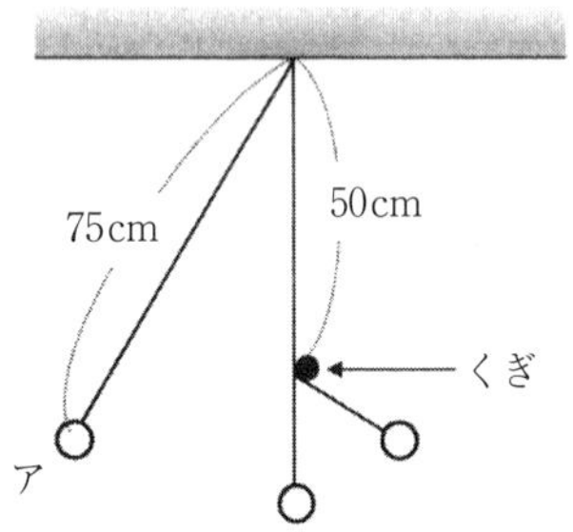


(4) 底に穴をあけたケースに塩を入れ，少しずつ塩が落ちるようにしました。それをおもりにしてふりこを作りました。アでケースから静かに手をはなすと，塩が少しずつ落ちながらふりこが往復します。10往復したとき，ア，イ，ウの下で塩のたまる量はどのようになりますか。下から選び，番号で答えなさい。

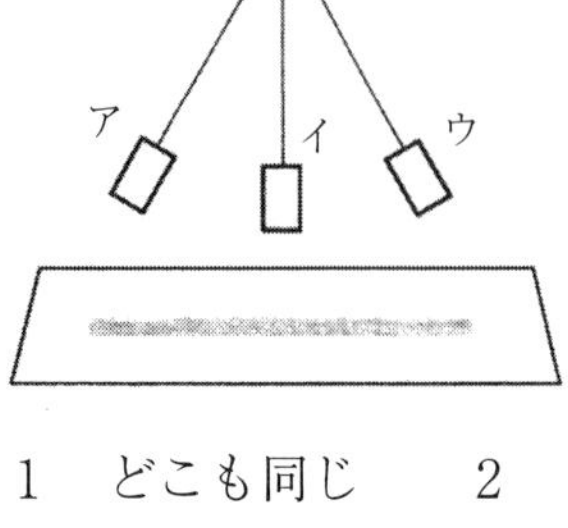


1　どこも同じ　　2　イの下が最も少ない

3　イの下が最も多い

(5) (4)のふりこを使い，アでケースから静かに手をはなし，矢印の向きに一定の速さで紙を引きます。ふりこが2往復したとき，塩がえがく線を上から見るとどのようになりますか。次から選び，番号で答えなさい。

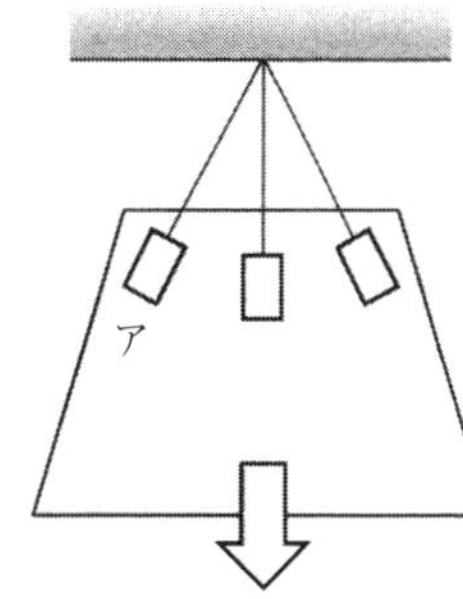


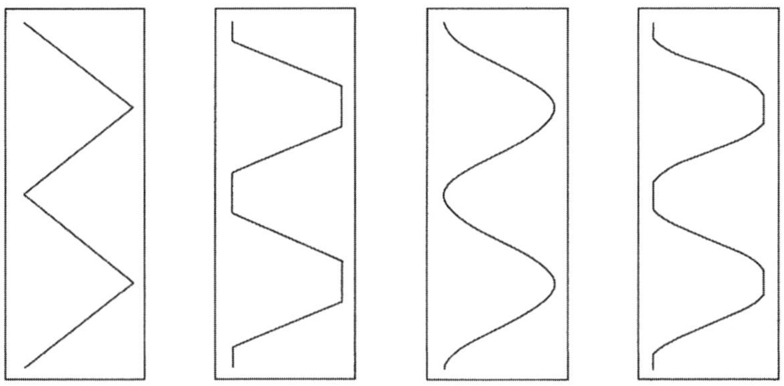

1　　2　　3　　4

**4**　ハツカネズミには温かい感覚(温覚)や冷たい感覚(冷覚)を感じる神経細胞《ぼう》アと神経細胞イ，その他にもさまざまな神経細胞があります。これらの神経細胞が働くときには神経細胞内にカルシウムが入ります。ハツカネズミの温度感覚がどのようにして発生するのかを調べるために，次のようなハツカネズミA～Dを用意していくつかの実験をしました。各問いに答えなさい。

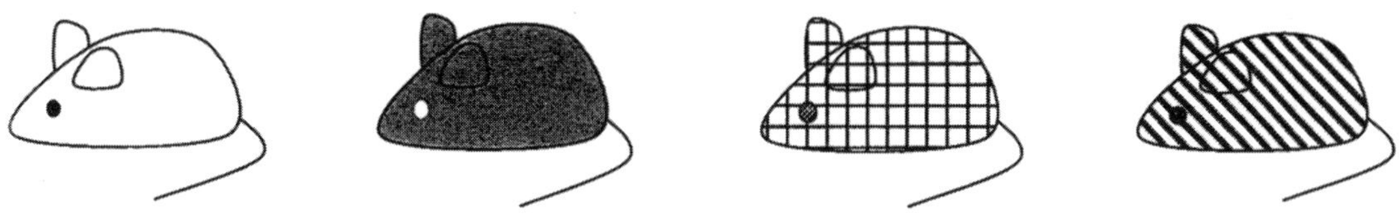

ハツカネズミA
正常

ハツカネズミB
神経細胞アかイのどちらかの機能を失わせた

ハツカネズミC
ハツカネズミBと異なるアかイの神経細胞の機能を失わせた

ハツカネズミD
神経細胞ア，イの両方の機能を失わせた

【実験1】 ハツカネズミAの神経細胞アを取り出し，5つに分けて容器の中で※培《ばい》養しました。そのうち4つには4種類のトウガラシを1種類ずつ同量加え，残る1つにはトウガラシの辛《から》み成分のカプサイシンのみを加えました。なお，使ったトウガラシ，およびカプサイシンの辛さは**図1**の順です。その後，神経細胞ア内に入ったカルシウムの量を測定すると次のページの**図2**のようになりました。

※培養：人工的に生育させること

**図1**

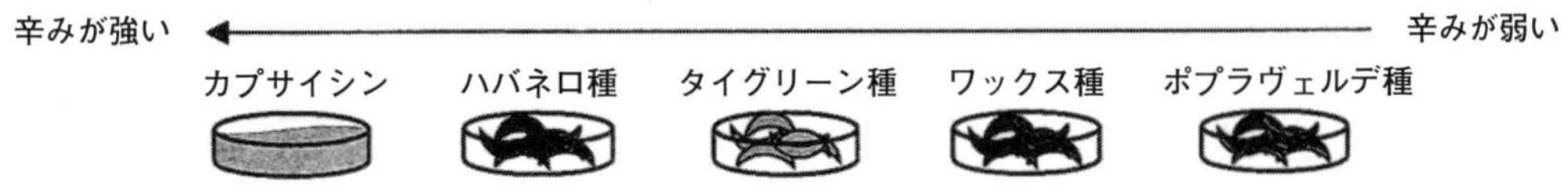

図2　神経細胞ア内に入ったカルシウム量

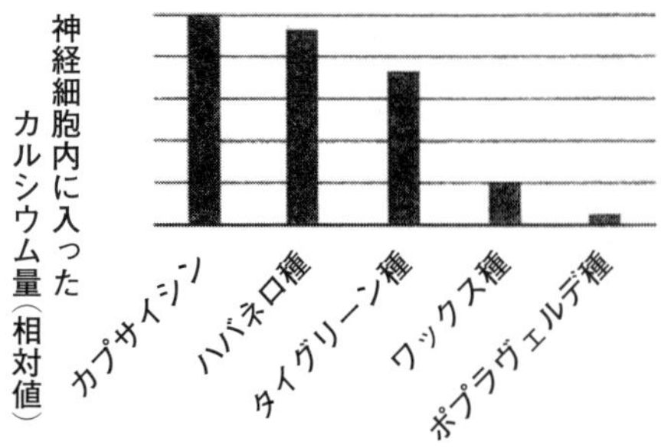


【実験２】　ハツカネズミの神経細胞にはカプサイシンに反応して細胞内にカルシウムが入る細胞がありますが，ミントに含まれるメントールに反応して細胞内にカルシウムが入る細胞もあります。ハツカネズミＡとハツカネズミＢの神経細胞を培養し，それぞれに，カプサイシンまたはメントールを加え，細胞内にカルシウムが入った神経細胞の割合を調べると，**図3**のようになりました。

図3　カプサイシンまたはメントールに反応した神経細胞の割合

| 細胞をとったハツカネズミ | カプサイシンに反応した細胞 | メントールに反応した細胞 |
|---|---|---|
| ハツカネズミA | 59% | 18% |
| ハツカネズミB | 61% | 0％ |

【実験３】　ハツカネズミＡからメントールに反応する神経細胞を取り出しました。そして温度を急激に変化させながら細胞を培養し，細胞内に入ったカルシウム量を調べました。結果は**図4**のようになりました。

図4　温度変化と神経細胞内に入ったカルシウム量

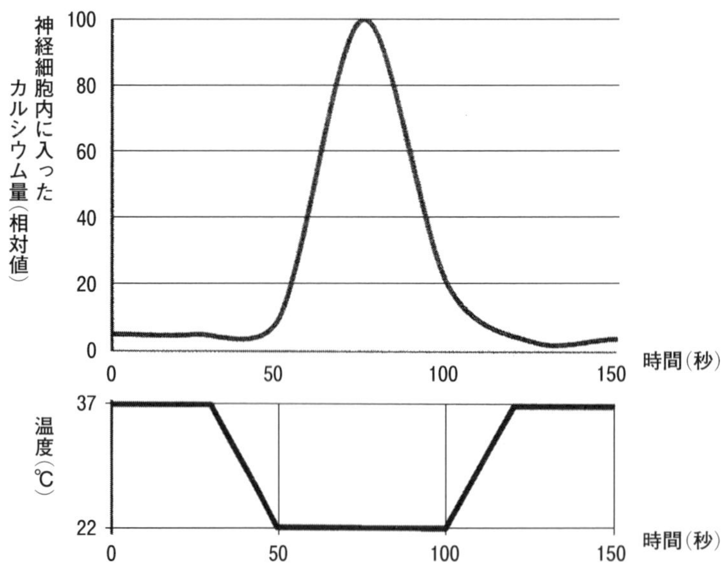


【実験４】　ハツカネズミＡ～Ｄから神経細胞を取り出し，それぞれの細胞を短時間，12℃，22℃，45℃で培養しました。細胞内にカルシウムが入った細胞の割合を調べると，次のページの**図5**のようになりました。

**図5　各温度でカルシウムが入った神経細胞の割合**

各ネズミの神経の状態　機能あり：○　　機能なし：×

| 細胞をとったハツカネズミ | 神経ア | 神経イ | アとイ以外の神経 | 12℃ | 22℃ | 45℃ |
|---|---|---|---|---|---|---|
| ハツカネズミA | ○ | ○ | ○ | 5％ | 18％ | 59％ |
| ハツカネズミB | ？ | ？ | ○ | 5％ | 0％ | 58％ |
| ハツカネズミC | ？ | ？ | ○ | 5％ | 19％ | 7％ |
| ハツカネズミD | × | × | ○ | 5％ | 0％ | 7％ |

【実験5】　ハツカネズミA，Bを**図6**の装置に5分入れて観察しました。この装置の床の右半分は，常にハツカネズミが快適と感じる30℃にしてあります。一方，左半分は，いろいろな温度に変化させることができます。左半分の温度を5℃，20℃，30℃，49℃にしたとき，ハツカネズミA，Bが床の左半分にいた時間を調べると**図7**のようになりました。

**図6**

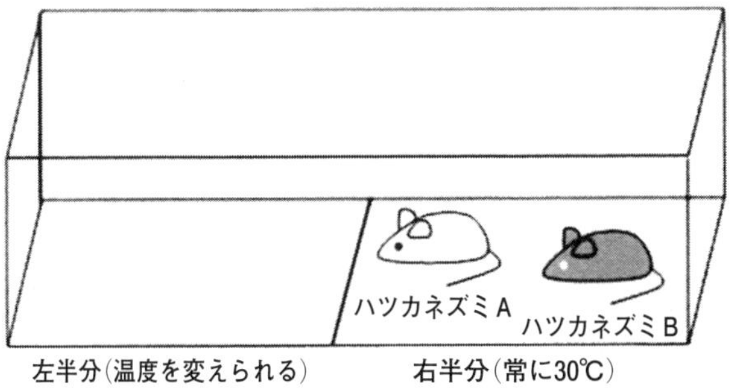


**図7　左半分にハツカネズミがいた時間と温度の関係**

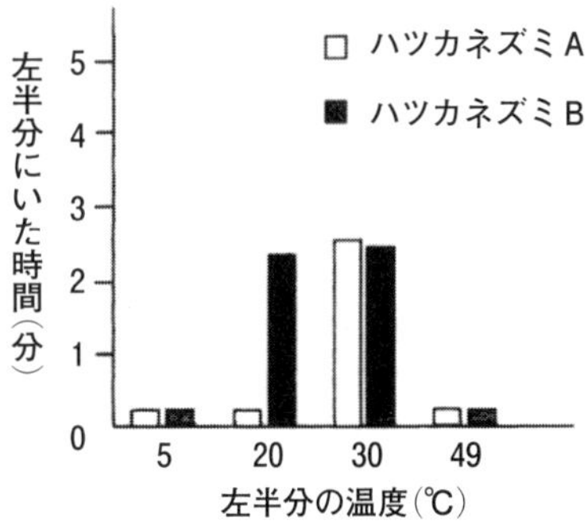


(1)　【実験1】〜【実験4】の結果から考えられることを次から2つ選び，番号で答えなさい。

1　神経細胞アはメントールに反応する細胞である。
2　神経細胞アはカプサイシンに反応する細胞である。
3　神経細胞アは45℃の高温刺《し》激に反応する細胞である。
4　神経細胞アは12℃の低温刺激に反応する細胞である。
5　ハツカネズミの神経細胞の中で，45℃の高温刺激に反応するのは神経細胞アだけである。
6　ハツカネズミの神経細胞の中で，12℃の低温刺激に反応するのは神経細胞アだけである。

(2)　【実験2】〜【実験5】の結果から考えられることを次から2つ選び，番号で答えなさい。

1　神経細胞イは22℃の低温刺激に反応する細胞である。
2　神経細胞イは45℃の高温刺激に反応する細胞である。
3　神経細胞イはメントールに反応する細胞である。
4　神経細胞イはカプサイシンに反応する細胞である。
5　ハツカネズミが5℃位の低い温度を嫌《きら》ってにげる反応をするには神経細胞イが必要である。
6　ハツカネズミが45℃位の高い温度を嫌ってにげる反応をするには神経細胞イが必要である。

(3)　【実験5】において，実験装置の左半分を5℃にした場合と20℃にした場合との間では，ハツカネズミBの行動にちがいが現れました。この理由についてこれまでの結果から考えられることを次から1つ選び，番号で答えなさい。

1　ハツカネズミの神経細胞の一部には，神経細胞アとイの両方の働きをしている細胞があるため。

2　ハツカネズミの神経細胞イの一部は，５℃程度の低温でも働くため。

3　特定の条件では，神経細胞イが５℃程度の低温でも働くため。

4　20℃程度の低温を認《にん》識するためには神経細胞イが必要であるが，５℃程度の低温を認識するためには神経細胞イは必要ではないため。

5　５℃程度の低温を認識するためには神経細胞イが必要であるが，20℃程度の低温を認識するためには神経細胞イは必要ではないため。

(4)　ヒトがミントに含まれるメントールを口に入れると冷たく感じることがあります。その理由について，次の文の(　)より適するものをそれぞれ選びなさい。

> 低温刺激で冷覚を生じさせる神経細胞(①　ア・イ)は，メントールによっても反応し，(②　カルシウム・カプサイシン・メントール)が流入する。異なる刺激に対して同じ神経細胞が働けば，脳で発生する感覚は(③　異・同じに)なる。

(5)　ハツカネズミは自分の体温を一定に保つことができる恒《こう》温動物です。恒温動物の組み合わせとして正しいものを次から選び，番号で答えなさい。

1　ヘビ・ライオン・ペンギン　　2　カメ・クマ・ハト

3　サル・イルカ・フクロウ　　4　ブリ・ワニ・スズメ

5　カエル・カワウソ・カモ

(6)　ヒトも恒温動物ですが，体の表面と中心部では温度がちがいます。また，気温によっても少し変化します。右図は気温が20℃と35℃のときの体温の分布を表しています。20℃から35℃に気温を変化させたとき，最も体温の変化が小さい部分はどこですか。次から選び，番号で答えなさい。

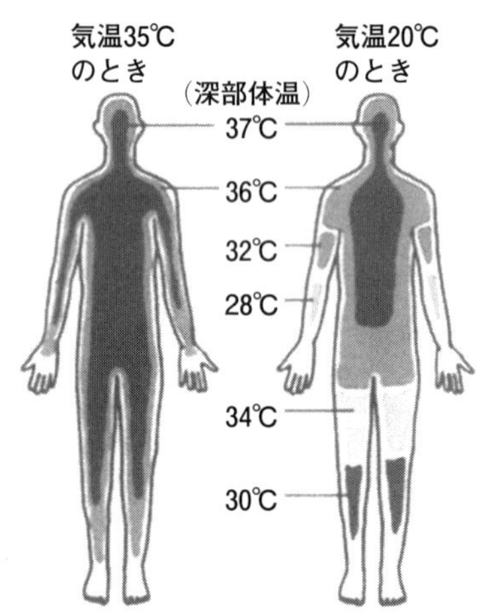


1　太もも　　2　すね

3　上腕《わん》　　4　直腸

(7)　動物が食べた食物中のデンプンは，体の中で変化し熱になったり，運動するために使われたりします。次の食べ物のうち，デンプンが特に多く含まれているものはどれですか。次から２つ選び，番号で答えなさい。

1　卵　　2　砂糖　　3　パン　　4　牛乳

5　とうふ　　6　マーガリン　　7　もち

問十七　16ふるえる手で筆を置き、それから深く息を吸った。気持ちがなかなか落ち着かない。心臓は跳ねまわっている。頭の芯《しん》はぼんやりとしている。妙に気持ちよかった。体中から力が抜けた。どこかに浮いているみたいだ　とありますが、

(1)　この時の「わたし」の気持ちとしてあてはまるものを次の**ア**～**カ**の中から**すべて**選び記号で答えなさい。

**ア**　寂しさ　**イ**　落胆《らくたん》　**ウ**　苦悩《くのう》

**エ**　優越感《ゆうえつかん》　**オ**　達成感　**カ**　興奮

(2)　この「わたし」の気持ちはどのような工夫を用いて表現されていますか。もっともよくあてはまるものを次の**ア**～**エ**の中から一つ選び記号で答えなさい。

**ア**　反対の意味の言葉を交互《こうご》に並べている。

**イ**　短い文をたたみかけるように連続させている。

**ウ**　すべての文において主語を省略している。

**エ**　比喩表現を用いずに具体的に説明している。

問十八　17太陽がいくらか動き、影が角度を変えた　とありますが、どういうことですか。もっともよくあてはまるものを次の**ア**～**エ**の中から一つ選び記号で答えなさい。

**ア**　「わたし」が外に出たがっていたということ。

**イ**　夜になったということ。

**ウ**　不吉《ふきつ》な予感がしたということ。

**エ**　時間が経《た》ったということ。

問十九　18先生はやがて苦笑いをした　とありますが、なぜですか。もっともよくあてはまるものを次の**ア**～**エ**の中から一つ選び記号で答えなさい。

**ア**　一所懸命《けんめい》に話しているのに「わたし」の反応が薄かったから。

**イ**　いつもと違って「わたし」に優しい言葉をかけたことに照れたから。

**ウ**　自分のアドバイスを「わたし」が素直に聞き入れなかったから。

**エ**　「わたし」が自分の話を全く理解していないことにあきれたから。

(2)

11 はばかられる

ア　つらく感じてしまう。

イ　おっくうに思ってしまう。

ウ　えんりょしてしまう。

エ　不可能になってしまう。

問十一　10 夜空には細い月が浮かんでいる。街灯に照らされ、わたしと里奈さんの影《かげ》が薄く伸びる　とありますが、この風景からはどのような気持ちが読み取れますか。もっともよくあてはまるものを次のア～エの中から一つ選び記号で答えなさい。

ア　未練　　イ　よろこび

ウ　寂しさ　　エ　あわれみ

問十二　本文中の①～⑤にもっともよくあてはまるものをそれぞれ次のア～オの中から一つ選び記号で答えなさい。記号は一回しか使えません。

ア　時の流れさえとまってる

イ　あの人たちはああして生きていくしかないの

ウ　全部は無理かな

エ　先生はとても書けるよね

オ　わたしは知りたいです

問十三　12 あんなに書ける人が、世にも出ず、町の書道教室の先生に収まっている　とありますが、里奈さんは先生をどのような人だと考えていますか。解答らんに合うように十五字以上二十字以内で書きなさい。

問十四　13 □を決して　とありますが、□に入る漢字一字を答えなさい。

問十五　14 気が付くと、そこは十字路だった。里奈さんは右に進んだ。そちらに彼女の実家があるのだ。わたしはこのまままっすぐだ。取り残されたわたしは、やがて自転車に乗り、ペダルをいっぱいに踏み込んだ　とありますが、ここではどのようなことが表されていますか。もっともよくあてはまるものを次のア～エの中から一つ選び記号で答えなさい。

ア　里奈さんと夢中で話していたら思いがけない場所に出てしまったことを表している。

イ　里奈さんと「わたし」が心の底から共感しあえる関係ではないことを表している。

ウ　里奈さんと別れて寂しさをかみしめ、泣きそうになっていることを表している。

エ　里奈さんとそっけないあいさつをして険悪なまま別れたことを表している。

問十六　15 なにかを超《こ》えた　とありますが、「わたし」（櫻井さん）がなぜ「超え」ることができたのか、その要因を考えながら、あなたが「わたし」のように「なにかを超えた」経験を作文しなさい。自分の経験が思い当たらない場合は適切な例を考えて書くこと。答えは左の解答らんに書きなさい。

問三　２ただうなずくしかなかった　とありますが、この時の「わたし」の気持ちに**あてはまらないもの**を次の**ア**～**エ**の中から一つ選び記号で答えなさい。

**ア**　心外　**イ**　尊敬　**ウ**　感服　**エ**　納得《なっとく》

問四　３自分の気持ちがはずかしくなり、わたしは顔をふせた　とありますが、なぜですか。もっともよくあてはまるものを次の**ア**～**エ**の中から一つ選び記号で答えなさい。

**ア**　自分の下手な作品に朱を入れる先生の真剣な表情を見て、ほめられると期待していた自分の浅はかさに気付いたから。

**イ**　自分の下手な作品にも手をぬかずに向き合ってくれる先生の姿にひたむきさを感じ、それに比べて自分はあまいと感じたから。

**ウ**　先生が字を書くことを追い求めている姿を見て、先生の書家としての才能に今まで気がつかなかった自分を情けなく感じたから。

**エ**　ちっとも書家らしくないのに立派な字を書く先生の姿に比べて、スカートのしわを気にするような自分の未熟さに気付いたから。

問五　４先生が直した字を、今度はわたしがなぞってみたくなった　とありますが、「先生が直した字」とはどのような字のことですか。十五字程度でまとめて書きなさい。

問六　５噛《か》んでいるときは、その味がよくわかるよね。今の櫻井さんはそうして書いてるんだと思う。だけど、飲み込んでしまうと、胃に収まるよね。お腹がふくれて、満足する。そのね、満足した状態で書くのがいいんじゃないかな　について、

(1)　「噛んでいるときは、その味がよくわかるよね。今の櫻井さんはそうして書いてるんだと思う。」とありますが、先生は櫻井さん（「わたし」）が字を書く時のどのような点を問題にしているのですか。解答らんに合うように文中からぬき出して答えなさい。

(2)　「満足した状態で書く」とありますが、「満足した状態」とはどうすることですか。解答らんに合うように文中からぬき出して答えなさい。

問七　６彼女《かのじょ》がいたころ、ずっとうらやましく思っていた　とありますが、何をうらやましく思っていたのですか。文中の語を使って、二点にまとめてそれぞれ二十字以内で書きなさい。

問八　７彼女の字を見ると、だれもが、なぜか微笑《ほほえ》んでしまうのだ。太陽の光を受けた花のように　とありますが、

(1)　この箇所《かしょ》に使われている表現技法を次の**ア**～**エ**の中から一つ選び記号で答えなさい。

**ア**　反復法　**イ**　倒置法　**ウ**　省略法　**エ**　体言止め

(2)　「太陽の光を受けた花のように」とありますが、「太陽の光」「花」はそれぞれ何をたとえていますか。具体的に説明しなさい。

問九　８□を上げる　とありますが、この表現は「つらさにがまんできなくなる」という意味です。□に入る漢字一字を書き、その読みをひらがなで答えなさい。

問十　次の(1)(2)の語の意味としてあてはまるものを後の**ア**～**エ**の中からそれぞれ一つずつ選び記号で答えなさい。

(1)　９律儀《りちぎ》

**ア**　落ち着いて行動していること。

**イ**　欲を出さずがまんしていること。

**ウ**　細かいことに気を配っていること。

**エ**　まじめできちんとしていること。

を見た。そこに並ぶ字は、きれいに収まり、穏やかさと、呑気さと、寂しさを備えていた。ふと春の山が浮かんだ。たくさんの花が咲《さ》き、芽吹《めぶ》いたばかりの若葉はつやつやと光っている。見とれているうちに日が過ぎていく。どうして自分がこんな字を書けたのか、まったくわからなかった。筆を走らせていたときの記憶《きおく》さえもない。

横を見ると、墨を吸った半紙がたくさん積まれていた。夢中になって書き続けていたのだ。おそらく百枚以上だろう。

机に置かれた半紙を、書かれた字を見ると、体が少しふるえた。

これまで書けなかった字が書けていた。

15なにかを超《こ》えた。

16ふるえる手で筆を置き、それから深く息を吸った。気持ちがなかなか落ち着かない。心臓は跳ねまわっている。頭の芯《しん》はぼんやりとしている。妙に気持ちよかった。体中から力が抜けた。どこかに浮いているみたいだ。やがて先生が歩み寄ってきた。

なにもしゃべらない。じっと見ている。

他の生徒たちがぞろぞろと入り口から姿を現し、こんにちはと声を出した。しかし、それにも応じず、先生は字をながめていた。

17太陽がいくらか動き、影が角度を変えた。最初はさわいでいた生徒たちも、課題に取りかかったのか、静かになった。

ようやく先生が言った。

「こういうときがあるんだ。いきなり伸びる。無心にやっていると。自分の手がふと伸びて、絶対に掴めないと思っていたところに届く。そう、未来さえも掴めるように感じられるときが」

先生はなにを言っているんだろう。いつもより早口だ。ぼんやり見つめていると、18先生はやがて苦笑いをした。わたしはなにか声をかけたくなったけれど、思いばかりで、言葉は出てこなかった。

「おめでとう、櫻井さん。本当によく書けていると思うよ。僕の指導ゆえじゃない。櫻井さんが、君が、自分で道を見つけたんだ。長く君を見てきたけど、これは一番いい字だと思う」

そこにいるのは、いつもの先生だった。

褒《ほ》められたことが嬉《うれ》しくて、わたしは顔をふせ、はいと声をもらした。

（橋本　紡『葉桜』）

【注】
1 真摯…ひたむきなこと。
2 紀貫之…平安時代の歌人。
3 咀嚼…食べ物をよくかみくだくこと。

問一　本文中の太字の**カタカナ**は漢字に直し、**漢字**は読みをひらがなで答えなさい。

問二　1わが心／春の山邊《やまべ》に／あくがれて／ながながし日を／今日も暮らしつ　の歌は「私の心は／桜の花の咲く春の山あたりに／うばわれて落ち着かないまま／ながいながい日を／今日も暮らしてしまった」という意味ですが、

(1)　「私の心は／桜の花の咲く春の山あたりに／うばわれて落ち着かないまま」とはどのようなことを言っているのですか。もっともよくあてはまるものを次の**ア**～**エ**の中から一つ選び記号で答えなさい。

**ア**　桜の咲く山の向こうにいる友人を待ちわびているということ。
**イ**　春の日の長さにうんざりしながら時を過ごしていること。
**ウ**　桜の花がいつ咲くか、今か今かと心待ちにしていること。
**エ**　何にも集中できずに一日を過ごしたことを後悔《こうかい》していること。

(2)　「わたし」はこの歌の何を自分の字に表したかったのですか。解答らんに合うように文中から九字でぬき出して答えなさい。

「先生と奥さんだけしかいない」
「はい」
「　①　」
　里奈さんはなにを言おうとしているのか。なにを尋《たず》ねればいいのか。わたしにはわからなかった。うなずくことによって、言葉をうながすだけだ。
　ずいぶんたった。時間が必要だった。
「どういうことか教えてもらえますか」
「　②　」
「なにかあったんですね」
「そう」
「　③　」
「どうして」
　問いに答えられないまま、歩き続ける。言ってしまえたら、どんなに楽だろうか。けれど、わたしは口にできなかった。あまりにも重く、あまりにも大切で、心の中で確かめることさえ11はばかられることなのだ。
　わたしはうつむき、だまり、自転車をおすしかなかった。
「　④　」
「はい」
「12あんなに書ける人が、世にも出ず、町の書道教室の先生に収まっているのには、それなりの理由があるの」
「はい」
「とても個人的なこと」
「はい」
　里奈さんは今、ひとりで語っている。たまたまわたしが聞いているだけ。うなずく以上のことをしてはいけない。

「　⑤　」
「はい」
「それでいいのかもしれない」
「はい」
「だって、それを選んだんだから」
「はい」
「先生は大切なものを得た代わりに、別の大切なものを手放した。先生がそれを悔《く》いているのか、満足しているのか、わたしにはわからない。ただ、あのふたりは、とても幸せそうでしょう。わたし、本当はそれを確かめに来たの」
　今までと同じようにうなずくことはできず、わたしは立ち止まった。さっきの幻像、闇の中にひとり、たたずむ先生の姿を思い出したからだった。自転車の車輪も動きをとめる。街灯の光を受け、スポークの何本かがちらちらと輝《かがや》いていた。13□を決して顔を上げると、里奈さんもまた、わたしを見ていた。
　笑っている。幸せそうに。寂しそうに。笑っている。
「さようなら、櫻井さん」
「さようなら、里奈さん」
　14気が付くと、そこは十字路だった。里奈さんは右に進んだ。そちらに彼女の実家があるのだ。わたしはこのまままっすぐだ。取り残されたわたしは、やがて自転車に乗り、ペダルをいっぱいに踏み込んだ。
　四日目も、五日目も、六日目も、ひたすら書き続けた。週を越《こ》えた。筆に墨を含《ふく》ませ、半紙に下ろした。どうしてもうまくいかず、失敗が重なるばかりだった。けれど、書き続けるうち、いろいろなことが抜《ぬ》けていった。夏の陽光にさらされた髪が、その色を薄くしていくのと似ていた。七日目だったか、十日目だったか。書き終えたあと、半紙うん、気分がいいよ、と彼女はうなずく。

その笑顔、素直《すなお》さに、わたしもまた笑っていた。

「そんな無理をしなくても」

「先生たちって食べるものにはうるさいから」

やっぱり彼女は笑っている。自転車をおし、暗闇の中、里奈さんと歩いた。やがて敷地《しきち》を出ようかというころ、里奈さんがなぜか立ち止まった。振り返り、継野書道教室の建物を見つめている。自転車をとめ、同じものに目をやった。教室の窓も、その奥にある**居室**の窓も、ぼんやりと光っている。夜の八時を過ぎたころで、教室が閉まる時間だった。もしわたしが望めば、先生は本当に十二時まで付き合ってくれただろう。それには確信がある。先生は嘘《うそ》をつく人ではない。書に関してはいくらでも……こちらが8□を上げるまであきらめない。今日はわたしが引き上げることにしたのだ。十二時まで書き続けるのは大変そうだったし、先生も迷惑《めいわく》だろうし、だいたい親が気にする。

「里奈さん」

「なに」

「わたし、こうしていると、なんだか変な気持ちになるんです」

「変……」

「寂しいっていうか、哀《かな》しいっていうか。先生は明るいですよね。由季子さんはいい人です。理想の夫婦《ふうふ》っていうか。見てるとうらやましいなって思うんです。だけど――」

言葉が自然と切れた。里奈さんは、そんなわたしに目をやった。だまっていた。わたしもなにを言っていいかわからなかった。視線をもどすと、教室の中を先生が歩いていた。一番奥にある照明を消す。少し歩いて、次の照明を消す。継野書道教室の建物は本当に古く、天井からぶら下がっている照明は、いちいちひもを引っ張って、点《つ》けたり消したりするのだ。ボタンひとつで**ソウサ**できるわけではない。

先生は9律儀《りちぎ》な様子で照明を消していった。ひとつ消すごとに、教室は暗くなる。先生の姿が闇にのまれていく。

やがて最後の照明が残った。師範《しはん》席の上にあるものだ。

先生はいったん、ひもを掴んだものの、すぐには引っ張らなかった。立っていた。ほんの数秒のことだったろう。たったひとつの、薄暗《うすぐら》い照明に照らされる先生の姿は、孤独《こどく》に包まれていた。その瞬間《しゅんかん》、おかしなことが起きた。先生の顔が脳裏《のうり》に浮かんだのだ。すぐそばにいるかのように鮮明《せんめい》だった。先生の目に宿っていたのは闇だった。どんなに手を掻《か》いても、なにも捕《つか》まえられないほど深い深い闇だ。その幻《げん》像《ぞう》が消えると同時に、照明もまた消えた。先生はおそらく居室に向かったはずだ。由季子さんが待っているところに。けれど、なぜだか、あの闇の中に先生がまだ立っている気がした。瞳《ひとみ》にも闇を宿したまま。わたしはなんだか怖《こわ》くなった。

たまらなくなって、里奈さんを見た。答えが欲しかったのではない。縋《すが》ったのだ。

「行こうよ」

彼女は穏やかに言った。

わたしはうなずいた。

「はい」

自転車のタイヤが砂利《じゃり》を踏《ふ》み、ざらざらと音を立てる。10夜空には細い月が浮かんでいる。街灯に照らされ、わたしと里奈さんの影《かげ》が薄く伸びる。

やがて里奈さんが言った。

「先生と奥さんは、わたしたちとは違うんだと思う」

「はい」

「とても小さな場所なんじゃないかな」

「はい」

「変な言い方だったかな」

「なんとなくわかります。でも本当はわかってないかもしれないです」

「いっぱい書くといいよ。書くことは嚙むことと同じだから。**【注3】**咀嚼《そしゃく》だね。そうしているうちに飲み込んでしまう。胃に収まれば、腹がふくれる。櫻井さんは長くやってるけど、それでもまだまだ。とにかく、たくさん書くこと。上手な人をまねること。いずれにせよ、すっかりまねをするなんてできないんだ。結局、櫻井さんの字になるよ」

「そんなものですか」

「うん」

「時間がかかりそうですね」

「かければいい。櫻井さんが書き終わるまで教室を開けておくから」

「本当ですか。夜の十二時を過ぎてもいいんですか」

もちろん、と先生はうなずいた。悪戯《いたずら》っぽい顔をしていた。

「十二時を過ぎても開けておくよ」

そんなことを言い残し、先生は前の席に移動した。座《すわ》っているのはまだ幼い男の子で、確か小学生になったばかりのはずだ。当たり前だけれど、彼《かれ》に対しても、先生はわたしと同じように指導していた。とても真剣《しんけん》だ。

ため息がもれた。

なぜなのか。

いくら考えてもわかりそうになかったので、わたしは新しい半紙を取り出し、机に置いた。文鎮《ぶんちん》で押さえ、表をさっとなで、**セスジ**を伸ばす。筆に墨《すみ》をつけながら思った。たくさん書くことだ。ひたすら書くことだ。

わたしが書く字は、どうしたって、わたしの字になる。

先生が言うのだから、きっとそうなのだろう。

「櫻井さん」

暗闇《くらやみ》で声をかけられた。

振《ふ》り向くと、淡い外灯の光に、輪郭《りんかく》が光った。

「あれ、里奈《りな》さん」

「久しぶり」

「びっくりしました」

彼女はわたしの先輩《せんぱい》にあたる人だった。継野書道教室に、わたしより三年か四年ばかり早く通っていた。今は都心の大学に進学し、そちらに移り住んでいる。**6**彼女《かのじょ》がいたころ、ずっとうらやましく思っていた。テニス部のキャプテンで、明るくて、だれとでも気軽に話せる。彼女はそう、いつも笑っている感じがした。人との触《ふ》れ合いを、まったくためらわない。わたしがどんなに努力しても、その存在は遠くにあった。手を伸ばしても届きそうになかった。なによりかなわないと感じたのは、彼女の字だった。上手な人なら、他にもいる。わたしが圧倒《あっとう》されたのは、その勢いだった。**7**彼女の字を見ると、だれもが、なぜか微笑《ほほえ》んでしまうのだ。太陽の光を受けた花のように。ああいう字を書ける人は、めったにいない。

「里奈さん、どうしたんですか」

「用事があって、こちらに来たからね。先生と奥《おく》さんに挨拶《あいさつ》をしようと思って」

「ああ」

「お土産《みやげ》に羊羹《ようかん》を置いてきた。我ながら気張ったな」

「高いんですか」

「ものすごく。財布《さいふ》が空っぽ。だけど最高のものを人に届けるっていいね」

というか。そうすると、あとの字が伸《の》びるから。ああ、ここで集中が切れたね。
　指摘《してき》はすべて的確で、2ただうなずくしかなかった。そうして先生の朱が乗ると、とたんに文字は落ち着きと勢い、それに思いを得ていた。どこか呑気さを漂《ただよ》わせながら、ただそれだけではなく、なにかを感じさせる。危《あや》うさか、寂《さび》しさか。言葉にするのは難しいけれど、不安定なものだった。意味を追っていくと、春に浮《う》かれている歌なのに、それだけではなくなる。
　先生はどうして、こんな字を書けるのだろう。
　わずかに顔を動かし、そばにいる先生に目をやった。穏やかな顔をしているけれど、目に宿る光は**【注1】**真摯《しんし》で、遠くを見つめていた。字を、書くということを、ただ追い求めている。わたしの下手な作品にさえ、こんな顔をするのだ。3自分の気持ちがはずかしくなり、わたしは顔をふせた。制服のスカートにしわができている。そのひざに置かれた左手は緩《ゆる》く握《にぎ》られていた。先生の手と比べると、ひどく小さく、弱弱しい。こんな手では、なにも摑《つか》めない気がした。
　先生はさらに、何カ所かに朱を入れた。そうすると、またよくなった。落ち着きが増すのと同時に、不思議なことだけれど、不確かさも増した。危ういくせに、ぎりぎりのところで保っているというか。
　いや、ぎりぎりのところで保っているからこそ、危ういのか。
「だいぶよくなった」
　満足そうに、先生は言った。
　はい、とうなずく。
「先生」
「え、なに」
「どうしたら上手になれるんでしょうか」
　4先生が直した字を、今度はわたしがなぞってみたくなった。そうすれば、ほんの少しでも近づけるだろうか。
「意味を考えすぎるからだよ。それに捕《と》らわれる」
「なにも考えないで書いたほうがいいってことですか」
「いや、違《ちが》うよ」
　今日の先生も、いつもの先生だった。ちゃんと櫛《くし》を通したはずなのに、跳《は》ねている髪《かみ》がある。少し癖《くせ》っ毛なのだ。着ているのはちっとも書家らしくなく、色あせたポロシャツに、細いパンツだった。すごくおしゃれなわけじゃないけれど、だらしないわけでもない。朱墨に染まった筆を**ムゾウサ**に持っているのに、どこも汚《よご》していなかった。上手な人ほど服を汚さないものなのだ。先生ともなれば、当然のことだった。
「歌の意味を自然と受け入れるんだ」
「受け入れる、ですか」
「**【注2】**紀貫之《きのつらゆき》が歌っていることは明らかだろう」
「はい」
「それを収めるというか」
　ううん、とうなってしまった。よくわからなかった。伝わらなかったことを知った先生は、天井《てんじょう》を見上げ、考え込んだ。
「ああ、そうだ」
「なんですか」
「食べるようなものだよ」
「え、食べるって……」
「5嚙《か》んでいるときは、その味がよくわかるよね。今の櫻井さんはそうして書いてるんだと思う。だけど、飲み込んでしまうと、胃に収まるよね。お腹がふくれて、満足する。そのね、満足した状態で書くのがいいんじゃないかな」
「なるほど」

# 二〇二一年度
# 東洋英和女学院中学部

**【国　語】**〈**A日程試験**〉（四五分）〈満点：一〇〇点〉

**次の文章は、橋本紡《はしもとつむぐ》の小説『葉桜』の一部です。主人公の「わたし」（櫻井《さくらい》さん）は継野《つぐの》書道教室に通う高校二年生で、書道教室の先生に淡《あわ》い恋心を抱いています。この文章を読んで後の問いに答えなさい。答えは、問十六以外はすべて解答用紙に書きなさい。問十六の答えは、そこの解答らんに書きなさい。字数の指定のある問題は句読点も一字と数えます。**

ずっと同じ和歌を書き続けた。二日、三日とたつけれど、なかなかうまくならない。筆の入りがいいと思っても、たいてい途中《とちゅう》で崩《くず》れるし、うまくいったと感じても、実は最初から崩れていたりした。書き終えたばかりの半紙をながめるたび、ため息がもれるばかりだった。

「ふう――――」

今回もそうで、途中から駄目《だめ》だろうなと感じていたのだけれど、できあがったものは、思っていた以上にひどかった。漢字と平仮名のバランスが悪い。途中で力が入ってしまったのだ。字もよくないし、空間もよくない。自分の書いたものだとは思いたくないほどだ。

1　わが心
春の山邊《やまべ》に
あくがれて
ながながし日を
今日も暮らしつ

この歌には、どこか呑気《のんき》で穏《おだ》やかなものがある。わたしが書いたものは、呑気さも、穏やかさも、すべて壊《こわ》してしまっていた。字というのは不思議なものだ。わたしは小学生のころから教室に通い続けている。まねるだけならば、なんとかなるだろう。わりと上手に書けると思う。ただ、文字の意味を知り、歌の意味を知り、人の心を知り、それらを込《こ》めようとしたとたん、いきなり難しさが増す。

「どうしたの、櫻井さん」

ため息ばかりついていたら、先生が声をかけてきた。

「うまく書けないんです」

どれどれ、と言って、先生はのぞき込んできた。教室を見てまわっていたらしく、朱墨《しゅずみ》に染まった筆を持っていた。教室には今、二十人近い生徒が来ている。席の半分ほどがうまったというところか。たいていが小学生で、中学生が何人か。高校生はわたしだけだった。

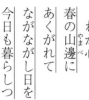

「なるほど、これはよくないね」

「はい」

「余計なことを考えてるふうだ。ああ、なるほど。歌の意味をくみ取ろうとしてるのか。それで妙《みょう》な崩れ方をしてるんだ。大切なことだけど、意識しすぎている」

「わかるんですか」

「字にはいろんなことが出るよ」

「先生なら、どう書きますか」

「僕《ぼく》……」

「ええ、はい」

先生はわたしの顔を見たあと、筆を半紙に落とした。ためらうことなく、するすると、いくつかの字を直していく。この字がよくないね。急ぎすぎてる。あと、ここはね、もっと押《お》さえたほうがいい。溜《た》める

2021年度

# 東洋英和女学院中学部 ▶解説と解答

## 算　数 ＜Ａ日程試験＞（45分）＜満点：100点＞

### 解　答

[1] (1) 11　(2) $\frac{2}{3}$　[2] (1) 63円　(2) 3.5km　(3) 50ｇ　(4) 480人　(5) 6 cm　(6) 100枚　[3] (1) 254.34cm²　(2) 54度　[4] 180円　[5] ⬡…4ｇ，◺…1ｇ，□…1ｇ，⬠…3ｇ，○…2ｇ　[6] （例）解説を参照のこと。　[7] 427.04cm³　[8] (1) 29個　(2) 35個　(3) 9個　[9] (1) 毎分90m　(2) ア 12　イ 1530　ウ 24　(3) 毎分165m　[10] (1) 60　(2) 5873　(3) **英子さん**…319，**陽子さん**…287

### 解　説

**[1] 四則計算**

(1) $43-6\times3-98\div7=43-18-14=25-14=11$

(2) $\left\{1\frac{1}{7}\times1.47\div\left(\frac{5}{3}-\frac{7}{15}\right)-\frac{7}{3}\div3\right\}\div\frac{14}{15}=\left\{\frac{8}{7}\times\frac{147}{100}\div\left(\frac{25}{15}-\frac{7}{15}\right)-\frac{7}{3}\times\frac{1}{3}\right\}\div\frac{14}{15}=\left(\frac{42}{25}\div\frac{18}{15}-\frac{7}{9}\right)\div\frac{14}{15}=\left(\frac{42}{25}\times\frac{15}{18}-\frac{7}{9}\right)\div\frac{14}{15}=\left(\frac{7}{5}-\frac{7}{9}\right)\div\frac{14}{15}=\left(\frac{63}{45}-\frac{35}{45}\right)\div\frac{14}{15}=\frac{28}{45}\times\frac{15}{14}=\frac{2}{3}$

**[2] 売買損益，速さ，濃度《のうど》，相当算，比の性質，分配算**

(1) 代金の合計は，2021－700＝1321(円)である。そのうち，消しゴムの代金は，110×８＝880(円)だから，えんぴつの代金は，1321－880＝441(円)とわかる。よって，えんぴつ１本の値段は，441÷７＝63(円)と求められる。

(2) 妹の速さを分速に直すと，９×1000÷60＝150(m)になるので，姉と妹が１分間に進む道のりの和は，100＋150＝250(m)とわかる。また，Ａ町からＢ町までの道のりは，姉と妹が14分間で進んだ道のりの和と等しいから，250×14＝3500(m)，3500÷1000＝3.5(km)となる。

(3) (食塩の重さ)＝(食塩水の重さ)×(濃度)より，15％の食塩水200ｇに含《ふく》まれている食塩の重さは，200×0.15＝30(ｇ)とわかる。また，食塩水に水を加えても含まれている食塩の重さは変わらないので，水を加えた後の食塩水にも30ｇの食塩が含まれている。よって，水を加えた後の12％の食塩水の重さを□ｇとすると，□×0.12＝30(ｇ)と表すことができるから，□＝30÷0.12＝250(ｇ)と求められる。したがって，加えた水の重さは，250－200＝50(ｇ)である。

(4) 全体の人数を①として図に表すと，右の図１のようになる。図１で，太線部分の人数は，72－40＝32(人)であり，この部分の割合は，$\frac{2}{3}$＋$\frac{2}{5}$－①＝$\frac{1}{15}$となる。よって，(全体の人数)×$\frac{1}{15}$＝32(人)と表すことができるので，全体の人数は，32÷$\frac{1}{15}$＝480(人)と求められる。

図１

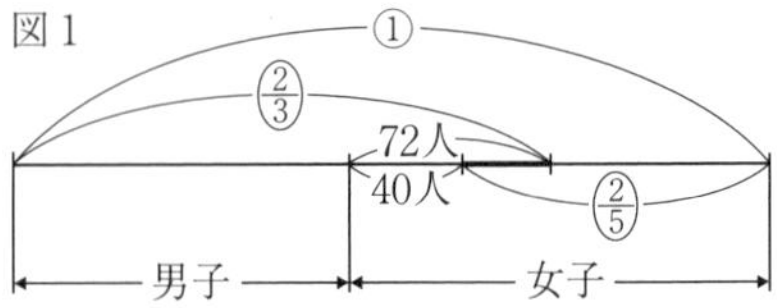


(5) Ａの縦の長さを４と６の最小公倍数の12とすると，Ａの縦と横の長さの比は４：５だから，Ａ

の横の長さは，$12\times\frac{5}{4}=15$となる。また，Ａの縦の長さとＢの１辺の長さの比は６：５なので，Ｂの１辺の長さは，$12\times\frac{5}{6}=10$である。すると，ＡとＢの面積の比は，(12×15)：(10×10)＝９：５になるので，この比の差の，９－５＝４が20cm$^2$にあたる。よって，Ｂの面積は，$20\times\frac{5}{4}=25$(cm$^2$)とわかり，25＝５×５より，Ｂの１辺の長さは５cmとなる。したがって，Ａの縦の長さは，$5\times\frac{6}{5}=6$ (cm)と求められる。

⑹　Ｃの枚数を①とすると，Ｃの枚数に２をかけた数は，①×２＝②なので，Ｄの枚数は，②×２＝④となる。よって，右の図２のように表すことができるから，②＋②＋①＋④＝⑨にあたる枚数が，225＋２－２＝225(枚)とわかる。したがって，①にあたる枚数は，225÷９＝25(枚)なので，Ｄの枚数は，25×４＝100(枚)と求められる。

図２

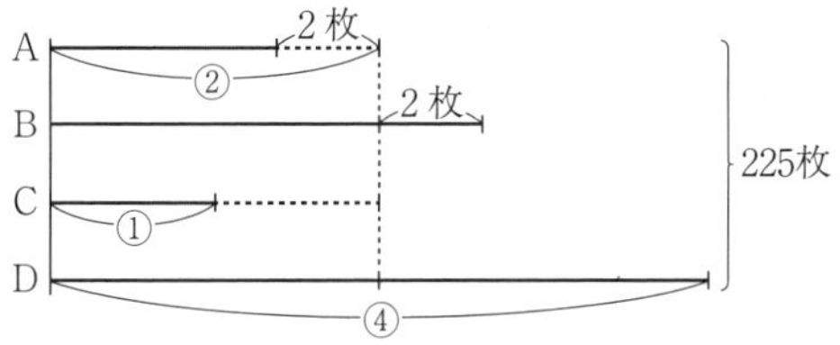


## 3　平面図形―面積，角度

⑴　下の図１で，斜線《しゃせん》部分はどちらも直径18cmの半円から★印の部分を除いたものだから，面積は等しい。図形の右側についても同様なので，図１の影《かげ》の部分の面積は，下の図２の影の部分の面積と等しくなる。よって，$18\times18\times3.14\times\frac{1}{4}=81\times3.14=254.34$(cm$^2$)と求められる。

図１

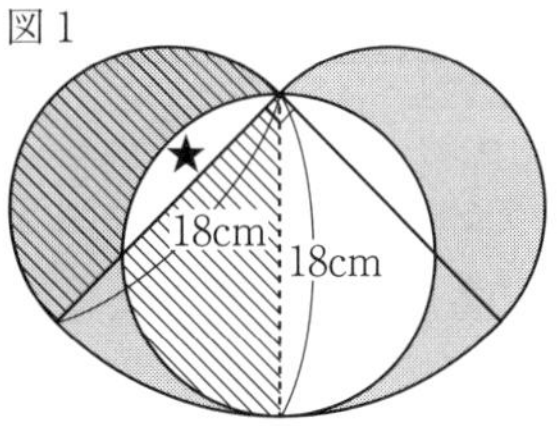


図２

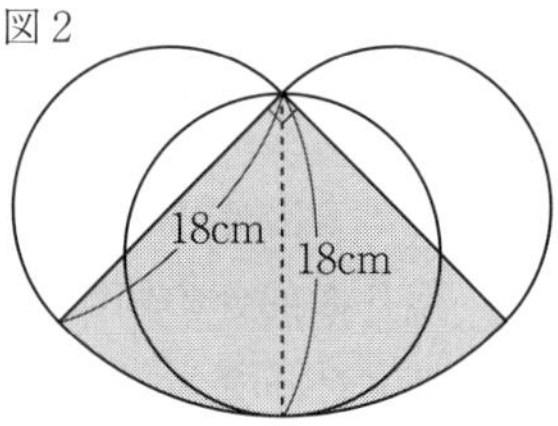


図３

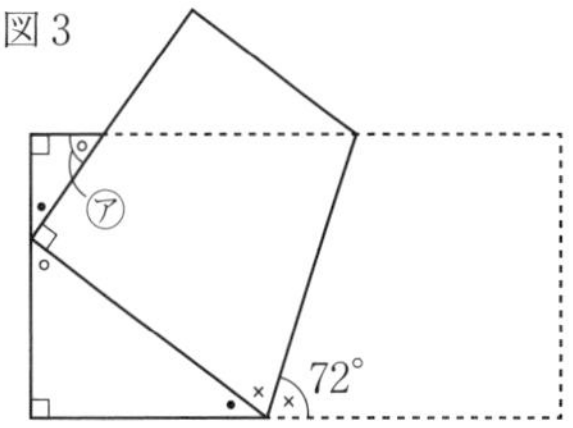


⑵　上の図３で，同じ印をつけた角の大きさはそれぞれ等しくなる。また，×印をつけた角の大きさは72度だから，●印をつけた角の大きさは，180－72×２＝36(度)とわかる。よって，○印をつけた角(㋐の角)の大きさは，180－(90＋36)＝54(度)と求められる。

## 4　消去算

２通りの買い方を式に表すと，下の図１のア，イのようになる。アの式の等号の両側を５倍してみかんの個数をそろえるとウのようになるから，ウの式からイの式をひくと，りんご，５－３＝２(個)の代金が，1200－840＝360(円)とわかる。よって，りんご１個の値段は，360÷２＝180(円)である。

図１

りんご×１＋みかん×１＝ 240(円)…ア
りんご×３＋みかん×５＝ 840(円)…イ
⬇
りんご×５＋みかん×５＝1200(円)…ウ
りんご×３＋みかん×５＝ 840(円)…イ

図２

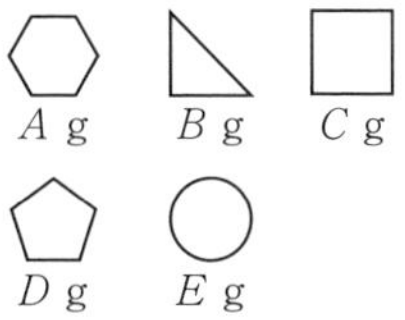


図３

$A=\underline{C+D}$　…ア
$D=B+E$　…イ
$A+B+B=\underline{C+D}+E$…ウ
$A+B+B=A+E$　…エ
$B+B=E$　…オ

## 5　消去算

上の図２のように，それぞれの重さを$A$ g～$E$ gとして式に表すと，上の図３のア～ウのようになる。ウの式の$(C+D)$の部分にアの式の$A$をあてはめるとエのようになり，さらに，エの式の等号の両側から$A$を除くと，オのようになる。よって，$E$は$B$の２倍とわかるから，$(B,\ E)$は(１，２)または(２，４)である。(２，４)とすると，イの式から，$D=2+4=6$となり，条件に合わなくなる。よって，$B=1$，$E=2$と決まるので，$D=1+2=3$とわかる。したがって，アの式から，$C=1$，$A=1+3=4$となる。つまり，六角形は４ｇ，三角形は１ｇ，四角形は１ｇ，五角形は３ｇ，円は２ｇである。

**6 平面図形―長さ**

(円周率)＝(円周の長さ)÷(円の直径)だから，円周の長さを円の直径で割ればよい。よって，「缶《かん》のふちの周りの長さ」を測った値を，「缶の底面の一番長い部分の長さ」を測った値で割ればよい。

**7 立体図形―展開図，体積**

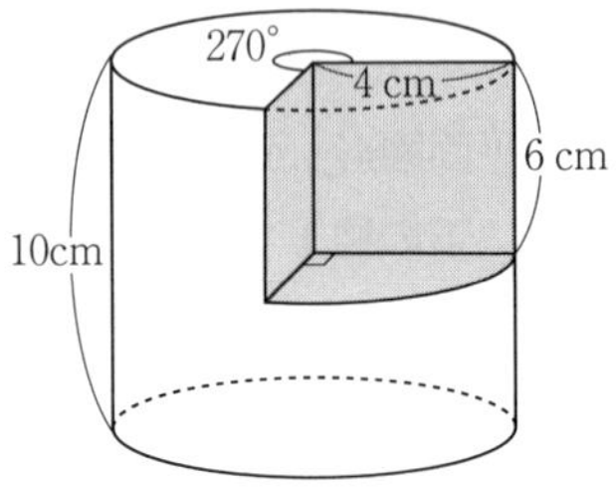


展開図を組み立てると，右の図のように，底面の円の半径が４cmで高さが10cmの円柱から，影をつけた部分を取り除いた形の立体ができる。取り除く前の円柱の体積は，$4\times4\times3.14\times10=160\times3.14(\text{cm}^3)$である。また，影をつけた部分は，底面積が，$4\times4\times3.14\times\frac{90}{360}=4\times3.14(\text{cm}^2)$であり，高さが６cmの柱体だから，体積は，$4\times3.14\times6=24\times3.14(\text{cm}^3)$となる。よって，この立体の体積は，$160\times3.14-24\times3.14=(160-24)\times3.14=136\times3.14=427.04(\text{cm}^3)$と求められる。

**8 立体図形―構成**

(1) 真上から見た図に，その場に積んである立方体の個数を書き入れていく。下の図１，図２で，影をつけた部分の個数は１個と決まる。残りの部分の個数が最も少なくなるのは，たとえば図１の場合だから，立方体の個数は，$1\times22+2\times2+3\times1=29$(個)とわかる。

図１

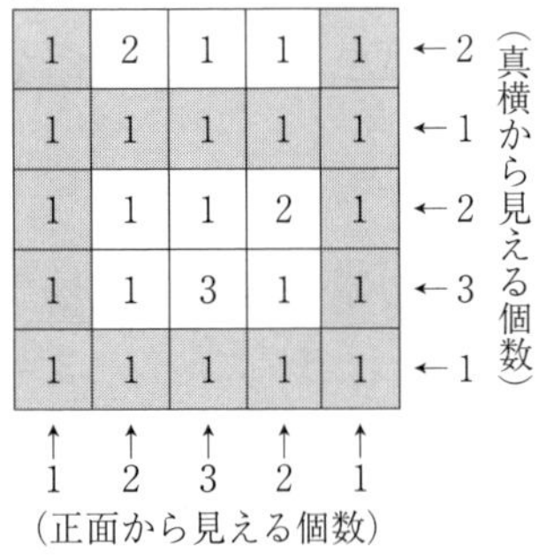


図２

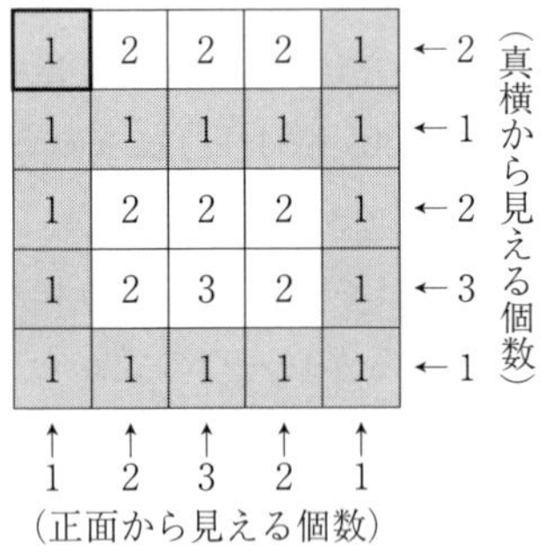


図３

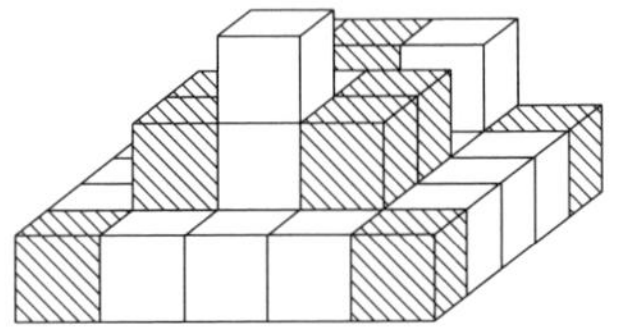

(2) 立方体の個数が最も多くなるのは上の図２の場合なので，その個数は，$1\times16+2\times8+3\times1=35$(個)である。

(3) ３面がぬられた立方体は，上の図３の斜線をつけた部分である。このほかに，図２の太線で囲んだ立方体も３面がぬられるから，全部で９個となる。

**9 グラフ―旅人算**

(1) ２人が出会った時間をエ分後として，２人の進行のようすをグラフに表す。このとき，姉が学校に着く前に妹が家にもどったとすると下の図１のようになり，妹が家にもどる前に姉が学校に着いたとすると下の図２のようになる。どちらの場合も姉は９分で810m歩くことがわかるから，姉の歩く速さは毎分，810÷９＝90(m)である。

図１

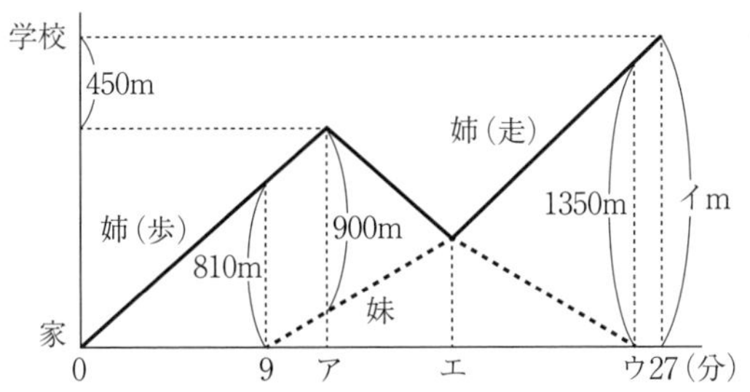


図２

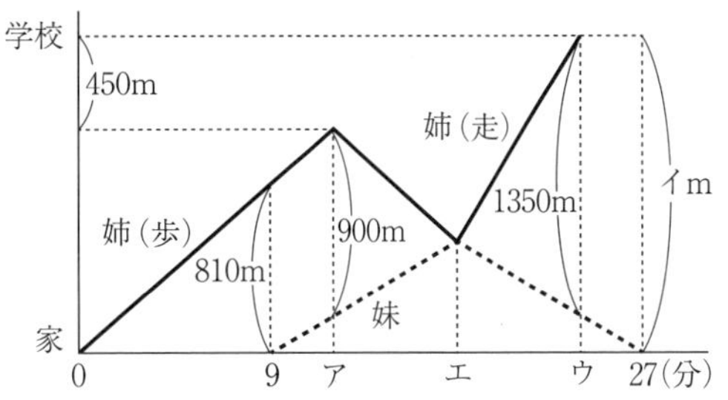


(2)　姉の歩く速さと妹の速さの差は毎分，90－60＝30(m)である。また，９分後からア分後までの間に２人の間の距離《きょり》は，900－810＝90(m)広がっているので，その時間は，90÷30＝３(分)となり，ア＝９＋３＝12(分)とわかる。すると，姉が出発してからア分後までに歩いた距離は，90×12＝1080(m)だから，家から学校までの距離は，1080＋450＝1530(m)と求められる。つまり，イ＝1530である。次に，ア分後からエ分後までの間は，２人の間の距離が毎分，90＋60＝150(m)の割合で縮まるので，その時間は，900÷150＝６(分)となり，エ＝12＋６＝18(分)とわかる。よって，妹が家を出てから姉と出会うまでの時間は，18－９＝９(分)だから，妹が姉と出会ってから家にもどるまでの時間も９分である。したがって，18＋９＝27(分)より，正しいのは図２のグラフとわかる。図２で，ウ分後から27分後までの間に妹が歩いた距離は，1530－1350＝180(m)なので，その時間は，180÷60＝３(分)であり，ウ＝27－３＝24(分)と求められる。

(3)　図２で，エ分後からウ分後までの時間は，24－18＝６(分)だから，姉の走る速さと妹の速さの和は毎分，1350÷６＝225(m)とわかる。よって，姉の走る速さは毎分，225－60＝165(m)である。

## 10　条件の整理，調べ

(1)　残りのカードは{0，1，2，3，4，6，8，9}である。十の位が４で最も大きい数は49となり，十の位が６で最も小さい数は60になる。それぞれについて57との差を求めると，57－49＝８，60－57＝３となるから，57に最も近い数は60とわかる。

(2)　残りのカードは{0，1，3，5，7，8}である。千の位が５で最も大きい数は5873となり，千の位が７で最も小さい数は7013になる。それぞれについて6249との差を求めると，6249－5873＝376，7013－6249＝764となるので，6249に最も近い数は5873とわかる。

(3)　２人が作った数の和は606であり，片方に最も近い数を残りのカードから作るとき，百の位の差は１だから，２人が作った数の百の位は２と３になる。また，一の位の和は６または16なので，一の位は０と６，１と５，７と９のいずれかである。さらに，一の位の和が６のとき十の位の和は10，一の位の和が16のとき十の位の和は９になるから，右のⅠ～Ⅳの場合が考えられる。たとえば，影をつけた場合で，

| | | | | |
|---|---|---|---|---|
| Ⅰ | 210<br>＋396<br>606 | 290<br>＋316<br>606 | 216<br>＋390<br>606 | 296<br>＋310<br>606 |
| Ⅱ | 241<br>＋365<br>606 | 261<br>＋345<br>606 | 245<br>＋361<br>606 | 265<br>＋341<br>606 |
| Ⅲ | 217<br>＋389<br>606 | 287<br>＋319<br>606 | 219<br>＋387<br>606 | 289<br>＋317<br>606 |
| Ⅳ | 247<br>＋359<br>606 | 257<br>＋349<br>606 | 249<br>＋357<br>606 | 259<br>＋347<br>606 |

英子さんの数を210とすると，210に最も近い数は396にならず，英子さんの数を396とすると，396に最も近い数は210にならないので，影をつけた場合は条件に合わない。ほかの場合についても同様に調べると，条件に合うのは太線で囲んだ場合で，英子さんの数を319にしたときとわかる。よって，英子さんの数は319，陽子さんの数は287である。

## 社 会 ＜Ａ日程試験＞（30分）＜満点：60点＞

### 解 答

**1** **問１** 弥生(時代) **問２** はにわ **問３** 十二単(女房装束) **問４** 藤原道長 **問５** イ **問６** 南蛮(貿易) **問７** 文明開化 **問８** 平治の乱 **問９** 生糸 **問10** (例) 身分(地位，立場) **問11** (例) (産業革命がおこって)機械による生産がさかんになったため。 **問12** (例) 空襲から逃げやすくするため。(戦争に協力する作業をするため。)
**2** **問１** い **問２** 三陸(海岸) **問３** 津波 **問４** 山梨(県) **問５** (例) 電子書籍が発行されるようになった。 **問６** (1) 扇状地 (2) (例) 水はけがよいため。 **問７** (例) 乳牛の体調などのデータをAIで管理する。 **問８** (1) 輪作 (2) さとう **問９** 琵琶湖 **問10** 窯業 **3** **問１** 世界人権(宣言) **問２** サンフランシスコ平和条約 **問３** エ，オ **問４** 人種差別 **問５** アイヌ **問６** エ **問７** 表現の自由 **問８** ベトナム **問９** **バリア**…(例) 黒板に書かれた内容を読み取ることができない。 **フリー**…(例) 文字を読み取って音声にする機械で聞き取る。

### 解 説

**1** **服装を題材とした歴史的なことがらについての問題**

**問１** 稲作は紀元前５世紀から４世紀ごろにかけて大陸から九州北部に伝わり，やがて西日本から東日本にまで広がったと考えられている。稲作が本格的に各地に広がったこの時代は，弥生時代とよばれる。

**問２** Aははにわ(埴輪)とよばれる素焼きの土製品で，古墳の頂上付近や周囲などに並べられた。はにわには人や動物，住居，舟などさまざまな形のものがあり，当時の人々の生活のようすを知る手がかりとなっている。

**問３** Bは平安時代に宮中に仕えた女性の正装で，女房装束《にょうぼうしょうぞく》とよばれる。単《ひとえ》の上に袿《うちぎ》とよばれる袖《そで》の広い衣服を何枚も重ね着したことから，「十二単」とよばれることも多い。

**問４** 平安時代中期，藤原道長は４人の娘を天皇の妃《きさき》とし，３人の孫を天皇に即位《そくい》させて政治の実権を握《にぎ》った。11世紀前半，道長と子の頼通《よりみち》のときに，藤原氏の摂関政治は全盛期をむかえた。

**問５** 天武天皇やその妃の持統天皇が活躍《かつやく》したのは７世紀後半のことで，当時の中国の王朝は唐である。唐は618年に隋《ずい》のあとを受けて中国を統一したが，907年に滅《ほろ》んだ。

**問６** 織田信長の時代には九州各地や堺(大阪府)などにスペイン船やポルトガル船が来航し，南蛮《なんばん》貿易がさかんに行われていた。信長は南蛮文化への関心が強く，イエズス会の宣教師から手に入れたマントを好んで着用したと伝えられるが，信長自身が直接貿易にかかわっていたわけではない。

**問７** 明治時代初期，政府の近代化政策が進むにつれ，文化や思想，教育，人々の生活など新しい西洋の文明を積極的に取り入れようとする風潮が都市部を中心として急速に広がった。これを文明開化という。

**問８**　1159年に平清盛が源義朝《よしとも》らを破った戦いは，平治の乱とよばれる。こののち，清盛は大きく勢力をのばし，1167年に武士として初めて太政《だいじょう》大臣の位について政治の実権を握った。

**問９**　江戸時代には身分によって衣服の材料などを制限する法令がたびたび出されており，特に庶《しょ》民《みん》が絹でできた衣服を着ることは禁止されていた。絹織物の素材で，明治時代以降，日本の輸出品の中心となっていったのは生糸である。

**問10**　江戸時代には公家，武士，庶民などの身分により，衣服の種類やその素材に制限が設けられていたから，ここでは「身分」「地位」「立場」などの語があてはまる。

**問11**　明治時代以降，軍服のように同じ規格の衣服が大量生産できるようになったのは，産業革命がおこって，それまでの手工業に代わり，糸や織物を機械で生産できるようになったからである。

**問12**　写真のＥで生徒たちが着ているのは「もんぺ」とよばれる衣服。太平洋戦争中の日本では，政府によりもんぺが女性の標準服に採用され，全国に普及《ふきゅう》した。もんぺが採用された最大の理由は，もんぺが元々作業服で動きやすく，空襲《くうしゅう》のときなどに避難《ひなん》しやすいためであった。また，当時は中学生や女学生が工場などで働く勤労動員が行われていたが，そうした場合に働きやすい衣服であったことや，ぜいたくをいましめる風潮が広がるなか，質素なもんぺがそうした時勢に合っていたことも背景にあったと考えられる。

**２　NHKの朝の連続テレビ小説を題材とした地理の問題**

**問１**　「あ」は沖合漁業，「い」は遠洋漁業，「う」は沿岸漁業，「え」は海面養殖業である。遠洋漁業は1970年代の初めごろまでは漁業別漁獲《ぎょかく》量で最も多い割合を占《し》めていたが，各国が漁業専管水域(現在の排他的経済水域にあたる)を設定したことで漁場がせばめられたことや，石油危機をきっかけに船の燃料代が値上がりしたことで，漁獲量が大きく低下した。

**問２**　朝の連続テレビ小説『あまちゃん』の舞台《ぶたい》のモデルとなったのは岩手県の久慈《くじ》市で，東北地方の太平洋沿岸にのびる三陸海岸の北部に位置する港町である。

**問３**　三陸海岸の沿岸部は，2011年３月11日に発生した東日本大震災(東北地方太平洋沖地震)のさい，津波により大きな被害を受けた。こうした場合，地震そのものによる被害は一次災害，地震によって発生した津波による被害は二次災害とよばれる。

**問４**　『花子とアン』のおもな舞台となった甲府市は，山梨県の県庁所在地である。

**問５**　出版業は，かつては製品としての本や雑誌を「製造する」産業とみなされ，印刷業とともに「出版・印刷業」として第２次産業に分類されていた。しかし，近年はインターネットを利用してパソコンやスマートフォン，タブレットで本や雑誌を読む電子書籍の普及が進んだことなどにより，出版業は情報を提供する「情報・通信業」の一つとして，第３次産業に分類されるようになった。

**問６**　(1)　写真に示されているのは，甲府盆地の東部に位置する甲州市勝沼町や笛吹《ふえふき》市一宮町付近で，典型的な扇状《せんじょう》地が広がっている。　(2)　扇状地には河川の上流部から運ばれてきた砂やれきの層が積もっており，扇状地の中央部(扇央)は水はけがよいことから，かつては桑《くわ》畑として利用されることが多かった。第二次世界大戦後は養蚕業がおとろえて桑の需要《じゅよう》が減ったことから，その多くが果樹園に転用された。写真で示された甲州市や笛吹市では，特にぶどうやももの栽培がさかんになっている。

**問７**　ITとは情報技術のことで，コンピューターやデータ通信などの手段を用いて仕事上の技術革新を進めることがIT化にあたる。したがって，酪農のIT化という場合，たとえば乳牛の体調をAI(人工知能)を用いて管理することや，牛乳や乳製品の出荷先と出荷量をAIを用いて効率的に管理することなどが考えられる。

**問８**　(1)　火山灰地が広がる十勝平野は農業に不利な条件が多く，同じ耕地で同じ作物を栽培し続けると地力が低下し，連作障害がおこりやすい。これを防ぐため，複数の作物を組み合わせ，周期的に異なる作物を順序立てて栽培していく輪作が行われている。　(2)　てんさい(砂糖だいこん，ビート)は砂糖の原料となる農作物の一つで，北海道が全国生産量の100％を占めている。

**問９**　滋賀県の中央に位置する湖は琵琶湖で，滋賀県の面積の約６分の１を占めている。

**問10**　窯《かま》や炉《ろ》を使って粘土《ねんど》などの鉱物質原料を高熱処理し，製品をつくる工業を窯業《ようぎょう》という。陶磁器やれんが，ガラス製品，セメントなどを製造する工業があてはまる。

## 3　人権を題材とした問題

**問１**　1948年，国連総会で世界人権宣言が採択された。世界人権宣言は，第二次世界大戦中に多くの人権が弾圧されたことに対する反省から，すべての国や人々が人権と自由を尊重，確保する基準として作成された。

**問２**　1951年９月，サンフランシスコで第二次世界大戦の講和会議が開かれ，日本は連合国側の48か国とサンフランシスコ平和条約を結んで独立を回復した。

**問３**　日本国憲法が定める社会権には，オの生存権(第25条)，エの教育を受ける権利(第26条)，勤労の権利(第27条)，労働三権(第28条)がふくまれる。

**問４**　1965年，国連総会で人種差別撤廃《てっぱい》条約(あらゆる形態の人種差別の撤廃に関する国際条約)が採択された。これは，人種や民族，種族などの違いによる差別をなくすため，必要な政策や措置《そち》を行うことを締約《ていやく》国に義務づけたものである。

**問５**　アイヌ民族の日本人への同化をめざした明治政府は，1899年に北海道旧土人保護法を制定し，保護の名目でアイヌの人々に土地を無償《むしょう》で与えるとし，農耕民化をおし進めた。しかし，同法は狩猟《しゅりょう》や漁労を中心とするアイヌ固有の生活文化を否定するもので，与えられた土地もやせたところが多かった。さらに，第二次世界大戦後の農地改革で土地を失った者も多く，救済策もとられないまま見過ごされてきたことなどから，改善を求める声が高まり，1997年にアイヌ文化振興《しんこう》法(アイヌ文化の振興並びにアイヌの伝統等に関する知識の普及及《およ》び啓発《けいはつ》に関する法律)が施行されたことで，北海道旧土人保護法はようやく廃止された。

**問６**　国会の仕事のうち，法律の制定，予算の議決，内閣総理大臣の指名，条約の承認については，衆議院の優越が認められている。これに対し，憲法改正の発議，弾劾《だんがい》裁判所の設置，国政調査権について，両議院の権限は対等である。

**問７**　ヘイトスピーチとは，人種や民族，出身国，宗教，性別，社会的立場など，特定の少数者に対する憎《にく》しみや暴力，差別をあおったり，さげすんだりする発言や言動のことで，2016年にはこれを規制するためにヘイトスピーチ解消法(ヘイトスピーチ規制法)が制定された。しかし，日本国憲法が保障する表現の自由(第21条)との関係で，どこまでが自由な言論活動として認められ，どこからが規制の対象となるのかの判断が難しく，さまざまな意見があることから，罰則《ばっそく》を設けるにはいたっていない。

**問８**　近年，国籍別では，ベトナムからの技能実習生の数が急速に増え，2016年以降は第１位となっている。増加の背景には，日本との経済格差が大きいため，賃金の高い日本で働き，収入を得ようと考える若者が多いことや，日本の企業が同国にさかんに進出するようになったことから，日本で技能を身につけることが，帰国後，日系企業への就職に有利と考えられていることなどがある。

**問９**　視覚に障がいのある児童が一般の学校で授業を受ける場合，支障になることとしては，黒板に書かれた内容が理解しづらいという点があげられる。これを解消するためには，文字を読み取って音声にする機械を使用する，教師の側であらかじめ板書する内容をまとめた資料を作成し，児童が理解できる方法で伝えられるようにする，といった対策が考えられる。

## 理　科　＜Ａ日程試験＞（30分）＜満点：60点＞

**解　答**

[1] (1)　1　(2)　15mL　(3)　8 g　(4)　右の図　(5)　2，6　[2] (1)　4　(2)　2　(3)　4　(4)　3回　[3] (1)　25.4秒　(2)　①　4　②　1　(3)　13.7秒　(4)　2　(5)　3　[4] (1)　2，3　(2)　1，3　(3)　4　(4)　①　イ　②　カルシウム　③　同じに　(5)　3　(6)　4　(7)　3，7

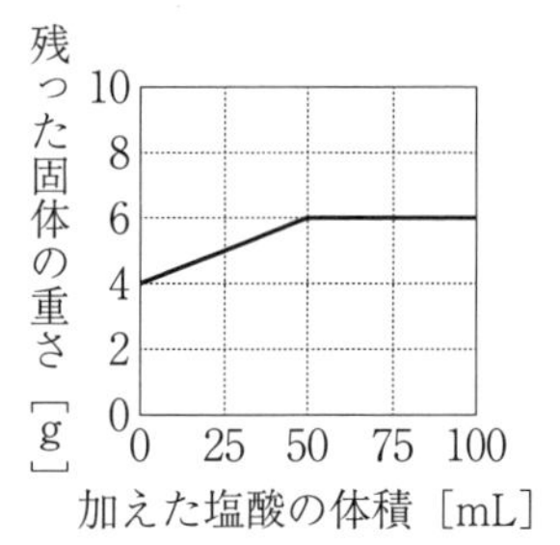


**解　説**

### [1] 水溶液《すいようえき》の中和についての問題

(1)　塩酸と水酸化ナトリウム水溶液を混ぜると，中和が起きて，食塩と水ができる。グラフのかたむきが変わっているところを見ると，塩酸50mLと水酸化ナトリウム水溶液50mLが完全に中和（過不足なく反応）するとわかる。過不足なく反応すると，混合溶液は中性の食塩水となるため，BTB液を加えると緑色を示す。また，加えた水酸化ナトリウム水溶液の体積が50mLより少ないときは，中和後に酸性の塩酸があまっている状態である。よって，この状態の混合溶液にBTB液を加えると黄色になる。一方，加えた水酸化ナトリウム水溶液の体積が50mLより多い場合は，中和後にアルカリ性の水酸化ナトリウム水溶液があまっている状態となる。この状態の混合溶液にBTB液を加えた場合は青色になる。

(2)　塩酸50mLと水酸化ナトリウム水溶液50mLが完全に中和することから，水酸化ナトリウム水溶液35mLと完全に中和する水を加える前の塩酸は35mLである。したがって，こぼしてしまった塩酸の体積は，50－35＝15(mL)とわかる。

(3)　グラフで，加えた水酸化ナトリウム水溶液の体積が100mLのときに残った固体10 gは，塩酸50mLと水酸化ナトリウム水溶液50mLが中和してできた食塩６ gと，反応せずに残った水酸化ナトリウム水溶液50mLに溶《と》けていた水酸化ナトリウム，10－６＝４(g)である。このことから，水酸化ナトリウム水溶液100mLに溶けている水酸化ナトリウムは，$4\times\frac{100}{50}=8$(g)となる。

(4)　加えた塩酸の体積が０mLのときには，水酸化ナトリウム水溶液50mLに溶けていた水酸化ナトリウム４ gが固体として残る。そして，加えた塩酸の体積が50mLまでは規則正しく残った固体の重さが増えていき，加えた塩酸の体積が50mLになると，完全に中和して残った固体の重さが６ｇとなる。その後，加えた塩酸の体積が50mLより多くなっても，反応に使われずにあまった塩酸には気体の塩化水素が溶けているため，水を蒸発させても塩化水素が空気中ににげていき，食塩だけが残る。したがって，残った固体の重さは６ｇで一定になる。

(5)　酸性の水溶液とアルカリ性の水溶液を混ぜ合わせると，たがいの性質を打ち消し合い，別の物質ができる。この反応を中和(中和反応)という。１は，火山ガスに含《ふく》まれる二酸化炭素や硫《りゅう》化《か》水素などが溶けた酸性の河川の水に，炭酸カルシウムが主成分である石灰石をくだいたものを入れて中和させ，河川の水を中性に近づけている。また，３は水に溶けるとアルカリ性を示すアンモニアと酸性を示すクエン酸，４は酸性の土と，水に溶けるとアルカリ性になる消石灰(水酸化カルシウム)，５は塩酸などが含まれている酸性の胃液と，水に溶けるとアルカリ性を示す炭酸水素ナトリウム(重曹《じゅうそう》)の中和を利用している。なお，２は，使い捨てカイロに含まれている鉄粉が，空気中の酸素と反応して熱を発生する酸化とよばれる反応，６は紅茶に含まれているテアフラビンという物質がレモンに含まれる酸性の物質により色が変わる現象である。

## 2 地層のでき方についての問題

(1)　れきや砂，どろは川の水で運ばれるため，粒《つぶ》が丸みをおびている。火山灰は火山がふん火したときに火山からふき出されるので，粒は角張っていたり，含まれていたガスがぬけ出て穴が多数空いていたりする。

(2)　どろは粒が小さいので，水でどろが運ばれてきたときに流れが速いとたい積しない。よって，どろのＢ層がたい積したときは水の流れがおそかったと考えられる。

(3)　図１の断層では，断層の境目の上側にある地層が下側にある地層に対してずり下がったようになっている。これは，地層に左右から引っ張られる力がはたらいてできる断層で，このような断層を正断層という。

(4)　図２より，断層ができて地表に段差ができると，その上に土砂などがたい積してできる地層は厚さが断層の左右で異なることになる。そして，さらにその上にたい積する地層は厚さが左右で等しくなる。図１で，地層Ｂは厚さが左右で異なり，その上の地層Ｃは厚さが左右で等しいので，ここで１回地層がずれて断層ができている。同様に，地層Ｄは左右で厚さが異なり，その上の地層Ｅは厚さが左右で等しいので，ここでもう１回地層がずれたことがわかる。さらに，地層Ｆは左右で厚さが異なるため，ここでも地層がずれたことになる。したがって，図１より，地層は最低３回ずれたと考えられる。

## 3 ふりこについての問題

(1)　おもりの重さ25ｇの結果の表で，ふりこの長さが20cmと80cmのときを比べると，ふりこの長さが，80÷20＝４(倍)になると，10往復の時間が，18.0÷9.0＝２(倍)になるとわかる。ふりこの長さが160cmのとき，ふりこの長さは40cmのときの，160÷40＝４(倍)なので，10往復の時間は，12.7×２＝25.4(秒)と求められる。

(2)　①　表で，ふりこの長さが２倍になっても，10往復の時間は２倍より少なくなっているので，10往復する時間を10で割って求められる１往復の時間も２倍より少なくなる。このようすをグラフにすると，４のような形になる。　　②　ふりこの長さが４倍になると，10往復の時間は２倍になるので，１往復の時間も２倍となる。１往復の時間が２倍になると，(１往復の時間)×(１往復の時間)は，２×２＝４(倍)になるため，(１往復の時間)×(１往復の時間)は，ふりこの長さと比例の関係である。したがって，グラフは１のように，比例の関係を表す０を通る直線のグラフとなる。

(3) 図で，左側ではふりこの長さが75cm，右側ではふりこの長さが，75－50＝25(cm)となっている。よって，このふりこが10往復する時間は，$17.4\times\frac{1}{2}+10.0\times\frac{1}{2}=13.7$(秒)と求められる。

(4) ふりこは，最下点のイを通過するときに速さが最も速くなり，上に行くにしたがって速さがおそくなっていき，アとウでは一瞬《いっしゅん》静止する。したがって，塩がたまる量はイが最も少なくなる。

(5) ふりこはアとウで一瞬静止して，その前後では少しずつ速さが変わるので，３のように，アとウの下あたりでは塩がえがく線がなめらかに変化する。

## 4 ハツカネズミを使った神経のはたらきを調べる実験についての問題

(1) １，２ 実験１では，神経細胞《さいぼう》アはカプサイシンに反応して神経細胞内にカルシウムが入っている。また，実験２では，ハツカネズミＢはカプサイシンに神経細胞が反応しているが，メントールには神経細胞が反応していない。これらのことから，ハツカネズミＢは神経細胞アが機能しているとわかり，神経細胞アはカプサイシンには反応するが，メントールには反応しないとわかる。

３，５ 実験４より，神経細胞アが機能しているハツカネズミＢでは，45℃で58％の神経細胞にカルシウムが入っている。一方，神経細胞アが機能していないハツカネズミＣでは，45℃では７％しかカルシウムが入っていない。したがって，神経細胞アは45℃の高温刺激《しげき》に反応しているといえる。ただし，ハツカネズミＣでも45℃の高温刺激に反応していることから，この刺激に反応している神経細胞は神経細胞ア以外にもある。 ４，６ 実験４で12℃のとき，カルシウムが入った神経細胞の割合は，どのハツカネズミも５％である。よって，12℃の低温刺激に反応するのは神経細胞アと神経細胞イ以外の神経細胞と考えられる。

(2) １ 実験４より，カルシウムが入った神経細胞の割合は，神経細胞イが機能していないハツカネズミＢでは０％で，神経細胞イが機能しているハツカネズミＣでは19％になっている。これは，神経細胞イが22℃の低温刺激に反応する細胞であることを示している。 ２ 実験４で，45℃の高温刺激に対して，神経細胞イが機能しているハツカネズミＣでも，神経細胞アと神経細胞イが機能していないハツカネズミＤでも，７％の神経細胞が反応している。したがって，神経細胞イはこの刺激に反応していない。 ３ 実験２で，神経細胞イが機能しているハツカネズミＡではメントールに反応した神経細胞が18％あるが，神経細胞イが機能していないハツカネズミＢではメントールに反応した神経細胞は０％である。よって，神経細胞イはメントールに反応するといえる。

４ 実験２によると，神経細胞イが機能しているハツカネズミＡではカプサイシンに反応した神経細胞が59％あるが，神経細胞イが機能していないハツカネズミＢではカプサイシンに反応した神経細胞は61％となっている。このことから，神経細胞イはカプサイシンに反応しないと考えられる。

５，６ 実験５では，神経細胞イが機能していないハツカネズミＢは，神経細胞イが機能しているハツカネズミＡと同じように５℃の低い温度や49℃の高い温度を嫌《きら》ってにげる反応を示しているので，５℃や45℃位の温度を嫌ってにげる反応に，神経細胞イは関係しない。

(3) ハツカネズミＡとハツカネズミＢのちがいは，ハツカネズミＢは神経細胞イが機能していないことである。実験５で，５℃の場合にはハツカネズミＡとハツカネズミＢの行動のちがいがなかったことから，５℃程度の低温を認識するためには神経細胞イは必要ないことがわかる。一方，20℃の場合にはハツカネズミＡとハツカネズミＢに行動のちがいが見られたため，20℃程度の低温を認識するためには神経細胞イが必要であると考えられる。

⑷　①　⑵で述べたように，22℃の低温刺激に反応するのは，神経細胞イである。　②　実験２より，メントールに反応した神経細胞イにはカルシウムが流入する。　③　低温刺激に対しても，メントールに対しても，神経細胞イにはカルシウムが流入する。このとき脳では神経細胞イがはたらいたことを認識して，同じ感覚が発生することになる。

⑸　サルやイルカなどのほ乳類や，フクロウなどの鳥類は恒温《こうおん》動物である。なお，は虫類や両生類，魚類のように，体温がまわりの温度によって変わる動物は変温動物とよばれる。

⑹　図を見ると，気温35℃の場合には，体内の温度は36～37℃の部分がほとんどである。一方，気温20℃の場合には，頭や，心臓や消化器官などの臓器の集まる体の中心部の温度は36～37℃であるが，手先や足先に向かうにつれて温度が低くなっている。１～４のうち，最も温度の変化が小さいのは４である。

⑺　パンの材料となる小麦や，もちの原料となる米には，デンプンが多く含まれている。

## 国　語　＜Ａ日程試験＞（45分）＜満点：100点＞

### 解　答

**問１　ムゾウサ，セスジ，ソウサ**…下記を参照のこと。　**居室**…きょしつ　**問２**　⑴　ウ　⑵　呑気で穏やかなもの（を表したかった。）　**問３**　ア　**問４**　イ　**問５**　（例）　落ち着きと不確かさの増した字。　**問６**　⑴　意味を考えすぎる（点。）　⑵　歌の意味を自然と受け入れ（て書くこと。）　**問７**　（例）　明るくて誰とでも気軽に話せる点。／圧倒されるような勢いのある字を書く点。　**問８**　⑴　イ　⑵　**太陽の光**…（例）　里奈さんの書く字　**花**…（例）　里奈さんの書く字を見る人　**問９　漢字**…音　**読み**…ね　**問10**　⑴　エ　⑵　ウ　**問11**　ウ　**問12**　①　ア　②　ウ　③　オ　④　エ　⑤　イ　**問13**　（例）　（本当は先生は）もっと書家として世間で活躍するはずの人だ（と考えている。）　**問14**　意　**問15**　イ　**問16**　（例）　私はバレエを習っています。発表会ではいつも群舞の役ばかりでしたが，バレエの先生のご指導をまじめに受け，一週間ほぼ毎日練習した結果，前回の発表会では主役の座を射止めることができました。　**問17**　⑴　オ，カ　⑵　イ　**問18**　エ　**問19**　ア

**●漢字の書き取り**

**問１　ムゾウサ**…無造作　**セスジ**…背筋　**ソウサ**…操作

### 解　説

**出典は橋本《はしもと》紡《つむぐ》の『葉桜』による。**書道教室に通う「わたし」が，慕《した》っている先生の指導にしたがってひたすら書き続け，今までの字を超《こ》えたときのようすが描《えが》かれている。

**問１　「ムゾウサ」**…作為《さくい》なく軽々とやってのけるようす。「無雑作」とも書く。　**「セスジ」**…背骨が通っているたての筋。背中の中心線。　**「居室」**…家の住人がいつも過ごす部屋。居間や家族それぞれの個室など。　**「ソウサ」**…道具や器機などを一定の手順であやつり動かすこと。

**問２**　⑴　古語の「あくがれて」は，心が何かにひかれて体からさまよい出る状態。さまよい出た心は「桜の花の咲《さ》く春の山あたりに」向かったのだから，桜が咲いているのではないかと気がはやるよ

うすを言っているものと考えられる。よって，ウが選べる。　(2)　続く部分に，「まねるだけ」ではなく，「文字」や「歌の意味」，「人の心」を理解し，書に込《こ》めようという「わたし」の意識が書かれている。この和歌からどこか「呑気《のんき》で穏《おだ》やかなもの」を感じていた「わたし」は，その印象を書に表したかったものと想像できるので，この部分がぬき出せる。

**問３**　「うまく書けない」とこぼす「わたし」の書を見た先生は，「この字がよくないね～ここで集中が切れたね」と言いながら「いくつかの字を直して」いる。さまざまな先生からの「指摘《してき》はすべて的確」だったというのだから，アがふさわしくない。

**問４**　「字を，書くということを，ただ追い求め」，書と「真摯《しんし》」に向き合う先生と，「ずっと同じ和歌を書き続け」ても，「なにも掴《つか》めない」でいる自身とを比べた「わたし」は，書に取り組む姿勢の違《ちが》いを痛感し，はずかしく思ったものと推測できるので，イがふさわしい。

**問５**　先生の朱入れを見た「わたし」は，そこに「落ち着きと勢い」や「呑気さ」，そして「不安定なもの」を感じたが，さらに朱が乗せられると「落ち着きが増すのと同時に～不確かさも増した」と思っている。これをもとに，「落ち着きと不安定さを備えた字」のようにまとめる。

**問６**　紀貫之《きのつらゆき》の和歌が「うまく書けない」と訴《うった》えた「わたし」に，先生が答えている場面である。

(1)　和歌の「意味」を食べ物の「味」にたとえ，問題点を伝えようとしている。意味を「意識しすぎ」たせいで字が「妙《みょう》な崩《くず》れ方」をしたというのが，先生の考えである。朱入れが終わった先生は，「わたし」に「意味を考えすぎる」ところに問題があると伝えている。　(2)　「満足した状態」は，味わう段階を終えて飲み込んだ状態で，和歌においては，意味をくみ取り終えつつ，それに「捕《と》らわれ」ない状態にあたる。「考えないで書いたほうがいい」のかと聞き返した「わたし」に，先生は「違うよ」，「歌の意味を自然と受け入れるんだ」と答えている。

**問７**　続く部分に，「わたし」が里奈《りな》さんの「人との触《ふ》れ合いを，まったくためらわ」ず，「明るくて，だれとでも気軽に話せる」点と，「だれもが，なぜか微笑《ほほえ》んでしまう」ような勢いのある「字」が書ける点に，「うらやまし」さを感じていたようすが描かれている。

**問８**　(1)　ふつうの語順に並べると，「太陽の光を受けた花のように」「なぜか微笑んでしまうのだ」となる。ここには，語順を入れかえることで，意味を強めたり語調を整えたりする技法である「倒置《とうち》法」が用いられている。なお，「反復法」は，くり返しによって強調を期待する技法。「省略法」は言葉を省略することで余韻《よいん》を残す技法。「体言止め」は文章を体言で終えることにより印象を深める技法。　(2)　「太陽の光」は，勢いのある里奈さんの「字」をたとえている。「花」は太陽の光を受けて咲くものだから，里奈さんの字を見て微笑む人々を指す。

**問９**　「音《ね》を上げる」とするのがよい。先生は，「わたし」が「つらさにがまんできなくなる」まで，いくらでも書につき合ってくれただろうというのである。

**問10**　(1)　似た意味の言葉には，「実直」「几帳面《きちょうめん》」などがある。　(2)　似た意味の言葉には，「ためらわれる」「気を兼《か》ねる」などがある。

**問11**　教室の照明を消していく先生の姿を見た「わたし」は，彼《かれ》の「瞳《ひとみ》」に「深い深い闇《やみ》」を感じている。先生の目に宿る「闇」に底知れない「孤独《こどく》」を感じ取り，「わたし」は里奈さんに縋《すが》りたいほどの怖《こわ》さを覚え，夜道を歩いているのだから，ウがよい。

**問12**　里奈さんとの会話から，先生が由季子さん(奥《おく》さん)との暮らしを選んだために，書道で世に出る生き方を手放したことをおさえる。　①　先生と由季子さんは「とても小さな場所」で，二人だけで生きているというのだから，「時の流れさえとまってる」が合う。　②，③　先生に何があったのか「教えてもらえますか」と「わたし」が里奈さんに頼《たの》んだ後のやりとりなので，「全部は無理かな」と言う里奈さんに対し，「わたしは知りたいです」と続くのが自然である。　④　この後里奈さんは，「あんなに書ける人が，世にも出ず，町の書道教室の先生に収まっているのには，それなりの理由があるの」と説明しているので，前提として「先生はとても書けるよね」と念押《ねんお》ししたものと考えられる。　⑤　続く部分で，里奈さんが「先生は大切なものを得た代わりに，別の大切なものを手放した」と話していることをおさえる。つまり，「あの人たちはああして生きていくしかないの」と話した後で，自分に言い聞かせるように「それでいいのかもしれない」，「だって，それを選んだんだから」とかみしめるようにひとり語ったものと考えられる。

**問13**　「あんなに書ける」のに「世にも出ず」と言っていることから，里奈さんは先生を書道で世に出るべき人物と考えているのがわかる。「世に出る」は“世の中の人々から認められる”“出世する”という意味であることをふまえ，「書道でもっと活躍《かつやく》し，注目を浴びるべき人物」のようにまとめる。

**問14**　「意を決する」は“決心する”という意味。似た意味の言葉には，「覚悟《かくご》する」「腹をくくる」などがある。

**問15**　由季子さんを選んだことで，先生が書道家として世に出る生き方を手放した点をおさえる。里奈さんの考えは，先生が「悔《く》いているのか，満足しているのか」わからないが，二人は「とても幸せそう」だから「それでいいのかもしれない」というものである。一方「わたし」は，里奈さんの言葉に「うなずくことはできず」，「闇の中にひとり，たたずむ先生の姿」を思い出している。里奈さんと「わたし」の考え方の違いが，十字路での別れ方に重ねられているので，イがよい。

**問16**　書がうまくならずに悩《なや》んでいた「わたし」が，先生の指導にしたがって「ひたすら」書き続け，何日目かに「これまで書けなかった字が書けて」いることに気づいた場面である。先生は，その字を見て「無心にやっていると～絶対に掴めないと思っていたところに届く」ときがある，「君が，自分で道を見つけたんだ」と褒《ほ》めている。ひたすら「無心」に書き続けたことが「超えた」要因だといえるので，そうした経験を書くとよい。

**問17**　⑴　ひたすら書き続けてきた「わたし」が，「これまで書けなかった字」が書けていると気づいた場面である。手が「ふるえ」，「落ち着かない」が「気持ちよかった」のだから，成しとげた喜びや満足を表す「達成感」，感情の高ぶりを表す「興奮」が合う。　⑵　あえて短い文を重ねることで，「わたし」の「達成感」や「興奮」を表しているので，イがよい。

**問18**　「わたし」も先生もじっと動かず，「太陽が～動」いたのだから，エの「時間が経った」が合う。太陽が動くほどの間，先生が「わたし」の字に見入っていたことを表現している。

**問19**　「なにかを超えた」ときに感じられることを力説しているにもかかわらず，「わたし」から「ぼんやり見つめ」られ，話が伝わっていないようすだったので，先生は思わず「苦笑い」したのである。よって，アがよい。

# 2021年度　東洋英和女学院中学部

〔電　話〕 (03) 3583－0696
〔所在地〕 〒106-8507　東京都港区六本木5－14－40
〔交　通〕 東京メトロ日比谷線・都営大江戸線―「六本木駅」より徒歩7分
東京メトロ南北線・都営大江戸線―「麻布十番駅」より徒歩5分

**【算　数】**〈B日程試験〉(45分)〈満点：100点〉

**1**　次の計算をしなさい。

(1)　$17\times7+15-6\times11$

(2)　$\dfrac{13}{14}-\left(1\dfrac{5}{6}-\dfrac{3}{8}\right)\div\left(1\dfrac{8}{9}+\dfrac{5}{6}\right)-0.25$

**2**　次の□にあてはまる数を入れなさい。

(1)　底辺□cm，高さ6cmの三角形の面積は$16\dfrac{1}{2}$ cm$^2$です。

(2)　□ページの本があります。1日目に全体の$\dfrac{1}{5}$を読み，2日目に42ページ読んだので，全体の$\dfrac{5}{8}$が残りました。

(3)　定価□円の商品を定価の1割引きで売ると600円の利益があり，定価の25%引きで売ると360円の損になります。

(4)　□は$\dfrac{20}{51}$をかけても，$\dfrac{12}{35}$で割っても整数になる4けたの数の中で最も小さいです。

(5)　右図のように，1辺が2cmの正方形の紙を，重なる部分が1辺1cmの正方形になるようにはり合わせました。□枚はり合わせてできる図形全体の面積は85cm$^2$になりました。

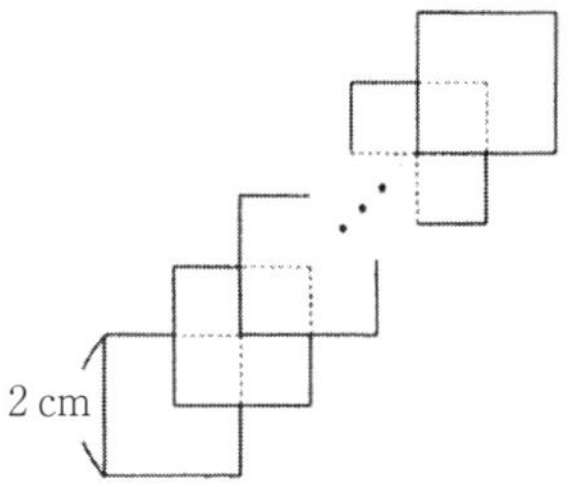


(6)　1000円を出して，120円切手と290円切手を買う買い方は，全部で□通りあります。ただし，どちらも1枚以上買うものとします。

**3**　1辺20cmの折り紙を右図のように2回折って1辺10cmの正方形を作り，斜《しゃ》線《せん》部分を切り取りました。ただし，辺上の各点は各辺を4等分した点で，頂点Aの位置は固定されています。次の問いに答えなさい。

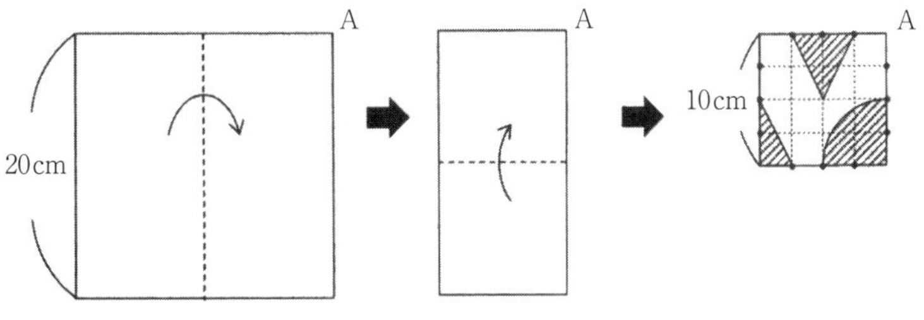


(1)　切り取った後の紙を広げました。この図形を下の図にかきなさい。切り取った部分には斜線を入れること。ただし，方眼の1目は5cmです。

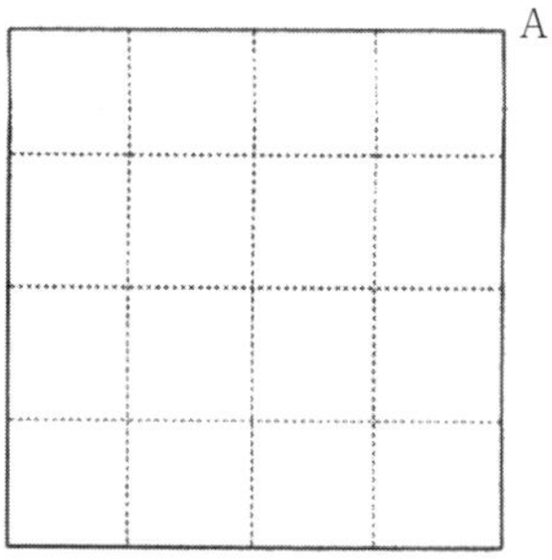


(2) (1)の図形の面積を求めなさい。ただし，円周率は3.14とします。

**4** 光さんは毎日，１個のさいころを投げて，６の目が出たら６回，５の目が出たら３回，１から４の目が出たら１回上体起こしをしています。今日はさいころを20回投げ，上体起こしを47回しました。５の目の出た回数は６の目の出た回数の２倍でした。１から４の目は何回出ましたか。

**5** 英子さんは家から祖母の家まで行くのに，道のりの $\frac{1}{3}$ は時速４km で歩き，$\frac{2}{3}$ はバスに乗りました。お兄さんは英子さんと同時に家を出発し，自転車で行ったので，英子さんより28分早く着きました。バスの速さは時速30km，自転車の速さは時速15km です。家から祖母の家までの道のりを求めなさい。

**6** 星空高校の手芸部は，製作したぬいぐるみを保育園に送ることにしました。大箱，中箱，小箱に入るぬいぐるみの数は，それぞれ10個，８個，５個です。すべてのぬいぐるみを入れるのに，大箱だけなら10箱，中箱だけなら13箱必要ですが，大箱と中箱は３箱ずつしかありません。できるだけ箱の数を少なくするとき，小箱は何箱必要ですか。考えられる場合をすべて書きなさい。

**7** 現在，恵さんとその姉妹の年令の和を３倍すると，両親の年令の和に等しく，全員の年令の和は100才になります。４年後に両親の年令の和は，恵さんと姉妹の年令の和の２倍より１才多くなります。次の問いに答えなさい。

(1) 恵さんの姉妹は，恵さんをふくめて何人ですか。

(2) お父さんはお母さんより年上で，２人の年令の差は５才以内です。現在から６年後，お母さんの年令が恵さんの年令の３倍になるとき，現在の恵さんの年令は何才ですか。

**8** Ａ，Ｂ，Ｃ，Ｄの４人が総当たりで１回ずつゲームをしました。勝つと３点，負けると０点，引き分けのときは１点の得点が入ります。４人はゲームの結果について，次のように言っています。

Ａ「Ｃさんに勝ちました。」

Ｂ「優勝しましたが，Ａさんには勝てませんでした。」

Ｃ「Ｄさんとは引き分けでした。」

D「得点が2点だったのは，私だけでした。」

A，B，Cの得点は，それぞれ何点ですか。

**9** 図1は，直方体から2つの三角柱を切り取った形の容器です。図1の容器を真上から見ると，図2のようになります。この容器に10cmの高さまで水を入れました。次の問いに答えなさい。

(1) この容器に入っている水の量は何$cm^3$ですか。

(2) この容器にふたをしてから，図1の影《かげ》のついた面が下になるように置きました。水面の高さは何cmになりますか。小数第2位を四捨五入して答えなさい。

図1

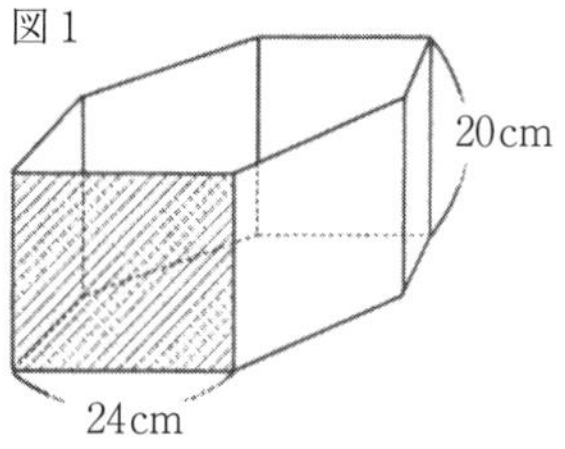


図2

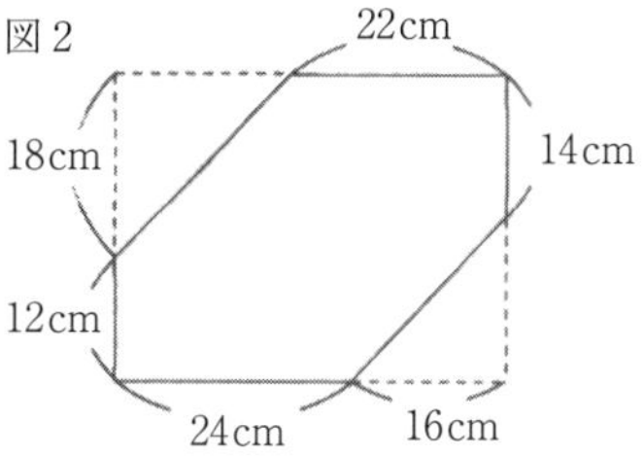


**10** 下図のような奥行き10cmの直方体型の水そうがあります。側面に平行な2枚の長方形のしきり㋐，㋑があり，その間に鉄板が入っています。この水そうに毎秒60$cm^3$の割合で水を注ぎ，途《と》中でしきり㋑をぬきました。グラフは水を注ぎ始めてから水そうが満水になるまでの時間と，辺AB部分の水面の高さの関係を表したものです。次の問いに答えなさい。

(1) 水そうのBCの長さを求めなさい。

(2) 鉄板の体積を求めなさい。

(3) あ にあてはまる数を求めなさい。

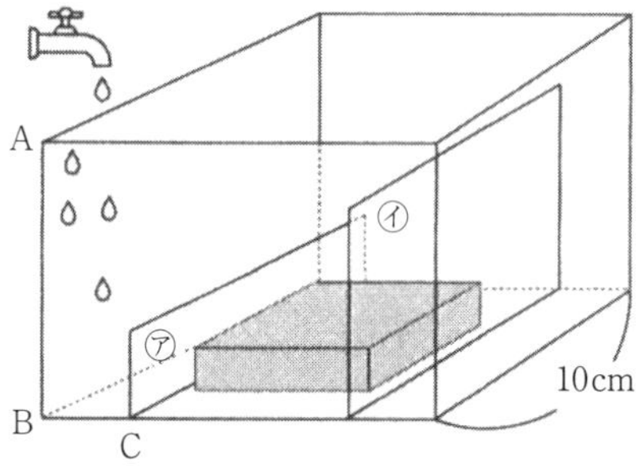


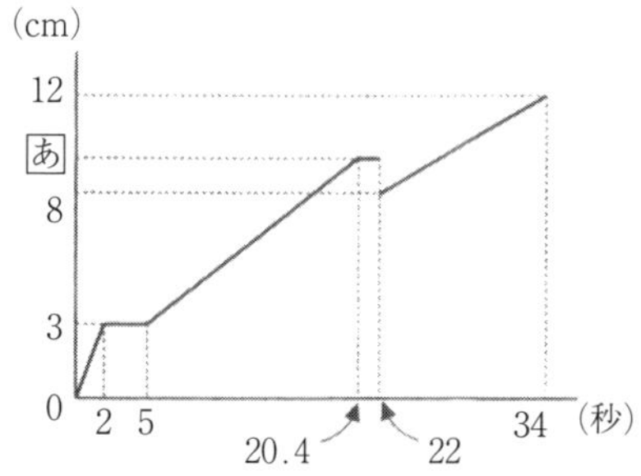

**【社　会】**〈**Ｂ日程試験**〉(30分)〈満点：60点〉

〈編集部注：実物の入試問題では，すべての写真と地形図，大部分の図・地図はカラー印刷です。〉

**1**　次の**人物Ａ～Ｇ**の説明文をよく読んで，あとの問に答えなさい。

◇　**人物Ａ**　◇

**わたしは，推古天皇や聖徳太子から遣隋使に任命されました。そして，海を渡《わた》り，①国書を隋の皇帝にさし出しました。翌年，来日する隋の使者とともに日本にもどりました。さらに使者の帰国にあわせて，留学生とともに再び隋に渡りました。留学生らは中国の政治のしくみや文化などを学び，後の日本の国づくりに生かしました。**

問１　**人物Ａ**は誰《だれ》ですか。

問２　下線部①について。次の資料から，国書の内容の一部がわかります。その国書を受け取った皇帝は「とても失礼な手紙だ」と怒《おこ》ったと伝えられています。なぜ怒ったのですか。

| |
|---|
| **倭国からの手紙には，「日が昇《のぼ》る国の天子が，日が沈《しず》む国の天子に手紙をさしあげます。おかわりありませんか。」などと書いてあった。** |

◇　**人物Ｂ**　◇

**わたしは，仏教の新しい教えを学ぶために，遣唐使とともに唐に渡りました。帰国後，唐で学んだことをもとに②新しい宗派を開きました。そして，高野山に寺院を建てることを認められました。この教えが国を守るだけでなく，個人の願いをかなえることができると説いたため，朝廷や貴族たちに広く受け入れられました。また，仏教の教えを庶《しょ》民に広めるために学校を建てたり，ため池の修理をしたりするなどの活動も行いました。**

問３　**人物Ｂ**が活躍《やく》した頃《ころ》の説明として，あてはまるものを次から選び，記号で答えなさい。

ア．聖武天皇が，墾田永年私財法を出して，公地公民制を見直した。

イ．桓武天皇が，都を平安京にうつし，律令政治を立て直そうとした。

ウ．白河天皇が，天皇の位をゆずった後も，上皇として政治を行った。

エ．後鳥羽上皇が，朝廷中心の政治を取りもどそうとして，承久の乱を起こした。

問４　下線部②について。この宗派を何といいますか。

◇　**人物Ｃ**　◇

**わたしは，幼い頃から絵を描《えが》くことが好きでした。10歳《さい》頃には京都の寺に入り，仏教の修行《しゅぎょう》をしながら絵も学びました。30代の半ばで守護大名の大内氏に招かれ，山口でさらに修行を積みました。47歳の頃，本格的に仏教や絵の勉強をするために，明に渡りました。帰国後は③戦乱を避《さ》け，九州地方をはじめ全国各地を旅して④日本の風景などを描き続けました。**

問５　下線部③について。この戦乱とは何ですか。

問６　下線部④について。**人物Ｃ**が大成した，次のような絵を何といいますか。

とうほう 資料集 より

◇　人物Ｄ　◇

わたしは，幼い頃から熱心なキリスト教の信者でした。13歳の頃，⑤日本に来ていた宣教師のすすめで，ヨーロッパに派遣《けん》される使節の１人に選ばれました。長い旅を経て到《とう》着したローマでは，ローマ教皇に会うことが許されました。ヨーロッパには１年８か月滞《たい》在して，キリスト教をはじめとするヨーロッパの文化や技術を学び，帰国しました。しかし，この間に日本では，⑥キリスト教の宣教師を国外へ追放する法令が出され，キリスト教を禁止しようとする動きが始まっていました。

問７　下線部⑤について。次は，彼らが作った『平家物語』の本です。この本は，彼らが日本について理解を深めるために，ヨーロッパから持ってきた技術を使って作られました。その技術は何ですか。

とうほう 資料集 より

問８　下線部⑥について。この法令を出した人物を次から選び，記号で答えなさい。

ア．足利義満　　イ．織田信長　　ウ．豊臣秀吉　　エ．徳川家光

**◇　人物Ｅ　◇**

**わたしは，江戸幕府につかえる下級武士の家に生まれました。⑦1860年には幕府の使節団の一人として，咸臨丸という蒸気船に乗ってアメリカに渡り，外国を直接見てきました。帰国後は，神戸に海軍の学校を設立しました。しかしその頃，幕府を倒《たお》そうとする動きが強まっていました。1867年に幕府が天皇に政権を返上した後，⑧新政府軍と旧幕府軍の戦いが起こりました。新政府軍が江戸に迫《せま》った時に，旧幕府の代表として交渉《しょう》を行い，何とか江戸の町を戦火から守りました。**

問９　下線部⑦について。この使節団の目的は，1858年にアメリカと結んだ不平等条約の確認書を交換《かん》することでした。この条約名を答えなさい。

問10　下線部⑧について。この戦いを何といいますか。

**◇　人物Ｆ　◇**

**わたしは，留学生としてアメリカに渡り，法律や英語を学びました。帰国後は外交官として，欧《おう》米諸国との不平等条約の改正をめざして努力しました。朝鮮半島をめぐって日本とロシアが対立するなか，イギリスと同盟を結ぶことに成功しました。日露戦争が始まると，ロシアと交渉を行い，日本に有利なかたちで⑨ポーツマス条約を結びました。日本の立場が国際的に強くなったために，幕末以来の悲願であった条約の改正を成し遂《と》げることができました。**

問11　**人物Ｆ**は誰ですか。

問12　下線部⑨について。この条約によって日本が獲《かく》得したものとして，あてはまらないものを次から選び，記号で答えなさい。

ア．韓国に対する指導権　　イ．南満州の鉄道の権利　　ウ．台湾　　エ．南樺太

**◇　人物Ｇ　◇**

**わたしは，外交官として働いていました。しかし，政府がアメリカ・イギリスとの関係を悪化させていったことに反対したため，外務省の主要な仕事からはずされました。その後，日本はついにアメリカ・イギリスなどとの間に⑩太平洋戦争を起こしました。敗戦後は総理大臣に就任し，占《せん》領されていた日本の独立と復興をめざしました。⑪サンフランシスコで開かれた講和会議で48か国と平和条約を結び，日本は国際社会に復帰することができました。**

問13　下線部⑩について。次の各文は，太平洋戦争の開戦までに起きたできごとです。年代順に並べなさい。

ア．ドイツ・イタリアと軍事同盟を結んだ。

イ．世界恐慌が起こり，ひどい不景気におそわれた。

ウ．日中戦争を起こし，中国本土を侵《しん》略した。

エ．満州事変を起こし，満州国を建国した。

問14　下線部⑪について。平和条約と同時に，独立後もアメリカ軍が日本にとどまるという内容の条約も結ばれました。この条約を何といいますか。

## 2

次の文章をよく読んで，あとの問に答えなさい。

新型コロナウイルスの感染《せん》拡大は，世界を大きく変えました。2020年３月11日，国際連合の【 ※ 】がパンデミック宣言を行った前後から，各国政府は感染を防止するため，国境や都市を封《ふう》鎖《さ》するなど，①人の移動と交流を極端《たん》に制限する措《そ》置を実施《し》しました。

日本では，３月13日に新型コロナウイルスを対象に含《ふく》めた「改正新型インフルエンザ等対策特別措置法」が国会で成立し，４月には政府による最初の「緊《きん》急事態宣言」が出されました。これを受けて各都道府県では，地域の実情に合わせた対策がとられましたが，特に，②都道府県知事のリーダーシップに注目が集まりました。

新型コロナウイルスの感染拡大は，経済にもさまざまな影響《えいきょう》をおよぼしました。マスクや消毒液などの医療《りょう》品が品切れとなり，③価格が急上昇《しょう》しました。また，客の減少から多くの企《き》業や商店が売り上げを下げましたが，④売り上げを維《い》持しようとする工夫《ふう》も見られました。

混乱した経済を立て直し，国民の暮らしを支えるために，通常国会では４月と６月の二度にわたって追加の予算が成立しました。これにより，⑤2020年度予算は史上最大規模となり，政府は必要な対策を実施できるようになりました。こうした財政政策とともに，⑥日本銀行も景気を維持するために，さまざまなはたらきかけを行ってきました。５月下旬《じゅん》に，ようやく全国で緊急事態宣言が解除されると，経済・社会活動が段階的に再開されていきました。しかしその後も，経済を優先しようとすると感染が拡大するという，難しい状況《きょう》が続いています。

こうしたなか，８月末に安倍首相が辞意を表明し，首相が交代することになりました。９月16日に臨時国会が召《しょう》集され，⑦衆参両院の本会議で菅義偉氏が首相に指名されました。菅政権には，新型コロナウイルス対策や医療支援《えん》など，さまざまな課題に対処していくことが期待されています。

問１　文章中の【※】には，健康増進を目的に設立された国連の専門機関が入ります。この機関をアルファベットで答えなさい。

問２　下線部①について。国からの制限を受けずに，ものごとを考えたり行動したりできる基本的人権を，まとめて何といいますか。

問３　下線部②について。都道府県の知事は，三権のうちの一つを担《にな》っています。知事と同じ権限を担っている国の機関を答えなさい。

問４　下線部③について。商品の価格は，その商品の生産数または輸入数と販《はん》売数で決まります。商品の価格が急上昇するのは，それぞれどのように変化する場合ですか。次の文中の(　)にあてはまる語句の組み合わせとして，正しいものを下のア～エから選び，記号で答えなさい。

| |
|---|
| **生産数または輸入数が( Ａ )して，販売数が( Ｂ )する場合。** |

ア．Ａ＝増加／Ｂ＝増加　　イ．Ａ＝増加／Ｂ＝減少

ウ．Ａ＝減少／Ｂ＝減少　　エ．Ａ＝減少／Ｂ＝増加

問５　下線部④について。どのような工夫が見られましたか。一つあげなさい。

問６　下線部⑤について。右のグラフは，予算の歳入の変化を示しています。史上最大規模となった2020年度予算をまかなうために，グラフ中［あ］が大幅《はば》に増加しました。［あ］にあてはまる語句を答えなさい。

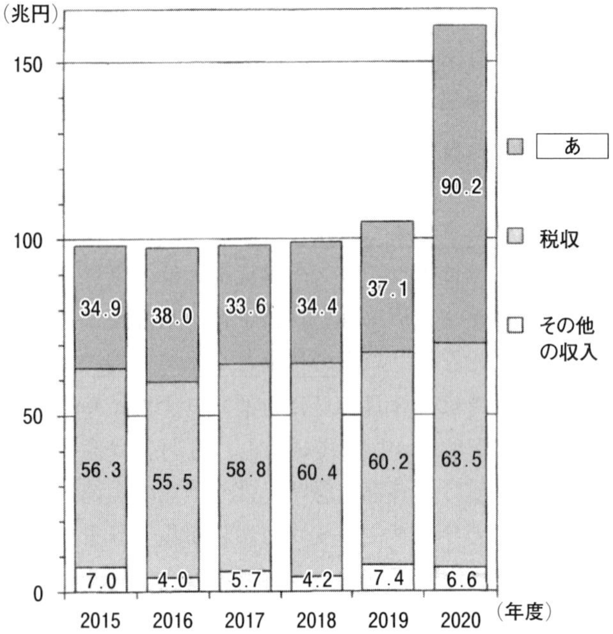

財務省HP より

問７　下線部⑥について。日本銀行には「銀行の銀行」という役割があります。それはどのような役割ですか。

問８　下線部⑦について。この手続きは，日本国憲法の第67条に基《もと》づいて行われました。次はその条文の一部です。(　)にあてはまる語句を答えなさい。

| |
|---|
| **内閣総理大臣は，(　　)の中から国会の議決で，これを指名する。** |

**3**　次の文章をよく読んで，あとの問に答えなさい。

わたしたちが住む日本は，自然災害が多い国です。日本は４つのプレートが集中する場所に位置しているため，①規模の大きな地震《しん》が多く発生します。2011年３月11日に発生した東日本大震災は，②直接的な被《ひ》害を受けた東北地方の太平洋側だけでなく，広い範《はん》囲に深刻な影響を与《あた》えました。震災以降，地震の被害を抑《おさ》えるため，強い揺《ゆ》れに耐《た》えられる構造のビルや住宅が増えています。

雨が多く，山がちな地形の日本では，水害も多く発生します。なかでも大量の雪どけ水が川に流れ込《こ》む春や，③梅雨前線が停滞する梅雨の時期は，④河川が氾濫《はんらん》しやすくなります。このような被害を防ぐためにも，日本各地の河川にはダムが建設されてきました。

周囲を海に囲まれた日本は，風の影響も強く受けます。⑤東北地方の太平洋側では，夏に冷たく湿《しめ》った風が吹《ふ》き，この地域の農業に大きな被害を与えてきました。そこでこの地域では，品種改良によって寒さに強い農作物を生み出すなどの努力が続けられています。また⑥北関東では，冬に冷たく乾《かわ》いた季節風が吹くため，強い風を防ぐ屋敷森が多く見られます。ほかにも，多くの台風が接近・上陸する⑦沖縄の伝統的な家屋には，強風を防ぐ工夫が見られます。

活発な火山が多い日本では，火山活動による災害も多く起きています。火山の噴《ふん》火は，火砕《さい》流や土石流などの被害のほかにも，広範囲に大量の火山灰を降らせ，農業や人々の暮らしに被害を与えることがあります。⑧火山の近くに住む人々は，火山灰土に適した農業を工夫したり，⑨火山がもたらす恵《めぐ》みを利用したりしながら生活しています。

このように，自然災害が多い日本で暮らすわたしたちは，災害時に必要な物資を備蓄《ちく》したり，⑩ハザードマップを活用して避《ひ》難経路を確認したりするなど，日頃から防災につとめることが大切です。

問1　下線部①について。地震そのものの大きさ(規模)を示す単位を答えなさい。

問2　下線部②について。

(1)　震災で大きな被害を受けた港の一つに気仙沼があります。気仙沼港は，震災の年も含めて20年以上，かつおの水揚《あ》げ量が日本一です。気仙沼港の位置を**地図1**中**あ～え**から選び，記号で答えなさい。

(2)　震災は日本の電源(発電方法)の構成にも大きな影響を与えました。次のグラフは，日本の電源構成の推移を示しています。グラフ中［※］にあてはまる発電名を答えなさい。

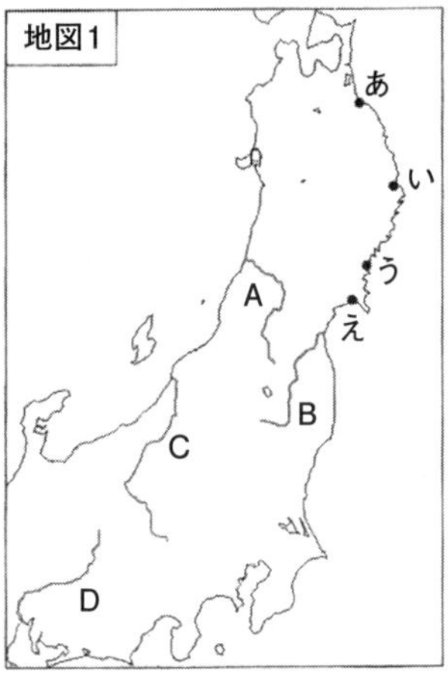


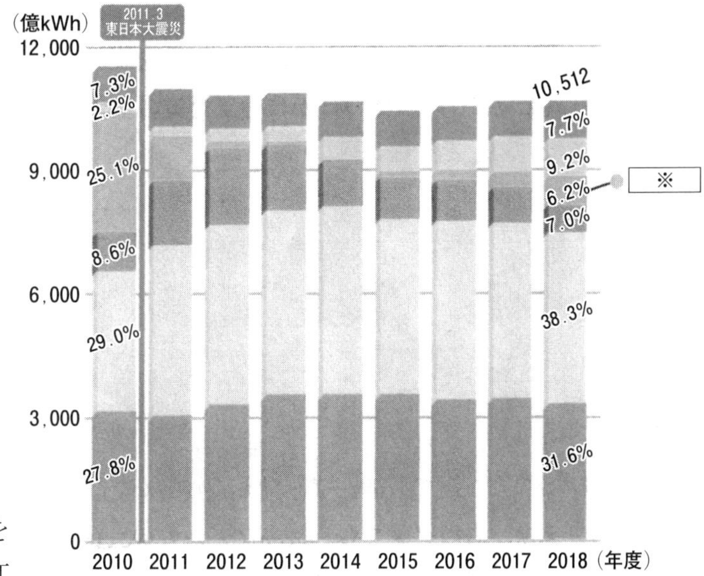


資源エネルギー庁HP より

問3　下線部③について。

(1)　この時期の雨のことを“五月雨《さみだれ》”ともいいます。江戸時代の俳人，松尾芭蕉は次の俳句を詠《よ》みました。(　)にあてはまる河川の位置を**地図1**中**A～D**から選び，記号で答えなさい。

**五月雨を　あつめて早し　(　　)**

(2)　**地図2**は，ある製品工場の九州地方における分布を示しています。2020年7月，梅雨前線の影響で大雨になり，この工場の一部は操業できなくなりました。この工場で製造している製品は何ですか。

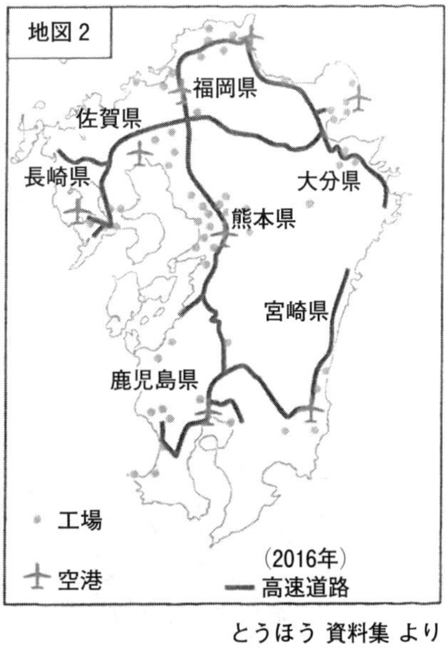


とうほう 資料集 より

問4　下線部④について。たびたび氾濫してきた河川の一つに多摩川があります。多摩川の一部は，東京都と神奈川県の境になってきました。かつて多摩川は，下の**地形図**中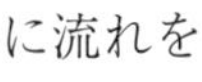のように流れていましたが，氾濫を防ぐために流れをまっすぐにする工事を重ね，現在の姿になりました。地形図を見ると，かつて多摩川が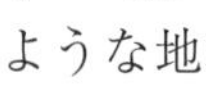のように流れていたことを示す地名が，現在の川の両岸にいくつかあります。そのような地名の組み合わせを**地形図**から一組見つけ，両岸の地名をそれぞれ○で囲みなさい。

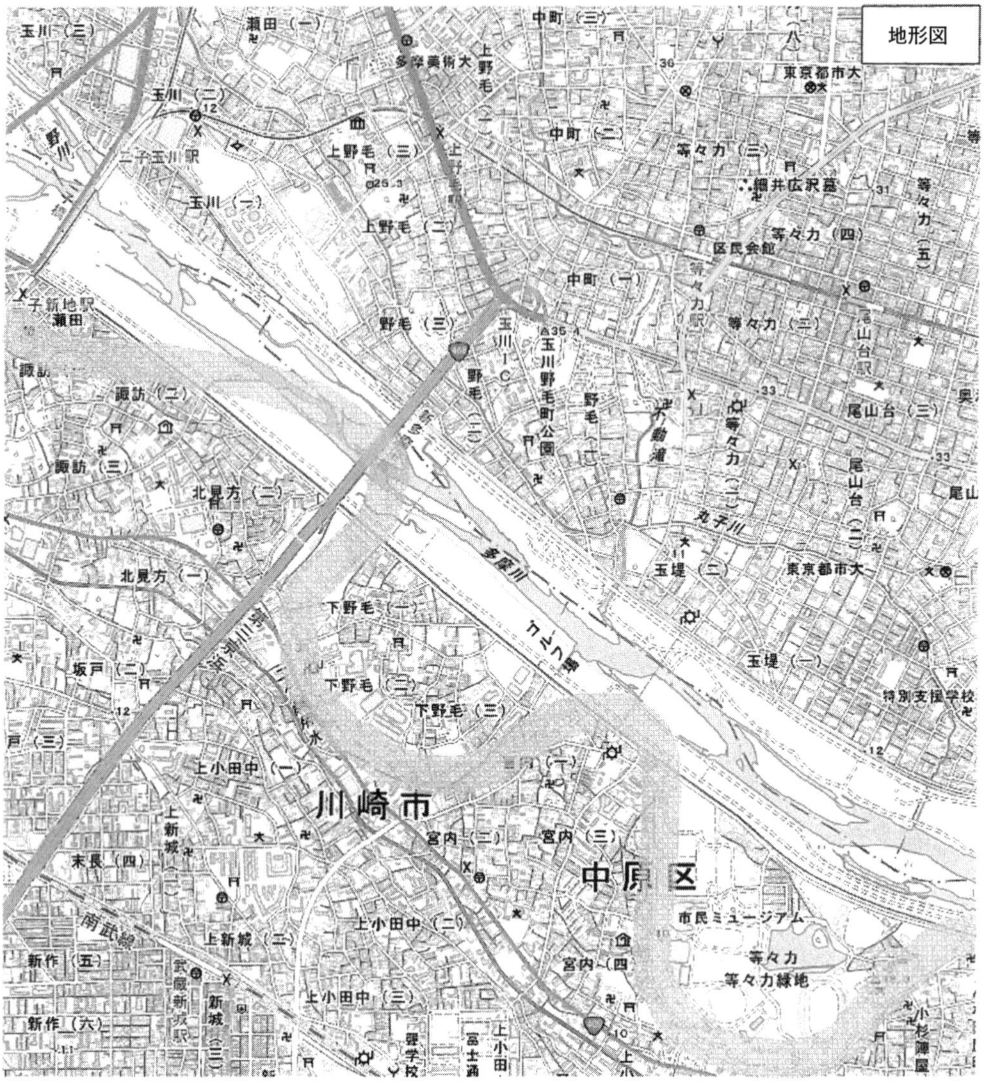


国土地理院/GSI Maps より

問５　下線部⑤について。この風を何といいますか。

問６　下線部⑥について。この地域の屋敷森は，どの方角にありますか。八方位で答えなさい。

問７　下線部⑦について。次の写真は，沖縄の伝統家屋です。写真を見て，防風林のほかに強風対策の工夫を一つあげなさい。

教育出版 教科書 より

問8　下線部⑧について。活発な活動が続いている火山の一つに，桜島があります。右のグラフは，桜島などからの火山灰が堆《たい》積した地域で，さかんに栽培《さいばい》されてきた農作物の県別生産割合を表したものです。農作物名を答えなさい。

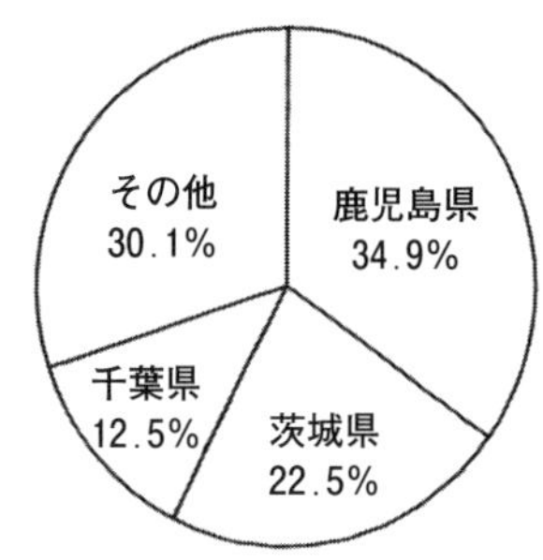

『日本国勢図会 2020/21』より

問9　下線部⑨について。それはどのようなことですか。考えて，一つ答えなさい。

問10　下線部⑩について。**地図3**は，東京都港区麻布地区の浸《しん》水ハザードマップです。あなたは今，地図中★の地点にいます。古川の氾濫による浸水から避難するとき，もっとも危険が少ない避難ルートを次から選び，記号で答えなさい。

ア．東へ進み，麻布消防署飯倉《いいくら》出張所の手前の❶を曲がって，三田一丁目方面へ向かう。

イ．西へ進み，麻布十番一丁目の❷を曲がって，六本木五丁目方面へ向かう。

ウ．南へ進み，麻布十番二丁目と三丁目の間の❸を曲がって，元麻布一丁目方面へ向かう。

エ．北へ進み，❹を曲がって，さらにその先の❺を曲がって，麻布狸穴《まみあな》町方面へ向かう。

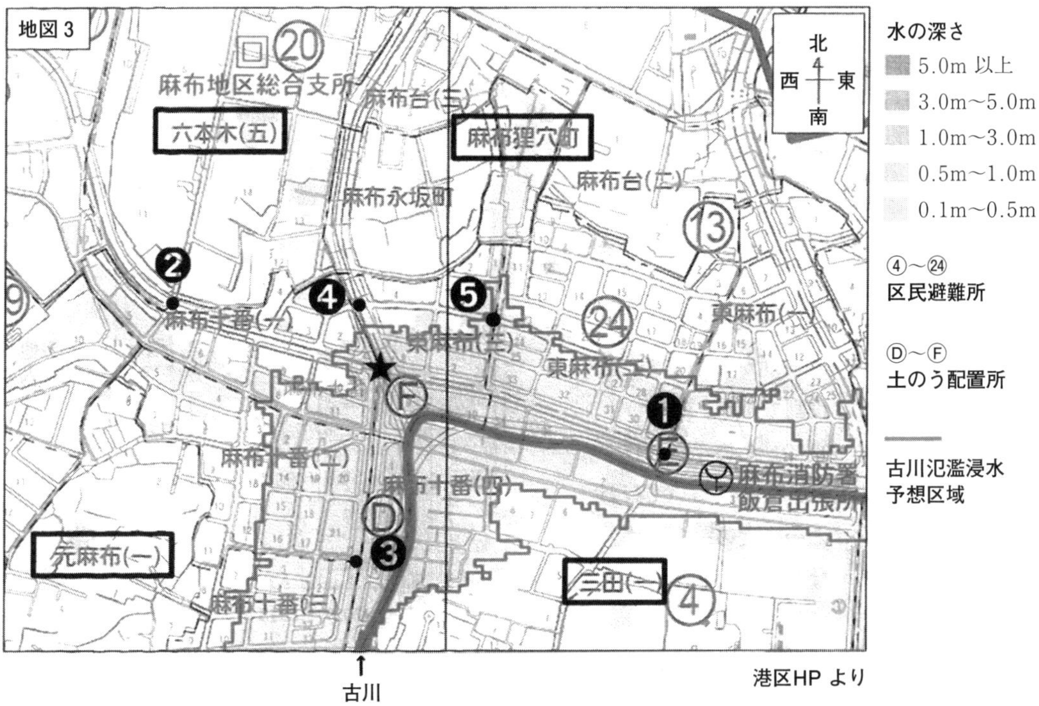

港区HP より

※**地図3**は弊社のホームページにて，カラー印刷のものを掲載しています。
なお，右のQRコードからもアクセスできます。

**【理　科】〈B日程試験〉**（30分）〈満点：60点〉

**1**　缶《かん》はアルミニウム，または鉄を利用して作られています。缶の特ちょうは軽くて衝撃《しょうげき》に強いこと，リサイクルがしやすいことです。使用後は資源ごみとして回収され，アルミニウムの板や鉄鋼に生まれ変わります。

(1)　アルミニウムと鉄の性質について，次からアルミニウムにのみ当てはまる性質を選び，番号で答えなさい。

1　電気を通す。

2　たたくと割れずに，薄《うす》く広がる。

3　みがくと光る。

4　水酸化ナトリウム水溶《よう》液に入れると，溶《と》けて気体が発生する。

5　塩酸に入れると，溶けて気体が発生する。

(2)　アルミニウムは自然と表面に酸化アルミニウムの薄い膜《まく》をつくり，その膜が他の物質との反応を起こりにくくします。それによって，アルミ缶は中の飲料の品質を保つことができます。

酸化アルミニウムは，アルミニウムを燃やしても得ることができます。アルミニウムの粉末をア～エの重さで用意して，燃やし，その重さの変化を調べたところ，次のような結果になりました。

また，燃やした後の物質を塩酸に入れたところ，１つは気体が発生しました。これは，燃え方が不十分ですべてが酸化アルミニウムに変化せず，アルミニウムが残っていたことが原因です。

| | ア | イ | ウ | エ |
|---|---|---|---|---|
| 燃やす前の重さ（g） | 3.6 | 4.2 | 4.5 | 5.4 |
| 燃やした後の重さ（g） | 6.8 | 7.4 | 8.5 | 10.2 |

①　アルミニウムが完全に燃えて，すべて酸化アルミニウムに変化したときのアルミニウムと酸化アルミニウムの重さを最も簡単な整数比で答えなさい。

②　燃やした後の物質を塩酸に入れたとき，気体が発生したのはア～エのうち，どれですか。また，そのとき酸化アルミニウムに変化せずに残っていたアルミニウムは何gですか。

③　8.1gのアルミニウムを6.0gの酸素が入った容器の中で燃やしました。燃やした後の物質の重さは何gですか。

(3)　アルミニウムを製造するときに，原料の（ あ ）という鉱石から純粋《すい》なアルミニウムを得るには大量の電気を必要とします。一方リサイクルでは，まず，アルミ缶とスチール（鉄）缶を分け，アルミ缶の塗《と》料をはがし，熱して溶かし，冷やすだけで再びアルミニウムとして利用できます。このときに必要なエネルギーは（ あ ）を原料としてアルミニウムを得るときの３％ほどです。

①　（あ）に入る言葉を答えなさい。

②　アルミ缶とスチール缶を分けるときに，リサイクルセンターではアルミニウムと鉄のある性質の違《ちが》いを利用しています。どのような性質の違いか，説明しなさい。

**2** 英子さんの家族は8月に，海岸線から約1km離《はな》れた場所にある運動公園に行きました。

> 父　：ここではよく風がふいて，野球の試合でボールが風に流されることがあるんだよ。
> 英子：その風は，同じ方向からふくの？
> 母　：そうよ。その風は，海と陸の温まりやすさ・冷めやすさのちがいで起こる風なの。ところで，海と陸を比べると，どちらの方が温まりやすく冷めやすいと思う？
> 英子：(①　ア：海　　イ：陸)だと思う！
> 母　：正解！　温まりやすい(　①　)に接している空気のかたまりは，温度が上がると体積が(②　ア：大きく　　イ：小さく)なって周りより軽くなるので上しょうするの。そのすき間をうめるように，(③　ア：海　　イ：陸)の上にある空気が(　①　)の上に移動する。この空気の移動が風の正体よ。
> 英子：(④　ア：晴れた日　　イ：くもりや雨の日)の方がその風は起こりやすいんだね。
> 父　：ヒートアイランド対策としてその風を活用する街づくりも考えられているよ。

(1)　会話中の(　)より適するものをそれぞれ選び，記号で答えなさい。

(2)　図は，東京とそれ以外の非都市部における最近100年の気温の上しょうを，年間，夏，冬に分けてまとめたものです。

次の文の(　)より適するものをそれぞれ選び，記号で答えなさい。

> 都市の気温が周囲よりも高くなる現象があり，ヒートアイランド(熱の島)現象と呼ばれる。
> 最近100年の気温変化を，年間の平均気温で見ると，東京で3.3℃，非都市部で1.5℃上しょうしている。夏と冬を見ると，特に気温の上しょうが大きいのは(①　ア：夏　イ：冬)で，夏冬ともに(②　ア：最高気温　　イ：最低気温)の方が大きく上しょうしている。
> この傾《けい》向は非都市部に比べて東京で顕著《けんちょ》であることから，東京でのヒートアイランド現象の特ちょうとして，気温が(③　ア：上がり　　イ：下がり)にくくなっていることが分かる。

図　東京と非都市部における最近100年の気温の上しょう

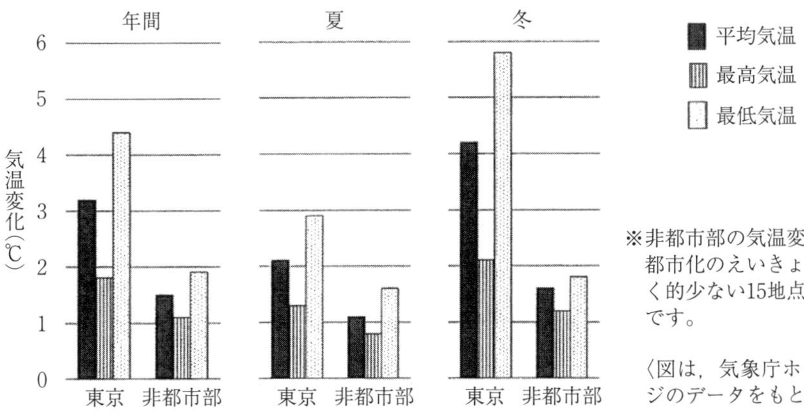


※非都市部の気温変化(℃)は，都市化のえいきょうが比かく的少ない15地点の平均値です。

〈図は，気象庁ホームページのデータをもとに作成〉

**3**　信号機について各問いに答えなさい。

⑴　図１のような信号機の模型を作りました。問題で使われる器具などは，図２のように示します。

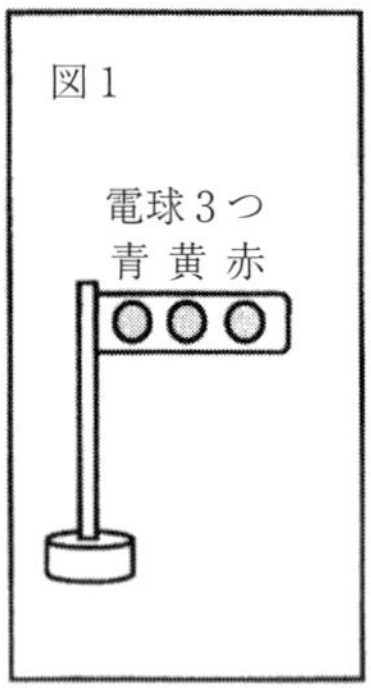


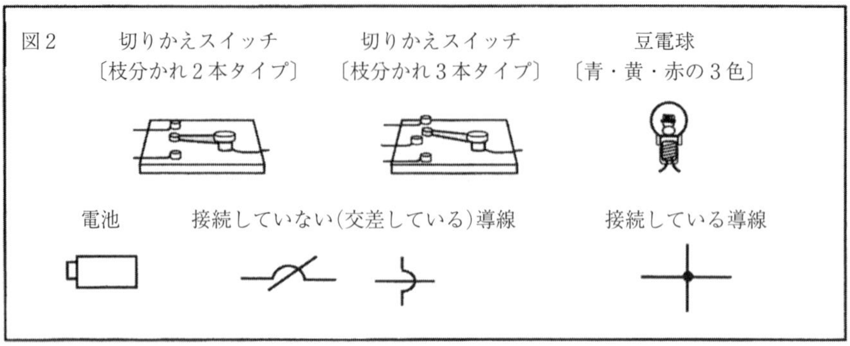


①　青・黄・赤それぞれを１つずつ点灯させるには，図中の電球３つ，切りかえスイッチ，電池をどのようにつなげばよいですか。次から１つ選び，記号で答えなさい。

ア

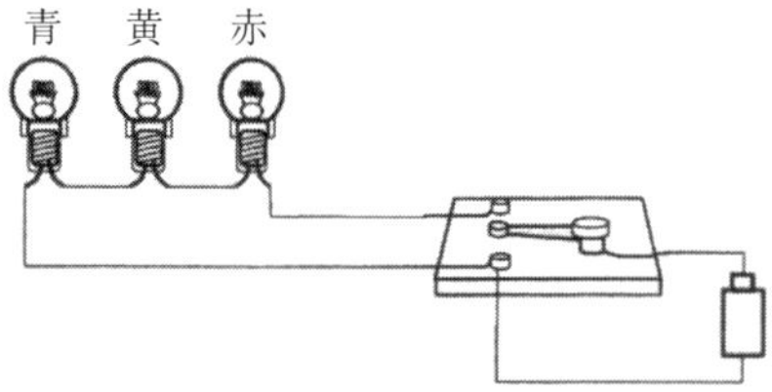


イ

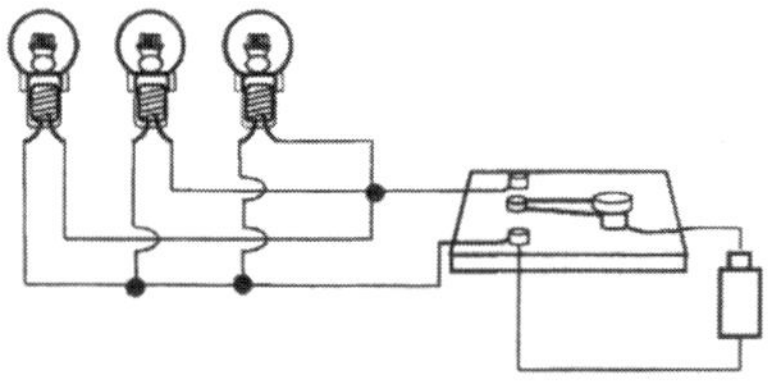

ウ

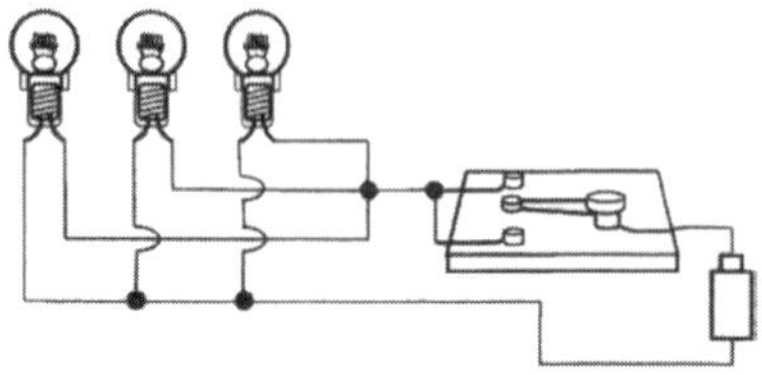

エ

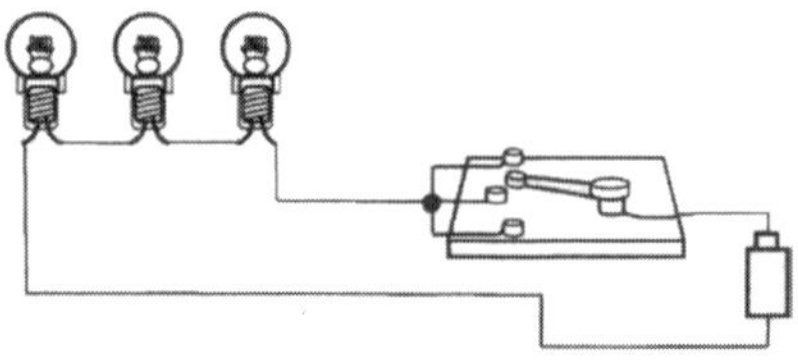

オ

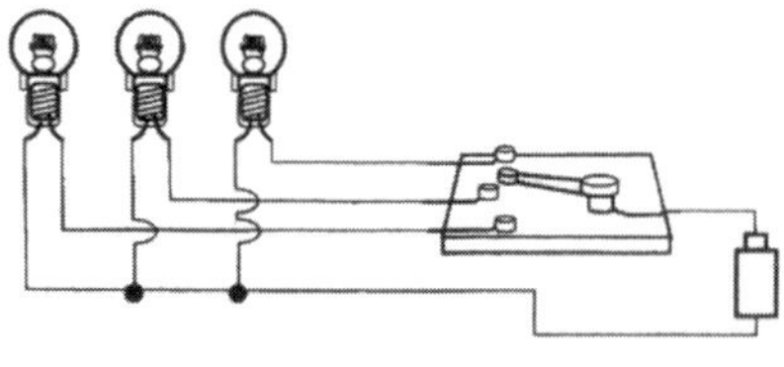

カ

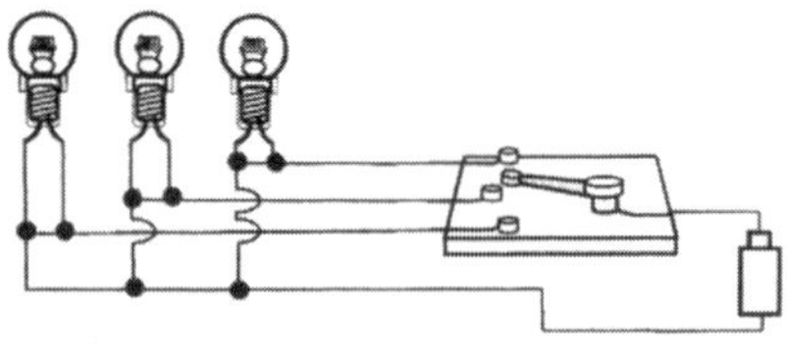

②　図１の信号機とは別に，２つの歩行者用信号機Ａ・Ｂも作ります。Ａが青のときＢは赤に，Ａが赤のときＢは青に点灯させるには，電池，切りかえスイッチ，信号機Ａ・Ｂの青と赤の電球はどのようにつなげばよいですか。解答用紙の図の●を線でつなぎなさい。

　導線が接続しているか，していないかは図２のようにかきなさい。

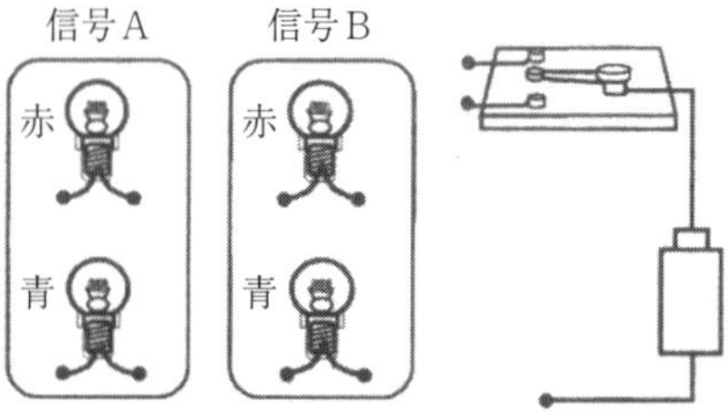


⑵　近年，道路に設置されている信号機は，電球式ではなくLED式(図３)になっています。LED式の信号機は，図のように，青・黄・赤のそれぞれで各色の小さなLEDがたくさん使わ

れています。LED式にすることで次のような利点があります。

下の［　　］に入るLED式にする利点をもう一つ考え，10字以内で答えなさい。

・電力が節約できる
・仮に1つのLEDがこわれても，残りの多くのLEDが光る
・消灯時に暗く見え，はっきりと点灯と消灯がわかる
・信号機そのものを小型化(うす型化)できる
・［　　　　　］

図3

(3)　電球式信号機(図4)は，晴れの日，東向きに設置されている場合は朝(図5)，西向きに設置されている場合は夕方(図6)に，ある現象が原因となり信号を見る運転者にとって危険になることがあります。その危険とはどのようなことですか。原因となる現象と，それによって起こる危険なことを簡単な文で答えなさい。

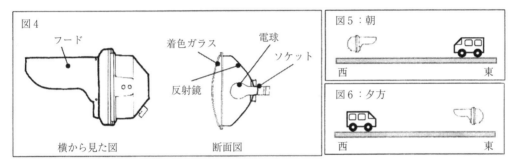

図4

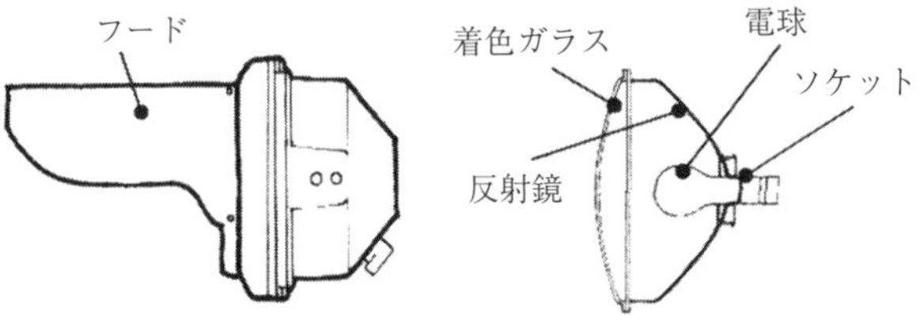


横から見た図　　断面図

図5：朝

図6：夕方

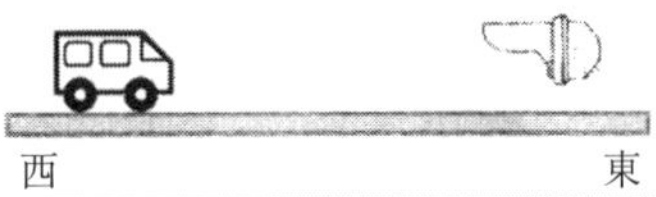


(4)　北陸地方・東北地方・北海道では，LED式ではなく電球式の信号機を使っている場合があります。それはなぜですか。下の文の〔　〕に入る語句や短い文を答えなさい。

電球から発生する〔　　　〕で〔　　　　　　〕ことができるから

**4**　以下の3種類の生物を用いて実験をしました。各問いに答えなさい。

【アズキゾウムシ(以下ゾウムシA)とヨツモンマメゾウムシ(以下ゾウムシY)】

ゾウムシA・Yどちらも豆を食べる害虫。豆の表面に産み付けられた卵からふ化した幼虫は，豆の中に入りこみ，豆を食べて成長し成虫となり，豆の外へ出てくる。

【ゾウムシコガネバチ(以下寄生バチ)】

ゾウムシA・ゾウムシY両方の天敵。豆の中にいるゾウムシAまたはゾウムシYの幼虫に産卵管をのばし卵を産み付ける。ふ化した寄生バチ幼虫はゾウムシAまたはゾウムシYの幼虫を食べて育ち，豆から出て羽化する。羽化した寄生バチは死ぬまでに何回も産卵する。

実験1　寄生バチがゾウムシA幼虫とゾウムシY幼虫をどのように選んで産卵するのかを調べるために以下のような実験を行いました。実験結果は次ページの図1のようになりました。

操作①：ゾウムシA幼虫のみを食べて育った寄生バチと，ゾウムシY幼虫のみを食べて育った寄生バチを用意した。

操作②：操作①の寄生バチをゾウムシA幼虫のみ，またはゾウムシY幼虫のみがいる容器の中

に放し，３日間または７日間どちらかの幼虫への産卵を経験させた。この作業を事前産卵という。

操作③：事前産卵をした寄生バチをゾウムシA幼虫とゾウムシY幼虫が１：１の割合で入っている容器に入れ，一定時間おいてゾウムシA幼虫とゾウムシY幼虫どちらにいくつ産卵するかを調べた。

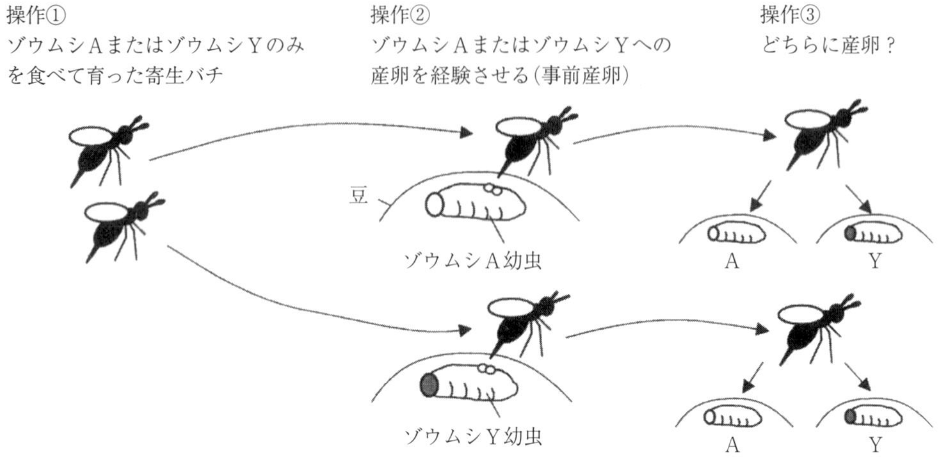


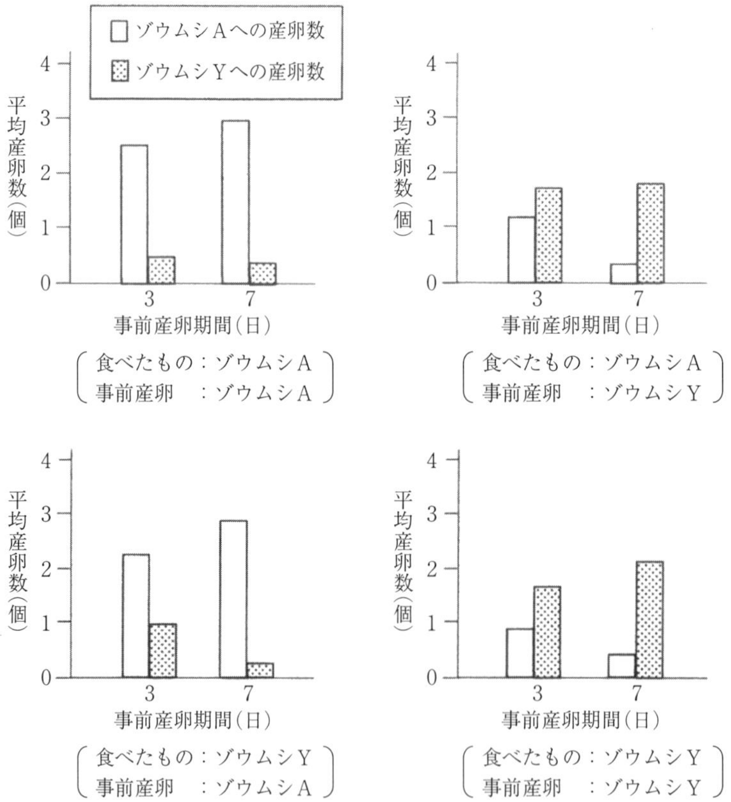


図１

(1)　寄生バチがゾウムシA幼虫とゾウムシY幼虫をどのように選んで産卵するかについて，正しいものを次から１つ選び，番号で答えなさい。

1　自分が食べて育った幼虫と同じ種に産卵する傾向がある。

2　自分が過去に産卵した幼虫と異なる種に産卵する傾向があり，事前産卵の期間が長いほどその傾向は高まる。

3　自分が過去に産卵した幼虫と異なる種に産卵する傾向があり，事前産卵の期間が短いほどその傾向は高まる。

4　自分が過去に産卵した幼虫と同じ種に産卵する傾向があり，事前産卵の期間が長いほどその傾向は高まる。

5　自分が過去に産卵した幼虫と同じ種に産卵する傾向があり，事前産卵の期間が短いほどその傾向は高まる。

6　自分が食べたものや，過去に産卵した経験は，その後の産卵とは無関係である。

実験2　ゾウムシAとゾウムシYと両者のエサとなる豆を入れて飼育し，それぞれの成虫の数(匹《ひき》)を数えました。なお，豆は一定量になるように，消費された分は追加しました。結果は図2のようになりました。

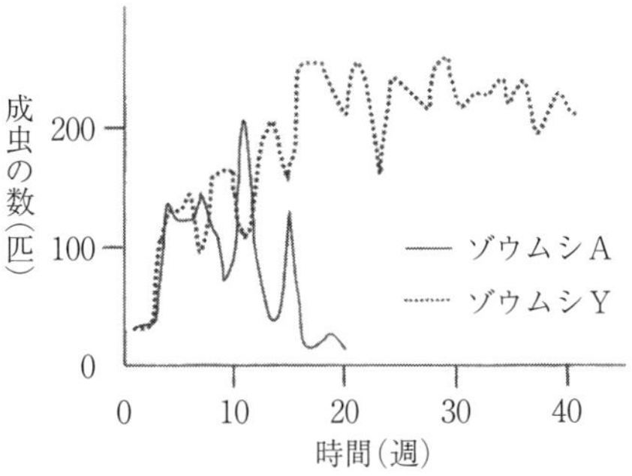


図2

(2)　実験2において，ゾウムシAとゾウムシYだけで飼育すると20週後にはゾウムシYのみになりました。この理由を次から1つ選び，番号で答えなさい。

1　ゾウムシYがゾウムシAを食べつくしたため

2　ゾウムシYがエサや空間をめぐる争いに勝ったため

3　ゾウムシYとゾウムシAの間で交配が起きたため

4　20週ですべての豆が食べつくされてしまったため

5　20週ですべての酸素が消費されてしまったため

実験3　実験2と同様の実験を行い，途中から寄生バチを加えました。そして，ゾウムシA，ゾウムシY，寄生バチの成虫の数を数えました。結果は図3のようになりました。

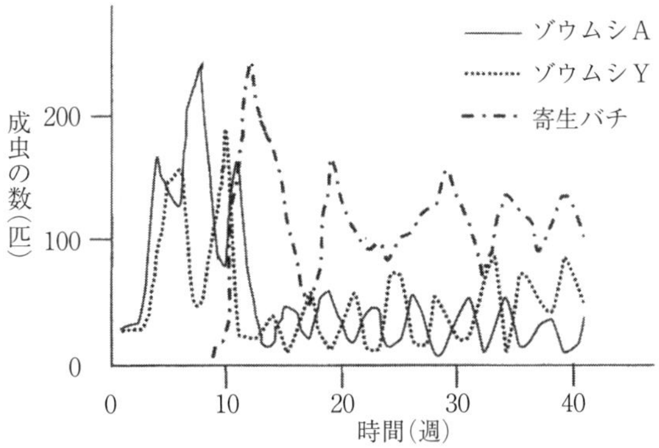


図3

(3)　実験3についての次の文の空所に入るものをそれぞれ選び，番号で答えなさい。なお，[ア]は1～4，[イ]は5～7より選ぶこと。

実験3では，寄生バチは[　ア　]し，実験1の結果から分かった寄生バチの産卵の傾向は[　イ　]と考えられる。

1　常にゾウムシAよりゾウムシYに多く産卵

2　常にゾウムシAとゾウムシYに同数産卵

3　産卵開始時にゾウムシAとゾウムシYの多い方に多く産卵

4　産卵開始時にゾウムシAとゾウムシYの少ない方に多く産卵

5　[ア]を抑《よく》制する(弱める)ようにはたらいた

6　[ア]を促《そく》進する(強める)ようにはたらいた

7　［ア］を抑制も促進もしなかった

(4)　実験1～3の結果をインターネット等で発表したいと思います。より多くの人に興味をもってもらうために，タイトルをつけることにします。［ア］，［イ］に入るものをそれぞれ選び，番号で答えなさい。

「［　ア　］が，［　イ　］をもたらす」

［ア］に入る言葉

1　天敵の味覚　　　2　天敵のコミュニケーション力

3　天敵の記おく力　4　無知な天敵

［イ］に入る言葉

1　生物種の減少　　2　害虫の死めつ

3　生態系の破かい　4　生物種の多様化

(5)　ハチのように「幼虫→さなぎ→成虫」と変化する昆《こん》虫を次からすべて選び，番号で答えなさい。

1　トンボ　　2　ハエ　　3　カマキリ　　4　セミ　　5　カイコガ

(6)　次の文の空所①～③に入る言葉の組み合わせを下から選び，番号で答えなさい。

豆とはマメ科植物の種子のことです。図4はインゲンマメの種子の断面です。図4のアは〔 ① 〕といい，養分を蓄《たくわ》えています。インゲンマメの発芽には水，適当な温度，〔 ② 〕の3つが必要です。図4のイは発芽すると植物の〔 ③ 〕になります。

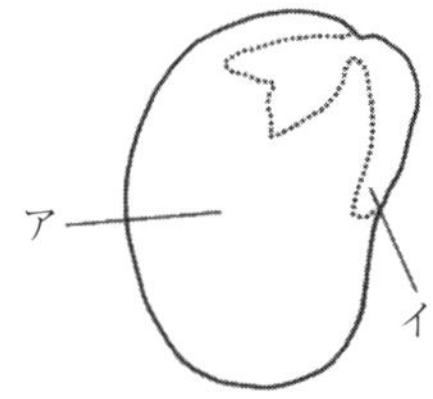

図4

1　①　胚《はい》乳　②　酸素　③　根　　2　①　胚乳　②　酸素　③　茎《くき》

3　①　胚乳　②　光　③　根　　4　①　胚乳　②　光　③　茎

5　①　子葉　②　光　③　根　　6　①　子葉　②　光　③　茎

7　①　子葉　②　酸素　③　根　　8　①　子葉　②　酸素　③　茎

い当たらない場合は適切な例を考えて書くこと。答えは左の解答らんに書きなさい。

**イ**　私の父は息子が昆虫採集をするのを好まないのに、みんなは父や兄に標本づくりを応援され手伝ってもらっていたこと。

**ウ**　私のほうが小さいころから昆虫採集に親しんでいたのに、夏休みの宿題のせいでみんなも昆虫採集をするようになったこと。

**エ**　私は自力で標本を完成させたのに、みんなは父や兄に手伝ってもらい、『昆虫図鑑』を使って正式な名前の名札をつけていたこと。

問六　3カバーが汚れている奴なんか買いたくなかった　とありますが、それはなぜですか。もっともよくあてはまるものを次の**ア**～**エ**の中から一つ選び記号で答えなさい。

**ア**　ずっとあこがれていた『図鑑』の価値をそこなわないようにしたかったから。

**イ**　みんながすでに持っているものより見おとりするようなものはいやだったから。

**ウ**　ケチな自分が高い本を貯金で買うからにはより良いものが欲しかったから。

**エ**　入院して病院のベッドで読むことになるかもしれないと思ったから。

問七　4私の昆虫熱は半分がたさめた　のはなぜですか。もっともよくあてはまるものを次の**ア**～**エ**の中から一つ選び記号で答えなさい。

**ア**　せっかく父の教育方針に反して『昆虫図譜』を手に入れたのに、みんなは昆虫採集にあきてしまっていたから。

**イ**　続篇にのっている海外の昆虫は生き生きとしてひきつけられたが、私は海外へ行って昆虫採集をすることができないから。

**ウ**　続篇にのっている海外の昆虫はみんな見ためが派手だったり大きかったりで、昆虫を気味が悪いものと思うようになったから。

**エ**　見慣れた昆虫の名を『昆虫図譜』の正篇で知りたかったのに、まちがえて自分の目的に合わない続篇を買ってしまったから。

問八　5幸か不幸か、それからほどなく私は腎臓病にかかった　とありますが、「腎臓病にかかった」ことでどのようになったことを「幸」「不幸」と言っているのですか。それぞれ文中の語句を用いて説明しなさい。

問九　6私はずっと以前からの旧知のような気がした　とはどういうことですか。もっともよくあてはまるものを次の**ア**～**エ**の中から一つ選び記号で答えなさい。

**ア**　これまでは昆虫採集や標本づくりに熱を上げ、虫に注射をすることに楽しみを見出していたが、数か月間腎臓病で寝ていたおかげで虫に対して以前より深い知識が身についたということ。

**イ**　腎臓病にかかり制限される中で『昆虫図譜』とともに寝るような生活をしていたため、実際の虻を目にしたとき、前からの知り合いのような気持ちになったということ。

**ウ**　腎臓病にかかり昆虫採集やふつうの食事も制限されている中、厳しい父が『昆虫図譜』を買ってくれたため、春に退院して初めて出合った虻を見て家族とのつながりを意識したということ。

**エ**　腎臓病にかかり入院している間に感性がするどくなり、綿毛のかたまりのような虻を見たとき、かつて原っぱの隅で発掘した女の髪の毛を連想し、その女の表情をありありと思い出したということ。

問十　7私にとっては、自分の住んでいる世界がいささかなりとも広くなったように感じられた　とありますが、**この時の「私」が経験したことと同じように**「自分の住んでいる世界」が広くなったと感じた経験を思い出して具体的に書きなさい。自分の経験が思いらしく半年間寝《ね》ていなければならなかった。腎臓病という病気は**ウ**何にも食べられ**ない**。蛋白《たんぱく》も塩気もいけないのだ。これは子どもの身にとっては大変なことである。カレーライスのにおいのする日には涙《なみだ》がこぼれた。私の血の中には意地汚《きたな》い血はあまりながれていなかったにもかかわらず、それから私はイジキタナクなった。みんながさすがに気の毒がって、『昆虫図譜』の正篇を買ってくれた。

退屈《たいくつ》さが私をいっそうその本に惹《ひ》きつけた。私はくりかえしくりかえし、表紙がすりきれるまで『昆虫図譜』をながめた。原色写真の形態をあらかた見覚えてしまった。名前もおぼえた。さらにラテン語の学名までをかなり暗記した。私はその横文字をよむことができなかったが、大人がよんでくれた。それで私は、クロアゲハはパピリオ・プロテノール・デメトリウスといい、カブトムシはアロミリナ・ディコトムスということを覚えた。**b**それは**エ**何が何やらわから**ない**だけにいっそうおもしろかった。学問というものだってみんな初めはそんなものだ。何が何やらわからないから人々はオヤオヤと思う。ところが、少したって少しわかったような気がするともう飽《あ》きてしまう。いつまでたっても何が何やらわからないと、これもやっぱり飽きてしまう。永久に何が何やらわからないのが一番おもしろいことなのに。

何月か『昆虫図譜』と寝ていたおかげで、私は虫の名を覚えた。なにかを覚えるということはそれほど大したことではない。それでも、**ウ**ようやく起き**られ**るようになって縁側《えんがわ》まで出てみたとき、私はその効果を知った。もう春であった。その春の**ヨウコウ**の中に、一匹の虻《あぶ》が**エ**宙からつりさげ**られ**たようにじっと浮《う》かんでいた。**綿毛**のかたまりのようなかわいらしい虻である。一目見て私にはその名称《めいしょう》がわかった。ビロウドツリアブ。彼女《かのじょ》とははじめて出会ったはずだのに、**6**私はずっと以前からの旧知のような気がした。むこうではそんなふうに思わなかったらしく、アッというまにどこかへ消えてしまった。しかし**7**私にとっては、自分の住んでいる世界がいささかなりとも広くなったように感じられたのである。

（北　杜夫『どくとるマンボウ昆虫記』）

【注】　1　残忍…残酷《ざんこく》なことを平気でするようす。

2　展翅…標本にするために羽を広げること。

問一　本文中の太字の**カタカナ**は漢字に直し、**漢字**は読み方をひらがなで答えなさい。

問二　本文中の　**られ**　**ない**　について、それぞれ**ア**～**エ**の中から働きの異なるものを一つ選び記号で答えなさい。

**られ**
**ア**　ショウジョウトンボをまきあげ**られ**た
**イ**　昆虫の標本をつくることが命じ**られ**た
**ウ**　ようやく起き**られ**るようになって
**エ**　宙からつりさげ**られ**たように

**ない**
**ア**　見なれた虫の姿がほとんど**ない**
**イ**　役に立た**ない**
**ウ**　何にも食べられ**ない**
**エ**　何が何やらわから**ない**

問三　**1**背筋が《　　》なった　の《　》にもっともよくあてはまるものを次の**ア**～**エ**の中から一つ選び記号で答えなさい。

**ア**　痛く　**イ**　熱く　**ウ**　寒く　**エ**　かたく

問四　**a**それ　**b**それ　の指す内容を、本文中の語句を用いてそれぞれ二十五字以内で書きなさい。

問五　**2**私の血の中にはくやしがる性質の血が多分にながれていたとありますが、何がくやしかったのですか。もっともよくあてはまるものを次の**ア**～**エ**の中から一つ選び記号で答えなさい。

**ア**　自己流で作った標本が、みんなとくらべるとはずかしいぐらい子どもっぽくてそまつなものだったということ。

採集箱の中にはピンセットだの三角紙だの注射器だのがはいっていたのである。中学生は承知をした。私は生きているバッタにアルコールを注射し、それが肢《あし》をふるわせて死んでゆくのをおどろいて眺《なが》め、その代償《だいしょう》としてアショウジョウトンボをまきあげ**られ**た。

私の血の中には【注1】残忍《ざんにん》な血がまじっていたにちがいなく、私はaそれをおもしろいと思った。私の家は医者だったので、私はまもなく古い注射器をもらいうけ、それでもってずいぶんたくさんの虫を殺した。いま私はそれほど残忍ではない。それでも当時はおもしろかったので、アリにまで注射をした。私はずいぶんたくさんの虫に注射をしたので、注射にはすっかりあきてしまったようだ。その後私は医者となり、人間に注射をしなければならなくなったが、これは次第《しだい》に私の性分《しょうぶん》にあわなくなりつつある。私はあまりにも虫に注射をしすぎたのだ。

小学校の四年のころ、夏休みの宿題にイ昆虫の標本をつくることが命じ**られ**た。私ははりきって虫をあつめた。はじめて昆虫採集の道具を買ってもらい、はじめて蝶《ちょう》を【注2】展翅《てんし》した。そして自分の三箱ばかりの標本がかなりすぐれたものであることを疑わなかった。

ところが夏休みが終わってみると、みんなの標本のほうがもっとよかった。なかには博物館に並べても恥《は》ずかしくない標本があった。疑いもなくお父さんやお兄さんに手伝ってもらったのだろう。標本にはちゃんと名札までついていた。これはけしからぬことであった。私だってシオカラトンボとかモンシロチョウくらいの名前は知っていたが、見たことがない虫にまでみんな名前がついていようとは思わなかった。そういう名前が虫の写真と共にのっている本『昆虫図鑑《ずかん》』という書物がこの世にあることを私は知った。

2私の血の中にはくやしがる性質の血が多分にながれていたにちがいない。私はもっと立派な標本をつくり、ちゃんと名札をつけてやろうと考えた。ところが私の父は息子《むすこ》が虫などを集めるのを好まなかった。勉強の邪魔《じゃま》になるというのだ。おどろいたことに、私はそのころ勉強ができた。それでも**オウボウ**な父はもっと勉強だけをしろと言った。昆虫図鑑だって買ってくれはしなかった。

私は自分の貯金箱をとりだした。『昆虫図鑑』は安くなく、平山修次郎著『原色千種昆虫図譜《ふ》』というのは三円三十銭だった。私の血の中にはケチな性分が多分にまじっていたにちがいない。私の貯金箱にはそれ以上の銀貨や銅貨がはいっていたにもかかわらず、私は思いきって『図鑑』を買う決心がつかなかった。それで、私がようやくそれを買い求めたのは、それから丸一年以上たってのことだった。

私は本屋へはいってゆき、並んでいる『原色千種昆虫図譜』を手にとったが、せめてできるだけきれいな本を買ってゆこうと考えた。3カバーが汚《よご》れている奴《やつ》なんか買いたくなかった。横のほうに変わったカバーをかけた本があった。それにも同じく『原色千種昆虫図譜』と印刷してあるので、私はこちらのほうが新版なのだと思い、夢中でそれを買い求めた。

家へもどりワクワクしながら本をひらいてみると、どうも様子がおかしかった。たしかに美しい昆虫の写真がずらりと並んでいるのだが、ア見なれた虫の姿がほとんど**ない**。モンシロチョウやシオカラトンボさえも載《の》っていなかった。説明をよんでみると、たいてい台湾《たいわん》産や朝鮮《ちょうせん》産の昆虫なのだ。これではあまりイ役に立た**ない**。私は本をひっくりかえし、ようやくその表題が『原色千種続昆虫図譜』となっているのに気がついた。あわてて続篇《ぞくへん》のほうを買ってしまったのだ。この打撃《だげき》は大きかった。正篇を買いなおすことはとてもできなかった。私は「運がなかったのだ」と思い、4私の昆虫熱は半分がさめた。5幸か不幸か、それからほどなく私は腎臓《じんぞう》病にかかった。かなり重

問七　2そんなこと　とありますが、どんなことですか。解答らんに合うように本文中から三十字以内でさがし、ぬき出して答えなさい。

（三十字以内）ということ。

問八　3同様の構図　とは、つまりどのような夫婦の関係を表した構図ですか。本文中から二十字以内でさがし、ぬき出して答えなさい。

問九　4ぼくが写真を見て「家族に見える」と思ったのは～写真館で三人の写真を撮ったということそのものによるかもしれない　とありますが、「ぼく」が、写真館で撮った家族写真を見て「家族に見える」と思ったのは、それがどのような写真だったからですか。本文全体の内容をふまえて、二点挙げて説明しなさい。

**二　次の文章を読んで後の問いに答えなさい。答えは、問十以外は解答用紙に書きなさい。問十の答えは、そこの解答らんに書きなさい。字数の指定のある問題は句読点も一字と数えます。**

幼いころ、私の家のとなりには広い空き地があった。夏には雑草が生《お》いしげり、キチキチと鳴くバッタがとび、夕方にはギンヤンマが蚊《か》を求めて低く旋回《せんかい》した。

現在のように、空き地という空き地に家が建ってしまうといった時代ではない。原っぱはながいこと原っぱのままで、夕ぐれ、人気《ひとけ》のないときには怖《おそ》ろしくさえあった。実際、私たちはここで人魂《ひとだま》を見た。空き地のとなりは墓地であったから、人魂くらいざらにいたのかもしれぬ。子どもたちの誰《だれ》かが悲鳴をあげ、「ヒトダマだ！」と叫《さけ》び、ころぶように逃《に》げだした。みんなころぶように逃げた。それどころか、本当にころんでしまい、膝小僧《ひざこぞう》をすりむいた。安全なところまで逃げてから、私たちはヒトダマがどんなものであったかを議論した。一人は青白かったと言った。一人はイナビカリのようだったと言った。もう一人はうす桃《もも》色だと言った。どうもみんなの話を総合するとインチキくさかった。

しかし私たちは、原っぱの隅《すみ》で、女の髪《かみ》の毛を発掘《はっくつ》した。私たちは、おぞましい殺人事件を考え、1背筋が《　　》なった。いま考えてみると、どうやらその髪の毛はシュロの幹に生える毛であったようだ。

しかし原っぱには、人さらいまで出没《しゅつぼつ》した。彼《かれ》らは大きな籠《かご》を背おい、原っぱに捨ててある空かんなぞを拾っていた。それは見せかけで、隙《すき》があると幼い子どもをつかまえ、籠に入れてもってかえり、外国へ高く売りはらうのである。少なくとも私たちはそう信じていた。

多くの子どもたちと同様、私はここで最初の昆虫《こんちゅう》採集をした。手でもってバッタをつかまえ、次には粗末《そまつ》な網《あみ》でトンボを追いかけた。もちろん昆虫採集なんて言葉は知らなかった。

ところが、この原っぱに一人の中学生が出現した。彼は立派な捕《ほ》虫網《ちゅうあみ》をもち、肩《かた》から桐《きり》でできている立派な採集箱をさげていた。それを開けてみせると、中にはふつうの赤トンボばかりが三十匹《ぴき》ほどはいっていた。私は彼の貧弱《ひんじゃく》な採集物をあわれんだ。なぜなら、私の虫籠の中には、もっと大きくてもっと真紅《しんく》のトンボ、いま考えてみればショウジョウトンボがはいっていたからだ。

中学生はショウジョウトンボを見、もしそれをくれたら、こっちの赤トンボを十匹やろうと言った。私はイヤだと言った。中学生は二十匹に値あげをした。私はことわった。ついに相手は全部の赤トンボをあげると申しでた。

「赤トンボはいらないけど」

と私は言った。

「その注射器をいっぺん使わしてくれない？」

少なくとも写真スタイルの定着と併走《へいそう》して家族倫理が整えられていったことは間違《まちが》いなさそうだ。4ぼくが写真を見て「家族に見える」と思ったのは、そこに子どもが写っているからというよりは、写真館で三人の写真を撮ったということそのものによるかもしれない。おそらく家族写真は、事後的にそこに家族を生み出すのだろう。

（大山　顕『新写真論』）

**【注】**

1 モチーフ…主題。
2 彷彿とさせる…ありありとイメージを思い浮かべられること。
3 踏襲…これまでのやり方を受けつぐこと。
4 ブルジョワジー…資本家や金持ちの階級。
5 貞淑…夫に対してしとやかで従順なようす。
6 ジェンダー観…男女の性別への考え。
7 男尊女卑…女性は男性に従うものだという考え。
8 三章で〜…問題文の出典である本『新写真論』の中で、この問題文より前にある章の内容を指す。
9 倫理…道徳観や善悪の基準。

問一　本文中の太字の**カタカナ**は漢字に直し、**漢字**は読み方をひらがなで答えなさい。

問二　空らん〔A〕〔B〕に入る語としてもっともよくあてはまるものをそれぞれ次の**ア**〜**カ**の中から選び記号で答えなさい。

**ア**　しばしば　**イ**　しみじみ　**ウ**　そもそも
**エ**　ぼちぼち　**オ**　ますます　**カ**　ゆくゆく

問三　空らん〈①〉〈②〉に入る語としてもっともよくあてはまるものをそれぞれ次の**ア**〜**カ**の中から選び記号で答えなさい。

**ア**　圧倒的　**イ**　印象的　**ウ**　具体的
**エ**　根本的　**オ**　典型的　**カ**　必然的

問四　a正統　b台頭した　の意味としてもっともふさわしいものをそれぞれ下の**ア**〜**エ**の中から選び記号で答えなさい。

a…**ア**　正しい支配　**イ**　正しいつながり
**ウ**　正しいはじまり　**エ**　正しい答え
b…**ア**　勢いをのばした　**イ**　数を増やした
**ウ**　群を抜《ぬ》いた　**エ**　民を治めた

問五　1演出されたしつらえの中に身を置くことこそが重要で　とありますが、なぜ「ぼく」にとってそれが重要なのですか。もっともよくあてはまるものを次の**ア**〜**エ**の中から一つ選び記号で答えなさい。

**ア**　いい雰囲気の調度が並べられた空間に身を置くことで、家族も自分の所有物として記録できるから。
**イ**　インスタグラムなどのSNSに取り上げることで、自分たち家族の暮らしをじまんできるから。
**ウ**　ディズニーやディック・ブルーナのキャラクターに囲まれることで、家族みんなで非日常的な体験ができるから。
**エ**　写真館の提供する決められた型にはめられることで、幸せな家族の姿が完成するから。

問六　空らん[Ⅰ][Ⅱ]に入るのにもっともよくあてはまるものをそれぞれ下の**ア**〜**エ**の中から選び記号で答えなさい。

Ⅰ
**ア**　人は自分の顔を意外と気にしていない
**イ**　人は自分の顔を正確に知らない
**ウ**　人は自分の顔を特別なものだと思っている
**エ**　人は自分の顔を撮られることを好まない

Ⅱ
**ア**　家族の歴史を刻んだ記録
**イ**　高級な機材と撮影技術
**ウ**　非日常的な楽しい体験
**エ**　優秀《ゆうしゅう》な舞台設定サービス

暮らしぶりを見せびらかすと同時に、家族の幸福と絆《きずな》を証明したわけだ。

素敵《すてき》な舞台設定と、決められたポーズと表情。客はひたすら形式からはみ出ないようにする。ぼくが体験した今回の撮影でも、ことこまかにポーズが指示された。1演出されたしつらえの中に身を置くことこそが重要で、個人の**姿形**はあまり問題ではないように感じた。一九世紀にパリで写真館を開いたナダールは、自分の写真を見て怒り狂《くる》う客や、他人の写真を自分のだと思って満足する客が少なくなかったと書き残している。つまり、［　Ⅰ　］ということだ。そして人の顔はひとつずつ異なるという、こんにち当たり前だと思われている考えも、じつはナダールをはじめとした近代の人々が発見したものだった。極端《きょくたん》な言い方をすれば、家族写真においては、写っている人物が誰《だれ》かすら問題ではないのかもしれない。どう見ても子どもではなく、横に立っているミッキーのほうが主役に見えるスタジオアリスの「ディズニー・マーベルキャラクター撮影」の作例写真を見て、2そんなことを思った。

写真館の本質は［　Ⅱ　］だった。だからスマートフォンのカメラの性能がどれだけ良くなっても、写真館のビジネスはなくならない。思えば「インスタ映《ば》え」もいわば舞台設定だ。あれは観光地や商業施設《しせつ》の「写真館化」と言える。

日本の家族写真は幕末から明治のはじめに撮られるようになった。つまり、写真がもたらされてすぐに始まっていることになる。川村邦《くに》光《みつ》は、日本における最初期の写真家である上野彦馬《ひこま》が一八六〇年代前半に撮影した夫婦《ふうふ》の写真に対して興味深い分析《ぶんせき》を行なっている。川村は、椅子に腰《こし》掛けた妻と、そのかたわらのやや後方に立ち、背もたれに手を置いた夫というこの写真の構図が、当時の欧米《おうべい》の家族写真のスタイルを踏襲したものであることを指摘《してき》する。そして、「夫が妻をいたわり、庇護《ひご》するという構図を作り上げ、【注5】貞淑《ていしゅく》そうな妻のポーズ、堂々とした夫のポーズによって、彦馬自身の、またこの夫妻の男女の【注6】ジェンダー観を表出している。それは、儒教《じゅきょう》的な【注7】男尊女卑《ひ》といったジェンダー序列ではなく、キリスト教的な家父長制の色彩《しきさい》を濃厚《のうこう》にした、西洋ふうの〈②〉な夫婦像、もしくは近代家族像であると一応いえる」と述べている。

【注8】三章で肉親の霊《れい》との家族写真を撮ることで有名だった写真館のオーナー、ウィリアム・マムラーについて触れた。おもしろいのは彼が撮った心霊家族写真の中で最も有名な、メアリー・トッド・リンカーンとその亡《な》き夫エイブラハム・リンカーンの夫婦の写真だ。当時存命の妻は椅子に腰掛け、夫である元大統領の霊がその背後に立って夫人の肩《かた》に手を置き、じっと妻を見つめている。これは上野が一八六〇年代に撮った前述の写真とよく似た構図だ。ほかの心霊写真家が撮った写真にも3同様の構図がしばしば見られ、当時の夫婦・家族写真がいかにこのスタイルを守っていたかを示している。霊ですらそのルールに従うのだ。

このような夫を長とした構図は、夫婦ふたりの写真に限らず、子どもや夫・妻の両親を含んだ家族写真にも見られる。上野自身が妻と母、妹、義母および子どもたちの三世代で撮影した家族写真があるが、そこでは懐手《ふところで》の上野が女性と子どもに囲まれて、中央に威厳《いげん》をもって立っている。川村は上野が「写真撮影を通じて、西洋近代家族のスタイル（様式）をいち早く摂取《せっしゅ》していた」とし、それが「近代日本では、まずはフォルム（形式）がマトリックス（基盤《きばん》・鋳型《いがた》）として導入され、後になってイデア（理念）やノルム（規範《きはん》）が充当《じゅうとう》され」たことの現れであると論じている。すでにある家族【注9】倫理《りんり》を写真が写し取るのではなく、写真こそが家族像をつくった、とまでは断言できないが、

# 二〇二一年度 東洋英和女学院中学部

**【国　語】**〈B日程試験〉（四五分）〈満点：一〇〇点〉

**一　次の文章を読んで後の問いに答えなさい。答えは解答用紙に書きなさい。字数の指定のある問題は句読点も一字と数えます。**

二〇一八年の春に子どもが生まれた。良いチャンスなので近所の写真館に行って家族写真を撮《と》ってもらった。以前から写真館が気になっていたのだ。「写真館写真」と題して、全国の写真館のショーウィンドウに飾《かざ》ってある写真を撮影《さつえい》したりもしている。日本中にはまだたくさんの写真館が存在していることを知っておどろいている。

スマートフォンのカメラの性能が**カクダン**に良くなった現在、写真館に存在意義はあるのだろうか、などと思っていたが、予約当日に店に行ってみたら順番待ちのお客さんがたくさんいる繁盛《はんじょう》ぶり。そしてできあがった写真を見て、ぼくは「子どもが生まれると、とたんに『家族』に見えるものだな」と〔 A 〕思った。

今回の撮影は、お宮参りに合わせて行なった。生後一ヶ月前後に催《もよお》されるこの**フウシュウ**では、赤ん坊《ぼう》に独特の着物を着せる。写真館ではこの衣装《いしょう》を貸し出すサービスをやっていて、ぼくも含《ふく》めて多くのお客さんがそれを目当てに撮影を依頼《いらい》するようだ。調べてみてわかったのは、現在写真館が提供しているのが、撮影技術というよりは衣装を含めた舞台《ぶたい》設定であるということ。たとえば全国に五〇〇以上の店舗《てんぽ》を持つ写真館チェーン「スタジオアリス」は「スタジオアリスの衣装は業界最大数の圧倒《あっとう》的ラインアップ！」と謳《うた》っている。撮影メニューには、お宮参り、七五三、バースデー、入学祝いなどに合わせて衣装を着飾った写真が並ぶ。

中でも興味深いのは、これら**フシメ**イベントとは別にある「ディズニー・マーベルキャラクター撮影」「ディック・ブルーナの世界」というメニューだ。エルサの衣装に身を包んだ子どもが、合成された『アナと雪の女王』の背景の前でポーズをとっている写真などが並んでいる。さらに「キュートなベビー大集合！　着ぐるみカーニバル」という期間限定の撮影メニューもある。生後三ヶ月から一歳《さい》一ヶ月までの子どもを対象にしたこのサービスでは、犬やニワトリ、シロクマといった動物を**【注1】**モチーフにした着ぐるみを着た赤ん坊の撮影が行われるとのこと。

考えてみれば「写真館」という名称《めいしょう》は奇妙《きみょう》だ。なぜ「館」なのか。〔 B 〕舞台設定こそが撮影サービスの要《かなめ》だったからではないか。撮られる人が座《すわ》るアンティーク調の椅子《いす》など、いい雰囲気《ふんいき》の調度が並べられた空間は確かに貴人の館《やかた》を**【注2】**彷彿《ほうふつ》とさせる。大きなホリゾント（スタジオにある背景の布や壁《かべ》のこと）や照明が入る建物は、〈 ① 〉に館レベルになるということもあるだろう。いずれにせよ、写真館で撮られる写真において重要なのは、今も昔も設定だ。そういう意味で「スタジオアリス」はa正統派の写真館であると言える。撮影技術は、ここで提供されるサービスの一要素にすぎない。

そもそも家族写真は「conversation《カンバセーション》 piece《ピース》」と呼ばれる、一八世紀にイギリスを中心に流行した絵画のスタイルを**【注3】**踏襲《とうしゅう》しているといわれる。これは家族やその友人たちを描《えが》いた集団形式の肖像《しょうぞう》画で、この時代にb台頭した**【注4】**ブルジョワジーに人気だった。ウィリアム・ホガースがその代表的な画家だ。画面に人物だけでなく、豪華《ごうか》な邸宅《ていたく》とその室内の家具調度、絵画や彫刻《ちょうこく》、馬やペットなどの所有物がふんだんに盛り込《こ》まれているのが特徴《とくちょう》である。自分たちの上品な

**2021年度**

# 東洋英和女学院中学部　▶解説と解答

## 算　数　＜Ｂ日程試験＞（45分）＜満点：100点＞

### 解　答

1 (1) 68　(2) $\frac{1}{7}$　2 (1) $5\frac{1}{2}$cm　(2) 240ページ　(3) 6400円　(4) 1020　(5) 28枚　(6) 9通り　3 (1) 解説の図２を参照のこと。　(2) 246.5cm$^2$　4 11回　5 12km　6 9，10箱　7 (1) 4人　(2) 8才　8 A…5点，B…7点，C…1点　9 (1) 9100cm$^3$　(2) 14.6cm　10 (1) 4 cm　(2) 120cm$^3$　(3) 9.6

### 解　説

**1 四則計算**

(1) 17×７＋15－６×11＝119＋15－66＝134－66＝68

(2) $\frac{13}{14}-\left(1\frac{5}{6}-\frac{3}{8}\right)\div\left(1\frac{8}{9}+\frac{5}{6}\right)-0.25=\frac{13}{14}-\left(\frac{11}{6}-\frac{3}{8}\right)\div\left(\frac{17}{9}+\frac{5}{6}\right)-\frac{1}{4}=\frac{13}{14}-\left(\frac{44}{24}-\frac{9}{24}\right)\div\left(\frac{34}{18}+\frac{15}{18}\right)-\frac{1}{4}=\frac{13}{14}-\frac{35}{24}\div\frac{49}{18}-\frac{1}{4}=\frac{13}{14}-\frac{35}{24}\times\frac{18}{49}-\frac{1}{4}=\frac{13}{14}-\frac{15}{28}-\frac{1}{4}=\frac{26}{28}-\frac{15}{28}-\frac{7}{28}=\frac{4}{28}=\frac{1}{7}$

**2 面積，相当算，売買損益，整数の性質，図形と規則，場合の数**

(1) 底辺を□cmとすると，□×６÷２＝$16\frac{1}{2}$(cm$^2$)と表すことができるから，□＝$16\frac{1}{2}$×２÷６＝$\frac{33}{2}$×２×$\frac{1}{6}$＝$\frac{11}{2}$＝$5\frac{1}{2}$(cm)とわかる。

(2) 全体のページ数を①として図に表すと，下の図１のようになる。図１から，①－($\textcircled{\frac{1}{5}}$＋$\textcircled{\frac{5}{8}}$)＝$\textcircled{\frac{7}{40}}$にあたるページ数が42ページとわかるので，(全体のページ数)×$\frac{7}{40}$＝42(ページ)より，全体のページ数は，42÷$\frac{7}{40}$＝240(ページ)と求められる。

図１

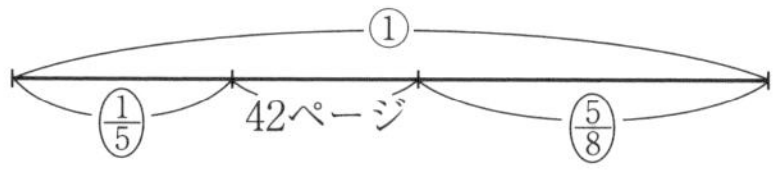


図２

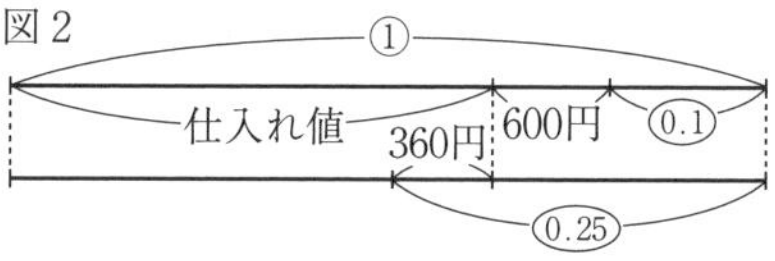


図３

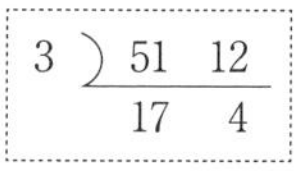


(3) 定価を①として図に表すと，上の図２のようになる。図２から，$\textcircled{0.25}$－$\textcircled{0.1}$＝$\textcircled{0.15}$にあたる金額が，360＋600＝960(円)とわかるから，(定価)×0.15＝960(円)より，定価は，960÷0.15＝6400(円)と求められる。

(4) 求める数を□とすると，□×$\frac{20}{51}$が整数になるので，□は51の倍数である。また，□÷$\frac{12}{35}$＝□×$\frac{35}{12}$が整数になるから，□は12の倍数でもある。よって，□は51と12の公倍数とわかる。また，上の図３から，51と12の最小公倍数は，３×17×４＝204なので，204の倍数のうち，４けたで最も小さい数を求めればよい。したがって，1000÷204＝４余り184より，□＝204×（４＋１）＝1020と求められる。

(5)　正方形の紙が1枚のとき，面積は，$2\times2=4$(cm$^2$)であり，1枚はり合わせるごとに増える面積は，$4-1\times1=3$(cm$^2$)になる。また，1枚目を除いた面積の合計は，$85-4=81$(cm$^2$)だから，1枚目を除いた枚数は，$81\div3=27$(枚)とわかる。よって，紙の枚数は全部で，$1+27=28$(枚)と求められる。

(6)　はじめに1枚ずつ買うと，残りの金額は，$1000-(120+290)=590$(円)になる。この金額で120円切手だけを買うと，$590\div120=4$余り110より，120円切手はあと4枚まで買えることがわかる。また，290円切手をもう1枚買うと，残りの金額は，$590-290=300$(円)になるので，$300\div120=2$余り60より，120円切手はあと2枚まで買えることがわかる。さらに，290円切手をもう1枚買うと，残りの金額は，$300-290=10$(円)になるので，これ以上120円切手を買うことはできない。よって，はじめに1枚ずつ買ったあとの枚数は，上の図4のようになるから，全部で，$5+3+1=9$(通り)と求められる。

図4

| | | | | | | | | | |
|---|---|---|---|---|---|---|---|---|---|
| 290円(枚) | 0 | 0 | 0 | 0 | 0 | 1 | 1 | 1 | 2 |
| 120円(枚) | 0 | 1 | 2 | 3 | 4 | 0 | 1 | 2 | 0 |

**3　平面図形―構成，面積**

(1)　折ったのとは逆の順に広げると，下の図1のようになる。よって，解答らんの図にかきこむと，下の図2のようになる。

図1

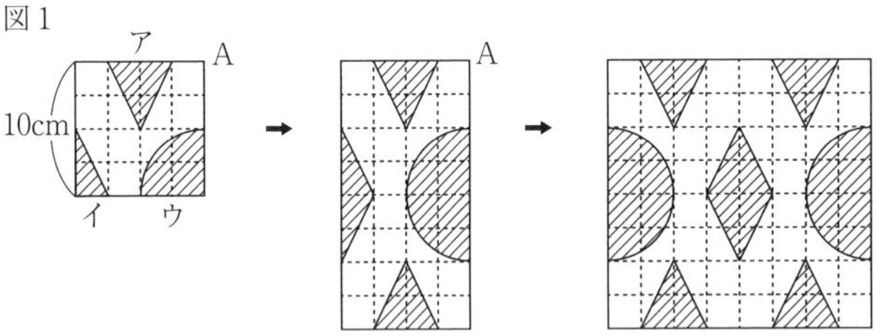


図2

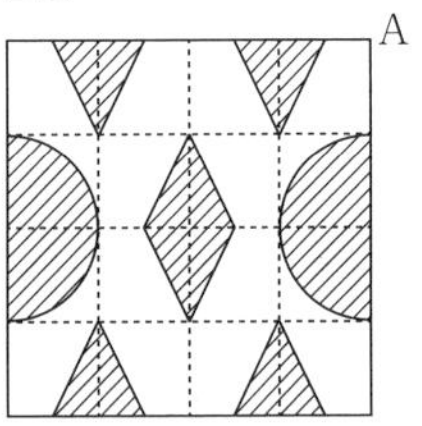


(2)　はじめに，図1のア，イ，ウの面積の合計を求める。アの底辺と高さは，$10\div2=5$(cm)だから，アの面積は，$5\times5\div2=12.5$(cm$^2$)となる。また，イの面積はアの面積の半分なので，イの面積は，$12.5\div2=6.25$(cm$^2$)とわかる。さらに，ウの面積は，$5\times5\times3.14\times\frac{1}{4}=6.25\times3.14=19.625$(cm$^2$)だから，ア，イ，ウの面積の合計は，$12.5+6.25+19.625=38.375$(cm$^2$)と求められる。次に，図2の斜線《しゃせん》部分の面積の合計は，ア，イ，ウの面積の合計の4倍なので，$38.375\times4=153.5$(cm$^2$)とわかる。よって，図2の正方形全体の面積は，$20\times20=400$(cm$^2$)だから，切り取った後の紙の面積は，$400-153.5=246.5$(cm$^2$)と求められる。

**4　つるかめ算**

5の目が2回，6の目が1回出ると，上体起こしを，$3\times2+6\times1=12$(回)行うから，5と6の目が出たときの1回あたりの平均の回数は，$12\div(2+1)=4$(回)となる。よって，右上のようにまとめることができる。1～4の目が全部で20回出たとすると，$1\times20=20$(回)となり，実際よりも，$47-20=27$(回)少なくなる。1～4の目のかわりに5と6の目が出ると，1回あたり，$4-1=3$(回)ずつ多くなるので，5と6の目が出た回数は，$27\div3=9$(回)とわかる。よって，1～4の目が出た回数は，$20-9=11$(回)と求められる。

(5，6の目)1回あたり4回 ⎫ 合わせて
(1～4の目)1回あたり1回 ⎭ 20回で47回

**5　速さと比**

英子さんの家から祖母の家までの道のりを1とすると，英子さんのかかった時間の合計は，$\frac{1}{3}\div$

$4+\frac{2}{3}\div30=\frac{19}{180}$，お兄さんのかかった時間は，$1\div15=\frac{1}{15}$となるから，これらの比は，$\frac{19}{180}:\frac{1}{15}=19:12$とわかる。この差が28分だから，比の１にあたる時間は，28÷(19−12)＝４(分)であり，お兄さんのかかった時間は，４×12＝48(分)と求められる。よって，英子さんの家から祖母の家までの道のりは，$15\times\frac{48}{60}=12$(km)である。

## 6 整数の性質

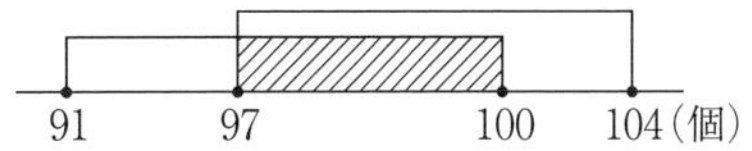


はじめに，製作したぬいぐるみの個数を求める。大箱だけを使うとき，９箱では入り切らず，10箱あれば入り切るから，製作した個数は，10×９＋１＝91(個)以上，10×10＝100(個)以下である。同様に，中箱だけを使うとき，12箱では入り切らず，13箱あれば入り切るので，製作した個数は，８×12＋１＝97(個)以上，８×13＝104(個)以下となる。よって，右上の図のように表すことができるから，製作した個数は97個以上100個以下とわかる。次に，大箱３箱と中箱３箱にぬいぐるみを入れると，(10＋８)×３＝54(個)入れることができるので，残りの個数は，97−54＝43(個)以上，100−54＝46(個)以下になる。これを小箱に入れるから，43÷５＝８余り３(…９箱)，46÷５＝９余り１(…10箱)より，必要な小箱の数は９箱または10箱と求められる。

## 7 年令算，分配算，和差算

(1)　現在の姉妹の年令の和を①とすると，下の図１のように表せる。よって，現在の姉妹の年令の和は，100÷(３＋１)＝25(才)であり，現在の両親の年令の和は，25×３＝75(才)とわかる。すると，４年後の両親の年令の和は，75＋４×２＝83(才)になるから，４年後の姉妹の年令の和を[1]とすると，下の図２のように表すことができる。したがって，４年後の姉妹の年令の和は，(83−１)÷２＝41(才)と求められるので，姉妹の年令の和は４年間で，41−25＝16(才)増えたことになる。つまり，恵さんをふくめた姉妹の人数は，16÷４＝４(人)である。

図１

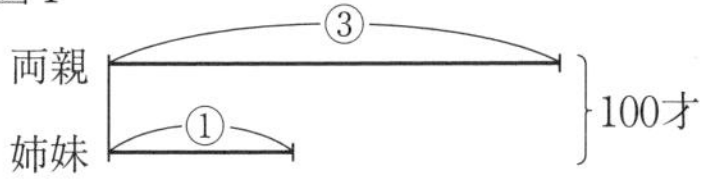


図２

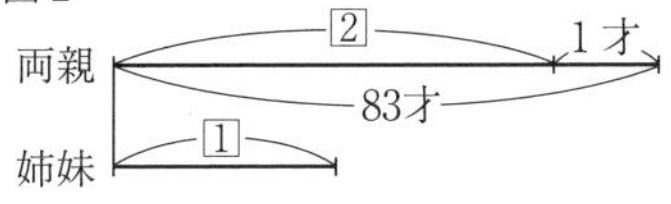


図３

| | | | |
|---|---|---|---|
| お父さん(才) | 40 | 39 | 38 |
| お母さん(才) | 35 | 36 | 37 |

(2)　お父さんとお母さんの年令の差が５才だとすると，現在のお母さんの年令は，(75−５)÷２＝35(才)，お父さんの年令は，35＋５＝40(才)となる。よって，現在のお父さんとお母さんの年令の組み合わせは，上の図３の３つの場合が考えられる。このうち，６年後のお母さんの年令が３の倍数になるのは，現在のお母さんの年令が36才の場合である。よって，６年後のお母さんの年令は，36＋６＝42(才)だから，６年後の恵さんの年令は，42÷３＝14(才)であり，現在の恵さんの年令は，14−６＝８(才)とわかる。

## 8 条件の整理

わかっていることをまとめると下の図１のようになる。アとイは一方が×(負け)で一方が△(引き分け)だから，下の図２，図３の２つの場合が考えられる。図２で，ＢがＡと引き分けたとすると，Ａの得点は７点になり，Ｂが優勝することはできない。よって，正しいのは図３の場合とわかる。また，図３で，ＢがＡに負けたとすると，Ａの得点は７点になり，Ｂが優勝することはできない。したがって，ＢはＡと引き分けたことになるので，下の図４のようになる。ここで，ＢがＣと引き分けたとすると，Ｃの得点が２点となり条件に合わないから，ＢはＣに勝ったことがわかる。

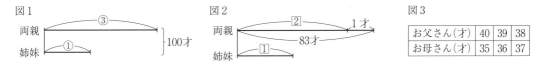

つまり，Ａの得点は５点，Ｂの得点は７点，Ｃの得点は１点である。

図１

| | A | B | C | D | 得点 |
|---|---|---|---|---|---|
| A | ＼ | | ○ | | |
| B | | ＼ | | | |
| C | × | | ＼ | △ | |
| D | ア | イ | △ | ＼ | ２点 |

図２

| | A | B | C | D | 得点 |
|---|---|---|---|---|---|
| A | ＼ | | ○ | ○ | |
| B | | ＼ | | △ | |
| C | × | | ＼ | △ | |
| D | × | △ | △ | ＼ | ２点 |

図３

| | A | B | C | D | 得点 |
|---|---|---|---|---|---|
| A | ＼ | | ○ | △ | |
| B | | ＼ | | ○ | |
| C | × | | ＼ | △ | |
| D | △ | × | △ | ＼ | ２点 |

図４

| | A | B | C | D | 得点 |
|---|---|---|---|---|---|
| A | ＼ | △ | ○ | △ | ５点 |
| B | △ | ＼ | | ○ | |
| C | × | | ＼ | △ | |
| D | △ | × | △ | ＼ | ２点 |

## 9 水の深さと体積

⑴　この容器を真上から見ると，たての長さが，18＋12＝30(cm)，横の長さが，24＋16＝40(cm)の長方形になるから，右の図①のようになる。図①で，長方形ABCDの面積は，30×40＝1200(cm$^2$)であり，三角形AEHの面積は，18×18÷２＝162(cm$^2$)，三角形FCGの面積は，16×16÷２＝128(cm$^2$)なので，六角形EBFGDHの面積は，1200－(162＋128)＝910(cm$^2$)とわかる。よって，容器に入っている水の量は，910×10＝9100(cm$^3$)と求められる。

図①

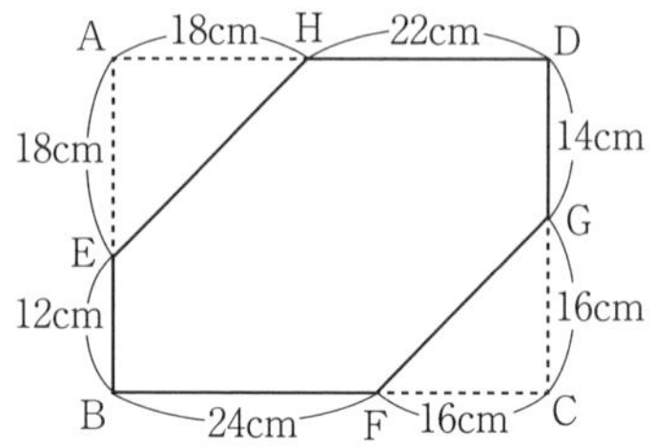


図②

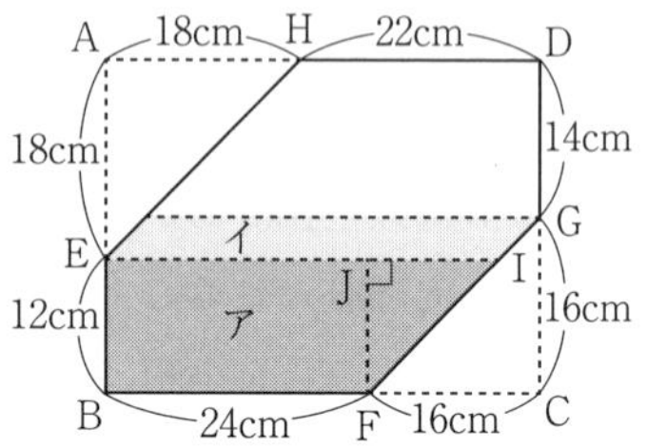


⑵　図①のBFが下になるように置いた状態を正面から見ると，右上の図②のようになる。図②で，三角形FCGは直角二等辺三角形だから，三角形FIJも直角二等辺三角形であり，EIの長さは，24＋12＝36(cm)とわかる。よって，アの部分の面積は，(36＋24)×12÷２＝360(cm$^2$)なので，アの部分に入る水の量は，360×20＝7200(cm$^3$)となる。また，三角形AEHも直角二等辺三角形だから，FGとEHは平行であり，イの部分は平行四辺形とわかる。すると，イの部分の面積は，36×(16－12)＝144(cm$^2$)なので，イの部分に入る水の量は，144×20＝2880(cm$^3$)と求められる。したがって，アとイの部分に入る水の量の合計は，7200＋2880＝10080(cm$^3$)となるから，イの部分の途《と》中《ちゅう》までに，9100－7200＝1900(cm$^3$)の水が入ることがわかる。これを正面から見たときの，EIを底辺とする平行四辺形の面積は，1900÷20＝95(cm$^2$)なので，この平行四辺形の高さは，95÷36＝2.63…(cm)となる。これは小数第２位を四捨五入すると2.6cmになるから，このときの水面の高さは，12＋2.6＝14.6(cm)と求められる。

## 10 グラフ―水の深さと体積

⑴　しきり㋑をぬくまでは右の図１の①～④の順に水が入る。このとき，①の部分には２秒，②の部分には，５－２＝３(秒)，③の部分には，20.4－５＝15.4(秒)，④の部分には，22－20.4＝1.6(秒)かかる。この状態でしきり㋑をぬくと水面の高さは８cmになり，その後は右の図２の⑤の部分に，34－22＝12(秒)で水が入る。①の部分の容積は，60×２＝120(cm$^3$)だから，BCの長さは，120÷３÷10＝４(cm)とわかる。

⑵　図２で，⑤の部分の容積は，60×12＝720(cm$^3$)なので，水そうの横の長さは，720÷(12－８)÷10＝18(cm)とわかる。

図１

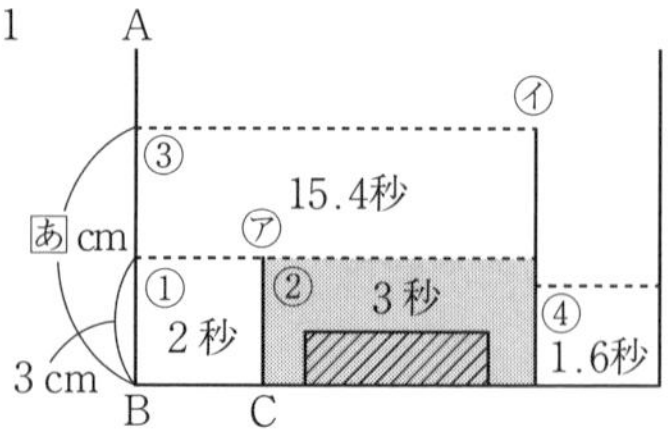


図２

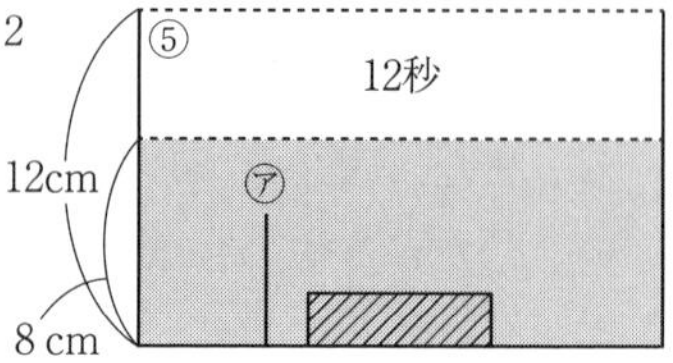

よって，図２でかげをつけた部分の容積は，10×18×８＝1440(cm$^3$)と求められる。このうち，水の体積は①～④で入れた水の体積と等しいから，60×22＝1320(cm$^3$)である。したがって，鉄板の体積は，1440－1320＝120(cm$^3$)とわかる。

(3)　図１で，②の部分の水の量は，60×３＝180(cm$^3$)なので，図１でかげをつけた部分の容積は，180＋120＝300(cm$^3$)になる。よって，図１のかげの部分の横の長さは，300÷３÷10＝10(cm)とわかる。また，③の部分の容積は，60×15.4＝924(cm$^3$)だから，③の部分の高さは，924÷(４＋10)÷10＝6.6(cm)と求められる。したがって，あにあてはまる数は，３＋6.6＝9.6(cm)である。

## 社　会　＜Ｂ日程試験＞(30分)＜満点：60点＞

### 解　答

**1**　**問１**　小野妹子　**問２**　(例)　中国の皇帝を示す「天子」というよび名を，日本の天皇にも使っていたため。　**問３**　イ　**問４**　真言宗　**問５**　応仁の乱　**問６**　水墨画　**問７**　印刷術　**問８**　ウ　**問９**　日米修好通商条約　**問10**　戊辰戦争　**問11**　小村寿太郎　**問12**　ウ　**問13**　イ(→)エ(→)ウ(→)ア　**問14**　日米安全保障条約　**2**　**問１**　WHO　**問２**　自由権　**問３**　内閣　**問４**　エ　**問５**　(例)　店頭での販売からネット販売に切りかえた。　**問６**　公債金(国債)　**問７**　(例)　銀行との間でお金の貸し借りをする。　**問８**　国会議員　**3**　**問１**　マグニチュード　**問２**　(1)　う　(2)　原子力(発電)　**問３**　(1)　A　(2)　IC(集積回路)　**問４**　解説を参照のこと。　**問５**　やませ　**問６**　北西　**問７**　(例)　家の周囲を高い石垣で囲んでいる。(屋根を低くしている。)　**問８**　さつまいも　**問９**　(例)　温泉(美しい景観，地熱エネルギー)　**問10**　イ

### 解　説

**1**　**各時代の歴史的なことがらについての問題**

**問１**　人物Ａは小野妹子で，607年と608年の２度，遣隋使として隋(中国)に渡った。

**問２**　資料は，妹子が持参した国書の内容の一部で，推古天皇や聖徳太子を中心とする朝廷が隋の第２代皇帝煬帝《ようだい》にあてたものである。この国書には，日本の天皇を隋の皇帝と同じように「天子」とよぶなど，臣下の礼を示してきたそれまでの姿勢と異なる内容がふくまれていたため，煬帝は「無礼である」と怒ったと伝えられる。

**問３**　人物Ｂは空海で，桓武天皇の時代の804年，留学僧として遣唐使船で唐(中国)に渡り，新しい仏教を学んで806年に帰国した。なお，アは743年，イは794年，ウは1086～1129年，エは1221年のできごと。

**問４**　空海は帰国後，高野山(和歌山県)に金剛峯寺《こんごうぶじ》を建てて真言宗を開いた。真言宗は，密教とよばれる仏教の宗派の一つである。

**問５**　1467年，室町幕府の第８代将軍足利義政の後継《あとつ》ぎ争いに有力守護大名の勢力争いなどがからみ，応仁の乱が始まった。京都を主戦場として11年続いた戦乱の中，これを避《さ》けて公家や僧など多くの文化人が地方へ下った。人物Ｃの雪舟は，応仁の乱が始まった1467年に明(中国)に渡った。

**問６**　絵は雪舟の描いた「秋冬山水図」で，雪舟は日本風の水墨画《すいぼくが》を大成したことで知られる。水

墨画は唐の時代の中国で生まれたもので，墨《すみ》の濃淡《のうたん》やにじみ，かすれなどを用いて事物を描く。日本には鎌倉時代に禅宗とともに伝えられ，山水画とよばれる自然の景色を描く絵画が特に発達した。

**問７**　人物Ｄは伊東マンショで，キリシタン大名である大友宗麟《そうりん》の遠縁にあたる。伊東マンショは，イエズス会の宣教師ヴァリニャーニの勧《すす》めにより，1582年，天正遣欧少年使節としてほかの３人の少年とともにヨーロッパに向かい，ローマ教皇に謁見《えっけん》した。ヴァリニャーニらイエズス会の宣教師たちはヨーロッパから活版印刷の技術を伝え，同会の教育事業の一環として教義書や辞書，文学作品などを印刷・出版した。これらの書物は「キリシタン版」とよばれ，当時の日本語口語文を知るうえで貴重な資料ともなっている。

**問８**　天下統一を進める豊臣秀吉は，当初は信長の政策を引き継ぎ，宣教師たちの布教活動に寛容であった。しかし，1587年，九州平定のさい，長崎がイエズス会に寄進されていることや，日本人が奴隷《どれい》として南方に売られていることを知ると方針を転換し，バテレン追放令を出して宣教師たちを国外に追放した。

**問９**　人物Ｅは勝海舟《かいしゅう》で，1860年，その２年前の1858年に結ばれた日米修好通商条約の批准《ひじゅん》書を交換するため，幕府の使節団の一人としてアメリカに渡った。勝はそのとき，正使が乗るアメリカ船の随行艦《ずいこうかん》であった咸臨《かんりん》丸(幕府がオランダから購入《こうにゅう》した木製の蒸気船)の艦長を務め，日本人の操縦《そうじゅう》する船として初の太平洋横断を成功させた。

**問10**　大政奉還後に起こった新政府軍と旧幕府軍による戦いは，戦いが始まった1868年が戊辰《ぼしん》(つちのえたつ)の年であったことから，戊辰戦争とよばれる。1868年１月の鳥羽《とば》・伏見《ふしみ》の戦いから始まったこの戦いは，江戸城の無血開城や会津戦争などを経て，翌69年５月，五稜郭《ごりょうかく》の戦い(函館戦争)に新政府軍が勝利したことで終結した。

**問11**　人物Ｆは小村寿太郎《じゅたろう》で，明治時代末期，第１次・第２次桂《かつら》内閣で外務大臣を務めた。1902年にイギリスとの間で日英同盟，1905年にロシアとの間でポーツマス条約を結び，さらに1911年，アメリカとの間で関税自主権の回復に成功し，条約改正を達成した。

**問12**　日本は日露戦争の講和条約であるポーツマス条約により，ロシアから樺太《からふと》の南半分や南満州の鉄道の権利などを譲《ゆず》り受けたほか，韓国に対する指導権を獲得《かくとく》した。台湾の獲得は，日清戦争の講和条約である下関条約によるものである。

**問13**　アは1940年，イは1929年，ウは1937年，エは1931～32年のできごとなので，年代順にイ→エ→ウ→アとなる。

**問14**　人物Ｇの吉田茂は，1940年代後半から50年代前半にかけて長く首相を務めた人物で，1951年にはサンフランシスコ講和会議に日本代表として出席した。このとき，連合国側の48か国とサンフランシスコ平和条約を結んだことにより日本は独立を回復したが，これと同時に日米安全保障条約も結び，アメリカ軍が引き続き日本国内にとどまることを認めた。

**２　新型コロナウイルスの感染拡大とその影響を題材とした問題**

**問１**　世界の人々の健康増進を目的として設立された国際連合の専門機関は，スイスのジュネーブに本部をおく世界保健機関で，WHOと略される。

**問２**　国からの制限などを受けずにものごとを考えたり行動したりできる権利は，自由権とよばれる。平等権とともに基本的人権の基盤となる権利で，身体の自由，精神の自由，経済活動の自由の３つに大別される。

**問３**　三権とは，法律をつくる立法権，法にもとづいて実際に政治を進める行政権，裁判を行う司法権を指す。このうち行政権は，国においては内閣が，地方公共団体においては，首長である都道府県知事や市町村長が担《にな》っている。

**問４**　一般的に，商品の価格はその商品に対する需要《じゅよう》量と供給量の関係で決まり，需要量が多いのに供給量がそれに追いつかない場合，価格は上昇する。ここでは「生産数または輸入数」が供給量，「販売数」が需要量にあたるので，エが正しい。

**問５**　新型コロナウイルスによる感染症《しょう》の拡大を受け，不要不急の外出の自粛《じしゅく》や商店の営業時間の短縮などが政府や自治体から要請されたため，多くの企業・商店の売り上げが落ちこんだ。こうした状況を打開するため，店頭販売に代わり，インターネットを通した通信販売に力を入れる企業・商店が増えた。また，飲食店の中には，テイクアウト(持ち帰り)ができる商品を増やしたり，出前や宅配に力を入れたりするところも増えている。

**問６**　国の１年ごとの収入を歳入という。歳入は税収でまかなわれるのが原則だが，それだけでは不足する場合には，国債《こくさい》などを発行して得られる収入である公債金でこれを補うことになる。2020年度の予算は，新型コロナウイルスによる感染症への対策に必要なお金や，企業や国民に支給する給付金，停滞《ていたい》する経済に対応するためのお金など，多額の資金が必要となったことから，大量の国債が発行されることとなり，公債金の額が大幅に増加した。しかし，公債金は国民に対する政府の借金であり，その返済が今後の財政を圧迫《あっぱく》することになるので，対応を不安視する声もある。

**問７**　日本の中央銀行である日本銀行は，紙幣《しへい》を発行する唯一《ゆいいつ》の発券銀行であるとともに，一般の銀行と取り引きを行う「銀行の銀行」，政府資金の出し入れを行う「政府の銀行」としての役割もはたしている。このうち「銀行の銀行」とは，一般の銀行から資金を預かったり，資金を貸し付けたりする役割のことをいう。

**問８**　内閣総理大臣は，国会が国会議員の中からこれを指名し，天皇が任命する。国会における指名は，両議院でそれぞれ行われる指名選挙により選出されるが，両議院で異なる者が指名され，両院協議会を開いても意見が一致しない場合には，衆議院の議決が優越する。

**3　日本の自然災害を題材とした問題**

**問１**　地震そのものの規模を表す単位はマグニチュードで，略称にはMが用いられる。2011年３月11日に発生した東北地方太平洋沖地震(東日本大震災)は，マグニチュード9.0という，国内観測史上最大規模のものであった。なお，震度は実際の揺《ゆ》れの大きさを表す数値で，同じ地震でも場所によって数値が異なる。

**問２**　(1)　宮城県北東部の気仙沼市は岩手県との県境に位置し，国内有数の漁港があることで知られる。暖流系の魚であるかつおは，日本近海では春から黒潮(日本海流)に乗って太平洋沖を北上し，親潮(千島海流)とぶつかる三陸沖でしばらく過ごしたあと南に戻《もど》っていくが，気仙沼港などでは，「戻りがつお」とよばれるそうしたかつおが水揚《みずあ》げされることが多い。　(2)　グラフは，発電方法の種類ではなく，エネルギー資源の種類別に見た「電源構成」の割合を示しており，2018年は，天然ガス38.3％，石炭31.6％，地熱など新エネルギー9.2％，水力7.7％，石油7.0％，原子力6.2％の順になっている。2010年に25.1％を占《し》めていた原子力は，翌11年，東日本大震災のさいに起きた福島第一原子力発電所の事故を受け，全国の原子力発電所が操業の停止や休止に追いこまれた影響で，発電量を大きく減らした。

**問３**　(1)「五月雨《さみだれ》を　あつめて早し　最上川」は，松尾芭蕉の俳諧《はいかい》紀行文『奥の細道』に収められている作品で，芭蕉が山形県の最上川流域を訪れたときに詠《よ》んだ句である。　(2) 2020年７月，九州地方で記録的な豪雨を観測した。その影響で，自動車工場をはじめさまざまな工場が休業に追いこまれた。地図２は，空港の周辺や高速道路沿いの地域に多く分布していることから，ＩＣ(集積回路)工場の分布図であると判断できる。

**問４**　解答用紙の地形図に示された地域では，現在，多摩川が東京都と神奈川県の境になっており，川の北東側は東京都世田谷区と大田区，南西側は神奈川県川崎市中原区となっている。地形図を見ると，「瀬田」と「等々力《とどろき》」の地名は多摩川の両岸にあたる世田谷区と川崎市の両方にあることから，かつては地続きの地域であったと考えられる。また，世田谷区に「野毛」という地区があるが，その北西に「上野毛」，川をはさんだ川崎市側に「下野毛」という地名が見られることから，これらの地域もかつては地続きであったと考えられる。地形図中の，現在の多摩川の両岸からこれらの地名を見つけ，一組を○で囲めばよい。

**問５**　東北地方の太平洋側では，梅雨期から盛夏にかけて冷たく湿った北東風が吹《ふ》くことがある。この風を「やませ」という。やませは寒流の親潮の上を吹き渡ってくるので，くもった霧雨などになることが多く，これが長く続くと日照不足となって気温が上がらず，農作物の生長が遅れて冷害が起こりやすくなる。

**問６**　関東平野では冬，「からっ風」ともよばれる強い北西の季節風が吹くことが多い。群馬県や埼玉県などでは，この風を防ぐために住居の北西側に樹木を植える「屋敷《やしき》森」が多く見られる。

**問７**　勢力の強い台風が襲来《しゅうらい》することが多い沖縄地方では，強風による被害を防ぐため，家の高さを低くして屋根瓦《がわら》をしっくいで固め，周囲を珊瑚《さんご》や石灰岩などの高い石垣やフクギなどの樹木で囲んだ伝統的な住居が多く見られる。

**問８**　グラフは，さつまいも(かんしょ)の生産量の都道府県割合を示したもの。さつまいもはやせた土地でも育つことから，シラスとよばれる火山灰土が多い鹿児島県や，関東ロームが広がる関東地方の各県でさかんに生産されている。

**問９**　火山がもたらすめぐみとしては，付近に温泉が多くわくことや，雄大な景観が観光資源になること，地下の熱水や高温の水蒸気を利用して地熱発電が行える地域があることなどがあげられる。

**問10**　深く浸水《しんすい》することが予想されるのは古川の流域なので，できるだけ早くそこから離れることが必要となる。したがって，イが選べる。

## 理　科　＜Ｂ日程試験＞（30分）＜満点：60点＞

### 解　答

**1** (1) 4　(2) ①　9：17　②　イ，0.6 g　③　14.1 g　(3) ①　ボーキサイト　②（例）鉄は磁石につくが，アルミニウムは磁石につかない。

**2** (1) ①　イ　②　ア　③　ア　④　ア　(2) ①　イ　②　イ　③　イ　**3** (1) ①　オ

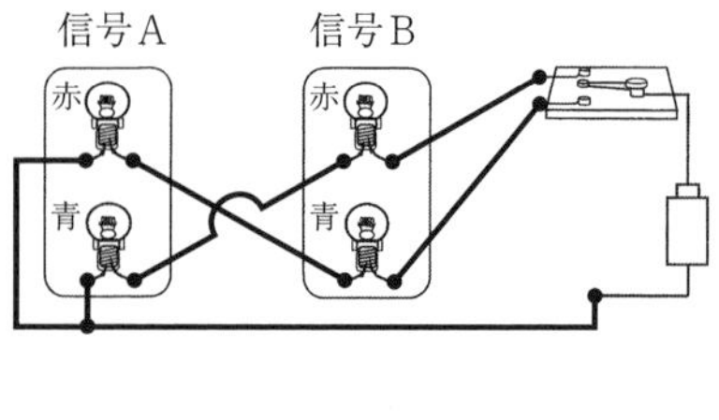

② 上の図　(2)（例） 長持ちする　(3) **現象**…(例) 太陽の光が反射鏡で反射する。
**起こる危険なこと**…(例) どの色の信号が点灯しているかわからなくなる。　(4)（電球から発生する）熱（で）雪をとかす（ことができるから）　**4** (1) 4　(2) 2　(3) **ア** 3　**イ** 6　(4) **ア** 3　**イ** 4　(5) 2，5　(6) 7

**解 説**

**1 アルミニウムの性質についての問題**

(1) 1～3は金属の性質なので，アルミニウムと鉄の両方に当てはまる。4について，水酸化ナトリウム水溶液《すいようえき》に入れると溶《と》けて水素を発生させるものとして，アルミニウムは当てはまるが，鉄は当てはまらない。5について，アルミニウムと鉄はどちらも塩酸に入れると溶けて水素が発生する。

(2) ① ア～エのうち，1つは燃焼が不十分であるが，残る3つは完全に燃えてアルミニウムと酸化アルミニウムの比が同じになる。表より，アルミニウムが完全に燃えたのはアとウとエで，このときのアルミニウムと酸化アルミニウムの比は，3.6：6.8＝9：17である。　② 塩化アルミニウムを塩酸に入れても気体が発生しないが，イのようにアルミニウムが残っていると塩酸と反応して気体が発生する。イについて，もし燃やす前のアルミニウム4.2gが完全に燃えてすべて酸化アルミニウムになると，重さが，$4.2\times\frac{17}{9}=7\frac{14}{15}$(g)になる。しかし，ここではこの重さよりも燃えた後の重さが，$7\frac{14}{15}-7.4=\frac{8}{15}$(g)少ない。この差は燃えた後に残ったアルミニウムに結びつくはずだった酸素の重さと等しい。よって，残っていたアルミニウムの重さは，$\frac{8}{15}\div\frac{17-9}{9}=0.6$(g)と求められる。　③ 8.1gのアルミニウムが完全に燃えるときに結びつく酸素の重さは，$8.1\times\frac{17-9}{9}=7.2$(g)である。したがって，容器に入っていた酸素6.0gはすべてアルミニウムに結びつくので，燃やした後の重さは，8.1＋6.0＝14.1(g)となる。

(3) ① アルミニウムは，ボーキサイトという鉱石を原料にしてつくられる。ボーキサイトのおもな成分は酸化アルミニウムである。　② 鉄は磁石につくが，アルミニウムは磁石につかないことを利用して，アルミ缶《かん》とスチール缶は一般《いっぱん》に電磁石を用いて選別される。

**2 風のふき方と気温の上しょうについての問題**

(1) 陸の方が海よりもあたたまりやすく冷めやすい。そのため，昼間は陸の方が海よりもあたたかく，陸の上にある空気はあたためられて温度が上がり，体積が大きくなる。すると，周りの空気よりも軽くなり上しょうし，そのすき間をうめるように陸の上には海の上にある空気が移動して風がふく。この風を海風といい，陸の温度が上がりやすい晴れた日の方がこの風は起こりやすい。

(2) 図より，東京と非都市部の両方において，平均気温の上しょうは冬の方が夏より大きくなっている。また，夏冬ともに，最高気温と最低気温を比べると，最低気温の方が大きく上しょうしている。この傾向《けいこう》が東京の方が非都市部よりも強く見られることから，東京でのヒートアイランド現象の特ちょうとして，気温が下がりにくくなっているといえる。

**3 信号機についての問題**

(1) ① オでは，スイッチを上に入れると一番右の電球だけが点灯し，真ん中に入れると真ん中にある電球だけが点灯し，下に入れると一番左の電球だけが点灯する。　② Aが青のときBは赤に点灯するので，信号Aの青と信号Bの赤は直列つなぎにして，一方の導線の先はスイッチの上下どちらかにつながるようにし，もう一方の導線の先は電池の－極側につながるようにする。また，

Ａが赤のときＢは青に点灯するので，信号Ａの赤と信号Ｂの青は直列つなぎにして，一方の導線の先はまだつながれていないスイッチにつながるようにし，もう一方の導線の先は電池の－極側につながるようにすればよい。

⑵　LEDは白熱電球や蛍光灯《けいこうとう》に比べて，消費電力が少なく節電ができる，寿命《じゅみょう》が長く長持ちするという利点がある。

⑶　図５の朝の場合，太陽が東にあると，電球がついていなくても太陽の光が信号機に入り，中の反射鏡で光が反射し，着色ガラスを光らせる可能性がある。図６の夕方でも同じ可能性がある。すると，信号が点灯していなくても点灯しているように見えてしまうため，どの色の信号が点灯しているかわからなくなり，事故につながる危険性がある。

⑷　電球はLEDに比べて熱を発生する量が多いので，北陸地方や東北地方，北海道のように雪が多くふる地方では，この熱で信号に積もる雪をとかすことができて便利である。

**4　２種類のゾウムシと寄生バチとの関係についての問題**

⑴　図１の４つのグラフはいずれも，食べた幼虫の種にかかわらず，事前産卵した幼虫と同じ種への産卵数が多くなっている。よって，自分が過去に産卵した幼虫と同じ種に産卵する傾向があるとわかる。また，図１の４つのグラフとも，事前産卵期間が３日より７日の方が，自分が過去に産卵した幼虫と同じ種への平均産卵数が多くなっていることから，この傾向は事前産卵の期間が長いほど高まる。

⑵　実験２では，ゾウムシＡとゾウムシＹのエサとなる豆が一定量になるように追加してあたえられているが，ゾウムシＹがエサや空間をうばい，ゾウムシＡが生存できなくなったので，ゾウムシＹだけが残ったと考えられる。

⑶　**ア**　寄生バチが産卵開始時にゾウムシＡとゾウムシＹの多い方に産卵すると，多い方のゾウムシの種は数が減少し，もう一方のゾウムシの種は産卵されないので数が増加することになる。すると，多い方の種が入れ変わり，寄生バチに多く産卵される種が入れ変わる。これがくり返されることで，２種類のゾウムシは交互《こうご》に増加と減少をくり返しながら共存できる。　**イ**　寄生バチの，自分が過去に産卵した幼虫と同じ種に産卵する傾向により，実験３で多い方のゾウムシの種に産卵し始めた寄生バチは，同じ種のゾウムシに産卵をし続けて，このゾウムシの種の数の減少につながる。その結果，もう一方の種のゾウムシの数が増加していく。よって，この傾向は，産卵開始時にゾウムシＡとゾウムシＹの多い方に産卵することを促進《そくしん》しているといえる。

⑷　実験２では，寄生バチのいない環境《かんきょう》でゾウムシＡとゾウムシＹを飼育すると，ゾウムシＡがいなくなり，ゾウムシＹのみになってしまう。しかし，自分が過去に産卵した幼虫と同じ種に産卵するという記おく力を持っている寄生バチがいることで，実験３ではゾウムシＡとゾウムシＹが共存できる。これらのことから，寄生バチがいることで生物種の多様化がもたらされるといえる。

⑸　ハチのように，卵→幼虫→さなぎ→成虫の順に姿を変える育ち方を完全変態という。ハエやカイコガも完全変態をする。なお，トンボとカマキリ，セミは，卵→幼虫→成虫の順に育つ。この育ち方は不完全変態という。

⑹　①　図４のアの部分は子葉である。インゲンマメの種子は無胚乳《はいにゅう》種子で，子葉に発芽に必要な養分が蓄《たくわ》えられている。　②　インゲンマメの種子が発芽するためには，水，適当な温度，空気（酸素）の３つの条件がすべてそろう必要がある。　③　インゲンマメは発芽すると，図４の

アが２枚の子葉になり，イが根になる。

## 国　語　＜Ｂ日程試験＞（45分）＜満点：100点＞

### 解　答

一　**問１**　**カクダン**，**フウシュウ**，**フシメ**…下記を参照のこと。　**姿形**…すがたかたち　**問２**　**Ａ**　イ　**Ｂ**　ウ　**問３**　①　カ　②　オ　**問４**　**ａ**　イ　**ｂ**　ア　**問５**　エ　**問６**　**Ⅰ**　イ　**Ⅱ**　エ　**問７**　家族写真においては，写っている人物が誰かすら問題ではない(ということ。)　**問８**　夫が妻をいたわり，庇護するという構図　**問９**　（例）　お宮参り用の独特の着物など，非日常な舞台設定が提供されるから。／夫が妻子を守る家庭の長であるような構図とポーズをとっているから。　二　**問１**　**オウボウ**，**ヨウコウ**…下記を参照のこと。**綿毛**…わたげ　**問２**　**られ**…ウ　**ない**…ア　**問３**　ウ　**問４**　**ａ**　（例）　採集した虫に注射をし，死んでゆくようすを見ること　**ｂ**　（例）『昆虫図譜』にのっているラテン語の長い学名のこと　**問５**　エ　**問６**　ウ　**問７**　エ　**問８**　**幸**…(例)　欲しかった『昆虫図譜』の正篇を，「私」を気の毒がった大人に買ってもらえたこと。　**不幸**…(例)　半年間も寝ていなくてはならず，蛋白や塩気のあるカレーライスなどのおいしいものが食べられないこと。**問９**　イ　**問10**　（例）　海外での生活をしてみたいと希望していたが，機会がなくせいぜい英語の辞書を買ってもらって独学で英語の勉強を進めるのみであった。しかしアメリカ旅行に行けるチャンスをつかみ，はじめて本場で英語で話してみて案外会話ができることにうれしくなり，私の世界が広がった。

●**漢字の書き取り**

一　**問１**　**カクダン**…格段　**フウシュウ**…風習　**フシメ**…節目　二　**問１**　**オウボウ**…横暴　**ヨウコウ**…陽光

### 解　説

一　**出典は大山顕《おおやまけん》の『新写真論』による。**スマートフォンのカメラの性能がよくなった現在でも，写真館で家族写真を撮《と》ることにどんな意義があるのかについて，事例をあげて説明している。

**問１**　**「カクダン」**…程度差が明らかなようす。　**「フウシュウ」**…ある地域や集団内で繰《く》り返され，その行いが伝統的に定着したもの。　**「フシメ」**…区切り目。　**「姿形」**…顔立ちや体つきなどの外見。

**問２**　**Ａ**　子どものお宮参りに合わせ，写真館で撮った写真を見た筆者が，「子どもが生まれると，とたんに『家族』に見えるものだな」と思ったのだから，心にしみて深く感じるようすの「しみじみ」が入る。　**Ｂ**　筆者は，なぜ写真「館」なのかという疑問を提示したうえで，それは写真撮《さつ》影《えい》ではなく，舞台《ぶたい》設定こそがサービスの要《かなめ》だからではないかと述べている。この文脈には，さかのぼって発端《ほったん》を述べる働きを持つ「そもそも」があてはまる。　なお，「しばしば」は，何度も同じことが繰り返されるようす。「ぼちぼち」は，ものごとをゆっくり始めるようす。「ますます」は，程度がさらに高まるようす。「ゆくゆく」は，やがて。

**問３**　①　写真撮影用に雰囲気《ふんいき》のよい調度や照明などを入れた建物が「館(貴人の屋敷《やしき》)」レベルに

なるのは当然だといえるので，“必ずそうなる”という意味の「必然的」が入る。　② 家族写真において，妻が椅子《いす》に腰掛《こしか》け，後方に立つ夫が背もたれに手を置くといった構図は，夫が妻を庇《ひ》護《ご》するキリスト教的な家父長制の考え方を表す。西洋風の夫婦像がよく表れた構図なので，同じ種類のものの中で最もその特徴《とくちょう》をよく表していることを示す「典型的」が合う。　なお，「圧倒《あっとう》的」は，ほかよりも大きく勝っているようす。「印象的」は，強く心に残るさま。「具体的」は，はっきりとした実体を備えているようす。「根本的」は，ものごとの本質にかかわるようす。

**問4**　**a**　「正統」と似た意味の言葉には，「主流」「直系」などがある。　**b**　「台頭する」と似た意味の言葉には，「勢いを得る」「躍《おど》り出る」などがある。

**問5**　写真館で「演出されたしつらえの中に身を置く」とは，筆者の場合，「お宮参り」用の「衣《い》装《しょう》」をふくめた「素敵《すてき》な舞台設定」の中で，「決められたポーズと表情」をとったことを指す。そのような家族写真は，直前の段落で「家族の幸福と絆《きずな》」の証明だと述べられているので，エがふさわしい。

**問6**　Ⅰ　直前に，前で述べられた内容を“要するに”とまとめて言いかえるときに用いる「つまり」があることに注目する。一九世紀の写真館で，「自分の写真を見て怒《いか》り狂《くる》う客や，他人の写真を自分のだと思って満足する客が少なくなかった」ということは，言いかえれば当時の「人は自分の顔を正確に知らな」かったということになる。　Ⅱ　五つ目の段落で「舞台設定こそが撮影サービスの要」だと述べられていることから，「写真館の本質」は，「優秀《ゆうしゅう》な舞台設定サービス」にあるのだとわかる。

**問7**　スタジオアリスで撮られた，「ディズニー・マーベルキャラクター撮影」の作例写真を見た筆者は，明らかに「子どもではなく，横に立っているミッキーのほうが主役に見える」と感じている。だから，極端《きょくたん》な話，舞台設定やポーズこそが重要な「家族写真においては，写っている人物が誰《だれ》かすら問題ではない」のかもしれないと思ったのである。

**問8**　上野彦馬《ひこま》の撮影した「夫婦の写真」と，ウィリアム・マムラーの撮ったリンカーン大統領夫妻の心霊写真，そして，「ほかの心霊写真家」による撮影の構図が「同様」のものだったというのだから，具体的には妻が「椅子に腰掛け」，夫が「背後に立って」夫人の肩に手を置いているような構図にあたる。これは，「夫が妻をいたわり，庇護するという」，キリスト教的な家父長制の考え方を表した構図である。

**問9**　筆者の家族は，写真館で「お宮参り」用の独特の「衣装」と「舞台設定」を提供され，「決められたポーズと表情」で撮影されている。この「演出」によって「家族の幸福と絆」を証明する写真になるのだから，これを整理して，「お宮参りの着物や独特の舞台設定の中で，特別な写真になったから」，あるいは「筆者が妻子を守る構図とポーズをとった写真だから」のようにまとめる。

**二**　**出典は北杜夫《きたもりお》の『どくとるマンボウ昆虫《こんちゅう》記』による。**「私」が昆虫採集に興味を持ったきっかけや，病気で安静にしていた時期に図鑑をながめたことで，実際の昆虫への目が開かれたことなどを語っている。

**問1**　**「オウボウ」**…権力や腕力《わんりょく》にまかせて身勝手なふるまいを通すこと。　**「ヨウコウ」**…太陽の光。　**「綿毛」**…綿のように柔《やわ》らかな毛。

**問2**　**られ**…ア，イ，エは受身，ウは可能の用法にあたる。　**ない**…アは存在しないことを意味する形容詞。イ～エは，「立つ」「食べられる」「わかる」という動詞の意味を打ち消す助動詞。

**問３**　「背筋が寒くなる」は，“恐怖《きょうふ》などで，ぞっとする”という意味。

**問４**　**a**　自身の体には「残忍《ざんにん》な血が」流れていたというのだから，「私」は「バッタにアルコールを注射し，それが肢《あし》をふるわせて死んでゆく」ようすを「おもしろ」がって見ていたのだとわかる。　**b**　「私」にとって「何が何やらわからないだけにいっそうおもしろかった」のは，『昆虫図譜《ずふ》』にのっていた，「パピリオ・プロテノール・デメトリウス」や「アロミリナ・ディコトムス」といった「ラテン語の学名」である。これをもとに，「『昆虫図譜』の正篇《せいへん》にのっているラテン語の学名」のようにまとめる。

**問５**　小学校四年ごろの夏休みに出された，「昆虫の標本をつくる」という宿題にはりきって取り組んだ「私」は，結果自分でも「かなりすぐれた」標本ができたと疑わなかった。しかし，夏休みが明け，家族に「手伝ってもらった」らしいみんなの標本が，自分のものよりも「立派」だったばかりでなく，自分の知らない『昆虫図鑑』を参考に「名札」までつけられていたのを見て，「私」はくやしさのあまり，「もっと立派な標本をつくり，ちゃんと名札をつけてやろう」と考えたのだから，エがふさわしい。

**問６**　少し前に，「私の血の中にはケチな性分が多分にまじっていたにちがいない」とあることをおさえる。当時，十分な貯金があったにもかかわらず，『図鑑』を買う決心が一年以上つかなかったほど「私」はケチだったのだから，高い本でありながら「カバーが汚《よご》れている奴《やつ》」などもってのほかだったのである。よって，ウが選べる。

**問７**　ようやく決心のついた「私」は『図鑑』を買い求めたものの，それは台湾《たいわん》産や朝鮮《ちょうせん》産の昆虫ばかりが掲載《けいさい》された「続篇」であり，欲しかった「正篇」ではないことに気づいた。「見なれた虫」の名前を調べることができなくなったため，「私の昆虫熱」は冷めてしまったのである。

**問８**　「腎臓《じんぞう》病」は「蛋白《たんぱく》も塩気もいけない」病気で，「カレーライス」の日には「涙《なみだ》がこぼれ」るほどつらかったことが，「私」におとずれた「不幸」にあたる。一方，病気になったことや，誤って『昆虫図譜』の「続篇」を購入《こうにゅう》してしまった「私」を「気の毒」がったみんなが「正篇」を買ってくれたことが，「幸」にあたる。

**問９**　病気で半年寝《ね》ていた間，「私」が『昆虫図譜』を「表紙がすりきれる」までながめ，「形態」も「名前」も覚えた点をおさえる。おかげで実際に一目「虻《あぶ》」を見たとたん「ビロウドツリアブ」という名称《めいしょう》がわかり，「旧知のような気がした」のだから，イがよい。「旧知」は，昔からの知り合い。

**問10**　『昆虫図譜』を繰り返しながめ，自然に形態と名前を覚えたことが，実際の昆虫を一目見た瞬間《しゅんかん》に名前を思い浮《う》かべられることにつながり，世界が広がったと「私」は感じている。知識の蓄積《ちくせき》が，結果として自分の「世界」を広げてくれた経験であることをおさえ，まとめればよい。

## Dr.福井の

# 入試に勝つ！ 脳とからだのウルトラ科学

### 入試当日の朝食で，脳力をアップ！

朝食を食べない学生は，朝食をきちんと食べる学生に比べて成績が悪かった――という研究発表がある。まあ，ちょっと考えればわかると思うけど，朝食を食べないということは，車にガソリンを入れないで走らせようとするようなものだ。体がガス欠になった状態では，頭が十分に働くわけがない。入試当日の朝食はちゃんと食べよう！　朝食を食べた効果があらわれるように，試験開始の２時間以上前に食べるようにするとよい。

では，入試当日の朝食にふさわしいものは何か？

まず，脳の直接のエネルギー源はブドウ糖だけであるから，それを補給するためのご飯やパン，これは絶対に必要だ。また，砂糖や果物の糖分は吸収されやすく，効果が速くあらわれやすいので，パンにジャムをぬったり果物を食べたりするのもよいだろう。

次に，タンパク質。これは脳の温度を上げる作用がある。温度が低いままでは十分に働かないからね。タンパク質を多くふくむのは肉や魚，牛乳，卵，大豆などだが，ここでは大豆でできたとうふのみそ汁や納豆をオススメする。そして，記憶力がアップするDHAを多くふくんでいる青魚，つまりサバやイワシなども食べておきたい。

生野菜も忘れてはならない。その中にふくまれるビタミンBは，ブドウ糖を脳に吸収しやすくする働きを持つので，結果的に脳力アップにつながるんだ。

コーヒーや紅茶，緑茶は，カフェインという成分の作用で目覚めをうながすが，トイレが近くなってしまうので，飲みすぎに注意！　試験当日はひかえたほうがよいだろう。眠気を覚ましたいときはガムをかむといい。脳が刺激《しげき》されて活性化し，目が覚めるんだ。

Dr.福井(福井《ふくい》一成《かずしげ》)…医学博士。開成中・高から東大・文Ⅱに入学後，再受験して翌年東大・理Ⅲに合格。同大医学部卒。さまざまな勉強法や脳科学に関する著書多数。

*Memo*

# *Memo*

## 当社発行物の無断使用は固くお断りいたします。御使用の前はまずご相談ください。

当社発行物には500点余の首都圏中・高過去問をはじめ、6点の学校案内、そのほかいくつかの情報誌などがございます。その多くが年度版で、限られたスタッフが来るべき受験シーズン前に余裕を持って受験生へ届けられるよう、日夜作業にあたり出版を重ねております。
最近、通塾生ご父母や塾内部からの告発によって、いくつかの塾が許諾なしに当社過去問を複写（コピー）し生徒に配布、授業等にも使用していることが発覚し、その一部が紛争、係争に至っております。過去問には原著作者や管理団体、代行出版等のほか、当社に著作権がございます。当社としましては、著作権侵害の発覚に対しては著作権を有するこれらの著作権関係者にその事実を開示して、マスコミにリリースする場合や法的な措置を取る場合がございます。その事例としましては、毎年当社過去問の発行を待って自由にシステム化使用していたＡ塾、個別教室でコピーを生徒に解かせ指導していたＢ塾、冊子化していたＣ社、生徒の希望によって書籍の過去問代わりにコピーを配布していたＤ塾などがあります。

**当社発行物の全部もしくは一部を無断使用することは固くお断りいたします。**

当社コンテンツの中にはリーズナブルな設定で紙面の利用を許諾している塾もたくさんございますので、ご希望の方は、お気軽にご相談くださいますようお願いします。同時に、当社発行物を無断で使用している会社などにつきましての情報もお寄せいただければ幸いです。

**株式会社 声の教育社**



2025年度用
**中学スーパー過去問**

■編集人 声の教育社・編集部
■発行所 株式会社 声の教育社
〒162-0814 東京都新宿区新小川町8-15
☎03-5261-5061(代) FAX03-5261-5062
https://www.koenokyoikusha.co.jp

※本書の内容についての一切の責任は当社にあります。内容・解説・解答・その他は当社ホームページよりお問い合わせ下さい。

カコを追いかけ
ミライをつかめ
「今の説明、もう一回」を何度でも
web過去問
ストリーミング配信による入試問題の解説動画
もっと古いカコモンないの？
カコ過去問
「さらにカコの」過去問をHPに掲載（DL）
声の教育社
詳しくはこちらから

ストリーミング配信による入試問題の解説動画

# 2025年度用web過去問　ラインナップ

■ 男子・女子・共学（全動画）見放題
**36,080円**（税込）

■ 男子・共学 見放題
**29,480円**（税込）

■ 女子・共学 見放題
**28,490円**（税込）

## ● 中学受験「声教web過去問（過去問プラス・過去問ライブ）」（算数・社会・理科・国語）

3～5年間 **24校**

**過去問プラス**

麻布中学校　桜蔭中学校　開成中学校　慶應義塾中等部　渋谷教育学園渋谷中学校
女子学院中学校　筑波大学附属駒場中学校　豊島岡女子学園中学校　広尾学園中学校　三田国際学園中学校
早稲田中学校　浅野中学校　慶應義塾普通部　聖光学院中学校　市川中学校
渋谷教育学園幕張中学校　栄東中学校

**過去問ライブ**

栄光学園中学校　サレジオ学院中学校　中央大学附属横浜中学校　桐蔭学園中等教育学校　東京都市大学付属中学校
フェリス女学院中学校　法政大学第二中学校

## ● 中学受験「オンライン過去問塾」（算数・社会・理科）

3～5年間 **50校以上**

**東京**

青山学院中等部　麻布中学校　跡見学園中学校　江戸川女子中学校　桜蔭中学校　鷗友学園女子中学校　大妻中学校　海城中学校　開成中学校　開智日本橋中学校　吉祥女子中学校　共立女子中学校

**東京**

国学院大学久我山中学校　渋谷教育学園渋谷中学校　城北中学校　女子学院中学校　巣鴨中学校　桐朋中学校　豊島岡女子学園中学校　日本大学第三中学校　雙葉中学校　本郷中学校　三輪田学園中学校　武蔵中学校

**東京**

明治大学付属明治中学校　早稲田中学校　都立中高一貫校 共同作成問題　都立大泉高校附属中学校　都立白鷗高校附属中学校　都立両国高校附属中学校

**神奈川**

神奈川大学附属中学校　桐光学園中学校　県立相模原・平塚中等教育学校　市立南高校附属中学校

**千葉**

市川中学校　国府台女子学院中学部

**千葉**

芝浦工業大学柏中学校　渋谷教育学園幕張中学校　昭和学院秀英中学校　専修大学松戸中学校　東邦大学付属東邦中学校　千葉日本大学第一中学校　東海大学付属浦安中等部　麗澤中学校　県立千葉・東葛飾中学校　市立稲毛国際中等教育学校

**埼玉**

浦和明の星女子中学校　開智中学校

**埼玉**

栄東中学校　淑徳与野中学校　西武学園文理中学校　獨協埼玉中学校　立教新座中学校

**茨城**

江戸川学園取手中学校　土浦日本大学中等教育学校　茗渓学園中学校

## web過去問 Q&A

過去問が動画化！
声の教育社の編集者や中高受験のプロ講師など、
過去問を知りつくしたスタッフが動画で解説します。

**Q どこで購入できますか？**

A 声の教育社のHPでお買い求めいただけます。

**Q 受講にあたり、テキストは必要ですか？**

A 基本的には過去問題集がお手元にあることを前提としたコンテンツとなっております。

**Q 全問解説ですか？**

A 「オンライン過去問塾」シリーズは基本的に全問解説ですが、国語の解説はございません。「声教web過去問」シリーズは合格のカギとなる問題をピックアップして解説するもので、全問解説ではございません。なお、「声教web過去問」と「オンライン過去問塾」のいずれでも取り上げられている学校がありますが、授業は別の講師によるもので、同一のコンテンツではございません。

**Q 動画はいつまで視聴できますか？**

A ご購入年度２月末までご視聴いただけます。
複数年視聴するためには年度が変わるたびに購入が必要となります。

# よくある解答用紙のご質問

01

## 実物のサイズにできない

拡大率にしたがってコピーすると，「解答欄」が実物大になります。配点などを含むため，用紙は実物よりも大きくなることがあります。

02

## A3用紙に収まらない

拡大率164％以上の解答用紙は実物のサイズ（「出題傾向＆対策」をご覧ください）が大きいために，Ａ３に収まらない場合があります。

03

## 拡大率が書かれていない

複数ページにわたる解答用紙は，いずれかのページに拡大率を記載しています。どこにも表記がない場合は，正確な拡大率が不明です。

04

## １ページに２つある

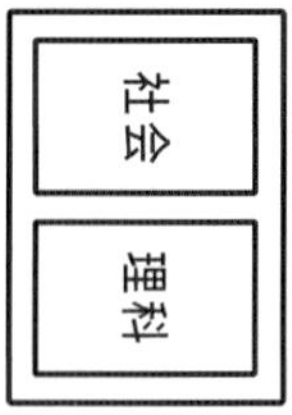


１ページに２つ解答用紙が掲載されている場合は，正確な拡大率が不明です。ほかの試験回の同じ教科をご参考になさってください。

東洋英和女学院中学部

# 【別冊】入試問題解答用紙編

禁無断転載

**解答用紙は本体からていねいに抜きとり、別冊としてご使用ください。**

※　実際の解答欄の大きさで練習するには、指定の倍率で拡大コピーしてください。なお、ページの上下に小社作成の見出しや配点を記載しているため、コピー後の用紙サイズが実物の解答用紙と異なる場合があります。

## ●入試結果表

| 年度 | 回 | 項目 | 国語 | 算数 | 社会 | 理科 | 4科合計 | 合格者 |
|---|---|---|---|---|---|---|---|---|
| 2024 | A日程 | 配点(満点) | 100 | 100 | 60 | 60 | 320 | 最高点 |
| | | 合格者平均点 | 78.2 | 67.2 | 42.1 | 41.6 | 229.1 | 262 |
| | | 受験者平均点 | 71.7 | 56.0 | 38.1 | 36.6 | 202.4 | 最低点 |
| | | キミの得点 | | | | | | 210 |
| | B日程 | 配点(満点) | 100 | 100 | 60 | 60 | 320 | 最高点 |
| | | 合格者平均点 | 82.2 | 66.0 | 47.5 | 46.3 | 242.0 | 270 |
| | | 受験者平均点 | 74.5 | 47.1 | 39.9 | 37.8 | 199.3 | 最低点 |
| | | キミの得点 | | | | | | 229 |
| 2023 | A日程 | 配点(満点) | 100 | 100 | 60 | 60 | 320 | 最高点 |
| | | 合格者平均点 | 73.9 | 69.0 | 43.2 | 41.0 | 227.1 | 262 |
| | | 受験者平均点 | 67.7 | 60.2 | 39.0 | 34.4 | 201.3 | 最低点 |
| | | キミの得点 | | | | | | 211 |
| | B日程 | 配点(満点) | 100 | 100 | 60 | 60 | 320 | 最高点 |
| | | 合格者平均点 | 66.4 | 75.6 | 47.6 | 39.8 | 229.4 | 266 |
| | | 受験者平均点 | 55.6 | 59.6 | 41.6 | 32.1 | 188.9 | 最低点 |
| | | キミの得点 | | | | | | 215 |
| 2022 | A日程 | 配点(満点) | 100 | 100 | 60 | 60 | 320 | 最高点 |
| | | 合格者平均点 | 79.2 | 65.3 | 38.9 | 40.2 | 223.6 | 259 |
| | | 受験者平均点 | 73.8 | 57.1 | 34.3 | 35.2 | 200.4 | 最低点 |
| | | キミの得点 | | | | | | 206 |
| | B日程 | 配点(満点) | 100 | 100 | 60 | 60 | 320 | 最高点 |
| | | 合格者平均点 | 69.5 | 80.8 | 38.9 | 42.1 | 231.3 | 268 |
| | | 受験者平均点 | 57.8 | 65.5 | 32.5 | 34.9 | 190.7 | 最低点 |
| | | キミの得点 | | | | | | 215 |
| 2021 | A日程 | 配点(満点) | 100 | 100 | 60 | 60 | 320 | 最高点 |
| | | 合格者平均点 | 68.0 | 69.6 | 44.8 | 37.4 | 219.8 | 275 |
| | | 受験者平均点 | 62.4 | 59.8 | 39.9 | 31.0 | 193.1 | 最低点 |
| | | キミの得点 | | | | | | 200 |
| | B日程 | 配点(満点) | 100 | 100 | 60 | 60 | 320 | 最高点 |
| | | 合格者平均点 | 73.3 | 70.6 | 47.4 | 39.7 | 231.0 | 273 |
| | | 受験者平均点 | 65.5 | 52.6 | 40.4 | 32.2 | 190.7 | 最低点 |
| | | キミの得点 | | | | | | 217 |

※　表中のデータは学校公表のものです。ただし、4科合計は各教科の平均点を合計したものなので、目安としてご覧ください。

# ２０２４年度　　東洋英和女学院中学部

算数解答用紙　Ａ日程

| 番号 | | 氏名 | | 評点 | ／100 |
|---|---|---|---|---|---|

1 (1)

答

(2)

答

2

答 cm

3

答 %

4

答 円

5

答 cm²

6

答 分間

7 答

人

8

| | C | F |
|---|---|---|
| 答 | | |

9

| | (1) | (2) | (3) |
|---|---|---|---|
| 答 | | 最小　最大 | |

10

| | (1) | (2) |
|---|---|---|
| 答 | cm² | cm |

11

答 cm,

12

| | (1) | (2) | (3) |
|---|---|---|---|
| 答 | cm | 毎秒 cm | |

13

| | (1) | (2) | (3) |
|---|---|---|---|
| 答 | 人 | 人 | 人 |

（注）実際の試験では、問題用紙の中に設けられた解答欄に書く形式です。
この解答用紙は使いやすいように小社で作成いたしました。

〔算　数〕100点(推定配点)

1～8　各４点×10　9～13　各５点×12<9の(2)，(3)，11は完答>

２０２４年度　東洋英和女学院中学部

社会解答用紙　A日程

番号　　氏名　　評点　／60

**1**

問1

問2

問3 (1) 漁業 (2) 山地

問4

問5

問6

問7 卵を産む鶏《にわとり》の

問8 川

問9

問10

問11

**2**

問1

問2

問3

問4

**2**

問5 遺跡

問6

問7

問8 貿易

問9

問10 武士の中には

問11

問12

**3**

問1 (1) (2) (3)

問2

問3

問4

問5

（注）この解答用紙は実物を縮小してあります。172％拡大コピーをすると、ほぼ実物大の解答欄になります。

〔社　会〕60点(推定配点)

1　各２点×12　2　問１～問11　各２点×11　問12　３点　3　問１　各１点×３　問２～問５　各２点×４<問５は完答>

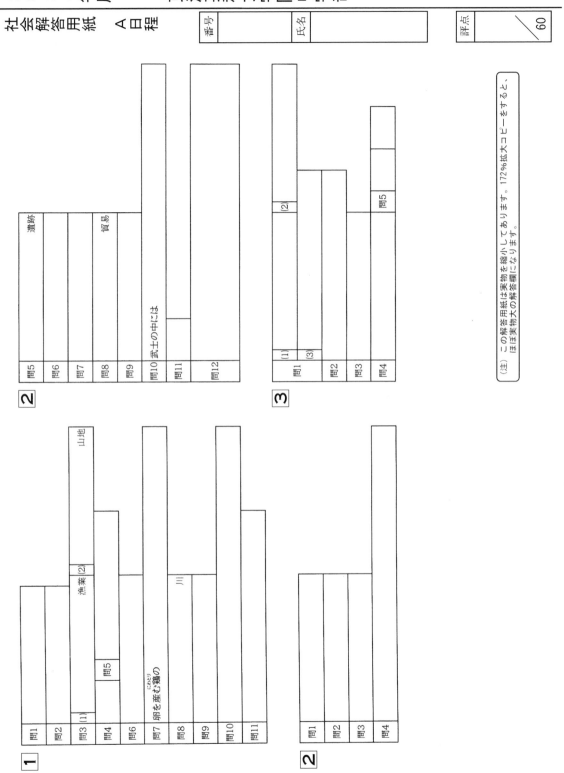

# ２０２４年度　東洋英和女学院中学部

理科解答用紙　Ａ日程

| 番号 | | 氏名 | | 評点 | ／60 |
|---|---|---|---|---|---|

**1**

| | |
|---|---|
| (1) | |
| (2) | 最低〔　　〕℃以上、<br>最高〔　　〕℃未満の温度の<br>お湯に十分な時間入れる。 |
| (3) | |
| (4) | 『生じた気体は　　　　　から。』 |
| (5) | |

**2**

| | | |
|---|---|---|
| (1) | | cm |
| (2) | | |
| (3) | | |
| (4) | | |
| (5) | | |
| (6) | 明るさ | 向きと大きさ |

**3**

| | | |
|---|---|---|
| (1) | ア | イ |
| (2) | ① | ② |
| (3) | ① 時　分 | |
| | ② | |
| | ③ | |

**4**

| | | | |
|---|---|---|---|
| (1) | | | |
| (2) | A | B | C |
| (3) | | | |
| (4) | 1 | 2 | |
| (5) | | | |
| (6) | | | |

（注）この解答用紙は実物を縮小してあります。185％拡大コピーをすると、ほぼ実物大の解答欄になります。

〔理　科〕60点(推定配点)

1　(1)～(3)　各２点×3＜(2)は完答＞　(4)，(5)　各３点×2　2　(1)～(3)　各２点×3　(4)　３点　(5)，(6)　各２点×3　3　各２点×6＜(1)は完答＞　4　(1)　２点　(2)　３点＜完答＞　(3)，(4)　各２点×5　(5)，(6)　各３点×2＜各々完答＞

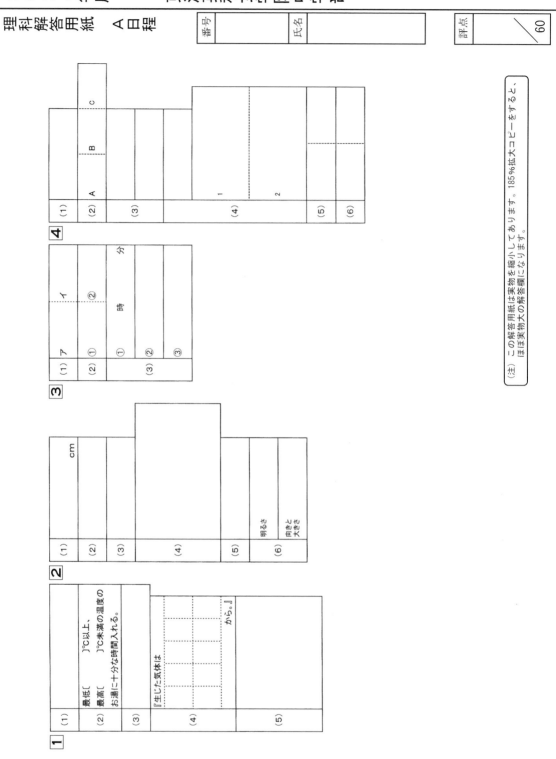

# ２０２４年度　東洋英和女学院中学部

国語解答用紙　Ａ日程

| 番号 | | 氏名 | | 評点 | /100 |
|---|---|---|---|---|---|

問一　ノびた　キく　街角　ハやし　重宝

問二　問三　問四　問五

問六　a　b

問七　から。

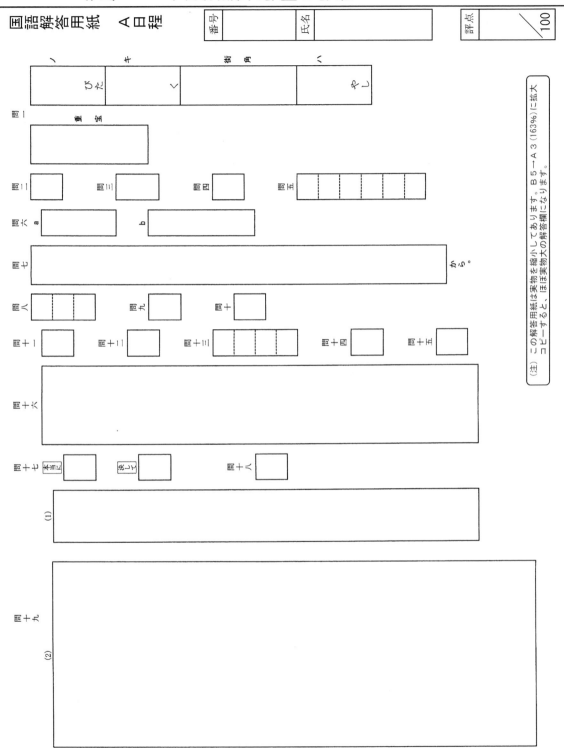

問八　問九　問十

問十一　問十二　問十三　問十四　問十五

問十六

問十七　本当に　決して　問十八

問十九　(1)　(2)

（注）この解答用紙は実物を縮小してあります。Ｂ５→Ａ３（163%）に拡大コピーすると、ほぼ実物大の解答欄になります。

〔国　語〕100点（推定配点）

問１　各２点×５　問２　５点　問３　２点　問４　５点　問５，問６　各３点×３　問７　５点　問８　３点　問９～問11　各５点×３　問12，問13　各３点×２　問14，問15　各５点×２　問16　８点　問17　各２点×２　問18　５点　問19　(1)　５点　(2)　８点

# ２０２４年度　東洋英和女学院中学部

## 算数解答用紙　Ｂ日程

| 番号 | | 氏名 | | 評点 | ／100 |
|---|---|---|---|---|---|

**1**

(1)

答

(2)

答

**2**

答　才

**3**

答　通り

**4**

答　ページ

**5**

答　人

**6**

答　cm$^2$

**7**

答

正解は，

**8**

答

| 毎秒 | 長さ |
|---|---|
| m | m |

**9**

答

| (1) | (2) |
|---|---|
| 円 | cm |

**10**

答　cm$^3$

**11**

答

| (1) | (2) | (3) |
|---|---|---|
| % | 分 | |

**12**

答

| (1) | | (2) | (3) | |
|---|---|---|---|---|
| 英子さん | 洋子さん | | ア | イ |
| 毎分　m | 毎分　m | m | | |

**13**

答

| (1) | (2) |
|---|---|
| 個， | 個， |

（注）実際の試験では、問題用紙の中に設けられた解答欄に書く形式です。
この解答用紙は使いやすいように小社で作成いたしました。

〔算　数〕100点(推定配点)

[1]〜[8]　各４点×10　[9]〜[13]　各５点×12＜[12]の(1)は完答，[13]は各々完答＞

２０２４年度　東洋英和女学院中学部

社会解答用紙　Ｂ日程

番号　　氏名　　評点　／60

1

問1 / 問2 / 問3 / 問4 / 問5 / 問6 (1) (2) / 問7 (1) (2) (3) / 問8 (1) (2)

2

問1 / 問2 / 問3 (1) (2) / 問4 / 問5 / 問6 / 問7 / 問8 / 問9 / 問10 / 問11 / 問12

3

問1 / 問2 / 問3 条約 / 問4 / 問5 / 問6 / 問7 / 問8 / 問9

（注）この解答用紙は実物を縮小してあります。172%拡大コピーをすると、ほぼ実物大の解答欄になります。

〔社　会〕60点(推定配点)

1　問1～問4　各1点×4　問5～問8　各2点×8　2　問1，問2　各1点×2　問3～問12　各2点×11　3　問1，問2　各1点×2　問3～問9　各2点×7

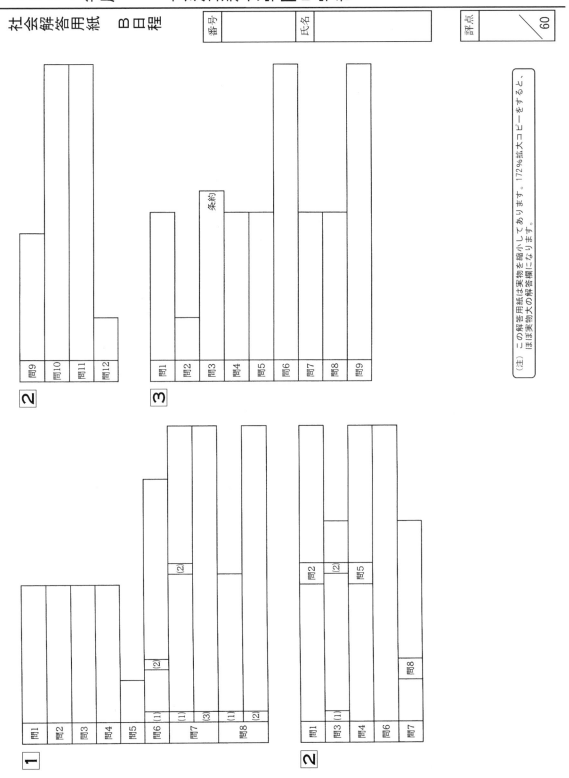

# ２０２４年度　東洋英和女学院中学部

理科解答用紙　B日程

| 番号 | | 氏名 | | 評点 | /60 |
|---|---|---|---|---|---|

**1**

| | | |
|---|---|---|
| (1) | ① 毎秒 | km |
| | ② 毎秒 | km |
| | ③ | |
| (2) | | |
| (3) | | |

**2**

| | | |
|---|---|---|
| (1) | | |
| (2) | ① | |
| | ② | |
| (3) | | g |
| (4) | | kg |
| (5) | かん水は海水よりも　　　　ので、この方法には、　　　　という利点がある。 | |

**3**

| | | |
|---|---|---|
| (1) | と | と |
| (2) | ア | イ　以上・以下 |
| (3) | | 20 |
| (4) | | |
| (5) | 1　アブラナ・サンショウ | |
| | 2　ツツジ・サザンカ | |
| | 3 | |
| (6) | | |
| (7) |  | |

**4**

| | | |
|---|---|---|
| (1) | ア | |
| | イ | |
| (2) | 左端 | 極 |
| | 右端 | 極 |
| (3) | | |
| (4) | | |
| (5) | ① | |
| | ② | |
| | ③ | |

（注）この解答用紙は実物を縮小してあります。189%拡大コピーをすると、ほぼ実物大の解答欄になります。

〔理　科〕60点(推定配点)

1　(1)　①，②　各２点×２　③　１点　(2)　２点　(3)　３点＜完答＞　2　(1)　３点　(2)～(4)　各２点×４　(5)　３点　3　(1)，(2)　各２点×３＜(2)は完答＞　(3)　３点　(4)　２点＜完答＞　(5)　各１点×３　(6)，(7)　各２点×３　4　各２点×８＜(2)，(4)は完答＞

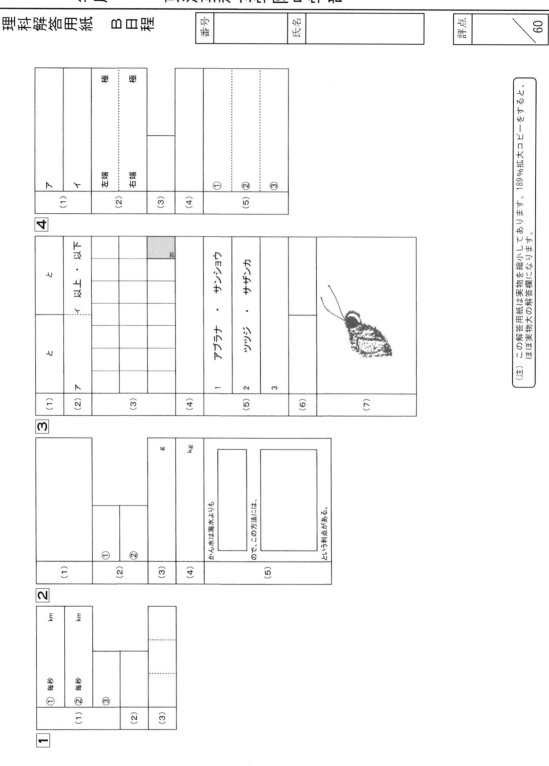

# ２０２４年度　東洋英和女学院中学部

## 国語解答用紙　B日程

| 番号 | | 氏名 | | 評点 | /100 |
|---|---|---|---|---|---|

問一　ソウセツ　オ（びて）　シジ　自負　営（む）　シレン

問二

問三　1　2　3

問四

問五

問六

問七　4　5　6

問八

問九　①　②

問十

問十一

問十二　聞く　聞いていた

問十三

問十四

問十五　Ⅰ　Ⅱ　Ⅲ

問十六

問十七

問十八

問十九　E　F

問二十

問二十一　ということ

問二十二

（注）この解答用紙は実物を縮小してあります。B５→A３（163%）に拡大コピーすると、ほぼ実物大の解答欄になります。

〔国　語〕100点（推定配点）

問１　各２点×６　問２　５点　問３　各１点×３　問４　２点　問５，問６　各５点×２　問７　各１点×３　問８　５点　問９　各３点×２　問10　２点　問11　８点　問12　２点　問13　４点　問14　５点　問15　各２点×３　問16　３点　問17　５点　問18～問20　各２点×３<問19は完答>　問21　５点　問22　８点

# ２０２３年度　　東洋英和女学院中学部

算数解答用紙　Ａ日程

| 番号 | | 氏名 | | 評点 | ／100 |
|---|---|---|---|---|---|

**1** (1)

答

(2)

答

**2** (1) 　円　(2) 　分　(3)

(4) 　$m^2$　(5) 　$cm^3$

(6) 　通り

**3**

答 　$cm^2$

**4**

答 　m

**5**

答

| A | B | C | D |
|---|---|---|---|
| 位 | 位 | 位 | 位 |

**6**

答 ＿＿＿＿＿＿

（理由）

**7**

答 　人

**8**

答 　$cm^3$

**9**

答

| (1) | (2) | (3) | |
|---|---|---|---|
| 毎秒　cm | 毎秒　cm | ア | イ |

**10**

答

| (1) | (2) | (3) | | |
|---|---|---|---|---|
| 歩 | | ア | イ | ウ |

| (3) |
|---|
| エ |
| オ |

（注）実際の試験では、問題用紙の中に設けられた解答欄に書く形式です。
この解答用紙は使いやすいように小社で作成いたしました。

〔算　数〕100点(推定配点)

1～10　各４点×25＜5，6，10の(2)は完答＞

２０２３年度　東洋英和女学院中学部

社会解答用紙　Ａ日程

| 番号 | | 氏名 | | 評点 | ／60 |
|---|---|---|---|---|---|

1

| | |
|---|---|
| 問1 | 古墳 |
| 問2 | |
| 問3 | |
| 問4 | (1) |
| | (2) |
| 問5 | |
| 問6 | |
| 問7 | |
| 問8 | |
| 問9 | (1) 語 |
| | (2) |
| 問10 | |
| 問11 | |

2

| | |
|---|---|
| 問1 | |
| 問2 | |
| 問3 | 工業 |
| 問4 | |
| 問5 | (1) |
| | (2) |
| 問6 | |
| 問7 | |
| 問8 | |
| 問9 | |
| 問10 | |
| 問11 | A |
| | B |
| | C |

3

| | |
|---|---|
| 問1 | |
| 問2 | |
| 問3 | (1) |
| | (2) |
| 問4 | |
| 問5 | |
| 問6 | 円高　円安 |
| 問7 | |
| 問8 | A |
| | B |
| | C |

（注）この解答用紙は実物を縮小してあります。Ｂ５→Ａ３（163％）に拡大コピーすると、ほぼ実物大の解答欄になります。

〔社　会〕60点(推定配点)

1　問1　1点　問2　2点　問3～問6　各1点×5　問7～問11　各2点×6＜問11は完答＞　2　各2点×12＜問11は完答＞　3　問1～問4　各2点×5　問5, 問6　各1点×2　問7, 問8　各2点×2＜問8は完答＞

# ２０２３年度　　東洋英和女学院中学部

理科解答用紙　A日程

| 番号 | | 氏名 | |
|---|---|---|---|

| 評点 | /60 |
|---|---|

**1**

| | | |
|---|---|---|
| (1) | | |
| (2) | | |
| (3) | | |
| (4) | ① 水溶液の体積 mL | 気体Eの体積 mL |
| | ② 水溶液の体積 mL | 気体Eの体積 mL |

**2**

| | | |
|---|---|---|
| (1) | ① | g |
| | ② | |
| (2) | | g |
| (3) | | cm |
| (4) | | |

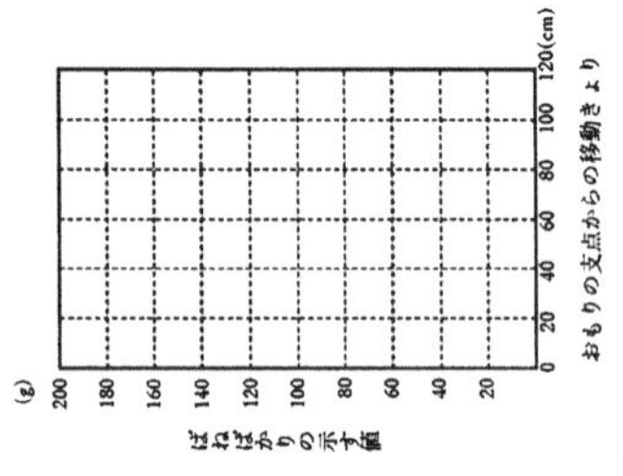


**3**

| | | |
|---|---|---|
| (1) | ア | イ | ウ |
| (2) | | |
| (3) | | |
| (4) | ① 気温 | 湿度 |
| | ② | ℃ |

**4**

| | | |
|---|---|---|
| (1) | | |
| (2) | テグー ① | ② |
| | アカハライモリ ① | ② |
| (3) | | |
| (4) | | |
| (5) | ア | |
| | イ | |
| | ウ | |

（注）この解答用紙は実物を縮小してあります。182%拡大コピーをすると、ほぼ実物大の解答欄になります。

〔理　科〕60点(推定配点)

1　各２点×7　2，3　各３点×10＜2の(1)の②，3の(1)，(2)，(4)の①は完答＞　4　(1)　３点＜完答＞　(2)　各２点×2＜各々完答＞　(3)～(5)　各３点×3＜(4)，(5)は完答＞

# 二〇二三年度　東洋英和女学院中学部

## 国語解答用紙　A日程

| 番号 | | 氏名 | | 評点 | /100 |
|---|---|---|---|---|---|

問一

ザツオン　口頭伝承　ウラテ

声色　センネン　生身　センレン

問二　問三　問四　問五　問六

問七　問八

問九

問十　問十一 (1) (2)　問十二　問十三

問十四

問十五　問十六 承 結

問十七 15

問十八

問十九 (1) (2) (3)

問二十

（注）この解答用紙は実物を縮小してあります。175%拡大コピーをすると、ほぼ実物大の解答欄になります。

〔国　語〕100点(推定配点)

問1　各2点×7　問2～問8　各3点×7　問9　5点　問10～問13　各3点×5　問14　8点　問15　3点　問16　2点　問17　5点　問18　3点　問19　(1)　7点　(2)　3点　(3)　8点　問20　各3点×2

２０２３年度　東洋英和女学院中学部

算数解答用紙　B日程

| 番号 | | 氏名 | | 評点 | ／100 |
|---|---|---|---|---|---|

1 (1)

答

(2)

答

2 (1) 冊 (2) 個 (3) 人

(4) g (5) 分 (6)

3

答 ㎠

4

答 円

5

答

| (1) | (2) |
|---|---|
| | |

6

答

| (1) | (2) | |
|---|---|---|
| 個 | | 個 |

7

答

| おやつ代 | ぬいぐるみ代 |
|---|---|
| 円 | 円 |

8

答 ㎝

9

答

| (1) | (2) | | | (3) |
|---|---|---|---|---|
| 毎秒 ㎤ | ア | イ | ウ | 毎秒 ㎤ |

10

答

| (1) | (2) | | |
|---|---|---|---|
| | 上 | 前 | 右 |

（注）実際の試験では、問題用紙の中に設けられた解答欄に書く形式です。
この解答用紙は使いやすいように小社で作成いたしました。

〔算　数〕100点(推定配点)

1～10　各４点×25<5の(2)，10の(2)は完答>

# ２０２３年度　東洋英和女学院中学部

社会解答用紙　B日程

| 番号 | | 氏名 | |
|---|---|---|---|

| 評点 | /60 |
|---|---|

1

| | |
|---|---|
| 問1 | |
| 問2 | |
| 問3 | |
| 問4 | |
| 問5 | |
| 問6 | |
| 問7 | |
| 問8 | |
| 問9 | |
| 問10 | |
| 問11 | |
| 問12 | |
| 問13 | |

2

| | |
|---|---|
| 問1 | |
| 問2 | |
| 問3 | (1) |
| | (2) |
| 問4 | 太陽光発電や風力発電に比べて　　　　から |
| 問5 | (1) |
| | (2) |
| 問6 | |
| 問7 | |
| 問8 | (1) |
| | (2) |
| 問9 | |

3

| | |
|---|---|
| 問１ | 政治 |
| 問2 | 人 |
| 問3 | (1) |
| | (2) |
| 問4 | |
| 問5 | |
| 問6 | |
| 問7 | |

（注）この解答用紙は実物を縮小してあります。169%拡大コピーをすると、ほぼ実物大の解答欄になります。

〔社　会〕60点(推定配点)

1　問1，問2　各2点×2　問3～問8　各1点×6　問9～問13　各2点×5　2，3　各2点×20

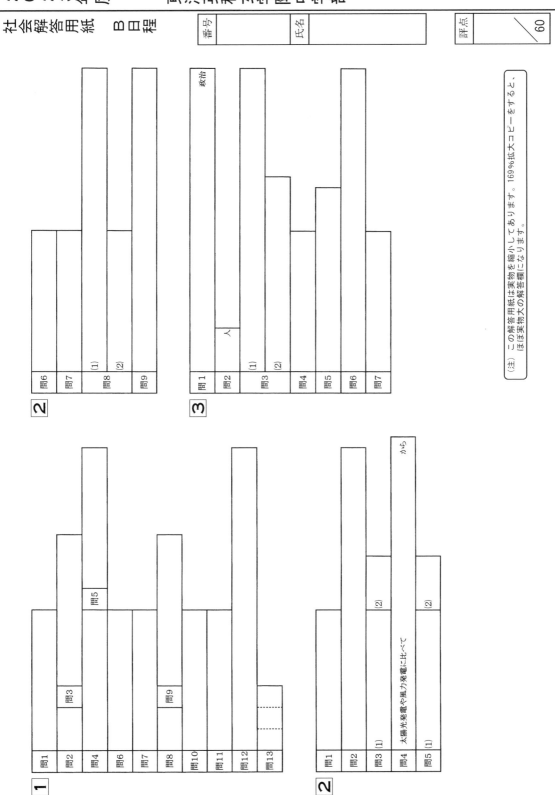

# ２０２３年度　東洋英和女学院中学部

理科解答用紙　Ｂ日程

| 番号 | | 氏名 | |
|---|---|---|---|

| 評点 | /60 |
|---|---|

（注）この解答用紙は実物を縮小してあります。Ｂ５→Ａ３（163%）に拡大コピーすると、ほぼ実物大の解答欄になります。

**1**

| | |
|---|---|
| (1) | |
| (2) | |
| (3) | |
| (4) | |
| (5) | 袋 |

**2**

| | | |
|---|---|---|
| (1) | ① | g |
| | ② | g/cm$^3$ |
| (2) | | g |
| | | 浮く・沈む |
| (3) | | cm$^3$ |
| (4) | ア a・b | イ 金貨・銀貨　ウ |

**3**

| | | |
|---|---|---|
| (1) | ① | |
| | ② | |
| | ③ | |
| (2) | → → | |
| (3) | | |

**4**

| | | |
|---|---|---|
| (1) | ① | |
| | ② | |
| (2) | | |
| (3) | | |
| (4) | [1] | |
| | [2] | |
| | [3] | |
| (5) | ① | |
| | ② | |
| | ③ | |

〔理　科〕60点（推定配点）

**1**　(1)　２点　(2)～(5)　各３点×４　**2**　(1)，(2)　各２点×４　(3)，(4)　各３点×２<(4)は完答>

**3**　(1)　各２点×３　(2)，(3)　各３点×２<(2)は完答>　**4**　各２点×10<(1)の②，(2)は完答>

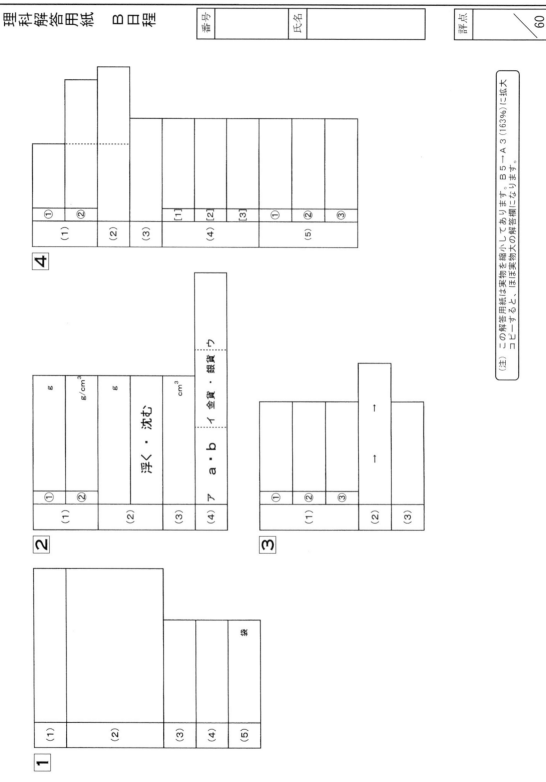

# 二〇二三年度　東洋英和女学院中学部

## 国語解答用紙　B日程

番号　　氏名　　評点　／100

問一　ゲンテン　タイチョ　テイキ　ジュリツ　下積み　サイヨウ

問二　(1)　(2)

問三

問四

問五　科学の世界で　　ということ。

問六　(1)　(2)

問七

問八　A　B　C

問九

問十　①　②　③

問十一　30　こと。

問十二

問十三

問十四

問十五

問十六

問十七

問十八　最初　～　最後

問十九

問二十

（注）この解答用紙は実物を縮小してあります。175%拡大コピーをすると、ほぼ実物大の解答欄になります。

〔国　語〕100点(推定配点)

問1，問2　各2点×8　問3　5点　問4　3点　問5　5点　問6　各2点×2　問7　4点　問8，問9　各3点×4　問10　各2点×3　問11　6点　問12　4点　問13　3点　問14　8点　問15～問17　各3点×3　問18　4点　問19　3点　問20　8点

# ２０２２年度　東洋英和女学院中学部

## 算数解答用紙　Ａ日程

| 番号 | | 氏名 | | 評点 | ／100 |
|---|---|---|---|---|---|

**1**
(1)
答

(2)
答

**2**
(1) 　円　(2) 　km　(3) 　円
(4) 　通り　(5) 　%　(6) 　と

**3**
答　　cm²

**4**
答　　円

**5**
答　　cm³

**6**
答　＿＿＿＿＿＿の面積の方が大きい。
(理由)

**7**
答　(A, B)=(　　,　　),

**8**

| | (1) | (2) | (3) | (4) |
|---|---|---|---|---|
| 答 | 毎分　　m | 　　m | | 毎分　　m |

**9**
答

**10**

| | (1) |
|---|---|
| 答 | |

| (2) | | | | | | | | | |
|---|---|---|---|---|---|---|---|---|---|
| E | F | E | F | 個 | E | F | E | F | 個 |

(注) 実際の試験では、問題用紙の中に設けられた解答欄に書く形式です。
この解答用紙は使いやすいように小社で作成いたしました。

〔算　数〕100点(推定配点)

1～10　各５点×20＜2の(6), 6, 7, 9は完答, 10は各々完答＞

# ２０２２年度　東洋英和女学院中学部

## 社会解答用紙　Ａ日程

番号　　氏名　　評点　／60

**1**

問1　から　へ
問2　から
問3
問4　政治
問5
問6
問7
問8
問9
問10
問11
問12
問13

**2**

問1　(1)　山脈　(2)　川
　　(3)
問2
問3

**2**

問4
問5　➡(赤)　➡(緑)　➡(青)
問6
問7　(1)　(2)
問8
問9

**3**

問1
問2
問3
問4
問5
問6
問7
問8

（注）この解答用紙は実物を縮小してあります。172%拡大コピーをすると、ほぼ実物大の解答欄になります。

〔社　会〕60点(推定配点)

1　問1～問4　各1点×4　問5～問13　各2点×9　2　問1，問2　各1点×4　問3～問9　各2点×9　3　各2点×8

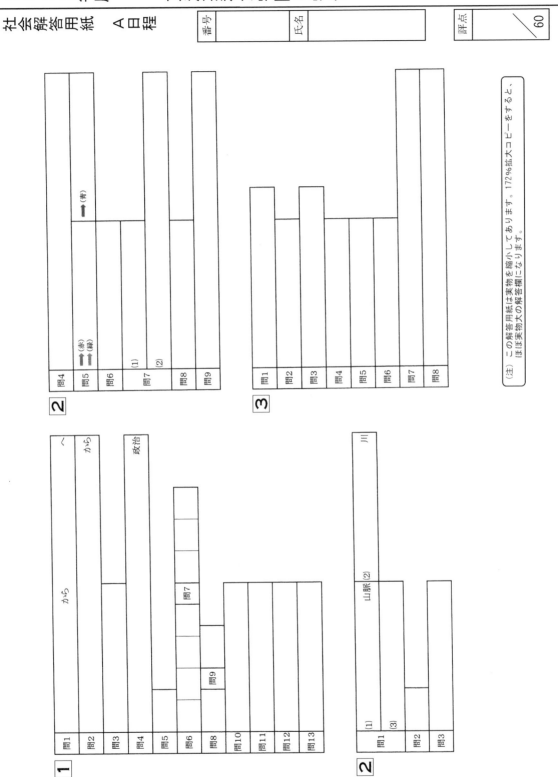

# ２０２２年度　東洋英和女学院中学部

理科解答用紙　A日程

| 番号 | | 氏名 | | 評点 | /60 |
|---|---|---|---|---|---|

（注）この解答用紙は実物を縮小してあります。182%拡大コピーをすると、ほぼ実物大の解答欄になります。

**1**

| (1) | (2) | (3) | | (4) | |
|---|---|---|---|---|---|
| ア　イ | | ① g | ② L | ① 安い ←→ 高い　［　］［　］［　］［　］ | ② |

**2**

| (1) | | (2) | (3) | (4) |
|---|---|---|---|---|
| ① 安山岩　花こう岩 | ② →　→ | | | |

**3**

| (1) | | (2) | (3) | |
|---|---|---|---|---|
| ① | ② | | ① | ② |

**4**

| (1) | (2) | (3) | (4) | (5) | (6) |
|---|---|---|---|---|---|
| | ①　② | | | | |

〔理　科〕60点(推定配点)

1　(1)～(3)　各２点×5　(4)　各３点×2<①は完答>　2, 3　各３点×10<2の(1)は各々完答, 3の(1)の①は完答>　4　(1)～(4)　各２点×4<(2)～(4)はそれぞれ完答>　(5), (6)　各３点×2

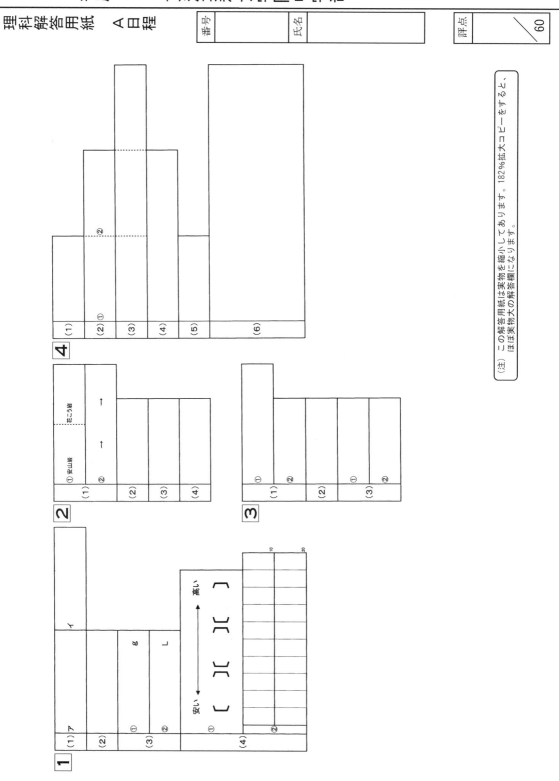

二〇二二年度　東洋英和女学院中学部

国語解答用紙　A日程　No. 1

番号

氏名

評点　/100

問一　リッパ　時折　ジザイ　モ　え　コキザ　み

アラタ　めて

問二　(1)　(2)

問三

問四　(1)　(2)

問五　(1)　(2)

問六　ところ。

問七

問八　(1)　(2)

問九　(1)　(2)

問十　A　B　C

問十一

問十二

問十三

問十四　(1)　(2)

問十五

問十六　こと。

# 二〇二二年度　東洋英和女学院中学部

国語解答用紙　A日程　No.2

問十七

（注）この解答用紙は実物を縮小してあります。B５→A３（163%）に拡大コピーすると、ほぼ実物大の解答欄になります。

〔国　語〕100点(推定配点)

問1　各2点×6　問2〜問4　各3点×5　問5　各4点×2＜(1)は完答＞　問6　5点　問7　3点　問8　各4点×2＜(2)は完答＞　問9〜問11　各3点×6　問12　4点　問13　3点　問14　各4点×2＜(2)は完答＞　問15　3点＜完答＞　問16　4点　問17　9点

# ２０２２年度　　東洋英和女学院中学部

## 算数解答用紙　Ｂ日程

| 番号 | | 氏名 | |
|---|---|---|---|

| 評点 | ／100 |
|---|---|

**1**

(1)

答

(2)

答

**2**

(1) 　g　(2) 　回　(3) 分速　m

(4) 　ページ　(5) 　個　(6)

**3**

(1)

答 　cm

(2)

答 　度

**4**

答 　袋

**5**

答

| (1) | (2) |
|---|---|
| | |

**6**

答

**7**

答 　cm$^2$

**8**

答 　cm$^3$

**9**

答

| (1) | (2) | | (3) |
|---|---|---|---|
| 毎秒　cm | ア | イ | cm |

**10**

答

| (1) | (2) | | |
|---|---|---|---|
| ページ | 算数　ページ | 国語　ページ | |

| (3) |
|---|
| (□, △)<br>=(　　,　　), |

(注) 実際の試験では、問題用紙の中に設けられた解答欄に書く形式です。
この解答用紙は使いやすいように小社で作成いたしました。

〔算　数〕100点(推定配点)

1, 2　各４点×８　3～8　各５点×８<5の(2), 6は完答>　9, 10　各４点×７<10の(2), (3)は完答>

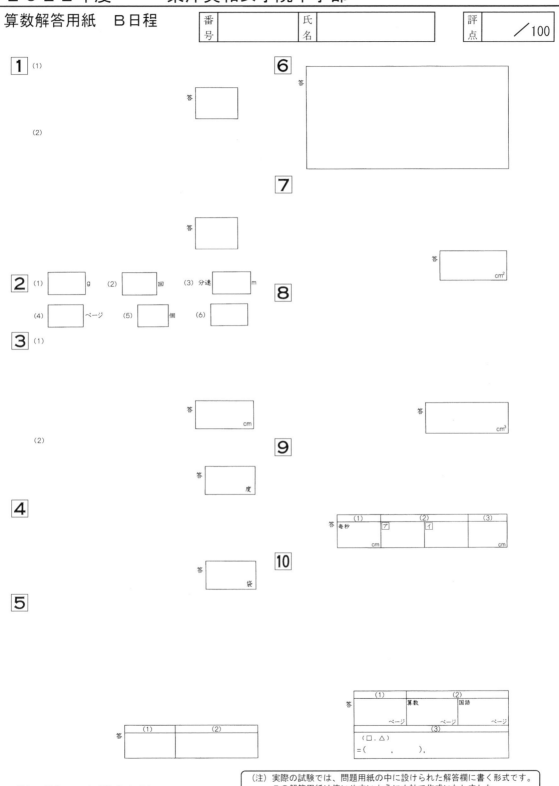

# ２０２２年度　東洋英和女学院中学部

社会解答用紙　B日程

番号　　氏名　　評点　／60

**1**

問1　遺跡
問2
問3
問4
問5
問6
問7
問8
問9
問10
問11
問12

**2**

問1
問2
問3
問4
問5
問6
問7　(1)　(2)太陽
問8　方式
問9
問10
問11

**3**

問1
問2
問3　事件
問4
問5
問6
問7
問8

（注）この解答用紙は実物を縮小してあります。169％拡大コピーをすると、ほぼ実物大の解答欄になります。

〔社　会〕60点(推定配点)

1　問1，問2　各1点×2　問3～問12　各2点×10　2　問1，問2　各1点×2　問3～問11　各2点×10　3　各2点×8

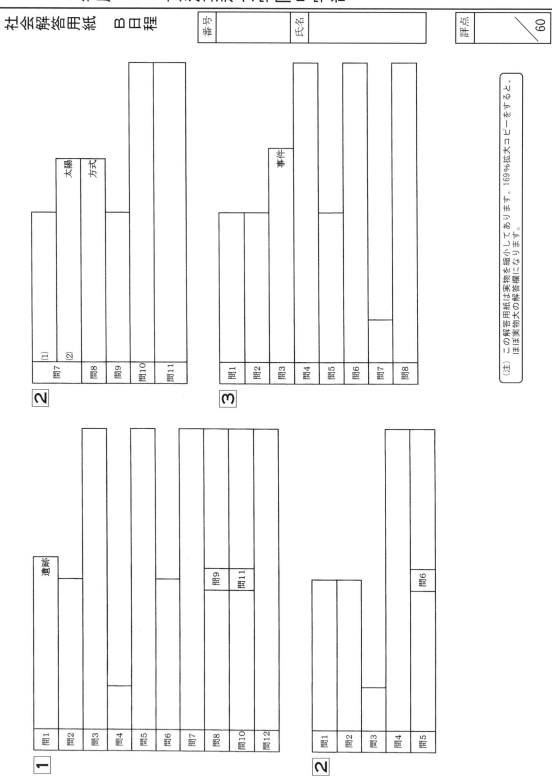

# 2022年度　東洋英和女学院中学部

## 理科解答用紙　B日程

| 番号 | | 氏名 | | 評点 | /60 |
|---|---|---|---|---|---|

**1**

| | |
|---|---|
| (1) | |
| (2) | cal |
| (3) | ℃ |
| (4) | |
| (5) | g |
| (6) | |

**2**

| | | |
|---|---|---|
| (1) | | |
| (2) | ① | |
| | ② | |
| (3) | ① | |
| | ② | |

**3**

| | |
|---|---|
| (1) | |
| (2) | |
| (3) | 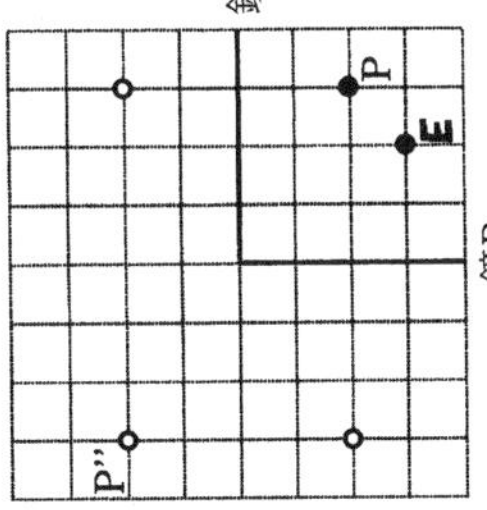 |
| (4) | X　Y　Z |
| (5) | |
| (6) | 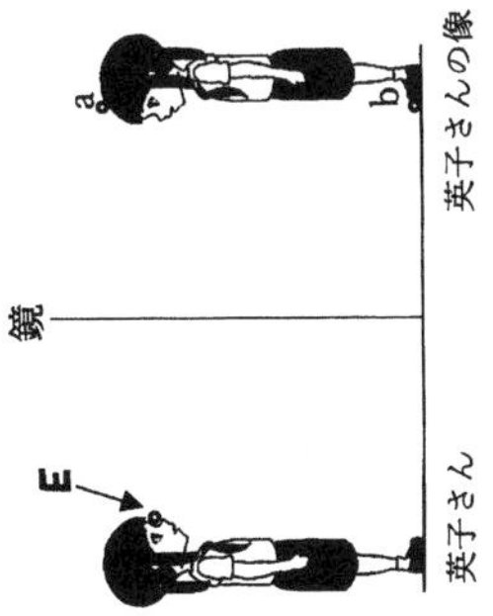 |

**4**

| | | |
|---|---|---|
| (1) | ア | |
| | イ | |
| | ウ | |
| (2) | | |
| (3) | | |
| (4) | ① | |
| | ② | |
| | ③ | |
| | ④ | |
| (5) | アイスプラントは、<br>ので、塩分濃度が高い条件でも生育することができる。 | |

（注）この解答用紙は実物を縮小してあります。189%拡大コピーをすると、ほぼ実物大の解答欄になります。

〔理　科〕60点(推定配点)

1　(1)～(5)　各2点×5　(6)　3点＜完答＞　2　各2点×6＜(2)の②は完答，(3)は各々完答＞　3　(1)，(2)　各2点×2＜(1)は完答＞　(3)　3点　(4)，(5)　各2点×4　(6)　3点　4　(1)～(4)　各2点×7＜(1)，(4)の④は完答＞　(5)　3点

# 二〇二三年度　東洋英和女学院中学部

国語解答用紙　B日程　No.1

番号　　氏名　　評点 ／100

問一　クウゼン　ホウイ　シジ　代物　コショウ　セツヤク　元手

問二

問三　最初 〜 最後　見方

問四

問五　1　2

問六

問七　①　②　③　④　⑤

問八

問九

問十

問十一

問十二

問十三　Ⅰ　Ⅱ

問十四　最初 〜 最後

問十五　(1)

(2)

問十六

問十七

問十八

二〇二二年度　東洋英和女学院中学部

国語解答用紙　B日程　No. 2

問十九　私たちは

というありかたではなくて、

というありかたを心がけるべきである。

(注) この解答用紙は実物を縮小してあります。B5→A3(163%)に拡大コピーすると、ほぼ実物大の解答欄になります。

〔国　語〕100点(推定配点)

問1　各2点×7　問2～問10　各3点×14<問8は完答>　問11　4点　問12～問14　各3点×4　問15～問19　各4点×7

# ２０２１年度　東洋英和女学院中学部

算数解答用紙　Ａ日程

| 番号 | | 氏名 | | 評点 | ／100 |
|---|---|---|---|---|---|

**1**

(1)

答

(2)

答

**2**

| | | | | | | | |
|---|---|---|---|---|---|---|---|
| (1) | 円 | (2) | km | (3) | g | | |
| (4) | 人 | (5) | cm | (6) | 枚 | | |

**3**

(1)

答　$cm^2$

(2)

答　度

**4**

答　円

**5**

答

| ⬡ | ◺ | □ | ⬠ | ○ |
|---|---|---|---|---|
| g | g | g | g | g |

**6**

答

**7**

答　$cm^3$

**8**

答

| (1) | (2) | (3) |
|---|---|---|
| 個 | 個 | 個 |

**9**

答

| (1) | (2) | | | (3) |
|---|---|---|---|---|
| 毎分　m | ア | イ | ウ | 毎分　m |

**10**

答

| (1) | (2) | (3) | |
|---|---|---|---|
| | | 英子さん | 陽子さん |

〔算　数〕100点(推定配点)

1～10　各４点×25＜5，10の(3)は完答＞

(注) 実際の試験では、問題用紙の中に設けられた解答欄に書く形式です。
この解答用紙は使いやすいように小社で作成いたしました。

# ２０２１年度　東洋英和女学院中学部

社会解答用紙　Ａ日程

| 番号 | | 氏名 | | 評点 | ／60 |
|---|---|---|---|---|---|

1

| | |
|---|---|
| 問1 | 時代 |
| 問2 | |
| 問3 | |
| 問4 | |
| 問5 | |
| 問6 | 貿易 |
| 問7 | |
| 問8 | |
| 問9 | |
| 問10 | |
| 問11 | |
| 問12 | |

2

| | |
|---|---|
| 問1 | |
| 問2 | 海岸 |
| 問3 | |
| 問4 | 県 |
| 問5 | |
| 問6 | (1)　(2) |
| 問7 | |
| 問8 | (1)　(2) |
| 問9 | |
| 問10 | |

3

| | |
|---|---|
| 問1 | 宣言 |
| 問2 | |
| 問3 | |
| 問4 | |
| 問5 | |
| 問6 | |
| 問7 | |
| 問8 | |
| 問9 | バリア：　フリー： |

（注）この解答用紙は実物を縮小してあります。172％拡大コピーをすると、ほぼ実物大の解答欄になります。

〔社　会〕60点（推定配点）

1　問１～問４　各１点×４　問５～問12　各２点×８　2　問１～問４　各１点×４　問５～問10　各２点×８　3　各２点×10<問３は完答>

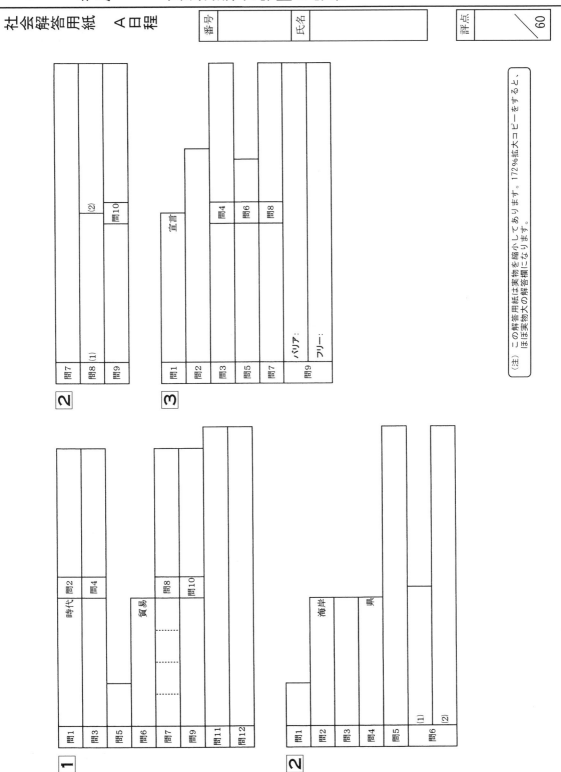

# ２０２１年度　東洋英和女学院中学部

## 理科解答用紙　A日程

| 番号 | | 氏名 | | 評点 | /60 |
|---|---|---|---|---|---|

**1**

| | |
|---|---|
| (1) | |
| (2) | mL |
| (3) | g |
| (4) | 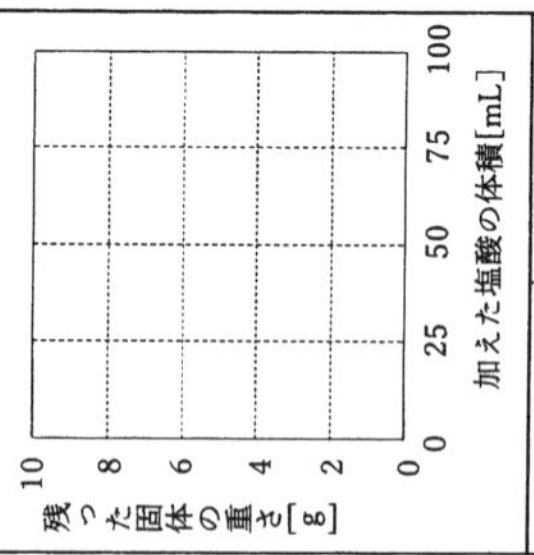 |
| (5) | |



**2**

| | |
|---|---|
| (1) | |
| (2) | |
| (3) | |
| (4) | 回 |

**3**

| | |
|---|---|
| (1) | 秒 |
| (2) | ① ② |
| (3) | 秒 |
| (4) | |
| (5) | |

**4**

| | |
|---|---|
| (1) | |
| (2) | |
| (3) | |
| (4) | ① ② ③ |
| (5) | |
| (6) | |
| (7) | |

（注）この解答用紙は実物を縮小してあります。169%拡大コピーをすると、ほぼ実物大の解答欄になります。

〔理　科〕60点(推定配点)

1～3　各３点×15＜1の(5)は完答＞　4　(1)～(3)　各２点×3＜(1)，(2)は完答＞　(4)　３点＜完答＞　(5)～(7)　各２点×3＜(7)は完答＞

二〇二二年度　東洋英和女学院中学部

国語解答用紙　A日程　No. 1

| 番号 | | 氏名 | | 評点 | /100 |
|---|---|---|---|---|---|

問一　ムゾウサ　セスジ　居室　ソウサ

問二　(1)　(2)　を表したかった。

問三

問四

問五

問六　(1)　点。　(2)　て書くこと。

問七　・　・

問八　(1)　(2)　太陽の光　花

問九　漢字　読み

問十　(1)　(2)

問十一

問十二　①　②　③　④　⑤

問十三　本当は先生は　と考えている。

問十四

問十五

二〇二一年度　東洋英和女学院中学部

国語解答用紙　A日程　No.2

問十六

問十七　(1)　(2)

問十八

問十九

(注) この解答用紙は実物を縮小してあります。B5→A3(163%)に拡大コピーすると、ほぼ実物大の解答欄になります。

〔国　語〕100点(推定配点)

問1　各2点×4　問2〜問4　各3点×4　問5　4点　問6　各3点×2　問7　各4点×2　問8　各3点×3　問9，問10　各2点×4　問11　3点　問12　各2点×5　問13　5点　問14，問15　各3点×2　問16　9点　問17〜問19　各3点×4<問17の(1)は完答>

# ２０２１年度　　東洋英和女学院中学部

## 算数解答用紙　B日程

| 番号 | | 氏名 | | 評点 | ／100 |
|---|---|---|---|---|---|

**1**

(1)

答

(2)

答

**2**

(1) 　cm　(2) 　ページ

(3) 　円　(4)

(5) 　枚　(6) 　通り

**3**

答

| (1) | (2) |
|---|---|
| A 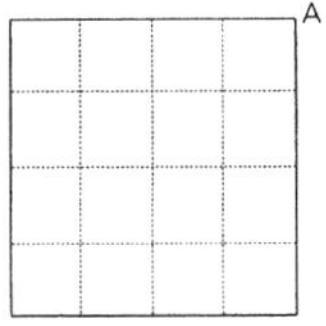 | cm² |

**4**

答 　回

**5**

答 　km

**6**

答

**7**

(1)

答 　人

(2)

答 　才

**8**

答

| A | B | C |
|---|---|---|
| 点 | 点 | 点 |

**9**

答

| (1) | (2) |
|---|---|
| cm³ | cm |

**10**

答

| (1) | (2) | (3) |
|---|---|---|
| cm | cm³ | |

(注) 実際の試験では、問題用紙の中に設けられた解答欄に書く形式です。
この解答用紙は使いやすいように小社で作成いたしました。

〔算　数〕100点(推定配点)

1～8　各５点×16<6，8は完答>　9，10　各４点×５

# ２０２１年度　東洋英和女学院中学部

社会解答用紙　B日程

| 番号 | | 氏名 | | 評点 | /60 |
|---|---|---|---|---|---|

**1**

| | |
|---|---|
| 問1 | |
| 問2 | |
| 問3 | |
| 問4 | |
| 問5 | |
| 問6 | |
| 問7 | |
| 問8 | |
| 問9 | |
| 問10 | |
| 問11 | |
| 問12 | → → → |
| 問13 | |
| 問14 | |

**2**

| | |
|---|---|
| 問1 | |
| 問2 | |
| 問3 | |
| 問4 | |
| 問5 | |
| 問6 | |
| 問7 | |
| 問8 | |

**3**

| | |
|---|---|
| 問1 | |
| 問2 | (1)　(2)　発電 |
| 問3 | (1)　(2) |
| 問4 | |

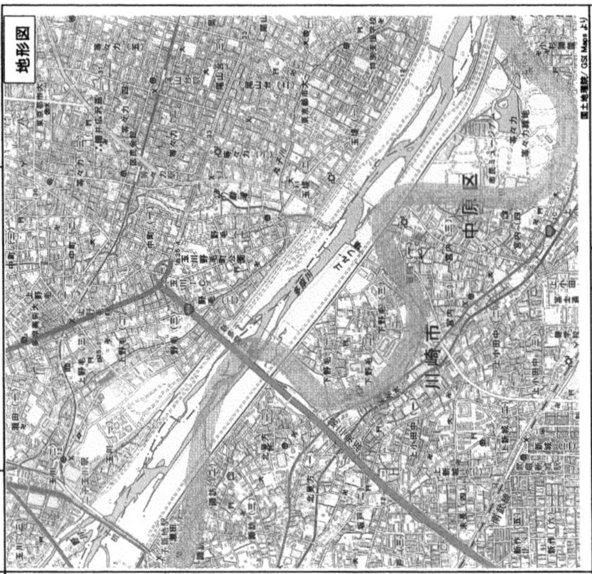


| | |
|---|---|
| 問5 | |
| 問6 | |
| 問7 | |
| 問8 | |
| 問9 | |
| 問10 | |

（注）この解答用紙は実物を縮小してあります。182%拡大コピーをすると、ほぼ実物大の解答欄になります。

〔社　会〕60点(推定配点)

1　問1，問2　各2点×2　問3　1点　問4～問7　各2点×4　問8　1点　問9～問11　各2点×3　問12　1点　問13，問14　各2点×2<問13は完答>　2　各2点×8　3　問1　2点　問2，問3　各1点×4　問4～問9　各2点×6　問10　1点

# ２０２１年度　東洋英和女学院中学部

理科解答用紙　Ｂ日程

| 番号 | | 氏名 | | 評点 | /60 |
|---|---|---|---|---|---|

(注) この解答用紙は実物を縮小してあります。179%拡大コピーをすると、ほぼ実物大の解答欄になります。

**1**

| | | |
|---|---|---|
| (1) | | |
| (2) | ① | アルミニウム : 酸化アルミニウム |
| | ② | g |
| | ③ | g |
| (3) | ① | |
| | ② | |

**2**

| | | |
|---|---|---|
| (1) | ① | |
| | ② | |
| | ③ | |
| | ④ | |
| (2) | ① | |
| | ② | |
| | ③ | |

**3**

| | | |
|---|---|---|
| (1) | ① | |
| | ② | |
| (2) | | 5 10 |
| (3) | 現象 | |
| | 起こる危険なこと | |
| (4) | 電球から発生する【　　】で【　　】ことができるから | |

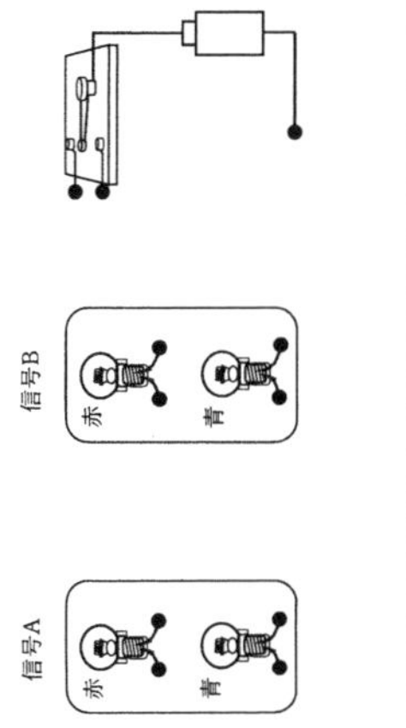


**4**

| | |
|---|---|
| (1) | |
| (2) | |
| (3) | ア　　イ |
| (4) | ア　　イ |
| (5) | |
| (6) | |

〔理　科〕60点(推定配点)

1　(1)　２点　(2)　各３点×3＜②は完答＞　(3)　①　２点　②　３点　2　各２点×7　3　各３点×6　4　各２点×6＜(3), (4), (5)は完答＞

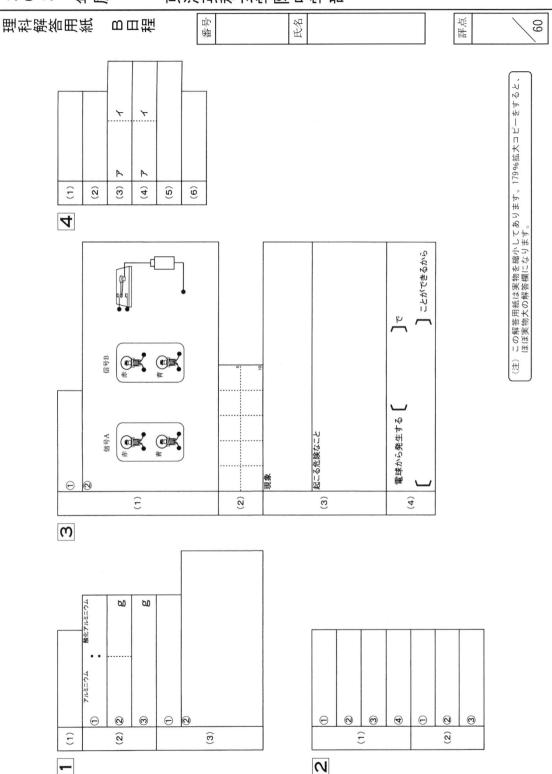

二〇二二年度　東洋英和女学院中学部

国語解答用紙　B日程　No. 1

番号　氏名　評点　/100

一

問一　カクダン　フウシュウ　フシメ　姿形

問二　A　B

問三　①　②

問四　a　b

問五

問六　Ⅰ　Ⅱ

問七　ということ。

問八

問九　・　・

二

問一　オウボウ　ヨウコウ　綿毛

問二　られ　ない

問三

問四　a　b

問五

問六

問七

問八　幸　不幸

問九

二〇二二年度　東洋英和女学院中学部

国語解答用紙　B日程　No. 2

問十

〔国　語〕100点(推定配点)

一　問1〜問4　各2点×10　問5，問6　各3点×3　問7，問8　各4点×2　問9　各5点×2　二　問1〜問3　各2点×6　問4　各5点×2　問5〜問7　各3点×3　問8　各5点×2　問9　3点　問10　9点

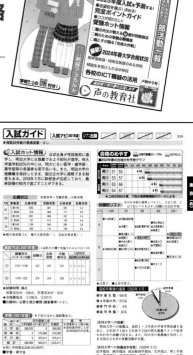

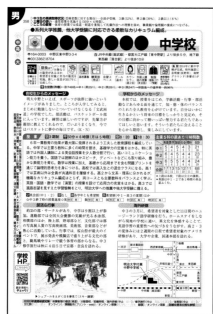